MANUALE DI SCRITTURA E COMUNICAZIONE

PER LA CULTURA PERSONALE
PER LA SCUOLA
PER L'UNIVERSITÀ

di Francesco Bruni
e di Gabriella Alfieri, Serena Fornasiero,
Silvana Tamiozzo Goldmann

ZANICHELLI

Redazione: *Rosella Fiorentini Rocca*

Correzione bozze: *Team 2*

Consulenza grafica: *Roberto Marchetti*

Coordinamento della stampa e confezione: *Stefano Sampaoli, Mauro Stanghellini*

Copertina: *Anna Maria Zamboni*

Prima edizione: ottobre 1997

Ristampa:

10 9 8 2003 2004 2005

Fotocomposizione: VideoComp snc - Rastignano (BO)

Stampa: Grafica Ragno
via Piemonte 26-28, Tolara di Sotto - Ozzano Emilia
per conto di Zanichelli Editore S.p.A.
via Irnerio 34, 40126 Bologna

INDICE

SEZIONE SECONDA

Capitolo dodicesimo: **Le parole nella frase**

Capitolo tredicesimo: **Problemi di italiano avanzato**

Capitolo quattordicesimo: **Tono e stile dell'informazione**

Capitolo quindicesimo: **Testo e riformulazione del testo**

Indice delle liste di controllo

PREMESSA

Questo *Manuale* intende fornire indicazioni utili per la scrittura in quanto parte del lavoro professionale o scolastico. Chi ha da stendere un testo, breve o lungo, personale o meno, usando la penna o premendo i tasti della macchina da scrivere o mettendosi di fronte allo schermo del computer, si interroga sulla maniera di risolvere nel miglior modo possibile il suo compito e svolge, quasi senza accorgersene, molte operazioni mentali (in parte sconosciute), utilizza conoscenze svariate, attua strategie per far presa sul lettore o sui lettori del proprio scritto e, anche nelle situazioni più ufficiali, mette in gioco il proprio *io* e, con esso, le proprie competenze professionali.

Il libro non vuole eliminare la spontaneità, la freschezza che sono una componente importante della scrittura, ma richiamare l'attenzione su alcuni procedimenti, utili per una padronanza migliore della scrittura stessa. Per raggiungere l'obiettivo, passa in rassegna i testi che più di frequente siamo chiamati a comporre, ed esamina la qualità e la misura degli elementi che li compongono; invita a riflettere sulle loro caratteristiche, su ciò che fa di una scrittura, lunga o corta, elementare o complessa, un testo con un inizio, un centro e una fine; si sofferma sui punti delicati della grammatica dell'italiano, quelli che suscitano più spesso il dubbio; distingue modi diversi di comunicazione, valori d'uso, sfumature; descrive la ricchezza della lingua, strumento docile, servizievole, potente, a patto di saperlo maneggiare.

L'opera ambisce a consolidare la competenza scrittoria appresa a scuola, e a formare quella padronanza dell'espressione che è parte importante dello scrivere, e che deve fondarsi su un'esperienza effettiva e non su una presunzione vuota. In questo modo il lavoro che qui si presenta vorrebbe contribuire a superare quell'insicurezza che, latente o consapevole, coglie molti di coloro che hanno a che fare con la scrittura. E, si capisce, il problema non è solo formale, non si limita alla correttezza linguistica, ma investe soprattutto l'organizzazione di un testo, la capacità di entrare in sintonia con il pubblico cui esso è destinato, le modalità migliori di trasmettere l'informazione. Di conseguenza, il libro discute alcuni argomenti, che riteniamo adatti a raggiungere la consapevolezza delle operazioni legate all'atto della scrittura, e contiene molti suggerimenti concreti. Il *Manuale* ha infatti uno scopo pratico; d'altra parte, non si risolve in una lista meccanica di istruzioni per l'uso: la lingua è troppo intimamente legata alla nostra personalità perché si possa rinunciare a capire le premesse che stanno alle spalle degli atti e delle situazioni comunicative, le ragioni della varietà dei testi che siamo chiamati, in rapporto a circostanze diverse, a produrre. Perciò il *Manuale* insiste sui fondamenti della comunicazione orale e scritta, sui tipi di testo, sui modi di controllare l'informazione (parola che qui s'impiega non nell'accezione giornalistica, ma nel suo significato più largo di trasmissione di conoscenze e di impulsi); si concentra inoltre sulla gestione dell'informazione, e aiuta a individuarne la gerarchia.

Non c'è, è bene dirlo preliminarmente, **il** modo di scrivere bene: per fortuna, altrimenti la lingua non sarebbe quello strumento infinitamente flessibile che è. Perciò nel libro proponiamo **alcuni** dei modi per ottenere una comunicazione efficace.

Dopo ciò che si è detto finora, è superfluo avvertire che il libro non pretende d'insegnare i segreti della creazione letteraria a poeti, romanzieri o aspiranti scrittori; né ambisce a formare giornalisti, radiotelevisivi o della carta stampata.

L'opera è divisa in due sezioni: la prima è dedicata per la massima parte alla scrittura come attività scolastica e universitaria, la seconda si sofferma su problemi più strettamente linguistici. È ovvio che, come per imparare a nuotare non c'è modo migliore che buttarsi in acqua, così per migliorare le proprie capacità di scrittura è indispensabile esercitarsi. Il libro è corredato di numerosi esercizi; la sigla **[R]** (= risposta) indica che alla fine del volume è riportata la soluzione, o una soluzione.

Per realizzare l'atto comunicativo specifico richiesto da una circostanza particolare mettiamo in azione facoltà generali di tipo argomentativo ed espressivo. Le abilità concettuali e linguistiche della nostra mente sono stimolate a orientarsi su uno scopo comunicativo concreto. In rapporto a questo gioco di procedimenti generali e di risultati individuali (i testi che produciamo), l'opera si può usare in vari modi:

1. serve da pronto soccorso per risolvere un problema: quando conviene andare a capo? si fa capoverso o si lascia un rigo in bianco? come si distinguono i diversi gradi d'importanza dell'informazione? come si compila una bibliografia? Per trovare le indicazioni su punti particolari, i lettori consulteranno, oltre all'indice generale, l'indice analitico degli argomenti, alla fine del volume;

2. suggerisce, anche con molti esempi concreti, come organizzare diversi tipi di testo: è evidente che scrivere un biglietto e scrivere una tesi di laurea sono attività che richiedono accorgimenti differenti; per ottenere notizie su argomenti circoscritti, sarà sufficiente leggere il capitolo relativo;

3. intende ampliare la capacità comunicativa, limitatamente ai campi della scrittura scolastica e della scrittura professionale. Tuttavia, questi due settori non vivono separati dal resto della lingua (tant'è vero che alcune delle discussioni condotte nel libro si appoggiano a brevi testi letterari, per quanto la letteratura sia estranea al centro di gravità dell'opera), ed è opportuno, anche in un'opera sulla scrittura come lavoro, uno sguardo alla lingua parlata (della quale si tratta nei due capitoli iniziali). I lettori interessati a una conoscenza più complessiva leggeranno l'opera nella sua interezza.

Questo *Manuale* risulta da una stretta collaborazione fra gli autori. Gabriella Alfieri è autrice del cap. VII; Serena Fornasiero dei capp. III, §§ 1-3 e 5 (con la Finestra 1) e IX, e inoltre della Finestra 1 inclusa nel cap. XI; Silvana Tamiozzo Goldmann dei capp. III, §§ 4 e 6-7 (con le Finestre 2-5) e VI. Il rimanente è stato scritto da Francesco Bruni.

Nel congedarsi dal loro lavoro, gli autori desiderano ringraziare Francesca Lamon, Stefano Patron e Gabriele Bolognini del Dipartimento d'Italianistica e Filologia romanza dell'Università di Venezia, e Gianni Prearo dell'Amministrazione centrale di Ca' Foscari, ai quali tutti devono indicazioni e materiali. Da Roberto Bigazzi, dell'Università di Siena, è stato segnalato il cartello riprodotto nel cap. XIV.

GLI AUTORI

SEZIONE PRIMA

Capitolo primo

MODI DELLA COMUNICAZIONE LINGUISTICA

Gli argomenti di questo capitolo:

- la scrittura: compiti vecchi e nuovi
- *io* e *tu* nella conversazione
- *questo* e *quello*; *qui* e *lì*; *ora* e altre parole che indicano il luogo e il tempo, e dipendono dall'*io* che parla
- comunicazione egocentrica, comunicazione sociale
- il corpo e la parola
- la comunicazione faccia a faccia, a doppio senso e a senso unico; la riunione e il dibattito; la comunicazione a distanza
- combinazione di oralità e scrittura: testi scritti destinati alla lettura ad alta voce; discorsi orali destinati a essere trascritti

1. Scrivere oggi

Alcuni anni fa, secondo un giudizio comune, il destino della comunicazione scritta era segnato. Nella società moderna – si diceva – la parola parlata e l'immagine avrebbero preso un posto sempre più importante: i notiziari televisivi e i programmi di intrattenimento avrebbero sostituito i giornali e la lettura. Nel campo del lavoro, si prevedeva che il libro avesse le ore contate, e che stesse per essere soppiantato dagli audiovisivi. Un esperto canadese di mezzi di comunicazione di massa, Marshall McLuhan, parlava di un futuro ormai vicino, in cui il mondo sarebbe diventato un villaggio globale: come in una comunità primitiva, come in una tribù nella quale la scrittura è ignota, e la comunicazione avviene esclusivamente attraverso la parola o la preghiera o i riti insegnati dallo stregone. Però, diversamente da ciò che avviene in una tribù, nel mondo previsto da quell'esperto la comunità non si sarebbe limitata a un piccolo gruppo sociale ma si sarebbe estesa all'intero pianeta. Satelliti e cavi a fibre ottiche, infatti, avrebbero portato dappertutto i messaggi della televisione.

Anche la comunicazione per lettera sembrava sulla via del tramonto, perché il telefono permette un rapporto molto più diretto con un interlocutore lontano, consente di superare le incertezze e i tempi lunghi del servizio postale, viene incontro alla nostra pigrizia (scrivere è più faticoso che parlare).

Queste idee, amplificate dai mezzi di comunicazione di massa (giornali, radio, televisione), erano diventate un luogo comune e venivano ripetute continuamente. Certo, alcune previsioni erano esatte, come è facile constatare in Italia, dove la televisione non solo è molto seguita (come in tante altre parti del mondo) ma è anche al centro di accesi dibattiti politici, tanto da essere stata materia di alcuni referendum.

Non è il caso di partecipare alla discussione, già troppo affollata, sul posto della televisione nella vita individuale e collettiva, né di fare considerazioni sulle fortune o sfortune della lettura in Italia. Per i nostri scopi, basta osservare che non si sente ripetere più il giudizio sulla scrittura come un'attività marginale: difenderne l'importanza equivale oggi a sfondare una porta aperta. Infatti, la scrittura ha acquistato un'importanza nuova proprio in seguito allo sviluppo della tecnologia. La rapida diffusione del fax (abbreviazione di *telefax*, da [*tele*]*facsimile*) ha fatto tornare attuale, in forma rinnovata, la lettera; e non sempre la comoda comunicazione telefonica è preferibile alla lettera (o al fax), soprattutto se il contenuto della comunicazione, o esigenze di precisione e chiarezza, o un destinatario di altra lingua, consigliano di ricorrere al testo scritto, più sicuro.

Anche se il gioco delle previsioni si espone, come si è visto ora, a essere smentito dai fatti, non è troppo azzardato prevedere che i messaggi scritti sono destinati a moltiplicarsi in seguito allo sviluppo della posta elettronica (spesso chiamata *E-Mail*, abbreviazione di *electronic mail*, o *EM*; pronuncia: i-meil, i-em). Con un computer e un modem, è possibile raggiungere immediatamente un destinatario che, in qualsiasi parte del mondo, sia allacciato a Internet (alla lettera: inter-rete). È un sistema presente anche in Italia, e l'uso se ne diffonderà insieme con il moltiplicarsi delle cosiddette autostrade informatiche, di cui tanto si parla.

Inoltre, tra le applicazioni del computer e dell'informatica c'è la scrittura: si continuano a usare carta e penna, naturalmente, e anche la macchina da scrivere, ma la videoscrittura si sta diffondendo progressivamente.

La realtà si muove e cambiano anche le modalità dello scrivere: abbandonati pennini e calamai, ci si rivolge ai computer o elaboratori. L'elettronica, insomma, è un canale potente attraverso il quale non viaggiano solo le immagini ma anche la scrittura, la quale rimane un'abilità essenziale dell'individuo in una società evoluta.

2. Egocentrismo della lingua e comunicazione faccia a faccia

Non esiste, per definizione, una società in cui gli uomini non parlino fra loro: anche nella più primitiva delle tribù si usa almeno una lingua. Le lingue del mondo sono numerosissime (e non è facile contarle), ma è chiaro che il linguaggio è universale. Anche gli animali sanno comunicare tra loro, ma i loro sistemi non sono paragonabili al linguaggio umano: la parola e la ragione, si è detto e ripetuto nella tradizione occidentale, distinguono l'uomo dalle bestie, e anche se si sono fatti molti tentativi per far parlare gli animali più intelligenti, tra i quali gli scimpanzè, si sono raggiunti risultati davvero modesti.

L'universalità del linguaggio si riferisce alla comunicazione parlata: la scrittura arriva in un secondo momento, e può anche non arrivare mai. Infatti, sono molte le lingue solo parlate, prive di scrittura (condizione tipica di tante società primitive).

Se dalla lingua come patrimonio di una società, o più esattamente di una comunità linguistica, passiamo alla lingua come facoltà individuale, constatiamo che anche da questo punto di vista la parola precede la scrittura nel tempo: il bambino sviluppa la capacità di capire e parlare la lingua materna, e solo quando va a scuola impara a leggere e a scrivere. Attività che si costruisce dopo la comunicazione parlata, la scrittura si sviluppa partendo da quest'ultima; sarebbe ingenuo, però, pensare alla scrittura come a un prolungamento puro e semplice della parola parlata, tanto è vero che è necessario un lungo addestramento per padroneggiare la lingua scritta.

Soffermiamoci su alcuni aspetti della comunicazione parlata che è utile aver chiari prima di discutere le caratteristiche della scrittura, e cominciamo dal cosiddetto egocentrismo della lingua. La lingua è **egocentrica**: non nel significato morale della parola (sono egocentriche le persone che mettono il proprio *io* – in latino, *ego* – al centro di ogni interesse), ma in quanto la lingua parte dal nostro *io*, individuale e irripetibile. Pensiamo a una conversazione tra due o più persone, che prendono la parola a turno (e lasciamo da parte il fatto che spesso le voci si accavallano, perché si parla tutti insieme). Ecco alcune battute di dialogo da un testo teatrale, *Il giuoco delle parti*, di Luigi Pirandello. Due personaggi, Leone Gala e Guido Venanzi, parlano della moglie di Leone, assente dalla scena:

GUIDO. [...] Tante volte *tu*...
LEONE. *Io*?
GUIDO. *Tu* sconcerti.
LEONE. Oh bella! *Io* sconcerto? Chi sconcerto?
GUIDO. Sconcerti, perché... far tutto, sempre, a modo degli altri... come vogliono gli altri... Scommetto che se *tua* moglie *ti* diceva: «*Litighiamo!*»
LEONE. *Io* le rispondevo: «Litighiamo!»
GUIDO. *Tua* moglie *ti* disse: «*Separiamoci!*»
LEONE. E *io* le risposi: «Separiamoci!»
GUIDO. Vedi? Se *tua* moglie *ti* avesse allora gridato: «*Ma così non possiamo litigare!*»
LEONE. *Io* le avrei risposto: «E allora, cara, non litighiamo».

In una grammatica e in un vocabolario dell'italiano si trovano le regole e le parole della lingua, ma allo stato virtuale, astratto; è solo nel concreto della comunicazione che la lingua giunge all'esistenza, e perché ciò avvenga è necessaria una persona che dica *io* (esplicitamente o in forma sottintesa), e in tal modo accenda, per così dire, l'interruttore della lingua reale e della comunicazione, anche la più quotidiana e comune. Nella vita reale, le parole «Buon giorno» hanno senso in quanto siano pronunciate da un *io* che incontri una o più persone. Facciamo il caso che, entrando in un negozio, il signor Rossi saluti il commerciante, che è suo amico: l'*io* accende l'interruttore della lingua in quanto ha davanti una persona, che in quel momento è il suo interlocutore. Il saluto «Buon giorno» ha senso perché l'*io* del signor Rossi lo pronuncia. A sua volta il commerciante suo amico (lo chiameremo il signor Verdi) risponderà con un «Buon giorno» che ha senso in quanto è di nuovo un *io*, ma diverso da quello del signor Rossi, a rispondere.

Questa è la situazione base dello scambio linguistico, la **comunicazione faccia a faccia**. Aggiungiamo ora la considerazione che l'*io* (il signor Rossi) apre la comunicazione perché si rivolge a un *tu* (il signor Verdi), e che quando il *tu* risponde, diventa un *io* il quale usa il *tu* con il personaggio che aveva aperto la comunicazione salutando; e così via, attraverso i «turni» della conversazione (Finestra 1).

Come nella conversazione reale, così nel dialogo di Pirandello riportato sopra *io* e *tu* si invertono continuamente: quando parla Leone, *io* «significa» Leone e *tu* «significa» Guido; quando è Guido a prendere la parola, dice *io* in riferimento a se stesso, e si rivolge a Leone con il *tu*. Tutto ciò è notissimo e perfino banale, ma illumina su un aspetto profondo della comunicazione faccia a faccia: il pronome *io* dà senso concreto ai nostri interventi, alle parole che pronunciamo; perché le parole che si dicono acquistano il loro significato in rapporto a chi le dice, alla persona alla quale sono rivolte e alla situazione concreta in cui si pronunciano.

Dunque l'*io* parla a un *tu* che, nel rispondere, diventa *io* e si rivolge con il *tu* a chi gli aveva parlato dicendo *io*. Perciò la comunicazione è sì egocentrica, ma non è concepibile senza un interlocutore: è come una medaglia, che ha su una faccia la dimensione egocentrica, e sull'altra la dimensione sociale, consistente nel comunicare con il nostro prossimo. *Io* è l'aspetto egocentrico della lingua, *tu* quello comunicativo, sociale; *io* e *tu* sono inseparabili. La coppia *io-tu* è così indissolubile che, quando parliamo a noi stessi e, in certo modo, ci sdoppiamo, il nostro *io* si rivolge a se stesso dandogli (o, meglio, dandosi) del *tu* (Finestra 2).

L'*io* e il *tu* comandano il verbo, che si coniuga alla prima e, rispettivamente, alla seconda persona singolare. Nelle battute di Pirandello riportate sopra, si alternano «*Io* sconcert*o*» e «*Tu* sconcert*i*», e questo è un punto fondamentale della grammatica dell'italiano (come di altre lingue), riguardante l'accordo del soggetto e del verbo. La presenza dell'*io* e del *tu* non è necessariamente esplicita, e sarebbe ugualmente evidente se i due personaggi dicessero: «Sconcert*o*» e «Sconcert*i*».

Oltre che nelle forme del soggetto, l'*io* e il *tu* si esprimono nelle forme del complemento *me, mi* e *te, ti,* nei possessivi *mio, tuo,* e appunto nella coniugazione del verbo alla prima e alla seconda persona singolare.

Le grammatiche, dopo aver definito il pronome come la parte del discorso che sta al posto del nome, dicono che *io* e *tu* sono pronomi personali soggetto di prima e seconda persona singolare; gli altri sono *egli* (o *esso* o *lui*), *ella* (o *essa* o *lei*), *noi, voi, essi-esse* (o *loro*). Per la verità, la natura di *io* e *tu* va tenuta distinta da quella dei pronomi. A guardar bene, infatti, non è possibile sostituirli con un nome comune o un nome proprio. In una frase come «Non sono stata io a lasciare la luce accesa, è stato lui», al posto di *lui* si può dire *Mario, Giovanni, il mio collega* ecc., ma non è possibile fare lo stesso con *io*: *io* può essere accompagnato da un nome (chiamato in grammatica apposizione), ma questo nome non ne può prendere il posto: «Non sono stata io, Carla, a lasciare la luce accesa, è stato lui». Invece nell'ultima parte della frase il pronome di terza persona, *lui*, è sostituibile: «è stato Mario»; «è stato il tuo amico», e così via. Ognuno può constatare che considerazioni identiche si possono ripetere per il *tu* («Non sei stata tu a lasciare la luce accesa, è stato lui»).

È dunque l'*io* – un *io* mobile, incarnato da ciascun partecipante a una conversazione – che fonda la comunicazione concreta; la quale, proprio per la sua concretezza, si colloca in uno spazio e in un tempo determinati. Anche da questo punto di vista, i segni dell'egocentrismo della lingua sono evidenti. «La macchina in vendita è quella; questa è la mia auto personale», dice il signor Neri, venditore di automobili usate, al signor Bianchi, il cliente che vorrebbe acquistare proprio la vettura del signor Neri. *Quella* e *questa* si riferiscono all'automobile lontana e a quella vicina alla persona fisica del signor Neri: le distanze sono misurate dall'*io* del signor Neri. *Questo* e *quello* – aggettivi e pronomi dimostrativi – si dicono rispettivamente di ciò che è vicino a chi parla, e di ciò che è lontano da chi parla, e quindi è l'*io* parlante che ne regola l'uso. Allo stesso modo si distinguono gli avverbi di luogo *qui* e *lì*: «Vieni qui» o «Guarda lì» indicano luoghi vicini o lontani dall'*io* che invita a venire o a guardare. La scelta di *questo* e *quello*, di *qui* (o *qua*) e di *lì* (o *là*) dipende dall'*io* che parla; e l'uso di queste parole può legare il discorso dell'*io* alla realtà non linguistica, all'ambiente fisico in cui avviene il discorso. Chi dice «Guarda qui» o «Guarda lì» deve accompagnare le parole con un gesto della mano e dell'indice, o almeno con uno sguardo, che indirizzi l'interlocutore nella direzione voluta. È ciò che avviene quando un forestiero chiede un'indicazione stradale: il gesto accompagna le parole della risposta e, se si tratta di uno straniero, dovrà sostituirle il più possibile.

Ciò che si è detto per lo spazio vale anche per il tempo: «Vengo tra poco», «Vieni subito» sono frasi da inserire in una situazione reale: *tra poco* e *subito* ricevono significato dalla situazione concreta, dal tempo rispetto a cui si dice *tra poco* o *subito*.

Anche se le origini della lingua ci sono sconosciute, è tuttavia ragionevole affermare che la forma più antica di comunicazione sia stata quella faccia a faccia: due o più persone che prendono la parola a turno. Questa realtà, nota a tutti, è ricca di aspetti e sfumature. La conversazione più banale consiste di tanti elementi: le parole, in primo luogo, ma anche il tono della voce, gli sguardi e il loro incrociarsi, l'espressione del viso, la distanza tra coloro che parlano, la posizione e gli atteggiamenti del corpo, i gesti. Alcuni di questi elementi sono determinati da regole che non sono universali, e che seguiamo senza esserne consapevoli: nei paesi mediterranei, come l'Italia, si parla a una distanza minore e ci si guarda negli occhi più di quanto non avvenga nei paesi dell'Europa centrosettentrionale.

Nella conversazione, molte conoscenze restano sottintese: facciamo il caso di due conoscenti o amici che s'incontrano in autobus mentre vanno al lavoro, e si scambiano le loro impressioni su un fatto noto a entrambi. Se commentano la partita di calcio del giorno prima, forse non parleranno del risultato, già conosciuto tra tifosi, ma ricorderanno una fase del gioco o la prestazione di un calciatore o l'arbitraggio; e analogamente nel parlare di un film o di una trasmissione televisiva o di un risultato elettorale. Su questa intelaiatura di conoscenze comuni giocano poi fattori che sfuggono almeno in parte alla coscienza e alle intenzioni degli stessi parlanti: la confidenza, la sincerità, la simpatia e così via.

L'atteggiamento del corpo rivela spesso informazioni importanti sui rapporti tra coloro che parlano: confidenza, seduzione, sospetto, rispetto, deferenza, servilismo e così via. Sono relazioni che l'arte dei pittori o l'obiettivo dei fotografi permettono di capire con chiarezza (Finestra 3); e tuttavia neppure una macchina da presa e un registratore possono rivelare per intero ciò che avviene in una conversazione, dal momento che le correnti di sensazioni che passano tra le persone non sono del tutto chiare neppure a loro.

La comunicazione faccia a faccia si fonda sulla parola ma si completa con i gesti e gli atteggiamenti fisici. Ci si esprime, cioè, oltre che con le parole, con il tono della voce (che può essere neutro, confidenziale, minaccioso), con la posizione del corpo, con i gesti delle mani, con l'espressione del viso, con lo sguardo; anche la distanza tra chi parla e l'interlocutore può essere significativa, e senz'accorgercene ci avviciniamo alla persona con cui parliamo se stiamo per dire qualcosa di confidenziale (anche se nella stanza non c'è nessuno che possa sentire) o ce ne allontaniamo per esprimere meraviglia o stupore o disaccordo.

L'espressione del viso e la situazione fanno capire anche se certe frasi vanno prese sul serio o se vogliono dire il contrario di ciò che suonano le parole: è questa la cornice che rende evidente se un «Bravo!» equivale a un complimento o è invece detto per ironia o per rimprovero. Poi ci sono le frasi ambigue, equivoche, le quali, volontariamente o no, lasciano nel dubbio l'ascoltatore. La comunicazione parlata è ricca di sfumature infinite, che ognuno ha imparato a decifrare. L'ironia, il comico si fondano per una parte importante sulle abitudini condivise da una comunità linguistica.

Lo spazio e il tempo della comunicazione permettono, come si è già accennato, di servirsi di parole particolari che indicano direttamente luoghi o oggetti: «Io ero qui e lui era seduto lì», dirà Mario additando un luogo e una sedia nella stanza in cui racconta di quando ha litigato con Aldo, «e allora lui mi tirò questo», e prenderà in mano il pesante portacenere metallico che, per sua fortuna, non lo ha colpito e si è ammaccato cadendo sul pavimento. La parola parlata riproduce l'esperienza senza ripetere esattamente tutte le parole e le azioni (non è necessario un nuovo lancio del portacenere), e continuerà fino a descrivere la riappacificazione finale (forse lo stesso Aldo è presente e sorride) o la rottura definitiva tra i due amici. Non ci interessa ora come sia andata a finire tra Mario e Aldo, ma il fatto che nella comunicazione faccia a faccia il significato delle parole può essere riempito o completato dal legame diretto tra la parola e la realtà circostante.

Ancora, nel parlare la reazione dei presenti consente di aggiustare il tiro del discorso (l'effetto di retroazione o *feedback*): la parola consente di controllare se la comunicazione avviene senza intoppi o se ci sono incertezze e rischi di incomprensione: «Non capisco cosa stai dicendo»; «Che cosa intendi per 'Maria mi interessa'?».

Anche l'espressione del viso è significativa, e l'attenzione o invece la noia di un interlocutore sono rivelate dalla posizione del corpo, o da uno sbadiglio più o meno represso, e così via.

3. Altri tipi di comunicazione parlata

In altre forme di comunicazione faccia a faccia si prende la parola rispettando un turno regolamentato in modo formale, esplicito: è ciò che avviene discutendo in una riunione di condominio, o politica o sindacale: i partecipanti possono intervenire, ma la discussione è regolata da un presidente, al quale occorre chiedere la parola. Coloro che si sono iscritti a parlare ricevono la parola dal presidente, che rispetterà l'ordine di successione delle richieste.

Altri tipi di comunicazione faccia a faccia prevedono che uno parli e altri ascoltino, dando vita a un discorso a senso unico, senza reciprocità nel prendere la parola: è ciò che avviene nei comizi politici, con un oratore che si rivolge al pubblico, o nella predica di un religioso ai fedeli; analogamente nella lezione scolastica o nella conferenza (al termine, possono essere consentite domande, interventi, obiezioni). Oppure, alcune situazioni di discorso prevedono che uno degli interlocutori faccia le domande, e l'altro risponda, come avviene nelle interviste, nelle quali il giornalista ha il diritto di fare le domande, e all'intervistato tocca rispondere, o negli esami, in cui il professore domanda e l'esaminato risponde.

Lo sviluppo della tecnica ha consentito che la voce umana viaggi a distanze molto maggiori della propagazione naturale dei suoni nell'aria: dal secolo scorso il telefono permette di comunicare non più faccia a faccia, ma a distanza. La radio e la televisione, poi, danno vita a una comunicazione a distanza a senso unico (Finestra 4).

4. Intrecci di parlare e scrivere

Scrivere e parlare sono attività diverse: è un punto che non ha davvero bisogno di spiegazioni. Appartiene all'esperienza comune anche il continuo combinarsi della parola parlata e della parola scritta.

Molte volte un testo è scritto per essere letto ad alta voce: una relazione destinata a un incontro con il personale di un'azienda o con gli operatori di un settore economico (commerciale, turistico, industriale); oppure un servizio giornalistico che l'autore o un annunciatore leggono alla radio o alla televisione. I giornalisti televisivi, come è noto, «recitano» i loro servizi aiutandosi con un testo scritto (chiamato il «gobbo»), invisibile agli spettatori. A teatro, gli attori che interpretano un dramma hanno imparato a memoria le battute del testo composto dall'autore.

In questo libro si discuterà del testo scritto destinato a essere letto ad alta voce, e soprattutto del passaggio dal discorso orale alla scrittura. Tanti discorsi parlati, infatti, sono destinati a essere riferiti dalla scrittura. È un passaggio che produce spesso discussioni e polemiche: i giornali pubblicano le interviste a un uomo politico, a un'autorità, a un personaggio famoso o al cosiddetto uomo della strada; e spesso l'autore della dichiarazione afferma che le sue parole e il suo pensiero sono stati riportati in modo inesatto, infedele o decisamente sbagliato. Lo stesso accade per le dichiarazioni rilasciate alla radio o alla televisione, e riferite dai giornalisti: riportare, nello scrivere giornalistico o nel parlato radiotelevisivo, le parole di un altro (come i mezzi di comunicazione di massa fanno continuamente) è un'operazione delicata. Chi la compie può mirare a un'informazione il più possibile oggettiva, ma può anche voler mettere in buona o cattiva luce l'intervistato; oppure può capire male. In generale, è necessario seguire certi accorgimenti per adattare il discorso originale al servizio che il giornalista scrive o manda in onda.

Lasciando da parte questi casi, gli appunti con cui si riassumono una lezione o una conferenza sono un nuovo esempio di passaggio dalla parola parlata alla parola scritta; oppure si pensi al segretario di una riunione, che ha il compito, non sempre facile, di stendere il verbale della riunione stessa.

Finestra 1. Quando *io* e *tu* non si alternano

Scampato al Lager di Auschwitz, Primo Levi (Torino 1919-1987) riuscì a tornare in patria dopo un lunghissimo viaggio di ritorno dalla Polonia all'Italia, attraverso la Romania, l'Ungheria, la Slovacchia e l'Austria. Dalla *Tregua* (1963), il libro in cui racconta le peripezie del suo viaggio, riportiamo l'incontro con un soldato russo. Questi pretende d'insegnargli la propria lingua, e non gradisce che Levi non riesca a trasformare «Io sono un soldato russo» in «Tu sei un soldato russo».

> Sono le sei di mattina, ma da un pezzo la luce del giorno ha messo il sonno in fuga. Con una pentola di patate organizzate da Cesare, mi sto dirigendo verso un boschetto dove scorre un rigagnolo: poiché qui c'è acqua e legna, è il nostro luogo preferito per le operazioni di cucina e oggi ho io l'incarico della lavatura del vasellame e della successiva cottura. Accendo il fuoco fra tre sassi: ed ecco, c'è un russo poco lontano, piccolo ma nerboruto, dalla spessa maschera asiatica, intento in preparativi simili ai miei. Non ha fiammiferi: mi si accosta, e a quanto pare mi chiede del fuoco. È a torso nudo, con solo indosso i pantaloni militari, e non ha un'aria molto rassicurante. Porta la baionetta alla cintura.
>
> Gli porgo uno stecco acceso: il russo lo prende, e resta lì a guardarmi con curiosità sospettosa. Pensa che le mie patate siano rubate? O medita invece di portarmele via lui? O mi ha scambiato per qualcuno che non gli va?
>
> Ma no: quello che lo turba è altro. Si è accorto che io non parlo russo, e questo lo contraria. Il fatto che un uomo, adulto e normale, non parli russo, e cioè non parli, gli sembra un atteggiamento di insolente protervia, come se io rifiutassi apertamente di rispondergli. Non è male intenzionato, anzi, è disposto a darmi una mano, a sollevarmi dalla mia colpevole condizione di ignoranza: il russo è così facile, lo parlano tutti, per-

fino i bambini che non camminano ancora. Si siede vicino a me; io continuo a temere per le patate, e lo tengo d'occhio: ma lui, secondo ogni apparenza, non ha altro in animo se non di aiutarmi a recuperare il tempo perduto. Non capisce, non ammette la mia posizione di rifiuto: mi vuole insegnare la sua lingua.
Purtroppo, come maestro non vale gran che: gli mancano il metodo e la pazienza, e inoltre si fonda sul presupposto errato che io possa seguire le sue spiegazioni e i suoi commenti. Finché si tratta di vocaboli, va ancora abbastanza bene, e in fondo il gioco non mi dispiace. Mi indica una patata, e dice: «Kartòfel»; poi mi afferra per la spalla con la sua zampa poderosa, mi caccia l'indice sotto il naso, tende un orecchio e rimane in attesa. Io ripeto: «Kartòfel». Lui fa una faccia nauseata; la mia pronuncia non va: neppure la pronuncia! Tenta ancora due o tre volte, poi si stufa e cambia vocabolo. «Ogòn», dice, indicando il fuoco: qui va meglio, pare che la mia ripetizione lo soddisfi. Si guarda intorno in cerca di altri oggetti pedagogici, poi mi fissa con intensità, si alza lentamente in piedi sempre fissandomi, come se mi volesse ipnotizzare, e a un tratto, fulmineo, estrae la baionetta dalla guaina e la brandisce a mezz'aria.
Io salto in piedi e scappo via, dalla parte della Casa Rossa: tanto peggio per le patate. Ma dopo pochi passi sento risuonare dietro le mie spalle una risata da orco: lo scherzo gli è riuscito bene.
«Britva», mi dice, facendo luccicare la lama al sole; ed io ripeto, non molto a mio agio. Lui, con un fendente da paladino, taglia netto un ramo da un albero: me lo mostra, e mi dice: «Dèrevo». Io ripeto: «Dèrevo».
«Ja rússkij soldàt». Io ripeto, del mio meglio: «Ja rússkij soldàt». Un'altra risata, che mi suona sprezzante: *lui* è un soldato russo, io no, e fa una bella differenza. Me lo spiega confusamente, con un mare di parole, indicando ora il mio petto, ora il suo, e facendo sì e no col capo. Deve giudicarmi un pessimo allievo, un caso disperato di ottusità; con mio sollievo, se ne torna al suo fuoco e mi abbandona alla mia barbarie.

Sullo stesso meccanismo, e cioè la mancata conversione di *io* e *tu*, si fonda l'effetto comico di una vignetta con Fini e Berlusconi (© Chiappori) pubblicata nel *Corriere della Sera* del 21 febbraio 1996.

Finestra 2. L'*io* parla a sé stesso

In *Abitare il vento* (1980) di Sebastiano Vassalli (nato a Genova nel 1941) un personaggio che si esprime con l'*io*, e dunque in prima persona, si rivolge a sé stesso dandosi del *tu*.

> *Dài* Cris che l'inizio è bello. *Metti* che un giorno nel pollicitaio un ovo con due tuorli si rompesse e che una volpe di passaggio se lo magnasse, ooops! *Metti* che mentre la vorpe se magna l'ovo ci arriva l'omo der pollicitaio detto pollitico, e che la vorpe je dice: signor presidente! [...] *Imagìnati* adesso in Milano un bicamere doppi servissi di terzo piano a via troia, dove chi passa una vita se non s'ammazza s'annoia. [..] Perché quelli Cris *ti* vogliono regolare il conto. Conto contante e tradimento, yes. Ma *io sono* un cavaliere errante. E se l'organizzazione non perdona sono cazzi del Ludovico e suoi, che *io* intanto per cominciare la donna me la chiamo Bona e poi per il resto si vedrà...

Finestra 3. Il linguaggio del corpo

Quando, tra il 1840 e il 1842, pubblicò *I promessi sposi*, il Manzoni (Milano 1785-1873) curò attentamente le illustrazioni che visualizzavano il racconto (spesso tralasciate nelle edizioni moderne). Qui si riproducono le illustrazioni che rappresentano don Abbondio e don Rodrigo, don Abbondio e la governante Perpetua. I diversi atteggiamenti del corpo rivelano la posizione sottomessa di don Abbondio quando incontra il prepotente signorotto del posto, e la posizione servizievole di Perpetua, quando don Abbondio torna a casa, stanco e spaventato dopo l'incontro con i bravi che gli hanno ordinato di non celebrare il matrimonio fra Renzo e Lucia.

A proposito dei movimenti del corpo, ecco il testo narrativo collegato alla prima delle due illustrazioni: don Abbondio «non conosceva don Rodrigo che di vista e di fama, né aveva mai avuto che far con lui, altro che di toccare il petto col mento, e la terra con la punta del suo cappello, quelle poche volte che l'aveva incontrato per la strada» (cap. I).

Due illustrazioni dei *Promessi Sposi*

Un atteggiamento molto ossequioso si rivela nel dipinto che raffigura papa Paolo III Farnese (1534-1549) con i nipoti Alessandro e Ottavio Farnese, colti dal pennello del grande Tiziano (Pieve di Cadore ca. 1488-1576), ma anche nelle immagini dei nostri tempi: è recente la fotografia che ritrae il capo della Polizia e il ministro dell'Interno del 1992. Dalla posizione delle teste e dalla direzione degli sguardi è evidente la posizione di maggiore autorevolezza e potere del sen. Nicola Mancino (a destra), ministro e superiore diretto del suo interlocutore, il capo della polizia (scomparso nel 1994) Vincenzo Parisi (a sinistra).

Tiziano, *Paolo III Farnese con i nipoti*, Napoli, Museo Nazionale di Capodimonte.

Una fotografia da *Repubblica* del 13 luglio 1992 (Foto A. G. F.).

I lanzichenecchi, i temibili soldati tedeschi dediti al saccheggio e alla violenza, stanno per attraversare il paese dove vivono don Abbondio e la sua governante, Perpetua. I due lasciano il paese, dopo aver nascosto in fretta denari e oggetti preziosi nell'orto, sotto il fico. Ma i soldati troveranno il nascondiglio e faranno man bassa, come constatano, al loro ritorno, don Abbondio e Perpetua. Nella vignetta, i due si rimproverano a vicenda, indicando la buca scavata dai soldati, e naturalmente vuota.

«don Abbondio cominciò a prendersela con Perpetua, che non avesse nascosto bene: pensate se questa rimase zitta: dopo ch'ebbero ben gridato, *tutt'e due col braccio teso, e con l'indice appuntato verso la buca*, se ne tornarono insieme, brontolando» (cap. XXX).

Le illustrazioni che seguono rappresentano una conversazione animata, alla tavola dei potenti, e Agnese che parla con Renzo (capp. III e XXXVII).

Caravaggio, *La cena di Emmaus*, Londra, National Gallery.

Emmaus è un villaggio a circa dodici chilometri da Gerusalemme. Dopo la morte, Gesù risorge; i discepoli che vanno al sepolcro, lo trovano vuoto. Nel racconto di uno dei Vangeli, Cleofa e un altro di cui non si dice il nome lasciano Gerusalemme in direzione di Emmaus; sulla strada si accompagna a loro, senza essere riconosciuto, Gesù. I discepoli parlano della morte del Maestro, e del sepolcro trovato vuoto, mentre Gesù spiega che la morte del Cristo era prevista dai profeti e necessaria alla sua gloria. Arrivano così a Emmaus:

> Giunti presso al villaggio ove andavano, egli fece finta d'andar più lontano. Ma essi gli fecero forza, dicendo: «Resta con noi, che si fa sera e il giorno già declina». Egli entrò con quelli. Quando fu a tavola con loro, prese il pane, lo benedisse, lo spezzò e lo porse ai discepoli. Allora si aprirono gli occhi loro e lo riconobbero; ma egli sparì ai loro sguardi (Luca 24, 28-31). I discepoli tornano a Gerusalemme annunciando la resurrezione di Gesù.

L'episodio del Vangelo offre a Caravaggio (Michelangelo Merisi detto il Caravaggio, Milano 1571-1610) l'occasione per rappresentare l'ambiente umile delle narrazioni evangeliche: una mensa modesta ma illuminata dall'eccezionalità di uno dei commensali, e dall'elevatezza dei discorsi sulle Scritture e la sorte del Cristo che lo sconosciuto fa ai discepoli affascinati.

Finestra 4. La comunicazione faccia a faccia

1. Comunicazione con turno di parola regolamentato: Cristo tra i dottori.
   Nel Vangelo di Luca si legge che la Madonna e san Giuseppe, recatisi con Cristo dodicenne a Gerusalemme per celebrare la Pasqua, presero la via del ritorno senza accorgersi che Gesù non faceva parte della carovana; tornarono perciò a Gerusalemme per cercarlo: «Dopo tre giorni, lo trovarono nel tempio seduto in mezzo ai dottori in atto di ascoltarli ed interrogarli: e tutti che l'udivano, stupivano del suo senno e delle sue risposte» (Luca 2, 46-7). L'episodio

Veronese, *La disputa di Gesù coi dottori*, Madrid, Prado.

è stato illustrato molte volte dall'arte. Qui si riproduce il dipinto del Veronese (Paolo Caliari, detto il Veronese dalla città in cui nacque, 1528-1588).

2. Comunicazione faccia a faccia con turno di parola libero. Qui si riproduce il dipinto di Federico Zandomeneghi.
3. Comunicazione a senso unico: il discorso politico. Qui si riproduce il dipinto di Cesare Maccari.
4. Comunicazione a senso unico: la predica. Qui si riproduce il dipinto di Sano di Pietro.

Federico Zandomeneghi (Venezia 1841-1917), *La conversazione interessante*, Collezione privata.

Cesare Maccari (Siena 1840-Roma 1919), *Cicerone accusa Catilina in Senato*, Roma, Palazzo Madama, Sala del Senato.

Sano di Pietro, *Bernardino predica in piazza del Campo a Siena*, Siena, Museo dell'Opera del Duomo (prima metà del XV secolo).

Capitolo secondo

PARLATO E SCRITTO

Gli argomenti di questo capitolo:

- parlato e scritto non coincidono: molti usi normali nel comunicare a voce non sono accettabili nella scrittura; e neppure è consigliabile «parlare come un libro stampato»
- il parlato si consuma all'istante, la scrittura è durevole
- la scrittura si rivolge a destinatari fisicamente assenti, che riceveranno lo scritto in un tempo (e probabilmente in un luogo) differente da quello in cui è stato composto
- la scrittura è più astratta della lingua parlata

1. Parlare e scrivere: due attività distinte

Un discorso, anche quando si lascia ascoltare volentieri, messo tale e quale sulla carta fa difficilmente un buon effetto. Le eccezioni esistono, ma di regola anche le parole di chi sa esprimersi bene, in modo sciolto, efficace, quando passano alla scrittura devono essere adattate: senza modifiche, «non funzionano». Riportiamo un pezzo di una conferenza sulla scuola, registrata e trascritta fedelmente:

> Ora, questo tipo di analisi... mi sembra che possa essere visto come molto importante per l'epoca in cui nasce. **Ehm... cioè**, formula la CENTRALITÀ dell'ORGANIZZAZIONE SCOLASTICA. Se andiamo **un momento** alla storia dell'ORGANIZZAZIONE SCOLASTICA nei paesi europei, **ecco**, vediamo che è stata una storia ABBASTANZA FATICOSA: il riconoscimento di questa CENTRALITÀ della scuola nel processo educativo è PIUTTOSTO FATICOSO, proprio da un punto di vista di ORGANIZZAZIONE. Ci sono delle notizie, su la FORMAZIONE, soprattutto *DEGLI INSEGNANTI* dei primi anni di vita dell'individuo... dello scolaro, **eh**, che sono molto indicative per dimostrare che QUESTA FORMAZIONE era lasciata molto spesso al caso, era frammentaria, e ***LA SUA PROFESSIONALITÀ*** – questo, **dico**, A LIVELLO europeo, non UNICAMENTE in questo o in quel paese, quindi non UNICAMENTE... ma **al limite** anche AL LIVELLO... le notizie degli Stati Uniti d'America, sono analoghe – e ***LA SUA PROFESSIONALITÀ*** non veniva riconosciuta adeguatamente.

Chi parla è una persona istruita, che espone in pubblico le proprie riflessioni sull'organizzazione della scuola e la formazione degli insegnanti. Si tratta, per un paese evoluto, di un interesse primario; eppure, sostiene l'oratore, in Europa e negli Stati Uniti la coscienza che il problema è importante si è sviluppata con lentezza. Probabilmente il discorso orale è stato ascoltato con approvazione; ma, messo sulla carta, il testo suscita un'impressione piuttosto disastrosa. Con il MAIUSCOLETTO si sono messe in rilievo le ripetizioni; con il **grassetto** le parole «vuote» che caratterizzano il parlato e, se non sono troppe, passano inosservate; con il *MAIUSCOLETTO CORSIVO* la sconcordanza tra *INSEGNANTI* e ***LA SUA PROFESSIONALITÀ***: poiché «sua» si riferisce a «insegnanti», l'oratore avrebbe dovuto dire «loro». Nell'ascolto queste caratteristiche non disturbano; diversamente avviene nella lettura.

Anche il discorso pubblico di una persona colta deve essere modificato nel momento in cui passa alla forma scritta. La frase fatta «parlare come un libro stampato» conferma che parlare e scrivere non coincidono e che, se il primo coincide con il secondo, si produce un effetto strano: coloro che sono capaci di parlare «come un libro stampato» sono davvero pochi, e dire a qualcuno che parla come un libro stampato non è sempre una lode, perché quando si parla non si deve far pensare al libro stampato. Viceversa, quando si scrive si devono abbandonare certi giri di parole e frasi e costruzioni accettabili nel parlare ma non nello scrivere (Finestra 1).

Ciò che vale per un discorso pubblico accurato, vale ancor più quando si registrano e si trascrivono sulla carta conversazioni alla buona, informali: quello che è normale nella comunicazione faccia a faccia si rivela inaccettabile nella scrittura. Leggiamo la trascrizione di alcune interviste a persone di cultura medio-bassa, sull'argomento dei programmi televisivi. Qui e in seguito la trascrizione è fedele, ma non riproduce la pronuncia reale. Quest'ultima riflette un accento dialettale, un aspetto che non ci interessa in questa sede:

DOMANDA. Ci sono dei programmi che le piacciono?

RISPOSTA. Sì, vi ho detto, ci stanno dei programmi **INSOMMA** che... che... perché, **diciamo così** la televisione oltre che deve essere **INSOMMA** un mezzo di... di comunicazione, deve essere ANCHE in qualche MOMENTO PURE un MOMENTO **INSOMMA** di svago.

Come è organizzata la risposta alla domanda sui programmi preferiti? L'intervistato afferma di gradire programmi di intrattenimento, oltre che di informazione. Nelle sue parole compaiono anzitutto le esitazioni (segnalate dai tre puntini) e i riempitivi che sono normali nel parlare: «insomma» (usato tre volte) e «diciamo così». Sono parole vuote di significato, che si dicono parlando, servono a guadagnare tempo (così si può riflettere a ciò che si dirà subito dopo), e probabilmente hanno anche altre funzioni; si pronunciano spesso senz'accorgersene. Ma nessuno le scriverebbe, perché nella scrittura questi riempitivi, ai quali non facciamo caso quando parliamo noi o ascoltiamo gli altri, sono inutili e anzi fastidiosi, danno un'impressione di inefficienza comunicativa e di scorrettezza.

Una frase, poi, è lasciata a metà: «ci stanno [= ci sono] dei programmi insomma che... che...». Forse l'intervistato voleva dire qualcosa come: «ci sono dei programmi che sono informativi ma annoiano», o «ci sono dei programmi che sono divertenti anche se è giusto che altri programmi siano dedicati all'informazione». Fatto sta che la frase s'interrompe e non è più ripresa perché, per sostenere il proprio punto di vista, l'intervistato ha preferito esprimersi in un altro modo: «la televisione oltre che un mezzo di comunicazione deve essere anche un momento di svago».

Chi parla ha cambiato idea sul modo di esprimersi, e ha lasciato interrotto il discorso avviato per scegliere una diversa organizzazione della frase: la prima è solo cominciata, la seconda cominciata e portata a termine. Nel corso dello scrivere accade, anche più frequentemente che nel parlare, di cambiare progetto; ma allora si cancellano le parole che si erano scelte in un primo momento, e si lasciano solo quelle che, per un motivo o per un altro, sono sembrate migliori. Nel parlare, invece, non è possibile tornare indietro, e dunque si seguono, uno dopo l'altro, due progetti di discorso differenti: il primo resta interrotto, perché il parlante l'abbandona per un progetto di discorso diverso, che sceglie in corso di parola.

Qualcosa del genere avviene in quest'altro spezzone di dialogo:

> DOMANDA. Ha mai seguito quelle trasmissioni che fanno di pomeriggio sulle lingue straniere?
>
> RISPOSTA. No, non le ho mai seguite perché... per mancanza di tempo.

È facile capire che l'intervistato dopo il *perché* lasciato sospeso avrebbe detto: «perché mi manca il tempo», o «perché non ho tempo». Ma il parlante ha preferito cambiare costruzione (c'è dunque un mutamento di progetto), passando a una costruzione diversa, senza il verbo: «per mancanza di tempo». Al verbo *mancare* (o *non avere*), ha preferito il sostantivo *mancanza*. Ancora:

> DOMANDA. Quali sono le sue preferenze?
>
> RISPOSTA. Eh... le commedie, **INSOMMA**, qualche film, **INSOMMA** di... come voglio dire... amoroso.

Invece di concludere il discorso avviato («qualche film d'amore» o «di argomento amoroso»), il parlante ha lasciato in sospeso il *di* e ha scelto una forma un po' strana («film amoroso») (Finestra 2).

2. Alcune caratteristiche del parlato

Nel parlare, si impiegano formule di apertura del discorso: i saluti, ma anche parole «vuote», che servono da inizio: *bene, dunque, allora, cioè*. Parole come *cioè* o *dunque* non dovrebbero andare, a rigore, all'inizio del discorso; ma questa è appunto una delle differenze tra lo scritto e il parlato: quest'ultimo usa certe parole in modo diverso dallo scritto. E, dopo l'apertura, il parlato abbonda di parole «vuote» di significato, che servono genericamente come intercalare o passaggio, o per guadagnare tempo e cercare le parole successive, o hanno funzioni più complesse: alludiamo a espressioni del tipo di *così, appunto, volevo dire, in qualche modo, insomma, è vero* (o *vero, (è) vero?*), *come dire, se vogliamo, appunto, un momento, un attimino* ecc.; e ancora: *praticamente, sostanzialmente, fondamentalmente, chiaramente,* parole lunghe, che nella lingua scritta hanno un significato preciso, mentre nel parlare si usano come riempitivo o, meglio, per controllare la comunicazione, o per attenuarla, o per assicurarsi che il contatto con l'interlocutore proceda bene.

Nel parlare vanno evitate interruzioni troppo lunghe, e proprio per riempire il vuoto delle pause si impiegano espressioni di questo tipo o anche suoni come *mmh, eh, ehm.*

Ma al di là di questi e altri particolari, la configurazione complessiva del parlato è differente dallo scritto. I rapporti tra queste due grandi regioni espressive sono discussi: secondo alcuni, il parlare è molto più semplice dello scritto, ricorre a frasi più brevi, e le lega in maniera meno attenta di quanto avviene nella scrittura. Nel parlare, inoltre, il ventaglio delle parole impiegate è più ristretto, e si usano con alta frequenza termini generici quali *cosa, roba, fare*; le costruzioni con il verbo al passivo sono più rare; sono numerosi i cambiamenti di progetto, e le frasi formate male, o lasciate a metà, perché si preferisce esprimere la stessa idea in modo diverso, o anche perché si passa a un'altra idea, imparentata o no con quella di cui si stava dicendo.

Questa concezione del parlare come di una realizzazione impoverita, semplificata dei procedimenti della scrittura presta il fianco, però, a varie obiezioni: si è osservato che il parlare viene prima dello scritto, e che non è giusto misurarlo sul metro della scrittura, la quale è una rappresentazione secondaria della lingua parlata. In secondo luogo, se le esitazioni, le incertezze, i cambiamenti di progetto della parola parlata fossero messi a confronto con i ripensamenti, le cancellature, le pause dello scrivere, se insomma lo scritto non si presentasse nella sua forma definitiva, frutto di un lavorio che può essere anche molto lungo, allora si potrebbe constatare che esitazioni e correzioni sono nello scrivere più numerose, forse molto più numerose, di quando ci si esprime a voce. Se si tenesse conto dei ripensamenti e delle correzioni che precedono la stesura definitiva di uno scritto, questo risulterebbe illeggibile, mentre i «difetti» del parlare non disturbano la comunicazione faccia a faccia.

Altri, ancora, hanno osservato giustamente che parlare e scrivere non si possono paragonare in blocco: entrambi presentano un ampio ventaglio di differenze (si vedano le situazioni comunicative del parlato di cui si è detto nel cap. I, § 4). Se il paragone tra una conversazione privata e uno studio accademico accentua le differenze tra parlato e scritto, la scelta di testi diversi porta a conclusioni meno nette: alcuni tipi formali di parlato non sono così lontani dai testi scritti di impianto simile, mentre una conversazione trova il proprio corrispondente in quelle opere letterarie, narrative o teatrali, che rappresentano sulla carta il dialogo delle voci.

Tuttavia anche lo scrittore più attento alla lingua parlata, nel momento in cui scrive un dialogo, finisce per ricreare qualcosa di più vero della conversazione reale, perché ne elimina tante lungaggini, inutili alla caratterizzazione essenziale che gli sta a cuore: l'arte rappresenta in forma tipica e sintetica quegli aspetti della realtà che nella vita quotidiana sono diluiti e passano inosservati. In tal senso è lecito dire che la finzione artistica può essere, in alcune sue forme, più vera della realtà (Finestra 3).

Non è utile, per gli scopi di questo libro, approfondire il problema, e sarà sufficiente aver chiaro che il parlato non è il parente povero della scrittura e che sia parlando sia scrivendo è possibile raggiungere qualsiasi scopo comunicativo, ma con manovre espressive che sono in parte diverse. Non si tratta di diversità capricciose, arbitrarie: per rendersene conto si deve considerare la diversa natura del parlare e dello scrivere, che giustifica le convenzioni seguite in questi due campi dell'espressività umana.

3. Dal parlato allo scritto

Nel parlare si producono dei **suoni** che compongono le parole e la loro combinazione nel discorso. La scrittura, come si sa, rappresenta i suoni della lingua parlata attraverso le **lettere** dell'alfabeto. La corrispondenza tra lettere e suoni non è mai completa, anche se in italiano è maggiore che in altre lingue.

Da ciò che abbiamo visto finora si può già ricavare una prima conclusione: non basta travasare nella scrittura le parole di un discorso parlato soddisfacente per ottenere un risultato altrettanto soddisfacente sulla carta. In fondo, la cosa è abbastanza ovvia: la scrittura, infatti, più che a fotografare ciò che diciamo, serve a raggiungere risultati diversi da quelli che si ottengono parlando.

Una prima differenza tra parlare e scrivere consiste nel fatto che la scrittura ha una durata, mentre il parlato è istantaneo, si consuma nel momento in cui è pronunciato. Ciò che si scrive sulla carta (o su altri supporti, ieri la pietra o un tessuto, oggi un nastro magnetico o un disco) si può conservare e insomma, per ripetere un detto antico dei Romani, «le parole volano, la scrittura resta». Le parole, poi, volano anche in un altro senso, se sono fondati i calcoli di chi sostiene che, nella comunicazione orale, si perde circa il 75% dell'informazione. La scrittura, al contrario, consente di recuperare l'informazione, attraverso la rilettura, anche a distanza di tempo.

In secondo luogo si comunica sia scrivendo sia parlando, ma in situazioni differenti. La comunicazione scritta può rientrare in uno scambio a doppio senso (una corrispondenza epistolare) o, invece, procedere a senso unico (si pensi per esempio a un articolo di giornale, a un libro o al verbale di una riunione), ma non avviene in presenza degli interlocutori. Di norma, si scrive per qualcuno che è fisicamente assente. Perciò, non solo l'uso delle lettere dell'alfabeto, invece che dei suoni, rende il testo scritto diverso dalla parola parlata: cambia anche la cornice nella quale avviene la comunicazione, e l'egocentrismo (come l'elemento collegato del rivolgersi a un *tu*) dovrà esprimersi nella scrittura diversamente che nella lingua parlata (Finestra 2), perché manca il rapporto faccia a faccia. La distanza fisica ha un risvolto sul piano dello spazio e del tempo: mentre l'uso di base della lingua parlata, che è la situazione comunicativa faccia a faccia, avviene nello stesso luogo e nello stesso tempo per tutti coloro che partecipano alla conversazione, si scrive, normalmente, in assenza del destinatario, e il destinatario legge in assenza dello scrivente. La scrittura, insomma, proprio perché dura nel tempo, fa sì che la comunicazione avvenga in assenza di coloro che si scambiano il messaggio, in tempi e luoghi diversi per chi scrive e per chi legge.

Ne deriva una conseguenza importante: mentre la comunicazione faccia a faccia va avanti grazie agli stimoli reciproci tra gli interlocutori, chi scrive procede per suo conto, anche se ciò non l'autorizza per nulla a trascurare il lettore o i lettori a cui il testo è diretto. Diversamente dal parlare lo scrivere non è, insomma, interattivo, e questa differenza spiega molte delle difficoltà che sorgono nella composizione dei testi scritti.

Sono diversi, inoltre, i tempi necessari a produrre e a ricevere il messaggio: comporre un testo scritto richiede molto più tempo che non pronunciare un discorso di lunghezza equivalente; invece la lettura silenziosa procede generalmente a una velocità maggiore dell'ascolto.

Il messaggio scritto si affida solo alla parola, e dunque deve descrivere con la parola scritta anche ciò che, parlando, si comunica con i gesti e l'espressione del viso; e poiché non si può usare il dito indice per completare il significato di *qui* e *lì*, potrà essere necessario ricostruire a parole la posizione di Aldo, quando ha lanciato un portacenere a Mario (è l'esempio del cap. I, § 2). La scrittura racconta l'esperienza in modi diversi dal parlato, e fa a meno, necessariamente, di ciò che accompagna la parola parlata (gesti, espressione del viso, intonazione della voce, distanza tra i parlanti ecc.); la scrittura è al di fuori della situazione concreta, del luogo e del tempo in cui avviene l'atto del discorso parlato. Perciò, si può dire che la scrittura è **più astratta** della lingua parlata.

Non dobbiamo concludere che la scrittura sia uno strumento comunicativo più povero del parlare, o meno realistico perché deve fare a meno della situazione concreta in cui si svolge l'atto di parola; al contrario, è capace di una potenza comunicativa pari a quella della parola parlata, e forse maggiore, dal momento che i capolavori della letteratura sono, di norma, scritti e non orali. Il punto è che questa potenza, pari o superiore a quella della parola parlata, la scrittura la raggiunge con mezzi diversi, e con risorse non sempre disponibili al parlato; il quale, a sua volta, dispone di mezzi che lo scritto non ha (Finestra 4).

Anche quando si parla, è bene riflettere a ciò che si dice («Pensa oggi e parla domani», dice un vecchio proverbio). Nel parlare, però, questa riflessione dev'essere rapida, perché la prontezza con cui si interviene in un discorso non è meno importante dell'appropriatezza, incisività, brillantezza di ciò che si dice: bisogna cogliere il momento giusto, e intervenire nel turno della conversazione, e prima che l'argomento cambi e trasformi un'osservazione tempestiva in una battuta in ritardo.

Non per nulla, la scrittura è stata definita un «parlare pensatamente»: quando si scrive, si ha più tempo a disposizione che quando si parla; nessuno si accorge delle lunghe interruzioni che hanno separato la scrittura di due periodi, perché tra il primo e il secondo siamo stati interrotti da una telefonata o, semplicemente, perché avevamo difficoltà a sviluppare il periodo iniziale. Nella scrittura, non sono un problema le pause, che invece devono essere evitate nel discorso orale nel quale si ricorre di frequente ai riempitivi (nella conversazione, i silenzi risultano imbarazzanti e vanno riempiti). La mancanza dell'interlocutore faccia a faccia ha tra i suoi risultati che il tempo impiegato a produrre un testo scritto è un problema importante solo per l'autore del testo stesso.

D'altra parte, si è più esigenti in fatto di comunicazione scritta che orale: chi legge ha più tempo di chi ascolta (così come chi scrive ha più possibilità di riflessione di chi parla), e non accetta i cambiamenti di progetto che sono normali nel parlare. Diversamente dall'ascoltatore, il lettore può tornare indietro e rileggere: il controllo da parte del lettore è superiore a quello esercitato da un uditorio. Per di più, chi scrive non può controllare le reazioni di chi legge e non può quindi correggere la sua strategia comunicativa, diversamente da quanto avviene nel parlare (cap. I, § 2). In compenso, chi scrive non solo ha più tempo a disposizione, ma può modificare o cancellare una prima formulazione che non gli piaccia o rispetto alla quale abbia cambiato idea, mentre la parola detta non può essere richiamata indietro («voce dal sen fuggita / poi richiamar non vale», ha scritto il poeta romano Pietro Metastasio, 1698-1782).

Dunque, i cambiamenti di progetto, così frequenti nel processo dello scrivere, non possono entrare nel risultato finale. Più in generale, mentre il parlato è piuttosto diluito, la scrittura tende alla concentrazione, alla densità.

4. La lingua come sostituto dell'esperienza

In alcuni dei suoi usi la lingua parlata si collega strettamente, si è visto, alla realtà nella quale avviene la comunicazione: *io, questo, quello, qui, lì, ora* ecc. La lingua, poi, è interna alla realtà (si parla in un luogo e in un momento dati), ma sa anche descrivere la realtà; ed è possibile tradurre in parole, per così dire, gli eventi, nel momento stesso in cui accadono: basti pensare alla cronaca in diretta, radiofonica o televisiva, di un avvenimento sportivo o di un lancio spaziale o di altro evento.

Ma la lingua possiede altre funzioni, una delle quali consiste nel riprodurre l'esperienza reale, sostituendola. Mentre la cronaca televisiva è integrata dalla realtà (o meglio dalle immagini trasmesse), in altre circostanze la lingua, e con la lingua la mente umana, sa fornire con le parole l'equivalente integrale di fatti materialmente assenti dalla situazione comunicativa: assenti perché appartengono a un altro luogo o a un altro tempo. La lingua può riferire eventi del passato, o azioni immaginate o inventate o desiderate o sperate o comunque attribuite al futuro.

Della lingua come sostituto dell'esperienza ci serviamo continuamente, e un esempio in questo senso l'abbiamo già proposto parlando del litigio tra Mario e Aldo (cap. I, § 2). Avevamo supposto che Mario raccontasse il movimentato episodio trovandosi nella stessa stanza in cui esso era accaduto, e che potesse quindi aiutarsi con i gesti. Aggiungiamo ora che l'aiuto dei gesti è un'opzione di cui si può fare a meno, e di cui anzi si deve fare a meno se il racconto si svolge in un luogo diverso da quello in cui si sono verificati i fatti. Scegliendo una delle varianti possibili, l'episodio potrebbe essere, per esempio, narrato in questo modo (Mario, al bar, racconta l'accaduto a Giuseppe e a Lorenzo):

L'altro ieri Aldo è venuto a casa mia. Abbiamo chiacchierato un po', poi abbiamo cominciato ad ascoltare un disco. Ho regolato il volume dello stereo, e ho acceso la pipa. Aldo ha cambiato espressione e mi ha chiesto: «Dove hai preso quell'accendino?» «Eh, sapessi», gli ho risposto; e gli ho raccontato che l'accendino me l'aveva regalato una donna splendida, conosciuta una settimana prima, con cui avevo avuto un'avventura. Non avevo finito di parlare, che Aldo mi ha tirato il portacenere. Per fortuna, eravamo abbastanza lontani: lui era seduto sulla poltroncina davanti alla mia scrivania, e io ero accanto allo stereo, che è appoggiato alla parete, a qualche metro di distanza. Insomma, mi ha mancato: il portacenere era molto pesante e se mi avesse preso mi avrebbe rotto la testa, mi avrebbe. Ma insomma, il portacenere è andato sul muro e ci ha lasciato un bel segno: è di metallo, molto pesante, e cadendo si è ammaccato, ma pazienza.

«Ma che fai? sei impazzito?», gli ho fatto. «Ma non sai che con la Lina mi sono fidanzato la settimana scorsa?», ha detto lui. «Sì, va bene, ma che c'entra?», ho risposto esterrefatto.

Bene, per farvela breve gli avevo raccontato una balla, tanto per scherzare. La verità è che non avevo avuto nessuna avventura: avevo trovato l'accendino sul tavolo, non ancora sparecchiato, di un ristorante dov'ero andato a cena. Qualcuno l'aveva dimenticato. Era carino: un bell'accendino da donna, con una grossa elle a rilievo. Me lo sono messo in tasca e non ci ho pensato più. Come avrei potuto pensare che Aldo e la Lina avevano appena cenato a quel tavolo, e che lei aveva dimenticato l'accendino? Era il regalo di fidanzamento di Aldo, e lei non gli aveva detto di averlo perduto, per non fargli dispiacere.

Chiarito l'equivoco, ci siamo fatti un sacco di risate e naturalmente abbiamo fatto pace. S'intende che l'accendino ho dovuto restituirglielo, ma poco male. Certo che l'Aldo è innamorato cotto di quella lì.

Aldo non ha dovuto disegnare la posizione sua e di Mario, e quelle dello stereo e della scrivania: le sue parole, il suo racconto sono l'equivalente dei fatti. Una delle funzioni del linguaggio consiste nel sostituire l'esperienza, in questo caso un episodio del passato recente. Aldo si è forse aiutato con i gesti per rendere il racconto più interessante; e di più avrebbe potuto aiutarsi con i gesti se si fosse trovato sul luogo dell'incidente a lieto fine. Nel dare il resoconto scritto dell'equivoco, è necessario invece che tutte le indicazioni vengano fuori dalla parola, e ciò distacca la scrittura dal parlare.

5. Le funzioni della scrittura

Il fatto è che esiste un intreccio tra parlare e scrivere, due attività che spesso si sovrappongono; ma la sovrapposizione è solo parziale. Tranne casi particolari, non si scrive per riprodurre ciò che si dice, ma al contrario per ottenere risultati diversi da quelli del parlato. Si è già detto della durata (§ 3). Aggiungiamo ora che una quota importante della lingua parlata non serve a comunicare dei contenuti, ma a realizzare l'intenzione di un contatto tra le persone. «Bella giornata, vero?» è una frase con cui, facendo la fila davanti al botteghino d'ingresso di uno stabilimento balneare, si attacca discorso con uno sconosciuto. È luglio, splende il sole, sono in molti ad aver avuto l'idea di andare al mare. Che la giornata sia bella è ovvio, ma la battuta vuole solo aprire una conversazione per ingannare il tempo dell'attesa. Tale è generalmente la funzione dei discorsi sul tempo, per i quali sono noti particolarmente gli Inglesi; così come «Governo ladro» o qualcosa del genere dirà chi è in fila per pagare la cartella delle tasse, insieme con altri, neanche loro particolarmente lieti di ottemperare al loro dovere di contribuenti. Si svilupperà così una conversazione nella quale chi va al mare potrà compiacersi con i vicini per la giornata, che si augura felice, mentre chi paga le tasse cerca solidarietà negli sconosciuti accomunati dalla stessa sorte.

La funzione, o meglio le funzioni della scrittura sono diverse da quelle della lingua parlata; e anche quando la scrittura copre un'area comune al parlato, la sua organizzazione è differente. Nella scrittura predomina, anzitutto, una funzione comunicativa orientata sui contenuti: la **trasmissione di informazioni** è uno dei suoi compiti principali. Altrettanto importante è lo scopo di **modificare una situazione**, e ottenerne un cambiamento. Come la parola parlata, così la parola scritta vale poi come **sostituto dell'esperienza**: per esempio, il racconto di un evento passato, sul quale ci siamo già soffermati (§ 4). Ma la lingua ha la capacità di **esplorare i mondi possibili**, sia per prospettare ipotesi che spieghino un problema del passato, del presente o del futuro, sia per disegnare un mondo fantastico (fino al punto di dar vita a un **mondo impossibile**, nel quale non valgono le leggi della natura e del mondo reale) (Finestra 5). Dall'espressione soggettiva dell'io reale alla visione di un mondo privo della presenza umana, non c'è territorio nel quale il linguaggio umano (e la mente) non possano entrare, ora con sicurezza di conoscenza ora con atteggiamento di interrogazione davanti a ciò che è sconosciuto; e la stessa agile inventività può concentrarsi sul reale come sul fittizio o sull'immaginario. Si toccano in tal modo i territori dell'invenzione letteraria così come quelli del diario e dell'autobiografia, forme comunicative antiche che conoscono una vera esplosione nei tempi moderni.

Ma in questo libro, che è dedicato agli aspetti professionali della scrittura, ci si concentra sulle prime due funzioni, spesso collegate fra loro, e cioè sulla scrittura come trasmissione di informazioni, e come cambiamento di una situazione concreta. Non ci si trattiene, in altre parole, sulla scrittura in quanto attività inventiva, definibile, almeno entro certi limiti, come disinteressata, ma sulla scrittura come lavoro che accompagna necessariamente molte attività nella società di oggi.

Sarebbe un errore pensare alla funzione informativa della scrittura come a un esercizio «freddo», neutrale. Dati, fatti, informazioni, idee, proposte si possono esprimere in modo più o meno personale; inoltre, in una comunicazione di contenuto intellettuale, o piena di fatti (o «cose»), si riflette sì il nostro sforzo di essere il più possibile razionali e precisi, ma agiscono anche altre spinte che, con la ragione, esprimono la tensione della volontà. Non è possibile separare con un taglio netto le diverse facoltà umane, e una varietà di scopi è normale nella scrittura informativa: tra questi, accanto all'intenzione di **documentare** un'informazione o una serie di informazioni, va tenuta in conto l'intenzione di **persuadere** il o i destinatari (per non parlare delle componenti affettive, dei sentimenti, delle emozioni che sono di casa in una lettera tra amici o innamorati, o in un'opera letteraria). I maestri di retorica (l'arte del persuadere) sostengono che nello scrivere si riversa la volontà del mittente, il quale tende a fare in modo che il destinatario si convinca della posizione sostenuta da chi scrive; e naturalmente il destinatario può ribattere, aprendo un dialogo a distanza che può concludersi con un accordo finale, o viceversa con un incontro mancato tra le ragioni dell'uno e dell'altro.

La pubblicità come arte (più o meno occulta) del persuadere è sotto i nostri occhi; ma anche restringendoci a uno dei nostri campi d'interesse, si pensi alle offerte di lavoro pubblicate dai giornali: sono annunci che indicano il profilo professionale a cui è interessata l'azienda, ma che insieme vogliono presentarla ricca di progettualità, in espansione, di successo crescente, tale dunque da assicurare vantaggi di carriera per coloro che saranno prescelti. Lo scopo consiste, come è comprensibile, nel sollecitare domande numerose e qualificate. È naturale che i candidati, a loro volta, tendano a presentarsi nella luce migliore (senza strafare), allo scopo di ottenere la posizione che sta loro a cuore.

Allo stesso modo, anche il libretto di istruzioni che accompagna la lavabiancheria fornisce le indicazioni per l'uso della macchina, e insieme presenta nel modo più favorevole le prestazioni dell'apparecchio, per rassicurare l'utente sulla bontà della scelta fatta.

6. L'autonomia della scrittura

Una volta uno psicologo inglese, Peter Hawkins, ha fatto eseguire un compito a un gruppo di bambini di cinque anni. I bambini sono stati invitati a osservare una storiella, narrata da quattro immagini senza parole (una specie di fumetto) e poi a raccontarla per iscritto. Vediamo due diversi tipi di svolgimento:

(1) Tre ragazzi stanno giocando a pallone e uno di loro dà un calcio alla palla e questa va a finire contro una finestra. La palla rompe la finestra e i ragazzi la guardano e un uomo esce e grida contro di loro perché hanno rotto la finestra. Così, loro scappano e allora una donna guarda fuori della finestra e li sgrida.

(2) *Stanno* giocando a pallone e *lui* gli dà un calcio e va a finire *lì* e rompe la finestra. *Loro* la guardano e *lui* esce e grida contro di *loro* perché l'hanno rotta. Così, *loro* scappano e allora *lei* guarda fuori e li sgrida.

Ai bambini si era chiesto di rendere con un testo scritto le immagini della storiella. Il primo svolgimento è comprensibile anche senza avere davanti le vignette: esso ha sostituito il punto di partenza, cioè il fumetto, e se ne è reso **autonomo**.

Il secondo svolgimento, invece, mostra che il fumetto è stato capito, ma che il testo scritto non si sostituisce alle immagini del fumetto stesso e ne **dipende**: non dice chi sia il soggetto di «Stanno giocando» (e perciò, senza il fumetto, non si capisce neppure chi siano *loro*), né chi siano *lui* (due volte, riferito prima a uno dei bambini, poi al personaggio che esce) e *lei*; il pallone finisce *lì*, parola che ha senso solo tenendo le immagini sott'occhio. Il secondo svolgimento non «funziona» da solo, ha bisogno delle immagini: non ha raggiunto il grado di **astrazione** necessario per avere senso indipendentemente da esse.

Detto diversamente: i *loro, lui, lei, lì*, il verbo senza soggetto (*Stanno giocando*) del secondo svolgimento si riferiscono a persone e luoghi che lo svolgimento non spiega; ora, il testo scritto (a meno che non sia accompagnato da figure) deve contenere ogni informazione al proprio interno, perché la parola scritta non offre la possibilità di indicare con un gesto persone e luoghi, come invece è possibile nella comunicazione faccia a faccia. Perciò lo scritto, quando è ben riuscito, contiene ciò che dice la parola parlata e comprende anche ciò che, nella comunicazione orale, è espresso dal gioco degli sguardi, dei gesti che indicano persone o cose presenti nell'ambiente, e così via.

Lo scrivere, inoltre, si distacca dal parlare, o almeno dalla conversazione, anche perché esige un'iniziativa maggiore: la conversazione, infatti, procede con il contributo di coloro che vi partecipano, mentre a chi scrive tocca di percorrere da solo la traiettoria del discorso, dall'inizio alla fine.

Finestra 1. Dall'intervista trasmessa per televisione all'intervista stampata

La parola parlata è destinata a cambiare almeno un po', quando passa alla scrittura: anche l'intervista più fedele non sfugge alla regola. Due giorni dopo l'attentato al giudice Paolo Borsellino (19 luglio 1992), il noto giornalista Enzo Biagi intervistò a New York Tommaso Buscetta, personaggio non meno noto. L'intervista, trasmessa per televisione, fu poi pubblicata da un settimanale. Ne riportiamo alcuni passi, segnalando *in corsivo* le parole di Buscetta che sono state modificate nella pubblicazione (il testo pubblicato si aggiunge dopo il segno → tra parentesi quadre). Si noterà che le modifiche vanno nella direzione di un'espressione più corretta; ma l'ultima ha cambiato il senso delle parole di Buscetta.

Le domande di Biagi sono riportate anch'esse *in corsivo*.

Lei un giorno ha detto con Falcone: «Decidiamo chi di noi due deve morire per primo». Perché?
Giovanni Falcone, poverino, che riposi in pace, voleva intraprendere una strada che parlasse di politica. Se già è un problema parlare di Cosa Nostra perché non ci sono prove, perché non esistono tessere, non esistono atti di notaio, se già è una difficoltà parlare di mafia, immagini un po' parlare di politica. Dove sono le prove? Sarebbe stato come *averci inventato* [→ *esserci inventato*], io, lui, delle cose. È per questo che non ho mai parlato. Io non avrei avuto remore a parlare di politica *se ci sarebbero state suffragate da prove* [→ *se ci fossero state le prove*], ma io non ho prove. Io posso dire... quel giorno si parlò, ma poi non si parlò, quindi sono delle cose astratte. [...]

Lei come si definisce? Collaboratore della giustizia?
Io mi definisco un uomo deluso dalla mafia, un uomo che *ha prestato tanto contributo* [→ *ha tanto contribuito*] alla mafia, e che vede ammazzare i propri figli per nulla. Io non credo che ci sia un padre che possa continuare a vivere in un ambiente come questo...

È vero che quando la mafia vuole far morire qualcuno ci riesce sempre?
Ci riesce sempre ma non ha premura. È questo che gli organi dello Stato non hanno capito: che *la Mafia è una gente che non si assomiglia a nessuna criminalità del mondo* [→ *Cosa Nostra è unica, non ha imitazioni perché nessuno riesce a imitarla*].

Lei ha sparato?
Sì.

E in quel momento... si sentiva un giustiziere o un assassino?
Io *sentivo* [→ *mi sentivo*] come uno che stava andando a fare il suo dovere nei confronti di una comunità, di una fratellanza. Io stavo facendo quello che era giusto *di fare* [→ *fare*]. Non ero il giudice, naturale, ma *io stavo* [→ *stavo*] facendo quello che avevano ordinato di fare. A mia volta ho dato anche ordini di farlo. [...]

Lei ha visto cambiare la mafia della sua giovinezza che nel bene e nel male rispettava certi valori. Che cosa è accaduto, perché? È colpa della droga?
Come ho detto a Falcone, quando io sono uscito dal carcere nel 1980 ho visto i possedimenti, le ville al mare, *entroterra* [→ *nell'entroterra*]. Ho detto: qua i valori sono finiti. Adesso si va appresso alla droga.

Che cosa spera Tommaso Buscetta?
Poter tenere questo bambino che sta crescendo, perché ne ho ancora uno in casa, perché *l'altri* [→ *gli altri*] sono andati tutti via. Poterlo vedere andare all'università e andarmene per sempre. Non ho più ambizioni, niente mi interessa più, *tranne a vivere con quella vecchierella di mia moglie che non è più quella bellezza* [→ *mia moglie era tanto bella quando l'ho conosciuta*], ma è tanto bella di dentro ed è stata la mia compagna nel vero senso della parola, senza mai una lamentela, senza mai una ripicca. Ha saputo insegnare ai figli suoi e ai figli non suoi che la chiamano mamma.

Finestra 2. Ancora l'egocentrismo

Abbiamo parlato della presenza dell'*io* nel discorso, orale e scritto. Nel parlare informale, l'*io* si manifesta in molte forme. Dalle interviste di materia televisiva di cui si è detto nel § 1, riportiamo questi tre esempi:

- perché *io* Napoli la mia città mi piace moltissimo;
- *io* la frittura mi fa male;
- *io* questa è l'impressione che si ha.

Non è difficile ridurre queste frasi a una forma corretta («perché io amo moltissimo Napoli, la mia città» o «perché Napoli, la mia città, mi piace moltissimo»; «a me la frittura fa male» o «la frittura mi fa male»; «questa è l'impressione che ho»), ma il punto interessante è che le tre frasi segnalano, con quell'*io* all'inizio, il coinvolgimento della persona che parla.

Finestra 3. Conversazioni letterarie

1. In *Lessico famigliare* (1963) Natalia Ginzburg (Palermo 1916-1991) recupera il tempo dell'adolescenza e della giovinezza, e le voci della casa. Molti i dialoghi: nella pagina riportata qui, tra il padre e la madre. La scrittrice ricostruisce liberamente, a distanza di tempo, i discorsi domestici, ma sa riprodurre i movimenti del parlato reale, il saltare da un argomento all'altro, sulla base di libere associazioni d'idee. Il fatto è che la trascrizione di una conversazione reale è noiosissima da leggere, e interessa solo gli specialisti che studiano la lingua parlata, mentre la letteratura sa concentrare i procedimenti reali della conversazione, eliminandone i momenti vuoti di interesse.

Siamo a Torino negli anni Trenta; nell'ambiente della giovane Ginzburg gli antifascisti sono numerosi, e cominciano a essere messi in carcere. Si noti che il filo conduttore principale è la carcerazione di tante persone conosciute: Alberto Ginzburg, Vittorio (un amico di Alberto), Carlo Levi, il professor Giua. A questo punto il discorso torna su Carlo Levi in quanto pittore (ecco un altro filo, secondario: Carlo Levi è stato incarcerato come gli altri, e questo fa venire in mente al padre della scrittrice la sua antipatia per i quadri di Levi e per l'arte moderna in generale); poi si nominano di nuovo il professor Giua e Vittorio, in un va-e-vieni da un personaggio all'altro, si passa a Einaudi e Pavese, e si parla ancora di Alberto per metterne in rilievo il livello intellettuale e le preoccupazioni dei genitori sul proseguimento dei suoi studi universitari (così come Carlo Levi imprigionato aveva fatto pensare a Carlo Levi pittore). La mobilità delle associazioni si rispecchia nell'opera riorganizzatrice della memoria e della scrittura.

> – Alberto! hanno messo dentro Alberto! Ma Alberto non s'è mai occupato di politica! – diceva mia madre sbalordita. Mio padre diceva: – L'hanno messo dentro perché è fratello di Mario! Perché è mio figlio! Mica perché è lui!
> Mia madre riprese ad andare alle carceri, con la biancheria; e là s'incontrava con i genitori di Vittorio, e con altri parenti di detenuti. – Gente così per bene! – diceva dei genitori di Vittorio. – Una famiglia così per bene! E hanno detto che quel Vittorio è tanto un bravo ragazzo. Aveva appena dato, benissimo, gli esami di procuratore. Alberto si è sempre scelto degli amici molto per bene!
> – E anche Carlo Levi è dentro! – diceva, con una mescolanza di paura, d'allegria e d'orgoglio, perché la spaventava il fatto che fossero dentro in tanti, e che si preparasse magari un grande processo, ma l'idea che fossero dentro in tanti anche la confortava;

ed era lusingata che Alberto si trovasse in compagnia di gente adulta, per bene e famosa. – È dentro anche il professor Giua!
– Però i quadri di Carlo Levi non mi piacciono! – diceva subito mio padre, che non perdeva mai un'occasione per dichiarare che i quadri di Carlo Levi non gli piacevano.
– Ma no Beppino! Invece son belli! – diceva mia madre. – Il ritratto della sua mamma è bello! Tu non l'hai visto!
– Sbrodeghezzi! – diceva mio padre. – Non posso soffrire la pittura moderna!
– Uh, ma Giua lo metteranno fuori subito! – disse mio padre. – Non è compromesso!
Mio padre non capiva mai quali erano i cospiratori veri, perché infatti dopo qualche giorno si sentì dire che in casa dei Giua avevano trovato lettere scritte con l'inchiostro simpatico, e Giua era, fra tutti, quello più in pericolo.
– Con l'inchiostro simpatico! – disse mio padre. – Già, lui è un chimico, sa come si fa l'inchiostro simpatico!
Ed era profondamente stupito, e forse anche vagamente invidioso; perché quel Giua, che usava incontrare in casa della Paola Carrara, gli era sempre apparso come una persona posata, tranquilla e riflessiva. Ora Giua saliva, d'un tratto, al centro di quella vicenda politica. Dicevano che anche Vittorio si trovava in una posizione estremamente pericolosa.
– Voci! – disse mio padre. – Tutte voci! Nessuno sa niente!
Erano stati arrestati anche Giulio Einaudi e Pavese: persone che mio padre conosceva poco, o conosceva soltanto di nome. Si sentiva però anche lui, come mia madre, lusingato che Alberto fosse tra loro: perché, trovandolo mescolato a quel gruppo, di cui sapeva che facevano una rivista chiamata «La Cultura», gli sembrava che Alberto, improvvisamente, fosse entrato a far parte di una società più degna.
– L'han messo dentro con quelli della «Cultura»! Lui che legge soltanto «Le Grandi Firme»! – diceva mio padre.
– Doveva dare l'esame di biologia comparata! Adesso non lo darà mai più. Non si laurea più! – diceva a mia madre nella notte.

2. Anche scrittori molto più antichi conoscono l'arte di riprodurre sulla pagina i movimenti della conversazione. Lo dimostra il *Satyricon*, il romanzo dello scrittore latino Petronio vissuto, a quanto pare, nel I secolo d.C. Nel testo che segue parlano gli invitati alla tavola di un ricco che si è fatto da sé, Trimalchione: Dama, che parte dalla brevità del giorno (e della vita?) per passare ai piaceri del sonno, del mangiare, del prendere un bagno, del bere vino; Seleuco, che si collega al penultimo argomento, il bagno, per dichiarare la sua antipatia per l'igiene e per aggiungere che in ogni caso, quel giorno, non avrebbe potuto lavarsi perché è andato al funerale di un certo Crisanto: segue una breve commemorazione del defunto, e un riferimento sfavorevole alla vedova; interrompe Filerote per dire che è ora di parlare dei vivi; e con bellissima incoerenza riprende a parlare del defunto Crisanto, anzi a sparlarne; dopo di che, per facile associazione d'idee, l'argomento del suo discorso diventa il fratello (morto anche lui) di Crisanto.

Dama, dopo aver chiesto dei boccali, disse: «Il giorno non dura un accidenti. Mentre ti giri si fa notte. Per cui non c'è nulla di meglio che passare dal letto alla tavola. Però, faceva un bel freddo! Ci è voluto un bagno per scaldarmi. Una bevanda calda vale un vestito. Ne ho prese tante che sono ubriaco. Il vino mi è andato alla testa».
Seleuco intervenne nella conversazione dicendo: «Non ho l'abitudine di lavarmi tutti i giorni, perché il bagno sgrassa e l'acqua è come se avesse dei denti coi quali ogni

giorno porta via un po' del nostro corpo. Invece, se mi bevo un vaso di vino col miele, mando il freddo a farsi fottere. D'altra parte oggi non avrei potuto lavarmi, perché sono andato a un funerale. Crisanto, quell'uomo di valore, tanto buono com'era, ha sputato l'anima. Poco prima di morire mi aveva chiamato a sé. Ahimè, mi sembra di parlare ancora con lui. Siamo degli otri gonfiati che se ne vanno a spasso! Si vale meno delle mosche! Non siamo che bolle d'aria!
E dire che si è curato! Per cinque giorni non ha preso una goccia d'acqua né un pezzetto di pane. Eppure se ne è andato tra i più. L'hanno ammazzato i medici, o meglio il suo destino avverso, perché il medico non ha potuto fare altro che confortarlo. Però si può dire che è stato messo via bene, su un bel letto mortuario e con delle ottime coperte. Gli schiavi, e in particolare alcuni che aveva liberato, lo hanno pianto molto: la moglie un po' meno. E pensare che non le aveva mai lasciato mancare nulla. È inutile, una vera donna è sempre della razza degli avvoltoi. Far loro del bene è come gettarsi nel pozzo. L'amore col tempo diventa un cancro».
Cominciava a diventare noioso, e Filerote gridò: «Pensiamo ai vivi! Crisanto ha ciò che gli spettava: bene visse, bene morì. Non ha da lamentarsi. Venuto dal nulla, avrebbe tolto con i denti una monetina dallo sterco. Poi è diventato quello che è diventato, come un favo. Penso, per Ercole, che abbia lasciato centomila sesterzi tondi tondi in contanti. Ma debbo dire tutta la verità perché, come si dice, ho mangiato lingua di cane: era di bocca dura, linguacciuto, la discordia fatta persona. Suo fratello invece era un brav'uomo, amico con gli amici, la mano sempre piena, la mensa sempre abbondante...».

Finestra 4. Nessuno o nessuno?

1. Abbiamo parlato in questo capitolo di alcuni punti che distinguono il parlato e lo scritto, mettendo in rilievo come quest'ultimo manchi di alcune risorse (espressione del viso, tono della voce, gesti, controllo di ciò che si dice in rapporto alla reazione di chi ascolta) disponibili invece nella comunicazione faccia a faccia. La scrittura, a sua volta, possiede alcuni strumenti che la parola non ha: la punteggiatura, per esempio, o la distinzione tra maiuscole e minuscole. Da ciò deriva qualche conseguenza curiosa, che si può illustrare ricordando un famoso episodio dell'*Odissea*, l'antico poema greco (VII secolo a. C.?) attribuito a Omero. Protagonista dell'*Odissea* è Ulisse (in greco Odisseo: di qui il nome del poema), l'eroe greco che, dopo i dieci anni della guerra vittoriosa contro Troia, ne impiega altrettanti prima di tornare in patria, nella piccola isola di Itaca.

Una delle avventure più note è lo sbarco di Ulisse e dei suoi compagni nella terra dei Ciclopi, esseri giganteschi e mostruosi (hanno un occhio solo). Con alcuni dei suoi marinai, Ulisse entra nella caverna abitata dal Ciclope Polifemo. Questi non rispetta le leggi dell'ospitalità: con un masso pesantissimo chiude la caverna, nella quale vive con il suo gregge, e uccide alcuni compagni di Ulisse per divorarli. Dopo aver accompagnato il pasto con molto vino, Polifemo si addormenta.

A Polifemo Ulisse ha detto di chiamarsi Nessuno. Approfittando del sonno profondo in cui è immerso il suo nemico, Ulisse medita la vendetta e la fuga. Conficca un palo appuntito e arroventato nell'unico occhio di Polifemo, accecandolo. Polifemo si sveglia e chiama in aiuto gli altri Ciclopi:

Alle sue grida
chi di qua, chi di là corsero; e fuori
dall'antro si fermarono, chiedendo
che male lo affligesse: «O Polifemo,
quale tormento hai tu che nella placida
notte gridi così, ci togli il sonno?
Forse qualcuno ha voglia di rubarti
le greggi, e tu non vuoi? Forse qualcuno
con l'inganno ti uccide o con la forza?»
Dall'antro a loro il forte Polifemo
gridava: «Amici, vuole con l'inganno,
non con la forza, uccidermi *Nessuno*».
«Se *nessuno* ti offende e tu sei solo –
risposero – non puoi schivare un male
che ti viene dal grande Giove: allora
supplica Poseidone, il re tuo padre».
Dicendo, se ne andarono...

Come si vede, nella scrittura si distingue, grazie all'uso della maiuscola e della minuscola, *Nessuno* come nome proprio da *nessuno*, che gli altri Ciclopi intendono come pronome indefinito: l'ambiguità non è perfetta, mentre è perfetta nella lingua parlata, dove la distinzione di maiuscole e minuscole non esiste.

2. L'equivoco tra nome proprio e nome comune, che la lingua parlata non distingue, non avveniva solo nei tempi lontani di Omero. In una delle molte indagini giudiziarie di cui hanno riferito i giornali negli ultimi tempi, figura un avvocato che si chiama Antonio Pacifico. La magistratura di Milano lo ha ravvisato come il personaggio di cui si parla in una telefonata, registrata dagli inquirenti, tra il giudice Renato Squillante e il suo collega Francesco Misiani. Nella pubblicazione della registrazione telefonica riportata dalla stampa, si legge fra l'altro:

(Squillante) «Lo staranno cercando (il conto bancario, ndr)... non lo trovano... che c'è questo conto». Misiani suggerisce: «Ma all'avvocato devi dire che c'è... quanto c'è e come li hai divisi (i soldi, n.d.r)». E Squillante: «Ci sono quattro firme...» Aggiunge Misiani: «... tra cui Pacifico e pure quella di tua moglie» (dall'*Espresso*, 22 marzo 1996, pag. 46).

Un'interpretazione diversa è avanzata, nell'intervista rilasciata a un giornale, dal magistrato Francesco Misiani, uno dei due autori della conversazione telefonica incriminata:

> Ma in un'altra conversazione lei fa riferimento all'avvocato Pacifico, il coimputato di Squillante, l'uomo che secondo l'accusa versava le tangenti al presidente dei Gip. Che c'entrava lui con i soldi guadagnati in Borsa?
> Primo sorriso da quando è cominciata l'intervista-interrogatorio. Risposta secca: «È un errore di trascrizione. Se lei legge bene il testo, capisce immediatamente che quel "pacifico" pronunciato da me è un aggettivo, non un cognome» (dal *Corriere della Sera* del 15 marzo 1996).

La trascrizione si dovrebbe dunque correggere così: «...tra cui, pacifico, è pure quella di tua moglie».
Dunque, Pacifico o pacifico?

Finestra 5. Letteratura e mondi possibili: un esempio

L'invenzione di un mondo possibile o impossibile è uno degli obiettivi alla portata del linguaggio e della fantasia. Fra i tanti esempi che si potrebbero fare, leggiamo l'inizio della *Metamorfosi* di Franz Kafka (Praga 1883-1924):

> Gregorio Samsa, svegliandosi una mattina da sogni agitati, si trovò trasformato, nel suo letto, in un enorme insetto immondo. Riposava sulla schiena, dura come una corazza, e sollevando un poco il capo vedeva il suo ventre arcuato, bruno e diviso in tanti segmenti ricurvi, in cima a cui la coperta da letto, vicina a scivolar giù tutta, si manteneva a fatica. Le gambe, numerose e sottili da far pietà, rispetto alla sua corporatura normale, tremolavano senza tregua in un confuso luccichio dinanzi ai suoi occhi.
> Cosa m'è avvenuto? pensò. Non era un sogno. La sua camera, una stanzetta di giuste proporzioni, soltanto un po' piccola, se ne stava tranquilla fra le quattro ben note pareti. Sulla tavola, un campionario disfatto di tessuti – Samsa era commesso viaggiatore – e sopra, appeso alla parete, un ritratto, ritagliato da lui – non era molto – da una rivista illustrata e messo dentro una bella cornice dorata: raffigurava una donna seduta, ma ben dritta sul busto, con un berretto e un boa di pelliccia; essa levava incontro a chi guardava un pesante manicotto, in cui scompariva tutto l'avambraccio.
> Lo sguardo di Gregorio si rivolse allora verso la finestra, e il cielo fosco (si sentivano battere le gocce di pioggia sullo zinco della finestra) lo immalinconì completamente. Che avverrebbe se io dormissi ancora un poco e dimenticassi ogni pazzia? pensò; ma ciò era assolutamente impossibile, perché Gregorio era abituato a dormire sulla destra, ma non poteva, nelle sue attuali condizioni, mettersi in quella posizione. Per quanto si gettasse con tutta la sua forza da quella parte, tornava sempre oscillando sul dorso: provò per cento volte, chiuse gli occhi per non veder le sue zampine dimenanti, e rinunciò soltanto quando cominciò a sentire nel fianco un dolore sottile e sordo, ancora non mai provato.
> O Dio, pensava, che professione faticosa ho scelto! Ogni giorno su e giù in treno. L'affanno per gli affari è molto più intenso che in un vero e proprio ufficio, e v'è per giunta questa piaga del viaggiare, le preoccupazioni per le coincidenze dei treni, la nutrizione irregolare e cattiva; le relazioni cogli uomini poi cambiano ad ogni momento e non possono mai diventare durature né cordiali. Al diavolo ogni cosa! Sentendo un leggero prurito nella parte più alta del ventre, si spinse lentamente sulla schiena verso una colonnetta del letto per poter alzar meglio il capo: il punto che pizzicava era tutto coperto di puntini bianchi, di cui non sapeva che pensare; si provò a toccarlo con una gamba, ma subito la ritrasse perché al primo contatto lo aveva percorso un brivido.
> Così sdrucciolò di nuovo nella posizione di prima: queste levatacce, pensava, istupidiscono completamente. L'uomo deve avere il suo sonno...

La trasformazione (tale è il significato di *metamorfosi*, la parola che dà il titolo al racconto) di un uomo qualunque in insetto porta il lettore in un'altra dimensione, impossibile se misurata con il senso comune; e lo scatto della fantasia non è gratuito, perché il racconto ha molto da dire sulla (reale) condizione umana. Ci basta aver toccato il problema, come prova dell'indefinita capacità creativa della mente e della lingua.

Capitolo terzo

TIPI DI TESTO

Gli argomenti di questo capitolo:

- tipologie testuali: come riconoscerle
- scrivere per ricordare: liste verticali, orizzontali, composte
- il testo
- formule per i testi regolativi
- il testo e l'informazione
- strategie informative: comunicare con la segreteria telefonica
- descrizioni oggettive e soggettive; descrivere se stessi
- tempi verbali nel testo narrativo
- ritmo del racconto; anticipazioni e flash-back
- l'argomentazione: osservazioni terminologiche
- il confronto delle idee nell'argomentazione

1. Tipi di testo

Difficilmente ci si sofferma a pensare quanto la nostra vita quotidiana sia bersagliata dai messaggi scritti.

Basta uscire di casa al mattino per essere raggiunti da sciami di parole: compriamo il giornale e ne scorriamo i titoli, raccogliamo la posta dalla cassetta e velocemente scartiamo (attraverso una selezione che richiede una lettura almeno sommaria) quello che non ci interessa, riceviamo dai cartelloni le seduzioni dei messaggi pubblicitari, controlliamo l'orario dell'autobus, sorvoliamo con lo sguardo i graffiti metropolitani vecchi e nuovi che costellano i muri della città e perfino i sedili dei mezzi di trasporto («Sabrina ti amerò sempre», «Meglio una pera oggi che una scimmia domani», «Rifonda qui rifonda là / vedrai che Prodi non ce la fa», «Nico è stato qui»). Magari di sfuggita, valutiamo le offerte speciali del supermercato, oppure ci fermiamo a leggere le ordinanze comunali affisse per strada, o la locandina del prossimo spettacolo teatrale, oppure ancora diamo un'occhiata al volantino sindacale che un ragazzo distribuisce ai passanti.

Ma facciamo tutto questo in modo automatico, senza pensarci, e dunque ci sfugge l'importanza (anche e soprattutto pratica) che l'essere pienamente alfabetizzati assume nella nostra vita.

Di contro, se per turismo o lavoro andassimo in un paese in cui non solo la lingua ma anche il sistema grafico fosse radicalmente diverso dal nostro (ad esempio Grecia, Russia, Egitto, Israele, Giappone), potremmo valutare immediatamente la pesante limitazione rappresentata dal non poter accedere alle informazioni scritte anche più spicciole, come i nomi delle strade o il menu del ristorante.

Malgrado ciò, quando sentiamo lamentare per l'ennesima volta che la scrittura è uno strumento in declino e che ormai viviamo in una società dominata dall'immagine e dalla voce, in cui il televisore ha ucciso il libro così come il telefono ha soppiantato la lettera, siamo subito pronti a sottoscrivere questa malinconica sentenza di morte, col rammarico sincero di chi sa di essere a sua volta, almeno un poco, videodipendente, e di non avere scritto negli ultimi anni nemmeno una lettera.

È chiaro che la faccenda non può essere liquidata in termini così semplicistici: certo alcuni usi della scrittura risultano superati, e non ha molto senso rimpiangerli, così come non si ha nostalgia della carta carbone quando si può usare una fotocopiatrice. Ma per altri aspetti, possiamo affermare che il ricorso al messaggio scritto è stato addirittura potenziato e reso più veloce e sicuro dalla tecnologia: si pensi alla videoscrittura, al fax, alla posta elettronica; e se, come tutte le forme della comunicazione in una civiltà avanzata, anche la lingua scritta ha subìto profondi mutamenti, cambiando modalità di ricezione (ipertesti) e tipo di supporto (il libro cartaceo è stato affiancato dai dischi magnetici), non per questo appare meno vitale: anzi, è divenuta in questa fase della sua evoluzione uno strumento più potente e complesso, su cui si esercitano anche raffinatissime strategie della persuasione.

In una mattina normale, si diceva, prima ancora di cominciare il lavoro, i nostri occhi incontrano una gran quantità di parole scritte: tuttavia, si tratta per lo più di messaggi frammentari, che soltanto sfiorano la coscienza e non richiedono un vero atto di comprensione, come una specie di gigantesco e frenetico *zapping* di cui non resta poi traccia nella memoria.

Con impegno ben diverso e attenzione ben più viva leggeremo invece, nel seguito della giornata, i messaggi e i testi che riguardano il nostro lavoro (dal promemoria lasciatoci dal capufficio, alla circolare ministeriale, alla nuova normativa pensionistica, al resoconto della giornata in Borsa), o hanno a che fare con lo svago, gli interessi culturali, la vita familiare (riviste, libri di narrativa, di poesia, di viaggi; comunicazioni scolastiche dei figli, lettere di parenti e amici lontani, parcella dell'avvocato).

E ancor più impegnative (e cruciali ai fini di questo libro) sono le mille occasioni in cui siamo noi, in prima persona, a doverci esprimere per iscritto, a farci dunque produttori di messaggi scritti, sia per ragioni private che professionali. Sono queste le occasioni in cui dobbiamo ricorrere alle abilità specificamente necessarie per la produzione della lingua scritta, abilità che non si limitano alla correttezza ortografica e grammaticale, né alla capacità di formulare frasi comprensibili di senso compiuto, bensì richiedono il dominio di messaggi più estesi, dotati di coerenza e coesione interna, caratterizzati dall'intenzione di comunicare qualcosa in maniera adeguata al contesto in cui vengono prodotti e recepiti: solo i messaggi con queste caratteristiche possono essere definiti **testi**.

Come si dirà più dettagliatamente nel corso del capitolo, esistono molti tipi di testi, a seconda degli scopi che il messaggio si propone di raggiungere. Lasciando da parte i testi poetici, la cui analisi non è fra gli scopi di questo libro, si possono indicare cinque grandi categorie testuali: poiché si scrive per raccontare, per descrivere, per dare informazioni, per sostenere una certa tesi, per impartire delle regole, potremo parlare di testi dal carattere eminentemente narrativo (§ 6), descrittivo (§ 5), informativo (§ 4), argomentativo (§ 7), regolativo (§ 3). Ciascuna tipologia ha prerogative sue proprie, che permettono di distinguerla dalle altre; va detto subito però che è sempre possibile la coesistenza, all'interno di un testo ampio, di segmenti riconducibili a tipologie diverse (per esempio, in un romanzo si alternano quasi sempre parti narrative e descrittive, e a volte anche parti di commento).

Nella comunicazione pratica è molto importante saper riconoscere con sicurezza i diversi tipi di testo: questa capacità dovrebbe garantirci, al momento della produzione, contro il rischio di costruire testi non pertinenti e inadeguati.

Per avere un'idea di alcuni possibili incidenti che possono accadere, si può, a scopo esemplificativo, partire da scritture semplici e quotidiane, meno strutturate dei testi veri e propri.

La situazione più ricorrente è quella in cui **si scrive per ricordare**. Compiamo spesso quest'operazione, nelle sue forme minime, senza riflettere: annotiamo numeri di telefono e indirizzi in una apposita rubrica (ma a volte su più precari supporti, come il margine di un giornale o un «volatile» pezzetto di carta), segniamo sull'agenda gli impegni della settimana, facciamo una lista delle cose da comprare e delle commissioni da sbrigare. In questo genere di scrittura (destinata a una fruizione privata) quel che conta non è ovviamente la correttezza linguistica o l'eleganza formale, ma piuttosto il suo effetto ordinatore e organizzativo: se, ad esempio, siamo andati elencando le cose da fare nella mattinata via via che ci venivano in mente, così:

- banca (per mutuo agevolato)
- zucchero
- caffè
- consegnare modello 740
- pasta frolla surgelata
- fragole
- zucchine
- aglio
- telefonare pediatra
- aspirina
- limoni
- libreria per rivista arretrata
- lavanderia ritirare

sarà bene che prima di metterci in moto riorganizziamo la lista mentalmente (o meglio per iscritto) accorpando le voci omogenee (*fragole*, *zucchine*, *aglio* e *limoni*, per esempio, si comprano nello stesso negozio; se intendiamo andare al supermercato, possiamo aggiungere anche *zucchero, caffè* e *pasta frolla*) e costruendo un itinerario che tenga conto delle priorità e della dislocazione delle mete (se il *pediatra* è raggiungibile per telefono solo dalle 8 alle 9, cominceremo da lui; se dobbiamo muoverci a piedi, andremo in *banca* e in *libreria* prima che a far acquisti, per evitare di andare in giro gravati da pesi e ingombri; se ci spostiamo in auto o con i mezzi pubblici, infine, dobbiamo pensare a un percorso non dispersivo, che tenga conto anche dei parcheggi o delle fermate dell'autobus).

Quando una lista di impegni è destinata a terze persone, la sua razionalizzazione da parte di chi scrive diviene indispensabile: alla segretaria, al fattorino, all'idraulico ecc. bisogna affidare uno specchietto chiaro e ben ordinato delle incombenze da svolgere (se non altro perché sarebbe antieconomico metterli nelle condizioni di sprecare tempo lavorativo a causa di indicazioni caotiche); la **lista**, che è una scrittura inizialmente priva di strutturazione, tende a trasformarsi in questo caso in un **testo** vero e proprio, dotato di coerenza tematica e coesione linguistica (per le occasioni e le modalità d'uso delle liste, vedi il § 2).

Per esempio, al *factotum* del condominio lasceremo questo tipo di messaggio:

> Caro Mauro,
> per piacere ripari subito il rubinetto di alimentazione della lavastoviglie, che ha una perdita grossa.
> C'è da controllare anche il termosifone della stanza dei bambini, perché gocciola.
> Se ha tempo, dia un'occhiata alla tapparella del soggiorno (sta tutta storta) e a quella dell'ingresso (non arriva a fine corsa).
> Se ci sono problemi, mi telefoni in ufficio (n. 6543210).
> Grazie mille, e mi sappia dire quanto le devo.

Si tratta di un breve messaggio epistolare, che ha il taglio del testo regolativo, sicché il destinatario non può limitarsi a leggerlo e capirlo, ma è spinto a eseguire le operazioni che vi sono elencate.

Potremmo mandarne uno simile anche alla baby-sitter Ninetta:

> Cara Ninetta,
> oggi sono fuori città, perciò i bambini sono completamente nelle tue mani.
> Portali a scuola un po' prima, perché la maestra si è lamentata del ritardo.
> Fai che mangino il pollo. In forno c'è una torta fatta dalla nonna (telefonatele per ringraziare!).
> Ti chiamerò in serata.
> Portami domani, per piacere, altre piantine dal vivaio sotto casa tua: vedi tu quante ne possono servire per il vaso grande.

Anche questo è un testo semplice, ma coerente, che pur contenendo alcuni elementi informativi (avverte dell'assenza del mittente, dice dove si trova la torta e chi l'ha fatta) è formulato sostanzialmente come un testo regolativo (§ 3): lo segnalano chiaramente gli imperativi *portali, fai, portami, vedi.*

Ma cosa succederebbe se sul tavolo di cucina, oltre al primo biglietto, lasciassimo anche una copia del testo che segue?

Portami il girasole ch'io lo trapianti
nel mio terreno bruciato dal salino,
e mostri tutto il giorno agli azzurri specchianti
del cielo l'ansietà del suo volto giallino.

Tendono alla chiarità le cose oscure,
si esauriscono i corpi in un fluire
di tinte: queste in musiche. Svanire
è dunque la ventura delle venture.

Portami tu la pianta che conduce
dove sorgono bionde trasparenze
e vapora la vita quale essenza;
portami il girasole impazzito di luce.

L'eventualità che Ninetta si presenti, il giorno dopo, con le piantine richieste **e** con un girasole dipende essenzialmente dalla sua capacità di distinguere fra tipologie testuali diverse. Infatti il secondo testo è una lirica di Eugenio Montale (Genova 1896 - Milano 1981), appartenente alla raccolta *Ossi di seppia,* e sebbene contenga un insistito imperativo (*Portami il girasole / Portami tu la pianta / portami il girasole*), non può certo essere interpretato come un testo regolativo.

L'esempio è un po' paradossale, ma segnala efficacemente che alcuni elementi simili possono accomunare anche testi differentissimi per caratteristiche e finalità.

Il lettore abbastanza scaltrito sa distinguerli con sicurezza, grazie all'esperienza accumulata a partire dagli anni di scuola, ma il lettore ingenuo rischia a volte di cadere in qualche trappola testuale predisposta con abilità. Il 30 ottobre del 1938 un dramma radiofonico di Orson Welles sembrò annunciare l'invasione degli extraterrestri: quasi tutti gli ascoltatori credettero a quello scherzo colossale, in cui un pezzo di pura *fiction* era stato impeccabilmente travestito con i panni della notizia obiettiva, ossia spacciato per un testo informativo.

Più banalmente, può succedere che l'amica grassottella, incontrata per strada con due borsone piene di ananas, ci confidi candida di aver letto «su una rivista scientifica» che questo frutto fa dimagrire in modo straordinario, anzi, «più ne mangi e migliore è il risultato», salvo poi scoprire che aveva scambiato per un testo informativo (e dunque basato su riscontri obiettivi) quella che invece era solo una pubblicità ben camuffata.

Ci sono docenti o amministratori (temutissimi dai colleghi), che prendono la parola nelle riunioni dei consigli per esprimere il loro parere o fare una dichiarazione di voto, e poi non resistono mai alla tentazione di raccontare una parte cospicua della loro vita, per ravvisare in essa le motivazioni profonde delle scelte che si accingono a fare: in tal modo sostituiscono un testo narrativo a quello (argomentativo o informativo) che dovrebbero produrre secondo le più legittime previsioni.

E infine, chi non ha un amico che «spacca il capello in quattro»? È uno che, alla domanda «Come stai?», è capace di rispondere con un'approfondita disamina della situazione, con un trattatello in due tomi: è uno che non conosce l'alata concisione di una risposta informativa, ma solo la complessità ponderosa di un testo argomentativo.

2. La lista

Nel corso del § 1 si è portato un esempio di lista concepita in modo assolutamente casuale, un elenco di impegni destinato alla fruizione individuale e privo di strutturazione. Si è anche notato che attraverso un lavoro di classificazione (accorpare gli acquisti secondo i negozi, gerarchizzare l'importanza degli impegni, istituire delle priorità lungo un percorso) quella lista poteva raggiungere una migliore formulazione e risultare più efficace dal punto di vista pratico.

All'interno di testi anche complessi è cosa comune incontrare delle liste ben strutturate, ossia elenchi di tratti elementari di testo (ciascuno dei quali costituisce una **voce** della lista) correlati logicamente fra loro e omogenei anche dal punto di vista linguistico-sintattico. Di fatto, interi testi (come il *Curriculum vitae*) si possono organizzare in forma di lista.

Le liste possono essere disposte **orizzontalmente** (in tal caso le voci si susseguono sulla stessa riga, separate da segni interpuntivi sempre uguali, e si va a capo in modo normale quando si finisce lo spazio della riga) o **verticalmente** (in tal caso ogni voce viene a occupare una nuova riga di testo). Quest'ultimo tipo di lista è visivamente più efficace, perché isola nello spazio i singoli elementi dell'elenco, assecondando con la disposizione grafica la schematicità concettuale dell'esposizione.

Le singole voci di una lista verticale possono essere incolonnate semplicemente una sotto l'altra, come nell'esempio che segue, in cui riproduciamo una parte del paradossale *Progetto per una facoltà di Irrilevanza Comparata* stilato da Umberto Eco: uno dei Dipartimenti previsti per tale Facoltà è quello di «Ossimorica» (che dovrebbe raccogliere al suo interno discipline intimamente contradditorie: da *ossìmoro*, la figura retorica che si produce accostando due termini di significato opposto). Ecco come si presenta la prima parte del testo:

Dipartimento di ossimorica
Urbanistica tzigana
Enologia musulmana
Fonetica del film muto
Iconologia Braille
Istituzioni di rivoluzione

Si può anche premettere ad ogni voce un contrassegno grafico (lineetta, asterisco, quadratino, pallino), oppure numeri progressivi (arabi o romani): si parla in tal caso rispettivamente di liste marcate e numerate. Chi usa la videoscrittura può costruire queste liste in modo automatico utilizzando l'apposita funzione del suo programma: per esempio, le ultime versioni di Word propongono, all'interno del menu «Formato», una scelta di «Elenchi puntati e numerati» con un'ampia gamma di contrassegni grafici.

Liste puntate, precedute da una piccola porzione di testo introduttivo, si possono vedere in questo libro, all'inizio di ciascun capitolo: ogni voce è preceduta da un pallino [•].

In alternativa, si potrebbero scegliere freccette:

Il dentifricio CANDOR

⇒ garantisce un alito fresco
⇒ previene la carie
⇒ rallenta la formazione della placca

oppure lineette:

Sono organi del Dipartimento:

– il Direttore
– la Giunta
– il Consiglio

o altro, secondo il gusto di chi scrive e la versatilità dei mezzi di scrittura di cui dispone.

Le liste numerate danno risalto alla successione logica o cronologica che lega una voce all'altra; per esempio:

Per inviare un fax:

1. Verificare che la macchina sia collegata
2. Posizionare i documenti sullo scivolo dell'alimentatore
3. Comporre il numero telefonico del destinatario
4. Premere «INVIO»

Si noti che il contrassegno numerico progressivo permette di identificare una specifica voce della lista e di ritornarvi, volendo, nel prosieguo del testo. Per esempio, si potrebbe precisare, richiamando il punto 2., che i documenti devono esser collocati con la superficie di scrittura rivolta verso il basso; oppure, riguardo al punto 3., che il numero telefonico verrà memorizzato dalla macchina e ripetuto automaticamente ogni cinque minuti, nel caso la linea risulti occupata.

Lo stesso effetto di progressione e identificabilità si può ottenere con i numeri romani (I, II, III, IV, V, VI ecc., oppure i, ii, iii, iv, v, vi ecc.), o facendo ricorso alle lettere dell'alfabeto (tanto minuscole quanto maiuscole). Tuttavia, entrambe queste opzioni presentano dei problemi che le rendono poco funzionali: da un lato, i numeri romani creano difficoltà nell'incolonnamento delle voci perché il loro «ingombro» in termini di caratteri è discontinuo (il XVIII [=18], per esempio, occupa ben cinque spazi, mentre il XIX [=19] che lo segue ne occupa tre, e il XX [= 20] solo due, e così via); dall'altro lato, la sequenza alfabetica ha il difetto di non essere aperta, cioè dispone di un numero limitato di elementi (21 sono le lettere dell'alfabeto italiano, aumentabili fino a 26 se si fa ricorso anche a J, K, W, X, Y), e dunque si presta a contrassegnare solo liste di piccola estensione.

Può essere utile, a volte, far ricorso anche a liste di tipo composto, ossia liste le cui voci (tutte o solo alcune) contengono a loro volta liste secondarie. Nell'esempio che proponiamo (il sommario di un ipotetico libro) la lista principale è verticale, numerata con numeri romani, le secondarie sono orizzontali, contraddistinte da numeri arabi che ricominciano ogni volta da 1, sicché per individuare un singolo paragrafo se ne devono dare le coordinate complete, per esempio I, 4 (o I. 4, o anche I 4: il segno di interpunzione separativo è indispensabile solo se si succedono due o più simboli della stessa natura: numeri romani, o cifre arabe, o lettere dell'alfabeto) = *Le regole di coerenza della comunicazione scritta*:

I. Per una scrittura adeguata

1. L'interlocutore. – 2. La situazione comunicativa. – 3. La molteplicità dei registri linguistici. – 4. Le regole di coerenza della comunicazione scritta.

II. Per una scrittura efficace

1. Appunti, scaletta, discorso con nessi logici esplicitati. – 2. Importanza del montaggio. – 3. Valore semantico della punteggiatura. – 4. Addestramento all'argomentazione.

III. Per una scrittura consapevole

1. Riassumere: pratica quotidiana dello studente. – 2. Riassumere: la comprensione del testo. – 3. Riassumere: primo atto interpretativo. – 4. Riassumere e descrivere: verso l'analisi critica.

IV. Per una scrittura soddisfacente

1. Occhio alle ripetizioni. – 2. Controllo della sintassi. – 3. Esercizi di lessico. – 4. Rilettura critica.

È possibile verificare, in tutti gli esempi proposti fin qui, che le voci di una lista devono essere scelte in modo da contenere informazioni analoghe e presentare caratteristiche omogenee anche sul piano linguistico (nel primo esempio, le voci sono costituite da sostantivi seguiti da una specificazione; nel secondo, da forme verbali alla terza persona del presente indicativo seguite da complemento oggetto; nel terzo, da sostantivi preceduti dall'articolo determinativo; nel quarto, le voci numerate sono brevi porzioni di testo di senso compiuto, introdotte da verbi all'infinito; nell'ultimo, la lista principale è costituita da voci in cui si ripete identico il primo elemento [*Per una scrittura*], poi specificato di volta in volta).

3. I testi regolativi

Possono essere definiti **regolativi** i testi che contengono norme, prescrizioni, istruzioni, regole di comportamento o d'uso.

Dal manuale di giardinaggio al regolamento condominiale, dalle istruzioni per far funzionare il giradischi alle leggi dello Stato, fino ai foglietti illustrativi che accompagnano le confezioni dei medicinali, nella vita di tutti i giorni i testi regolativi ci raggiungono con notevole frequenza.

Come destinatari, tendiamo a valutarne la qualità sulla base della chiarezza con cui sono formulati: possiamo apprezzarli quando sono esaurienti (per esempio, molti manuali per l'utente di una macchina si concludono con un elenco dei più probabili guasti o disfunzioni, corredato di consigli e contromosse adeguate: una sorta di «pronto soccorso» di indubbia utilità), o invece infuriarci quando siamo alle prese con regolamenti o circolari difficili da decifrare per eccesso di termini tecnici o di burocratica pedanteria (l'esempio che segue è tratto dalla *Guida alla compilazione del modello 740* e riguarda il calcolo della cosiddetta «Tassa sulla salute»):

> [QUADRO V – CONTRIBUTO AL SERVIZIO SANITARIO NAZIONALE]
> Per determinare il reddito imponibile da assoggettare al Cssn, occorre calcolare la differenza tra il reddito complessivo ai fini Irpef, aumentato per i lavoratori dipendenti e i pensionati dei contributi previdenziali ed assistenziali (esclusi dal reddito complessivo Irpef), e il totale, fino a un massimo di 4 milioni di lire, dei redditi dominicali e agrari, dei fabbricati e di capitale (anche se compresi tra quelli indicati nel quadro H). Da tale differenza, eventualmente abbattuta a 150 milioni se superiore a questo importo, vanno sottratti i redditi già assoggettati al contributo (imponibile di lavoro dipendente assoggettato al Cssn indicato nel rigo C10, redditi diversi da quelli di lavoro dipendente già assoggettati, anche se in forma forfetaria).

Difficilmente facciamo caso, nell'esperienza quotidiana, alla veste linguistica o allo stile di questi messaggi (tutt'al più, può capitarci di notare che un manuale è difettoso perché scritto o tradotto male).

Vediamo invece di soffermarci proprio sulle caratteristiche di lingua e di struttura che rendono riconoscibili i testi regolativi.

Dato che si tratta di messaggi fortemente orientati sul destinatario (messaggi cioè che spingono il destinatario a comportarsi in un certo modo), la loro caratteristica forse più appariscente è il tono «imperativo», che a livello testuale si realizza concretamente con l'uso di forme verbali come l'**infinito** (esempio A), l'**imperativo vero e proprio** (esempio B: seconda persona singolare e C: seconda persona plurale), il **presente indicativo in costruzioni impersonali** (esempio D), il **congiuntivo esortativo** (esempio E).

Il destinatario del testo A capisce che le indicazioni cui deve attenersi (oltre a quelle numeriche) sono sostenute da verbi nella forma dell'infinito presente (*assumere, superare, tenere*); coglie altresì il minor grado di prescrittività contenuto nella frase «i pazienti anziani dovrebbero attenersi», nella quale l'uso di una forma verbale diversa (il condizionale presente) segnala che si tratta soltanto di una raccomandazione, un consiglio, e non di un obbligo.

A. [ANALGESICO MOMENT]

> Assumere il prodotto a stomaco pieno.
> Adulti e ragazzi oltre i 12 anni: 1-2 confetti, due-tre volte al giorno.
> Non superare la dose di 6 confetti al giorno.
> Non superare le dosi consigliate; in particolare i pazienti anziani dovrebbero attenersi ai dosaggi minimi sopraindicati.
> Tenere fuori dalla portata dei bambini.

L'esempio B è giocato invece sull'uso della seconda persona singolare dell'imperativo (*scrivi, cita, diffida, verifica* ecc.). Questa formulazione è forse la più diretta e vincolante: il destinatario si sente personalmente chiamato in causa, come se un dito fosse puntato su di lui; l'uso del «tu», solo apparentemente confidenziale, in realtà sottolinea anche l'autorevolezza del comandamento, perché colloca il destinatario in una posizione di inferiorità (quanti, fra i lettori, potrebbero a loro volta rivolgersi a Piero Ottone col «tu»?). Infine, va notato che in questo caso particolare l'autore del testo ha intenzionalmente optato per una formula regolativa che alludesse in modo palese al Decalogo per eccellenza, quello dettato a Mosè sul monte Sinai.

B. [IL DECALOGO DEL GIORNALISTA]

Piero Ottone, *Repubblica*, 25 settembre 1996.

1) Scrivi sempre la verità, tutta la verità, solo la verità.
2) Cita le fonti. Se la tua fonte vuole restare anonima, diffida.
3) Verifica quel che ti dicono. Se non puoi verificare, prendi le distanze.
4) Non diffamare il prossimo, ed evita le frasi del tipo: «Sembra che il tale abbia rubato...», «Si dice che il tal altro abbia ammazzato...».
5) Non obbligare il lettore a leggere una colonna di roba prima che cominci a capire che cosa è successo.
6) Non fare lunghe citazioni fra virgolette all'inizio di un «pezzo» senza rivelare subito chi sia il loro autore.
7) Non mettere mai fra virgolette, nei titoli, frasi diverse da quelle che sono state pronunciate.
8) Evita le iperboli e le metafore di Pierino, come «bufera» («il partito è nella bufera»), «giallo» («il giallo di Ustica»), «rissa» («ed è subito rissa fra x e y»), «fulmine a ciel sereno», «scoppiato come una bomba».
9) Prima di scrivere nel titolo che «Londra è nel panico», va' a Londra e controlla se otto milioni di persone sono davvero usciti di testa.
10) Non dire mai: «L'obiettività non esiste». È l'alibi di chi vuole raccontare palle.

Il testo C si rivolge a una generica pluralità di destinatari con la seconda persona plurale dell'imperativo (*fate, prendete, spezzettatelo*): si tratta di una formulazione molto diffusa, che conferisce al testo una parvenza di rapporto interpersonale (come se l'emittente avesse davanti a sé un gruppo di ascoltatori o apprendisti) attraverso una scelta verbale che evita l'asettica impersonalità di A, senza spingersi però all'eccesso di confidenza rappresentato da B.

C. [BUCATINI CON ASPARAGI E POLPO]

Ricetta di Gianfranco Vissani, «Il Venerdì» di *Repubblica*, 20 settembre 1996.
Fate sbollentare a parte 4 asparagi e un peperone rosso. Prendete un bel polpo verace (quello che ha due file di ventose), spezzettatelo con un coltello e fatelo andare in padella (risulterà più morbido che lessato) con olio e aglio. Aggiungete quindi gli asparagi e il peperone tagliato a brunoise (cioè quadratini) fine. Scolate bene al dente i bucatini e ripassateli in padella, mantecando con una manciata di pecorino siciliano grattugiato.

L'uso di formule impersonali al presente indicativo nel caso D (*bisogna mettere, si cambia, sta bene, deve cuocere*) realizza il testo regolativo non più per mezzo di un tono esplicitamente imperativo, ma piuttosto attraverso un effetto di scientificità, perché si articola in una serie di indicazioni inappellabili, di assoluta affidabilità, su cui non c'è da discutere. Questo tipo di testo, insomma, comunica quietamente al destinatario (attraverso una constatazione e non un comando) che una certa operazione si deve fare così, e non esiste altro modo di farla. Va segnalato peraltro che i testi regolativi del tipo D si incontrano nella pratica abbastanza di rado, probabilmente perché soppiantati dal tipo A, più agile e conciso, di cui costituiscono comunque la cellula generatrice: in altri termini, la formula «bisogna mettere» tende ad essere sostituita dal suo equivalente abbreviato «mettere».

D. [MINESTRA DI FAGIOLI E RISO]

Per farla buona, bisogna mettere la sera prima i fagioli nell'acqua. L'indomani si cambia l'acqua mettendola fresca. Si mette sul fuoco la pentola, da parte si prepara un po' di strutto, si fa rosolare in questo la cipolla, poi si aggiunge alla minestra che bolle. D'estate ci sta bene anche un buon pesto di prezzemolo fresco. La minestra deve cuocere pian piano per due ore. Infine si aggiunge il riso che occorre.

Nell'ultimo esempio (E) l'uso del congiuntivo esortativo si configura come un'alternativa, di intensità lievemente attenuata, all'imperativo di B e C (*si provveda, si prepari, si inizi*): è una formula poco usata, che ha un sapore un po' vecchiotto; verosimilmente, tramonterà anche prima di altri usi grammaticali del modo congiuntivo, di cui condivide comunque le attuali sfortune.

E. [INCOLLAGGIO DELLA CARTA DA PARATI]

Prima di procedere con le operazioni di incollaggio, si provveda a una perfetta stuccatura e lisciatura della parete da trattare (superfici scabre, fessurate o umide non sono adatte a questo genere di rivestimento). Si prepari quindi l'apposita miscela adesiva, tenendo conto che deve riposare almeno trenta minuti prima dell'uso. Si inizi ora a tagliare i pannelli nell'altezza richiesta e a spennellarli di abbondante colla (specie lungo i margini e sugli angoli). Si abbia particolare cura nell'attaccare il primo pannello: la sua perfetta verticalità condizionerà il risultato complessivo dell'intero lavoro.

Ciascuno degli esempi considerati realizza la propria funzione regolativa in maniera efficace, e mantiene coerentemente, per tutta l'estensione del testo, una sola opzione verbale.

Un caso particolare invece è costituito dall'uso, in testi regolativi, dell'indicativo futuro, in quanto esso compare solo in associazione con una delle formule esaminate fin qui.

Lo si può trovare insieme all'imperativo, in frasi del tipo «Impasta la farina con il burro: avrai cura che non si formino grumi», oppure «Proteggete dal sole le piantine appena messe a dimora. Manterrete il terriccio non bagnato ma appena fresco al tatto». Poiché nella lingua italiana non esiste l'imperativo futuro, in queste frasi viene usato in sua vece l'indicativo corrispondente, in modo da sottolineare che, nelle indicazioni impartite, c'è una sequenza da rispettare, ossia che alcune operazioni vanno fatte dopo le altre (cioè sono «future» rispetto alle prime).

Più frequente, anche in testi di carattere ufficiale, è l'uso dell'indicativo futuro associato all'indicativo presente, anche in formule regolative impersonali, come nell'esempio che segue (F).

F. [BANDO DI CONCORSO PUBBLICO A POSTI DI PROFESSORE ASSOCIATO]

Pubblicato sulla «Gazzetta ufficiale» del 30 gennaio 1996.
Coloro che intendono partecipare ai concorsi predetti sono tenuti a farne domanda al

Ministero dell'Università e della Ricerca scientifica e tecnologica [...] entro il termine perentorio di novanta giorni dalla data di pubblicazione del presente decreto [...]. Il candidato dovrà indicare con precisione il concorso al quale intende partecipare. Nella domanda il candidato dovrà chiaramente indicare il proprio cognome e nome, data e luogo di nascita. Le coniugate debbono indicare nell'ordine il cognome da nubili, il nome e poi il cognome acquisito con il matrimonio. I documenti e i certificati debbono essere prodotti in carta semplice. Non è consentito il riferimento a documenti o pubblicazioni presentati presso questa od altre amministrazioni.

Qui, come si vede, l'uso del futuro non ha motivazioni legate alla cronologia relativa degli ordini impartiti (il candidato *dovrà indicare* il proprio cognome e nome **non dopo**, bensì esattamente negli stessi termini in cui le coniugate *debbono indicare* nell'ordine il cognome da nubili, ecc.): è piuttosto una variante quasi perfettamente intercambiabile del presente indicativo, forse favorita da una tradizione di linguaggio burocratico.

Si incontrano a volte anche testi regolativi liberamente «misti», in cui cioè si alternano due o più delle formule analizzate finora. Ne presentiamo un solo esempio fra i molti possibili (G):

G. [COSTRUZIONE DI UN PICCOLO ORTO]

Consigli di Gigi Bianchi, giornalista. «Il Venerdì» di *Repubblica*, 20 settembre 1996. L'operazione che impegna di più è la costruzione delle sponde (bastano due metri per uno, altezza venticinque centimetri) entro le quali contenere il terriccio per l'orto. Più il rettangolo è ben fatto e meglio è. Prima di tutto però è necessario pulire bene il terreno: che non vi resti nemmeno un briciolo di gramigna. Poi, sistemate le sponde, si riempie di terriccio fine, si rulla o si batte o si bagna in modo che il terreno diventi compatto, quindi si sparge il seme.

In questo testo predomina la costruzione impersonale del tipo D (*bastano, è necessario, si riempie, si rulla* ecc.), che coesiste però con il congiuntivo esortativo *che non vi resti*: come si vede, tale commistione non crea problemi, anzi può risultare garbata e simpatica in un testo di scarso impegno normativo come è questo.

Rischierebbe invece di diventare potenzialmente pericolosa per la corretta comprensione, se comparisse in un regolamento ufficiale, o in una legge, cioè in testi il cui statuto richiede il massimo rigore espositivo e il minimo di ambiguità possibile.

Quanto si è detto finora permette dunque di spiegare come mai alcuni testi, che pur si presentano senz'altro come regolativi (anche nella veste esteriore) a volte abbiano caratteristiche tali da lasciare perplesso il destinatario. È il caso dell'esempio che segue (H), tratto da un ricettario di cucina specializzato in dolci.

H. [MOUSSE AL CIOCCOLATO]

Spezzetto il cioccolato e lo metto in una casseruolina con fondo pesante assieme al burro. Sempre mescolando, lo faccio fondere. Lo tolgo dal fuoco e dopo qualche minuto aggiungo, sempre mescolando rapidamente, un tuorlo alla volta. Monto a neve

> ben ferma le chiare d'uovo e quindi le incorporo con molta delicatezza al composto di cioccolato. Dispongo la mousse in una coppa e la tengo in frigorifero per alcune ore.

Questo testo non funziona bene perché ha uno scarso coefficiente normativo: la prima persona singolare del presente indicativo (*spezzetto, metto, faccio*, ecc.) non è dotata infatti di valore prescrittivo, semmai sarebbe adatta a sostenere una sequenza in cui viene **descritta** una certa operazione (del tipo «Faccio sempre la doccia con acqua appena tiepida. Mi piace usare un bagnoschiuma neutro. Mi strofino spietatamente con un guanto di crine»).

Chi ha scritto questa ricetta mirava certo a ottenere un effetto colloquiale, di confidenza fra amiche («io questo dolce lo faccio così, tu poi mi racconti come fai quell'altro»), ma non ha considerato che, in una simile formulazione, il testo si sarebbe presentato opinabile, relativo, povero di forza persuasiva, proprio perché si presta ad essere interpretato come un'indicazione strettamente personale: «Io faccio così, ma si può fare in mille altri modi».

4. I testi informativi

4.1 Caratteristiche del testo informativo

I testi che contengono prevalentemente informazioni, dati, notizie e conoscenze (dall'orario ferroviario al testo scolastico di mineralogia) si definiscono **informativi**; o anche **informativo-espositivi** nel caso che forniscano informazioni attraverso spiegazioni. Sono caratterizzati dal taglio prevalentemente obiettivo dell'esposizione, ossia dall'assenza di commenti e valutazioni da parte di chi li redige: tornando all'esempio dell'orario ferroviario, resteremmo di stucco se vi leggessimo – accanto ai dati sulla percorrenza di un treno – anche qualche osservazione personale del tipo:

> Non ve lo consiglio: arriva spesso in ritardo e ogni volta mi fa perdere la coincidenza per Siena. È di gran lunga preferibile quello delle 18.00, dove fra l'altro si incontrano belle studentesse pendolari di ritorno a casa.

Un simile messaggio (per quanto, a suo modo, generoso di «informazioni») sarebbe inaccettabile perché troppo sbilanciato in direzione di chi lo ha emesso (infatti ci racconta i casi personali dell'autore) e al tempo stesso troppo orientato sul destinatario (in quanto cerca di convincere il lettore a preferire un treno a un altro), assimilandosi dunque per certi aspetti al testo argomentativo e a quello regolativo.

Il testo informativo, invece, è per sua peculiare caratteristica orientato sul **contesto**, ovvero sulla realtà che ci circonda, e solo di questa deve trattare, in modo referenziale.

Per riconoscere un testo informativo correttamente formulato, possiamo estendere all'intera categoria una norma coniata dal giornalismo anglosassone, nota come la regola delle «cinque *wh-*»: un articolo è ben costruito e risulta efficace, dice questa regola, se informa chiaramente su **che cosa** è accaduto (*what?*),

quando (*when?*), **dove** (*where?*), a **chi** (*who?*) e **perché** (*why?*). L'ordine degli elementi può variare, ma tutti e cinque devono essere presenti già nella parte iniziale dell'articolo.

Tanta secchezza e obiettività, ideale di una deontologia giornalistica che ancora credeva davvero nella possibile sincerità dell'informazione, è difficilmente realizzabile nell'universo informativo di oggi, per molti aspetti più smaliziato, e per lo più ideologicamente schierato non solo in questioni politiche, ma anche culturali, scientifiche e di costume. Comunque è possibile verificare, per mezzo della regola delle cinque *wh-*, almeno il coefficiente di informatività di un testo, confrontandolo con la presenza di parti argomentative e di commento.

Fra gli articoli di un quotidiano, ad esempio, i più rigidamente informativi sono quelli che riproducono le notizie di agenzia senza commentarle: spesso si tratta di piccole scoperte scientifiche, o comunque di argomenti che poco si prestano alla discussione (come l'ora legale o le previsioni del tempo), oppure di cronaca dall'estero, come nell'esempio che riproduciamo (dalla *Repubblica* dell'11 settembre 1996):

> BOGOTÀ – Si fa sempre più difficile la crisi istituzionale in Colombia. Insanabili divergenze con il presidente Ernesto Samper hanno infatti convinto il vicepresidente della Repubblica, Humberto de la Calle, a rimettere l'incarico nelle mani del presidente del Senato, Luis Fernando Londono. Anche se la causa ufficiale sono le divergenze circa la lotta al narcotraffico e alla guerriglia comunista, molti sono convinti che la decisione sia legata soprattutto alle accuse rivolte a Samper di aver utilizzato il denaro dei Narcos per finanziare le elezioni presidenziali del 1994.

Questa notizia può essere così sintetizzata:

- (who?) Humberto de la Calle, vicepresidente della Colombia
- (what?) si è dimesso provocando una grave crisi istituzionale
- (where?) a Bogotà, capitale della Colombia
- (why?) per insanabili divergenze con il presidente Ernesto Samper, che vengono attribuite a una causa ufficiale (lotta al narcotraffico e alla guerriglia), ma forse sono legate a finanziamenti elettorali illeciti
- (when?) non risulta dall'articolo la data delle dimissioni, che dunque si deve ritenere di poco anteriore alla data di pubblicazione del giornale.

Abbastanza informativo appare anche l'articolo di argomento «leggero» di cui riproduciamo l'attacco (dal *Messaggero* del 3 ottobre 1996):

> Un agente segreto britannico dal nome in codice «Bond» era in azione a Londra durante la Seconda guerra mondiale, cioè molti anni prima della nascita dell'agente 007 di Ian Fleming. È emerso da documenti ufficiali aperti al pubblico all'Archivio nazionale britannico di Londra.
> Bond, però, a differenza dell'omonimo protagonista di «Agente 007 dalla Russia con amore», lavorava per i sovietici ed era una frana.

Anche qui gli elementi basilari della notizia sono ricavabili con facilità:

- (what?) esisteva veramente, anche se era traditore e frana,

- (who?) un agente segreto britannico di nome Bond
- (when?) durante la seconda guerra mondiale (ma lo si è saputo di recente)
- (where?) a Londra
- (why?) in questo caso, bisogna chiedersi non perché sia successo il fatto, ma piuttosto perché sia stata data la notizia: ovviamente l'interesse sta tutto nella singolare omonimia fra una spia documentata in archivio e quella, creata molti anni più tardi dalla fantasia di uno scrittore, che il cinema ha reso tanto famosa. Inoltre è buffo che le personalità dei due siano diametralmente opposte.

Dalle prime pagine dove sono collocati i principali avvenimenti politici nazionali e internazionali alle pagine interne di cronaca cittadina e mondana fino alle pagine culturali e a quelle sportive, l'impostazione del testo deve in ogni caso essere improntata all'economicità e alla completezza della notizia. Compito del giornalista è dunque quello di dare notizie, evitando di soffocarle con il proprio commento.

Ci sono tuttavia tipi di cronaca che consentono un respiro più ampio e un'intrusione dell'autore anche vistosa.

Riportiamo a questo proposito un pezzo di cronaca mondana di Natalia Aspesi (*Quella gelida carnalità di donne statue in mutandoni*, nella *Repubblica*, giovedì 3 ottobre 1996), buon esempio di informazione piacevole, leggera e impegnata al tempo stesso. È un articolo di costume. L'occasione è offerta dalle sfilate milanesi di moda. La giornalista pur manifestando il proprio punto di vista negativo attraverso la messa a fuoco di particolari commentati con brio, informa il suo pubblico in modo esauriente. L'inizio è puntato sulla concezione della donna che la moda di oggi sembra proporre attraverso i suoi dettami e le sue novità. È interessante notare che in tutta questa prima parte il giudizio della giornalista tende a prevalere sull'aspetto informativo vero e proprio che sottolineeremo con il corsivo:

> *La nuova moda puritana, che chiude le donne dentro mutandoni che paiono di ferro, e protegge il loro seno nudo con veli impalpabili ma impenetrabili come vetri antiproiettile,* fa scuotere la testa alle signore che necessitano di reggiseno e agli uomini in età cui viene sottratto il vecchio gioco della scoperta: se *i bei seni giovani sono lì tutti in vista sotto i tulle e i chiffon, immobili per giovinezza o chirurgia plastica,* non paiono neppure più quelle che i volgaroni chiamano orribilmente tette, ma piuttosto anomale protuberanze, oltretutto difettose rispetto ai pettorali maschili, più solidi o addirittura più armoniosi.
> La manipolazione costante che da sempre il corpo della donna subisce dalla moda, dalla società, dalla paura che suscita, è arrivata a un integralismo che anziché occultarla con il chador la espone sotto veli e reti, opprimendola con la necessità di una bellezza sublime e obbligandola a vivere in un mondo dove gli uomini si dimenticano di guardarla tanto ormai non c'è più niente di nuovo, se anche la zia si veste come la primavera di Botticelli.

A questo punto inizia l'informazione di moda vera e propria (basta seguire il numero dei corsivi per accorgersi del cambio di registro), con la presentazione della stilista Krizia che coraggiosamente va controcorrente vestendo modelle tutt'altro che anoressiche. Seguono accurate informazioni sugli altri stilisti, sui relativi modelli e sulla linea di tendenza comune:

> *È una moda che richiede una gelida carnalità, e le modelle che Krizia aveva scelto ieri sera per la sua meravigliosa collezione erano ragazze alte e sottili, dalle braccia tornite, dai fianchi addirittura opimi, come quelli delle bagnanti di Ingres: e il loro torso esposto metteva soggezione perché a velarlo era una preziosa e costosa maglia appositamente tessuta, leggera come un soffio, una specie di golfino impalpabile di estrema leggiadria. Candido, ricamato, oppure nero, Krizia lo ha messo sotto tailleur pantaloni di lino color sabbia, o sotto giacche di pelle bianca, o ironiche salopette di tessuto plastificato stampato a ocelot, trasformandola in una specie di seconda pelle leggiadra. Con i suoi abiti di seta plissettati e colori sfumati, con i body aderenti e trasparenti zebrati, con gli abiti di maglia simili a bende lucenti fasciate attorno al corpo, Krizia ha dimostrato di essere tra gli stilisti italiani, quella capace della moda più colta, meno approssimativa e volgare.*
>
> Quanto ai *mutandoni, capo indispensabile per le ragazze alla moda della prossima estate, sotto i vestitini di velo, se ne sono visti stampati a rose (da Anna Molinari) a leopardo (da Dolce & Gabbana) bianche, nere, con pizzi elastici o stecche di balena.* La presenza ossessiva nelle collezioni italiane di questo capo simile all'antica guaina, è un gesto di timore da parte dei creatori: infatti avendo deciso di mostrare abiti quasi sempre sotto il ginocchio o addirittura alla caviglia, timorosi di aver esagerato in perbenismo, hanno sostituito la minigonna con i mutandoni, che impazzano sotto i veli anche in modo imbarazzante, vista la loro assoluta assenza di grazia.
>
> *Dolce & Gabbana*, che da tempo ormai inseguono i ricordi infantili (di Domenico Dolce) che curiosava sempre nelle stanze in penombra dove madri e zie si abbandonavano discinte alle pigrizie dei pomeriggi siciliani, hanno collocato addirittura la loro signora 1997 in una elegante casa di appuntamenti, come le ha dipinte Degas nei suoi ultimi anni di vita. Già *avevano addobbato il salone della sfilata con pareti leopardo, mantovane leopardo,* con un gusto da cupo luogo di piacere palermitano di fine secolo.

Il ragguaglio al lettore si trasforma progressivamente in una divertita narrazione in cui l'informazione (che ancora sottolineiamo) serve come occasione per irruenti (a volte taglienti) considerazioni dell'autrice. Si segua in particolare la descrizione delle modelle che sfilano:

> Poi *hanno fatto sfilare le modelle più belle,* mettendo bene in vista il seno opulento di Chandra, le cosce prosperose di *Kate Moss*, il bel sedere di *Valeria Mazza,* le perfette e abbondanti rotondità di *Naomi Campbell, dentro abiti imbustati di velo, modellatori elastici, doppi reggipetti di pesante cotone.* Si immagina che gli abiti trasparenti con lo strascico, stampato a leopardo, reggisenone e mutande ben in vista, siano da indossare per i più importanti clienti della casa, pronti infatti a regalare la pelliccia di leopardo bordata di visone in caso di devozioni particolarmente stravaganti.

Senza abbandonare il tono lievemente ironico, anzi accentuando il ritmo e il colore da opera buffa, Natalia Aspesi conclude con una panoramica sui tessuti, sulle ultime collezioni, su qualche dispetto tra colleghi (con un minimo di *suspence*). È un modo singolare, da grande «maestra» nell'informare dilettando il pubblico:

> *Broccati, ricami, redingote col collo di visone, borsette di pelliccia con frange, sandali a tacco alto ricamati,* tutta grande eleganza per andare a messa la Domenica, e apparire le più virtuose e doviziose: *molti abiti all'uncinetto, del genere Mani di Fata,* che si immaginano eseguiti dalle instancabili signore nelle ore di riposo in attesa di clienti. Per colpa del trionfante duo, la collega *Anna Molinari ha pianto* tutte le sue lacrime: e sì che *la sua sfilata un po'dannunziana, di vestitini lunghi sotto il ginocchio bordati di pizzo blu, o di cappottini di taffetà da madre della sposa, o la sottoveste che scopriva*

del tutto il seno però velato da un abito anche lui trasparente, aveva avuto successo. Ma certo *le modelle che la brava imprenditrice aveva dovuto rimediare, dopo che le sue fedeli le erano state sottratte dai perfidi Dolce & Gabbana, non erano gran che:* qualcuna pareva di gamba non altissima, altre non sapevano dove mettere le braccia. E una camminava come una puerpera in ospedale, e l'altra come se scansasse mucchi di immondizia. Insomma la buona signora era disperata e si è scagliata contro i supposti prevaricatori. Che *oggi hanno annunciato una conferenza stampa*, si spera non per replicare a questa storia insulsa, ma per raccontarci, per esempio, che hanno deciso di sposarsi.

Questo testo, il cui carattere è prevalentemente informativo, può dunque essere assunto a testimonianza di come in ogni testo organico convivano diverse anime (qui c'è, ovviamente, la descrizione, ma sono presenti anche la narrazione e, sia pure in maniera minore, l'argomentazione).

4.2 Altri tipi di testo informativo

Messaggio per segreteria telefonica

In un testo informativo, si è detto, devono entrare tutte quelle notizie che servono a informare qualcuno di qualche cosa. Da questo punto di vista è bene rispettare, anche nelle situazioni apparentemente meno importanti, alcune piccole regole.

Spesso ci si trova disorientati quando dopo aver formato un numero telefonico, anziché trovare all'altro capo la persona che vogliamo raggiungere ci sentiamo rispondere da una registrazione, che ci impone di lasciare un breve messaggio dopo il fatidico «segnale acustico». Nel breve lasso di tempo tra la fine della registrazione e l'inizio del tempo (generalmente non più di un minuto) che ci viene lasciato per parlare, dobbiamo organizzarci una scaletta minima e comprensibile che consenta a chi ci ascolterà di richiamarci con cognizione di causa.

Sarà bene per prima cosa indicare il nostro **nome**, il **giorno** e l'**ora** della chiamata e, se non siamo in rapporti di familiarità con il nostro destinatario, è fondamentale lasciare il nostro **numero di telefono**. Non c'è infatti nulla di più frustrante che ricevere un messaggio senza poter rispondere, o potendolo fare solo con difficoltà (non sempre è facile reperire i numeri telefonici). Già questi elementi potrebbero essere sufficienti per un'informazione di base, che tuttavia sarà bene completare indicando in modo succinto il **motivo** della chiamata.

Non sarà inutile specificare il **destinatario** della nostra chiamata (può infatti capitare di chiamare in famiglie numerose, o in stanze di ufficio abitate da più persone). Gli elementi sottolineati potranno cambiare di ordine (ad esempio prima la data e poi il nome, prima il motivo e alla fine il proprio numero telefonico) ma devono esserci tutti.

Lasciare messaggi confusi e incompleti, soprattutto nelle segreterie di persone che non conosciamo, equivale infatti a una cattiva presentazione: paradossalmente l'unica informazione che diamo in casi di questo genere è un'informazione sulla nostra scadente capacità di organizzare un discorso.

Facciamo due esempi:

Messaggio scorretto:

Pronto, dottor Leonida, telefono perché mi hanno detto che a lei interessa una dattilografa. Io sono veloce e non faccio molti errori così ho pensato che forse faccio al caso suo, perché posso portarmi il lavoro a casa, vivo da sola e insomma posso sfruttare tutte le ore anche serali, sono puntuale e quando sono in forma sono in grado di sottopormi a ritmi di lavoro vertiginosi, al limite al piano di sopra c'è anche mia sorella che può darmi una mano, ecco...

A questo punto verosimilmente l'aspirante dattilografa sentirà un segnale acustico che l'avverte che il suo tempo è terminato. Avrà l'opportunità di lasciare un secondo messaggio, ma non potrà certo riparare all'impressione caotica lasciata dal primo (nel quale ha omesso di dare tutti i ragguagli informativi che avrebbero permesso al dottor Leonida di valutare la sua offerta e eventualmente richiamarla).

Messaggio accettabile:

Messaggio per il dottor Leonida: mi chiamo Gioconda Settebellezze, oggi è giovedì 21 settembre, sono le 15.30. Il mio numero telefonico è 12233445 di Abano Terme. Ho avuto il suo numero dal ragionier Rosario, il quale mi ha riferito che lei cerca una brava dattilografa. Sono disponibile, anche a portare il lavoro a casa. Richiamerò.

Questo è un messaggio scarno e completo, che dà modo al dottor Leonida non solo di richiamare la signorina Settebellezze, ma anche di sapere che si tratta di una «brava» dattilografa con ampia disponibilità di tempo.

Va infine ricordato che i messaggi nelle segreterie vanno pronunciati lentamente, scandendo bene le parole.

Avvisi

Capita spesso di trovarci di fronte ad avvisi incompleti, poco chiari, addirittura fuorvianti. Dal frustrantissimo «Torno subito» fuori della bottega dell'idraulico, che abbiamo raggiunto dopo un attraversamento della città in pieno traffico (magari preceduto da molti inutili tentativi telefonici) al «Servizio sospeso per ferie, rivolgersi al dott. Pallini» fuori dell'ambultorio del medico della mutua, ci troviamo di fronte a numerosi «comunicati» che per la loro grossolanità o mancanza di precisione creano inutili disagi.

«Torno subito», infatti, non significa nulla, anche perché per comune esperienza sappiamo che può indicare esattamente il contrario del «subito» e preludere ad estenuanti attese (e poi: «subito» a partire da quando?). Basterebbe un breve ragguaglio informativo per rassicurare il cliente (sempre ammesso che non lo si voglia perdere). Ad esempio:

«Ore 15: Negozio provvisoriamente chiuso per intervento di riparazione a domicilio. Si riapre entro le 16».

In questo modo il cliente può valutare se valga la pena di attendere (poniamo il caso che arrivi in negozio alle 15.45), se gli convenga fare altre spese già che è in una zona dove non capita spesso, se è meglio che torni a casa. Non sarà contento, ma in ogni caso avvertirà nel messaggio un minimo di rispetto nei suoi confronti che potrà alleggerirgli, almeno psicologicamente, il disagio della perdita di tempo.

Nel secondo esempio, la scorrettezza è certamente più grave. È infatti già di per sé poco entusiasmante recarsi dal medico della mutua, con le prospettive di code spesso assai lunghe, sale d'aspetto solitamente poco invitanti, compagni di attesa raffreddati o febbricitanti, in grado di farci uscire con il regalo di un'influenza. Se poi, dopo aver deciso di destinare un pomeriggio per la richiesta di analisi, troviamo un avviso incompleto, è quasi certo che il nostro già provato sistema nervoso ne risentirà.

Una moderata rassegnazione potrebbe essere favorita da un avviso più corretto e gentile:

> Il dott. Cunegondi sarà assente per ferie dal 20 agosto al 10 settembre. Lo studio medico riaprirà mercoledì 21 settembre con il solito orario (16-18). I pazienti possono rivolgersi al dott. Gianni Pallini (via Torino 23, angolo viale Cenisio). Per i casi urgenti telefonare al n. 62636465.

Il paziente avrà almeno facilitato il reperimento del medico sostituto, e sarà rassicurato per eventuali urgenze.

Il discorso potrebbe essere moltiplicato per conferenze che vengono spostate, per libri usati messi in vendita, per comunicazioni di segreteria, per i telegrammi (anche se in questo caso il costo per parola è un fondamentale strumento di sintesi) e via dicendo. Per tutti è importante ricordare che la brevità coniugata con la precisione è la ricetta per risparmiare e far risparmiare tempo, per evitare richieste di delucidazioni inutilmente dispendiose, per snellire un apparato informativo minuto a volte appesantito da una colpevole tendenza all'approssimazione.

4.3 Annunci, inviti

Non è sempre facile trovare le parole per annunciare pubblicamente eventi lieti e tristi che accompagnano la vita di tutti noi. Matrimoni, nascite, morti sono per consuetudine «partecipati» tramite inviti personali o annunci sui giornali, che sono a loro modo piccoli testi informativi.

Sarà bene cercare di essere semplici evitando inutili eccessi, soprattutto nei casi luttuosi. Cominciando da questi ultimi, vanno evitati i toni enfatici, sempre fuori luogo e a volte motivo di facili ironie. Così, se il defunto era noto nel suo ambiente per essere una persona sgradevole, poco onesta, collerica e per di più con tendenze alla pedofilia non sarà il caso, pena il ridicolo, di mettere sul giornale locale un annuncio di questo tipo:

> Si è spenta l'anima buona e pura di Antonio Tocchi. Lo rimpiangeranno eternamente, indicandone ai posteri l'esempio di bontà e di generosa disponibilità verso il prossimo, il fratello Giovanni con Clara, i cugini Amedeo e Rodolfo e i parenti tutti. I funerali si svolgeranno in Basilica il 18 luglio alle ore 11.

Senza abdicare ai sentimenti di pietà che possono estendersi anche alle persone meno degne, sarà bene tuttavia annunciare la dipartita di queste ultime in modo più discreto:

> Venerdì 17 luglio è improvvisamente mancato Antonio Tocchi. Ne danno il triste annuncio il fratello Giovanni con Clara, i cugini Amedeo e Rodolfo e i parenti tutti. I funerali avranno luogo in Basilica il 18 luglio alle ore 11. Non fiori ma opere di bene.

Le occasioni liete sono di per sé più semplici da annunciare. Così per un matrimonio esistono formule già pronte, con l'annuncio fatto dai futuri sposi a cui segue il luogo e l'ora della cerimonia, data e luogo dell'eventuale rinfresco in cartoncino separato.

Ugualmente per le nascite, che si prestano tuttavia a una più ampia gamma di formule, anche fantasiose. Dall'annuncio classico, in terza persona:

> Federico e Susanna Zolla annunciano con gioia la nascita di Lucia. Roma, 2 settembre 1996.

alla formula più diretta, fin troppo sintetica:

> È nata Lucia Zolla. Roma, 2 settembre 1996.

alla più libera (e paradossale) informazione, affidata alla protagonista dell'evento:

> Da oggi ci sono anch'io. Mi chiamo Lucia e ho reso felici mamma Susanna e papà Federico Zolla. Roma, 2 settembre 1996.

I messaggi più eleganti sono quelli più discreti, meno chiassosi: precisi e attenti alla comprensione.

5. I testi descrittivi

> Severo era un uomo alto, di corporatura giusta, con il petto largo e le spalle grandi e muscolose come quelle di un nuotatore, le braccia lunghe, le dita delle mani lunghe e ossute. Il viso non era bello, un ovale allungato e stretto, con un naso troppo grande e la bocca larga ma con le labbra sottili e pallide. Gli occhi erano neri e forse belli, ma nel mio ricordo quasi non ci sono, sono stati cancellati.

Con questa **descrizione** di uomo (la denominazione tecnica è *prosopografia*) comincia il racconto *Una vita felice* di Giulio Mozzi, un giovane narratore padovano: si tratta dunque di un «ritratto» letterario, che potrebbe non corrispondere, o corrispondere solo in parte, alla fisionomia di un individuo veramente esistito.

Proviamo a confrontarla ora con una descrizione tratta da un episodio reale:

> Numerosi testimoni hanno potuto vedere il rapinatore mentre si dava alla fuga: si tratta di un uomo bianco di circa quarant'anni, alto un metro e novanta, dal fisico atletico. Ha capelli scuri tagliati cortissimi; una faccia lunga e ossuta, naso grande dal setto deviato, bocca larga con labbra sottili. Nascondeva gli occhi dietro un pesante paio di lenti da sole. Zoppicava leggermente, forse a causa della colluttazione con gli agenti.

Questo è un classico esempio di identikit, costruito in base alle testimonianze di persone che hanno visto davvero il criminale e si sono poi sforzate di descriverlo con la massima precisione. Il testo (insieme al corrispondente grafico che se ne può trarre) dovrebbe permettere di riconoscere il rapinatore: a tale scopo sarà distribuito agli agenti di polizia ai posti di blocco e pubblicato dai giornali.

Le due descrizioni presentano alcune caratteristiche comuni.

Entrambe costruiscono attraverso le parole l'immagine di un oggetto (un maschio adulto). Sono entrambe regolate da categorie spaziali e sensoriali (a differenza dei testi narrativi, che si basano su criteri temporali): i tratti descrittivi rinviano infatti alle dimensioni dell'uomo (*alto, largo, lungo, cortissimi*), a quanto di lui si può vedere (*spalle muscolose, mani ossute, bianco, atletico, capelli scuri, zoppicava*). Entrambe sono organizzate in maniera da presentare prima l'aspetto complessivo dell'uomo, e poi i suoi «connotati» specifici (del volto si parla, nei due testi, dopo le informazioni sulla corporatura), cioè si tratta di descrizioni che vanno dal generale al particolare. Infine, sono entrambe statiche, cioè rinviano a un oggetto immobile nel tempo: nel primo caso, Severo è fissato così come la sua immagine emerge dalla memoria, nel secondo caso l'aspetto del rapinatore è stato colto nei pochi istanti della sua fuga, come in un fotogramma di pellicola; i tempi verbali che rendono quest'effetto di staticità sono l'imperfetto (esclusivo nel primo testo: *era, erano*) e il presente (tempo-base del secondo testo: *si tratta, ha*). Quanto all'uso dei tempi nella descrizione del rapinatore, va notato inoltre che il presente vi si trova associato alle caratteristiche permanenti di quell'individuo (la razza, la corporatura, la forma del naso), e l'imperfetto a quelle contingenti (*zoppicava* in quel momento, ma non è detto che continui a zoppicare, per cui la polizia non deve necessariamente dar la caccia a un uomo claudicante).

Presente e imperfetto sono i tempi verbali caratteristici di qualsiasi testo descrittivo.

Vediamo ora i punti di divergenza fra i due testi.

È significativo che, nel primo, si dica che gli occhi di Severo (*neri e forse belli*) sono stati cancellati nel ricordo; nel secondo invece gli occhi del rapinatore non vengono descritti perché nascosti dalle lenti scure: all'origine della «lacuna» descrittiva c'è nel primo un fattore di soggettività (una sorta di rimozione psicologica) e nel secondo un ostacolo oggettivo. Proprio in tale diverso atteggiamento consiste la più cospicua differenza fra le due descrizioni: può esser definita **soggettiva** la prima, nella quale il coinvolgimento emotivo dell'autore condiziona anche la scelta dell'aggettivazione (*giusto, non bello, troppo grande, forse belli* sono giudizi filtrati attraverso una valutazione personale), **oggettiva** la seconda, che invece è condotta in modo distaccato e si prefigge come scopo principale quello di riprodurre l'oggetto così come è o come appare.

Descrizioni oggettive, spesso arricchite da elementi informativi, sono quelle di edifici, località e monumenti che si leggono nelle pubblicazioni turistiche; vediamo ad esempio il Duomo di Monreale (vicino a Palermo) secondo la *Guida rapida* del Touring Club Italiano:

> È il capolavoro dell'arte siciliana del periodo normanno. Fu fondato nel 1174 da Guglielmo II e in breve portato a compimento, ed è giunto intatto fino a noi. La facciata è serrata tra due torri (quella di sinistra incompiuta), ornata nell'alto di arcate intrec-

ciate e preceduta da un portico del '700, sotto il quale si apre un magnifico portale con porta in bronzo di Bonanno Pisano (1186). Lungo il fianco sinistro corre un elegante portico del '500 di F. e V. Gagini, sotto il quale è un portale (ingresso usuale) con porta in bronzo di Barisano da Trani (1179). L'alta abside ha un ricco rivestimento di archi intrecciati e di tarsie policrome in calcare e lava.

L'INTERNO, maestoso e fulgente, è di tipo basilicale a tre navate su colonne, in gran parte antiche, reggenti archi acuti, con profondo presbiterio e tre absidi. Il soffitto (rifatto) è a travature scoperte nelle navate, a stalattiti nel santuario; il pavimento musivo è l'originario; le pareti sono rivestite in basso di lastre marmoree; transenne a mosaico recingono il santuario. Sull'alto delle pareti sfolgorano i **mosaici**, eseguiti tra la fine del sec. XII e la metà del XIII. Raffigurano il ciclo del Vecchio e del Nuovo Testamento, con scritte in latino e in greco; notare soprattutto le storie della Genesi nella navata mediana, e nell'abside centrale il Cristo Pantocratore con sotto la Madonna in trono, Angeli, Apostoli e Santi. Sopra i due troni, reale ed episcopale, ai lati del santuario due riquadri rappresentano Guglielmo II incoronato da Cristo e Guglielmo II che offre la chiesa alla Vergine. – Nel lato destro del santuario, ove sono il sarcofago in porfido di Guglielmo I (sec. XII) e quello di Guglielmo II (rifatto nel 1575), si apre la cappella cinquecentesca di S. Benedetto, tutta rivestita di tarsie marmoree e rilievi di G.B. Marino, del 1728; all'altare, Gloria di S. Benedetto, altorilievo di I. Marabitti, del 1776. Dal lato sinistro del santuario, ove sono altre tombe reali (rifatte nel 1846), si accede attraverso la sontuosa cappella secentesca del Crocifisso al ricco TESORO. – Dai terrazzi della chiesa (180 gradini), panorama.

Anche in questo caso, il testo è organizzato secondo un criterio spaziale (*nell'alto, preceduta, sotto, lungo il fianco sinistro*, ecc.) e procede secondo un determinato ordine (dall'esterno all'interno, dall'alto in basso, da destra a sinistra). Vi si trovano incastonati però alcuni elementi (quali ad esempio le date, i nomi degli artisti e il giudizio iniziale secondo cui si tratta del capolavoro dell'arte normanna in Sicilia) che non hanno funzione descrittiva, bensì informativa, in quanto forniscono notizie che non si potrebbero ricavare dall'osservazione, per quanto attenta, del Duomo stesso.

Vi è infine un piccolo frammento regolativo, là dove il lettore viene invitato a *notare soprattutto le storie della Genesi*, cioè la parte più pregevole del rivestimento musivo.

Abbiamo parlato fin qui della descrizione come equivalente verbale di un'immagine. Tuttavia sarebbe sbagliato pensare che delle buone fotografie possano renderla superflua, non solo per il motivo, fin troppo ovvio, che un testo può contenere elementi descrittivi apprezzabili con sensi diversi dalla vista (quali l'aroma di un particolare tipo di caffè, la consistenza delle foglie di una pianta, il suono prodotto da un violino Stradivari; vedi Finestra 1) o addirittura elementi astratti (come nelle descrizioni filosofiche, matematiche, giuridiche), ma soprattutto perché un testo descrittivo ben fatto di regola fornisce il più efficace ed economico percorso di osservazione di un oggetto, di cui presenta solo gli aspetti significativi, caratteristici, ossia i tratti che distinguono quell'oggetto specifico da altri simili. In altre parole, un buon testo descrittivo è il risultato di una selezione, e vi entrano di diritto solo gli elementi che permettono la riconoscibilità dell'oggetto descritto.

Tornando all'identikit del rapinatore, non avrebbe alcun senso aggiungervi che l'uomo «ha una testa e due orecchie, un collo, due mani», perché questi elementi non sono per nulla distintivi; invece, è rilevante la forma particolare della sua testa, così come sarebbe indispensabile, se fosse mancino o avesse un orecchio mozzato, segnalare nella descrizione questi tratti significativi.

In assenza dell'oggetto, dunque, la descrizione ci permette di formarcene un'immagine mentale; in presenza dell'oggetto, ci è ugualmente preziosa perché guida il nostro sguardo e la nostra attenzione, facilitando il processo conoscitivo.

Quando invece la selezione degli elementi descrittivi privilegia intenzionalmente alcuni aspetti dell'oggetto e ne tralascia altri non meno importanti, il risultato è una descrizione parziale e partigiana, la cui forte componente di soggettività può tuttavia sfuggire a una prima lettura perché realizzata attraverso una serie di omissioni invece che facendo ricorso a valutazioni esplicite. Tipici prodotti di questo atteggiamento sono i messaggi pubblicitari, che vantano solo i pregi dell'oggetto reclamizzato e cercano così di comunicare l'idea che esso sia del tutto esente da difetti. Allo stesso modo, chi vuol vendere una casa o una macchina usata ne dà di solito una descrizione benevola, che sorvola sulle manchevolezze e i guasti.

Particolarmente delicato è il caso in cui l'oggetto descritto, che si vuole in qualche modo «promuovere» ponendolo in una luce per quanto possibile positiva, sia l'autore stesso della descrizione: è quanto accade di norma tutte le volte che si invia il proprio *curriculum vitae* per ottenere una borsa di studio, un posto di lavoro, un avanzamento di carriera. Nel *curriculum* vanno indicati gli elementi significativi della carriera scolastica e professionale di un individuo: si tratta dunque di una descrizione selettiva, le cui dichiarazioni devono essere veritiere e verificabili (pena la perdita di credibilità), ma possono al tempo stesso venir temperate da qualche omissione: per esempio, chi aspira a una posizione di lavoro per la quale siano richiesti esplicitamente «bella presenza e facilità nei rapporti col pubblico» può legittimamente sorvolare su qualche difetto veniale o transitorio (forfora nei capelli, facilità ad arrossire), ma non gli converrà barare su questioni sostanziali, come un caratteraccio da misantropo o un aspetto repellente. Il *curriculum vitae*, però, si può considerare un tipo testuale vero e proprio, dotato di regole codificate.

Qui proponiamo alcuni esempi, certamente più leggeri e a volte involontariamente comici, di autodescrizione: quelli che si leggono fra gli annunci matrimoniali; si noti che spesso in questo genere di testo l'autore fa seguire alla descrizione di sé (persona reale) quella del partner ideale (entità immaginaria).

Tutti gli esempi sono tratti dalla rivista *Rubacuori* del dicembre 1996. Un utile esercizio per il lettore potrebbe consistere nell'analizzarli dal punto di vista della lingua e del contenuto: vi sono contaminazioni con lo stile degli annunci economici?, l'ordine degli elementi descrittivi è buono?, quali testi hanno un'impostazione epistolare?, quali artifici «retorici» vengono usati per attenuare elementi negativi?, vi sono errori ortografici?, quali, fra le informazioni, sarebbe stato meglio tacere?

Gentiluomo 47enne imprenditore, di ottima presenza, serio, colto, sportivo, di classe, con elegante appartamento in centro a Milano, cerca donna di compagnia max 45enne anche vedova, di splendida presenza, eleganza, simpatia, disponibile, non mercenaria. Necessario recapito telefonico e immagine restituibile.

(Bilancia). 33enne operaio, celibe, alto 1.82 x 83 kg, di sani principi morali, semplice, amante dei valori famigliari, sportivo, incontrerebbe ragazza 26-37enne per costruire una dolce amicizia finalizzata al matrimonio. Astenersi perditempo.

(Pesci). Alto 1.87 non grasso, cinquantenne separato, diplomato, amante della musica, del teatro, dei viaggi, cerca in tutta Italia ragazza max 47enne, libera, senza figli, per relazione costruttiva, convivenza ed eventuale futuro insieme e che sia disposta a trasferirsi. Se rispondete inviate una foto e telefono, grazie.

(Leone). Se sei una ragazza sincera, simpatica, socievole, affettuosa, passionale, ami la compagnia di mia figlia 17enne, sono un 45enne operaio, posizionato, di sani principi, occhi marroni, castano, alto 1.65, separato non per colpa con casa, ti sto cercando per costruire grande storia d'amicizia e di amore. Sì anche a divorziate o vedove. Rispondo a tutte a telefono e foto restituibile.

33enne nientaffatto male, testa sul collo, lavoro sicuro, vuole conoscerti, non mangiare purché tu sia un tipino very, very carina, tenera.

(Pesci). Pensionato 60enne, onesto e senza vizi, cerca una signora o signorina, anche contadina, e da parte mia sono disposto di trasferirmi in campagna. Per favore chiedo il telefono con il prefisso scritto chiaro, grazie.

(Sagittario). Brutto, grasso, basso, pelato, timido, ignorante, stupido, triste, povero, depresso, 45 anni. Cerco donna intelligentissima, bellissima, dolcissima, posizionata.

(Acquario). Signorina giovane, dolce, semplice, gradevole, ma povera, di buona cultura, cerca posizionato max 70enne al quale dare vero affetto, compagnia e che si prenda cura di me e del mio avvenire, che sia disposto a trasferirsi. Scrivere affrancando con L. 1050.

6. I testi narrativi

6.1 Caratteristiche del testo narrativo

Si suole considerare **testo narrativo** ogni testo, scritto o orale, nel quale un narratore racconta una storia.

Un ritornello ancora vivo in Lombardia una trentina di anni fa, al quale ricorrevano le madri e le nonne stanche di raccontare fiabe per addormentare i bambini, era fondato, in una sorta di scatole cinesi progressive della narrazione, su uno stratagemma che riusciva almeno per qualche minuto a «ingannare» piacevolmente i piccoli ascoltatori. Diceva il ritornello:

C'era una volta un Re,
seduto sul sofà.
Diceva alla sua serva:
«Raccontami una storia».

La serva incominciò:

«C'era una volta un Re,
seduto sul sofà.
Diceva alla sua serva:
«Raccontami una storia».

La serva incominciò: ...

Il testo si moltiplicava sullo stesso motivo e va da sé che a un certo punto doveva per forza essere interrotto (anche per evitare crisi isteriche al destinatario).

Nella sua scherzosa semplicità questo gioco può essere considerato una piccola narrazione. Ci sono infatti i personaggi (il Re e la sua serva), c'è l'ambientazione (il Re è seduto sul sofà, comodo divano che evoca il lusso), c'è il dialogo (la richiesta di una storia), c'è, infine, anche un minimo di azione, sottolineata dal tempo passato remoto («disse alla sua serva», «la serva incominciò»), e il «C'era una volta» dà il tempo indeterminato tipico di una fiaba. Poi inizia la storia nella storia, nella quale i personaggi si sdoppiano ossessivamente all'infinito, ossessivamente uguali a se stessi.

Possiamo schematizzare le caratteristiche del testo narrativo, quelle che permettono di identificarlo in quanto tale, in tre momenti principali:

1) la presenza di personaggi che dialoghino tra loro, che agiscano ed esprimano pensieri;
2) l'organizzazione e il collegamento tra loro di azioni, pensieri, dialoghi in sequenze di eventi lungo la parabola che da una situazione iniziale conduce ad una conclusione della (o delle) vicende;
3) la finalità, l'intendimento da parte dell'autore di comunicare, di interessare il lettore o l'ascoltatore, di dar vita a un mondo fantastico (che proprio per questo può cogliere le dimensioni più profonde della realtà).

Formulando diversamente possiamo anche dire che nella narrazione sono fondamentali i personaggi. Che, anzi, «funzione narrativa» vien detta l'azione compiuta da un personaggio che ha il compito di introdurre un'altra azione, e che in ogni narrazione è presente un processo di modificazione: nella nostra filastrocca una sia pur minima funzione narrativa la rivestono sia il Re che fa una richiesta, sia la serva che si accinge ad adempierla beffandolo.

Le azioni sono le costanti della narrazione: due personaggi si incontrano e questo provoca delle conseguenze; la mancanza di un oggetto provoca sempre una conquista; la difesa di un oggetto genera ostacoli; la trasgressione di un divieto, il castigo e così via.

Si tratta di schematizzazioni utili e tuttavia sempre suscettibili di rettifiche e aggiustamenti ed è facile offrire esempi di narratori (da Joyce a Proust, da Svevo a D'Arrigo, a Gadda) in cui i momenti indicati si allargano fino a dilatarsi e a vanificare ogni confine tra l'uno e l'altro o si riducono volutamente al gioco di pochi elementi, magari fino a rendere la lingua stessa protagonista principale della storia, come succede per Gadda.

All'interno del genere romanzo sono possibili diverse modalità e non è qui il caso di ricordare il cammino percorso in epoca moderna dalle importantissime riflessioni sul romanzo da Henry James (1843-1916) fino ad oggi. Basti ricordare che il fiorire di studi sulla narrazione, a cominciare dal libro *Morfologia della fiaba* di Vladimir Propp (del 1928), ha avuto come effetto positivo di trasmettere l'idea che dietro un racconto si cela un'officina artigianale che lo rende possibile, lo mette in funzione.

Leggere in modo consapevole significa garantire la salute della letteratura, soprattutto se si riesce a evitare di impigliarsi in griglie metodologiche troppo rigide e si prende atto che già da un po'di tempo ha preso forma un nuovo tipo di lettore.

Oggi, in piena era informatica e con un pubblico studentesco più abituato ai *videogames* che ai libri, far amare la lettura può apparire una scommessa perduta fin dall'inizio.

Se regaliamo a un ragazzo di quindici anni un libro pregiato e gli illustriamo le meraviglie di una bella edizione mediamente il risultato sarà un muso lungo e un borbottio appena mascherato sull'idiozia di «gettare i soldi dalla finestra, con tutte le cose più allegre e belle che ci sarebbero da comprare». È, in altre parole, necessario fare i conti con le nuove offerte che, piaccia o meno, hanno condizionato la ricezione delle nuove generazioni: si può leggere una storia anche sul video, con tutti gli impoverimenti che questo comporta, e il bisogno intramontabile di raccontare e ascoltare o leggere storie ha in larga misura trovato canali diversi dall'amato oggetto cartaceo.

Un varco per raggiungere il libro potrà paradossalmente essere rappresentato proprio dal computer, con il suo alfabeto e le sue risorse particolari. Vale a dire che oggi non è più evitabile, né sottovalutabile, il passaggio del narrare per immagini (anche la televisione dunque), spesso primo impatto dei bambini con il mondo della narrazione.

6.2 Tipi di testo narrativo (che cos'è una storia, in quanti modi la si può raccontare)

Se associamo quasi automaticamente all'idea di narrazione una fiaba, un mito, una storia lunga, un romanzo, una novella, un «filò» (cioè una narrazione spontanea e comunitaria, in uso fino a '900 inoltrato d'inverno nelle stalle, dove i contadini si riunivano per stare insieme e raccontare storie), non sarà difficile ritrovare scansioni narrative, o addirittura vere e proprie storie nelle situazioni più insospettabili. Proseguendo in questa direzione è bene sottolineare che la narrazione non va identificata totalmente con il romanzo o la novella ma si estende, ad esempio, alla comunicazione di massa (pensiamo a molti spot televisivi, vere e proprie storie in miniatura), alla letteratura di consumo, al cinema, alla pittura (alcuni grandi cicli pittorici sono vere e proprie storie da vedere, come il ciclo di Sant'Orsola dipinto da Carpaccio: Finestra 2), alla stessa musica, soprattutto operistica.

Molte volte da un semplice resoconto orale chi parla costruisce, sul filo della successione di eventi reali, delle vere e proprie storie, popolate da personaggi che appunto dialogano tra di loro e collega e organizza gli eventi che si svolgono con la modalità di una storia avvincente. Se è sempre più raro imbattersi in narrazioni orali spontanee o in figure di cantastorie (pensiamo alle storie cantate in ottave dal grossetano Mauro Chechi), non è invece infrequente trovare delle storie, mimetizzate nelle pieghe di situazioni le più diverse.

Se dopo aver partecipato a un'affollata assemblea politica, anziché scrivere un oggettivo resoconto per un amico costretto in ospedale che vuole essere informato, animiamo il nostro discorso con personaggi, dialoghi e dettagli magari un po' vivacizzati, con descrizioni e commenti, successione di eventi e colpi di scena, ecco che avremo costruito un sia pur singolare testo narrativo:

> Ti racconto come è andata. Dopo lo scontato intervento di Sproloquietti sui candidati proposti, sull'utilità di accettarli senza troppo sottilizzare, visto il momento delicato e l'incombere degli avversari pericolosamente organizzati (un'introduzione né carne né pesce, credimi, come al solito) c'è stato un momento di sospensione. Non si capiva se, vista la calura pomeridiana, tutti si sarebbero addormentati o se invece non si stesse preparando qualche colpo di scena. Non ho fatto in tempo a pensare questo che mi si alza, naso eretto all'aria, la Sgraziò un po' sacrificata nel suo abito da esercito della salvezza troppo stretto, che si mette a inveire in anticipo contro i possibili dissidenti, contro quelli che piantano solo grane: «È facile e comodo parlare», esordisce con toni acuti, «brontolare sempre e non lavorare, lasciare che gli altri si muovano e poi criticare senza aver mosso un dito. Sono assolutamente d'accordo con Sproloquietti, è inutile discutere i nomi adesso: vanno bene e se li abbiamo scelti vuol dire anche che sono il frutto di un laborioso compromesso per tenere unite le forze della nostra coalizione».
> È stato come dar fuoco a una polveriera: la Annoni è saltata sul palco e si è messa a gridare in presenza di una delle candidate, la Turacciolo, che avrebbe dovuto prendere la parola: «Altro che compromesso», inveisce, «qui siamo di fronte a un attentato alla nostra identità. Vergogna, Sgraziò, utile idiota e spia (non so cosa c'entrasse la spia, ma ormai il torrente era in piena, impossibile da frenare), mai e poi mai accetterò di votare questa imbecille che mi proponete. Ma come?» , aggiunge indicando la povera Turacciolo, «fino a ieri ci dicevate che questa cicciona era la quintessenza della negatività, la dovevamo evitare come la peste nera, ed ora me la ritrovo qui per esigenze di coesione?»
> Mentre continuava su questo tono (che ti dà la misura del degrado morale e anche dialettico nel quale siamo scivolati, e ci vorrà molto tempo e molta pazienza per recuperare un po' di dignità perduta), il Pieretti, che è sempre stato un po' preso dalle floride grazie della canditata sotto accusa, si avvicina al tavolo e lo sposta bruscamente. Preleva la Turacciolo, vestita di un acceso turchino rallegrato da una sfilza di bottoni finto oro, e la prende in braccio. Non ti dico lo strepito e il seguito di parole e parolacce, con la Turacciolo che piangeva. Non ti dico la Sgraziò che molla una sberla alla Annoni dicendole, tra l'altro, « sciocca e vana, te la faccio vedere io», il Camillo che dice che tutto sta andando in rovina e resta immobile, con lo sguardo un po' vitreo, il resto della assemblea che si perde in un vociare confuso mentre i più sensati, tra i quali mi ci metto pure io, si avviano all'uscita... Non ho idea come sia poi finita. Avevo troppo bisogno di aria fresca. Domani ti farò sapere con precisione.

Questa e numerose altre «narrazioni» del genere si sviluppano spontaneamente sul canovaccio che l'occasione della vita quotidiana offre: sono indicative di una disposizione al narrare e all'ascoltare che gode buona salute.

Ma quello di narrare può anche essere un «mestiere», sottoposto a regole e a disciplina rigorose, come in ogni altro lavoro.

Ogni testo narrativo (ma, in generale, ogni testo) può essere manipolato, disfatto, rimontato per gli scopi più diversi. Può essere utile estrapolare una bella descrizione, uno scambio serrato di battute, per dare un esempio dello stile di un autore, si può semplicemente (e a volte indebitamente) elevare a massima memorabile qualche frase che ci ha colpiti. In questo tipo di operazioni non sempre si rispetta il testo che ci si propone di illustrare e descrivere e il rischio può proprio essere quello di riconsegnare contraffatto e deformato un libro che si voleva invece insegnare ad amare.

Così può capitare che Hemingway e Scott Fitzgerald, avidamente letti durante l'adolescenza, si irrigidiscano sotto le gelide mani di qualche ben intenzionato «chirurgo» della letteratura. Tuttavia per fortuna – e non solo nelle esperienze scolastiche e universitarie – può anche succedere che un'introduzione intelligente a un romanzo aiuti a valorizzare e a mettere in luce molti elementi, molti passaggi che nelle letture libere erano rimasti in ombra.

Conoscere come è costituito, come funziona un oggetto permette di apprezzarlo e rispettarlo. Allo stesso modo saper individuare in un testo narrativo le sue caratteristiche peculiari significa poterlo individuare nella sua specificità, saperlo «riconoscere».

È dunque utile tener presenti alcuni elementi compositivi che appartengono a qualunque testo narrativo e che aiutano il lettore o l'ascoltatore a decifrarlo prontamente.

6.3 *Fabula* e intreccio; tempi narrativi; personaggi

Ritornando dunque brevemente alle nostre considerazioni iniziali riguardanti il testo narrativo, aggiungeremo che questo si regge su una trama (il *plot* anglosassone).

Nell'arte della tessitura, i fili in parallelo (che possono essere avvolti su due cilindri, i *subbi*), formano l'*ordito*, mentre la *trama* passa perpendicolarmente all'ordito al quale si intreccia grazie alla *spola*, contenuta nella *navetta*.

Colui che inventa una storia e la racconta può essere visto come un tessitore, che predisposto l'ordito, incrocia i fili e poi comincia a tesserli, fermandosi ogni tanto per combinare il disegno, altre volte assecondando una direzione imprevista causata da un errore che poi in definitiva finisce per rivelarsi una buona idea.

Il prodotto finito sembra essersi fatto da sé, appare scintillante di colori e di movimenti figurali, pare nato così. Ma se si gira il tessuto si possono rintracciare le varie fasi di composizione, le interruzioni, le aggiunte, i rattoppi.

Non è un caso che la parola testo derivi da *textus*, 'tessuto', sviluppi cioè un'immagine nota per indicare il gioco di intreccio con cui le parole che costituiscono un'opera sono viste, nel loro congiungersi e incrociarsi, come i fili di un tessuto (Finestra 3)

Se proviamo dunque a smontare un testo narrativo per vedere come è fatto generalmente riusciamo a scoprirne la struttura, l'impalcatura sulla quale si regge. Non è detto che questa sia sempre prevista in anticipo dall'autore, il quale anzi la può costruire man mano che avanza nella sua composizione. Tuttavia quando il romanzo, novella o racconto è terminato e passa dalle mani del suo autore a quelle del lettore, quest'ultimo potrà vedere in filigrana l'impianto che tiene unita la storia che legge.

Da dove cominciare?

Per prima cosa si può cercare di individuare i materiali di cui si è servito lo scrittore per elaborare la narrazione: è ciò che tecnicamente si suole definire la *fabula*.

La *fabula* è l'insieme degli avvenimenti narrati così come li può ricostruire il lettore **nella loro successione nel tempo**. È il materiale fondamentale della storia, con il quale lo scrittore ha lavorato, il tema della sua opera. Se si dispongono gli avvenimenti di un'opera secondo la loro successione logico-temporale (prima succede questo, poi quest'altro, allora avviene questo ancora...) si riconosce subito la struttura portante.

Si tratta infatti di allineare nella loro successione «naturale» i fatti contenuti in una narrazione, là dove lo scrittore li aveva intrecciati e dislocati secondo il suo piano compositivo-espositivo.

L'*intreccio* è invece la disposizione dei passi narrativi, lo schema delle situazioni e degli eventi così come l'autore li vuole esibire al lettore (succede questo, ma facciamo un passo indietro e vediamo cosa era accaduto prima, torniamo al presente e andiamo a vedere cosa combina quest'altro personaggio, e magari anticipiamo quella che sarà la conclusione di un percorso di azioni). L'intreccio è dunque qualche cosa di più complesso della storia nella sua successione cronologica, proprio perché riguarda l'organizzazione dinamica degli elementi del racconto (e dunque la sua piena comprensibilità) e il suo effetto emotivo.

Una spia importante per riconoscere un testo narrativo è costituita dai tempi verbali.

Facciamo per comodità due esempi.

I: sequenza primaria

La mattina del 12 marzo, dopo una notte tormentata, Fabrizio *ha fatto* colazione, poi *ha preso* la cartella e *si è recato* a scuola: *qui incontra* la sua compagna Giulia e si scusa con lei. *Faranno* la pace e *andranno* insieme al cinema.

Questa è una successione estremamente lineare, che chiameremo «primaria». Abbiamo un protagonista che compie, uno dopo l'altro, una serie di atti che avranno una loro conseguenza logica.

II: breve trama

Il peso delle frasi oltraggiose inflitte a Giulia non *aveva permesso* di chiudere occhio a Fabrizio. Come *aveva potuto* lasciarsi andare in quel modo? *Rivedeva* davanti a sé il viso turbato, lo sguardo di rimprovero, lo stupore per quell'improvviso scoppio d'ira. Al mattino, durante la colazione, *riprovava* modi diversi per mostrare il suo pentimento, non si *decideva* a uscire. *Avrebbe ricordato* a lungo quella mattina del 12 marzo, l'inquietudine prima e poi il sollievo per il perdono concesso. *Si alzò* all'improvviso e *si decise* a uscire.

Qui ci troviamo di fronte a una trama, perché sulla successione temporale degli stessi atti abbiamo intrecciato i fili di un racconto.

Veniamo ora ai **tempi verbali**. Ci sono dei tempi verbali che sono «narrativi» per eccellenza. Vediamoli nel nostro secondo esempio: sono l'imperfetto (nel nostro secondo esempio: «rivedeva», «riprovava», «decideva») che comunica il senso di un'azione che va svolgendosi con lentezza; il passato remoto («si alzò») che pone in rilievo l'azione, il fatto che impone una svolta nella situazione narrata; il trapassato prossimo («aveva potuto») che ancora rende l'effetto di una situazione o di un'azione nel tempo; il condizionale passato («avrebbe ricordato»), che esprime il futuro nel passato. Tutti questi tempi elencati generalmente prevalgono nei testi che chiamiamo narrativi.

Nei testi di commento prevalgono invece altri tempi. Vediamoli nel nostro primo esempio: sono il presente («incontra», «si scusa»), che indica un'azione attuale e definita, il passato prossimo («ha fatto», «ha preso», «ha incontrato»), che esprime un fatto puntuale, l'azione avvenuta; e il futuro («faranno», «andranno»), che ha diverse funzioni (qui esprime la certezza di ciò che accadrà, ma potrebbe anche esprimere un ordine, una supposizione).

La disposizione cronologica dei fatti e il loro intreccio tendono ad avvicinarsi fino a coincidere nelle narrazioni semplici, come le favole, la narrativa per l'infanzia, le barzellette, i romanzi di avventura, nei quali i fatti vengono raccontati secondo un ordine naturale e logico. In pura successione cronologica è anche la narrazione pittorica del ciclo di Sant'Orsola di Carpaccio, cui abbiamo già accennato (§ 6.2).

Non è detto però che in ogni narrazione ci sia sempre un sistema semplice e lineare in alternativa a uno più complicato e articolato; ci possono essere casi in cui la narrazione si tesse incastrando consapevolmente due livelli di narrazione apparentemente simili.

Nel breve racconto *Serata* lo scrittore Dario Voltolini (Torino 1959) inizia elencando personaggi (Maria e una donna che entra nella stanza, che si rivelerà subito come la madre), azioni (gesti «domestici», come aprire una porta, uscire dalla cucina, mettere il cibo acquistato nel frigorifero), brevi scambi di dialogo:

> Maria in cucina sta guardando un programma alla televisione. È ancora estate. Dalla finestra spalancata si vede il profilo dei palazzi di fronte, i tetti sono già scuri per l'ora. Il cielo è invece molto limpido e luminoso. Una chiave gira nella toppa. La porta si apre. Una donna entra nell'appartamento. Ha in mano sacchetti di plastica. Ha fatto la spesa. Porta a tracolla una cartella.
> – Maria? Sei lì? – domanda posando la spesa a terra e richiudendo la porta.
> – Sì, mamma – risponde Maria dalla cucina. Accenna a scendere dalla sedia su cui sta seduta nella posizione del loto.
> – Mi aiuti per favore?
> – Arrivo.
> Maria esce dalla cucina e raggiunge la madre. Si alza in punta di piedi per baciarla su una guancia. La donna è molto spettinata.

La narrazione è al presente e prosegue lineare e senza movimenti sino al momento in cui, preso atto della televisione irrimediabilmente guasta, la madre racconta alla figlia un'antica storia d'amore, un *lai* (cioè un racconto) di Maria di Francia:

> le regala tre cose. Un anello, una spada e un vestito, mi pare. L'anello serve a far dimenticare al marito ogni cosa, cioè se lei non lo perde, suo marito non ricorderà niente di tutta questa storia; la spada invece è per Yonec. È la spada che Yonec userà quando sarà grande per vendicare loro due. Il vestito non ricordo bene a cosa serve, però forse solo a vestirla, perché lei si è buttata dalla finestra che era mezza nuda

Anche il racconto narrato dalla madre a Maria (e Maria finirà per sdoppiarsi, visto che diventerà la destinataria anche della storia di Maria di Francia, raccontatale dalla madre) è prevalentemente al presente, ma ora è il presente storico (equivalente al passato remoto) ad essere intervallato da fuoriuscite dell'autore-regista che lo interrompe per fissarsi su brevi gesti al presente (la madre che scosta le tende della finestra, che la apre, che si accende una sigaretta, la figlia che la incalza a continuare). In definitiva abbiamo apparentemente due svolgimenti di storia lineari e cronologici, ma la trovata narrativa, il colpo d'ala del racconto, sta nell'incastrarli l'uno nell'altro (una storia dentro una storia sullo schema del ritornello di cui si è detto all'inizio di questo paragrafo, ma con la differenza che qui la seconda storia prosegue, non si avvita su se stessa). L'intreccio è allora proprio in questa soluzione che interseca piani diversi, con continui rientri nella cornice principale (la prima donna che racconta e la seconda che ascolta e interrompe).

Nella maggior parte dei casi, dunque, il narratore gioca con i tempi della storia e li scompiglia. Ad esempio può tornare indietro nel tempo rispetto al «momento presente» (nel linguaggio cinematografico questa tecnica, assai usata, si chiama *flashback).* Ecco un esempio:

> Quando *accadde* l'incidente, Doris Bechtler *aspettava*, sveglia nel suo letto, il bacio della buonanotte. Non *aveva* buoni sentimenti verso i suoi genitori, che si *erano dimenticati* di lei. *Indossava* una camicia da notte rosa, nella stanza rosa. Da sempre *era* il suo colore preferito e anche ora, a ventiquattro anni, di notte *si vestiva* sempre di rosa. *Sembrava* ancora una bambina, le labbra strette per il disappunto. Appena *sentiva* un rumore, *si preparava* ad alzare le braccia, perché quando la madre e il padre *entravano* nella stanza per la buonanotte lei *stringeva* con affetto e forza il loro collo. Così *faceva* anche nei primi anni di vita, quando le braccine *erano* tornite come quelle dei putti. E voraci *erano* gli abbracci che *riceveva,* la madre spesso la *stringeva* così forte a sé che *sembrava* volesse soffocarla.
> E anche la notte di cui stiamo parlando *era* impaziente di quell'abbraccio, ogni giorno *sembrava* l'ultimo. *C'è* chi *dice* che la giovinezza è il tempo in cui si *annida* la rovina. Ciò non *valeva* certamente per Doris Bechtler.

In questo inizio di racconto è ben riconoscibile il passaggio dal tempo narrativo (a parte l'esordio del passato remoto *accadde,* è costante l'imperfetto) al tempo di commento (la penultima riga, al presente). Il personaggio è ritratto mentre sta per accadergli qualche cosa di spiacevole («l'incidente»), poi affiora la memoria che fa scorrere il tempo della storia all'indietro, verso altri accadimenti che si dispongono a ricollegarsi (e a giustificare quello che sta per succedere).

> Verso le quattro del mattino Porzia *entrò nella sua stanza* [...] Dopo le formalità d'uso, il funerale. Nella cappella protestante del cimitero della città di Zurigo Doris *ascoltò* la predica del pastore Anton, che l'aveva battezzata.

Nella narrazione il tempo imperfetto è molto usato soprattutto nelle descrizioni. È infatti il tempo del passato che esprime una azione ripetuta o che si svolge lentamente. La novità, l'accadimento viene espresso invece dal passato remoto, che pone l'accento non più sulla durata ma sul momento.

Vale infine la pena di accennare anche alle diverse persone della narrazione. Si può narrare in prima persona, come Svevo (1861-1928) nella *Coscienza di Zeno* dove il tempo dominante è il presente. Leggiamo un passo dal capitolo *Il fumo*:

> Il dottore al quale ne parlai mi disse d'iniziare il mio lavoro con un'analisi storica della mia propensione al fumo:
> – Scriva! Scriva! Vedrà come arriverà a vedersi intero.
> Credo che del fumo posso scrivere qui al mio tavolo senz'andare a sognare su quella poltrona. Non so come cominciare e invoco l'assistenza delle sigarette tutte tanto somiglianti a quella che ho in mano.
> Oggi scopro subito qualche cosa che più non ricordavo. Le prime sigarette ch'io fumai non esistono più in commercio. Intorno al '70 se ne avevano in Austria di quelle che venivano vendute in scatoline di cartone munite del marchio dell'aquila bicipite. Ecco: attorno a una di quelle scatole s'aggruppano subito varie persone con qualche loro tratto, sufficiente per suggerirmene il nome, non bastevole però a commovermi per l'impensato incontro. Tento di ottenere di più e vado alla poltrona. Le persone sbiadiscono e al loro posto si mettono dei buffoni che mi deridono. Ritorno sconfortato al tavolo.

Raramente troviamo narrazioni in seconda persona (che è più tipica di alcuni testi prescrittivi [§ 3] o di certa manualistica), e sono generalmente raffinati esperimenti, come quello di Italo Calvino riportato nel cap. V, Finestra 1.

Ma il romanzo «classico», quello al quale ancor oggi si associa la narrazione tradizionale per eccellenza, è in terza persona. *Anna Karenina* di Tolstoj (1828-1910) ne può essere un buon esempio; si seguano nel passo che qui si propone (la «scena» del romanzo, cioè il suicidio di Anna) anche le alternanze dei tempi (il passato remoto che si alterna all'imperfetto), che scandiscono la tragedia che sta compiendosi:

> Ma ella non *abbassava* gli occhi dalle ruote del secondo carrozzone che *s'avvicinava*. Ed esattamente nel momento in cui il tratto di mezzo fra le ruote *giunse* alla sua altezza, ella *gettò* indietro il sacchetto rosso e con un movimento leggero, come preparandosi ad alzarsi subito, *si lasciò* cadere in ginocchio. E in quell'attimo stesso *inorridì* di quel che *faceva*. «Dove sono? che faccio? perché? ». *Voleva* sollevarsi, piegarsi indietro, ma qualcosa di enorme, d'inesorabile le dette una spinta nel capo e la *trascinò* per la schiena. «Signore, perdonami tutto!» ella *proferì*, sentendo l'impossibilità della lotta. Un *muzicjòk*, dicendo intanto qualcosa, *lavorava* su del ferro. E la candela con la quale ella *leggeva* il libro pieno di ansie, di inganni, di dolore e di male, *si illuminò* d'una luce più vivida che non mai, *le illuminò* tutto quello che prima era nelle tenebre, *scoppiettò, cominciò* a oscurarsi e *si spense* per sempre.

Chi narra può accelerare la velocità del racconto, può interrompere la continuità temporale, può saltare uno o più eventi, uno o più momenti. Può invece rallentare la velocità della narrazione ricorrendo a descrizioni o a digressioni di commento del narratore. Può scegliere uno o più punti di vista, raccontare dall'alto, conoscendo tutti i personaggi e gli avvenimenti (il narratore «onnisciente»), o mettendosi alla loro altezza, diventando un narratore-personaggio delle situazioni e degli eventi che racconta. Può scrivere un romanzo di situazione, cioè tutto centrato sulla situazione che determina le azioni dei personaggi e costituisce il nucleo della storia, come ad esempio il motivo dell'adulterio nella *Lettera scarlatta* di N.

Hawthorne (1804 - 1864); o può costruire un romanzo di carattere o di costume, cioè prevalentemente centrato sui personaggi, come il già ricordato *Anna Karenina*.

Il personaggio, più o meno importante, più o meno dinamico resta in ogni caso, come abbiamo detto all'inizio, l'elemento fondamentale di ogni storia. Per chi ama leggere narrativa il rischio è semmai quello di prendere per veri personaggi e situazioni, di identificarsi con gli eroi o le eroine che magari compiono gesta memorabili che si vorrebbero imitare, o vivono eventi straordinari dei quali si vorrebbe essere protagonisti almeno una volta. La fortuna del romanzo rosa, soprattutto negli anni passati (sono ancora vivi nella memoria di molte nonne, e forse anche di qualche mamma, i nomi di Delly e di Liala) è fondata proprio sulla propensione della lettrice «ingenua» a identificarsi nelle fortunate o derelitte protagoniste di travolgenti vicende sentimentali. A ciò si aggiungano le attuali forme di narrazione come la *soap opera* e la *telenovela*.

In realtà, anche quando il romanzo che leggiamo è autobiografico, cioè raccontato in prima persona, non si può mai parlare di persona, ma sempre di personaggio, ed è bene essere consapevoli che se è possibile trovare molte verità nella magica finzione dell'arte, non per questo dobbiamo confonderla con il mondo reale nel quale viviamo.

Quanto allo scrittore, in qualunque forma racconti, è di fatto vincolato solo alla coerenza con le scelte stilistiche, espressive e strutturali che compie. Se poi si rivelerà grande scrittore, lo diranno con il tempo la sua lingua e i suoi dialoghi, le sue trame e i suoi personaggi, i suoi ritmi narrativi e, soprattutto, i suoi lettori.

6.4 Le conclusioni di una scrittrice

Oggi non mancano anche in Italia, anzi prolificano, le scuole di «scrittura creativa», a volte guidate da scrittori ben affermati, a volte affidate a dispense un po' velleitarie. È troppo presto per tentare bilanci, è troppo presto per capire se le influenze esercitate da questo tipo di iniziative siano state positive o nefaste, o semplicemente inutili. Resta ferma nei più, in ogni caso, la convinzione che nessuna scuola di scrittura creativa potrà costruire un vero scrittore, anche se molti scrittori di talento non sempre sono indenni da inesattezze e sciatterie facilmente eliminabili.

La scrittura «creativa» dovrebbe in ogni caso seguire e non precedere la familiarità con la lingua e con la scrittura. Troppi romanzi fiume, troppi poemi non sempre leggibili e più spesso disordinatamente affabulatori e narcisisticamente intimisti si accumulano nei cassetti (e nelle già intasatissime stanze delle case editrici). Testimoniano che alla voglia di esprimersi e di raccontarsi non sempre si accompagna la capacità di farlo. Da questo punto di vista la conoscenza delle principali tecniche compositive (nonché della grammatica e della sintassi) può funzionare da salubre deterrente per ambizioni mal riposte. Fermo restando che se c'è una autentica spinta, una «necessità», solitamente riesce a farsi strada e a imporsi, a segnalarsi anche nelle situazioni meno accoglienti.

Natalia Ginzburg (1916-1991) racconta i suoi allarmanti inizi di poeta e poi di romanziera con garbo e autoironia: è una delle tante testimonianze che il «mestiere» di scrittore è certo uno dei più affascinanti, ma che richiede, contrariamente a quello che si è soliti pensare, una notevole dose di fatica:

> Ho capito che era il mio mestiere molto tempo fa. Tra i cinque e i dieci anni ne dubitavo ancora, e un po' mi immaginavo di poter dipingere, un po'di conquistare dei paesi a cavallo e un po' d'inventare delle nuove macchine molto importanti. Ma dopo i dieci anni l'ho saputo sempre, e mi sono arrabattata come potevo con romanzi e poesie. Ho ancora quelle poesie. Le prime sono goffe e coi versi sbagliati, ma abbastanza divertenti: e invece a mano a mano che passava il tempo facevo delle poesie sempre meno goffe ma sempre più noiose e idiote. Io però non lo sapevo e mi vergognavo delle poesie goffe, e invece quelle non tanto goffe e idiote mi sembravano molto belle, pensavo sempre che un giorno o l'altro qualche poeta famoso le avrebbe scoperte e le avrebbe fatte pubblicare e avrebbe scritto dei lunghi articoli su di me, m'immaginavo parole e frasi di quegli articoli e li scrivevo dentro di me per intero. Pensavo che avrei vinto il premio Fracchia. [...] Però non pensavo mai che avrei scritto poesie tutta la vita, volevo scrivere dei romanzi presto o tardi. Ne ho scritti tre o quattro in quegli anni. Ce n'era uno intitolato *Marion o la zingarella*, e un altro intitolato *Molly e Dolly* (umoristico e poliziesco) e un altro intitolato *Una donna* (dannunziano: in seconda persona: storia di una donna abbandonata dal marito: mi ricordo che c'era anche una cuoca negra) e poi uno molto lungo e complicato con storie terribili di ragazze rapite e di carrozze, avevo perfino paura a scriverlo quando ero sola in casa: non mi ricordo niente, mi ricordo soltanto che c'era una frase che mi piaceva moltissimo e mi son venute le lagrime agli occhi quando l'ho scritta: «Egli disse: ah! parte Isabella». Il capitolo finiva su questa frase che era molto importante perché la pronunciava l'uomo che era innamorato di Isabella ma non lo sapeva, non l'aveva ancora confessato a se stesso. Non ricordo niente di quell'uomo, mi pare che avesse una barba rossastra, Isabella aveva lunghi capelli neri con riflessi azzurri, non so altro: so che per molto tempo mi prendeva un brivido di gioia quando ripetevo fra me: «Ah! parte Isabella». Ripetevo anche spesso una frase che avevo trovato in un romanzo d'appendice sulla *Stampa* e che diceva così: «Assassino di Gilonne, dove hai messo il mio bambino?». Ma dei miei romanzi non ero tanto sicura come delle poesie. Rileggendoli ci scoprivo sempre un lato debole, qualcosa di sbagliato che sciupava tutto e che mi era impossibile modificare. Intanto pasticciavo sempre un po' fra il moderno e l'antico, non riuscivo a piazzarli bene nel tempo: un po' c'erano conventi e carrozze e un'aria da rivoluzione francese e un po' c'erano poliziotti con sfollagente; e tutt'a un tratto veniva fuori una piccola borghesia grigia con macchine da cucire e gatti come c'è nei libri di Carola Prosperi, e vicino alle carrozze e ai conventi ci stava proprio male. Ondeggiavo tra Carola Prosperi e Victor Hugo e le storie di Nick Carter: non sapevo tanto bene quello che volevo fare. Mi piaceva moltissimo anche Annie Vivanti. C'è una frase nei *Divoratori*, quando lei scrive allo sconosciuto e gli dice: «La mia veste è bruna». Anche questa è una frase che ho ripetuto molto tempo fra me. Durante il giorno mormoravo fra me queste frasi che mi piacevano tanto: «Assassino di Gilonne», «parte Isabella», «la mia veste è bruna», e mi sentivo immensamente felice.

Quando Natalia comincerà a scrivere sul serio, scoprirà che questo mestiere è faticoso, non sempre appagante, pieno di pericoli, anche se bello, per lei il più bello che possa esserci. Così si conclude il saggio autobiografico:

> È un mestiere abbastanza difficile, lo vedete, ma il più bello che ci sia al mondo. I giorni e i casi della nostra vita, i giorni e i casi della vita degli altri a cui assistiamo, letture e immagini e pensieri e discorsi, lo saziano e cresce in noi. È un mestiere che si nutre anche di cose orribili, mangia il meglio e il peggio della nostra vita, i nostri sentimenti cattivi come i sentimenti buoni fluiscono nel suo sangue. Si nutre e cresce in noi.

7. I testi argomentativi

7.1 Il discorso argomentativo e le sue premesse

Argomentare significa proporre dei ragionamenti che hanno come scopo principale quello di convincere l'interlocutore o gli interlocutori ai quali ci si rivolge. L'argomentazione mette in campo un complesso di ragionamenti opportunamente collegati tra di loro allo scopo di convalidare o di confutare (cioè controbattere o anche invalidare) una tesi.

L'arte dell'argomentazione affonda le sue radici nella *Retorica* e negli *Elenchi sofistici* di Aristotele (384 - 322 a.C.), opere nelle quali il filosofo greco aveva distinto i ragionamenti analitici (cioè dimostrativi e impersonali, che concernono la verità) da quelli dialettici (cioè fondati su opinioni generalmente accettate da tutti, dunque verosimili e ragionevoli).

Il proposito principale di un testo argomentativo è quello di persuadere per poter far accettare nuove tesi, attraverso argomenti più o meno forti, più o meno convincenti, la cui natura non è solamente formale.

In altre parole chi argomenta deve aver presente il suo interlocutore (o i suoi interlocutori, il pubblico a cui si rivolge), perché l'influenza dei suoi ragionamenti sarà tanto più efficace quanto più terrà conto anche degli aspetti psicologici del destinatario. L'argomentazione non è infatti mai un ragionamento impersonale (come può esserlo un ragionamento analitico), perché si basa sull'effetto che provoca.

Chi ricorre all'argomentazione? Quali sono i suoi scopi?

Un astronomo difficilmente, se non per scopi di divulgazione, ricorrerà a testi di natura prevalentemente argomentativa per dare conto dei risultati delle sue ricerche, il suo modulo comunicativo è infatti quello del ragionamento analitico che si tradurrà in testi dove formule e cifre giocano un ruolo preponderante.

A un oratore, a un pubblico ministero, sarà invece indispensabile una accurata preparazione argomentativa proprio perché difficilmente si troverà nella situazione di dover ricorrere a cifre o a calcoli matematici sofisticati.

L'argomentazione ha come scopo principale quello di suscitare o di accrescere l'adesione di un uditorio (di un pubblico) alle tesi che si vogliono far approvare. Per far questo, si diceva, è necessaria una buona conoscenza del proprio destinatario. Non ha senso e non convinceremo mai nessuno se parliamo di qualcosa di assolutamente sconosciuto o comunque di lontano dagli interessi delle persone alle quali ci rivolgiamo.

Se cerchiamo di convincere un pubblico di letterati che è cosa buona e giusta acquistare a prezzo vantaggioso un'imponente quantità di romanzi Harmony (romanzi rosa in versione di largo consumo) andremo incontro a una delusione. Sarebbe fatica sprecata, perché riusciremmo a vendere un'esigua quantità di volumi, magari a qualcuno interessato al settore per ragioni di tipo sociologico.

Allo stesso tempo faremmo male i conti se andando a una riunione di allevatori di polli e di commercianti di mangime per uccelli rapaci in cattività volessimo convincerli dell'utilità di aggiornarsi sulle novità in ambito storiografico per quanto riguarda il periodo tra le due guerre mondiali. Anche in questo caso le probabilità di trovare un uditorio attento e disponibile sono minime.

Abbiamo fatto due esempi volutamente paradossali proprio per richiamare l'attenzione sulla necessità di sapere a chi ci rivolgiamo. Lo scopo dell'argomentazione non è infatti solo quello di ottenere un'adesione intellettuale, ma è molto spesso quello di incitare all'azione o di disporre all'azione.

Un buon oratore dovrà molto spesso sapersi adattare al suo uditorio, scegliere il registro linguistico più confacente, ricorrere agli esempi più adatti e comprensibili in quel momento e in quella situazione.

Un altro elemento da non sottovalutare è quello quantitativo.

Non è la stessa cosa indirizzare un discorso a un uditorio particolare, formato da poche persone, che vogliamo persuadere della giustezza delle nostre tesi, e costruire un discorso che invece è indirizzato a un uditorio «universale», che vogliamo convincere. Nel primo caso abbiamo un ambito variegato di esempi concreti a cui appoggiarci, possiamo far leva su conoscenze comuni, approfondire e proseguire discorsi le cui premesse sono ben note. Nel secondo caso dobbiamo muoverci necessariamente su un piano generale, evitando di scendere in dettagli che possono sfuggire alla maggior parte dei nostri interlocutori, in qualche modo dobbiamo appoggiarci all'evidenza di alcuni assiomi condivisi da tutti.

Se un noto scienziato presenta le sue conclusioni a una ristretta cerchia di colleghi stranieri e da questa sua esposizione si attende un'adesione che potrà sfociare nella creazione di una nuova società scientifica, ricorrerà certamente ad argomenti forti e probanti, appoggerà il suo ragionamento a delle prove che se non sono note a tutti sono tuttavia comprensibili dall'uditorio scelto al quale si rivolge. Non sarebbero invece alla portata di tutti i comuni mortali, che troverebbero ostico il discorso e incomprensibili le motivazioni ad agire in qualsivoglia modo.

Se invece un uomo politico alla vigilia delle elezioni vuol dimostrare che il programma della sua parte è migliore e più consono alle esigenze del paese di quello della parte avversa, ecco che dovrà imprimere ai suoi argomenti una forza largamente accettabile, se non universalmente accettabile, dovrà partire da premesse condivise da coloro a cui si rivolge (come far leva sui valori civili riconosciuti da tutti, esibire programmi comprensibili e chiari, in grado di rassicurare e convincere e così via). I casi più eclatanti di argomentazioni su tema politico si verificano in concomitanza con i referendum, allorché i sostenitori dei due schieramenti contrapposti (ad esempio chi è per il «sì» o per il «no» all'abrogazione di una data legge) si esibiscono in vere e proprie argomentazioni contrapposte, nel senso che gli argomenti di una parte vengono rovesciati dall'altra, ciò che è negativo per gli uni viene rivendicato come positivo dagli altri.

Gli esempi di questo genere di situazione non mancano, basta aprire un giornale e seguire alcuni sviluppi politici. Meno frequenti di quanto può sembrare sono invece le argomentazioni «televisive» dei vari protagonisti della vita politica. Attualmente, durante un telegiornale, ogni politico intervistato ha circa nove secondi (sono stati abbassati rispetto ai tredici o quattordici di qualche anno fa) per esporre il proprio punto di vista su un problema, per esprimere un giudizio. Va da sé che, senza nulla togliere agli indubbi vantaggi dell'essere sintetici (o, per converso, agli svantaggi e al fastidio che esposizioni inutilmente ridondanti provocano in chi ascolta) nella manciata di secondi concessa non è possibile alcuna argomentazione; ed è questa la causa prima del moltiplicarsi di *slogan* che sostituiscono i ragionamenti politici, con conseguente abbassamento del livello qualitativo dei discorsi.

Un caso a suo modo interessante sotto il profilo della ricerca di un uditorio «universale» e specifico al tempo stesso è in Italia il caso del segretario della Lega Nord, Umberto Bossi.

Quest'ultimo esclude esplicitamente dal suo pubblico una parte del paese, che per ovvi motivi non potrà mai condividere la sua impostazione (e cioè il Centro-Sud d'Italia). Ma per il suo destinatario d'elezione, e cioè il «cittadino nordista», Bossi dispiega un sistema di tecniche argomentative piuttosto demagogiche ma che fanno leva prima di tutto su un «umore» e un malcontento largamente diffusi sui quali ha poi potuto innestare parole d'ordine di sicuro effetto (il rilancio dell'economia del Nord, la corruzione dei politici, l'esortazione a non pagare le tasse, la necessità di liberarsi dalle pastoie burocratiche, il senso di concretezza e di operosità contrapposto allo sperpero e alla fannullaggine). In altre parole l'uomo politico ha ben captato la componente emotiva e psicologica del suo destinatario (magari sottovalutandone indebitamente la lucidità razionale).

Più in generale è la stessa vita quotidiana a offrirci occasioni di argomentazione anche marginali, ma non per questo poco impegnative: basti pensare alle estenuanti argomentazioni di un genitore di oggi per convincere il figlio adolescente che non è il caso che rientri dopo le 11 di sera (chi si trova o si è trovato in questa situazione sa bene che in questi casi i figli possono diventare attentissimi avversari, pronti a cogliere ogni errore di procedimento, a segnalare tutte le cadute di coerenza, bravi a far rimpiangere l'autorevolezza scomparsa dei «no» inappellabili di un tempo). Ma anche di fronte alle domande semplici e chiare di una bambina o di un bambino, è importante saper trovare argomenti che possano essere altrettanto semplici e chiari (perché è bene che vada all'asilo, perché deve mangiare anche la carne, perché bisogna cambiare il grembiulino ogni tre giorni anche se quello rosa col fiocco è il preferito e Camilla vorrebbe tenerlo tutta la settimana, perché non bisogna mentire).

Senza scendere in una trattazione troppo dettagliata ricordiamo che un testo argomentativo si impone ogni volta che vogliamo dare corpo alle nostre idee, vogliamo confrontarle e metterle in circolazione.

Da questo punto di vista saper argomentare è un segno di maturità etica oltre che intellettuale, perché significa sapersi esporre anche alla critica, e saper pensare alla critica come a qualcosa di costruttivo e non di punitivo. In qualche modo la disponibilità all'argomentazione fa entrare in un percorso che ha per fine, nelle diverse dimensioni, la ricerca della conoscenza e della verità.

Nella scuola italiana continua a sopravvivere (almeno nei programmi) il tema di italiano, prova eminentemente argomentativa nella quale il candidato è chiamato non solo a dar conto delle sue conoscenze in un dato settore (letterario, storico, sociale) ma anche a saperle esporre e argomentare in modo corretto e probante.

Argomentare significa allora indicare, elaborare e difendere le proprie convinzioni, dar respiro al pensiero, indirizzarlo, andare oltre le impressioni e le intuizioni contingenti, collegare e svolgere in modo coerente e funzionale all'obiettivo proposto le nostre idee e le nostre conoscenze. Non sempre questo avviene nei temi a scuola, perché generalmente lo studente tende ad adeguarsi alle idee del destinatario, vale a dire del suo insegnante che lo dovrà non solo leggere, ma (cosa ben più preoccupante!) anche correggere e valutare. Da questo punto di vista il tema può dunque essere una pratica fin diseducativa, a meno che un buon insegnante non riesca a puntare la prova sulla coerenza del testo che lo studente deve scrivere, sulla sua efficacia e comprensibilità, sulla correttezza della lingua e sulla tenuta degli argomenti, rispettando sempre il punto di vista di chi scrive.

Possiamo dire che la prima regola per imparare ad argomentare è quella di capire e di valutare attentamente gli argomenti altrui, anche quando sono lontani dal nostro modo di essere e di pensare.

Se, ad esempio, siamo fermamente convinti che è un'usanza barbara quella di mozzare le mani ai ladri o quella di lapidare chi commette adulterio, invece di scagliarci in un mare di invettive spesso poco utili, sarà bene cercare di capire quale sistema morale e culturale stia alla base di così agghiaccianti metodi repressivi, e di scoprire all'interno di quel sistema l'anello debole da confutare e da mettere in discussione.

Non basta sentirsi dalla parte della ragione, o più genericamente dalla parte «giusta», per intervenire. Bisogna saper trovare degli argomenti validi e forti da contrapporre a quelli che ci sembrano difettosi. Ed è buona regola cercare di rispettare gli argomenti avversi, nel senso di dar loro attenzione.

Basta riflettere sul lavoro degli avvocati per capire come sia paradossalmente secondaria la certezza che l'imputato da difendere sia innocente o l'imputato da accusare sia colpevole. L'avvocato difensore dovrà esibire delle prove, esporre dei ragionamenti convincenti, che non facciano leva solo sulle suggestioni momentanee, ma dimostrino l'estraneità del suo cliente alla colpa, così come quello dell'accusa dovrà essere estremamente circostanziato e preciso nelle prove di segno opposto.

7.2 Principali tecniche argomentative

A seconda del tema che dobbiamo trattare dovremo scegliere degli argomenti adeguati e disporli nel modo più efficace. Le situazioni argomentative sono innumerevoli, i testi che vi si riferiscono altrettanto. Va da sé che ci sono diverse tecniche argomentative a seconda dei casi: si potrà far leva su un argomento e scomporlo in tutti i suoi aspetti per poi trarre una conclusione probante; si può ricorrere all'**analogia**, vale a dire ai rapporti di somiglianza e affinità di due o più cose fra loro per poi sviluppare nuove relazioni; ci si può basare su **argomenti pragmatici**, che consentono di valutare i fatti in funzione delle loro conseguenze (ad esempio: la politica economica del governo ha prodotto le seguenti conseguenze positive, dunque è una politica accettabile), si può far leva sul **ridicolo** (arma efficace soprattutto in ambito educativo), o ancora si può far pesare la propria **autorità**, o si può ricorrere alla **ritorsione**.

A proposito di argomenti fondati sulla ritorsione C. Perelman porta un esempio divertente ed efficace:

> Nel momento in cui, in un teatro di provincia, il pubblico si prepara a cantare la *Marsigliese*, sale sul palcoscenico un poliziotto per annunciare che tutto quanto non figura sul programma è proibito. «E lei – interrompe uno degli spettatori, – è in programma?»

Più che un'argomentazione, quella dello spettatore è una battuta, ma che ha in sé la forza di smascherare un'ingiunzione debole e mal fondata.

Non è il caso di scendere in analisi dettagliate, basti ricordare che dobbiamo organizzare gli argomenti, gli esempi, i riferimenti di vario genere cercando di dar loro l'ordine espositivo più adatto al caso (l'ordine di **forza crescente**, cioè con argomenti via via sempre più di peso, quello **decrescente**, cioè con l'esibizione degli argomenti forti all'inizio per discendere verso una conclusione più lieve e sfumata, o invece riservando argomenti forti all'inizio e alla fine del nostro discorso lasciando in mezzo gli altri: Finestre 4 e 5).

7.3 La lingua dell'argomentazione

Nei testi argomentativi chi scrive può entrare in campo con espressioni che ne rivelano la presenza, ad esempio: *credo di poter sostenere, a mio parere, ritengo giusto, mi pare opportuno*. Al tempo stesso abbiamo già evidenziato che anche il destinatario deve essere ben presente nel testo argomentativo, pena la caduta di efficacia di quest'ultimo. Uno degli espedienti più tipici per richiamare l'attenzione del destinatario e coinvolgerlo nel discorso è il ricorso a un formulario personalizzato, ad esempio: *certamente vi sarete trovati nella situazione di, forse vi domanderete perché, potreste controbattermi che, vorreste intervenire per*.

Ci sono però testi argomentativi nei quali si lasciano parlare i fatti e si tende a mantenere un livello di discorso impersonale. In questo caso hanno largo spazio le descrizioni di avvenimenti, le esemplificazioni, e le conclusioni logiche lasciate appunto all'evidenza dei fatti esposti.

Nei testi argomentativi prevalgono i connettivi, cioè tutti quegli elementi che hanno la funzione di realizzare la coesione del testo e rendono più evidenti i passaggi salienti dell'argomentazione. Va da sé che qui prevarranno i legamenti di tipo logico (*perciò, appunto, insomma, senza dubbio, tuttavia, nondimeno, sebbene*...).

Proviamo ora a fare un esempio che segnali i principali passaggi di un ipotetico **percorso argomentativo**.

Se vogliamo difendere lo studio del latino nella nostra scuola, perché riteniamo che sia ancora un momento formativo e non inutile per la crescita culturale dei giovani dobbiamo cercare di seguire un procedimento adeguato al tema. Diamo per scontato che il nostro uditorio sia adatto a questo tema e proviamo a procedere per gradi.

1. Premesse ammissibili, intendimento di rafforzarle:
   - breve descrizione dei legami intrinseci della lingua italiana con la lingua latina;
   - lo studio del latino come palestra di ragionamento sulle strutture della lingua italiana;

– la permanenza di molte parole latine anche nell'italiano di oggi.

2. Anticipazione delle eventuali obiezioni alla dimostrazione che si sta conducendo:
   – molti ritengono che lo studio del latino e delle lingue classiche in genere sia oggi un'inutile perdita di tempo per i nostri ragazzi, che si affaticano su traduzioni che poi in larga misura dimenticheranno appena terminati gli studi;
   – è molto più utile che il tempo dedicato a una lingua morta come il latino venga invece occupato dallo studio delle lingue straniere, da sempre carente nel nostro paese e tanto più oggi che stiamo per entrare nella comunità europea (lo sforzo mentale che uno studente compie su un testo latino, con tutti i benefici che gli sforzi mentali comportano, andrebbe semmai indirizzato nei confronti della lingua tedesca, russa, francese, inglese);
   – il latino è già scomparso dalla scuola media inferiore. Chi lo studia nella scuola superiore, visto che i programmi restano immutati, deve affrontare un impegno sproporzionato alle sue forze e all'utilità sociale che da questo sforzo dovrebbe derivare.

3. Controargomentazione. Riaffermazione delle premesse con sviluppo, allargamento e approfondimento di alcuni momenti:
   – può essere vero che molti ragazzi al termine del loro ciclo di studi rimuovano quanto hanno imparato di una lingua morta, ma questo non è un dato generalizzabile. Quand'anche lo fosse, i ragazzi avrebbero in ogni caso acquisito una formazione mentale che renderà loro più semplice e più naturale lo studio di altre discipline;
   – lo studio del latino non impedisce, anzi facilita l'acquisizione di nuove lingue vive. È un falso problema quello che lo studio del latino vada a detrimento dello studio di altre lingue. Casomai bisognerà impegnarsi affinché le lingue straniere si trovino nel *curriculum* scolastico;
   – è vero che oggi l'impegno dello studio del latino nei licei e nell'istituto magistrale è ben più gravoso rispetto a un tempo. Lo testimonia il proliferare di lezioni private che assolvono di fatto a una parte dei compiti che toccano alla scuola e gravano sulle famiglie in maniera indebita. Ma il problema non si risolve con l'abolizione di questa materia. Casomai sarà bene chiedere con forza che i programmi di latino vengano resi più agili e più adeguati rispetto alla nuova fisionomia dello studente che si affaccia alla scuola secondaria. Bisogna chiedere anche un aggiornamento delle metodologie didattiche in queste materie, perché il latino resta uno strumento di conoscenza prezioso da difendere e da non cancellare.

4. Esemplificare con casi generali e casi concreti per dar forza a quanto si è sostenuto finora:
   – nell'esperienza di molti professionisti che hanno scelto strade lontane dall'area umanistica, lo studio del latino è servito come base di comprensione primaria per affrontare i problemi più diversi. Ci sono ingegneri, mate-

matici, ma anche commercianti, economisti che non esitano a dire che rifarebbero gli studi classici proprio perché hanno consentito loro un'apertura mentale duratura;
- nella mia esperienza di medico, il latino non solo mi è stato utile perché molti termini medici conservano ancora la veste latina, ma anche perché – dopo innegabili difficoltà nelle materie scientifiche – , il metodo di studio acquisito e la capacità di ragionamento ai quali lo studio delle lingue classiche, proprio per la sua gratuità, mi ha addestrato, hanno fatto sì che non perdessi mai la capacità di orientarmi e di ragionare in modo sistematico.

5. Conclusione che riprenda brevemente i punti trattati e ne aggiunga di nuovi a mo' di proposte:
   - lo studio del latino va mantenuto e anzi va esteso a tutte le scuole secondarie;
   - almeno i lineamenti di letteratura dovrebbero essere presenti anche negli istituti tecnici e professionali, magari in maniera facoltativa;
   - bisogna imparare a vedere l'utilità di uno studio al di là dell'immediato. L'apparente «gratuità» di questa lingua morta si rivela generalmente come uno strumento conoscitivo di grande portata;
   - l'unico modo per difendere il latino è rinnovarne l'insegnamento, i metodi, i programmi.

La scala degli argomenti è **in crescendo** perché dopo un avvio pacato e descrittivo (1), presenta l'indagine delle argomentazioni avverse (2), passa alle controargomentazioni che di fatto esibiscono la loro efficacia dimostrativa (3), prevede una «pausa» di esempi pratici e personali che rafforza quanto affermato (4), conclude con le proposte costruttive del punto 3 e ribadisce sinteticamente i valori precedentemente elencati (5).

7.4 L'argomentazione di uno scrittore

Sullo stesso tema, tuttavia, più efficace di una lunga esposizione (quella indicata è una semplice scaletta argomentativa, la cui stesura può essere molto lunga), potrebbe essere un'argomentazione come quella che Luciano Bianciardi (Grosseto 1922 - Milano 1971) compie in questa sua pagina rara e davvero spassosa giocata com'è sul registro del paradosso:

> Molte e non ingiuste sono le preoccupazioni di chi vede scomparire il latino dalla formazione culturale dei nostri giovani. Intiepiditi alla scuola media, i ragazzi arrivano al ginnasio senza sapere cosa sia la *consecutio temporum*; alla facoltà di lettere vogliono abolire anche la composizione latina e vi sono estremisti che pretendono di ridurre la prova scritta alla sola versione in italiano. Poi ci si è messo anche il Concilio, ed ecco che il latino, ormai, si sente poco anche in chiesa. La lingua madre, insomma, si va ormai rifugiando nei locali notturni, nella pubblicità, nei listini di borsa: Aedes, Eternit, Fiat, Nabisco, Facis, Dulciora, Palladium, Ignis, Ruentes, ecc.
> Io però non dispero. Ci sono sempre i condominii e, a Rapallo, come sappiamo, i condominii sono parecchi, questo tipo di proprietà rimasto a mezza strada fra la villa padronale e il kolkoz. Io abito appunto in un condominio composto di nove apparta-

menti, e annualmente i nove condomini tengono una riunione per discutere le faccende loro. Ce la sbrighiamo alla svelta, il ragioniere è un tipo pratico e appiana presto qualche piccola discrepanza. Ma non va sempre così. Ci sono ad esempio i condominii divisi per novanta proprietari, e allora cominciano i guai: ci vuole un locale capace, una maggioranza legale, e un curatore di polso. Ne vien fuori una specie di piccolo parlamento, e io qualche volta, disoccupato, vado ad assistere ai loro lavori. È stato così che ho ripreso fiducia nelle sorti del latino, da noi.
«*In primis* [per prima cosa]» comincia il ragioniere «discuteremo la questione dello *jus altius non tollendi* [divieto di sopraelevare]. Pare che il signor Bianchi voglia costruire un canile in muratura sul terrazzo. Ora, il regolamento condominiale, *ictu oculi* [a una prima occhiata], non mi sembra che consenta...».
«Un momento» interrompe dalla prima fila, tutto arrabbiato, il signor Bianchi «qui si sta facendo il processo alle intenzioni. Cosa sono questi "sembra"? Io ho solamente manifestato l'intenzione di mettere un canile sul terrazzo. Se di legno o in muratura, non l'ho ancora deciso. E voi mi accusate...»
«*Excusatio non petita, accusatio manifesta* [una scusa non richiesta è una manifesta accusa], caro signor Bianchi» interviene il signor Rossi dal fondo. «E ci sarebbe anche da dire che quel suo cane, giorni or sono, sporcò lo zerbino del sottoscritto. Ragioniere, per favore, mi verbalizzi formalmente quest'indecenza».
«*De minimis non curat praetor* [il pretore non si occupa delle quisquilie], dottore» risponde il ragioniere sorridendo «Cosa vuol mettere a verbale queste fanfaluche? Vediamo piuttosto la faccenda del giardino. Il signor Verdi ci ha piantato i pomodori, e gli altri condomini, giustamente, si chiedono se ciò è lecito...».
«È lecito, è lecito» grida Verdi «Quando io presi il giardino, non era affatto coltivato, non c'erano fiori o erbe. *Terra hactenus inculta* [terra fin qui non coltivata], ecco che cos'era. E io ero libero di piantarci checché volessi».
«*Post hoc ergo propter hoc* [Dopo questo e dunque a causa di questo]» corregge il ragioniere «Qui si sta scambiando una successione temporale per un nesso causa-effetto. Che lei tolga i pomodori è *conditio sine qua non* [condizione senza la quale non... sott. è possibile accordarci] per il buon andamento del condominio. Li toglierà?»
«*Obtorto collo*, ragioniere, *obtorto collo*». [a malincuore, lett.: a collo storto]
«*Cum grano salis* [con un pizzico di sale], naturalmente».
«*Et cave canem* [attento al cane], signor Bianchi».
«*Ubi major minor cessat*» [dov'è il maggiore il minore passa in secondo piano].
«*Condomini vobiscum*» [scherzoso: I condomini siano con voi].
«*Et Ignatius tecum*, ragioniere» [scherzoso: e Ignazio con te].

Quando due opposti punti di vista si confrontano tra loro sono la forza e l'articolazione degli argomenti a giocare un ruolo fondamentale. Se a un argomento si risponde in modo prevalentemente emotivo, soggettivo, attento solo alle esigenze personali non si va lontano, si rimane prigionieri di comportamenti immaturi.

Facciamo un esempio.

È nota la propensione a preferire le fotocopie all'acquisto dei libri. La motivazione più forte di questo atteggiamento è che le fotocopie costano meno. Vediamo due possibili comportamenti, due situazioni.

Situazione A (battibecco in copisteria)

In copisteria:
Studente: Vorrei fotocopiare i primi sei capitoli di questo manuale di metrica.
Commesso: Mi segni le pagine su questo foglietto.

Studente: Quanto a pagina?
Commesso: Duecento lire.
Signore in attesa di fare fotocopie (rivolto allo studente): Posso farle una domanda?
Studente: Eh?
Signore: Ma perché non acquista il libro? Io insegno a Economia e commercio, lei, invece, studia certamente Lettere. Tuttavia credo di poterle consigliare lo stesso di comprarsi un manuale che potrà esserle utile per tutto il ciclo di studi.
Studente: Ma lei, scusi, cosa ne sa di quello che mi serve o non serve? Per l'esame che devo sostenere mi bastano e avanzano le pagine che fotocopierò. In futuro si vedrà.
Signore: Non volevo urtarla, solo le faccio notare che un libro ha una sua struttura e una sua unità, senza menzionare il fatto che a furia di fotocopie inflazionerete il mercato e i libri costeranno sempre di più...
Studente (fissando gelidamente il Professore): Ma lei... non è qui anche lei a fare fotocopie?
Signore: Veramente io sto per fotocopiare la mia carta di identità. Una mia amica mi ha detto che è più saggio portarsela dietro in fotocopia (naturalmente in Italia) e tenere l'originale a casa. Che vuole, è la seconda volta che mi rubano il portafoglio, e la cosa più noiosa è proprio rifarsi i documenti, almeno per me che non giro mai con molti soldi in tasca.
Studente: Senta lei mi ha rotto, quello che voglio o non voglio fare riguarda solo me, sono affari miei e delle sue teorie sui libri e sul mercato librario non potrebbe fregarmi di meno.
Ragazza impaziente: Sentite, credo di aver capito che la discussione è chiusa, ma se non lo fosse, mi lascereste passare davanti? Ho fretta e devo fotocopiare questo vecchio quaderno di ricette, prima di restituirlo...

Da questo confronto improvvisato non può venir fuori granché, anche per l'indisponibilità evidente di una delle due parti ad accettare il dialogo.

Va da sé che nessuna argomentazione può essere imposta e in questo caso lo studente, che certo non è un modello di educazione, rifiuta un aiuto che giudica come fastidiosa intrusione (se possedesse più strumenti argomentativi potrebbe ribattere civilmente).

Immaginiamo una diversa situazione:

Situazione B (conversazione in treno)

In treno, scompartimento a sei: quattro ragazzi (Aldo, Amelia, Mirella, Gino) e due adulti (un editore e un autore). I ragazzi stanno leggiucchiando, i due adulti stanno parlando di lavoro (ricorrono spesso le parole «contratto», «bozze», «costo», «macero»).

Aldo: Accidenti, porc..., che imbecille che sono, ma si può?
Mirella: Mai lodarsi, che ti è successo?
Aldo: Guarda qua. Ho fotocopiato settanta pagine di questo pallosissimo manuale di metrica e mi mancano le pagine 38-42, che trattavano probabilmente della lunghezza dei versi.
Gino: Fa' vedere. Eh, già, sei proprio un po'minchione. Però sta' su con il morale, perché io ce l'ho, questo manuale, e se vuoi lunedì te lo porto.
Amelia: Io non gli presterei proprio un bel niente. Scusa Aldo, ma perché non te lo compri? Guarda che mica servono solo le prime settanta pagine.

Aldo: Per l'esame che devo sostenere bastano e avanzano.
Gino: Stai tranquillo, te lo presto anche se la strega ha ragione, guarda che questo manuale ti servirà fino al quarto anno.
Editore: Scusate se mi intrometto, ma visto che il manuale di cui parlate l'ho stampato io, posso chiedervi davvero qual è il senso di fotocopiarne una parte?
Mirella (prontissima): Perché Aldo è un tirchio formidabile, provi a farsi offrire un caffè...
Aldo: Stupidissima ragazza, stai zitta, che parli solo per dar aria ai denti. Tutto mi sarei aspettato tranne che di finire nello scompartimento dell'editore del mio manuale mal fotocopiato. Però le rispondo. Questa scriteriata ha ragione solo per quanto riguarda il costo del libro. In effetti ho preferito risparmiare. I libri costano, e se ce li comprassimo tutti davvero non resterebbe neppure uno spicciolo da spendere con gli amici il sabato sera.
Amelia: Tu, oltre che taccagno, hai una concezione impiegatizia dell'Università, non ti sfiora neppure l'idea che si possa fare qualche sacrificio per poter studiare.
Aldo: Padrona tu di immolarti, io non ci sto a giocarmi questi anni solo sui libri che costano troppo e non sempre valgono davvero. Però parliamone seriamente (rivolto all'editore): lei non crede che i libri costino troppo?
Editore: Ma lei ha idea di quanto costa dar forma a un libro? Anche non considerando il lavoro dell'autore, pensate al lavoro tipografico, alle immagini, al tipo di carta, all'impaginazione, al lavoro dei redattori, alla promozione eventuale: avete idea di quanto costi uno scaffale visibile in una libreria appena appena decente?
Mirella: Ma va'..., davvero affittate scaffali visibili?
Editore: Certo, non lo sapeva? e sono costosissimi, soprattutto con i problemi di spazio che hanno le librerie oggi. In ogni caso è bene sapere che il libro mobilita un sacco di persone e di competenze, scusate la franchezza, tutte costosissime...
Autore: Io però non capisco perché, risparmio per risparmio, voi ragazzi non privilegiate il mercato dell'usato. Ai miei tempi era una pratica corrente, che ci ha permesso di metter su biblioteche niente male, oltre che, in caso di necessità, poter rivendere nuovamente i libri. Insomma il libro circolava molto di più, passava attraverso più mani, più teste, non è male...
Editore: Non esageriamo. I libri, se è possibile, è meglio comprarseli nuovi. Ma vi rendete conto che bisogna difenderli? Con questi palliativi, fotocopie in testa, si finisce per decretare la morte del libro, anche se il mercato in questo periodo sembra in ripresa.
Aldo: Beh, almeno qualche lato positivo c'è. Pensi alle fotocopisterie, anche quelle hanno bisogno di lavorare.
Gino: Non è lì il problema; pensavo, mentre parlava il signore, che le fotocopie non hanno mercato, difficilmente si rivendono, anche perché si rovinano in fretta. In realtà sono un risparmio fittizio, diventano spesso un'abitudine ansiogena. Non ho mai capito certi miei compagni che in biblioteca ci vanno solo a fotocopiare. Poi magari neanche le guardano queste fotocopie, o le perdono. Non pensano che, a volte, studiare ben concentrati, magari prendendo qualche appunto, serve mille volte di più che avere in casa mille fotocopie.
Mirella: Beh, adesso non fare il moralista tu. Le fotocopie costano meno, e io stessa ogni tanto le uso. Non sono il massimo, tuttavia qualcosa (meno di quel che si pensi però) si risparmia. Hanno il vantaggio che le puoi pasticciare quanto vuoi, senza patemi, ci schiaffi sopra un bel po' di evidenziatori colorati e poi te ne liberi quando hai finito l'esame. Perché fare tanto rumore?
Amelia: Il consumismo rende gli esseri umani insensati.
Mirella: Parla l'oracolo. La pianti di esibire frasi fatte? Tu puoi ragionevolmente dire di non aver mai fatto fotocopie?

Amelia: Solo in rarissimi casi e solo a ragion veduta. Quando, dopo aver letto e studiato un libro fuori commercio, o un articolo di una rivista che trovo solo in biblioteca, voglio aver la possibilità di rileggerne e rimeditarne alcune parti, allora fotocopio. Succede però che in quei casi preferisco tornare in biblioteca, tanto sono a due passi. Quando ho bisogno di un articolo, di una rivista estera e ho la possibilità di restare *in loco* solo due giorni, allora fotocopio. Se ho perso, a causa dell'influenza, alcune lezioni, allora fotocopio dal quaderno di appunti della compagna più brava. Quando mi servono solo dieci esercizi del libro di matematica, che è lungo 540 pagine, e non voglio portarmelo in montagna, allora fotocopio...
Autore: Io resto convinto che troppe fotocopie inducano a sprechi anziché a risparmio. Quando lui (*indica Gino)* diceva che fotocopiare sta diventando, specie tra gli studenti, un'abitudine quasi patologica (se non ho capito male il suo discorso), credo che abbia ragione. Si finisce per fotocopiare tutto, senza discriminazione e si accumula un sacco di carta che solo in parte verrà usata come sostituto del libro...
Editore: Senza contare che i risparmi più stupidi li fanno non fotocopiando né l'indice (che è poi la segnaletica di un libro) né il titolo, né la quarta di copertina con le notizie sul libro in questione, sull'autore e sulle sue precedenti opere.
Amelia: Aldo, hai fotocopiato l'indice?
Aldo: Sì, signora strega, l'indice l'ho fotocopiato, hai altre domande?
Amelia: La copertina?
Aldo: Quella no, e neanche il risvolto di copertina, che poi sarebbero venuti malissimo.
Editore: La questione è controversa. Vi posso però dire che faremo finta, io e il mio amico Vincenzoni, che è l'autore del romanzo *La neve scotta nel deserto*...
Ragazzi: Ohh, è lui?
Editore: Dicevo che faremo finta di non aver assistito a questa scena, perché la fotocopia di un libro è illecita se evita l'acquisto di un libro. E voi avete dimostrato che le vostre fotocopie, tranne quelle della signorina...
Amelia: Amelia, Amelia Girarrosti.
Editore: Ecco, tranne quelle della signorina Amelia, vanno tutte in quella direzione lì, sono fotocopie che di fatto danneggiano l'autore, contribuiscono alla crescita del prezzo del libro (meno libri si vendono, più sale il prezzo). In parole povere sono illegali, e questo le varie copisterie lo sanno benissimo e invece ci marciano che è un piacere. Non starò a farvi la morale su quanto ormai il libro sia una sorta di specie protetta, quanto la fotocopia minacci un modo di trasmettere il sapere che invece andrebbe tutelato, però vi pregherei almeno di rifletterci un po' su.
Gino: Lei ha ragione, e in fondo queste cose già le sapevamo, soltanto non sempre è comodo ricordarcene. Però, da parte vostra, potreste riflettere sul costo del libro per le tasche di uno studente, e magari anche (rivolto all'Autore) sull'uscita a getto continuo di libri e libracci che indiscriminatamente inflazionano il mercato? Non parlo di lei, che naturalmente è uno scrittore serio e stimato, ma parlo di tanti libri inutili, nei quali non circola la benché minima idea nuova, rimasticature, ai più diversi livelli, di cose orecchiate qua e là... questa roba, perché si pubblica?
Mirella: Caro, l'avvincente argomento lo tratterai la prossima volta perché questa è la nostra stazione.
Gino: Santo cielo! arrivederci, Buona Pasqua a tutti.
Gli altri: Auguri!

Questa seconda situazione evidenzia una disponibilità all'ascolto e al confronto certamente costruttiva. I punti di vista differenti qui accennati (quello della svagata Mirella, che indirettamente si fa portatrice di un modo di pensare abbastanza diffuso tra i giovani, quello più meditato di Gino, quello in fondo lucido del «colpevole» Aldo, quello un po' salomonico di Amelia fino a quelli dell'Editore e dell'Autore, che ovviamente hanno un'altra ottica) arricchiscono il discorso, premessa possibile a comportamenti se non diversi almeno più consapevoli.

Un'ultima breve considerazione la facciamo a proposito di un tipo di argomentazione assai poco edificante, che purtroppo è assai in voga in questi tempi, soprattuto nel dibattito politico. Si tratta di argomentazioni che anziché impugnare il ragionamento dell'«avversario», tendono a demolirlo personalmente (**argomento *ad hominem***). In questi casi il confine con l'offesa o l'insulto è assai labile, perché al posto delle prove argomentative si portano alla luce fatti privati, pettegolezzi, insinuazioni malevole. In questo modo il livello del confronto non può che scadere, dando vita a quel genere di spettacolo che piace ad alcuni giornalisti: la rissa politica (o letteraria, o sportiva) che oltre ad essere diseducativa è anche noiosa (alla fine di dibattiti «urlati» allo spettatore, generalmente televisivo, rimane una gran confusione e un pizzico di poco salubre frustrazione).

Finestra 1. Una descrizione organolettica

Come esempio di descrizione che coinvolge anche il gusto e l'olfatto, oltre alla vista, abbiamo scelto questa scheda delle proprietà organolettiche del Mersault, un buon vino bianco francese prodotto nella regione della Borgogna:

MERSAULT 1990
di Jean-François Coche-Dury

Colore molto chiaro verde-oro e limpidezza brillante. Sentori di fresca mela verde e di vaniglia cremosa accompagnati da una certa tostatura. Il gusto rivela una solida struttura con una vivace acidità che lascia la bocca fresca e pulita: il gusto di mela ritorna lasciando poi spazio ad un aroma abbastanza forte di buccia di mandorla. Gradevole la vaniglia dovuta al 20% di legno nuovo e delizioso fresco fruttato. Un vino vivace piuttosto che austero, con una buona persistenza per un Mersault-Villages, molto rappresentativo dell'annata.

Finestra 2. Il ciclo di Sant'Orsola

Il telero è una vasta composizione pittorica su tela destinata a sostituire le decorazioni murali, particolarmente tra la fine del XV e il XVI secolo. Nove teleri di Carpaccio, raccolti in una sala della Galleria dell'Accademia di Venezia, raccontano, appunto per quadri, una storia.

Dal primo quadro in cui si vedono gli ambasciatori del re d'Inghilterra che giungono presso il re di Bretagna per chiedere la mano della principessa Orsola per il figlio del re Eterio all'ultima, trionfale rappresentazione della santa in gloria dopo il martirio, venerata dalle undicimila vergini convertite per mezzo suo, si snoda tutta una vicenda che doveva essere ben leggibile allo spettatore dell'epoca. La storia poteva essere «letta» come un romanzo figurato.

Se oggi il visitatore non ha più gli elementi per seguire nel dettaglio le diverse sequenze narrative e si sofferma allora sulla bellezza del colore o sulla singolarità di un pittore, davvero grande, intensamente poeta e scenografo e al tempo stesso incapace di raccontare la violenza (la strage dei pellegrini rassomiglia più a una festa danzante che a una scena cruenta), tuttavia ha la piena consapevolezza di trovarsi di fronte a un racconto.

Se poi sarà avvertito che Carpaccio, come si può leggere nei cartigli dei teleri, firmati e datati, cominciò dal settimo (datato 1490), si renderà conto che anche in questo tipo di storie esiste un montaggio, magari necessitato da cause materiali (come i lavori di adattamento della cappella che doveva accogliere i dipinti).

Seguiamo la storia secondo l'ordinamento attuale nella sala del museo dell'Accademia di Venezia che la ospita appoggiandoci, laddove coincide con le immagini, al racconto di Iacopo da Varazze (1228 ca.-1298) che nella sua *Legenda aurea* lo pone sotto il titolo *Le undicimila vergini* (le citazioni da Iacopo da Varazze sono tra parentesi):

I.1: Gli ambasciatori del re d'Inghilterra giungono presso il re di Bretagna e chiedono la mano della principessa Orsola per Eterio («Il re d'Inghilterra era molto prepotente e aveva soggiogato molti popoli; sentita la fama di Orsola, andava dichiarando che la sua felicità sarebbe stata completa se la vergine Orsola fosse andata in moglie al suo figlio unigenito. Anche il ragazzo bruciava dalla voglia. Furono mandati molti messaggeri al padre della ragazza, con grandi promesse, aggiungendo però molte minacce se fossero tornati a casa a mani vuote»).

I.2: Orsola espone al padre le condizioni del fidanzamento: Eterio dovrà ricevere il battesimo e inviare undicimila vergini da convertire, dopo tre anni dovrà accompagnarle in pellegrinaggio a Roma («Orsola, ispirata dal cielo, persuase il padre ad acconsentire a quanto chiedeva quel re, a condizione che il re le desse altre dieci vergini sceltissime per esserle di compagnia e consolazione, assegnando mille vergini a lei e a ciascuna delle altre. Poi che preparasse le navi per mandarle. Chiese poi anche tre anni per la dedicazione della sua verginità, e che nel frattempo anche quel giovane fosse per tre anni istruito nella fede»).

II: Il re di Bretagna congeda gli ambasciatori, consegnando loro la risposta.

III: Gli ambasciatori inglesi portano al loro re il messaggio del re di Bretagna. («Il ragazzo prese di buon animo quella condizione, insistendo col padre; fu subito battezzato e si dette rapidamente avvio a quanto la beata vergine aveva comandato»).

IV.1: Il principe Eterio si congeda dal padre e dalla corte inglese.

IV.2: Il principe sbarca in Bretagna e incontra Orsola.

IV.3: I fidanzati si congedano dai genitori di Orsola.

IV.4: Orsola e Eterio si imbarcano con il seguito e si dirigono alla volta di Roma.

V: Il sogno di Orsola: appare un angelo che le annunzia il martirio («l'angelo del Signore apparve a Orsola e predisse che sarebbero arrivate tutte a quel luogo, e vi avrebbero ricevuta la corona del martirio»).

VI: Orsola e Eterio, con le undicimila vergini che seguono Orsola, incontrano il papa Ciriaco e la sua corte a Roma, sotto Castel sant'Angelo («Il papa Ciriaco fu molto contento di vederle arrivare, anche perché era lui pure originario della Bretagna, e aveva molti parenti tra le vergini che erano arrivate. Le ricevette, assieme a tutto il clero, con grandi onori»).

VII.1: I pellegrini, ai quali si sono aggiunti il papa e altri prelati, arrivano sotto le mura di Colonia assediata dagli Unni («Tutte le vergini, accompagnate dai vescovi, si misero sulla strada del ritorno in direzione di Colonia, ma la trovarono già assediata dagli Unni»).

VII.2: Attila riceve la notizia da Roma che Orsola sta guidando un pellegrinaggio verso Colonia.

VIII.1: Gli Unni fanno strage tra i pellegrini («Quando i barbari le videro si gettarono urlando contro di loro, e si scatenarono furiosamente come lupi tra gli agnelli, uccidendo tutta quella moltitudine»).

VIII.2: Esequie solenni di Orsola, il cui corpo viene deposto in un mausoleo («Quando, massacrate le altre, giunsero a sant'Orsola, il capo degli Unni, vista la sua bellezza, rimase pieno di stupore, e, cercando di consolarla della strage delle altre vergini, le promise che l'avrebbe sposata. Orsola però rifiutò, e il capo unno, vistosi disprezzato, le scagliò contro una freccia, che la trapassò uccidendola. Così portò a coronamento il suo martirio»).

IX: La santa è in gloria, accolta in cielo dal Padre Eterno e venerata dalle undicimila vergini.

Finestra 3. Ordito e trama in una terzina dantesca

Riportiamo la terzina dantesca nella quale le parole *ordito* e *trama* servono appunto al poeta a rappresentare il racconto che Cacciaguida, trisnonno di Dante, si appresta a completare.

Poi che, tacendo, si mostrò spedita
l'anima santa di metter la trama
in quella tela ch'io le porsi ordita... (*Par.* XVII, 100-102).

L'immagine illustra efficacemente al lettore la posizione del «personaggio» Dante che ha offerto al suo trisavolo Cacciaguida (il quale gli ha appena predetto l'esilio) la tela con il semplice ordito, perché quest'ultimo gli intrecciasse la trama. Dante infatti aveva chiesto a Cacciaguida di completare il suo racconto, di tessere, appunto, la trama, ovvero di rispondere esaurientemente ai suoi interrogativi.

Finestra 4. Un'argomentazione prefemminista

Nel monologo dell'Atto I scena IX della commedia *La Locandiera*, di Carlo Goldoni (1707-1793), la protagonista Mirandolina espone allo spettatore il suo programma di vita, e lo fa puntando su argomenti abbastanza deboli ma accattivanti (le sue debolezze sono le debolezze di quasi tutte le donne, e le donne sono la cosa migliore della natura, dunque – conclusione sottintesa – non si può non assecondarle nei loro capricci). Ne riportiamo la parte finale, ricordando al lettore che la sfida di Mirandolina è quella di conquistare, per capriccio e vanità femminili, il cuore del Cavaliere di Ripafratta, «nemico capitale delle donne», che sembra insensibile al suo fascino.

Locandiera:

La nobiltà non fa per me. La ricchezza la stimo e non la stimo. Tutto il mio piacere consiste in vedermi servita, vagheggiata, adorata. Questa è la mia debolezza, e questa è la debolezza di quasi tutte le donne. A maritarmi non ci penso nemmeno; non ho bisogno di nessuno; vivo onestamente, e godo la mia libertà. Tratto con tutti, ma non m'innamoro mai di nessuno. Voglio burlarmi di tante caricature di amanti spasimati; e voglio usar tutta l'arte per vincere, abbattere e conquassare quei cuori barbari e duri che son nemici di noi, che siamo la miglior cosa che abbia prodotto al mondo la bella madre natura.

Finestra 5. Antonio contro Bruto

Vero e proprio virtuosismo argomentativo, non a caso sempre citato quando si parla non solo di letteratura e teatro, ma anche quando si parla di argomentazione, è il discorso di Antonio di fronte al cadavere di Giulio Cesare. La finezza e l'abilità delle sue argomentazioni è messa in risalto da Shakespeare anche nella contrapposizione con il discorso di Bruto, meno noto ma a sua volta retoricamente esemplare. Dopo l'assassinio di Cesare Bruto, di fronte ai (giustificati) timori di Cassio, che non vorrebbe lasciar parlare Antonio, lo rassicura («io stesso salirò prima sul rostro, / e spiegherò le ragioni della morte di Cesare») nella convinzione che i suoi argomenti (il suo essere uomo d'onore che ama Roma più dell'amico Cesare di cui peraltro loda il valore, la necessità di uccidere Cesare ormai troppo ambizioso e assetato di potere, il richiamo alla salute pubblica) siano in grado di parare qualsiasi colpo. Ma vediamo la prima parte del discorso di Antonio, scandito dalle riprese dell'incauta auto-presentazione del suo avversario Bruto («Credetemi per il mio onore, e per potermi credere, ricordate che sono persona d'onore», formula di cui Antonio si appropria, ritorcendola contro l'avversario, fin dall'inizio). Sottolineiamo le scansioni principali della risposta di Antonio, che coincidono con la formula «Bruto è uomo d'onore»: in particolare il centro dell'argomentazione di Antonio è la destituzione di verità dell'affermazione di Bruto secondo cui Cesare era ambizioso (argomento cardine per dimostrare che era necessario ucciderlo).

Amici, romani, concittadini! Ascoltate:
vengo a seppellire, non a lodare Cesare.
Il male che si fa vive dopo di noi:
il bene è spesso sepolto con le ossa.
E sia così per Cesare. Il nobile Bruto
vi ha detto che Cesare era ambizioso.
Se era così, il suo era un grave difetto,
e Cesare l'ha scontato gravemente.
Qui, con licenza di Bruto e degli altri
(*poiché Bruto è uomo d'onore*),
e così gli altri, tutti uomini d'onore
io vengo a parlare al funerale di Cesare.
Era un mio amico, leale e giusto con me:
ma Bruto dice che era ambizioso,
e Bruto è uomo d'onore. A Roma
aveva riportato molti prigionieri,
il cui riscatto ha riempito il pubblico tesoro:
poté questo sembrare un atto d'ambizione?
Quando i poveri piangevano, Cesare
ha lacrimato: di più dura tempra
dovrebbe esser fatta l'ambizione.
Pure Bruto dice che era ambizioso
e Bruto è uomo d'onore. Tutti
ai Lupercali avete visto che tre volte
gli offrii la corona di re, e Cesare
la rifiutò tre volte. Ambizione questa?
Ma Bruto dice che era ambizioso,
e di sicuro egli è uomo d'onore.
Non parlo per smentire ciò che ha detto Bruto,

ma sono qui per dire quel che so.
Tutti l'amavate un tempo, e con motivo;
che motivo vi trattiene allora dal piangerlo?
O discernimento, sei fuggito dalle bestie brute,
e gli uomini han perso la ragione. Perdonatemi.
Il mio cuore è nella bara lì con Cesare
e debbo fermarmi finché non mi ritorni
(Atto III, scena II)

A questo punto i commenti dei popolani segnalano che il discorso di Antonio ha fatto breccia («Mi sembra che ci sian buone ragioni / nelle sue parole»; «Cesare ha subito un grosso torto»). Ma il vero «affondo» è rappresentato dal testamento che Antonio, in un crescendo in cui sfodera tutta la sua abilità oratoria, esibisce come prova finale dell'amore di Cesare per il suo popolo. Lasciamo al lettore il diletto di rileggere (o di leggere per la prima volta) il finale della II scena del III atto del *Giulio Cesare*, consigliando un raffronto con il precedente discorso di Bruto.

Esercizio

Proponiamo un esempio di lista mal costruita. Il lettore è invitato a riconoscerne i difetti e a riformularla in modo più soddisfacente.

Il Comune di Castel Felice vi invita a visitare i suoi monumenti:
- il palazzo dei Reggitori
- la Chiesa di Sant'Ilario
- la Cisterna medievale
- la Pieve di Santa Reparata
- il monumento ai Caduti di tutte le guerre
- il quartiere del porto
- le sue verdeggianti colline
- e infine fate il giro delle antiche cantine: ospitalità e competenza vi guideranno all'assaggio dello stupendo vino bianco D.O.C.

[R]

Capitolo quarto

DALLO SCRITTO ALLO SCRITTO

Gli argomenti di questo capitolo:

- il lettore e l'informazione
- i diversi gradi d'importanza dell'informazione
- il tessuto connettivo dell'esposizione
- riformulazione ampia e condensata (parafrasare e riassumere)
- flessibilità del testo e cambiamento del punto di vista
- stili espositivi del riassunto e della riformulazione

1. Lettura come identificazione dei blocchi del testo: capitoli, paragrafi, capoversi

Per cultura, per piacere, per dovere, per lavoro: le cause per cui si legge sono molte, e collegate alla motivazione del lettore, all'interesse più o meno forte con cui egli legge. La lettura mette in azione complesse operazioni mentali e attiva aspettative e procedure che sono oggetto di studio da parte degli psicologi. A meno che l'occhio non gli sia caduto casualmente su una pagina, che ha cominciato a leggere senza averne l'intenzione, il lettore ha già maturato delle attese, ha trovato l'opera di cui, per qualche motivo, era in cerca e, per esempio, legge con diversa predisposizione una breve voce di enciclopedia su Camillo Benso conte di Cavour o invece una voluminosa biografia dello statista. E se un'enciclopedia che si è già avuto occasione di usare la si consulta solo per la voce cercata, prima di tuffarsi a capofitto nella lettura di un grosso libro il lettore, per così dire, lo annusa: lo sfoglia, qualche volta lo soppesa un po' perplesso, guarda l'indice, probabilmente scorre la presentazione editoriale stampata sulla quarta pagina di copertina, per cercarvi qualche rapida indicazione sul contenuto e sull'autore dell'opera, e forse dà uno sguardo alla premessa o prefazione, se non è troppo lunga e noiosa, e se spiega gli scopi del libro. Prima di cominciare a leggere, insomma, il lettore si orienta guardando le informazioni di contorno al testo (le più sostanziose sono nell'indice), quelle che permettono di capire l'organizzazione e gli argomenti del libro in modo più analitico di quanto non si riesca a ricavare dal titolo, necessariamente breve (e spesso non molto chiaro sul contenuto effettivo dell'opera). Prima ancora di acquistare il libro in libreria o di ottenerlo in prestito da un conoscente o da una biblioteca pubblica, il lettore ha dovuto darsi da fare per identificarne l'esistenza e per ottenerlo materialmente: aveva letto o sentito dire che Rosario Romeo è autore di un'opera importante su Cavour, o semplicemente ha chiesto a un appassionato lettore di storia o al libraio o al bibliotecario un'opera su Cavour. Per rendersi conto se l'opera è interessante per i propri scopi, una lettura dell'indice, che si trova all'inizio o alla fine del libro, è forse l'operazione più importante, e conferma o meno, insieme con una sfogliata alle pagine, il sentito dire o il consiglio di una persona competente o ciò che si è letto in una recensione.

Dunque, non esiste un modo solo di leggere, ma molti, collegati alla natura dell'opera e agli interessi di chi la usa. La lettura può essere **sequenziale**, cominciare cioè dalla prima pagina e continuare fino all'ultima. Anche chi vuole o deve procedere in questo modo, tuttavia, compie almeno alcune delle operazioni preliminari già accennate; e i primi sondaggi sono tanto più semplici quanto più l'opera è dotata di indici ben fatti, ed eventualmente di grafici e illustrazioni.

All'estremo opposto si colloca una lettura, o piuttosto una consultazione, un uso, **non sequenziale**: un vocabolario, un'enciclopedia non si leggono dalla A alla Z, e così molte altre opere, come una bibliografia o il volume che raccoglie l'annata di una rivista e che cerchiamo per leggervi solo un articolo. Se abbiamo bisogno di una data o di una notizia particolari, non leggeremo un libro voluminoso, ma cercheremo direttamente il particolare che ci interessa. Per esempio, se non conosciamo o abbiamo dimenticato un'operazione particolare del programma di videoscrittura, certo non leggeremo o rileggeremo per intero il manuale, piuttosto massiccio, che ne illustra per intero le caratteristiche, ma dagli indici risaliremo direttamente alla manovra necessaria a risolvere il nostro problema specifico.

Senza considerare altri aspetti (per i quali si vedano i capp. III, § 7.4 e VIII, § 8), si noti che un libro in fotocopia è molto meno facile da scorrere del libro «vero» (perché la fotocopia non è rilegata ed è molto meno maneggevole). Questa minore governabilità della fotocopia consente la lettura sequenziale ma rende difficile l'uso non sequenziale. Se poi la fotocopia è stata fatta escludendo gli indici, ancor più ne viene incoraggiata la lettura integrale, che spesso resta una buona intenzione non realizzata.

Fra questi estremi si distribuiscono vari altri modi di usare un libro: **scorrerlo** per dare uno sguardo globale al contenuto; o attraversarlo per la **ricerca mirata** di un punto particolare. Scorrimento, ricerca mirata, consultazione sono operazioni non sequenziali che precedono o sostituiscono la lettura; oppure la seguono, per evitare una rilettura.

In un'epoca di informazione sovrabbondante e difficile da padroneggiare, è importante che i lettori si scaltriscano in queste interrogazioni diversificate dei testi, e che i testi, a loro volta, siano organizzati in modo da prestarsi alle diverse utilizzazioni di cui si è detto.

In effetti, un testo a stampa o dattiloscritto o videoscritto possiede alcune caratteristiche che aiutano il lettore a identificare lo svolgimento dell'esposizione, senza obbligarlo alla lettura integrale. Un libro, o un articolo ampio in una rivista, insomma un testo lungo (per brevità parleremo d'ora in poi di testo o di libro) si divide in **capitoli** e **paragrafi** (simbolo convenzionale del paragrafo: §), oppure solo in capitoli o, se si tratta di un articolo, solo in paragrafi. I capitoli, e anche i paragrafi, hanno normalmente un titolo, e la rete dei titoli di capitolo e paragrafo funziona da indicatore degli argomenti trattati nel corso dell'esposizione. Essi sono dotati di un numero progressivo; è comodo indicare con un numero romano il capitolo e con un numero arabo il paragrafo (come avviene in questo libro).

In alcuni testi si usano anche i sottoparagrafi, e perciò si avrà il cap. I, § 1.1, § 1.2, § 1.3..., § 2.1, § 2.2, § 2.3..., § 3.1 ecc., fino alla fine del capitolo (non si usa più iniziare il paragrafo con 0). L'uso dei paragrafi è caratteristico della scrittura professionale, ma anche nelle opere letterarie sono normali le suddivisioni del contenuto. Per esempio, una ripartizione in tre livelli, ma organizzata diversamente, è in *Guerra e pace* di Tolstoj: il romanzo dello scrittore russo è ripartito in quattro *libri* e un *epilogo* (cioè in una sezione finale); il primo libro comprende tre *parti*, e la prima parte si sviluppa in 28 *capitoli*. *Anna Karenina*, dello stesso autore, presenta una ripartizione in due livelli: otto *parti*, ciascuna delle quali comprende un certo numero di *capitoli*. I *Promessi Sposi* del Manzoni hanno una distribuzione a un livello solo, comprendono cioè 38 *capitoli*. Le varie sezioni sono, qualche volta, accompagnate da un titolo. Anche testi più brevi, come una poesia lirica o una canzone, ammettono divisioni interne di tipo diverso (dette strofe); e così via (si veda inoltre il cap. III, § 2).

Titoli dei capitoli e dei paragrafi segnalano **esplicitamente** il contenuto e l'ordine dell'esposizione: s'intende che ci riferiamo a testi **unitari**, le cui suddivisioni interne, a uno o a più livelli, contrassegnano l'organizzazione espositiva. Questo aspetto esteriore, molto importante, suggerisce che la materia di un'opera (un trattato di 500 o un volumetto di 100 pagine) si articola in **unità minori**, ma discretamente lunghe, che si riconoscono sfogliando l'opera o scorrendo l'indice.

I **capitoli** sono blocchi di testo all'interno del libro, e i **paragrafi** blocchi di testo all'interno dei capitoli; entrambi servono a classificare e ripartire la materia per blocchi ampi. Un'altra classificazione procede in maniera più fine – e a questo punto dalla consultazione dell'indice si passa alla consultazione del testo –, ed è la divisione del testo in quei blocchi più piccoli dei paragrafi che sono gli a capo o **capoversi**. Quando si scrive a mano, dopo il punto si va a capo (non sempre, ma quando è il caso); nella stampa (e nella dattilo- e videoscrittura) si fa altrettanto, e in più il nuovo periodo nella riga seguente comincia dopo un breve spostamento a destra rispetto al margine: è il **rientro**.

Il rientro serve a confermare l'a capo: senza il rientro, non si capirebbe se una parola che termina sul margine estremo di destra di una riga, seguita dal punto, vada intesa come fine di periodo o come fine di capoverso.

Fare punto e andare a capo è un segnale significativo: vuol dire che, dentro la trattazione unitaria di un paragrafo, l'argomento compie una svolta, che l'informazione progredisce per affrontare un argomento nuovo, o almeno un aspetto nuovo dell'argomento in discussione. In altre parole, l'esposizione si snoda in unità grandi (i capitoli, che hanno un titolo), medie (i paragrafi, che generalmente hanno un titolo), piccole (i capoversi, senza titolo). Tuttavia, è importante notare che l'a capo ha una funzione meno precisa della ripartizione in capitoli e paragrafi: gli a capo rispondono a un gusto più soggettivo, e il loro impiego si deve spesso a ragioni estrinseche (in una voce di enciclopedia sono ridotti o eliminati, per risparmiare spazio) o a convenzioni particolari (quando si trascrive una conversazione si va a capo ogni volta che cambia l'interlocutore). Una chiara scansione in paragrafi si può vedere nel *Contributo alla critica di me stesso* di Benedetto Croce (se ne riportano le prime pagine nella Finestra 1).

Per rendersi conto dell'informazione il lettore si concentra sull'inizio dei capoversi: una loro organizzazione razionale rende più agevole la lettura, e anche le operazioni dello scorrimento e della ricerca mirata.

Ciò che importa è che la trattazione si sviluppa in unità di lunghezza diversa; la loro somma equivale al totale del testo.

2. Lettura come individuazione della gerarchia degli argomenti

Abbiamo parlato nel paragrafo precedente della scansione del testo; ora passiamo a un altro aspetto del modo con cui si trasmette l'informazione. Non tutto ciò che è esposto in un testo scritto ha lo stesso peso, e un testo che voglia raggiungere l'efficienza comunicativa segnalerà il diverso grado d'importanza dei contenuti in parecchi modi, allo scopo di indicarne la **gerarchia**, alla quale si collega la disposizione o **distribuzione** dei contenuti stessi:

- uso di caratteri tipografici diversi, per mettere in rilievo certe parole (e quindi certi concetti). A questo scopo si usano il **grassetto** o il sottolineato o il *corsivo* o il MAIUSCOLETTO (raro è lo s p a z i e g g i a t o di cui si ha un esempio nel testo di Croce riportato nella Finestra 1); è da evitare l'uso del MAIUSCOLO e del *MAIUSCOLO CORSIVO*, che servono ad altri scopi.
  Si noti che la tastiera della macchina da scrivere dispone solo del sottolineato e del MAIUSCOLO. I programmi di videoscrittura, oltre questi caratteri, hanno il **grassetto**, il *corsivo*, il MAIUSCOLETTO e il *MAIUSCOLO CORSIVO*.

  Per convenzione, il sottolineato dei testi dattiloscritti (e manoscritti) corrisponde al *corsivo* della videoscrittura e della stampa.

- uso di corpi tipografici di misura diversa: in caratteri più piccoli si scrive non l'informazione inutile (che sarà meglio non scrivere affatto) ma un'indicazione di dettaglio, una notizia accessoria, o particolare, o collegata solo tangenzialmente alla linea principale dell'esposizione.

  La macchina da scrivere ha corpi tipografici di una misura sola. I programmi di videoscrittura disponibili oggi permettono invece una larga scelta di tipi e grandezze (misurate in «punti») di carattere, di poco inferiore a quella dei sistemi di stampa.

- distinzione fra il testo propriamente detto e le note.

  Le note, distinte da un numero progressivo, sono stampate in un corpo tipografico più piccolo di quello usato per il testo, a piè di pagina (cioè sulla parte inferiore della pagina) o in fondo al capitolo o al libro (soluzione scomoda per il lettore, ma meno costosa per l'editore).

Se le note sono a piè di pagina, ricominciano ogni pagina da uno o sono numerate consecutivamente per tutto un capitolo. Solo il secondo sistema è possibile quando le note sono alla fine del capitolo o del libro (e in questo secondo caso le diverse numerazioni si distinguono con titoletti come *Note del capitolo primo, Note del capitolo secondo* ecc.)

Nelle note si espongono punti molto particolari, discussioni con altri autori che si sono occupati della materia trattata, argomenti che hanno a che fare per qualche motivo con quanto si dice nel testo, anche se sono estranei al suo centro di gravità, all'argomentazione principale (si veda il cap. VIII, § 11).

⇒ In questo libro non si usano le note, ma si ricorre all'espediente dei caratteri più piccoli (come si è fatto in questo stesso paragrafo), e si impiega di norma il **grassetto** per mettere in evidenza una o più parole.

Non concluderemo che le parti in carattere tipografico più piccolo e le note si possano saltare tranquillamente. È un fatto, però, che viviamo in una società in cui l'informazione è abbondante o, meglio, sovrabbondante: su ogni argomento esiste una grande quantità di libri e articoli in lingua italiana (per non parlare di ciò che si pubblica nel mondo) e il problema sta semmai nel selezionare l'informazione pertinente, quella che riguarda un certo lavoro, e nel raggiungerla.

Infatti, l'accesso all'informazione, cioè la disponibilità concreta di quest'ultima, non è sempre facile, per la mancanza, in Italia, di biblioteche ricche e organizzate in modo moderno; ma questo è un altro discorso, che sarà ripreso più avanti (cap. VIII, § 6).

Le parti in carattere tipografico più piccolo e le note sono segnali con i quali il testo assegna un'importanza diversa ai diversi contenuti che espone. Non sempre, del resto, si ricorre a questi espedienti: la voce di enciclopedia sul Cavour della quale si parlerà nel paragrafo seguente è priva di note (come è uso generale delle voci di enciclopedia), e ricorre al carattere minore solo nella sezione finale, dedicata all'elenco delle opere scritte da Cavour e degli studi su Cavour.

Dipende dal lettore e dalle sue esigenze di informazione, dal suo tempo e dal suo interesse, se leggere tutto o lasciar perdere le note e le parti stampate in piccolo, se ci sono. Non è rara, anzi, la possibilità che, in rapporto a interessi molto mirati, risulti più importante una notizia particolare nascosta da un corpo tipografico più piccolo, che non il complesso del testo.

3. Leggere e capire: connessioni linguistiche tra e nei capoversi

Fin qui abbiamo parlato di una divisione del contenuto che si riconosce a colpo d'occhio, grazie alla lista dei capitoli e dei paragrafi e alla successione dei capoversi, e forse all'impiego di note e corpi tipografici diversi: una divisione, dunque, che è segnalata fisicamente dal modo in cui un testo presenta l'organizzazione dei propri contenuti. L'organizzazione fisica trova una corrispondenza in quella del contenuto. Da un capitolo o da un paragrafo all'altro un'avvertenza esplicita può indicare il cambio di argomento, come si è fatto all'inizio di questo paragrafo. L'importante è, comunque, che il discorso si sviluppi secondo una progressione coerente, avvalendosi delle suddivisioni utili alla migliore esposizione del contenuto.

Allo snodarsi dei capoversi corrispondono dunque delle parole o gruppi di parole che indicano tanto i **passaggi** da un capoverso all'altro, quanto, aggiungiamo ora, i **rapporti** tra fatti e concetti all'interno dello stesso capoverso. Questa è la funzione di preposizioni, congiunzioni, avverbi e altre parole o gruppi di parole, che esprimono i rapporti interni a un'esposizione: rapporti che possono essere di prima e di dopo, di causa ed effetto, di confronto per via di somiglianza e per via di differenza, di bilanciamento tra un'affermazione generale e una considerazione particolare alla quale non si applichi l'affermazione generale: le possibilità di esprimere rapporti e sfumature all'interno di un'esposizione sono affidate alle parole di cui si è detto, in funzione di **connettivo** o **legamento.**

Non è possibile fornire una lista completa dei legamenti, che costituiscono una classe aperta. Vediamo allora una lista indicativa delle loro funzioni fondamentali:

- congiungere, unendo (*e(d), anche, pure, oltre a ciò*); unendo e negando (*né, neanche, neppure, nemmeno*); separando (*o(d), oppure, altrimenti)*;
- mettere in relazione: *sia... sia, né... né, così... come;*
- contrapporre: *ma, però, invece, tuttavia, comunque, nondimeno, mentre;*
- stabilire rapporti nel tempo: contemporaneità (*contemporaneamente, nello stesso momento* o *nello stesso istante; in quel momento; mentre, intanto, nel frattempo*); anteriorità (*prima, prima di ciò, preliminarmente*); successione (*poi, dopo, dopo di ciò, successivamente, in seguito*);
- stabilire rapporti nello spazio: *davanti, dietro, di lato; anteriormente, posteriormente, lateralmente; all'interno, all'esterno; sopra, sotto, accanto;*
- stabilire un rapporto di causa e di effetto: *poiché, perché, dato che, dal momento che;*
- segnalare una conclusione: *perciò, dunque, quindi, pertanto, insomma, in conclusione, in definitiva;*
- indicare una causa dalla quale **non** deriva un effetto: *benché, anche se, per quanto, quantunque, tuttavia;*

  Questo punto merita un breve commento: le espressioni *concessive* si possono considerare come il contrario di una *causale*. Si confrontino *Poiché aveva sonno, andò a letto* con *Anche se aveva sonno, non andò a letto* e *Aveva sonno; tuttavia restò in piedi.*

- mettere in rilievo una conseguenza: *così che, tanto che, tanto da;*
- individuare il fine: *affinché, perché* (con il verbo al congiuntivo), *per* (con il verbo all'infinito), *allo scopo di, con* o *nell'intento di;*
- istituire un confronto, per via di somiglianza (*così... come, analogamente, allo stesso modo, similmente, non diversamente*) o di contrasto (*al contrario, a differenza di, diversamente, diversamente da*) o di semplice bilanciamento: *da una parte... dall'altra, d'altro canto;*
- esprimere la modalità della condizione, possibile o impossibile, probabile o improbabile: *se, se allora, qualora, purché, a patto che, nell'eventualità che, nell'ipotesi che, nel caso che;*

- scandire una lista, enumerare: *prima di tutto... poi... infine; anzitutto... inoltre; in primo luogo... in secondo luogo; intanto... ancora... inoltre... infine;*
- riformulare: *cioè, vale a dire, in altre parole, in altri termini, detto diversamente, ossia;*
- esemplificare: *per esempio, in particolare, così, un'illustrazione di ciò che si è affermato finora proviene da;*
- aggiungere un'idea, un fatto, un argomento: *inoltre; si osservi poi; si noti, in particolare, che; si aggiunga;*
- sottolineare la trattazione di un argomento: *circa, quanto a, per quanto riguarda.*

Non solo è aperta la classe delle funzioni svolte dai legamenti, ed è allungabile indefinitamente la lista delle espressioni di ogni classe: si sarà notato che alcune parole svolgono più di una funzione. Alcune, infatti, come *mentre* o *quindi*, si possono impiegare per esprimere sia un rapporto di tempo sia un rapporto logico (e spesso i due significati convivono).

Vediamo un esempio concreto, ricavato dalla voce di un'enciclopedia dedicata a Cavour. La voce, scritta da Rosario Romeo, è divisa in vari capitoletti o paragrafi, che hanno un titolo e valgono come indice (è infatti una voce piuttosto ampia), anche se non sono elencati all'inizio, e quindi è necessario scorrere le pagine: *La famiglia; Educazione e formazione politica; Esperienze all'estero e attività economiche; Inizi dell'attività politica e ingresso in Parlamento; Cavour al governo: la politica interna e quella religiosa; La politica economica; La politica estera. La guerra di Crimea e il Congresso di Parigi; L'alleanza con la Francia e la guerra contro l'Austria; Le dimissioni. Il ritorno al governo. La spedizione dei Mille; La questione romana. La morte; Bibl[iografia]* (è la lista delle opere principali di e su Cavour). Il primo paragrafo, intitolato *La famiglia*, fornisce notizie sulla storia della famiglia, e sull'atteggiamento politico dei Cavour che, dopo essersi schierati contro le novità politiche della rivoluzione francese, avevano cercato di accordarsi con i nuovi padroni di un'Italia entrata ormai nella sfera di influenza di Napoleone, Primo Console e poi Imperatore. Ma in un mondo in cui gli equilibri politici cambiavano rapidamente, la caduta di Napoleone dopo Waterloo e la nuova sistemazione politica dell'Europa, in chiave appunto antinapoleonica, provocò nuove difficoltà a chi, come i Cavour, si era compromesso con il regime napoleonico:

> Il regime consolare **prima**, e imperiale **poi**, aveva offerto ai C[avour] tutte le condizioni per un *ralliement* [alleanza] al dominio francese: e **in effetti** la famiglia aderì **adesso** al nuovo regime, specie **dopo** il 1800, traendone anche cospicui vantaggi. Michele Antonio [padre di Camillo Cavour] ottenne il titolo di ciambellano alla corte del principe Borghese, governatore generale del Piemonte, e divenne barone dell'impero; [...] e altri, più sostanziali vantaggi il governo imperiale largì a una grossa impresa per l'allevamento e la manifattura della lana, la Società Pastorale, in cui i C[avour] avevano rilevanti interessi.
>
> **Di conseguenza**, la Restaurazione, nei primi tempi, fu difficile per i Cavour. **Ma** il marchese Michele Antonio riuscì **poi** a entrare nelle grazie dei sovrani restaurati, e soprattutto di Carlo Alberto, al quale restò fedele anche dopo il 1821, negli anni più dif-

ficili per il principe, messo al bando dalla corte e minacciato anche nei suoi diritti di successione; **mentre** il patrimonio dei C[avour] si arricchiva della liquidazione dei beni del principe Borghese in Piemonte, che fornì l'occasione per l'acquisto della grande tenuta di Leri nel Vercellese. Tante tempestose vicende avevano irrigidito nei C[avour] la radicata tendenza conservatrice e accentuato la loro avversione verso ogni indirizzo culturale o politico che sapesse anche lontanamente di rivoluzione: e fu **appunto** in questo ambiente tipicamente *ultra*, caratterizzato da un'accentuata devozione cattolica di stampo gesuitico e da un rigido atteggiamento assolutista, che il giovane Camillo mosse i primi passi.

I due paragrafi corrispondono a due momenti distinti della storia familiare dei Cavour: l'avvicinamento al regime napoleonico e le difficoltà di riadattarsi, nell'Europa post- e antinapoleonica: il collegamento è espresso dal *Di conseguenza* con cui comincia il secondo paragrafo. L'espressione funziona appunto da legamento, ha valore di tempo (prima c'è il periodo napoleonico, poi la Restaurazione) e, contemporaneamente, esprime un rapporto logico di causa ed effetto: poiché l'indirizzo politico della Restaurazione è contrario all'età di Napoleone, i Cavour, che a Napoleone si erano adattati, si trovarono in difficoltà nel nuovo ordine di cose. Cercarono però un nuovo accomodamento, e questo passaggio, interno al secondo capoverso, è segnalato dal *Ma*.

Questo è lo sfondo storico generale, ma la voce è dedicata al Cavour: perciò i dati sulla generale storia europea alla fine del Settecento e ai primi dell'Ottocento s'intrecciano alle informazioni particolari sulle fortune non solo politiche ma anche economiche della famiglia: e a questo scopo il testo fornisce delle indicazioni, introdotte dal *mentre* che indica la contemporaneità fra il quadro generale e la crescita del patrimonio dei Cavour. Il tutto serve a mettere in rilievo l'ambiente complessivo e specifico nel quale crebbe il giovane Camillo. Un'allusione a quest'ultimo (il passaggio è segnalato in modo esplicito da **appunto**) si trova alla fine del secondo capoverso, che è seguito da un nuovo paragrafo, intitolato all'*Educazione e formazione politica*, un argomento per il quale le informazioni di cui abbiamo discusso finora hanno preparato sufficientemente il terreno.

Come si vede, nell'intera voce l'esposizione segue un ordine preciso, e il lettore lo segue facilmente, grazie alla divisione di paragrafi ognuno con il suo titolo, e alla successione di capoversi, che hanno legami tra loro e al proprio interno.

I legamenti contribuiscono ad assicurare la coerenza del testo: si veda come il secondo capoverso su Cavour diventerebbe illogico sostituendo a *di conseguenza* un *eppure* e ad *appunto* un *tuttavia*.

Chi ha letto il cap. III avrà notato che alcune funzioni dei legamenti hanno a che fare con i tipi testuali della lista (la sequenza *prima... poi... infine* può essere sostituita dal simbolo [-] che separa i vari elementi della lista, o dai suoi equivalenti), del racconto in ordine cronologico, dell'argomentazione.

Altre indicazioni sull'articolazione del testo e sui legamenti sono nella Finestra 1.

4. Libro e lettore: la lettura interattiva

I primi due paragrafi di questo capitolo hanno richiamato l'attenzione su alcune operazioni che, preliminari alla lettura, si concentrano sulle caratteristiche complessive di un testo e orientano sulla **distribuzione** e la **gerarchia** dell'informazione; il terzo ha discusso la funzione di certe parole che servono da tessuto connettivo dell'esposizione e sono in un certo senso vuote di significato, in quanto restano estranee al contenuto specifico del testo, ma sono importanti per segnalare i rapporti tra le unità e le sottounità dell'informazione.

Torniamo al lettore alle prese con un testo. Gli argomenti possono essere i più vari (un libro o un articolo di merceologia, di diritto, o di qualsiasi disciplina, un manuale professionale, una voce di enciclopedia, un articolo pubblicato da un quotidiano, da un periodico, da una rivista specializzata).

Se il testo è importante per gli scopi del lettore, la lettura sarà attenta e interessata, si soffermerà anche sulle note, non trascurerà le parti in caratteri più piccoli, sarà, insomma, integrale, e forse anche piuttosto lenta. Spesso non basta leggere, occorre rileggere, concentrarsi sui punti che interessano di più, e che non sono sempre i più facili. Il grado di difficoltà della lettura dipende dal modo con cui il testo è scritto, e dalla preparazione specifica che esso richiede: chi prende un testo attiva spontaneamente, leggendolo, le proprie conoscenze sull'argomento trattato e sugli argomenti affini.

Ma se la materia gli è poco conosciuta, e il testo presuppone nozioni che il lettore non possiede (e quindi non può attivare), è bene che si chiarisca le idee consultando un'enciclopedia che colmi il vuoto di informazione, o un testo più generico, che funzioni da introduzione alla materia trattata. Anche se il significato di molte parole che non ci sono note si comprende dall'insieme dell'esposizione, è bene, poi, tenere un dizionario a portata di mano.

Naturalmente, è necessario

- sapere che cosa ci si può aspettare e che cosa no da un testo: come, spesso, si può capire in anticipo (evitando pregiudizi che ci rendano ciechi: uno scritto da cui ci si aspetta molto può rivelarsi deludente, e viceversa) ma come, ancora più spesso, si può stabilire solo leggendo o scorrendo. L'inizio di un lavoro (le prime pagine del testo, o anche una prefazione o premessa o introduzione apposite), l'indice, la quarta di copertina e, quando c'è, un riassunto all'inizio o alla fine, chiariscono generalmente gli scopi del testo. Ma non è comune che un testo abbia indicazioni sulla propria natura così chiare come quelle del primo capitolo del *Contributo alla critica di me stesso* di Benedetto Croce (Finestra 1);
- sapere con chiarezza che cosa vogliamo dal testo (parliamo della lettura che abbia uno scopo di lavoro, e non della lettura disinteressata di un'opera d'arte o d'intrattenimento). Chi apre un libro di cucina, normalmente intende seguirne le istruzioni per preparare un certo piatto; chi cerca la voce Cavour in un'enciclopedia vuole soddisfare una curiosità, o formarsi o arricchire un'idea d'insieme sull'uomo politico, o cercare un'informazione specifica sul suo conto.

Ogni lettore sa che i tipi di testo sono tanti (se ne è parlato nel cap. III), e quindi ha già attivato un sistema di attese che saranno confermate o anche smentite (in meglio o in peggio) dal testo che legge; per il resto, lettura fa rima con avventura, un'avventura che può rivelarsi poco emozionante se non inutile (ma il lettore possiede un'arma infallibile: smettere di leggere), o invece risolversi nel piacere di un arricchimento intellettuale, nella soddisfazione di acquisire conoscenze utili per il lavoro o per altro.

Per ridurre il rischio di disperdersi dietro al secondario, trascurando l'importante, è utile seguire la scansione interna del libro, anche quella più «fine» in capoversi, e seguire l'andamento dell'argomentazione. Se il testo è composto bene, da ogni paragrafo si dovrebbe ricavare, come si dice oggi, un pacchetto di informazioni.

Da queste considerazioni si ricava che la lettura attiva le conoscenze del lettore in almeno due sensi: un testo si può capire in quanto presuppone nel lettore delle conoscenze generali, che perciò non hanno bisogno di essere richiamate in modo esplicito. S'intende che le conoscenze condivise fra testo e lettore sono quelle più comuni quando il testo è di tipo divulgativo, mentre si fanno più specifiche con l'intensificarsi del carattere specialistico di un testo rivolto a lettori esperti della materia.

In secondo luogo il testo attiva nel lettore le conoscenze specifiche fornitegli in precedenza: e in questo caso, richiede una lettura sequenziale.

Attraverso questi modi, che chiamano in causa complesse operazioni mentali, a ciò che è noto (e che spesso è segnalato da espressioni come *naturalmente, come è noto, come si sa*) si salda l'informazione nuova.

In ogni caso il rapporto testo-lettore è di tipo interattivo: il lettore, in altre parole, è chiamato a un ruolo attivo, e in certo modo dialoga con il testo, assumendo un atteggiamento critico. Critica non s'intende nel significato corrente della parola (di biasimo, di giudizio negativo), ma in quello di esame ragionato, dal quale derivano tanto l'accettazione da parte del lettore quanto il dubbio o la confutazione.

Un atteggiamento critico parte, in ogni caso, dalla **comprensione**: il lettore, prima di tutto, è un **interprete** che dialoga con il testo, e alla sua interpretazione si collega il giudizio di assenso o dissenso.

Che la lettura non sia affatto un comportamento passivo, che non si risolva nel gettare lo sguardo su una serie di parole messe in fila, lo dimostra un'esperienza comune a ogni lettore e a ogni spettatore di film: ciò che già si conosce di una storia o di un'esposizione induce la mente a un continuo gioco di previsioni sugli avvenimenti o le informazioni successive. È una dimostrazione del fatto che il lettore è coinvolto attivamente in ciò che legge e che, nel momento in cui inquadra le conoscenze nuove saldandole a quelle già possedute, interpreta le informazioni che sta assorbendo e sviluppa delle previsioni, delle attese su ciò che sta per leggere (o, al cinema, su ciò che sta per vedere).

Proprio su questo insieme di operazioni mentali, sul processo di assimilazione e di attesa, si fondano gli effetti letterari o cinematografici che confortano le attese del lettore o dello spettatore, confermandole, o che viceversa le smentiscono attraverso l'imprevisto, il colpo di scena (il colpevole insospettabile della narrativa gialla non è che uno degli esempi possibili).

L'atteggiamento di un lettore attivo e partecipe si esprime già nelle manovre che tutti compiamo quando esaminiamo uno scritto di nostro interesse. Molti lettori sottolineano le righe o pongono segni verticali sui margini del libro per mettere in rilievo le parti più interessanti o importanti per loro. È sconsigliabile l'abitudine, piuttosto frequente, di sottolineare per intero il testo, per esempio con un evidenziatore: sottolineare tutto equivale, evidentemente, a non sottolineare nulla.

Una sottolineatura integrale è un'operazione del tutto analoga a quella compiuta dalla folla di cui si parla nei *Promessi Sposi*: «E tutti, alzandosi in punta di piedi, si voltano a guardare da quella parte donde s'annunziava l'inaspettato arrivo. Alzandosi tutti, vedevano né più né meno che se fossero stati tutti con le piante in terra; ma tant'è, tutti s'alzavano» (cap. XIII).

In realtà, la sottolineatura integrale vale come una specie di accompagnamento della lettura, e aiuta forse a tener ferma l'attenzione su ciò che si legge. Ma, nel momento in cui cercheremo un'informazione particolare, o dovremo prendere un appunto, un testo tutto sottolineato non ci aiuterà; perciò, se la tentazione della sottolineatura integrale fosse proprio irresistibile, si abbia almeno l'avvertenza di usare colori diversi, riservando a un colore la messa in evidenza dei passaggi principali.

È anche utile scrivere, sul margine sinistro della pagina di sinistra, e sul margine destro della pagina di destra, una o più parole che richiamino il contenuto del capoverso.

Non si dovrebbero mettere segni su un libro di proprietà altrui (privata o pubblica). Si ricordi che sono in commercio dei blocchetti di piccoli fogli, di varia misura, forniti di adesivo su parte di una facciata, e facili da rimuovere (i cosiddetti *post-it*): possono essere fissati sul margine della pagina, in modo che ne sporgano, ottenendo così un risultato migliore di un segno sul margine del libro. Tali foglietti si possono poi staccare senza danno per il libro (ma la materia adesiva è controindicata per i libri antichi e per quelli in carta patinata).

Dalla scrittura sul libro si passa poi alla scrittura su un quaderno o su una scheda: prendono forma appunti, riassunti, considerazioni, tutte attività che si esamineranno in questo capitolo (e nei capitoli V e VIII), e che manifestano l'atteggiamento attivo di cui si è detto.

5. Riformulare per iscritto un testo scritto: parafrasi, appunti, schede e riassunto

La comprensione di un testo, risultato di una o più letture, è la premessa per alcune operazioni, utili per i nostri scopi. Non è per nulla raro il caso che il contenuto di un testo debba essere **riformulato**. Riformulare, cioè formulare ed esporre in modo diverso, è un'operazione linguistica (e concettuale) che si compie di continuo; è anzi un'attività caratteristica per ognuno di noi, e non in circostanze particolari, ma nella vita di tutti i giorni, come ha spiegato con grande chiarezza lo studioso russo Michail Bachtin:

> Nella nostra esistenza quotidiana a ogni passo sentiamo discorsi sul parlante e sulla sua parola. Si può dire esplicitamente: nella vita quotidiana più che altro si parla di ciò che dicono gli altri: si riferiscono, si ricordano, si soppesano e si discutono

> le altrui parole, opinioni, affermazioni, informazioni, ci se ne indigna, le si condivide, le si contesta, le si cita, ecc. Se si presta ascolto ai frammenti di uno spontaneo dialogo per via, tra la folla, in una fila, [...] si sente con quanta frequenza si ripetono le espressioni «dice», «dicono», «ha detto»; e nella conversazione rapida di persone tra la folla spesso tutto ciò si fonde in un continuo «lui dice... tu dici... io dico...». E come è grande il peso del «tutti dicono» e «lui ha detto» nell'opinione pubblica, nel pettegolezzo, nelle dicerie, nelle maldicenze, ecc.! È necessario tener conto anche dell'importanza psicologica quotidiana di ciò che dicono di noi gli altri e del significato che per noi ha il modo in cui si devono intendere e interpretare queste parole degli altri [...].
> Nelle sfere più alte e organizzate della comunicazione quotidiana l'importanza del nostro tema non diminuisce affatto. Ogni conversazione è piena di trasmissioni e interpretazioni delle parole altrui. Ad ogni passo in essa c'è una «citazione» o un «riferimento» a ciò che ha detto una determinata persona, a un «si dice» o a un «tutti dicono», alle parole del proprio interlocutore, alle proprie parole dette prima, al giornale, alla delibera, al documento, al libro, ecc. La maggior parte delle informazioni e delle opinioni di solito è comunicata non in forma diretta, come si fa con le proprie; ma con riferimento a una indeterminata loro fonte comune: «ho sentito», «si ritiene», «pensano», ecc. Prendiamo un caso tanto diffuso nella nostra vita quotidiana: le conversazioni su una riunione; esse si costruiscono tutte sulla trasmissione, interpretazione e valutazione dei vari interventi orali, risoluzioni, emendamenti proposti, respinti e accolti, ecc. Si tratta dunque sempre di persone parlanti e di loro parole; è un tema che ritorna di continuo e che governa direttamente il discorso come tema centrale o accompagna lo sviluppo di altri temi correnti.

Bachtin scriveva nel 1934-35, e le sue osservazioni sono tanto più evidenti oggi, in una società in cui la presenza dei mezzi di comunicazione di massa, fonte di parole e oggetto delle nostre parole (in un continuo inseguimento) è ancora più marcata. Bachtin si riferisce alla parola parlata, ma ciò che egli afferma vale anche per la parola scritta. Vediamo alcuni modi di riformulazione scritta di un testo scritto:

- la **parafrasi** di un testo. La parafrasi è la riscrittura integrale di un testo originale (o testo di partenza o testo base o fonte), che chiameremo testo A, in un testo derivato, appunto la parafrasi, che chiameremo testo B. Comunemente si fa oggetto di parafrasi un testo scritto che presenti delle difficoltà di contenuto, che tocca alla parafrasi chiarire, sciogliendo i nodi dell'originale. Il testo B riproduce integralmente il contenuto del testo A, ed è altrettanto lungo, o anche più lungo: come avviene quando l'originale è ricco di termini tecnici, e la parafrasi ne spiega il significato (ricorrendo per esempio a un dizionario o a un'enciclopedia). In un certo senso, la parafrasi è un'attività equivalente alla traduzione: quest'ultima riproduce il testo A, scritto in una certa lingua, in un testo B scritto in una lingua diversa; nella parafrasi, invece, la lingua del testo A e del testo B è la medesima, ma il testo B presenta in modo chiaro e accessibile un testo A altamente tecnico, o scritto in dialetto, o in italiano antico, o in poesia (Finestra 2). La parafrasi, dunque, ha lo scopo di spiegare il testo A. Se esso presenta solo poche difficoltà per il lettore comune, non varrà la pena di parafrasarlo, ma solo di commentare i pochi punti meritevoli di spiegazione (è il caso del *Contributo alla critica di me*

stesso di B. Croce, scritto nel 1915 e bisognoso di ben pochi chiarimenti: Finestra 1); in caso diverso la parafrasi è un metodo vantaggioso, a patto, si capisce, che non tradisca il contenuto dell'originale. La parafrasi è, infatti, un tipo particolare di interpretazione (§ 4).
La parafrasi è un'attività prevalentemente scolastica, ma anche la scrittura di lavoro vi ricorre, utilizzandola in testi che di per sé non sono parafrasi; è utile farne parola anche perché comporta un lavorio analogo a quello richiesto da altri tipi di riformulazione, molto impiegati nella scrittura professionale. Negli *Esercizi di stile* lo scrittore francese Raymond Queneau ha messo in moto un gioco letterario consistente in una lunga lista di variazioni parafrastiche (Finestra 3);

- il **riassunto**, che consiste nel trasformare un testo A in un testo B riproducendolo in forma abbreviata (e non in forma totale, come avviene con la parafrasi). Il riassunto è un'attività scolastica che trova impiego in molte occasioni della vita lavorativa;
- gli **appunti**. Anche una lettura che ci abbia colpito e interessato particolarmente è soggetta alla deformazione, all'appannamento, e infine alla cancellazione dalla nostra memoria. Non parliamo, poi, di un'informazione consistente in dati, numeri, statistiche, che neppure la memoria di Pico della Mirandola potrebbe conservare, o conservare a lungo. Perciò è necessario, durante o dopo la lettura, prendere appunti, in forma più o meno organizzata. In forma meno organizzata, se è sufficiente una serie di appunti schematici, che **non hanno la funzione di sostituire il testo A**, ma servono a risalirvi, senza doverlo rileggere o sfogliare affannosamente quando dovremo cercarvi una notizia utile per il nostro lavoro. Questo tipo di appunti prende una forma pressappoco simile alla lista descritta nel cap. III, § 2. Gli appunti sono meno sommari quando **servono a sostituire il testo A**, a renderne inutile una nuova consultazione. Quanto più sono organizzati, tanto più gli appunti si avvicinano alla forma del riassunto. È importante che ogni appunto sia seguito dal numero della pagina o dai numeri delle pagine, scritti tra parentesi, del testo A da cui esso è ricavato;
- le **schede**. Su foglietti di carta o, molto meglio, su cartoncini rettangolari, si trascrivono informazioni ricavate da un testo A (o da più testi A); su ogni scheda si trascrive non la totalità dell'informazione contenuta da A ma, per così dire, **un atomo di informazione**, cioè un'unità di informazione non ulteriormente divisibile per i nostri scopi (indicando, come per gli appunti, la pagina o le pagine del testo A da cui è stata ricavata la scheda). Come si sa, atomo significa ciò che non è divisibile, e qui continuiamo a usare la parola nel suo valore tradizionale. Infatti, la fissione dell'atomo realizzata nel nostro secolo richiede uno strumento – la bomba atomica – che per fortuna non è a nostra disposizione. La tecnica della schedatura sarà illustrata nel cap. VIII, § 8.

Diversamente dagli appunti e dalle schede, che hanno una destinazione esclusivamente personale, il riassunto può servire per propria memoria ma anche per produrre un resoconto leggibile da altri (e ciò anche al di fuori dei compiti assegnati a scuola); ma tutte e tre queste rielaborazioni, come del resto la parafrasi, in quanto partono da un testo A, pongono lo stesso problema: che rapporto c'è tra le parole del testo B e quelle del testo A?

Distinguiamo due facce nel quesito: se gli appunti hanno una funzione puramente strumentale, valgono cioè come promemoria di concetti o fatti trattati nel testo A, se la loro funzione equivale a quella delle sottolineature o dei *post-it* e quindi servono solo a risalire al testo A, se insomma sono appunti del tipo meno organizzato, allora le parole usate nell'appunto possono essere indifferentemente le stesse o meno del testo A (la finalità delle schede, come si vedrà a suo luogo, non è la stessa degli appunti di questo tipo).

Se invece gli appunti servono a sostituire il libro, saranno utilizzati cioè quando esso non sarà a nostra disposizione o non avremo tempo o voglia di consultarlo di nuovo, allora è importante che parole ed espressioni riprese fedelmente dal testo A siano precedute e seguite dalle virgolette » «, che indicano la **citazione** del testo. In questo modo, ciò che è tra virgolette è tratto dal testo A, ciò che è fuori delle virgolette deriva dal testo A ma è espresso con parole nostre.

Sulla citazione in generale, e sull'obbligo di distinguere le parole del nostro testo B da quelle del testo A (anche per evitare il plagio), si tornerà in seguito (cap. VIII, § 10).

6. Ancora il riassunto: criteri per condensare l'informazione

Veniamo ora al riassunto, un'attività che, nella vita extrascolastica, si esercita più spesso di quanto non si pensi. A lume di buon senso, non si può riassumere un testo A senza averlo capito e interpretato; e la comprensione sarà il frutto di una o più letture. È necessario aver chiaro che cosa il testo A si proponga, e quali siano le unità principali del contenuto. Una barzelletta si può raccontare con particolari più o meno ricchi e divertenti – dipende dall'abilità di chi la racconta –, ma anche nella sua resa più scarna deve rendere la situazione e i personaggi, e la battuta finale: senza i suoi elementi minimi (i suoi atomi, per ripetere la parola usata sopra), il testo della barzelletta fallisce il suo scopo, che è quello di far ridere.

Analogamente, il riassunto dovrà contenere le informazioni richieste dalle cinque *wh-*, secondo la regola del giornalismo (cap. III, § 4.1): *chi, che cosa, quando, dove, perché* (dall'iniziale delle parole inglesi corrispondenti: *who?* 'chi', *what?* 'che cosa', *when?* 'quando', *where?* 'dove', *why?* 'perché?'). Il racconto di un episodio di cronaca deve spiegare infatti che cosa è accaduto e perché, quale o quali ne siano stati i protagonisti, e in quale luogo e tempo. La regola si applica al riassunto e a molti altri tipi di testo. Dunque, nel testo B figurano personaggi e azione (o evento, o informazione), luogo, tempo e motivi: purché, naturalmente, quegli elementi siano presenti nel testo A (la descrizione della geografia fisica di una regione non conterrà un'informazione che risponda alle domande delle cinque *wh-*). Il riassunto dovrà essere indipendente dal testo A, e quindi conterrà l'informazione di base, senza che sia necessario risalire al testo A; il testo A sarà citato all'interno del testo B, o gli fornirà il titolo (si veda la Finestra 4). Nella sua forma pura, il riassunto rispetta il taglio espositivo del testo A: se questo è in prima persona, la prima persona si conserva nel testo B.

Se, fuori della scuola, le occasioni di comporre riassunti «puri» sono rare, l'attività del riassumere, in modi un po' diversi e spesso più complessi, è molto frequente. Dietro un testo professionale o una relazione per l'ufficio di un'azienda ci sono altri testi dello stesso argomento o di argomento affine, e inoltre discussioni pubbliche, e naturalmente la riflessione personale dell'autore del testo. Un testo è generalmente il risultato della **riformulazione**, spesso riassuntiva, di uno o più testi (che si possono chiamare di nuovo testi A): perciò, al riassunto scolastico che porta da un testo A a un testo B, corrisponde nella vita lavorativa una pluralità di testi A che ispirano un testo B. Il testo o i testi A saranno adattati al testo B, e diversamente da ciò che avviene con il riassunto allo stato puro, il taglio espositivo sarà più libero, un eventuale racconto in prima persona passerà alla terza, saranno aggiunti commenti di vario genere. Un buon testo B non si limita a **riformulare** i testi A, ma riesce a **rielaborarli** con originalità. Perciò, non vale la regola data or ora per il riassunto puro, e un riassunto della relazione presentata alla Fondazione Agnelli dal Presidente volgerà in terza persona il discorso che egli ha tenuto in prima persona. Il riassunto non avrà, allora, un titolo autonomo, ma sarà fuso nel testo B (è sempre necessario citare il testo A; si veda per questo il cap. VIII, § 10).

Più spesso, in un testo professionale B confluiscono le informazioni di una pluralità di testi A: si passa allora dal riassunto alla **sintesi**, che è un'attività più complessa. I testi A, infatti, sono valutati e classificati dal testo B (si veda il cap. VIII, § 2).

A scuola, l'insegnante invita a riassumere con parole proprie: e giustamente, perché un riassunto non si può scrivere tagliando qualche parola del testo A e copiando quelle che si sono salvate dalla sforbiciata. D'altra parte, la ricerca a ogni costo di parole diverse può risultare tanto faticosa quanto controproducente: spesso non vale la pena di cercare un sinonimo (una parola cioè che abbia pressappoco lo stesso significato della parola del testo A), che in molti casi può essere meno preciso o meno efficace della parola dell'originale (anche nella parafrasi si ripetono le parole del testo A, se ciò non contraddice l'esigenza di spiegarlo e chiarirlo). Una volta tanto, il risultato migliore si può ottenere con il minimo sforzo, e cioè conservando alcune (non tutte) le espressioni dell'originale, mettendole tra virgolette.

In un riassunto narrativo (di un'opera letteraria o di un film) i verbi sono al tempo presente, mentre il testo A (se è una narrazione letteraria) è scritto normalmente con i verbi al passato. Si pensi ai riassunti orali della trama di un film, che a ognuno accade di fare, di ascoltare o di leggere.

Nel riassunto occorre evitare lo slittamento dei tempi dal presente al passato. Il fatto è che nel riassumere rischiano di sovrapporsi due piani temporali diversi: quello dell'autore del testo e quello dell'autore del riassunto. Da questa confusione nasce un uso incoerente dei tempi, come in questo caso (è un riassunto scolastico, da un racconto di L. Sciascia):

«*Siamo* in Sicilia al tempo dell'emigrazione in America. Alcuni individui che *vogliono* partire clandestinamente *devono* vendere tutto e fare grossi debiti con gli usurai per potersi pagare il viaggio. *Arrivò* quindi la notte della partenza [...] Undici notti dopo la barca *si fermò* su una costa...».

Il passaggio dal presente al passato remoto si spiega proprio con la confusione messa in rilievo ora.

Ecco il riassunto di un film, dalla pagina degli spettacoli del *Corriere della Sera* (29 agosto 1996; per il riassunto di un'opera letteraria, si veda la Finestra 4), preceduto dal titolo e dalle indicazioni sulla programmazione:

> Rischio totale
> Regia di Peter Hyams. Con Gene Hackman, Anne Archer. Thriller, Usa, 1990. Durata 99'.
> [Segue l'indicazione dell'emittente e dell'orario]
> Testimone di un omicidio a Los Angeles, e ora rifugiata per cautela tra i monti canadesi, la giovane Carol (la Archer) è scovata dal procuratore distrettuale Caulfield (Hackman) per essere trasferita in un'aula giudiziaria. Continue sono le precauzioni della coppia, in viaggio su un treno, per sfuggire a un manipolo di gangster decisi alla loro liquidazione.

Diverso è il caso dei trattati giuridici o scientifici, nei quali anche il testo A usa i tempi del presente.

La difficoltà principale del riassunto consiste nell'individuare l'informazione principale del testo A e nel separarla da informazioni che, per quanto importanti, possono essere taciute. L'essenziale è che il riassunto conservi l'informazione principale del testo A. Naturalmente, è molto più facile raccomandare di riassumere i punti centrali di un testo, che mettere in pratica la raccomandazione; inoltre, non tutti i testi si possono riassumere. Non si possono riassumere, senza perdere informazioni sostanziali, gli articoli di una legge; e neppure si può ridurre il numero dei gesti da compiere per azionare un apparecchio: le azioni vanno eseguite tutte, e nella sequenza indicata.

> Si vedano, per esempio, le istruzioni di un manuale per l'uso della lavabiancheria:
> Avviamento
> 1. Aprire il rubinetto dell'acqua.
> 2. Inserire la spina nella presa di corrente, e/o accendere l'interruttore di sicurezza.
> 3. Controllare che il tubo di scarico sia ben sistemato.
> 4. Premere il tasto Avviamento/Arresto.
>
> Non ha senso, evidentemente, riassumere testi di questo tipo.

In un campo così ampio a causa della diversità dei testi A e di quella, non molto minore, dei testi B (e dei loro scopi), si possono indicare tuttavia alcuni criteri da seguire:

- poiché il risultato del riassunto deve essere, per definizione, un testo B che ha meno parole del testo A, vanno tagliate le espressioni del testo A che equivalgono a lungaggini inutili o a espedienti linguistici destinati a «gonfiare» l'esposizione, per renderla più colorita; ne deriverà un testo B un po' neutro, ma questo è un risultato inevitabile quando si riassume. In pratica, il criterio suggerito consiste nell'eliminare giri di parole «vuoti» di contenuto. Si vedano questi esempi, ricavati da un articolo pubblicato su *Repubblica* del 28 agosto 1996 e seguiti, dopo il segno >, da una proposta di riassunto: «*c'è di nuovo che* si spara su tutti» > «*ora* si spara su tutti» (si passa dalle 8 parole del testo A alle 5 parole del testo B); «*C'è* però una bambina di 12 anni, miracolosamente sfuggita al massacro, *che* ha visto e ha raccontato tutto a carabinieri e magistrati» > «però una bambina di 12 anni, miracolosamente sfuggita al massacro, ha visto e ha raccontato tutto a carabinieri e magistrati» (da 22 a 20 parole);

- passando dal taglio di alcune parole all'abbreviazione del contenuto, va tenuto presente ciò che si è detto nel § 2 sulla gerarchia dell'informazione, quando essa sia visibile a occhio: dunque le note, e le parti in corpo minore, se sono presenti nel testo A, possono essere omesse nel testo B; viceversa si conservano le unità di informazione messe in rilievo dai corpi tipografici come il **grassetto** ecc. (si veda di nuovo il § 2). Naturalmente, non sempre il testo A presenta caratteristiche materiali che rendano evidente a occhio la gerarchia degli argomenti. Va posta attenzione, però, all'indice dei capitoli e dei paragrafi, che esprimono il contenuto principale; oppure, negli articoli di giornale, al titolo, al soprattitolo e al sottotitolo. La successione dei capoversi è un indicatore significativo delle unità e sottounità di contenuto (§ 1), e funziona da guida per l'individuazione delle unità di contenuto da riassumere. Anche il tessuto dei legamenti da un capoverso all'altro e all'interno dello stesso capoverso facilita il compito (§ 3);
- a questi criteri che si ricavano da un'utilizzazione attenta dei segnali forniti dal testo A, si aggiunge il lavoro di chi riassume. Se il testo è stato sottolineato (in maniera non integrale: § 4), le parti di testo messe in rilievo saranno anch'esse un'utile falsariga del riassunto;
- nel primo punto di questa lista si è portato da 22 a 20 parole un periodo preso da un articolo di *Repubblica*, senza perdere informazione; condensiamone ora il contenuto. Un risultato possibile può essere il seguente: «però una bambina di 12 anni, miracolosamente sfuggita al massacro, ha visto e ha raccontato tutto a carabinieri e magistrati» > «ma una bambina si è salvata, e ha reso testimonianza agli inquirenti» (da 20 a 12 parole);

I modi per conoscere il numero di parole di un testo scritto a macchina sono:

- contarle una per una (operazione non particolarmente divertente). Le parole seguite da apostrofo si contano come parte della parola che segue, perciò *l'ala* vale per una parola sola;
- applicare la formula:
  (numero delle battute di una linea × numero delle linee) : 5.
  Per battute si intendono tutti i segni presenti su una riga intera, e quindi le lettere ma anche gli apostrofi (non gli accenti), i segni di punteggiatura e gli intervalli bianchi (da contare come 1 battuta) che separano una parola dall'altra. Il prodotto del numero di battute di una riga per il numero delle righe fornisce il numero totale delle battute di un testo. Calcolando che la lunghezza media **approssimativa** delle parole italiane è di 5 lettere, dividendo per 5 si ha il numero **approssimativo** delle parole di un testo.
  Un criterio analogo si può usare per un testo manoscritto (e quindi per i riassunti che il lettore è invitato a comporre dagli esercizi in fondo al capitolo), a patto che la scrittura non sia troppo irregolare.
  Chi usa il computer, può avere il numero delle parole del testo che sta componendo direttamente dal programma di scrittura.

- per ultimo, poniamo il criterio più importante: chi riassume deve distinguere, nel testo A, l'**informazione di primo piano** dall'**informazione di sfondo**, per concentrarsi sull'informazione di primo piano.

Nella voce su Cavour abbiamo distinto un'informazione di sfondo: il quadro generale dei tempi, e le vicende particolari della famiglia Cavour fino al giovane Camillo Cavour, al quale la voce è dedicata specificamente. La vita e l'azione di Cavour sono l'informazione di primo piano. Un riassunto è fedele al testo A se il testo A è ben compreso e se, di conseguenza, è corretta la distinzione fra informazione di primo piano e informazione di sfondo. Il riassunto, ovviamente, si concentrerà sull'informazione di primo piano.

Un riassunto fedele è la regola quando il testo A è un'opera letteraria. Si tratta di un'arte difficile, che non è opportuno discutere in questo libro; e tuttavia chi vuole potrà leggere nella Finestra 4 il riassunto di un celebre romanzo. Il fatto è che tanto la narrativa letteraria (romanzi o novelle) quanto la narrazione storica segnalano la distinzione tra l'informazione di primo piano e l'informazione di sfondo attraverso l'uso di tempi verbali distinti (nel racconto l'informazione di primo piano è affidata soprattutto al passato remoto: cap. III, § 6.3; si veda anche la Finestra 1, Esercizio 12).

Abbandonando per un momento i testi scritti, anche nella pittura la gerarchia tra sfondo e primo piano può risultare evidentissima, per quanto non manchino indirizzi pittorici che si sottraggono alla distinzione tra una presenza centrale ed elementi subordinati (Finestra 5).

Il riassunto e la sintesi sono attività che si esercitano continuamente: quanta parte di ciò che si scrive è frutto di una rielaborazione che riassume idee e testi o documenti di altri, per ripeterli, o per adattarli a un nuovo scopo? Questo stesso libro utilizza opere analoghe dedicate per esempio alla scrittura professionale in lingua inglese, da esse ricava idee e indicazioni, e le modifica, le adatta, o le contraddice. Il riassunto è un aspetto particolare dell'attività di riformulazione (a proposito della quale ricordiamo la pagina di Bachtin riportata nel § 5).

Il lavorio del riassunto è del resto ogni giorno sotto i nostri occhi: ce lo presentano i quotidiani, che pubblicano in prima pagina le notizie principali in forma breve, e ne danno un resoconto più ampio nelle pagine interne. Nell'anticipazione in prima pagina si condensa l'informazione di primo piano; l'informazione di primo piano torna nell'articolo corrispondente delle pagine interne, completata dall'informazione di contorno (alcuni esempi sono nella Finestra 6 e negli esercizi relativi).

Accade spesso che chi scrive un testo cerchi di imprimergli vivacità modellandolo sullo stile brillante della stampa. Spesso si arriva, però, a risultati piuttosto ingenui: un'imitazione poco felice del modello si risolve in uno scimmiottamento e, soprattutto, lo stile giornalistico non si lascia trasportare a tipi di testo diversi (come una relazione). Per stile giornalistico si intende non solo la forma dell'espressione, ma anche il taglio narrativo, sul quale si danno alcune notizie nella Finestra 5.

Tuttavia può verificarsi un altro caso: che chi riassume voglia cambiare, per suoi motivi, la gerarchia delle informazioni offerte dal testo A. Le informazioni di sfondo possono essere promosse a informazioni di primo piano, e viceversa: come sempre, il testo A va capito (e questo requisito vale sempre, anche se, per ipotesi, si volesse fare la parodia del testo A, o rovesciarne il messaggio, insomma stravolgerne volutamente la prospettiva). Dipende dal nostro interesse se mettere in rilievo l'informazione fondamentale o, eventualmente, un punto secondario. Un articolo sul guasto che ha costretto a tornare indietro un aereo appena decollato (Finestra 5) si può riassumere in molti modi diversi se il centro di gravità del riassunto è la notizia in sé, o se invece siamo interessati al turismo giapponese in Italia (i passeggeri a bordo erano di nazionalità prevalentemente giapponese) e al loro gradimento riguardo al nostro paese, o se, ancora, raccogliamo informazioni sulla sicurezza dei voli e la manutenzione degli aerei utilizzati dalle compagnie.

Anche quando non si abbia motivo di alterare la gerarchia dell'informazione del testo A, il riassunto può essere **mirato**, concentrarsi cioè su un aspetto particolare del testo A. Torniamo alla voce di Romeo su Cavour: sarà bene leggerla tutta, perché fornisce un'informazione d'insieme. Tuttavia il nostro interesse potrebbe concentrarsi non su tutta la figura e l'opera di Cavour, ma sul suo ruolo nella partecipazione piemontese alla guerra di Crimea, oppure su Cavour in quanto uomo d'affari e imprenditore. Dopo le prime informazioni fornite dalla voce di enciclopedia, si può consultare la biografia dello stesso Romeo su Cavour, limitatamente all'aspetto particolare che ci sta a cuore e, se è il caso, utilizzare l'opera monumentale, in quattro volumi, dedicata a Cavour dallo stesso studioso (e naturalmente si può continuare con i libri o gli articoli di altri storici, e con la lettura di scritti o discorsi del Cavour). La lettura sarà parziale, perché l'informazione da acquisire è **orientata** in modo netto, dipende da un interesse o **punto di vista** particolare; anche il riassunto **selezionerà** solo le notizie di nostro interesse.

Un'ultima considerazione merita l'autoriassunto: vari tipi di testo, per esempio una relazione, possono essere preceduti (piuttosto che seguiti) da un riassunto. È un compito ingrato, quando si è completata la stesura di un testo e si tira il classico sospiro di sollievo, dover produrre un supplemento di lavoro. Ma, se le circostanze lo richiedono, è necessario rassegnarsi a questo impegno aggiuntivo: e l'autore del testo non avrà difficoltà a capirsi e riassumersi (si veda, anche se si tratta di un autoriassunto di altro genere, il § 9).

7. Riassunto e lunghezza del testo

Torniamo a Cavour e al suo storico Rosario Romeo. Questi, autore di una voce di enciclopedia su Cavour (§ 3), ha scritto sull'uomo politico piemontese un'opera monumentale: *Cavour e il suo tempo*, di circa 2550 pagine di testo, più appendici e indici. Contemporaneamente alla pubblicazione dell'ultimo volume dell'opera, la materia fu condensata in un volume unico, di circa 550 pagine, la *Vita di Cavour*.

Prendiamo in considerazione un episodio importante della politica estera piemontese, ispirato da Cavour: la partecipazione di un corpo di spedizione dell'esercito piemontese alla guerra tra Russia e Turchia. In appoggio a quest'ultima, Francia e Inghilterra, e con esse il Piemonte, entrarono in guerra contro la Russia. L'intervento del Piemonte a fianco delle grandi potenze permise di porre la questione italiana sul tappeto della diplomazia e della politica internazionale.

Le operazioni militari si concentrarono nell'assedio della fortezza russa di Sebastopoli (accanto alla quale scorre il fiume Cernaia) sul Mar Nero, nella penisola di Crimea. Nella voce di enciclopedia dedicata a Cavour, e che abbiamo già citato, Romeo sintetizza in questo modo il ruolo militare del Piemonte e l'eco in Italia dell'unico fatto d'armi al quale parteciparono le truppe piemontesi:

> In realtà, l'impegno militare del Piemonte in Crimea fu, in concreto, assai limitato. I 15 000 [ma dice 18 000 nell'opera maggiore: *Cavour e il suo tempo,* III, p. 168=*Vita di Cavour*, p. 310] uomini del corpo di spedizione, tenuti a lungo in riserva, parteciparono solo al combattimento della Cernaia (16-VIII-1855), in cui subirono la perdita di 14 uomini (ai quali se ne aggiunsero poi altrettanti deceduti in seguito a ferite); mentre ca. [circa] 2000 furono le vittime del colera. Ma l'opinione piemontese e italiana accolse con entusiasmo le notizie dello scontro della Cernaia.

Naturalmente, nei quattro tomi di *Cavour e il suo tempo* e anche nella *Vita di Cavour* l'esposizione è molto più dettagliata che nella voce di enciclopedia. Vediamo che cosa corrisponde in questi due testi all'ultimo periodo della voce di enciclopedia riportata ora («Ma l'opinione piemontese e italiana accolse con entusiasmo le notizie dello scontro della Cernaia»).

La *Vita di Cavour* abbrevia in due modi l'opera più ampia: tagliando il testo (con un solo, leggerissimo adattamento); sopprimendo le note. Qui di seguito riproduciamo il testo dell'opera maggiore; si usa la doppia colonna solo dove opera maggiore e opera minore non coincidono, per i tagli apportati nella *Vita di Cavour* (e che sono documentati dalla colonna di destra). Per avere un quadro completo del modo in cui è stata scritta quest'ultima, basta sopprimere mentalmente le note.

> A limitare questi effetti negativi contribuì tuttavia, paradossalmente, l'entusiasmo e addirittura l'esaltazione, fuori di ogni proporzione con la realtà dei fatti, che l'episodio della Cernaia suscitò nell'opinione pubblica piemontese. Giornali, uomini politici, generali, patrioti e intellettuali levarono al cielo la gesta [l'impresa] del 16 agosto, nella quale l'esercito piemontese avrebbe dato di sé una prova che andava assai oltre l'entità dei combattimenti sostenuti, del sangue versato e di ogni criterio oggettivamente misurabile[1].

---

[1] L'acciaro di Casa Savoia e d'Italia – scriveva il «Piemonte, 18 agosto 1855 – non è mancato alla causa della civiltà; è stato sguainato, ed è balenato terribile agli occhi dei nemici»; cfr. «Opinione», 18 agosto 1855; e in genere, per le reazioni della stampa dei vari settori politici, REIN, *op. cit.* [grazie all'*Indice dei nomi e degli argomenti* si risale a A. REIN, *Die Teilnahme Sardiniens am Krimkrieg und die öffentliche Meinung in Italien*, Leipzig 1910], pp. 149-59, che osserva (p. 150): «wir Späteren werden vielleicht über die grosse Wirkung erstaunen, die der doch verhältnismässig unbedeutende Kampf [...] in Piemont und bei den Italienern hervorrief». Giornali di opposte tendenze come l'«Italia e Popolo» e l'«Armonia» erano invece uniti nello sminuire la portata del successo (*ibid.*, pp. 157-59). Altre testimonianze in COLLEGNO, *op. cit.* [= M. PROVANA DI COLLEGNO, *Diario politico 1852-1856*, a c. di A. Malvezzi, Milano 1926], pp. 282-84 (30 agosto 1855, p. 283: «i piemontesi si condussero da leoni»); C. D'AZEGLIO, *op. cit.* [=*Souvenirs historiques*, Torino 1884], pp. 498-99; *Carteggio di patrioti lombardi* cit. [dall'*Indice*, mancante della registrazione delle opere collettive, che si elencano sotto il titolo, non si riesce a specificare ulteriormente; si tratta comunque, come risulta dalla consultazione diretta dell'opera, del libro *Il Risorgimento italiano in un carteggio di patrioti lombardi 1821-1860. Lettere inedite di Costanza Arconati Visconti - Giacinto e Margherita Provana di Collegno* ecc., a c. di A. Malvezzi, Milano, Hoepli, 1924], pp. 538-43; DE RUBRIS, *Carteggio d'Azeglio-Galeotti* cit. [= M. DE RUBRIS, *Carteggio politico tra Massimo d'Azeglio e Leopoldo Galeotti dal 1849 al* 1860, Torino 1928], pp. 90, 92; M. D'AYALA, *I piemontesi in Crimea*, Firenze 1858, pp. 90-102; VISCONTI VENOSTA, *op. cit.* [= G. VISCONTI VENOSTA, *Ricordi di gioventù 1847-1860*, Milano 1906], pp. 317-18; e in genere la documentazione in A. M. GHISALBERTI, *Nuovi documenti* cit. [=*Nuovi documenti sull'intervento piemontese in Crimea*, in «Revue internationale d'histoire militaire», III (1951)], pp. 19-35. Irremovibile l'ASPRONI, *op. cit.* [= G. ASPRONI, *Diario politico 1855-1857*, Milano 1974], che tace della Cernaia e commenta con ostilità la caduta di Sebastopoli (I, pp. 294-5). Lo stesso Dabormida dopo la Cernaia si dichiarava convertito, e persuaso che «la nostra posizione politica si è di molto avvantaggiata coll'alleanza» (a La Marmora, 6, 9 ottobre 1855, in DEGLI ALBERTI, *op. cit.* [= M. DEGLI ALBERTI, *Per la storia dell'alleanza e della campagna di Crimea 1853-1856*, in «Biblioteca di storia italiana recente», IV (1910)], pp. 192, 206).

C'era, dietro questa esaltazione, il disegno politico della classe dirigente volto a ingrandire per quanto possibile l'apporto piemontese[2]: ma c'era anche la dimensione di una società provinciale, solita a vivere la propria esistenza nell'isolamento, e priva di quegli assidui contatti con un mondo più vasto dai quali soltanto può nascere una più esatta e proporzionata misura delle cose.

Da ciò l'eco grandissima e l'importanza attribuita ad ogni lode, anche la più convenzionale, che al Piemonte venisse da parte dei potenti alleati[3]; e, per converso, la sopravvalutazione di sé e delle cose proprie che parecchi osservatori notavano nei piemontesi[4]. V'era, in questo, la radice di talune componenti che opereranno negativamente anche nella vita della nuova Italia, favorendo la tendenza alla retorica e a sfoggi di vanità profondamente diseducativi sul piano morale e su quello politico. Ma, per il momento,	Ma, comunque fosse,
l'esaltazione dei fatti della Cernaia	l'esaltazione dei fatti della Cernaia
contribuì a infondere fiducia nel paese e in tutto il moto nazionale, che di fiducia aveva tanto bisogno in vista delle prove imminenti; ed	

ebbe anche parte nel sostenere i rappresentanti piemontesi nella difficile opera di far comunque valere il contributo del proprio paese in seno ai negoziati di pace che ormai si approssimavano, assai in anticipo sulle previsioni e sulle speranze del governo di Torino (*Cavour e il suo tempo* = *Vita di Cavour*).

Come si vede, l'informazione può espandersi e contrarsi con grande elasticità. Un testo, quindi, non va considerato come un'entità fissa, intoccabile: può essere modificato, espanso, contratto. Esso, tuttavia, non è una gomma da masticare: le rielaborazioni, anche le più profonde, devono rispondere a uno scopo,

---

(2) Cfr., oltre gli elogi un po' sforzati di Cavour (a La Marmora, 28 settembre 1855, *ibid.*, pp. 200-201: «nuovi sacrifici non erano necessari per raggiungere lo scopo che colla spedizione ci eravamo prefissi. [...] Il rovescio di Novara è moralmente riparato e ciò è molto»), le sue esortazioni a distribuire molte decorazioni e a lasciare da parte la modestia (a La Marmora, 19 agosto, 30 ottobre 1855, *ibid.*, pp. 187, 215), e le esplicite raccomandazioni del Dabormida al comandante del corpo di spedizione («il tuo rapporto è troppo modesto. [...] Forse riderai della mia suscettibilità che ascriverai a vanità, ma noi abbiamo bisogno di acquistare prestigio al nome italiano e particolarmente al Piemontese»: a La Marmora, 6 settembre 1855, *ibid.*, p. 193).

(3) Emanuele d'Azeglio a Clarendon, 16 luglio 1855, chiedeva che alla prima opportunità si menzionassero onorevolmente il re e l'esercito piemontese ai Comuni: «vous ne sauriez croire à quel point on y est sensible chez nous» (*Gran Bretagna e Sardegna* [= *Le relazioni diplomatiche fra la Gran Bretagna e il Regno di Sardegna*, III serie, a c. di F. Curato e G. Giarrizzo, Roma 1961-69, voll. 8: informazione ricavata dalla lista delle abbreviazioni premessa al volume], V, p. 126).

(4) «Les piémontais – scriveva a Walewski il solito Gramont, 17 luglio 1855 – sont un peuple mixte sous le rapport du caractère et suivant les circonstances ils produisent tantôt leurs qualités françaises qui sont le courage, l'ardeur et la fierté, tantôt leurs qualités plus méridionales c'est-à-dire une jactance sans égale et une fanfaronnade qui sied mal à la bravoure» (AEP [=Archives du Ministère des Affaires Étrangères, Paris; anche questa informazione si ricava dalla lista delle abbreviazioni], *Papiers d'argents, Waleski*, 17).

per non risolversi in un rimaneggiamento confuso, gratuito e insomma pasticciato. Nel prossimo paragrafo si esaminerà ancora più a fondo questa indefinita, ma non arbitraria, possibilità di riformulare i testi.

8. Lunghezza del testo e informazione

Il riassunto non deve contenere elementi superflui; e per la verità anche il testo A – se è scritto bene – non deve perdersi in discorsi inutili. Riassumere equivale allora a ridurre l'informazione, salvando quella che è indispensabile. Dopo aver esaminato le trattazioni di R. Romeo su Cavour (§ 7), prendiamo in considerazione la descrizione di un medesimo monumento, quale si legge nell'ampia guida del Touring Club Italiano (= TCI) dedicata a *Roma* (una delle cosiddette guide rosse, che fa parte della *Guida d'Italia*); nella guida *Roma* (di color verde; fa parte delle *Guide d'Italia*); nella *Guida rapida d'Italia*, vol. IV, *Lazio, Abruzzo, Molise, Sardegna*.
Si riproducono gli originali anche nei caratteri tipografici, aggiungendo il MAIUSCOLETTO per segnalare espressioni identiche o quasi che tornano da una stesura all'altra.

⇒ Con l'asterisco *, le guide del TCI segnalano le opere di particolare interesse artistico; si noti che «c.» è abbreviazione di 'circa'; intuitivo il significato di «d.» e «sin.» ('destro, -a'; 'sinistro, -a').

1. Stesura lunga

A sin. della fontana, al di là di via XX Settembre (v. pag. 315), è la chiesa di **S. Maria della Vittoria** (da UN'IMMAGINE DELLA MADONNA, trovata tra i rifiuti del castello di Pilsen, ALLA QUALE FU ATTRIBUITA LA VITTORIA DEGLI ESERCITI DI FERDINANDO II D'ASBURGO SU PRAGA PROTESTANTE NEL 1620), sorta su una precedente cappella dei Carmelitani Scalzi dedicata a S. Paolo e ricostruita nel 1608-20 a spese del cardinale Scipione Borghese su progetto di Carlo Maderno. La solenne e snella facciata (restauro 1990-91), realizzata nel 1626 da G. B. Soria ispirandosi a quella della vicina S. Susanna e preceduta da una breve scalinata, è a due ordini, di cui quello superiore, nel quale si apre un finestrone con timpano arcuato, coronato da un frontone triangolare e da una balaustra.

L'INTERNO, UNO DEI PIÙ SONTUOSI MODELLI DI DECORAZIONE BAROCCA per la ricchezza dei marmi, degli stucchi e dei fregi, È A NAVATA UNICA, CON volta a botte e TRE CAPPELLE PER LATO INTERCOMUNICANTI; sui decoratissimi arconi della crociera poggia la cupola priva di tamburo: SULLA VOLTA, *TRIONFO DELLA MADONNA SULLE ERESIE* E *CADUTA DEGLI ANGELI RIBELLI* DI GIOVANNI DOMENICO CERRINI (1675), AUTORE ANCHE DELL'ASSUNTA IN GLORIA NELLA CUPOLA. Sopra la porta d'ingresso, organo con scenografica *cantoria* barocca di Mattia de Rossi (1680). 2ª cappella d.: pala d'altare raffigurante la **Madonna col Bambino e S. Francesco*; ai lati, **S. Francesco in estasi* e *S. Francesco che riceve le stimmate*, ULTIME OPERE DEL DOMENICHINO A ROMA (1630). Transetto d.: *Sogno di S. Giuseppe*, gruppo marmoreo di Domenico Guidi; ai lati, *Fuga in Egitto* (d.) e *Adorazione dei pastori* (sin.), altorilievi in marmo di Pierre-Étienne Monnot (1699); nella volta, *Gloria* di Bonaventura Lamberti. Cappella maggiore (restaurata dai Torlonia nel 1833): nel catino absidale, *La Madonna della Vittoria entra in Praga con gli eserciti cattolici* di Luigi

Serra (1885); NEL CORO POSTO DIETRO L'ALTARE, *Rapimento di S. Paolo al terzo cielo* di Gherardo delle Notti (1620). Transetto sin. (*cappella Cornaro, creazione di Gian Lorenzo Bernini); entro edicola marmorea mistilinea, **S. Teresa trafitta dall'amore di Dio**, capolavoro dello stesso (1646; dalla volta a cassettoni piove sul celebre gruppo una luce dorata che crea suggestive e segrete penombre: un angelo dal sorriso ambiguo sta per colpire il cuore della santa); assistono allo 'spettacolo', affacciati a nicchie a guisa di palchetti di teatro, i MEMBRI DELLA FAMIGLIA CORNARO, opera di Bernini e aiuti; nella volta, *Gloria dello Spirito Santo* di Guidobaldo Abbatini. 3ª cappella sin.: *SS. Trinità* del Guercino (c. 1642); alla parete d., *monumento funebre del cardinale Berlinghiero Gessi* (il ritratto del defunto è di Guido Reni, c. 1641). 2ª: *Apparizione di Cristo a S. Giovanni della Croce*, pala d'altare di Nicolas Lorrain (c. 1667), autore anche della *Madonna salva S. Giovanni della Croce* (d.) e della *Morte del santo* (sin.). Nella sagrestia, dipinti raffiguranti la *Battaglia di Praga*, cimeli storici della guerra contro i Turchi e *Massimiliano di Baviera dona il cavallo a padre Domenico* di Sebastiano Conca (1730-40); in una cappella attigua, *Assunta e i Ss. Girolamo e Giovanni*, pala marmorea di Pompeo Ferrucci (1629).

2. Stesura media

Chiesa di S. Maria della Vittoria (4 C6; 5 C1 [queste sigle individuano la posizione del monumento nelle piante della città incluse nel volume]). Su un edificio religioso consacrato a S. Paolo il cardinale Scipione Borghese volle costruito da Carlo Maderno l'attuale luogo di culto (1608-1620), il cui nome viene da UN'IMMAGINE DELLA VERGINE ALLA QUALE SI ATTRIBUÌ IL SUCCESSO DELLE ARMATE CATTOLICHE SU PRAGA PROTESTANTE NEL 1620 (cimeli della battaglia in sagrestia).

L'INTERNO, dove il peso della decorazione barocca è alleviato da fini marmi policromi, È A NAVATA UNICA CON TRE CAPPELLE PER LATO INTERCOMUNICANTI. Il *TRIONFO DELLA MADONNA SULLE ERESIE* E LA *CADUTA DEGLI ANGELI RIBELLI* NELLA VOLTA E L'*ASSUNTA IN GLORIA* NELLA CUPOLA furono dipinti da GIOVANNI DOMENICO CERRINI nel 1675, mentre la scenografica sistemazione dell'organo sulla porta d'ingresso fu attuata da Mattia de Rossi (1680). La 2ª cappella destra accoglie pitture del Domenichino (quelle alle pareti laterali sono LE SUE ULTIME OPERE ROMANE, 1630); NEL CORO DIETRO L'ALTARE è il *Rapimento di S. Paolo al terzo cielo* di Gherardo delle Notti (1620). La chiesa è però famosa per ospitare, nella cappella Cornaro che si apre nel transetto sinistro, la **statua di S. Teresa trafitta dall'amore di Dio**, capolavoro di Gian Lorenzo Bernini (1646), al quale – e a suoi aiuti – vanno riferite le statue dei MEMBRI DELLA FAMIGLIA CORNARO.

3. Stesura breve

S. Maria della Vittoria* (IV, D3 [per la sigla vedi l'avvertenza al testo della stesura media]). È anch'essa opera di Carlo Maderno, che la eresse nel 1608-1620 su più antiche strutture, ricevendo il nome da UN'IMMAGINE DELLA MADONNA CUI SI ATTRIBUÌ LA VITTORIA SU PRAGA PROTESTANTE NEL 1620. NELL'INTERNO, SONTUOSO ESEMPIO DI DECORAZIONE BAROCCA, la 2ª cappella destra conserva le ULTIME OPERE DI DOMENICHINO A ROMA, il transetto sinistro contiene il famoso gruppo marmoreo di S. Teresa trafitta dall'amore di Dio** di Gian Lorenzo Bernini (1646), scena cui sembrano assistere le statue di esponenti della famiglia Cornaro.

Vediamo come è organizzato il testo lungo. C'è un solo a capo (realizzato non con il capoverso, ma con una riga lasciata in bianco) e, cosa più importante, mancano i legamenti: il testo, di tipo descrittivo (con pochi giudizi; sui testi descrittivi si veda il cap. III, § 5) segue un filo spaziale: prima l'esterno della chiesa, poi l'interno. Dopo uno sguardo alla volta e alla porta d'ingresso (lato interno), la descrizione segue un itinerario che dalla prima cappella a destra accompagna il visitatore facendolo uscire da sinistra. Nella stesura lunga, la seconda parte, in carattere minore nell'originale, è stata riprodotta senza cambiare la grandezza del carattere, per una migliore leggibilità, e perché la scelta tipografica della guida non indica una minore importanza gerarchica dell'informazione ma, in questo caso, dipende solo dall'esigenza di risparmiare spazio. Ciò è tanto vero, che le abbreviazioni «d.», «sin.», «c.» ('destro, -a, sinistro, -a, circa') sono usate nel testo lungo e non nel testo medio e nel testo breve.

Le abbreviazioni mancano nei testi brevi, dove l'informazione è condensata, e ciò a prima vista sembra contraddittorio; ma il loro impiego rende leggermente più difficile la lettura di un testo. Ecco perché le troviamo nella stesura lunga, destinata a un lettore un po' più specializzato.

E tuttavia ci sono altri espedienti per segnalare la gerarchia delle notizie: si usano il **grassetto** e il *corsivo*, e si segnalano le opere più importanti con l'asterisco*.

La consultazione degli indici di cui l'opera è dotata consente di accedere a informazioni supplementari che, se è il caso, possono essere utilizzate in un riassunto-parafrasi. Manca purtroppo, nelle guide di cui stiamo parlando, il **glossario**, e cioè la lista finale della terminologia tecnica usata con le spiegazioni del caso; perciò si dovranno cercare in un dizionario o in un'enciclopedia parole riguardanti l'architettura della chiesa («navata, volta a botte, transetto», ecc.), che sono presenti nel testo lungo e, in misura decrescente, negli altri due. Invece, la guida lunga e la guida media forniscono qualche breve notizia supplementare sugli artisti. La guida lunga, in particolare, ha un «Indice degli autori» e un «Indice dei luoghi»: nel secondo si cercano i monumenti (e perciò, alla voce «Chiesa di S. Maria della Vittoria», si legge il rinvio a pag. 313, dove il monumento è descritto). Nell'«Indice degli autori», invece, si trova un'informazione essenziale sui personaggi di cui si parla nel libro, consistente negli estremi anagrafici (città e anno di nascita, anno della morte), sulla o sulle attività in cui si è esercitato il personaggio in questione, e l'indicazione delle pagine in cui se ne parla. Si potrà così avere una prima informazione sul Bernini e sul suo capolavoro, o sul poco noto Luigi Serra, autore di un dipinto conservato nella chiesa.

Generalizzando, va osservato che oltre all'indice dei capitoli un libro ha spesso altri indici: dei nomi, degli argomenti, delle parole, dei testi citati e così via. Questi indici si trovano alla fine del libro (quello dei capitoli può essere anche all'inizio), ma è un errore leggere un testo da cima a fondo senza sbirciarne gli indici: la loro utilizzazione facilita il lavoro e lo rende più rapido soprattutto quando il lettore è anche un utente del libro, perché se ne serve soprattutto in rapporto a certi argomenti o sezioni.

Il testo lungo contiene circa 500 parole, il medio un po' più di 200, il breve meno di 100.

Il secondo e il terzo riassumono energicamente il primo, e l'informazione si riduce progressivamente. Il testo lungo descrive sistematicamente tutto ciò che c'è nella chiesa, il testo medio snellisce di molto quelle indicazioni, come ognuno può verificare.

Il lettore avrà forse notato, nell'inizio del testo breve: «È anch'essa opera di Carlo Maderno...». Nel testo che precede non si parla del Maderno; *anche* è perciò un legamento fuori luogo, frutto di una distrazione.

Si noti che il riassunto non segue necessariamente l'ordine espositivo del testo originale: il testo medio associa due notizie che il testo lungo dà separatamente. Ecco, infatti, l'inizio e la fine del testo lungo:

> A sin. della fontana [...] è la chiesa di **S. Maria della Vittoria** [**1**] (*da un'immagine della Madonna,* trovata tra i rifiuti del castello di Pilsen, *alla quale fu attribuita la vittoria degli eserciti di Ferdinando II d'Asburgo su Praga protestante nel 1620*) [...]. [**2**] Nella sagrestia, dipinti raffiguranti la *Battaglia di Praga,* cimeli storici della guerra contro i Turchi e *Massimiliano di Baviera dona il cavallo a padre Domenico* di Sebastiano Conca (1730-40); in una cappella attigua, *Assunta e i Ss. Girolamo e Giovanni,* pala marmorea di Pompeo Ferrucci (1629).

Le due sezioni diventano consecutive nel testo medio, dove sono sintetizzate in questo modo:

> il cardinale Scipione Borghese volle costruito da Carlo Maderno l'attuale luogo di culto (1608-1620), il cui nome viene [**1**] *da un'immagine della Vergine alla quale si attribuì il successo delle armate cattoliche su Praga protestante nel 1620* ([**2**] cimeli della battaglia in sagrestia).

Il testo medio, pur conservando, nel resto della descrizione, l'ordine descrittivo da destra a sinistra, salta direttamente in sacrestia, prima di presentare l'interno della chiesa. Dunque l'associazione di due parti lontane fra loro nel testo lungo comporta una **modificazione dell'ordine espositivo** nel testo medio.

La lunghezza del testo e la quantità dell'informazione sono in rapporto reciproco: chi ha la pazienza di confrontare le parti in maiuscolo, può verificare come alcune notizie scompaiono dal testo lungo al medio e da questo al breve, ma c'è un nucleo di base, uno zoccolo duro, per così dire, che resiste. Il testo breve mostra che lo zoccolo duro conserva tre informazioni:

1. l'occasione per cui la chiesa fu costruita (si risale al periodo delle guerre di religione);
2. la segnalazione dei dipinti del Domenichino;
3. la scultura del Bernini.

L'informazione e la lunghezza dei tre testi vanno considerate in rapporto agli scopi delle tre guide, e cioè agli utenti che se ne servono. Il testo lungo si rivolge a un turista attento, desideroso di sapere il maggior numero possibile di particolari sul monumento; tuttavia, esso non vale solo per il turista, e fornisce un punto di partenza anche a chi, per scopi di lavoro o di studio, cerchi delle notizie abbastanza dettagliate sul monumento stesso. I testi medio e breve sono rivolti esclusivamente al turista, che non sempre ha tempo e voglia di conoscere tanti particolari. Anche la forma fisica dei volumi ne conferma la diversa destinazione: la guida rossa è un libro di piccolo formato ma abbastanza massiccio, le altre due sono di formato più grande, ma tascabili e con minor numero di pagine.

9. Le parole del riassunto

Un'informazione minima di base compare nei tre testi lungo, medio e breve sulla chiesa romana di S. Maria della Vittoria, insieme con altre informazioni presenti in misura decrescente dal più lungo al più breve dei testi. Si è già messo in rilievo che gli stessi contenuti sono espressi con le stesse parole. Nulla di strano: la proprietà dei tre testi è della stessa organizzazione, il Touring Club Italiano, e perciò è legittimo reimpiegare, insieme con i contenuti, anche la forma.

Ma come ci si deve comportare nel riassumere il testo di un altro? Il problema ha un aspetto giuridico: riprodurre, anche se con tagli, un testo tutelato dal diritto d'autore e pubblicarlo come proprio, configura un reato particolare, il plagio, consistente nell'appropriazione indebita del lavoro intellettuale altrui (che è tutelato dalla legge).

Tuttavia, qui non parliamo di riassunti che devono essere resi pubblici attraverso la stampa. Ciò che interessa è altro, e sta nel fatto che la lingua è in gran parte riformulazione, e cioè rifacimento di ciò che altri hanno già detto, a voce e per iscritto: il riassunto di un testo scritto non è che uno degli infiniti esempi di questo aspetto essenziale della lingua, sul quale avremo occasione di tornare spesso.

Una parte del testo originale da riassumere è **invariabile**, e dunque non può essere riformulata: si pensi, per restare all'esempio di S. Maria della Vittoria, ai nomi degli artisti, ai titoli delle loro opere, alle loro date e anche alla nomenclatura architettonica della chiesa: la terminologia tecnica va mantenuta, e qualunque testo su S. Maria della Vittoria parlerà di navata o di transetto o di volta a botte. Il resto, invece, si può esprimere in un numero indefinito di modi diversi, tale è la plasticità del linguaggio e della mente. Ecco un riassunto del testo lungo (con qualche notizia in più, e molte in meno), indipendente dai testi medio e breve delle guide del Touring:

> Le circostanze che hanno portato alla costruzione della chiesa di S. Maria della Vittoria a Roma risalgono a un episodio della più lunga tra le guerre di religione, la guerra dei Trent'anni (1618-1648). Nel 1620 i protestanti boemi furono sconfitti presso Praga dai cattolici comandati da Ferdinando II di Asburgo. Secondo la tradizione, un sacerdote cattolico recuperò un'immagine della Madonna salvandola dai rifiuti dove i protestanti l'avevano gettata, e all'immagine si attribuì la vittoria militare. La chiesa è un esempio significativo della cultura architettonica e figurativa barocca.
>
> La facciata della costruzione, sorta su una cappella preesistente, è di G. B. Soria (1626). Nella sagrestia si conservano vari ricordi del fatto d'armi avvenuto presso Praga nel 1620.

Chiesa di S. Maria della Vittoria (Foto Alinari)

La pianta è tratta da G. Matthiae, *S. Maria della Vittoria*, collana *Le chiese di Roma illustrate*, Roma, Marietti, 1965, p. 93

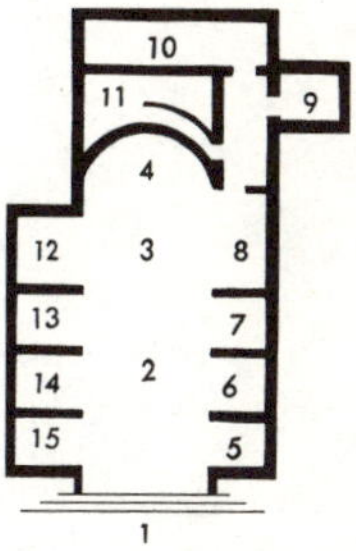

Legenda:

5. Cappella di S. Maria Maddalena
6. Cappella di S. Francesco d'Assisi
7. Cappella della Madonna del Carmine
8. Cappella di S. Giuseppe
9. Antisacrestia
10. Sacrestia
11. Coro
12. Cappella Cornaro
13. Cappella della S. Trinità
14. Cappella di S. Giovanni della Croce
15. Cappella di S. Andrea

Nell'interno, a navata unica con tre cappelle laterali comunicanti tra loro (secondo un uso che risale al periodo controriformistico), si conservano importanti opere d'arte. Le principali sono:

- alcuni dipinti del Domenichino (si tratta delle ultime opere romane dell'artista bolognese, 1581-1641): *Madonna col bambino e s. Francesco; s. Francesco in estasi; s. Francesco che riceve le stimmate,* del 1630 (nella 2^a cappella di destra);
- il famoso gruppo marmoreo di Gian Lorenzo Bernini (l'artista, nato a Napoli, trascorse la maggior parte della sua lunga – 1598-1680 – vita a Roma), raffigurante *s. Teresa trafitta dall'amore di Dio,* del 1646 (nel transetto sinistro). Un an-

gelo sorridente sta per trafiggere con la freccia dell'amore divino s. Teresa. Il momento segreto dell'estasi di s. Teresa è teatralizzato dalla presenza, ai lati, di alcuni membri della famiglia Cornaro (ai quali è intitolata la cappella), che assistono alla scena (Foto Anderson).

Il testo, di circa 250 parole, si concentra sulle opere del Domenichino e del Bernini ma, rispetto all'esposizione lunga della guida del Touring, offre qualche indicazione in più sulle circostanze storiche che portarono alla costruzione della chiesa, e sulla cultura architettonica del barocco (si apprende da qui che l'uso di costruire cappelle comunicanti tra loro, sui lati della navata, è una novità dell'architettura del tempo).

Come si vede, le parole e la costruzione complessiva del testo sono cambiate rispetto alla guida rossa del Touring, anche se, ovviamente, non varia il nucleo dell'informazione di base. Un'organizzazione ancora diversa del testo si propone nell'Esercizio 4: il fatto è che i modi di presentare le «stesse» informazioni sono tanti quanti sono i possibili punti di vista e criteri di (ri)organizzazione.

La ripetizione delle parole del testo originale è spesso frutto di pigrizia, e in ogni caso difficilmente un riassunto ben fatto si ottiene sforbiciando l'originale e riproducendone alcuni pezzi. Il riassunto, infatti, richiede una rielaborazione complessiva del testo. D'altra parte, non è neppure indispensabile usare parole diverse per dire le stesse cose. La soluzione migliore è nel riformulare con parole proprie il testo originale, utilizzandone le stesse parole quando la ricerca di un'espressione diversa porterebbe a risultati insoddisfacenti. In tal caso, però, si abbia l'avvertenza di porre tra virgolette « » le parole della fonte (ma non si useranno le virgolette per le parole invariabili). Le virgolette indicano la citazione del testo altrui (che dovrà essere indicato); e il testo tra virgolette riprodurrà l'originale con la massima fedeltà e in tutti i suoi aspetti (lettere maiuscole e minuscole, a capo, grassetti e corsivi ecc.).

Finestra 1. I criteri di un testo autobiografico

Nel 1915 il critico, storico e filosofo Benedetto Croce (Pescasseroli, in provincia dell'Aquila, 1866-1952) scrisse un'autobiografia, intitolata *Contributo alla critica di me stesso*, che poi aggiornò a più riprese.

Merito di Croce è una prosa insieme chiara ed elegante, e il *Contributo* non fa eccezione. Nel primo capitolo, riportato qui di seguito, l'autore annuncia il proposito di scrivere un'autobiografia, dunque un testo, per lui, di tipo nuovo, diverso dai suoi lavori di teoria filosofica, di esposizione storica, di giudizio letterario. Ma le autobiografie sono diverse per scopi e contenuti (a meno che non ci si proponga di voler riferire tutto: proposito impossibile o quasi, perché darebbe luogo a un ammasso informe e illeggibile).

A partire dal secondo capoverso, l'autore definisce l'autobiografia che sta per presentare; in tal modo, alla prima definizione (l'annuncio di un'autobiografia) ne segue una seconda: la definizione di un'autobiografia di tipo particolare. Tale definizione procede in un primo momento per via negativa, precisa ciò che il *Contributo* **non** è, ed esclude tre tipi di autobiografia: confessioni, ricordi, memorie. Tre capoversi sono dedicati a spiegare come l'autore intenda questi tre tipi.

Con il sesto capoverso, e nei seguenti, giunge la definizione in termini positivi di ciò che il *Contributo* vuole essere: l'autore, che ha pubblicato tanti studi su filosofi, poeti, personaggi storici, intende ora scrivere uno studio o saggio su se stesso. La sua sarà una storia intellettuale, dunque un'autobiografia di tipo molto particolare, nella quale sono ridotti al minimo i fatti privati, personali, i pensieri segreti; anche lo sfondo della storia italiana ed europea sarà presente solo in misura limitata.

Come il lettore potrà verificare per suo conto, il programma è espresso in modo esplicito, e chiara è la strategia dell'esposizione, ripartita in capoversi che segnalano la progressione delle definizioni, negative e positive. In particolare, il secondo capoverso contiene gli elementi che sono spiegati in modo dettagliato nei tre successivi.

Fa parte integrante del testo anche il titolo del capitolo: che, come si può constatare facilmente, rispecchia l'andamento prima negativo e poi positivo del capitolo stesso.

Si noti inoltre l'uso dello s p a z i e g g i a t o (§ 2), per mettere in rilievo le parole-chiave del testo. La numerazione dei capoversi fra parentesi quadre è stata aggiunta per comodità del lettore.

I. Ciò che non si troverà e ciò che si troverà in queste pagine

[I] Sono entrato nell'ultimo anno del decimo lustro, e mi giova, nella pausa ideale indetta nel mio spirito da questa data, guardare indietro al cammino percorso e cercar di spingere lo sguardo su quello che mi conviene percorrere negli anni di operosità che ancora mi resteranno.

[II] Ma io non traccerò né c o n f e s s i o n i , né r i c o r d i , né m e m o r i e della mia vita.

[III] C o n f e s s i o n i , ossia esame morale di me stesso, no, perché quanto stimo utile confessarsi in ogni istante, cioè procurare chiarezza a sé stessi nell'atto dell'operare, altrettanto mi pare inutile esercitare un giudizio universale sulla propria vita. Rimosso l'unico fine di riconoscersi degni o indegni del paradiso e del purgatorio, queste confessioni generali non vedo a che cosa servano, se non forse alla vanità dell'individuo: vanità, o che l'individuo si compiaccia di sé medesimo, o che si accusi e condanni e gema, perché in ambo i casi egli si reputa cosa troppo più importante che in effetto non sia. Inoltre, quando si tenta di rispondere con iscrupolosa coscienza alla domanda se si sia stato buono o cattivo, si avverte presto di aver posto piede sopra un terreno infido; perché, nel pronunziare un giudizio di quella sorta, si pencola sempre nella duplice opposta vicenda dell'adularsi o del calunniarsi. E tale impaccio nasce dalla ragione già assegnata: che l'individuo è poca cosa per sé, fuori del tutto, onde non solo gli altri ma esso stesso dimentica la maggior parte degli atti da lui compiuti e dei sentimenti che li mossero; e nello sforzo di raccoglierli e comporli come in un quadro, facile è che li colorisca alla luce del suo sentire presente, favorevolmente o sfavorevolmente disposto, formandone una immagine fantastica, che si confonde poi o si disfà innanzi ai dubbî dell'autocritica, sicché si resta in ultimo col non sapere quel che si debba propriamente pensare.

[IV] E r i c o r d i nemmeno, perché il passato mi riempie bensì di affetti e di malinconia, ma io non terrei lecito di mettere questi miei sentimenti sulla carta se non nel caso che mi presumessi poeta, ossia che quei sentimenti formassero centro di attrattiva del mio essere e oggetto delle mie migliori virtù spirituali. E certamente il passato mi fa sovente sognare; ma di brevi e rapidi sogni, presto ricacciati indietro dalle necessità del mio lavoro, che non è di poeta. Se dunque mi v'indugiassi, se dessi a quei ricordi, ai quali bastano i taciti colloquî interiori, forma di scritto o di discorso ad altri, ricadrei nel caso precedente delle vane e vanitose confessioni, e andrei incontro al meritato fastidio che suole suscitare chi pretenda interessare altrui ai casi proprî, ossia alla propria transeunte individualità.

[V] E, infine, non m e m o r i e , perché le memorie sono cronache della nostra vita e di quella degli uomini coi quali abbiamo collaborato o che sono stati da noi osservati e conosciuti, e degli avvenimenti ai quali abbiamo partecipato; e si scrivono quando si reputa di poter serbare ai posteri alcune importanti notizie che altrimenti andrebbero perdute. Ma la cronaca della mia vita, in ciò che può presentare di ricordevole, è tutta nella cronologia e nella bibliografia dei miei lavori letterarî; e, non avendo partecipato né da attore né da testimone ad avvenimenti di altra sorta, non ho nulla o ben poco da dire sugli uomini da me conosciuti o sulle cose che ho viste.

[VI] Che cosa scriverò, dunque, se non scriverò né confessioni, né ricordi, né memorie? Mi proverò semplicemente ad abbozzare la c r i t i c a , e perciò la s t o r i a di me stesso, ossia del lavoro che, come ogni altro individuo, ho contribuito al lavoro comune: la storia della mia «vocazione» o «missione». Delle quali parole ho già temperato quel che possono avere di altisonante, col notare che ogni uomo conferisce al lavoro comune, ogni uomo ha la propria vocazione o missione, e può farne la storia; quantunque certamente, se avessi atteso solo alle mie faccende private e al governo della famiglia, o, peggio, ad adempiere la poco degna missione del gaudente, non starei ora a prender la penna per raccontarmi.

[VII] Perché, insomma, io che ho composto tanti saggi critico-storici intorno a scrittori così contemporanei come remoti, procurando d'intendere di ciascuno il carattere e lo svolgimento e discernere quel che ciascuno aveva di proprio ed originale, non comporrò un s a g g i o s u m e s t e s s o ? È qui pronta la risposta: – Lascia che di te parlino gli altri. – E certamente lascio che ne parlino, quando lor piace; ma perché ne parlino con migliore informazione e maggiore esattezza, e magari con meglio istrutta severità, dirò loro anche quello che so dell'opera mia, persuaso che, nel dir questo, fornirò alcune osservazioni che assai probabilmente a loro sfuggirebbero o che ritroverebbero con difficoltà, quantunque senza dubbio a me ne sfuggiranno altre, che essi ben sapranno cogliere.

[VIII] Soprattutto, non sarò in grado di dare di me stesso giudizio sotto un aspetto che s u p e r i m e s t e s s o , perché, com'è chiaro, posso bensì giudicare il mio passato dal presente, ma non il mio presente dall'avvenire. Donde anche l'inevitabile colorito, che prenderanno alcune di queste pagine, di apologia o giustificazione dell'opera, quale che sia, da me compiuta; inevitabile, perché, se anche ora la condannassi in nome di una nuova coscienza in me sorta, sempre la condannerei dal presente, e con ciò stesso verrei in qualche modo a giustificare e consacrare il passato, cioè gli atti e le esperienze che mi hanno condotto al migliore presente. Non si attribuisca, dunque, a consiglio di amor proprio quello che è intrinseca e logica necessità dell'assunto.

Si osservi, nei capoversi dal secondo al quinto, il tessuto dei legamenti che, insieme con le parole chiave che l'autore anticipa per poi spiegarle in modo analitico, rende salda e coerente l'esposizione: dopo che nel secondo capoverso l'autore ha scritto: «Ma io non traccerò né c o n f e s s i o n i , né r i c o r d i , né m e m o r i e della mia vita», gli altri tre iniziano: «C o n f e s s i o n i [...], *no, perché...*»; «E r i c o r d i *nemmeno, perché...*», «E, *infine, non* m e m o r i e, *perché...*». I tre *perché*, simmetrici, introducono l'argomentazione che spiega la decisione di non procedere alla scrittura di confessioni, ricordi, memorie (l'andamento del testo è di tipo argomentativo: cap. III, § 7).

Ha una funzione connettiva anche il *dunque* che si legge nel primo periodo del sesto capoverso, e che segnala il passaggio da ciò che il *Contributo* non vuole essere a ciò che esso vuole essere.

Il *dunque* presente nell'ultimo periodo dell'ultimo capoverso ha, infine, la funzione di concludere il tutto.

Esercizi

1. In un testo autobiografico la presenza dell'*io* è, per definizione, forte. La si cerchi, sfruttando ciò che si è detto nel cap. I, § 2, nell'uso di *io* e di *me, mi,* nella presenza dei possessivi, nell'uso dei verbi alla prima persona. Si possono sottolineare le parole interessate, o marcarle con un evidenziatore.
2. Quando l'*io* è coinvolto, prevalgono i tempi al presente e al passato prossimo. Si consideri la pagina sotto questo punto di vista, segnando con una matita o un evidenziatore le forme verbali nei due tempi indicati.
3. Il contesto aiuta, spesso, a capire il significato di una parola non nota. Il lettore è invitato a scrivere una spiegazione propria (usando un sinonimo o una definizione) delle parole seguenti, e poi a controllarne l'esattezza su un dizionario: *lustro* e *indetta* (capoverso [I]), *transeunte* ([IV]), *ricordevole* ([V]). Sono disponibili sostituti più moderni di queste parole?
4. Riformulare con parole diverse queste espressioni: *la ragione già assegnata* (capoverso [III]); *consiglio di amor proprio* ([VIII]). **[R]**
5. Individuare il legamento di riformulazione (§ 3) nel capoverso [III]. **[R]**
6. Individuare i legamenti principali all'interno dei capoversi [III] e [IV]. **[R]**

Riportiamo ora il secondo capitolo del *Contributo*:

II. Casi della vita e vita interiore

[I] Quando torno alla mia più lontana fanciullezza per ricercarvi i primi segni di quel che poi son diventato, ritrovo nella memoria l'avidità con la quale chiedevo ed ascoltavo ogni sorta di racconti, la gioia dei primi libri di romanzi e di storie che mi furono messi o mi capitarono tra le mani, l'affetto pel libro stesso nella sua materialità, sicché a sei e sette anni non gustavo maggior piacere che l'entrare, accompagnato da mia madre, in una bottega di libraio, guardare rapito i volumi schierati nelle scansie, seguire trepidante quelli che il libraio porgeva sul banco per la scelta e recare a casa i nuovi preziosi acquisti, dei quali perfino l'odore di carta stampata mi dava una dolce voluttà. Mia madre aveva serbato amore ai libri da lei stessa letti nell'adolescenza, nella sua casa di Abruzzo, appartenenti quasi tutti alla letteratura romantica di costume medievale; e già prima dei nove anni io conoscevo questa sorta di letteratura, dai racconti del buon canonico Schmid ai romanzi di Madame Cottin e di Tommaso Grossi, che erano allora i miei preferiti; e rammento che una volta, parlandosi tra compagni di scuola d'imprese militari, uscii a sentenziare che due erano stati i grandi guerrieri, Malek-Adel e Marco Visconti. Mia madre aveva anche amore per l'arte e per gli antichi monumenti; e debbo a lei il primo svegliarsi del mio interessamento pel passato, alle visite che con lei facevo delle chiese napoletane, soffermandoci innanzi alle pitture e alle tombe. In tutta la mia fanciullezza ebbi sempre come un cuore nel cuore; e quel cuore, quella mia intima e accarezzata tendenza, era la letteratura o piuttosto la storia.

[II] Ma se nella mia famiglia mi stavano innanzi esempî di pace, di ordine, di laboriosità indefessa, in mio padre sempre chiuso nel suo studio tra le carte di amministrazione, e in mia madre che si levava prima di tutti all'albeggiare, e andava in giro per la casa a metter assetto e a dar mano alle donne di servizio, mancava in essa qualsiasi risonanza di vita pubblica e politica.
Mio nonno era stato un alto rigido magistrato, devoto ai Borboni; mio padre seguiva la massima tradizionale della onesta gente di Napoli: che i galantuomini debbono badare alla propria famiglia e alle proprie faccende, tenendosi lungi dagli imbrogli della politica; in bocca loro coglievo elogi di Ferdinando secondo, che era un «buon re», troppo calunniato, e di Maria Cristina, che era una «santa», e al tempo stesso, non udivo pronunziare i nomi degli uomini del Risorgimento se non di rado e accompagnati da parole di riserbo, di diffidenza, e talvolta di satira pei liberali chiacchieroni e pei «patrioti» affaristi.

[III] Un gesuita, per breve tempo confessore di mia madre, le suggerì di leggere e di farmi leggere i romanzi del padre Bresciani, che m'ispirarono una tenera ammirazione pei pittoreschi zuavi pontificî e una corrispondente avversione pei grigi «piemontesi». Vero è che cugini di mio padre erano i due Spaventa; ma con l'uno di essi, Bertrando, già sacerdote e che mia nonna e la mia zia paterna ricordavano non senza scandalo di avere udito a celebrar messa in casa nostra, le relazioni erano quasi affatto cessate; e, quando alcuni anni dopo io mi accingevo a frequentare l'università, mia madre mi chiamò in disparte e mi raccomandò di guardarmi dall'ascoltare le lezioni dello Spaventa, temendo che mi avessero a strappare dal petto i principî della religione. Ed io mancai all'obbedienza ed ascoltai qualche innocua lezione di logica formale dello Spaventa, ma senza osare di darmi a conoscere; ed egli morì proprio in quei giorni, e non seppe mai che tra la folla degli uditori era confuso un suo nipote.

[IV] Anche con Silvio c'era freddezza, ferito mio padre da qualche atteggiamento altezzoso e da qualche detto mordace del cugino, che considerava con superiorità il cugino tutto preso dalla passione per la terra e sordo alla politica.

[V] Questo, per dir così, ambiente politico che mi fece difetto in famiglia, mi mancò altresì nel collegio, dove entrai a poco più di nove anni, e che era un collegio cattolico, non gesuitico in verità, anzi di onesta educazione morale e religiosa, senza superstizioni e senza fanatismi, ma, insomma, collegio di preti, con molta clientela aristocratica borbonizzante, e che mostrava l'estremo di sua possa verso l'italianità quando rievocava gli ideali del neoguelfismo, carezzati in gioventù da taluno di quei sacerdoti direttori. Nel 1876, nel primo anno della mia dimora in esso, vi si celebrò con un'accademia il centenario di Legnano; e quasi sempre in quelle accademie e nelle solenni premiazioni interveniva un gran superstite del neoguelfismo, l'abate Tosti, che ebbe ad appuntare più di una medaglietta alla mia giubba di collegiale. Le rivoluzioni, le cospirazioni, il quarantotto, il cinquantanove e il sessanta, Cavour, Mazzini, Garibaldi, conobbi, sì e no, di solo nome, in tutto il tempo che stetti in quel collegio; e la loro realtà storica e il loro significato ideale furono una scoperta, che feci poi da me, e solo al limitare della giovinezza.

[VI] A queste circostanze della mia fanciullezza attribuisco, almeno in parte, il relativo ritardo dello svolgersi in me dei sentimenti e dell'ideologia politica, soverchiati per lungo tratto dall'interessamento letterario-erudito. Ma, poiché ogni difetto porta con sé un qualche compenso, assegno altresì ad esse la critica che ho sempre esercitata verso le tendenziose leggende politiche, il fastidio per la rettorica liberalesca e la nausea per la grandiosità di parole e per gli apparati di qualsiasi sorta, con la congiunta stima per quel che si fa di utile e di sodo, da qualunque parte venga.

Esercizi

7. I sei capoversi corrispondono ad altrettante unità di contenuto. Individuarle in forma sintetica. [**R**]
8. Che tipo di rapporto tra il contenuto del primo e quello del secondo capoverso è suggerito dal *Ma* con cui inizia il secondo capoverso? [**R**]
9. Nel secondo capoverso l'ordine cronologico del racconto è violato: dove? [**R**]
10. I riferimenti a personaggi storici e scrittori non necessitano di spiegazioni particolari. Se però volessimo saperne di più sul neoguelfismo (capoverso [V]) o sul conto di Madame Cottin, Tommaso Grossi, Malek-Adel, Marco Visconti, Ferdinando secondo e Maria Cristina, Bertrando e Silvio Spaventa, il padre Bresciani e l'abate Tosti, il centenario di Legnano (per non parlare dei protagonisti, molto più noti, del Risorgimento: Cavour, Mazzini, Garibaldi), che cosa dovremmo fare? [**R**]
11. Il termine *accademie* ha un significato speciale nel capoverso [V]. Si consulti il vocabolario. [**R**]
    Il vocabolario può chiarire altre parole ed espressioni di uso un po' antiquato o non molto comuni: nel capoverso [V] *mi fece difetto*, equivalente al semplice *mi mancò* impiegato subito dopo; si noti anche l'espressione letteraria, qui ironica, *l'estremo di sua possa* (cioè il massimo dell'impegno). Non è necessario il vocabolario per capire che oggi non si scriverebbe «udito *a* celebrar messa» [III]; ma i vocabolari ricchi di esempi confermano che *udire* si costruisce col verbo all'infinito, senza la preposizione *a*. Si sarà notata, infine, la grafia, oggi disusata, di *rettorica* [VI].
12. Il *Contributo* è stato scritto nel 1915, quando Croce, come lui stesso dice proprio all'inizio del primo capitolo, è ormai cinquantenne. L'inizio del secondo capitolo risale ai primi anni di cui un individuo ha memoria distinta, quelli della fanciullezza. Ci sono, perciò, due tempi: quello del momento **in** cui si scrive, e quello del momento **di** cui si scrive; ed è possibile che tra i due estremi sia toccato un qualunque momento intermedio. Tale distinzione affiora esplicitamente proprio all'inizio del primo capoverso: dove, esattamente, e con quale valore? [**R**]

Finestra 2. Una parafrasi

Anche se la parafrasi è un'attività scolastica, ne proponiamo un esempio perché, come si è detto sopra (§ 5), questo tipo di rielaborazione di un testo A rientra nel campo vastissimo della riformulazione.

Partiamo da una delle liriche più famose della letteratura italiana, *L'infinito* di Giacomo Leopardi (1798-1837). Il testo va, come al solito, letto e compreso; la parafrasi consiste nel comporre un testo B in prosa. Ciò comporta rinunciare al ritmo e alle rime della poesia (quando ci sono: *L'Infinito* non ha rime), e modificare il testo A:

- nell'ordine delle parole (cambiando cioè la costruzione del testo A). Le configurazioni dell'ordine delle parole possibili in prosa non coincidono con quelle della poesia;
- nelle parole poetiche e antiquate, da sostituire con parole adatte alla prosa e vive nell'uso linguistico di oggi.

L'infinito

Sempre caro mi fu quest'ermo colle,
E questa siepe, che da tanta parte
Dell'ultimo orizzonte il guardo esclude.
Ma sedendo e mirando, interminati
Spazi di là da quella, e sovrumani
Silenzi, e profondissima quiete
Io nel pensier mi fingo; ove per poco
Il cor non si spaura. E come il vento
Odo stormir tra queste piante, io quello
Infinito silenzio a questa voce
Vo comparando: e mi sovvien l'eterno,
E le morte stagioni, e la presente
E viva, e il suon di lei. Così tra questa
Immensità s'annega il pensier mio:
E il naufragar m'è dolce in questo mare.

Una parafrasi possibile:

> Mi furono sempre cari questo colle solitario e questa siepe, che esclude lo sguardo da tanta parte dell'estremo orizzonte. Ma sedendo e guardando, io immagino nella mia mente spazi sconfinati oltre la siepe, silenzi sovrumani e una quiete profondissima, dove il mio cuore quasi si smarrisce. E quando sento il soffio del vento tra queste piante, vado confrontando quel silenzio infinito alla voce del vento: e affiorano alla mia coscienza l'eternità, e le età che furono e la vita del tempo presente, con i suoi suoni. Così il mio pensiero annega in questa immensità, e per me è dolce il naufragio in questo mare.

Come si vede, l'ordine delle parole è cambiato, e parecchie parole sono state sostituite (per esempio, *solitario* della parafrasi prende il posto di *ermo* del testo A); e il passaggio dalla prosa alla poesia elimina anche l'uso, normale nel tempo di Leopardi, di iniziare il verso con la lettera maiuscola.

Molto, ovviamente, si è perduto nell'operazione della parafrasi: anzitutto il ritmo, legato strettamente al messaggio poetico: al primo verso, *Sempre caro mi fu quest'ermo colle*, corrisponde nella parafrasi *Mi furono sempre cari questo colle solitario*: la poesia è rovinata. Ma la parafrasi non sostituisce il testo originale, è anzi al suo servizio, deve cioè scioglierne le difficoltà. Essa è anche utile, indirettamente, per capire meglio quanto dell'efficacia di un testo poetico stia appunto nel ritmo. Anche senza cambiare le parole, basta modificare il loro ordine, per esempio nel primo verso del *Canzoniere* del Petrarca: «Voi ch'ascoltate in rime sparse il suono» e riscriverlo così: «Voi, che in rime sparse ascoltate il suono», per renderlo quasi irriconoscibile. L'osservazione è tutt'altro che nuova, ma sempre vera.

Finestra 3. Riformulare: un pezzo di bravura

La lingua è riformulazione, come sa tra gli altri lo scrittore francese Raymond Queneau (1903-1976) che nel 1947 pubblicò un libro di *Esercizi di stile*. Un episodio del tutto insignificante, banale, vi è stato scritto, e poi riscritto per 98 volte, ogni volta con una strategia espressiva differente. Vediamo il punto di partenza, svolto con un taglio neutro, e qualcuna delle rielaborazioni, condotte con procedimenti sempre diversi. Non vogliamo invitare a riprodurre l'abilità da funambolo di Queneau, ma semplicemente mostrare la ricchezza e la flessibilità della lingua, sotto le mani di uno scrittore esperto. La traduzione (a sua volta un rifacimento del testo francese, che a rigore è intraducibile) è di Umberto Eco.

Siamo a Parigi, dapprima in un autobus affollato. Si noti che la *sciancratura* è la linea di aderenza del vestito alla vita.

Notazioni

Sulla S, in un'ora di traffico. Un tipo di circa ventisei anni, cappello floscio con una cordicella al posto del nastro, collo troppo lungo, come se glielo avessero tirato. La gente scende. Il tizio in questione si arrabbia con un vicino. Gli rimprovera di spingerlo ogni volta che passa qualcuno. Tono lamentoso, con pretese di cattiveria. Non appena vede un posto libero, vi si butta. Due ore più tardi lo incontro alla Cour de Rome, davanti alla Gare Saint-Lazare. È con un amico che gli dice: «Dovresti far mettere un bottone in più al soprabito». Gli fa vedere dove (alla sciancratura) e perché.

Non è male, non è brutto, non è sciocco: tutti conosciamo questo modo di esprimersi, che afferma negando il contrario di ciò che si vuol dire (il procedimento si chiama, in retorica, *litote*). Uno degli *Esercizi* di Queneau propone una riscrittura del pezzo iniziale condotta secondo questo criterio.

Litoti

Non s'era in pochi a spostarci. Un tale, al di qua della maturità, e che non sembrava un mostro d'intelligenza, borbottò per un poco con un signore che a lato si sarebbe comportato in modo improprio. Poi si astenne e rinunciò a restar in piedi. Non fu certo il giorno dopo che mi avvenne di rivederlo: non era solo e si occupava di moda.

Un testo può raccontare un episodio o una serie di episodi seguendo la linea temporale lungo la quale essi si sono svolti, o può cominciare dalla fine o da un punto intermedio, risalendo alle fasi iniziali (cap. III, § 6.3). Questa possibilità non manca (per usare una litote) negli *Esercizi*:

Retrogrado

Dovresti aggiungere un bottone al soprabito, gli disse l'amico. L'incontrai in mezzo alla Cour de Rome, dopo averlo lasciato mentre si precipitava avidamente su di un posto a sedere. Aveva appena finito di protestare per la spinta di un altro viaggiatore che, secondo lui, lo urtava ogni qualvolta scendeva qualcuno. Questo scarnificato giovanotto era latore di un cappello ridicolo. Avveniva sulla piattaforma di un S sovraffollato, di mezzogiorno.

Infine, una riformulazione nello stile di un testo noto a tutti, il tema in classe (con la sua brava morale):

Svolgimento

Ieri la signora maestra ci ha portato a fare la consueta gita in autobus (linea S) per fare interessanti esperienze umane e capire meglio i nostri simili. Abbiamo socializzato con un signore molto buffo dal collo molto lungo che portava un cappello molto strano con una cordicella attorno. Questo signore non si è comportato in modo molto educato perché ha litigato con un altro signore che lo spingeva, ma poi ha avuto paura di prendersi un bel ceffone ed è andato a sedersi su un posto libero. Questo episodio ci insegna che non bisogna mai perdere il controllo di noi stessi e che, se sappiamo comprenderci l'un l'altro perdonandoci reciprocamente i nostri difetti, dopo ci sentiremo molto più buoni e non faremo brutte figure.

Due ore più tardi abbiamo incontrato lo stesso signore col collo lungo che parlava davanti a una stazione grandissima con un amico, il quale gli diceva delle cose a proposito del suo cappottino.

La signora maestra ci ha fatto osservare che questo episodio è stato molto istruttivo perché ci ha insegnato che nella vita accadono molte coincidenze curiose e che dobbiamo osservare con interesse le persone che incontriamo perché potremmo poi reincontrarle in altra occasione.

Finestra 4. Il riassunto di un testo letterario

Il *Don Chisciotte* di Cervantes (1547-1616) è, come la *Divina Commedia*, una delle opere capitali della letteratura occidentale. Anche se, fuori dei paesi di lingua spagnola, gli appassionati che l'hanno letto non sono, forse, moltissimi, il romanzo ha lanciato in tutto il mondo, indipendentemente dalla conoscenza diretta dell'opera, le figure di Don Chisciotte e Sancio Panza, rappresentanti di due tipi umani opposti e complementari; e anche in italiano si usano l'aggettivo donchisciottesco e l'espressione «combattere contro i mulini a vento», che deriva da un episodio del libro. Vediamo come lo scrittore spagnolo Francisco Ayala riesca a riassumere in una paginetta il voluminoso capolavoro di Cervantes, tenendo conto di ciò che tutti sanno dell'opera, e rendendone in estrema sintesi l'andamento.

Miguel de Cervantes, *Don Chisciotte della Mancia*

«In un luogo della Mancia» – ossia, in un paese qualsiasi del centro della Spagna – un idalgo [gentiluomo] di modesta condizione, leggendo libri su fantastici cavalieri erranti, perde la nozione della realtà, e decide di mettersi a imitare le loro nobili imprese idealistiche. Armato di vecchie armi, e avendo adottato il nome di don Chisciotte, compie la sua prima uscita in cerca di avventure in sella al suo cavallo Ronzinante. Presto tornerà indietro malconcio, per uscire una seconda volta, accompagnato ora da un contadino suo vicino, Sancio Pancia, in veste di scudiero. Le batoste si succedono. Don Chisciotte ha preso per giganti dei mulini a vento; si scaglia contro di essi e subisce le conseguenze del suo errore che, tuttavia, si rifiuterà sempre di ammettere. Le successive peripezie, provocate dalla sua follia, ci permetteranno di visitare, in una ricca gamma, svariati ceti della società spagnola del XVII secolo, dai più umili ai più elevati, dando luogo a che, nel frattempo, si assista all'evolversi di un rapporto umano pieno delle più delicate sfumature fra il cavaliere e il suo scudiero, il quale, senza avere pregiudizi verso gli spropositi del suo padrone, è in parte sedotto e travolto da

essi, e soprattutto prova nei confronti del cavaliere una costante lealtà e un profondo affetto.
Dopo svariati episodi, sia divertenti sia patetici, sul cui filo vengono introdotte nel libro altre storie romanzesche, gli amici dell'idalgo di campagna, ora trasformato in cavaliere errante, hanno ordito una farsa e approfittano della sua follia per ricondurlo mediante quell'inganno a casa, dove viene assistito dai suoi famigliari e dove tutti si prodigano nel curarlo della sua mania cavalleresca.
Tuttavia, e nonostante gli espedienti messi in moto per dissuaderlo, don Chisciotte compirà una terza uscita in compagnia di Sancio, dirigendosi innanzitutto in cerca della dama del suo cuore, Dulcinea, figura immaginaria forgiata da lui sul vago ricordo di una contadina che tempo prima lo aveva abbagliato. Con ciò inizierà una nuova serie di avventure molto diverse e sempre sorprendenti. Spiccano quelle che hanno luogo durante la permanenza del nostro preteso cavaliere nel palazzo di certi duchi, i quali, allo scopo di divertirsi alle spalle dei due pittoreschi personaggi, nomineranno Sancio governatore di un'immaginaria Isola Barataria, affinché veda così realizzato il favore che il suo signore gli aveva promesso molte volte.
Le delusioni che padrone e servo mietono in casa dei duchi li porteranno nuovamente sulla via delle libere avventure, dove, fra l'altro, si imbattono in una congrega di banditi, per poi giungere finalmente a Barcellona. Lì, infine, un vicino del nostro idalgo di campagna, che è arrivato mascherato da cavaliere errante per approfittare assecondandolo della sua follia, lo sfida, lo vince e gli impone come condizione di abbandonare per un anno l'esercizio delle armi. In tal modo, don Chisciotte e Sancio dovranno tornare al loro paese, dove l'idalgo si ammala e, recuperato il giudizio, muore in mezzo alla costernazione generale.

Finestra 5. Tra descrizione e riassunto

Naturalmente, non è possibile riprodurre in questa sede un romanzo o una novella, per proporne un riassunto: per ovvi motivi di spazio, ma anche perché, al di fuori della scuola, si tratta di un'attività che non accade di esercitare con molta frequenza. È utile invece, collegando la distinzione fra informazione di primo piano e informazione di sfondo (§ 6) con ciò che si è detto sopra a proposito della descrizione nel cap. III, § 5, osservare che di primo piano e di sfondo si può parlare anche a proposito di immagini.

Consideriamo lo stesso soggetto – l'Annunciazione alla Madonna fatta dall'arcangelo Gabriele – in due pitture.

La scena raffigurata parte dal racconto del Vangelo di Luca:

> ... l'angelo Gabriele fu mandato da Dio in una città della Galilea, chiamata Nazaret, a una vergine fidanzata ad un uomo della casa di David, di nome Giuseppe e il nome della vergine era Maria. L'angelo, entrato da lei, disse: «Ti saluto, piena di grazia; il Signore è con te! Tu sei benedetta tra le donne». Maria, avendo udito ciò, fu turbata alle sue parole e si domandava cosa potesse significare quel saluto. L'angelo soggiunse: «Non temere, Maria, perché tu hai trovato grazia presso Dio; ecco, tu concepirai nel tuo seno e darai alla luce un figliuolo, a cui porrai nome Gesù. Questi sarà grande e sarà chiamato Figliuolo dell'Altissimo [...]».
> Allora Maria disse all'angelo: «Come avverrà questo, se io non conosco uomo?». L'angelo le rispose: «Lo Spirito Santo scenderà in te e la potenza dell'Altissimo ti coprirà

con la sua ombra e perciò il santo che nascerà da te sarà chiamato Figlio di Dio [...]». E Maria disse: «Ecco l'ancella del Signore; si faccia di me secondo la tua parola». E l'angelo si partì da lei (Luca 1, 26-38).

La tradizione artistica coglie l'Annunciazione nella sua fase iniziale: il saluto dell'angelo Gabriele, e il *turbamento* (così è scritto nel Vangelo di Luca) di Maria. Ma l'incontro si è prestato a interpretazioni artistiche molto diverse: qui se ne riproducono due, una del pittore senese Simone Martini (ca. 1284-1344) e una di Leonardo da Vinci (1452-1519) (Foto Alinari).

Limitiamoci a considerare le due opere dal punto di vista dell'informazione di primo piano e dell'informazione di sfondo. È ovvio che l'informazione di primo piano è l'incontro di Gabriele e Maria. Ma qual è il ruolo dell'informazione di sfondo? Nel dipinto più antico, che è quello di Simone Martini, la scena si svolge in un interno: un vaso di gigli (che simboleggiano la purezza) stacca i due protagonisti; la Madonna è seduta su un ricco sedile, ha interrotto la lettura di un libro; si vede un pavimento. Ma l'ambiente in cui avviene l'incontro è solo abbozzato, perché predomina un fondo oro. L'informazione di sfondo non è molto sviluppata.

Molto più ampia e analitica è l'informazione di sfondo nel dipinto di Leonardo: nel suo tempo, la pittura aveva abbandonato il fondo oro, prezioso ma inespressivo, e l'ambiente è molto più dettagliato: si veda la ricca decorazione del tavolo su cui è appoggiato il leggio con il libro aperto della Madonna, e soprattutto il paesaggio, naturale e no (l'edificio, anzi il palazzo, dal lato della Madonna). Più lontano s'intravedono altri segni del paesaggio e della presenza umana. L'informazione di primo piano rimane la stessa (indipendentemente dal valore artistico delle opere, molto alto in entrambi i casi), ma quella di sfondo si arricchisce nettamente, nel passaggio dall'arte trecentesca a quella del secolo seguente.

Anche in questo caso la prospettiva può essere rovesciata: chi fosse interessato allo sviluppo, nella storia dell'arte, dal fondo oro alla rappresentazione degli ambienti, interni o esterni, per seguirlo eventualmente fino a una fase molto più tarda, quando la pittura rappresenta figure in un paesaggio senza conferir loro un rilievo particolare, metterebbe al centro del suo interesse l'informazione di secondo piano (la quale, comunque, rimane tale).

Finestra 6. Tra riassunto e riformulazione: prima pagina e pagine interne

In una pagina interna del *Corriere della Sera* del 17 luglio 1996 è stato pubblicato l'articolo che segue, riprodotto qui di seguito con soprattitolo, titolo e sottotitolo. L'articolo è preceduto da un disegno e da didascalie (© Angeli), che visualizzano le sequenze dell'incidente:

> Il volo era decollato alle 14.30 dalla Malpensa diretto a Tokio. Fuoco sulla pista e sul prato vicino
> Scoppia motore del jumbo, paura nei cieli
> Il velivolo dell'Alitalia con 344 passeggeri, quasi tutti giapponesi, è rientrato in emergenza
> Il comandante costretto a scaricare 95 mila litri di kerosene dai serbatoi sul Novarese

Un'anticipazione della notizia è già in prima pagina, con il soprattitolo e il titolo seguenti:

> Emergenza sull'aereo diretto a Tokio: subito scaricato in quota il carburante, poi rientro a Malpensa
> Scoppia un motore, scia di fuoco: e il brivido vola sul jumbo

Riportiamo nella colonna di sinistra il testo più lungo, che è quello delle pagine interne; nella colonna di destra la sintesi anticipata in prima pagina.

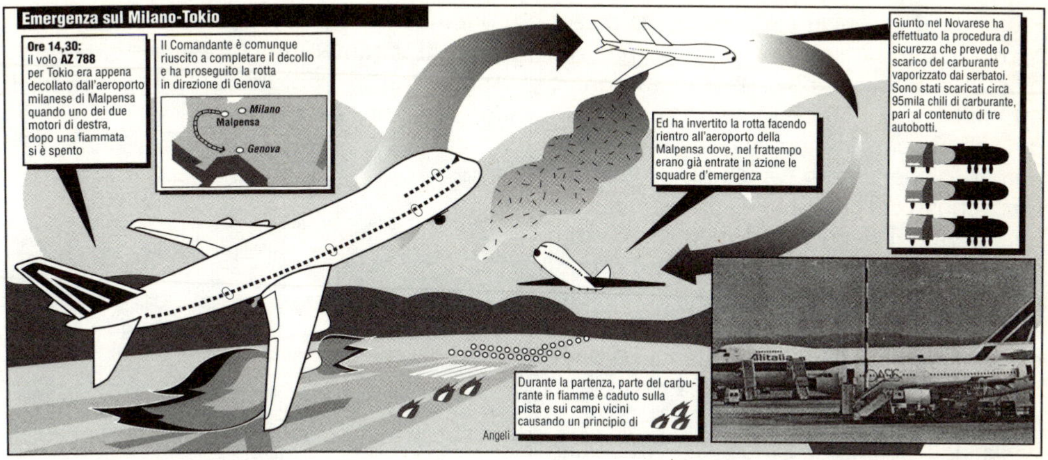

MILANO – Un botto secco, lingue di fuoco sulla pista e sul prato che la fiancheggia. Con uno dei suoi quattro motori fuori uso, il Boeing 747 dell'Alitalia partito alle 14.30 di ieri da Malpensa per Tokio ha continuato il decollo mentre i vigili del fuoco spegnevano il focolaio. È salito a 4 mila metri, ha girato nel cielo, ha scaricato 95 mila litri di kerosene vaporizzato sul Novarese. Poi, alle 16, è tornato a terra. I 344 passeggeri, quasi tutti giapponesi reduci da una vacanza, sono scesi usando le solite scalette anche se uomini e mezzi erano pronti a un intervento di emergenza. Molto allarme, molta paura, molto spavento. Ma, una volta sistemati in due alberghi, per i turisti del Sol Levante la più preoccupante delle conseguenze è il giorno di ferie in più che dovranno chiedere alle rispettive aziende.

Il volo AZ 788, con 19 persone di equipaggio, era partito ieri mattina da Roma, con un po' di ritardo: «45 minuti – precisa il signor Takeo Shimizu, accompagnatore di una comitiva arrivata da Tokio e ieri accolta al residence Leonardo da Vinci –. Siamo arrivati a Milano verso l'1.30 e ripartiti dopo circa un'ora. Poi l'annuncio: non ci hanno parlato del guasto al motore. Semplicemente, hanno detto che per ragioni di sicurezza era meglio rientrare. Paura? No, so che queste cose possono accadere». Non è stato lo stesso per altri passeggeri che, invece, hanno sentito il botto del motore numero due, quello di destra.

MILANO – Un colpo secco, lingue di fuoco sulla pista mentre il Boeing 747 continua a prendere quota ed il comandante chiede di attivare la procedura d'emergenza. È accaduto alle 14.30 di ieri all'aeroporto della Malpensa dove il guasto ad uno dei quattro motori del 747 – il numero due – ha costretto al rientro il volo AZ 788 per Tokio.

Massimo allarme e molto spavento tra i 344 passeggeri (in gran parte giapponesi reduci da una vacanza italiana) che stamane alle 11.30 ripartiranno per Tokio.

Secondo le spiegazioni della compagnia di bandiera, la rottura di un condotto del carburante ha bloccato una turbina. Per questo il comandante Antonio Pantalei ha seguito la procedura definita «ordinaria» in queste circostanze: l'apparecchio è salito sino a 4 mila metri e, girando su un'area delimitata, si è alleggerito di circa 95 mila litri di cherosene, nebulizzato sul Novarese. Alle 16 il Jumbo è atterrato senza che fosse necessario alcun intervento di emergenza. I passeggeri, che erano stati avvertiti del rientro a un quarto d'ora dal decollo, hanno lasciato il velivolo usando le normali scalette. Attraverso un'uscita non aperta al pubblico, poi, hanno lasciato l'aeroporto di Malpensa per salire sui pullman che li hanno portati in due alberghi milanesi. Per un disguido si è invece trovato di fronte ad un gruppo di giornalisti il

Più tardi, il caposcalo Alitalia a Malpensa, Mario Basile, ha spiegato il guasto che ha bloccato il Boeing 747, capace di trasportare 400 persone a 950 chilometri orari per 13 mila chilometri. Al momento di ritirare i carrelli, il comandante si è accorto del guasto a un condotto del carburante, che ha bloccato una turbina. Per questo, il motore guasto è stato spento «ed è stata seguita la procedura prevista in questi casi: l'aereo ha continuato a volare sulla zona delimitata dal Ministero dell'aviazione, scaricando il carburante. Una volta alleggerito, è tornato a terra».

Nella hall dell'hotel Executive, circondato dal suo equipaggio, il comandante Antonio Pantalei scuote la testa, sminuisce: «Non è successo niente di davvero speciale». Oggi si riparte, sempre da Malpensa, alle 11.30. Con lo stesso Boeing? «Perché no – dice il comandante –. Se riescono a riparare il guasto...». Qualche chilometro più in là, nella hall del Leonardo da Vinci, il signor Takeo Shimizu sta parlando del nuovo programma a un nugolo di giapponesi che lo ascoltano attenti, qualcuno persino prendendo gli appunti. Lo interrompe uno sbuffo collettivo di protesta. Che mai ha detto, signor Shimizu? «Che forse partiamo con lo stesso aereo di oggi. Speriamo proprio di no».

comandante Pantalei: «Non è accaduto nulla di veramente eclatante – ha detto –. Anche con tre motori il 747 è in grado di arrivare a destinazione».

Prendiamo in considerazione l'articolo nella pagina interna, qui riprodotto nella colonna di sinistra. Come è caratteristica dello stile espositivo usato nei giornali, l'episodio è narrato due volte (non teniamo conto, per ora, dell'articolo in prima pagina): l'essenziale della notizia è nel primo capoverso, e la notizia è scritta in stile nominale (cioè senza il verbo nella proposizione principale), allo scopo di attirare l'attenzione del lettore con l'anticipazione della fase più emozionante: «Un botto secco, lingue di fuoco sulla pista e sul prato che la fiancheggia». Inizio e conclusione dell'azione saranno esposti dopo: di conseguenza, l'esposizione non coincide con la sequenza dei fatti nel tempo. Le sottounità informative del primo capoverso sono infatti queste (si aggiunge tra parentesi il numero che indica l'ordine delle fasi nel tempo):

- il guasto sùbito dopo la partenza (3)
- l'ora della partenza (2)
- la continuazione della fase iniziale del volo e l'intervento, a terra, dei vigili del fuoco, due azioni contemporanee (4)
- la quota raggiunta dall'aereo e lo scarico del carburante (5)

- l'atterraggio (6)
- il numero dei passeggeri imbarcati (1)
- la sistemazione dei passeggeri e la necessità di rimandare il volo di un giorno (7)

Gli altri due capoversi forniscono informazione aggiuntiva, ottenuta prevalentemente raccogliendo nel secondo capoverso le dichiarazioni di un accompagnatore dei turisti imbarcati nell'aereo e quelle del caposcalo dell'Alitalia alla Malpensa; nel terzo, le dichiarazioni del comandante dell'aereo e di nuovo dell'accompagnatore. Si aggiungono in tal modo alcuni particolari tecnici, mescolati a note di colore (per esempio, il cenno ironico agli sfortunati turisti che prendono appunti).

Neppure l'articolo di prima pagina segue un'esposizione coincidente con la sequenza dei fatti; è molto più breve, ma non può considerarsi, in senso stretto, un riassunto dell'articolo più lungo, perché non ne segue l'andamento narrativo. Nonostante la differenza di taglio, si notano alcune coincidenze o somiglianze linguistiche: «Un botto secco, lingue di fuoco sulla pista» e «Un colpo secco, lingue di fuoco sulla pista»; «344 passeggeri, quasi tutti giapponesi reduci da una vacanza» e «344 passeggeri (in gran parte giapponesi reduci da una vacanza italiana)», rispettivamente nel testo lungo e in quello breve. Se, oltre che dei due testi, teniamo in conto l'illustrazione con le didascalie, troveremo che una notizia di una certa importanza ambientale riguardante il principio d'incendio sviluppatosi in alcuni campi vicini è data, senza rilievo, solo in quella sede. Nel § 6 abbiamo osservato che, oltre che per la notizia in sé, il testo potrebbe interessare un'indagine sul turismo o sulla sicurezza dei voli; aggiungiamo ora che se il nostro interesse fosse ecologico, non dovremmo trascurare, a causa di una distribuzione dell'informazione piuttosto irrazionale, neppure l'illustrazione con le sue didascalie.

A voler essere pignoli, poi, si può aggiungere che il nome del carburante è scritto *kerosene* nel sottotitolo e nel testo dell'articolo interno, *cherosene* nell'articolo di prima pagina. Non è una minuzia, invece, che le parole del comandante dell'aereo, riportate tra virgolette – e quindi trascritte, si suppone, con fedeltà – siano, nell'articolo interno: «Non è successo niente di davvero speciale»; in quello di prima pagina: «Non è accaduto nulla di veramente eclatante». Il senso è lo stesso, ma nelle redazioni dei giornali la riformulazione è attuata con molta disinvoltura, nonostante la direttiva n. 7 del «decalogo» di Piero Ottone («Non mettere mai fra virgolette, nei titoli, frasi diverse da quelle che sono state pronunciate»: cap. III, § 3); ed è più che probabile che le parole pronunciate effettivamente dal pilota siano state diverse da ciò che si legge tanto in prima pagina quanto nell'interno.

Esercizi

1. Individuare in forma di lista le sottounità informative nel secondo e nel terzo capoverso dell'articolo lungo, precisando la sequenza di ogni fase nel tempo. **[R]**

2. Individuare in forma di lista le sottounità informative nell'articolo di prima pagina, precisando la sequenza di ogni fase nel tempo. [**R**]
3. Riformulare il testo lungo della Guida del Touring riportato nel § 8, cambiandone il criterio di esposizione: il criterio spaziale seguito dalla Guida, utile per il visitatore, non è l'unico possibile: la chiesa (come avviene spesso ai monumenti, sacri e profani) è stata arricchita di opere nel corso del tempo. Si organizzi, utilizzando le date presenti nella descrizione dell'interno, una lista delle opere d'arte (pitture e sculture) presenti a S. Maria della Vittoria, in ordine di tempo progressivo, dalle più alle meno antiche. [**R**]
4. Descrivete la vostra casa, a partire dall'ingresso (sul modello della descrizione del Touring).

Esercizi di riassunto

1. Il lettore desideroso di esercitarsi è invitato a riassumere l'articolo che segue (dal quotidiano *Il Sole-24 Ore* del 21 luglio 1996).
   Il lettore è invitato a comporre un testo B pari a 1/4 del testo A. Questo contiene 420 parole, perciò un riassunto dovrebbe aggirarsi intorno alle 105 parole o, con un margine di tolleranza del 10% in più o in meno, da 95 a 115.
   Se il testo su cui si lavora è disponibile in computer, si avverta che il programma di scrittura conta automaticamente il numero delle parole. Altrimenti, si vedano le indicazioni del § 6.
   Sappiamo che il riassunto può voler rendere in sintesi tutto il contenuto del testo (ed è di questo tipo il riassunto che qui si propone) o può essere mirato (in questo caso, un riassunto mirato potrebbe privilegiare la prospettiva dell'azienda multinazionale di cui si parla e della sua espansione, oppure trovare il proprio centro di gravità nel problema dell'occupazione in Italia meridionale).

Mezzogiorno Hi-Tech

Eds Italia lancia a Caserta un maxicentro software
(Nostro servizio)

MILANO - La Eds Italia, società che fa capo al colosso mondiale dell'informatica Electronic data systems, inaugura a Caserta un maxicentro per la progettazione software collegato alla rete informatica internazionale della Eds.

La nuova sede di Caserta si aggiunge alle altre sviluppate da Eds Italia negli ultimi anni (Milano, Torino, Mestre, Modena e Roma), ma vanta una caratteristica in più: rientra cioè nella rete mondiale dei Systems engeneering center della Eds, vale a dire centri di ricerca per lo sviluppo di sistemi software. Oggi nel mondo ci sono venti centri di questo tipo che fanno capo alla Eds, solo due dei quali in Europa: uno a Dublino e uno, appunto, a Caserta. Il centro si sviluppa su un'area di 8mila metri quadrati e l'edificio operativo, interamente cablato, copre una superficie interna di 2.800 metri quadrati su tre piani, dando lavoro a 334 addetti, tutti diplomati e laureati, che saliranno a 400 entro fine '98.

«La Eds ha scelto l'Italia per realizzare il nuovo centro di ricerca – dice con una punta di orgoglio il presidente della Eds Italia, Vincenzo Monaci – perché c'era già una

buona iniziativa in gestazione e un gruppo di persone in gamba che ci stava lavorando». Il progetto per il centro di Caserta nasce infatti nel '91, quando lo Stato decide di finanziare la proposta presentata dalla società Database dell'Ina-Assitalia con fondi pubblici ex legge 64 per 26 miliardi sui 55 necessari. Ma a fine '94 la Database entra in crisi e viene acquisita dalla Eds Italia, che decide di portare a compimento il progetto, forte della decisione della capogruppo americana (prima azienda al mondo nella gestione di servizi informatici) di farne un polo di ricerca di rilievo mondiale.
Con il nuovo centro la Eds Italia consolida il boom degli ultimi anni, che l'ha portata dai 10 miliardi di fatturato del '93 ai 228 miliardi del '95, con l'obiettivo di sfondare quota 300 alla fine del '96. Risultati raggiunti con l'acquisizione di società già esistenti, come la stessa Database o la Systems & management di Vincenzo Monaci, e con l'investimento di oltre 300 miliardi. Investimenti onerosi che, peraltro, hanno azzerato il capitale della società nel '95, ricostituito dalla capogruppo con un aumento a 177 miliardi già sottoscritto.
La Eds Italia è specializzata nella preparazione di software e nella gestione di servizi di outsourcing soprattutto per istituti di credito (tra i 90 clienti Banca d'Italia e San Paolo di Torino) e ha raggiunto in pochi anni il terzo posto nel mercato italiano del settore, dopo Finsiel (Stet) e Olivetti. [**R**]

2. Un nuovo esercizio di riassunto riguarda l'articolo sul guasto al Jumbo (Finestra 6): si usi come testo A la versione ampia della pagina interna, riportata nella colonna di sinistra. Naturalmente, si possono utilizzare come guida le sottounità informative già individuate. Il riassunto dovrebbe essere fedele al testo, e seguirlo dunque anche quando esso non rispecchia la sequenza delle azioni nel tempo.
   Il lettore è invitato a comporre un testo B pari a 1/4 del testo A. Le parole del testo A sono circa 440; il riassunto, dunque, deve averne 110 o meglio, con una tolleranza del 10% per eccesso o per difetto, da 100 a 120.

3. Riassumere il *Contributo alla critica di me stesso* di Benedetto Croce, conservando l'*io* nel primo capitolo e usando l'*egli* nel secondo.
   Il primo capitolo è di circa 980 parole; il secondo di circa 920. Si può ridurre il testo a un 1/4, ma anche a una misura maggiore o minore: l'importante è deciderlo prima di comporre il riassunto.

4. Dalla guida rossa di Milano pubblicata dal Touring Club Italiano (la più ampia) si riporta il testo sul teatro alla Scala:

Sul lato nord-occidentale, fronteggiato dal *monumento a Leonardo da Vinci* di Pietro Magni (1872), prospetta il ***Teatro alla Scala**, il più celebre dei teatri lirici italiani e tra i più importanti del mondo, costruito nel 1776-78 da Giuseppe Piermarini.

Nel 1776, con la distruzione, causata da un incendio, del teatro annesso al Palazzo di Corte, si pensò di dotare Milano di due nuovi teatri rispondenti alla già celebrata fama della città nella cultura musicale italiana. Il primo fu collocato sull'area delle antiche scuole Cannobiane (oggi Teatro Lirico [...]); il secondo sul luogo della chiesa di S. Maria della Scala, voluta nel 1381 da Beatrice Regina della Scala, consorte di Bernabò Visconti. In origine, mancando la piazza, la fronte del teatro fu concepita da Piermarini per una vista di scorcio dalla stretta contrada antistante; infatti, il frontone con il

rilievo del *Carro di Apollo* si sovrapponeva otticamente alla trabeazione dell'ordine corinzio del piano nobile, diminuendo il risalto del mezzanino. I due brevi corpi laterali a terrazza furono aggiunti da Alessandro Sanquirico nel 1830. L'intero edificio fu sventrato dai bombardamenti e ricostruito nel 1945-46 da Luigi Lorenzo Secchi; la facciata è stata restaurata nel 1983.

Più che l'immagine esterna – giudicata modesta dai contemporanei di Piermarini – interessa l'interno, cui si accede sul lato sin. dai portici del *casino Ricordi*, eretto da Giuseppe Tazzini nel 1832. Nel biglietto è compresa la visita del Museo Teatrale [...].
Il teatro si segnalava, in particolare, come la somma delle soluzioni tecniche più affidabili disponibili nel Settecento. Realizzato in muratura, era dotato in origine di un dispositivo antincendio formato da una vasca collocata sopra la volta lignea centinata. La ***sala**, anch'essa in legno, di straordinario effetto acustico, presenta la classica disposizione a ferro di cavallo con quattro ordini di palchi e due gallerie. La decorazione originale, già sostituita nel 1807 da Giovanni Perego, fu in seguito arricchita da Alessandro Sanquirico (1830), che disegnò anche il grande lampadario centrale rinnovato nel 1860. Il *palcoscenico* (780 m^2 con il retropalco) è uno dei maggiori d'Italia e con l'aggiunta del 1814 superò per ampiezza la stessa platea, consentendo la predisposizione di giganteschi impianti scenici. Il ridotto, modificato nel 1878 da Agostino Nazari, fu rinnovato nel 1936 su progetto di Luigi Lorenzo Secchi eseguito da Mario Quarti.

La Scala è uno dei luoghi più ricorrenti nella storia della lirica italiana. Da più di due secoli la sua ribalta collauda le possibilità e consacra le fortune di compositori, direttori, cantanti, scenografi. I maggiori compositori dell'Ottocento presentarono spesso qui le «prime» delle loro opere più famose, dalla Norma di Vincenzo Bellini all'Otello e al Falstaff di Giuseppe Verdi, alla Gioconda di Amilcare Ponchielli, al Mefistofele di Arrigo Boito, fino alla Turandot di Giacomo Puccini. In anni recenti l'Ente Autonomo, che dal 1921 soprintende alla direzione artistica, ha puntato ad aprire il teatro ad un pubblico ben più esteso delle élites celebrate da quasi due secoli di cronache mondane, e a tener conto dei mutamenti del gusto e dell'evoluzione musicale contemporanea. Famose sono anche le diverse scuole interne di specializzazione: la *Scuola di Ballo*, costituita nel 1813; la *Società Orchestrale*, del 1879; il *Laboratorio di Scenografia* e il *Centro di perfezionamento per artisti lirici*.

In questo caso, diversamente che per S. Maria della Vittoria, si è riprodotta anche la distinzione dei corpi tipografici, che rispecchia una gerarchia dell'informazione. Le parole del testo sono 531: il lettore è invitato a comporre due riassunti, uno di 250 parole e l'altro di 75. Potrà così confrontare il proprio risultato con le due abbreviazioni del Touring Club Italiano, che sono state riportate nelle risposte.

Lista di controllo per gli esercizi di composizione

- rispetto delle misure di lunghezza prefissate (15 righe per i testi brevi, 30 per i testi medi);
- fedeltà della stesura al titolo;
- unità della stesura;
- articolazione della stesura in inizio – tre sottounità (tre unità per i testi medi) – conclusione;
- legami di connessione (consigliabili soprattutto per i testi medi);
- uso di esempi (eventuali).

Per le stesure di lunghezza media si controllino inoltre:
- uso dei capoversi di separazione tra inizio, unità, conclusione;
- uso di esempi (necessari) e di brevi narrazioni (eventuali). Le narrazioni devono rispondere alla regola delle cinque *wh-;*
- uso dei legamenti.

Capitolo quinto

LA PRODUZIONE DEL TESTO: AVVIAMENTO ALLA COMPOSIZIONE LIBERA E ALLA SCRITTURA CON DOCUMENTAZIONE

Gli argomenti di questo capitolo:

- scaletta e progettazione di un testo
- suggerimenti per la revisione del testo
- la riformulazione: tagliare, aggiungere, modificare
- argomento e tesi: un tipo particolare di testo vincolato non professionale
- criteri di stesura di un testo vincolato non professionale
- l'informazione sull'argomento principale di un testo: due strategie
- testi con documentazione limitata

1. Sulla composizione di un testo autonomo

Finora si è concentrata l'attenzione sulla riformulazione, attraverso la parafrasi o il riassunto, di un testo scritto da altri. In questo capitolo passiamo alla composizione di un testo originale, scritto dunque in assenza di un modello da rielaborare. Esamineremo prima un tipo particolare di testi, di natura non professionale: l'argomento, a rigore, è estraneo all'oggetto di questo libro, ma offre ai lettori di buona volontà molti spunti di autoistruzione e di esercizio, che formano il punto di passaggio all'elaborazione autonoma di testi professionali.

Nella composizione dei testi il metodo di lavoro prevede, schematicamente, tre fasi:

1. il **piano** o **progetto** o **scaletta**;
2. la **stesura**;
3. la **revisione**.

Anche l'autore più smaliziato deve riflettere su ciò che sta per scrivere, per chiarire anzitutto a se stesso qual è l'argomento; e deve tener conto del lettore o dei lettori per cui scrive. Carta e penna, o il computer, aiutano la riflessione mentale: è utile buttar giù in forma di appunti i passaggi principali dell'argomento, e raccogliere la documentazione utile alla circostanza. Si possono scrivere i diversi punti così come vengono in mente, disponendo intorno a un nucleo centrale i diversi aspetti del problema oppure scrivendoli in forma di lista (cap. III, § 2), senza preoccuparsi, per il momento, dell'ordine di successione.

Lo scopo consiste nel formulare un'ipotesi di intelaiatura del testo da scrivere. La scaletta aiuta a individuare gli argomenti (idee, fatti, esempi, aneddoti, esperienze da raccontare), e collabora all'**ideazione** del testo. La scaletta può esser buttata giù senza troppe preoccupazioni di ordine e di forma. L'ordine degli argomenti potrà essere migliorato dopo la fase ideativa, quando cioè chi si prepara a scrivere riflette alla successione dei contenuti, a che cosa è meglio esprimere prima e a che cosa è meglio scrivere dopo. La scaletta, così riveduta, fornisce uno scheletro utile alla **distribuzione** delle unità e sottounità del testo. Quanto alla forma linguistica, riceverà le cure dovute in fase di stesura e revisione.

La scaletta, o progetto del testo, è solo un'ipotesi della stesura effettiva: questa differirà anche di molto rispetto al punto di partenza, che sarà arricchito o corretto o tagliato nel corso della scrittura. In ogni modo, la scaletta è una guida alla stesura. Può darsi che la scaletta «funzioni», e che il testo ne riproduca fedelmente le singole indicazioni e la rete ipotizzata per collegarle. Più spesso accade che, nel passaggio dallo schema al concreto della scrittura, nuove idee vengano alla mente, e che ci si allontani dall'ipotesi iniziale. Ma anche in questo caso la scaletta è utile: se, scrivendo, s'individuano soluzioni migliori di quelle considerate in un primo momento, e si giunge a un risultato imprevisto, ciò avviene anche perché si disponeva di una base di partenza. Il testo modifica e migliora la scaletta, ma intanto questa permette di avviarne concretamente la costruzione. Scrivere un testo, impegnativo o leggero, breve o lungo, è una fatica; e una delle ricompense che spingono ad affrontarla è proprio nella scoperta di connessioni e conseguenze che non si erano viste neanche dopo una lunga riflessione, e che si rivelano nel momento in cui si scrive.

Un altro vantaggio della scaletta sta, secondo alcuni, nel fatto che nella stesura del testo si è spesso insoddisfatti di ciò che si scrive. L'autocritica è sana, ma se è eccessiva porta a una specie di inibizione che impedisce ai pensieri di prendere forma compiuta. La scaletta, buttata giù liberamente, ha l'effetto rassicurante di fornire un tracciato d'insieme, e nello stesso tempo di isolare le fasi del discorso permettendo di affrontarle una per una.

In conclusione, la scaletta è parte di quella **progettazione** che deve essere alla base di un testo, è un momento intermedio importante tra la riflessione puramente mentale e la stesura di un testo compiuto. Che poi questa forma definitiva si raggiunga dopo vari ripensamenti è esperienza comune, che tutti abbiamo avuto sui banchi di scuola, quando eravamo alle prese con lo svolgimento di un tema.

Il risultato di queste operazioni (ideazione, scaletta, stesura) dovrebbe essere un testo con un inizio, un centro e una fine, corretto dal punto di vista formale e coerente dal punto di vista dei contenuti.

A partire da un argomento come «La vacanza in montagna: un'alternativa alla vita di città», Rossana, che è studentessa, ci pensa un po' su per metterlo a fuoco, e arriva alla conclusione che occorre concentrarsi sulla pausa della vacanza in montagna paragonandola, in chiave di contrasto, alla vita cittadina, e organizza le idee in questo modo:

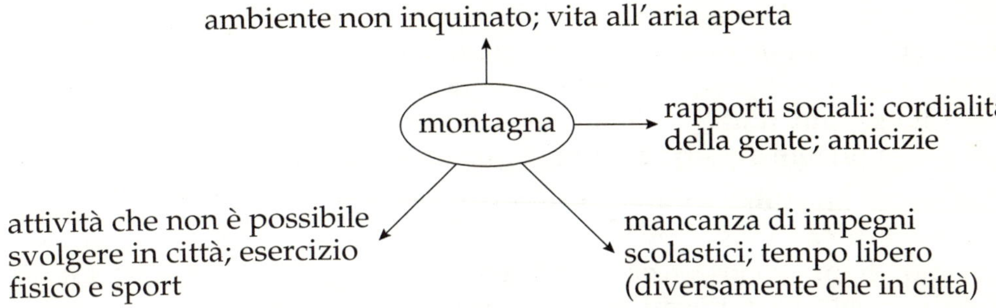

Oppure, con un'applicazione più chiara della regola delle cinque *wh-*, annota liberamente alcuni spunti nella scaletta che segue:

1. in montagna l'aria è buona, in città è inquinata;
2. in montagna gestisco le attività della giornata come voglio io, in città devo rispettare gli orari della scuola, e anche nel resto della giornata non sono libera;
3. in montagna sono a contatto diretto con la natura;
4. la gente è ospitale;
5. faccio esercizio fisico;
6. mi diverto perché ho tanto tempo libero e buoni amici.

Partendo da una scaletta è più facile superare l'ansia del foglio bianco che non si sa come riempire. È un'esperienza di tutti, e se neppure la scaletta è sufficiente a sbloccarsi, conviene cominciare comunque a scrivere, senza preoccuparsi troppo dell'inizio: se cominciare a scrivere dall'inizio è difficile, è bene entrare direttamente nel cuore dell'argomento. Dopo che l'argomento sarà stato esposto insieme con l'informazione necessaria, sarà più facile anche l'inizio del testo. Non dobbiamo proporci un capolavoro, e la regola vale anche per l'inizio: forse andrà bene, senza bisogno di aggiunte, ciò che abbiamo già scritto, e ci accorgeremo con sollievo che l'inizio che ci preoccupava è risolto dal testo che abbiamo davanti.

Il terzo momento, la revisione, è forse il più difficile, e certo il più trascurato: terminato il testo, tendiamo a liberarcene. Invece vale il consiglio che funziona per tutti i testi: rileggersi e correggersi. Correggersi non solo per rimediare a errori linguistici o ortografici, ma per valutare se il testo è scritto (cioè pensato) bene, se è chiaro, se mira all'essenziale, se il tono è giusto. Ma è molto più semplice cogliere i difetti di un testo altrui che di un testo proprio (così come, dice il Vangelo, si bada alla pagliuzza nell'occhio del nostro prossimo e non alla trave nel nostro occhio [Matteo 7, 4]); eppure è importante resistere al primo impulso, che ci spinge a liberarci del testo, una volta che esso sia stato, bene o male, composto, e imparare a leggerlo con occhio distaccato.

Rileggersi a caldo, subito dopo la stesura, non ci permette di capire se quanto si è scritto sia efficace e appropriato. È molto meglio far passare qualche ora, o piuttosto riprenderlo in mano il giorno dopo: un po' di intervallo temporale aiuta a guardare il testo in modo più distaccato. L'ideale sarebbe riuscire a leggere il testo come se fosse stato scritto da un altro, e anche mettersi mentalmente nei panni del destinatario. Questa operazione deve stabilire se l'argomento è stato centrato bene, se la documentazione è completa, se il nostro punto di vista e l'azione che eventualmente suggeriamo sono espresse in modo chiaro e senza lungaggini inutili, se il tono è quello adatto.

Per raggiungere questo obiettivo, torna utile qualche suggerimento pratico:

- infliggere la lettura del testo a un familiare o amico. Nella società romana imperversavano, ed erano temutissimi, poeti e poetastri che perseguitavano quanti, di loro conoscenza, capitassero loro a tiro. Gli sventurati dovevano subire la lettura di poemi lunghi e privi di ogni interesse, e per salvarsi, o meglio per limitare il danno, non avevano altra scelta se non quella di complimentarsi con il poeta, o sedicente tale (comunque, un gran seccatore). Non proponiamo il ritorno all'uso antico, di cui la letteratura latina ha lasciato descrizioni molto divertenti; ma è utile ricorrere, senza gli eccessi accennati ora, all'orecchio di un altro;
- rileggersi a distanza di tempo, ogni volta che un testo non debba essere consegnato o spedito immediatamente. È banale dirlo, ma perché ciò sia possibile è necessaria un po' di buona volontà, e occorre non ridursi all'ultimo minuto. Quando tra scrittura e revisione intercorre un po' di tempo, si acquistano maggior distacco e senso autocritico;
- rileggersi ad alta voce. In Grecia e in Roma antiche si praticava la lettura ad alta voce, anche quando il lettore era solo nella sua stanza. L'abitudine della lettura silenziosa nacque più tardi, nel Medioevo, negli ambienti dei monaci, per i quali valeva il detto che «la parola è d'argento» ma «il silenzio è d'oro», e continua ancor oggi, in una società tanto diversa. Se non ci si può augurare la rinascita del seccatore-poeta che infestava la società dei Romani, è invece molto desiderabile tornare all'abitudine antica di leggere ad alta voce non tutto ciò che si legge (pena la perdita di tanto tempo, e anche della voce), ma ciò che si scrive. La lettura ad alta voce rivela molti aspetti del testo che non si notano nella lettura silenziosa; e se si insiste su questo punto è perché gli autori sanno, per esperienza diretta, quanto una richiesta simile risulti strana alle orecchie degli studenti (e forse non solo degli studenti), che non sono abituati a questa pratica e la trovano quasi innaturale forse perché, essendo il parlar da soli indizio di squilibrio mentale, temono di passare per matti di fronte a sé stessi e a chi entrasse per caso nella loro stanza. Eppure, come la lettura ad alta voce di un testo poetico ne mette in rilievo gli effetti sonori (dal ritmo, essenziale alla poesia, alla rima, che consiste nel ritorno di suoni uguali), così rileggersi nel modo consigliato è importante per rendersi conto se il testo di cui si è autori funziona o no.

Le tre fasi del progetto-stesura-revisione raffigurano il processo dello scrivere in modo schematico. Infatti, nello scrivere quei tre momenti s'intrecciano e si sovrappongono: ciò è vero tanto per la revisione, che porta a tornare sul testo, ritoccarlo, modificarlo con le tre operazioni del **tagliare**, **aggiungere**, **modificare** (o, per usare il termine di cui ci si è già serviti, **riformulare**), quanto per la sequenza progetto-stesura. Un testo è, infatti, il risultato di un tentativo continuo di avvicinarsi alla meta, irraggiungibile a noi comuni mortali, di un prodotto ideale, perfetto; e la stesura porta quasi sempre a modificare la scaletta, anche in modo sostanziale. Tanto per non andar lontano, gli argomenti di questo libro e la loro distribuzione sono stati cambiati un'infinità di volte, anche se fin dall'inizio ne erano chiari gli obiettivi, con la loro brava scaletta (che era un indice per capitoli e paragrafi molto diverso da quello attuale); e, come si è detto, si può sempre far di meglio e di più, anche se arriva, prima o poi, il momento di concludere. Ludovico Ariosto e Alessandro Manzoni hanno avuto il coraggio e la forza di scrivere per tre volte un lungo poema e un romanzo ancora più lungo: è troppo pretendere da noi stessi, che non abbiamo l'ingegno di quei grandi, di scrivere almeno due volte le nostre cose?

2. Avviamento alla composizione libera: il testo breve

Prima di affrontare l'argomento di questo paragrafo, e in generale la tematica della composizione in proprio dei testi, occorre richiamare un fattore molto importante per raggiungere una vera padronanza della scrittura e una buona scioltezza espressiva: la lettura. La lettura – e intendiamo riferirci alla lettura in quanto attività anche libera, disinteressata – è stato ed è il vero serbatoio della scrittura, la risorsa che l'alimenta e arricchisce. Senza accorgersene, il lettore assimila tante parole ed espressioni (e idee) che entrano a far parte della sua competenza linguistica (oltre che del suo patrimonio culturale), e si renderanno disponibili anche molto tempo dopo, in circostanze imprevedibili. Chi scrive attinge a questo serbatoio, formatosi gradualmente nel tempo. La ricchezza della lingua non si guadagna una volta per tutte: in un certo senso, è un processo infinito, come infinite sono l'esperienza e la cultura. Su questo piano non sono possibili, è chiaro, suggerimenti: e senza farsi spaventare dall'immensità del sapere accumulato, un sapere che, per di più, si rinnova continuamente, ognuno di noi può seguire le proprie inclinazioni, dedicare poco o molto del suo tempo libero a leggere di esplorazioni geografiche o di scoperte scientifiche, di storia o di etologia, e naturalmente di letteratura, antica o moderna, italiana o straniera. È vero che l'organizzazione moderna della vita non favorisce quell'attività solitaria o almeno individuale che è la lettura; ma, dice un proverbio, volere è potere. Chi ha interessi culturali può soddisfarli, per esempio dimezzando il tempo dedicato ai programmi televisivi ai quali, secondo le statistiche, nel nostro paese si dedicano più di tre ore al giorno. L'inizio di un romanzo di Italo Calvino, riportato nella Finestra 1, equivale a un invito, scritto con molta finezza, al libro, e lo si propone alla riflessione dei lettori.

La scrittura, poi, oltre che con la lettura si costruisce con l'esercizio, un'attività legata ai doveri scolastici, ma che può essere praticata anche per libera scelta. Molti tengono un diario, e dunque una scrittura privata, segreta o quasi: nel diario l'*io* si rivolge a sé stesso e parla di sé stesso.

Questa definizione molto generale si applica a una grande varietà di realizzazioni, dagli estremi di un forte egocentrismo (o addirittura del narcisismo) fino a un'ampia presenza del mondo esterno. In ogni caso il diario, più o meno consapevolmente, è ispirato a un principio di **selezione**, perché sarebbe impossibile, e non significativa, una trascrizione integrale dell'esperienza quotidiana. Il diario, perciò, ordina e sceglie (e appunto seleziona) l'esperienza, e con essa pensieri, sogni, aspirazioni, stati d'animo e così via, in base a principi scelti in modo più o meno consapevole.

Non vogliamo indurre i lettori a tenere un diario (a meno che già non ne tengano uno); piuttosto, intendiamo invitarli ad alcuni esercizi ricavati dall'esperienza personale, quella che, per definizione, è a portata di mano per ciascuno di noi. Partiamo da una composizione molto semplice, e delimitata nel modo che si esporrà ora. Lo scopo consiste nel far produrre al lettore un testo che, diversamente da quelli di cui si è detto e si dirà nel resto di quest'opera, non ha una funzione professionale e neppure un pubblico; o, per meglio dire, il pubblico coinciderà con l'autore stesso dell'esercizio.

Nei testi che si proporranno ora s'individueranno un **argomento,** e una **tesi** concernente l'argomento stesso. L'argomento e la tesi sono le due parti che, insieme, formano il **titolo** delle esercitazioni seguenti. La tesi può consistere in un giudizio riguardante un argomento, o nell'incrociare un argomento con un altro argomento. Nel primo caso: «Lo studio è una tortura»; nel secondo: «Che cosa mi distrae dallo studio». A partire dallo stesso argomento, che è «lo studio», si esprime un giudizio («è una tortura»), che sarà motivato dal fatto che lo studio è mortalmente noioso, o che l'insegnante è antipatico, o da mille altre considerazioni; oppure l'argomento è incrociato con un altro argomento, «le distrazioni». In entrambi i casi la tesi **delimita** l'argomento, e induce a guardarlo non in generale, ma da un certo punto di vista.

Lo svolgimento dovrà essere **coerente all'argomento**, e **unitario**: resta in linea con esso per non andare, come si dice a scuola, fuori tema (Finestra 2). A differenza della situazione scolastica, mancherà a queste esercitazioni il controllo dell'insegnante: ma non tutto il male vien per nuocere, perché in tal modo il lettore non dovrà preoccuparsi di scrivere ciò che, secondo lui, è gradito all'insegnante, ma si esprimerà liberamente, ponendosi esclusivamente lo scopo di esprimersi al meglio.

In questo capitolo si distingueranno testi brevi e medi, con una definizione quantitativa che, lo si avverte una volta per tutte, ha valore puramente convenzionale e insomma di comodo. Lo stesso vale per le articolazioni interne che s'indicheranno ora.

Uno svolgimento breve prevede che l'argomento si sviluppi in tre sottounità. Le tre sottounità sono precedute da un'affermazione generale che si collega all'argomento e alla tesi. Dopo avere sviluppato le tre sottounità, il testo si conclude con una o più frasi che ribadiscono la linea centrale del testo stesso. Le tre sottounità, come l'inizio e la fine, devono aderire all'argomento enunciato dal titolo. La lunghezza approssimativa del testo breve si indica in circa 1000 battute, equivalenti a un testo di 200-250 parole, o a 15 righe.

Dunque le regole del gioco che proponiamo sono le seguenti:

1. l'argomento è tratto dall'esperienza personale;
2. l'argomento si sviluppa in tre sottounità incorniciate da una premessa e una conclusione;
3. la lunghezza del testo si aggira intorno alle 1000 battute.

Il testo, in quanto è ricavato dall'esperienza personale, è **libero** per il contenuto; ma poiché un flusso indistinto di scrittura non ha bisogno delle indicazioni di questo libro, il testo è **vincolato** al rispetto di una misura prestabilita e all'articolazione indicata.

Prendiamo come esempio l'argomento «vacanze»: evidentemente, è troppo ampio perché possa ricevere una trattazione significativa entro i limiti di spazio che ci siamo prefissati. In altre parole, se scegliessimo l'argomento «vacanze» senza restringerlo, il testo sarebbe assolutamente generico. Anzitutto, l'argomento dev'essere svolto, come si è detto, in rapporto al proprio *io*, e dunque non si tratta di impostare un lavoro di taglio economico (sull'importanza dell'industria turistica) o sociologico (sulla composizione sociale dei turisti); in secondo luogo, per restare dentro i confini della composizione breve, è necessario restringere l'argomento, per esempio: «Le vacanze in montagna». Anche questo argomento, però, è troppo ampio, e non è difficile, a questo punto, introdurre una nuova restrizione, che metta in rilievo una vacanza particolare. Ma questa è solo una delle strade possibili, e se ne suggerirà una diversa.

Vediamo ora la tesi che accompagna l'argomento: questo, più o meno ampio ma comunque delimitato, è svolto secondo una prospettiva, un punto di vista, che l'affermazione o giudizio rendono esplicita. Chi scrive potrebbe sostenere, per esempio, che le vacanze sono un'alternativa alla vita di lavoro o di studio in città; o può voler sostenere la tesi opposta. Dalla tesi dipende dunque la scelta delle sottounità pertinenti, delle riflessioni che appoggiano il punto di vista adottato.

Adottiamo per ora il primo dei due punti di vista indicati: «La vacanza in montagna: un'alternativa alla vita di città». Un titolo di questo genere richiede uno sviluppo di tipo **argomentativo** (cap. III, § 7), che può arricchirsi di **esempi**. Ecco la prima stesura del componimento di Rossana, della quale abbiamo già letto, nel § 1, due scalette possibili:

La vacanza in montagna: un'alternativa alla vita di città

INIZIO

La mia vita quotidiana è implacabilmente regolata dagli impegni scolastici: la mattina frequenza delle lezioni e studio il pomeriggio; anche il tempo libero che si può ricavare nella giornata deve essere programmato con molta attenzione. Quando mi è possibile cambiare binario, qualche giorno in montagna mi fa sentire padrona del mio tempo: disporre della giornata come meglio credo

1ª SOTTOUNITÀ

mi fa sentire davvero libera. Posso dormire senza aver regolato la sveglia alle sette e mezza, e se mi alzo più presto del solito è perché la sera vado a letto prima che in città: ma ciò che conta è la sensazione di potermi addormentare e svegliare al di fuori delle solite costrizioni. È vero che, in montagna, le attività della giornata non si possono programmare perché dipendono dal tempo, ma in

2ª SOTTOUNITÀ	ogni caso c'è sempre tanto da fare. La pensione che ospita me e la mia famiglia a Sauris è gestita da persone cordiali; la gente del paese è socievole. Alcuni amici del posto sono i miei compagni di sport invernali e di gioco, e al gruppo si uniscono altri forestieri,
3ª SOTTOUNITÀ	che sono accettati a patto che siano simpatici. Lo sguardo e la mente non si stancano di percorrere i paesaggi ampi della montagna e delle valli, molto diversi dalle prospettive pianeggianti della periferia di Padova, e l'aria che si respira è, in senso letterale e
CONCLUSIONE	metaforico, molto diversa. Insomma, la montagna mi ricarica.

Rossana, entusiasta della montagna, ha sviluppato l'argomento senza superare lo spazio richiesto, e l'ha organizzato mettendo in rilievo tre punti:

1. la libera disponibilità del proprio tempo (in contrapposizione alla sua giornata di studentessa, scandita in modo che anche il tempo libero esige un'attenta programmazione);
2. i rapporti sociali a Sauris (con i gestori della pensione e i coetanei, locali e forestieri);
3. il paesaggio montano messo a confronto con quello cittadino.

I tre argomenti sono incorniciati da un **inizio** che, in quanto mette in contrasto la vita di scuola in città e la vacanza in montagna, prepara il terreno allo sviluppo delle considerazioni sulla vacanza; e da una **conclusione** che, nel ribadire l'opposizione tra montagna e città, afferma sinteticamente come la montagna svolga un ruolo di rigenerazione. L'argomento è dunque svolto in tre punti, incorniciati da un'apertura e una chiusura; il tutto è intonato al giudizio (un'alternativa alla vita di città) sull'argomento stesso. Inizio e fine si richiamano tra loro e la fine, in particolare, allude al titolo del componimento («Insomma, la montagna mi ricarica»), ma non ne ripete passivamente né le parole né il concetto (come, invece, avviene troppo spesso nei temi scolastici). Inoltre, Rossana ha usato in modo accorto l'espressione «L'aria che si respira» che, come lei avverte, ha senso letterale, perché l'aria cittadina è inquinata o comunque meno pura di quella della montagna, e senso metaforico o figurato (si veda il cap. VII), perché sono l'ambiente e la qualità della vita a distaccare i due momenti della città e della montagna.

Chi ha la pazienza di confrontare la scaletta in forma di lista con il testo osserverà che, dei sei punti della scaletta, il quinto è stato saltato, mentre il primo e il terzo, di contenuto, per così dire, ecologico, sono stati fusi nella terza sottounità; i «buoni amici» della seconda metà del punto 6 sono stati associati all'ospitalità della gente di Sauris, e hanno formato la seconda sottounità; il secondo punto della scaletta, infine, sulla libertà dalle costrizioni della vita cittadina, ha fornito a Rossana la base per la prima sottounità. Quindi la scaletta è stata riorganizzata abbastanza profondamente, e anche l'ordine degli argomenti è diverso. Forse Rossana, dopo aver buttato giù le idee a mano a mano che le si presentavano, ha scritto una seconda scaletta, con lo scopo di stabilire l'ordine di presentazione delle idee stesse, e di scegliere i tre punti da includere nella stesura.

Il componimento è un po' sbilanciato: il primo dei tre punti ha uno sviluppo maggiore degli altri due, e l'attacco è un po' troppo lungo, nell'economia complessiva di un testo così breve. Dopo una revisione, il testo potrebbe essere questo:

	La vacanza in montagna: un'alternativa alla vita di città
INIZIO	Mentre il tempo della scuola è scandito inesorabilmente dalle lezioni e dalle ore dedicate allo studio, tanto da condizionare anche le poche ore libere, recintate da rigidi paletti, quando vado in montagna divento padrona del mio tempo: di quello che passo dormendo e, soprattutto, di quello del giorno. Il tempo atmosferico
1ª SOTTOUNITÀ	può essere bello o brutto, ma c'è sempre qualcosa da fare e, soprattutto, sono io a decidere che cosa fare: scalate, sci, bicicletta o chiacchiere con gli amici. La gente del posto è simpatica, e i
2ª SOTTOUNITÀ	proprietari della pensione (ne siamo clienti abituali da alcuni anni) sono molto cordiali. Ragazzi e ragazze del luogo sono i miei compagni di sport invernali e di gioco, e al gruppo si uniscono altri forestieri, che sono accettati purché siano simpatici. Lo sguardo e la
3ª SOTTOUNITÀ	mente non si stancano di percorrere i paesaggi ampi della montagna e delle valli, molto diversi dalle prospettive pianeggianti della periferia di Padova, e l'aria che si respira è, in senso letterale e
CONCLUSIONE	metaforico, molto diversa. Insomma, la montagna mi ricarica.

Propostasi di apportare solo pochi cambiamenti, Rossana ha finito per cambiare di molto il testo, che è rimasto uguale solo nell'ultimo terzo. Ha tagliato alcuni particolari, come quello sulla sveglia, e ha reso più complesso l'inizio, impostandolo non solo concettualmente, ma anche sintatticamente in chiave di opposizione tra città-scuola e montagna, con quel *mentre* avversativo; e per non dilungarsi troppo sul polo negativo della città, che è importante ma deve restare in secondo piano rispetto all'argomento principale (in musica si parlerebbe di *contrappunto*; e si ricordi ciò che si è detto sul testo come *tessuto*: cap. III, § 6.3 e Finestra 3), ha concentrato in una consecutiva (*tanto da*) il rapporto fra tempo scolastico e tempo libero.

La sequenza inizio - tre sottounità - conclusione è composta di frasi molto brevi, e invece di andare a capo quattro volte, Rossana ha preferito comporre un testo che si presenta come un blocco unico. Solo alla fine si trova un legamento (cap. IV, § 3), *insomma*, che introduce la breve frase conclusiva.

Nella prima e nella seconda stesura mancano esempi. La struttura del testo si concentra su azioni ripetute, abituali, perché non c'è spazio per un episodio: un racconto, anche breve, avrebbe richiesto l'abbandono dell'articolazione in tre sottounità; manca anche lo spazio per gli esempi.

Un titolo come «La vacanza in montagna: un'alternativa apparente alla vita di città», che ha lo stesso argomento, ma una tesi opposta, suscita invece l'approvazione di Enzo, impiegato in un ufficio. La scaletta è questa:

- in città tutto è regolamentato (orario di ufficio, incombenze domestiche ecc.), ma in montagna è sempre la stessa musica (ore rigide per la lezione di sci; orario dei pasti in pensione; appuntamenti per le gite in comitiva);

- l'ultima volta che sono stato a Sauris c'erano tanti turisti che l'aria era più inquinata che in città;
- nell'ambiente di lavoro mi trovo a mio agio e tutti mi rispettano, in montagna le persone sono antipatiche ed esose;
- odio gli sport della montagna e non mi piacciono le passeggiate.

Ed ecco la stesura:

	La vacanza in montagna: un'alternativa apparente alla vita di città
INIZIO	Chi ama il proprio lavoro e si trova a suo agio nell'ambiente dei colleghi non concepisce la vacanza come un'evasione, ma come una pausa, che dovrebbe essere un'occasione di riposo e divertimento. In realtà, le vacanze in montagna (da qualche anno le
1ª SOTTOUNITÀ	trascorro a Sauris), non sono la pausa che io desidero. Non mi piace, infatti, la gente di Sauris, che non è socievole e trasforma i turisti in altrettanti polli da spennare: a prezzi molto alti corrispondono servizi scadenti (la pensione è modesta, il vitto è mediocre, i maestri di sci non sanno fare il loro mestiere). Non mi piace
2ª SOTTOUNITÀ	l'ambiente, che dovrebbe essere «naturale» (per usare la parola magica) e invece è imbruttito da villette costruite al di fuori di ogni criterio di rispetto per l'ambiente. Non dubito poi della purezza dell'aria, ma non quando a Sauris vado io, perché insieme con me vi si concentrano battaglioni di turisti, con relative automobili inquinanti. Non mi piacciono, infine, gli sport di montagna, né le
3ª SOTTOUNITÀ	marce e le lunghe passeggiate che sono di rigore nelle località alpine. Insomma, in montagna non trovo ciò che una vacanza
CONCLUSIONE	dovrebbe fornire.

Enzo comincia contestando il luogo comune della vacanza come evasione felice, rivaluta il lavoro (o meglio il proprio lavoro), attraverso l'opposizione tra *dovrebbe essere* e *in realtà*, mette in rilievo la sgradevolezza dell'ambiente umano, la qualità scadente dell'ambiente fisico, e il suo cattivo rapporto con le attività tipiche della montagna: sono le tre sottounità del componimento, segnalate in modo esplicito dall'uso della stessa formula: *Non mi piace... Non mi piace... Non mi piacciono, infine...* La seconda sottounità è articolata in due momenti, segnalati dal *poi* di *Non dubito poi.*

Il finale è fiacco, e non aggiunge nulla al testo.

Se Enzo è il padre di Rossana, allora la stessa realtà è percepita, cosa tutt'altro che rara, in modi molto diversi; e questo è interessante per l'argomentazione pro e contro. Vediamo una revisione del testo:

	La vacanza in montagna: un'alternativa apparente alla vita di città
INIZIO	Nell'immaginario collettivo e nella pubblicità delle agenzie di viaggio la vacanza in montagna è una parentesi felice. Purtroppo, io non detesto il mio lavoro e nell'ambiente d'ufficio mi trovo bene, mentre mi mette a disagio il momento delle vacanze, che da
1ª SOTTOUNITÀ	qualche anno trascorro a Sauris. Non mi piace la gente di Sauris, che non è socievole e tratta i turisti come polli da spennare: la qua-

lità dei servizi è scadente (pensione modesta, vitto mediocre, maestri di sci che non sanno fare il loro mestiere), in compenso i prezzi
2ª SOTTOUNITÀ sono alti. Non mi piace l'ambiente, che si propaganda come puro e incontaminato, mentre si sono moltiplicate villette pretenziose ma anonime, frutto della solita cementificazione; e non parliamo dell'aria, che sarà pura, ma non quando a Sauris vado io, perché insieme con me si muovono, da Padova e da altri centri, battaglioni di turisti, tutti a bordo delle loro auto, con il risultato di portare in paese l'inquinamento e i rumori della città, ma non i servizi
3ª SOTTOUNITÀ della città. Non mi piacciono, infine, gli sport di montagna: non riesco a imparare a sciare, e sono troppo sedentario per le marce e
CONCLUSIONE le lunghe passeggiate che sono di rigore nelle località alpine. Se sono costretto a divertirmi, divento furioso: lavorare stanca, ma almeno è utile a me e agli altri.

In questa nuova stesura si nota una certa ironia nel contrapporsi al luogo comune: si veda il *purtroppo* della seconda riga, la frase fatta del *pollo da spennare*, e *in compenso* (sesto e ottavo rigo); anche *divento furioso,* nel finale, è tra la serietà e lo scherzo, proprio perché l'espressione ha un senso molto forte. Il contrasto città-montagna è accentuato accostando una parola e il suo contrario (*agio* e *disagio*): in tal modo, l'opposizione è espressa con energia. In questa seconda stesura, la conclusione si collega all'inizio, ma non lo ripete, come invece accadeva nella stesura precedente.

Gli esempi sono pochi: si noti, tra parentesi, l'esemplificazione sui servizi di qualità insoddisfacente. Rispetto alla composizione di Rossana, Enzo ha utilizzato una risorsa nuova: ha iniziato il testo con un'idea generale, e l'ha messa in contrasto con la propria situazione personale. Naturalmente, avrebbe potuto procedere diversamente, e armonizzare il piano generale e quello individuale; in entrambi i casi, ci si muove su due piani distinti e intrecciati, come si tornerà a osservare in questo stesso capitolo.

Chi poi voglia una trattazione decisamente umoristica di un argomento simile, può leggere la Finestra 3.

⇒ Breve sosta sulle basi del testo

Delle vacanze in montagna rispetto alla vita cittadina si è proposto un doppio svolgimento. Siamo su un terreno che si presta alla discussione: si possono trovare **argomentazioni** (cap. III, § 7) pro e contro un punto di vista. In realtà, su un gran numero di temi si possono individuare tesi opposte secondo lo schema sì-no, o secondo una gradazione disposta lungo una scala. Gli uomini o sono mortali o sono immortali, e non c'è via di mezzo; invece, tra gli estremi della bontà assoluta e dell'assoluta malvagità le gradazioni possibili sono infinite. In alcuni casi la verità è evidente e condivisa da tutti (non sono necessarie dimostrazioni sul fatto che l'uomo è un essere mortale); in altri, si possono produrre argomentazioni a difesa di due punti di vista opposti o di tante soluzioni diverse, disposte su un ampio ventaglio. La vita quotidiana individuale e associata, i rapporti personali, il dibattito politico o economico, le questioni dell'etica offrono di ciò esempi senza numero. Questo è il territorio che già gli antichi Greci chiamarono dell'opinione, diversa e mutevole; e questo ordine di problemi divenne il campo di studio della retorica: quando le risposte possibili di un problema sono due o sono molte, è essenziale l'arte di persuadere, con le migliori argomentazioni, un interlocutore, un uditorio o un pubblico, sulla soluzione preferita. In questo capitolo i lettori sono invitati a comporre testi che espongano il loro punto di vista, ma anche punti di vista diversi, in conflitto tra loro: è un esercizio utile, che abitua a ragionare e a comprendere convinzioni differenti dalle proprie, cosa che può di volta in volta modificare la convinzione di partenza, o permettere una critica più efficace di una tesi in concorrenza con quella che si sostiene.

Negli esercizi di questo capitolo su alcuni argomenti si propongono tesi diverse o contraddittorie (solo alcune delle possibili). Il lettore è invitato a inventarne altre, e a provarsi a sviluppare almeno una coppia di stesure contenenti tesi incompatibili fra loro.

3. Avviamento alla composizione libera: il testo medio

Dal testo breve passiamo ora a un testo di lunghezza media, nel quale la discussione dell'argomento e della tesi si sviluppi in modo un po' più dettagliato. L'ampiezza del testo medio si definisce, sempre convenzionalmente, come doppia di quella del testo breve. Trasformando in testi medi i due pezzi brevi proposti nel paragrafo precedente, l'esposizione dovrà diventare un po' più analitica: le tre sottounità diventano tre unità, che naturalmente restano fedeli all'argomento e alla tesi. Poiché l'inizio e la conclusione sono presenti anche nei testi medi, l'organizzazione dei testi brevi e medi è la seguente:

Testo breve	*Testo medio*
Inizio	Inizio
Prima sottounità	Prima unità
Seconda sottounità	Seconda unità
Terza sottounità	Terza unità
Conclusione	Conclusione

La promozione della sottounità a unità non serve a fornire in più parole la stessa informazione che è possibile comunicare in breve: non si tratta cioè, per usare un modo di dire, di allungare il brodo (o il vino). Poiché l'ampiezza del testo e la quantità d'informazione sono collegate tra loro (cap. IV, § 8), un'unità di contenuto offre un'informazione maggiore di una sottounità grazie all'uso di **esempi** e **brevi racconti** o **aneddoti**, che sorreggono l'unità stessa, e le danno concretezza. In tal modo, la composizione non si limita a riferire una situazione fatta di abitudini (come nei testi brevi discussi nel paragrafo precedente), ma si arricchisce di una componente narrativa (di dimensioni molto ridotte) all'interno di un'intelaiatura che resta di tipo argomentativo.

La lunghezza che si propone, all'incirca doppia del testo breve, è dunque di una trentina di righe (equivalenti a circa 400 parole e 2000 battute).

Un altro modo per arricchire l'unità consiste nel fornire dati informativi sul problema, ma ciò richiede una documentazione che non può essere ricavata dall'esperienza personale.

Vediamo di nuovo come Rossana svolge un componimento medio sull'argomento che conosciamo:

La vacanza in montagna: un'alternativa alla vita di città

Lunedì scorso, ancora nel dormiveglia, mi sono accorta che mi stavo svegliando spontaneamente, senza quel motivo musicale che dovrebbe rendere amichevole l'inizio della giornata, e che invece non è meno odioso del trillo delle vecchie sveglie meccaniche. «È domenica?», ho pensato pigramente; e poi, subito preoccupata: «O la sveglia non ha funzionato? o io non l'ho sentita?» Ho aperto gli occhi, e finalmente ho capito che ero in una camera della pensione «Fiorita» di Sauris. Non era domenica, la sveglia non si era guastata, non avevo dormito tanto profondamente da non sentirla: semplicemente, la sveglia non c'era, perché era il primo giorno di vacanza.

La sensazione più piacevole della vacanza non è tanto la liberazione dai doveri scolastici (che non sono poi così spiacevoli), quanto il senso di tornare a esser padrona del mio tempo, di poter dormire a volontà e, soprattutto, di disporre della giornata. Certo, il tempo atmosferico condiziona l'attività: ma chiacchierare e giocare nella pensione è piacevole, e la sera si va a ballare. Quando il tempo è bello, mi dedico con impegno a varie attività: la raccolta dei funghi è un ottimo pretesto per lunghe giornate nei boschi, ho la passione per la bici di montagna, e lo sci mi impegna d'inverno e d'estate.

Non sono attività che abbiano senso in solitudine: per fortuna, a Sauris ho parecchi amici, locali e forestieri, con i quali ogni giorno si organizza un'attività divertente. Anche la gente del posto è cordiale e simpatica; frequento assiduamente il caseificio che produce e vende i prodotti locali, perché non mi stanco di chiedere spiegazioni (che mi sono fornite volentieri dagli operai) sulle tecniche di lavorazione del latte e dei suoi derivati.

La vita vegetale e animale della montagna alpina e delle vallate è un tesoro di curiosità senza fine (ho una vera passione per gli scoiattoli), il paesaggio è infinitamente più variato che in pianura, l'ambiente sano e l'attività fisica mi tolgono la paura, tipicamente cittadina, d'ingrassare.

Martedì ho recuperato una sveglia perché dovevo alzarmi alle sei: molto prima che nei giorni di scuola. Ma sono io che lo voglio, perché si va in escursione.

Come si vede, la lunghezza del testo medio, che raddoppia il testo breve, consente un'articolazione molto maggiore: le unità restano tre, e sono le medesime (la libertà del tempo; l'ambiente umano; l'ambiente naturale), ma sono arricchite da esempi rapidi (la raccolta dei funghi, gli scoiattoli). Come inizio, Rossana ha scritto un capoverso di tipo narrativo sul suo risveglio nel primo giorno di vacanza: un episodio **particolare**, che le permette di passare alle considerazioni **generali** sulla vacanza come disponibilità del proprio tempo. È uno degli infiniti casi di transizione dal particolare al generale che, con la transizione inversa da un'idea generale ai casi concreti (§ 5), è uno dei requisiti di un testo ben formato.

La composizione acquista un respiro più ampio se l'esperienza personale è messa a paragone o a contrasto con idee o atteggiamenti o anche pregiudizi comuni. Inversamente, una trattazione generale dedicata per esempio all'inquinamento è tanto più efficace quanti più casi concreti sa raccogliere. E, piuttosto che partire da una definizione o tesi (che all'inizio sarà enunciata ma non dimostrata), inizierà con alcune situazioni specifiche (per esempio, il problema della diossina a Seveso, nella laguna di Venezia e nella discarica di La Spezia) per poi tracciare il quadro degli interessi economici e degli accordi politici sottobanco; e sempre l'alternanza di generale e specifico giova all'efficacia di un'esposizione.

Si noti anche come il terzo capoverso si colleghi a ciò che è stato detto precedentemente sulle attività della raccolta dei funghi, delle gite in bicicletta e così via, ma aggiunga che tutto ciò è piacevole quando non si è soli: che è una buona transizione all'unità dedicata all'ambiente umano.

La conclusione, infine, nel contrasto apparente tra il pigro risveglio del lunedì e quello mattiniero del giorno dopo, nega in apparenza la padronanza del tempo, e in realtà la conferma e ribadisce da un punto di vista nuovo, che vale da chiusura.

Nel secondo capoverso l'esposizione ha un andamento progressivamente più intenso, come segnalano i legamenti (cap. IV, § 4): *non è tanto... quanto... e, soprattutto.*

Diversamente che nei testi brevi, le cinque sezioni del testo medio, più dettagliato, sono tutte segnalate da altrettanti capoversi.

Il passaggio da un'unità all'altra può essere segnalato, oltre che dai capoversi, dai legamenti, per esempio: *Prima di tutto* (o *anzitutto, in primo luogo*) – *poi* – *infine*. Questa indicazione esplicita (che richiama l'organizzazione a lista: cap. III, § 2) può risultare troppo sottolineata: si può allora lasciare la prima unità senza un legamento, e limitarsi a *poi* – *infine* nella seconda e nella terza. Con la pratica, si impara a usare i legamenti senza esagerazioni; in ogni caso, si ricordi che essi aiutano il lettore a comprendere il progresso dell'informazione.

Come le misure della brevità o lunghezza si sono scelte convenzionalmente, in vista di un'esercitazione in cui i lettori possono provarsi senza troppo lavoro e senza dover raccogliere documentazione, così non ha valore assoluto l'indicazione delle tre sottounità del testo breve e delle tre unità del testo medio. Esse possono essere più o meno numerose; ma si è preferito dare un limite, anche se arbitrario, perché è utile che la scrittura sia libera e insieme disciplinata: il nostro fine consiste nell'indurre il lettore ad attingere alla propria esperienza e nello stesso tempo a evitare un flusso di scrittura indistinta.

4. Il flusso dell'informazione: argomento principale all'inizio o nel corso del testo?

Coerenza e unità sono doti desiderabili di un testo. La nozione di coerenza è intuitiva, anche se difficile da definire, e può essere illustrata con qualche esempio.

Leggiamo questi due brevi testi:

1. Mio fratello non studia a questa università.
   Egli non sa che la prima università tedesca fu Praga.
   In tutte le università c'è il numero chiuso.
   L'università ha un laboratorio linguistico.

2. Tutte le mattine Carla va in piscina.
   D'inverno, la domenica Claudia non è mai a casa perché va a sciare.
   E Giancarlo ha persino vinto una medaglia d'argento a Montreal.
   Tutti i miei figli sono sportivi.

In ogni periodo del testo n. 1 figura lo stesso argomento, espresso dalla parola «università»; e tuttavia si tratta di un testo incoerente: è, per dirla alla buona, un discorso senza né capo né coda, un mucchio di frasi prive di un filo unitario.

Un diverso tipo d'incoerenza è nel testo che segue, dedicato a Matilde Serao, scrittrice e giornalista, e al marito di lei Edoardo Scarfoglio: «per donna Matilde comincia un periodo di vita assai faticoso, che non tarderà a farsi sentire anche nella produzione letteraria, e a cui corrispondono: l'aborto della bambina che aspettava già prima del matrimonio, e la successiva maternità di Antonio, nato nel 1886. Il tutto, mentre l'effervescente Scarfoglio, marito poco devoto, si imbarca in una rischiosa avventura giornalistica». La scrittura letteraria e le gravidanze si mescolano confusamente a proposito della Serao; quanto a Scarfoglio, imprese giornalistiche e infedeltà coniugale sono pure accostate in modo eterogeneo, sicché non si capisce quale sia il centro di gravità dell'informazione (inoltre si dovrebbe dire *marito poco fedele*, piuttosto che *poco devoto*).

Invece è coerente il testo n. 2, anche se i primi tre periodi parlano di tre persone diverse, Carla, Claudia e Giancarlo. Ma il periodo finale («Tutti i miei figli sono sportivi») dà coerenza e significato ai primi tre: dalla battuta finale si capisce che parla – o scrive – il padre o la madre di tre figli, accomunati dalla passione sportiva. La particolarità del testo 2 sta nel dare solo alla fine la chiave di lettura di ciò che precede.

Ecco un nuovo esempio di questa tecnica, consistente nel non scoprire subito le carte, nel ritardare l'informazione da cui dipende l'interpretazione del testo.

> Il ventenne Willie B. è un instancabile appassionato della TV. Odia il telegiornale e le interviste, ma ama il football e si eccita talmente davanti alla pubblicità degli alimentari che a volte si avventa contro lo schermo agitando un pugno.
>
> Dice un amico: «È come un bambino piccolo».
>
> Willie B. è un gorilla di 450 libbre dello zoo di Atlanta. A dicembre un venditore di televisori del Tennesse ha sentito della vita solitaria di Willie B., unico gorilla dello zoo di Atlanta, e gli ha regalato un televisore.

Questo breve pezzo fornisce solo nell'ultimo capoverso l'informazione fondamentale: Willie B. non è un essere umano. Nei primi due capoversi, infatti, tutti i particolari sembrano finalizzati al ritratto di uno spettatore teledipendente, un argomento sul quale la stampa e il discorso comune si soffermano spesso. Se però, arrivati alla fine e scoperta l'identità del personaggio, si rileggono i primi due paragrafi, si osserva che tutto ciò che contengono può riferirsi tanto a un uomo quanto a una scimmia (non si dice, per esempio, che Willie B. parli), e in ciò sta la buona fattura dello scritto. E, naturalmente, dopo aver creato un'aspettativa sullo spettatore troppo fedele ai programmi televisivi di contenuto sportivo o pubblicitario, fa più effetto scoprire che il personaggio di cui si parla è un animale.

Questo espediente dell'informazione ritardata è usato, in maniera un po' diversa, nel giornalismo (cap. IV, § 6 e Finestra 5), dove il fatto è raccontato due volte e spesso preceduto da qualche particolare a effetto che mette il lettore in una situazione che l'articolo non ha ancora chiarito.

A partire da questi esempi, si può porre concretamente un problema espositivo importante: è necessario dire fin dall'inizio l'argomento del testo? La risposta

sta non può essere unica, ma si può affermare con decisione che nella scrittura professionale si deve evitare la tecnica dell'informazione ritardata. Una scrittura professionale non deve seguire il criterio spiritoso del raccontino su Willie B., né deve riprodurre i criteri dell'articolo giornalistico, ma chiarisce subito l'oggetto e lo scopo del testo, per orientare fin dall'inizio il lettore e indirizzarne le attese senza spiazzarle con un cambio di obiettivo o con una sorpresa.

Più precisamente, si può cominciare in due modi (e il secondo è meglio del primo, perché orienta in modo più completo i destinatari):

1. la semplice enunciazione dell'argomento (e quindi un ampliamento del titolo);
2. l'enunciazione dell'argomento accompagnata dalla posizione o tesi sostenuta da chi scrive.

Per esempio: 1. «Questo lavoro discute il ruolo della televisione pubblica in rapporto alle emittenze private». 2. «Questo lavoro sostiene che la televisione pubblica non ha ancora individuato un ruolo abbastanza differenziato da quello delle emittenze private».

Nei testi professionali è dunque sconsigliabile la tecnica del ritardo informativo: un buon testo professionale deve fin dall'inizio orientare il lettore sul proprio obiettivo. L'autore del testo, in altre parole, deve mettersi nei panni del lettore o dei lettori, i quali vogliono sapere il contenuto principale e gli scopi del testo. Comunicare fin dall'inizio argomento e tesi aiuta l'autore a organizzare il testo e, cosa non meno importante, permette al destinatario di orientare fin dall'inizio la propria lettura. Un progetto, per esempio, non può rimandare al centro o alla fine dell'esposizione l'obiettivo del progetto stesso. Solo esponendolo fin dall'inizio, le argomentazioni riguardanti aspetti secondari sono ricondotte al centro di gravità: insomma, esporre in apertura l'obiettivo del testo è importante dal punto di vista della gerarchia delle informazioni (cap. IV, § 2) e della loro prospettiva.

Un articolo giornalistico riportato nel cap. IV, Finestra 6, comincia così: «Un botto secco, lingue di fuoco sulla pista e sul prato che la fiancheggia»: potremmo essere in un aeroporto, ma anche in un circuito di gare automobilistiche di Formula 1. In verità titolo, soprattitolo e sottotitolo lasciano capire di che si tratta, e quindi il lettore sa già che si parla di un incidente aereo. L'informazione ritardata è frequente invece nella letteratura e nel cinema, e l'effetto sorpresa è essenziale in un libro giallo, quando si scopre che il colpevole è un personaggio insospettabile.

Ma la scrittura professionale, per sua natura più neutra, evita la ricerca dell'effetto, rinuncia al colpo di scena (che non le è congeniale) a vantaggio di un'esposizione seria e documentata, anche se ciò non significa consigliare un'esposizione piatta, scolorita. Se, infatti, non stiamo preparando un articolo per un giornale, ma una relazione sui gorilla negli zoo, il pezzo su Willie B., inserito in un testo di natura diversa, potrà essere rifatto in questo modo:

> Nello zoo di Atlanta c'è un gorilla, al quale è stato dato il nome di Willie B. Willie B. ha vent'anni, e pesa 450 libbre. Poiché non è stato possibile trovargli una compagna, un venditore di televisori del Tennessee ha pensato di distrarlo regalandogli, lo scorso

dicembre, un televisore. Il regalo è stato gradito dall'interessato, che è diventato uno spettatore instancabile della TV. Odia il telegiornale e le interviste, ma ama il football e si eccita talmente davanti alla pubblicità degli alimentari che a volte si avventa contro lo schermo agitando un pugno.

Dice un inserviente: «È come un bambino piccolo».

Come si vede, gli interventi sono minimi, ma il **punto di vista** è cambiato: il raccontino è stato riordinato partendo dal fatto che allo zoo c'è un gorilla, che non si riesce a trovargli compagnia, e che un venditore ha pensato di provvedere alla solitudine di Willie B. nel modo che conosciamo (si ricordi la distinzione fabula-intreccio: cap. III, § 6.3).

La riscrittura proposta, legittima, farà rimpiangere la vivacità del testo originale, ma potrà risultare necessaria se il pezzo è inserito, come si è accennato ora, in un testo più ampio. Negli esercizi proposti in questo capitolo, che si basano sull'esperienza personale, un componimento con la sorpresa finale è accettabilissimo perché rende più interessante la composizione. Invece la scrittura professionale non deve fare il verso a quella giornalistica: un testo professionale è brillante per la qualità delle idee e il modo incisivo dell'esposizione, non perché si appoggia alla risorsa impropria di un effetto sorprendente.

Nella scrittura professionale occorre **esprimere l'argomento principale all'inizio del testo**. Facciamo il caso di un responsabile del servizio riproduzione che scrive al capufficio due note che hanno lo stesso contenuto:

1. Durante il mese passato la fotocopiatrice non ha funzionato, a causa di un guasto, per un totale di sette giorni lavorativi, durante i quali non è stato possibile usare la macchina; di conseguenza, la fotocopiatura di alcuni lavori che non ammettevano ritardi si è dovuta fare all'esterno della struttura, con aggravio di spesa e perdita di tempo. Per tre giorni, inoltre, l'apparecchio è stato inutilizzabile per la manutenzione ordinaria, e per due giorni nessuno ha potuto accedervi perché era in corso la riproduzione della lunga relazione di Rinuccini. Di conseguenza, propongo l'acquisto di una seconda fotocopiatrice, risultando insufficiente alle esigenze lavorative l'unica macchina di cui disponiamo attualmente.

2. Propongo l'acquisto di una seconda fotocopiatrice, perché l'unica macchina di cui disponiamo attualmente non riesce più a garantire l'efficienza dell'ufficio. Durante il mese passato la fotocopiatrice non ha funzionato, a causa di un guasto, per un totale di sette giorni lavorativi, durante i quali non è stato possibile usarla; di conseguenza, la fotocopiatura di alcuni lavori che non ammettevano ritardi si è dovuta fare all'esterno della struttura, con aggravio di spesa e perdita di tempo. Per tre giorni, inoltre, l'apparecchio è stato inutilizzabile per la manutenzione ordinaria, e per due giorni nessuno ha potuto accedervi perché era in corso la riproduzione della lunga relazione di Rinuccini. L'acquisto di una nuova fotocopiatrice è dunque necessario per non intralciare il flusso di lavoro della struttura.

Il testo raccomandabile è il n. 2, che solleva immediatamente il problema e giustifica la spesa che propone attraverso alcuni esempi circostanziati, concludendo con un nuovo invito ad adottare la misura proposta. Il testo n. 1, invece, costringe il lettore, perché se ne capisca lo scopo, ad arrivare fino in fondo: finché non se ne completa la lettura, lo scritto potrebbe essere un lamento o una protesta dovuta a disservizi e diseconomie di lavoro, e non un'informazione diretta a persuadere a un'azione.

Spesso è utile collegare una proposta a un problema più ampio, o a dei precedenti, che però saranno presentati **dopo** la proposta in questione. Per proporre l'acquisto di una nuova fotocopiatrice o di un nuovo computer è inutile partire dalle meraviglie della tecnologia: ci si concentrerà invece sui benefici (per esempio in rapporto alla concorrenza) che l'acquisizione della nuova apparecchiatura garantisce; naturalmente senza dimenticare i costi. Allo stesso modo, il progetto di un'iniziativa (per esempio un convegno) o di una ricerca non può che cominciare chiarendone subito lo scopo.

Consideriamo ora questi argomenti:

1. Che cosa c'è nelle mie tasche (*o* nella mia borsetta, *o* nella mia cartella).
2. La stanza nella quale mi trovo.
3. Un libro importante per me.
4. Come ho preparato il mio ultimo esame.
5. Dopo il mio ultimo esame: che cosa ho fatto.

I nn.i 1-2 sono di tipo descrittivo (cap. III, § 5 e, per la descrizione di un luogo, cap. IV, § 8); il terzo invita a una riflessione; il quarto e il quinto sono narrativi (cap. III, § 6). Al di là dei titoli, che invitano a descrivere, argomentare, raccontare, tutti gli argomenti si possono svolgere mescolando esempi, racconti, argomentazioni (cap. III).

Cominciamo con i nn.i 1-2. Il contenuto delle tasche o della borsetta di ognuno di noi può risolversi con una lista: ma l'elenco, da solo, non garantisce certo uno svolgimento interessante. Contano infatti la forma organizzativa (elenco o altro tipo di esposizione) e la funzione: il notaio stila un elenco, per inventariare i beni presenti in una casa, e anche un narratore può scegliere la stessa forma ma con uno scopo diverso, quello di suggerire, partendo dall'ambiente materiale, un clima umano, il carattere dei personaggi che vivono in quella stanza o casa. Un interno domestico (o il contenuto delle tasche o della borsetta) rivela, a saperlo scrivere, e poi a saperlo capire, tante informazioni sugli aspetti più segreti di un carattere, su ciò che le parole, tante volte, tacciono. Un obiettivo di questo tipo è alla portata di una penna esperta, quale può essere quella di narratori come Balzac o Serao o Calvino (Finestra 4). Affine all'elenco, e organizzata spazialmente, è poi la descrizione di una guida turistica, come si è osservato a suo luogo (cap. IV, § 8).

In alternativa all'organizzazione a lista praticata dal notaio o anche dagli scrittori (gli scrittori veri sono pochi per definizione, e non a loro si rivolge questo libro), si può suggerire un criterio diverso: la messa a fuoco di uno o più tra gli oggetti contenuti in una cartella come particolarmente significativo, perché legato a un evento, una circostanza, un ricordo. Una rapida lista culmina nella menzione di un oggetto a cui si legano un evento e un ricordo sempre vivo:

Che cosa c'è nella mia cartella

Spartiti di ogni genere e grandezza, penne, matite, il metronomo tascabile, il giornale, l'agenda, la rubrica e le chiavi di casa legate da sempre in un portachiavi fuori moda e di nessun valore a cui non so rinunciare. Il giorno di un'esecuzione pianistica da cui dipendeva la mia entrata nell'orchestra filarmonica di Milano, ero terrorizzato e, nonostante mi fossi esercitato per settimane, non mi sentivo affatto sicuro. Soltanto un mese prima l'emozione mi aveva fatto sbagliare un passaggio durante un concerto. Mentre aspettavo che mi chiamassero, una ragazza mi diede un portachiavi a forma di civetta, l'uccello della sapienza e della buona fortuna. L'esecuzione andò bene, e da quel giorno non so più separarmi dal mio talismano.

Oppure si può adottare la forma dell'elenco, senza la messa in rilievo di un oggetto particolare; ma in questo caso si mira a un'esposizione vivace e variata, fino alla battuta conclusiva:

Che cosa c'è nella mia borsetta

Nelle borsette delle donne si trova sempre di tutto, ma nella mia molto di più. In qualsiasi posto vada, per un'ora o per un giorno, non riesco a fare a meno di nulla, o quasi di nulla.

Non parlo, naturalmente, solo di oggetti indispensabili come gli occhiali, o il portafogli, o le chiavi di casa. No, non mi riferisco a cose così comuni, perché giusto queste, di cui non posso fare a meno (o forse proprio perché non posso farne a meno), talvolta non si trovano nella borsetta di turno, quella che ho deciso di cambiare all'ultimo momento prima di uscire, ma in un'altra abbandonata troppo frettolosamente, con le conseguenze che potrete immaginare. Sguardi imbarazzati e rossori improvvisi davanti ai commessi che dovrei pagare, cecità assoluta anche davanti ai cartelli stradali, sconforto senza speranza sulla soglia di una casa inesorabilmente chiusa al mio ritorno.

In ogni caso avrete capito che occhiali, portafogli e chiavi di casa sono (o dovrebbero essere) oggetti fissi nella mia borsetta. E cos'altro invece di inusuale e impensabile? Non esageriamo: non tanto inusuale e impensabile per una donna, casalinga o manager che sia. Chi non sa, infatti, che nella borsetta di ogni donna si celano almeno una cipria e un rossetto? E il pettine o le forbicine dove le mettiamo? Non vi è mai capitato di sentirvi insopportabilmente a disagio con i capelli spettinati o un'unghia spezzata? No? Vi invidio. E se vi si rompono le calze per strada? Ebbene sì: anni di messaggi, pubblicitari e no, terroristici sempre, sull'ineleganza imperdonabile di una calza rotta ci costringono a nascondere nelle nostre borsette persino i collant.

Insomma è inutile continuare: sappiate soltanto che dovunque mi incontrerete e qualsiasi cosa cercherete in quel momento, nella mia borsetta potrete trovarlo. Ma non contate sul mio portafogli.

5. Dal testo libero al testo con documentazione

Dai testi che si possono scrivere senza cercare documentazione, perché si ricavano dall'esperienza individuale (come quelli di cui si è parlato finora) o comunque dal patrimonio delle conoscenze note a chi scrive, passiamo ora a testi che richiedono una documentazione che l'autore del testo non conosce, o di cui vuole controllare l'esattezza.

Per documentazione intendiamo qui quell'insieme di notizie, le più varie, di cui si possa aver bisogno nella redazione di un testo professionale. Quando si scrive sorgono domande di ogni genere, spesso impreviste nel momento in cui si era impostata la scaletta. È un'esigenza che sorge anche quando si scrive un testo di carattere personale: tutti ricordiamo, probabilmente, con quale votazione abbiamo ottenuto il diploma della scuola secondaria, ma possiamo non essere sicuri della data dell'esame; oppure, se scriviamo alla compagnia presso la quale abbiamo stipulato un'assicurazione, dobbiamo riportare gli estremi della polizza. È necessario allora cercarli nel documento, conservato nell'archivio personale o, più semplicemente, nel cassetto con le nostre carte. Anche per una scrittura in cui riversiamo un'esperienza personale avremo bisogno di controllare un fatto o una persona o una data, e forse la nostra agenda può fornirci l'informazione che la memoria conserva in termini vaghi.

Domande di questo genere si moltiplicano ogni volta che il testo da comporre è estraneo alla sfera personale e a quelle conoscenze, tra quante la nostra mente ha immagazzinato, alle quali ricorriamo con maggiore frequenza, e di cui siamo quindi più sicuri. Per esempio, ricordiamo che Dante è nato nel 1265, ma non ci fidiamo della memoria; oppure vogliamo sapere quando Luigi Einaudi è stato Presidente della Repubblica italiana. Rispondono a queste esigenze di informazione rapida le enciclopedie, nelle quali si raccoglie sinteticamente il sapere universale, oppure una storia della letteratura italiana (per Dante) o una storia d'Italia (per Einaudi).

Le enciclopedie forniscono notizie di base, permettono di controllare ciò che già sappiamo o offrono una prima informazione su un argomento a noi sconosciuto; in una storia della letteratura italiana o in una storia d'Italia troveremo su Dante o Luigi Einaudi una trattazione un po' più ampia. Perciò l'enciclopedia è più utile se vogliamo solo controllare o apprendere una data o un fatto; un'opera di storia letteraria o di storia fornisce notizie più particolari; e ovviamente sono disponibili trattazioni progressivamente più specializzate (si è già parlato delle diverse trattazioni dedicate a Cavour da Rosario Romeo: cap. IV, §§ 3 e 7). Qualche volta sono sufficienti i libri di casa; altre volte è necessario documentarsi in una biblioteca o in altre sedi.

Paradossalmente, in Italia si trova più rapidamente documentazione sulla Grecia antica o su Dante che sulla società contemporanea, è più facile raccogliere materiali su Cavour che sugli incidenti stradali negli ultimi anni, e sulle loro conseguenze e le loro cause. Ciò dipende dall'organizzazione antiquata delle biblioteche pubbliche e dalla concezione che regola la raccolta dell'informazione. È importante, comunque, sapersi muovere, e sfruttare le **fonti della documentazione**, e cioè quelle opere che consentono di risalire all'informazione su un problema (per questo, si veda il cap. VIII, §§ 6-7).

Per ora, soffermiamoci su un caso semplice: dobbiamo allestire un breve testo sui gorilla allo stato naturale e in cattività. Sarà sufficiente allora consultare un'enciclopedia alla voce *gorilla*, o leggere un articolo dedicato all'argomento da una delle riviste di buona divulgazione geografica e naturalistica che si vendono in edicola o in libreria. Potremo recuperare anche il raccontino su Willie B., che farà parte di un discorso più ampio, e di impostazione differente. Perciò anche la storiella di Willie B. non potrà essere presentata con il taglio divertente di tipo giornalistico del testo 1 (ma ciò non ci obbliga a un'esposizione mortalmente noiosa):

Dei gorilla si conoscono due sottospecie: il gorilla occidentale, che vive nell'ovest dell'Africa equatoriale, e il gorilla orientale, nel bassopiano e sui monti dell'Africa centrale. Benché sia protetta, quella del gorilla è una delle specie minacciate dal pericolo di estinzione. Infatti, le leggi sulla protezione dei parchi nei quali vivono gli animali sono violate da cacciatori senza scrupoli, che uccidono gli esemplari per rivenderne a poco prezzo la testa e le zampe ai turisti. Inoltre, i gorilla sono animali poco prolifici.

Per quanto i giardini zoologici siano stati messi sotto accusa, per i noti motivi, dalla coscienza ecologica moderna, lo zoo può risultare per i gorilla un ambiente più sicuro dei parchi nei quali dovrebbero vivere liberi e indisturbati. Purtroppo, negli zoo la fertilità dell'animale si riduce ulteriormente; e non sempre i giardini zoologici riescono ad avere un maschio e una femmina.

È interessante, per conoscere il comportamento di questi animali, il caso di Willie B., un gorilla solitario dello zoo di Atlanta, al quale un frequentatore del giardino zoologico, che commercia in apparecchi televisivi, ha regalato un televisore. Willie B. è diventato un appassionato spettatore televisivo, e ha mostrato una netta preferenza per le partite di football; quando vede la pubblicità degli alimentari, si avventa contro lo schermo agitando il pugno. A quanto si dice, detesta invece il telegiornale e le interviste; perciò un inserviente dello zoo lo paragona a un bambino, riproponendo l'antico problema del rapporto tra l'uomo e la scimmia.

Non è un testo tecnico (uno zoologo o un etologo si diffonderebbero su molti altri aspetti), ma è un testo che pone il problema generale della sopravvivenza di questa razza di scimmie, accenna rapidamente ai gorilla allo stato libero e in cattività, e alla loro riproduzione (connessa alla continuazione della razza), e usa l'episodio di Willie B. per illustrare un aspetto del comportamento dell'animale (una notazione di tipo etologico: l'etologia è lo studio del comportamento animale).

In un testo di questo genere, l'informazione ritardata del testo originale, riportato nel § 4, non si può mantenere; e si osservi anche che la battuta in discorso diretto («Dice un amico: «È come un bambino piccolo») è riassorbita nel discorso indiretto («un inserviente dello zoo lo paragona a un bambino») e riportata a un problema più generale («l'antico problema del rapporto tra l'uomo e la scimmia»), esprimendo in modo esplicito ciò che il testo originale si limitava a suggerire.

L'aneddoto di Willie B. è utilizzato in una **prospettiva** e con un **punto di vista** diversi, e anche se il contenuto resta uguale, il testo deve essere riorganizzato in modo nuovo. Il **centro di gravità** del testo riformulato da ultimo sta nel muoversi tra due livelli differenti di discorso, uno generale e uno particolare, che s'intrecciano. In altre parole, l'aneddoto originale, ristretto a un episodio specifico, è diventato il filo particolare che, insieme con altri, s'intreccia con considerazioni più generali.

Esercizio 1

Il lettore è invitato ora a scrivere alcuni testi non ricavati dall'esperienza personale. Prenderemo in considerazione una poesia di Giuseppe Ungaretti (Alessandria d'Egitto 1888 - Milano 1970), *I fiumi*. Anzitutto, è necessario leggere il testo e capirlo; inoltre, poiché *I fiumi* sono una lirica di argomento autobiografico, occorre conoscere i momenti essenziali della vita dell'autore. I testi che il lettore sarà invitato a comporre dipendono perciò

1. dal testo della poesia (con qualche spiegazione minima, per comprenderne il significato letterale);
2. dalla conoscenza della biografia dell'autore, quale si può avere da qualsiasi enciclopedia o storia della letteratura italiana.

Riportiamo qui di seguito l'informazione necessaria, cominciando con il punto 1.

I fiumi

Mi tengo a quest'albero mutilato
abbandonato in questa dolina
che ha il languore
di un circo
prima o dopo lo spettacolo
e guardo
il passaggio quieto
delle nuvole sulla luna

La *dolina* è una formazione rocciosa frequente nel paesaggio del Carso; tra le sue forme c'è quella *a ciotola* o *scodella*, che rende ragione dell'accostamento della *dolina* a un *circo*.

Stamani mi sono disteso
in un'urna di acqua
e come una reliquia
ho riposato

in un'urna di acqua: in un vaso pieno d'acqua: siamo sull'Isonzo, e si allude a un punto dove la corrente del fiume è calma e consente di bagnarsi. Ma l'*urna* era anche il recipiente per le ceneri dei defunti, e tale significato prepara l'associazione con la *reliquia* del v. 11.

L'Isonzo scorrendo
mi levigava
come un suo sasso

Ho tirato su
le mie quattr'ossa
e me ne sono andato
come un acròbata
delle acque

Mi sono accoccolato
vicino ai miei panni
sudici di guerra
e come un beduino
mi sono chinato
a ricevere
il sole

Questo è l'Isonzo
e qui meglio
mi sono riconosciuto
una docile fibra
dell'universo

Il mio supplizio
è quando
non mi credo
in armonia

in armonia: in armonia con l'universo.

Ma quelle occulte
mani
che mi intridono
mi regalano
la rara
felicità

occulte: nascoste, misteriose.

mi intridono: mi bagnano, mi cospargono d'acqua.

Ho ripassato
le epoche
della mia vita

Questi sono
i miei fiumi
questo è il Serchio
al quale hanno attinto
duemil'anni
forse
di gente mia
campagnola
e mio padre e mia madre
e questo è il Nilo
che mi ha visto
nascere e crescere
e ardere d'inconsapevolezza
nelle estese pianure
protette d'azzurro
e questa è la Senna
e in quel suo torbido
mi sono rimescolato
e mi sono conosciuto

hanno attinto: alla lettera, hanno preso acqua. Ma il riferimento è al Serchio come fonte di vita della sua famiglia.

Questi sono i miei fiumi
contati nell'Isonzo
e questa è la mia nostalgia
che in ognuno
mi traspare
ora ch'è notte
che la mia vita mi pare
una corolla
di tenebre

Cotici il 16 agosto 1916

Per comodità del lettore, riportiamo ora alcune informazioni sulla vita di Ungaretti. In una buona storia della letteratura italiana, o in un'enciclopedia, si troveranno le notizie seguenti, che qui si offrono già selezionate in vista della comprensione della poesia riportata qui sopra.

> Giuseppe Ungaretti nacque nel 1888 ad Alessandria d'Egitto, da famiglia originaria della provincia di Lucca. Nel 1912 andò a Parigi e si iscrisse alla Facoltà di Lettere della Sorbona. Allo scoppio della prima guerra mondiale si arruolò nell'esercito italiano come soldato semplice e combatté nel Carso. Nel 1917 pubblicò un piccolo libro di liriche, *Il porto sepolto*, nel quale è già incluso il testo dei *Fiumi*; nel 1919 uscì l'*Allegria di naufragi*, che include la raccolta precedente e aggiunge nuovi componimenti. In una nuova edizione, uscita nel 1931, il libro prese il suo titolo definitivo, *L'allegria*. Ungaretti morì a Milano nel 1970, dopo aver insegnato lingua e letteratura italiana a San Paolo (Brasile) e all'Università di Roma.

È facile raccordare queste indicazioni essenziali con *I fiumi*. Ungaretti scrive nel 1916 e si trova sull'Isonzo, il fiume nato dalle Alpi Giulie, nella zona del Carso (oggi parte della Slovenia), una delle zone di guerra che lo videro presente. Il Serchio scorre vicino a Lucca, e attraversa perciò la regione dalla quale veniva la sua famiglia. La città natale di Ungaretti, Alessandria d'Egitto, sorge sul delta formato dalle foci del Nilo; e la Senna è il fiume che attraversa Parigi.

Partendo da queste informazioni, il lettore è invitato a scrivere un testo di circa 250 parole che non si proponga lo scopo di giudicare il valore letterario della poesia, ma piuttosto

1. ne sintetizzi il contenuto;
2. ne mostri l'organizzazione interna, particolarmente l'alternanza tra presente e passato e la coincidenza o meno tra ordine dell'esposizione e successione nel tempo delle varie tappe della vita di Ungaretti.

Come titolo proponiamo: *Contenuto e organizzazione dei «Fiumi» di Giuseppe Ungaretti*.

⇒ Nel testo si faccia distinzione tra la persona reale di Ungaretti (e la sua vita) e l'Ungaretti che si esprime nei *Fiumi*, cioè l'Ungaretti in quanto si esprime nella lirica (a questo secondo proposito, si usi la formula «il personaggio che dice *io*»). **[R]**

Esercizio 2

Fornire la scaletta che sta dietro il testo dei *Fiumi*.

Esercizio 3

Il v. 58 allude all'età della giovinezza con le parole *ardere d'inconsapevolezza* (mentre al v. 64 un'età più matura è espressa con *mi sono conosciuto*). Il lettore è invitato a scrivere un testo di circa 1000 battute nel quale

1. si spieghi il significato delle due espressioni nel testo di Ungaretti;

2. si dia un argomento a favore dell'idea della giovinezza come «età inconsapevole»;
3. si dia un argomento contrario all'idea della giovinezza come «età inconsapevole»;
4. si rafforzi l'argomento del punto 2 o del punto 3 con un breve racconto esemplificativo.

6. Fra generale e particolare

Anche testi brevi, come quelli che si sono esaminati in questo capitolo, utilizzano procedimenti di una certa complessità, attuano cioè alcune operazioni mentali che è utile esaminare, prima di discutere testi più ampi ed elaborati. Nel § 4 abbiamo parlato della posizione dell'informazione principale, da collocare all'inizio del testo e dei capoversi.

Una caratteristica già notata in questo capitolo consiste nell'**alternanza di generale e particolare**. La mente e il discorso si muovono spontaneamente su due piani diversi: il riferimento a circostanze individuali si alterna infatti di continuo a considerazioni più generali, riguardanti fatti o riflessioni che interpretano e riempiono di significato un episodio circoscritto.

Si possono individuare due movimenti opposti: dal generale al particolare e dal particolare al generale.

Rileggiamo un passo della conversazione alla mensa di Trimalchione, l'arricchito inventato dalla fantasia di Petronio (la pagina è riprodotta nella Finestra 3 del cap. II): «Il giorno non dura un accidenti. Mentre ti giri si fa notte. *Per cui* non c'è nulla di meglio che passare dal letto alla tavola». Parla un certo Dama, secondo il quale la brevità della giornata (piano generale) consiglia di passare il tempo nel sonno e nei piaceri della tavola. Non ci interessa discutere il valore logico del procedimento (dalla rapidità con cui percepiamo il trascorrere del tempo si possono ricavare conclusioni diverse da quelle di Dama), ma solo mettere in rilievo la transizione da una verità (o da una presunta verità) a una norma di comportamento individuale.
Nel seguito delle parole di Dama si nota di nuovo una **transizione dal generale al particolare**: «Una bevanda calda vale un vestito [considerazione generale]. Ne ho prese tante che sono ubriaco [considerazione particolare]». Prende la parola un altro commensale, Seleuco, collegandosi a un accenno di Dama sul prendere un bagno; si noti come Seleuco parta dal proprio comportamento personale per generalizzarlo (si ha perciò **transizione dal particolare al generale**, segnalata dal *perché* stampato in corsivo): «Non ho l'abitudine di lavarmi tutti i giorni, *perché* il bagno sgrassa e l'acqua è come se avesse dei denti coi quali ogni giorno porta via un po' del nostro corpo». Il lettore è invitato a proseguire la lettura del testo, individuando altri passaggi dal generale al particolare o nella direzione inversa.

Un caso un po' diverso è nell'articolo di Fruttero e Lucentini riprodotto nella Finestra 3. Il primo capoverso informa (e non interessa ora se la notizia sia vera o falsa) sulle spiacevoli conseguenze del turismo di massa in prossimità della cima del monte Everest, in Asia. Forse Fruttero e Lucentini hanno preso spunto dai rifiuti che i turisti disseminano nelle loro passeggiate ed escursioni alpine, e hanno proiettato la stessa situazione a quota 8000. Nel secondo capoverso gli autori si divertono a estendere la notizia dell'inquinamento alla catena americana delle Ande, e ad avanzare una previsione analoga per la Luna e per Marte, non appena le agenzie di viaggio lanceranno la moda dei viaggi organizzati interplanetari. Dunque neppure il sistema solare si salverà dalla plastica e dalle lattine di birra e Coca Cola: il cerchio dell'inquinamento è destinato ad allargarsi inesorabilmente. In questo caso, la generalizzazione si raggiunge per cerchi sempre più larghi, suggerendo, in modo non esplicito ma chiaro, la conclusione inevitabile: l'inquinamento è universale.

Nel § 2 abbiamo parlato di titoli con argomento e tesi, nei quali la tesi funziona da restrizione dell'argomento; l'argomento è più generale della tesi. Un testo che sviluppa un titolo sarà tanto migliore quanto più giocherà sull'intreccio fra generale e particolare:

- il traffico nelle ore di punta,
- l'aggressività degli automobilisti,
- un episodio concreto che illustra le premesse;

ma si tenga presente che un testo non necessariamente si muove dal generale al particolare o dal particolare al generale: può anche intrecciare di continuo i due piani.

Un altro punto importante riguarda il modo di fornire l'informazione. L'argomento di un testo va dichiarato esplicitamente all'inizio del testo (§ 4); e se il testo è di una certa lunghezza, ogni capoverso sarà organizzato in modo analogo.

Questa organizzazione concettuale si riflette sull'esposizione: un testo offre, normalmente, un'informazione più ampia la prima volta che affronta un argomento; quest'ultimo è poi richiamato, in seguito, in modo più breve.

La voce di enciclopedia di R. Romeo su Cavour, che si è ricordata più volte (cap. IV, § 3), ha per titolo **Cavour, Camillo Benso conte di**; e nella voce il protagonista è designato, in forma abbreviata, semplicemente come **C**. Non è consigliabile usare simili abbreviazioni in testi che non hanno la struttura della voce di enciclopedia; ma qualcosa di simile avviene ogni volta che

- si dedica un testo o parte di un testo a un personaggio. Questi sarà chiamato la prima volta per nome e cognome, in seguito solo per nome o solo per il cognome. Per esempio: «Dobbiamo ricordare ora l'ingresso deciso, nella vita politica italiana, di Gabriele D'Annunzio. D'Annunzio, prima del 1919, aveva avuto un impegno politico diretto solo nel 1897, quando era stato eletto deputato»;

Si può anche organizzare diversamente l'esposizione, limitandosi alla pura menzione del nome, seguita da una ripresa più ampia, per es.: «... di D'Annunzio. Gabriele D'Annunzio (Pescara 1863-Gardone Riviera 1938)...». In ogni caso, l'informazione è distribuita secondo un criterio.

- si introduce un termine che merita di essere definito, o un personaggio da presentare con una breve informazione. Per esempio: «In Italia la voga dell'etologia risale agli anni Settanta. Lasciando da parte gli altri significati della parola, per etologia si intende qui lo studio del comportamento animale»;

Analogamente, nel cap. I, § 1 di questo libro si è scritto: «un esperto canadese di mezzi di comunicazione di massa, Marshall McLuhan»; si sarebbe anche potuto scrivere: «Marshall McLuhan, un esperto canadese di comunicazioni di massa».

La **citazione di un autore** può rafforzare la tesi argomentata dal testo. In rapporto all'argomento discusso, varia la scelta degli autori che si possono citare: l'importante è che essi siano davvero autorevoli, e cioè che, sull'argomento in discussione, abbiano maturato un punto di vista degno di essere ricordato. Se ne può vedere un esempio nel quarto capoverso dell'articolo di Fruttero e Lucentini, in cui si citano due scrittori francesi, Valéry e Apollinaire, per sostenere che il nostro pianeta, ormai tutto esplorato e conosciuto, non riserva ai suoi abitanti il fascino dell'ignoto. La riflessione sul noto e l'ignoto nel mondo, svolta da intellettuali come Valéry e Apollinaire, è certamente significativa; molto meno senso avrebbe domandare a un filosofo che ha passato la vita nello studio dell'interpretazione un parere sull'inquinamento, che andrebbe richiesto a un esperto di ecologia. In ogni caso, l'autorevolezza è cosa ben diversa dall'autoritarismo; e anche un argomento autorevole può essere sottoposto a un esame critico. È lecito, comunque, rafforzare un punto di vista con quanto è stato detto da altri autori sull'argomento.

La citazione di esperti che esprimono un parere su ciò in cui sono davvero competenti è, nei limiti ora accennati, cosa diversa dal sistema pubblicitario consistente nell'affidare la pubblicità di un prodotto a un personaggio famoso. Se una diva del cinema o della canzone propaganda un sapone di basso costo, le si può riconoscere una certa autorità, perché la cura del corpo e della bellezza è parte importante della sua professione (c'è solo da chiedersi, con un certo scetticismo, se il personaggio usi davvero quel prodotto nella vita reale); ma se la stessa diva è chiamata a esaltare le virtù terapeutiche di un'acqua minerale, allora il valore argomentativo del richiamo è nullo; invece, potrà essere eccellente il risultato in termini di vendite, perché l'associazione tra un prodotto e un *testimonial* di successo (come si dice oggi) è un eccellente ritrovato pubblicitario. Ma, appunto, qui si discute del valore argomentativo, razionale di un testo professionale, e non delle associazioni, fondate sulla suggestione, su cui fanno leva le tecniche pubblicitarie.

Infine, va menzionato il **confronto**, organizzato per via di **somiglianza** oppure di **contrasto**. Il secondo procedimento è utilizzato nell'articolo di Fruttero e Lucentini (al quarto e al sesto capoverso) lì dove al presente, con la sua facilità di spostamenti, si oppone un passato in cui, senza muoversi da casa, si viaggiava con la fantasia, con l'aiuto di un atlante. Il paragone tra due situazioni (in questo caso tra due società di tempi differenti) si risolve in un'**antitesi**. Naturalmente, il confronto può risolversi nella somiglianza, nella differenza, o in un intreccio di somiglianza e differenza.

Il confronto-contrasto porta al capoverso finale che propone, in chiave un po' paradossale, l'ideale del sedentario, che si rifiuta ai viaggi organizzati, troppo inquinanti e a portata di mano. Sono contrastanti le composizioni sulle vacanze in montagna di Rossana e di Enzo (§ 2). In altri casi, il medesimo testo sintetizza due punti di vista o due comportamenti diversi, per via di contrasto (si veda la storia di Ron e Jon, cap. VIII, Finestra 4).

Esercizi di composizione

1. I titoli di cui si è parlato nel § 2 devono contenere un argomento e una tesi. Il lettore è invitato a spuntare, dalla lista che segue, i numeri che contengono entrambi.

1. Le partite di calcio attirano grandi folle di tifosi.
2. L'automobile fa sentire la propria presenza tanto agli automobilisti che ai pedoni.

3. Le ore di punta esaltano il lato peggiore degli automobilisti aggressivi.
4. Quando un incidente automobilistico rivela la solidarietà.
5. L'evoluzione tecnica dell'automobile è continua.
6. L'evoluzione tecnica dell'automobile mette al primo posto la sicurezza.
7. L'evoluzione tecnica dell'automobile mette al primo posto il risparmio dei consumi.
8. L'evoluzione tecnica dell'automobile mette al primo posto la riduzione dell'inquinamento.
9. La moda maschile (*o* la moda femminile).
10. La moda maschile (*o* la moda femminile) di quest'anno migliora.
11. La moda maschile (*o* la moda femminile) di quest'anno peggiora.
12. I costi della medicina in Italia.
13. I costi del servizio sanitario in Italia sono troppo alti per lo Stato.
14. I costi del servizio sanitario in Italia sono troppo alti per i cittadini.
15. Il Centro Maree di Venezia ha comunicato che l'acqua alta a Venezia ha superato 1 metro e 30 centimetri.
16. A Venezia l'acqua alta di 1 metro e 30 centimetri ha causato guai agli abitanti e ai pendolari.
17. A Venezia l'acqua alta di 1 metro e 30 centimetri ha suscitato la divertita curiosità dei turisti.
18. Il servizio militare.
19. Che cosa mi distrae quando studio.
20. Che cosa mi distrae quando leggo.
21. Un soggiorno lontano da casa ha ampliato la mia esperienza (si evitino riferimenti al divertimento, alla cucina e al puro divertimento turistico). **[R]**

2. Un argomento troppo esteso si presta a una trattazione generica e poco significativa. L'avvertimento vale sempre, e tanto più con testi medi o brevi come quelli di cui si è detto. Il lettore è invitato a

- sottolineare, nella lista che segue, una volta l'argomento, e due volte la tesi;
- spuntare i titoli che non si prestano a una trattazione entro la misura breve e media (non si faccia differenza tra i due tipi perché, sempre per convenzione, si è considerato il testo medio come un'espansione del testo breve):

1. Il servizio militare obbligatorio dovrebbe essere soppresso in tutto il mondo.
2. Il servizio civile in Italia dovrebbe concentrarsi sui beni culturali.
3. Il servizio militare in Italia dovrebbe estendersi alle donne.
4. Molte volte la lotta politica si serve delle armi.
5. La storia recente del Pakistan mostra il ruolo decisivo delle armi nella lotta politica tra gruppi diversi.
6. Le vacanze estive sono meravigliose.
7. Nella società moderna la pubblicità incide significativamente sulle attività economiche e sulla psicologia dei consumatori.

8. La pubblicità televisiva usa con insistenza il richiamo sessuale.
9. La dieta è una mania collettiva.
10. La dieta è inutile.
11. La dieta è dannosa.
12. La dieta fa bene.
13. La dieta può incoraggiare l'anoressia.
14. La parità fra i sessi è una realtà.
15. Negli Stati Uniti l'accesso al lavoro è più facile per le donne che per gli uomini.
16. La parità fra i sessi è un obiettivo desiderabile.
17. La parità fra i sessi è un obiettivo indesiderabile.
18. Le opportunità di lavoro in Italia dimostrano che la parità tra i sessi non è ancora totale.
    [R]

3. Dalle due liste che precedono il lettore è invitato a svolgere almeno 4 argomenti, 2 nella misura breve, gli altri nella misura lunga. Si consiglia di scegliere almeno una coppia di argomenti con tesi in conflitto tra loro.

Esercizio

Si distinguano, per esempio con evidenziatori di colore diverso, circostanze individuali e riflessioni generali nel *Contributo alla critica di me stesso* di Benedetto Croce, di cui si sono riportate alcune pagine nel capitolo IV, Finestra 1.

Finestra 1. L'ambiente della lettura

La lettura è un piacere che si accompagna alla capacità, e al gusto, di raccogliersi in sé stessi, e di dedicarsi a un'attività alla quale il lettore imprime il ritmo, la velocità, le pause che preferisce (mentre una trasmissione televisiva scorre davanti agli occhi dello spettatore senza che questi abbia la possibilità di regolarne il flusso). Tuttavia l'organizzazione della vita e più precisamente dell'ambiente fisico e dei rumori della casa non sempre incoraggia questa esperienza. Vediamo come Italo Calvino, nella pagina iniziale di un romanzo del 1979, *Se una notte d'inverno un viaggiatore*, invita ad appropriarsi di uno spazio di libertà fisica e interiore.

> Stai per cominciare a leggere il nuovo romanzo *Se una notte d'inverno un viaggiatore* di Italo Calvino. Rilassati. Raccogliti. Allontana da te ogni altro pensiero. Lascia che il mondo che ti circonda sfumi nell'indistinto. La porta è meglio chiuderla; di là c'è sempre la televisione accesa. Dillo subito, agli altri: «No, non voglio vedere la televisione!» Alza la voce, se no non ti sentono: «Sto leggendo! Non voglio essere disturbato!» Forse non ti hanno sentito, con tutto quel chiasso; dillo più forte, grida: «Sto cominciando a leggere il nuovo romanzo di Italo Calvino!» O se non vuoi non dirlo; speriamo che ti lascino in pace.
> Prendi la posizione più comoda: seduto, sdraiato, raggomitolato, coricato. Coricato sulla schiena, su un fianco, sulla pancia. In poltrona, sul divano, sulla sedia a dondolo, sulla sedia a sdraio, sul pouf. Sull'amaca, se hai un'amaca. Sul letto, naturalmente, o dentro il letto. Puoi anche metterti a testa in giù, in posizione yoga. Col libro capovolto, si capisce.

Certo, la posizione ideale per leggere non si riesce a trovarla. Una volta si leggeva in piedi, di fronte a un leggio. Si era abituati a stare fermi in piedi. Ci si riposava così quando si era stanchi d'andare a cavallo. A cavallo nessuno ha mai pensato di leggere; eppure ora l'idea di leggere stando in arcioni, il libro posato sulla criniera del cavallo, magari appeso alle orecchie del cavallo con un finimento speciale, ti sembra attraente. Coi piedi nelle staffe si dovrebbe stare molto comodi per leggere; tenere i piedi sollevati è la prima condizione per godere della lettura.
Bene, cosa aspetti? Distendi le gambe, allunga pure i piedi su un cuscino, su due cuscini, sui braccioli del divano, sugli orecchioni della poltrona, sul tavolino da tè, sulla scrivania, sul pianoforte, sul mappamondo. Togliti le scarpe, prima. Se vuoi tenere i piedi sollevati; se no, rimettitele. Adesso non restare lì con le scarpe in una mano e il libro nell'altra.
Regola la luce in modo che non ti stanchi la vista. Fallo adesso, perché appena sarai sprofondato nella lettura non ci sarà più verso di smuoverti. Fa' in modo che la pagina non resti in ombra, un addensarsi di lettere nere su sfondo grigio, uniformi come un branco di topi; ma sta' attento che non le batta addosso una luce troppo forte e non si rifletta sul bianco crudele della carta rosicchiando le ombre dei caratteri come in un mezzogiorno del Sud. Cerca di prevedere ora tutto ciò che può evitarti d'interrompere la lettura. Le sigarette a portata di mano, se fumi, il portacenere. Che c'è ancora? Devi far pipì? Bene, saprai tu.

Finestra 2. Informazione principale e unità del testo

«Non obbligare il lettore a leggere una colonna di roba prima che cominci a capire che cosa è successo»: così raccomanda Piero Ottone nel decalogo per i giornalisti (cap. III, § 3). Ma non tutti si attengono a questa savia raccomandazione. Nel supplemento culturale del *Sole-24 Ore* del 17 novembre 1996 è apparso un articolo sulla mostra, presso l'Università di Roma «La Sapienza», di alcune sculture etrusche che raffigurano un episodio del mito di Tebe nell'antica Grecia. Scoperte a Pyrgi, il porto dell'antica città etrusca di Caere, le sculture sono state restaurate ed esposte al pubblico; tuttavia all'argomento principale si arriva solo con l'ottavo capoverso, sul totale dei 14 in cui è diviso l'articolo. Nei primi sette l'autore, Giovanni Pettinato, racconta l'episodio del mito raffigurato dalle sculture, e cioè la guerra tra i due fratelli Eteocle e Polinice per il governo della città. Essi hanno stabilito di regnare a Tebe un anno per uno, e il primo turno tocca a Eteocle. Scaduto l'anno, Eteocle rifiuta di cedere il potere a Polinice, che si presenta con un potente esercito per stringere Tebe d'assedio. Nella guerra, cadranno entrambi i fratelli, adempiendo la profezia del padre Edipo (a cui Freud ha intitolato il celebre complesso) e continuando il ciclo tragico che contrassegna la storia mitica di Tebe. Pettenato espone l'episodio del mito con molta competenza, e si fonda sull'*Iliade* di Omero e soprattutto sui *Sette a Tebe* di Eschilo, il più antico autore greco di tragedie a noi noto.

Il fatto è, però, che le sculture della mostra vengono da una civiltà, quella etrusca, che rimase politicamente autonoma dalla Grecia, anche se in stretti rapporti con il mondo greco. Perciò quelle sculture sono importanti per il loro valore artistico e perché documentano il gioco delle influenze tra civiltà diverse tra loro. È chiaro che sul mito greco di Edipo siamo informati in primo luogo da testimonianze di origine greca; ma sarebbe stato meglio se la notizia della mostra e della diffusione del mito greco in area etrusca fosse stata data subito, in modo da individuare subito la prospettiva sulla storia dei due fratelli quale, ovviamente, si ricava da Omero e soprattutto da Eschilo. È vero che titolo, soprattitolo, sottotitolo e fotografia delle sculture accompagnate dalla didascalia orientano il lettore; ma il testo comincia e prosegue a lungo senza mettere in rilievo il suo argomento principale.

Difettoso non per la qualità, ma per la distribuzione dell'informazione, l'articolo è criticabile anche per un altro motivo: la scarsa unità. Infatti, i tre paragrafi finali si soffermano sui problemi del finanziamento delle ricerche archeologiche (che sono costose) presso «La Sapienza» di Roma, sui malumori degli studiosi di altre materie, che ritengono troppo alti i finanziamenti erogati alle ricerche archeologiche, e sul malcontento che serpeggia tra gli stessi archeologi, perché non tutti gli scavi sono finanziati con la stessa generosità. A questo punto, l'autore conclude offrendo un consiglio alla commissione incaricata di valutare le ricerche di cui i diversi gruppi di archeologi richiedono il finanziamento: un problema certo importante, ma che interessa un gruppo ristretto di destinatari e non le persone colte, cui stanno a cuore semplicemente la notizia della scoperta e il significato culturale e artistico dell'opera esposta nella mostra. La discussione sui criteri di finanziamento delle ricerche archeologiche in una delle Università italiane avrebbe potuto essere sistemata, in modo molto più opportuno, in un intervento separato dalla presentazione della mostra.

Finestra 3. Una composizione umoristica

L'articolo di Fruttero e Lucentini intitolato *Ulisse resta a casa* ha una partenza simile a quella dello svolgimento di Enzo (§ 2); ma l'impianto è molto diverso. A Enzo, infatti, si è chiesto di trattare, in chiave autobiografica, la materia della vacanza in montagna in rapporto alla vita cittadina. Sono invece le vacanze l'argomento dell'articolo dei due giornalisti-saggisti, e al di fuori di ogni riferimento personale. L'articolo di Fruttero e Lucentini ha l'andamento di un **saggio** umoristico e satirico, con finte pretese di serietà (anche se un fondo di serietà non manca). L'argomentazione è svolta in modo paradossale e comico. Alcune parole inventate, di facile comprensibilità (*Netturbelicotteri, disiscoprisse*) contribuiscono alla vivacità del pezzo.

> «Cartacce e rifiuti a quota 8000», diceva un tragico titolo apparso tempo fa su questo giornale [*La Stampa*]. Il trafiletto riferiva che la cima dell'Everest, visitata da innumerevoli comitive di scalatori, è ormai cosparsa d'immondizie e rottami d'ogni specie, tende, scatolame, macchinette e arnesi vari, piatti, tazze, posate, bombole vuote, senza contare i «borsini» di plastica, simbolo onnipresente della nostra civiltà.
>
> Ma tutta la immane catena – a quanto risulta da una «Conferenza per l'Himalaya» tenuta in questi giorni a Monaco di Baviera – è nelle stesse condizioni. Non diversa, immaginiamo, sarà la situazione sulle Ande. E lo stesso accadrà sulla Luna, su Marte, non appena ci si potrà andare con un'agenzia di viaggi.
>
> Anche chi non ha la passione della montagna ed è indifferente all'astronautica

non può non provare una gelida stretta al cuore. È troppo poco farne una questione d'educazione, auspicare corsi di buone maniere alpinistiche, metter su un sistema di divieti, controlli, ammende salate, risarcimenti. Una fila di escursionisti compunti come collegiali, un campo-base tenuto come una caserma prussiana, una meticolosa raccolta di spazzatura mediante netturbelicotteri delle nevi, non toglierebbero purtroppo nulla all'intrinseco orrore della faccenda. Sì, si potranno limitare i danni; ma il danno essenziale, il danno metafisico e irreparabile, sta nel fatto che su quelle vette favolose ci sia un cartello che avverte: «I trasgressori saranno puniti ai sensi dell'art. 261».

Già più di mezzo secolo fa Paul Valéry, a chi gli chiedeva che cosa distinguesse l'epoca moderna da tutte le altre, rispondeva: la scomparsa di terre ignote. E, prima di lui, Apollinaire invocava l'arrivo di un Colombo che «disiscoprisse» l'America, per ridare un po' di spazio a questo pianeta ormai totalmente esplorato, cartografato, conquistato, e quindi miseramente ristretto come un guanto di lana lavato in acqua bollente.

Soprattutto il sedentario profittava di quei territori sconfinati e misteriosi, di quelle cime vergini, di quei poli inaccessibili; soprattutto il timido profittava di quelle avventure, di quelle sfide di piccoli uomini alle forze ancora titaniche della natura, venti e ghiacci, cascate e foreste, sabbie e oceani.

Ma quale esultanza, quale esaltazione possiamo condividere dalle nostre poltrone con un indomito imbecille che, oggi, attraversa l'Atlantico in sandolino? Con altra brava gente, che si toglie la soddisfazione di rischiare (moderatamente) la vita nel Sahara, nel Congo, nell'Himalaya? Sono coraggi turistici, temerarietà sfiziose, vane emulazioni, fatue, pubblicitarie scimmiottature, che contribuiscono a creare attorno al globo la più inquinante delle atmosfere, quella dell'inautenticità.

Viene il sospetto che un uomo autentico, un duro, un degno erede di Ulisse, sia oggi colui che, disdegnando le imprese di seconda e terza mano, resistendo alle avventure del «tutto compreso», resta a casa sua, accanitamente, eroicamente immobile.

Finestra 4. Narratori, interni domestici, carattere dei personaggi

Nel *Papà Goriot* (1835) del narratore francese Honoré de Balzac (1799-1850) si descrive l'ambiente di una pensione parigina, nel quale si svolge una parte del racconto.

Questo salotto, ammobiliato con poltrone e sedie di crine a righe alterne opache e lucide, è tristissimo a vedersi. Occupa il centro un tavolo rotondo col piano in marmo di Sant'Anna, su cui fa pompa di sé un vassoio di porcellana bianca adorno di filetti d'oro cancellati a metà, del tipo che oggi si trova dappertutto. La stanza, piuttosto mal pavimentata, è rivestita di legno ad altezza d'uomo. Sopra il rivestimento, le pareti sono tappezzate di carta rappresentante le principali scene del Télémaque, con i classici personaggi in colore. Sul pannello tra le due finestre a grata gli ospiti possono ammirare la scena del banchetto offerto al figlio di Ulisse da Calipso. Da quarant'anni il dipinto provoca le battute dei pensionanti giovani, che pensano di rendersi superiori alla loro posizione facendo dello spirito sul desinare a cui la povertà li condanna. Il caminetto di pietra, la cui pulizia attesta che vi si accende il fuoco solo nelle grandi occasioni, è adorno di due vasi di vecchi fiori artificiali sotto vetro che si accompagnano a una pendola in marmo bluastro di gusto atroce. In questo primo locale regna un odore che non ha nome nella lingua corrente: lo si potrebbe definire odore di pensione. È un puzzo di chiuso, di stantio, di rancido, che mette freddo, dà una sensazione di umidità al naso, impregna i vestiti. Sa di stanza in cui si è mangiato, di servizio, di cucina, di ospizio. Si potrebbe forse descrivere l'odore in questione se si riuscisse a inventare un modo per misurare le particelle elementari e nauseabonde che vi diffondono le esalazioni catarrali e sui generis dei singoli pensionanti, giovani e vecchi.

La virtù di Checchina, una novella di Matilde Serao (Patrasso 1857-1927), pubblicata nel 1883, fa entrare subito il lettore in un interno romano piccolo borghese dell'Ottocento. Si noti l'uso delle lineette, molto simili alla struttura a lista (cap. III, § 2) di cui si è parlato più volte:

Isolina si era buttata sul divano di *cretonne* giallina, a fiori rossi, molto duro, dalla spalliera diritta: guardava distrattamente il salotto. Vi erano quattro poltroncine coperte di stoffa simile a quella del divano, coi quadrati all'uncinetto per ripararne la spalliera contro la pomata delle teste; stavano attorno attorno a una tavola rotonda, dal marmo bianco. Sul marmo, senza tappeto, un sottolume di guttaperca rossastra e un lume di antico modello, a olio, senza paralume. Poi: sei sedie di legno nero, dal colore smorto, che sembravano sempre impolverate – una mensola coperta di marmo bigio, su cui stavano sei tazze di porcellana bianca, la caffettiera e la zuccheriera; due scatole da confetti, vuote, vecchie, una di raso verde pallido, l'altra di paglia, a nappine; un piattino di frutta artificiali, anche queste in marmo, dipinte vivacemente, il fico, il pomo, la pesca, la pera e un grappoletto di ciliege – un tavolino da giuoco, coperto di panno verde, coi pezzi laterali abbassati – all'unica finestra le tendine di velo ricamato, molto trasparenti, molto strette, colle bende di *cretonne*. Innanzi al divano un piccolo tappeto. Era tutto.

Nel romanzo di cui si è già riportato l'inizio, Calvino dà vita ai personaggi del Lettore e della Lettrice. Facciamo la conoscenza di quest'ultima, attraverso la descrizione della sua cucina.

La cucina è la parte della casa che può dire più cose di te: se fai da mangiare o no (si direbbe di sì, se non tutti i giorni, abbastanza regolarmente), se per te sola o anche per altri (spesso per te sola ma accuratamente come se lo facessi anche per altri; e qualche volta anche per altri ma con disinvoltura come se lo facessi per te sola), se tendi al minimo indispensabile o alla gastronomia (i tuoi acquisti e armamentari fanno pensare a ricette elaborate ed estrose, almeno nelle intenzioni; non è detto che tu sia golosa, ma l'idea di cenare con due uova al tegame potrebbe metterti tristezza), se stare ai fornelli rappresenta per te una penosa necessità o anche un piacere (la minuscola cucina è attrezzata e disposta in modo da potertici muovere con praticità e senza troppi sforzi, cercando di non fermartici troppo ma anche di poterci stare non di malavoglia). Gli elettrodomestici stanno al loro posto d'utili animali i cui meriti non possono esser dimenticati, anche senza tributar loro un culto speciale. Tra gli utensili si nota qualche estetismo (una panoplia di mezzelune di grandezza decrescente, quando ne basterebbe una) ma in genere gli elementi decorativi sono anche oggetti utili, con poche concessioni al grazioso. Sono le provviste che possono dirci qualcosa di te: un assortimento d'erbe aromatiche, alcune certo d'uso corrente, altre che paiono star lì per completare una collezione; lo stesso si dica per le mostarde; ma sono soprattutto le collane di teste d'aglio appese a portata di mano a indicare un rapporto coi cibi non distratto o generico. Un'occhiata al frigorifero può permettere di raccogliere altri dati preziosi: nei palchetti portauova c'è rimasto un solo uovo; di limoni ce n'è solo mezzo e mezzo secco; insomma, nei rifornimenti essenziali si nota qualche trascuratezza. In compenso c'è crema di marroni, olive nere, un vasetto di salsifis o scorzobianca: è chiaro che nel far la spesa ti lasci attrarre dalle merci che vedi esposte, più che avere in mente ciò che manca in casa.

Osservando la tua cucina dunque si può ricavare una immagine di te come donna estroversa e lucida, sensuale e metodica, che mette il senso pratico al servizio della fantasia. Qualcuno si potrebbe innamorare di te solo a vedere la tua cucina? Chissà: forse il Lettore, che già era favorevolmente predisposto.

Capitolo sesto

I TEMI DI CONCORSO

Gli argomenti di questo capitolo:

- analizzare il titolo: un problema da risolvere
- strategie organizzative in relazione al titolo
- la stesura pensata
- rileggere e correggere

1. Il tempo disponibile

Tra i molti cimenti a cui un giovane è chiamato quando, dopo la scuola, si avvia a entrare nel mondo del lavoro, c'è anche quello di una prova scritta prevista da molti tipi di concorso per titoli ed esami.

In questi casi una buona padronanza della lingua italiana e delle principali tecniche compositive (scaletta, montaggio, citazione, riassunto ecc.) può rappresentare un'ancora di salvezza, soprattutto se si pensa alla genericità dei programmi richiesti in certi concorsi.

Una delle carenze più vistose dei nostri sistemi di accesso per concorso è proprio la mancanza di programmi chiari e definiti, l'impossibilità per qualunque candidato di prepararsi sulla base di un programma delimitato con chiarezza.

Partecipare a un concorso per titoli ed esami implica a volte, anche quando il lavoro che attende richiederà competenze amministrative o organizzative, accanto a prove tecniche (come l'utilizzazione di un programma di computer), lo svolgimento di un tema di carattere generale (nel migliore dei casi di attualità, in altri, di argomento letterario, storico e così via).

Niente di male se nel periodo postscolastico il candidato di oggi ha continuato a tenere la penna in mano. Più arduo è il caso di chi magari ha abbandonato questa pratica e i pochi temi che ha svolto durante il periodo scolastico restano uno sbiadito ricordo.

Va da sé che a questo punto il primo consiglio utile che ci sentiamo di dare a un giovane che entra nel mondo del lavoro, o che comunque intende sostenere un concorso per migliorare il proprio livello, è quello di non perdere mai di vista la grammatica italiana, di tenersi sempre a portata di mano un buon vocabolario della lingua: anche quando la prova scritta si riduce a un test, il fatto che le risposte siano stilate in modo formalmente corretto, senza errori di ortografia e sintassi, ha un suo rilievo tutt'altro che secondario.

Si può tener vivo l'esercizio dello scrivere anche attraverso corrispondenze private, attraverso il fax, i diari, i resoconti, i verbali, perché in questo modo sarà meno traumatico riprendere confidenza con una pratica (come quella della scrittura di temi) che si fa più presto a dimenticare che a ricordare al momento giusto. Si impara a scrivere, lo si è già detto in altri luoghi di questo manuale, scrivendo (e leggendo), mantenendo questo esercizio come parte integrante del nostro operare quotidiano. Da questo punto di vista è interessante notare come molte persone anziane di cultura modesta o media (che nella loro giovinezza avevano frequentato le scuole elementari e al massimo un paio d'anni di scuola di avviamento e, in ogni caso, non avevano mai sfiorato le soglie dell'Università) rivelano una capacità di esprimersi superiore a quella di un giovane universitario di oggi: in particolare non sprecano aggettivi e avverbi, e ricorrono a un lessico magari non aggiornato ma quasi sempre preciso e pertinente all'oggetto del loro discorso. Insomma non hanno perso una competenza proprio perché non hanno mai abbandonato del tutto l'abitudine di scrivere: lettere, biglietti d'auguri, di felicitazioni, di condoglianze, ricette, memorie, piccole relazioni su qualche fatto accaduto.

In altre parole hanno mantenuta viva un'abitudine che oggi, contro ogni apparenza, non è meno importante che in altri tempi.

Torniamo però al tema di italiano che può capitare a un concorso. Dando per scontato che spesso non è possibile avere una preparazione specifica perché non è dato sapere in anticipo su quale ambito verterà il tema proposto («cultura generale» non è infatti una materia su cui è possibile prepararsi), sarà bene tener presenti alcuni passaggi fondamentali sui quali in parte già ci si è soffermati. Di solito il tempo concesso per lo svolgimento di un tema di concorso è di **cinque ore**, spesso comprensive della dettatura del titolo scelto e di alcune operazioni burocratico-informative che possono riguardare la possibilità di usare il vocabolario, le modalità di uscita durante lo svolgimento, la certificazione dell'esame per chi lavora, e così via. Tuttavia va tenuto presente che la lunghezza del tempo è variabile e in certi casi dipende dalla commissione.

Consigliamo di **non superare le quattro, o al massimo cinque facciate di foglio protocollo e di lasciare un po' di spazio per le correzioni** (a fianco, dunque scrivendo su mezza colonna, o una riga sì e una no). Questo naturalmente non significa che si può scrivere mezza pagina, ma che bisogna evitare sia temi eccessivamente striminziti, sia temi torrentizi, che mettono a dura prova l'energia dei commissari spesso alle prese con centinaia di compiti da correggere. Infine, sempre in quest'ottica, sarà bene sforzarsi di presentare una **grafia chiara, senza pasticci, con le lettere individuabili** (quante «a» sembrano delle «o», quanti accenti si confondono con gli apostrofi!).

Vediamo ora i momenti principali nello svolgimento di un tema.

2. L'analisi del titolo

Per prima cosa è necessario **calcolare bene il tempo a disposizione e stabilire un'ora in cui il lavoro deve essere terminato per poterlo rivedere** ed eventualmente correggere.

Se, riferendoci per comodità ad una prova di concorso realmente avvenuta, la prova comincia alle 8.50 e bisogna consegnare alle 13.50, sarà bene decidere subito che al massimo alle 13 il compito deve essere terminato, in modo da avere un tempo congruo per la revisione.

Stabilito questo, dovremo cercare di organizzare subito il nostro tavolo di lavoro: da una parte il foglio per la stesura definitiva, davanti a noi invece il foglio, o il gruppo di fogli, per l'analisi del titolo, gli appunti, la scaletta o schema, alcuni passaggi già compiuti di discorso con relativi nessi logici, insomma per tutte le operazioni che giudichiamo indispensabili per scrivere il tema. Consideriamo questi fogli, sui quali possiamo permetterci molte prove e ripensamenti, come una sorta di officina nella quale cercheremo di costruire, con la massima precisione, l'impalcatura del discorso. L'altro foglio accoglierà invece la stesura definitiva.

La seconda operazione è quella di **analizzare attentamente il titolo, vedere che cosa precisamente richiede**.

Il titolo di un tema può essere considerato come un problema da risolvere secondo un determinato percorso ragionativo. Spesso i titoli dei temi di concorso che riguardano la cosiddetta «cultura generale» si presentano abbastanza articolati. Questo è un vantaggio, perché consente al candidato di tracciare con una certa rapidità una pista di svolgimento.

Bisogna dunque non limitarsi a cogliere l'argomento principale a cui il titolo rimanda, ma guardare anche alle varie sfaccettature e sotto-articolazioni che contiene. Quello che ci sentiamo in ogni caso di sconsigliare è la scrittura «di getto», la giustapposizione di frasi più o meno pertinenti al titolo proposto senza alcun disegno, e con il principale intendimento di riempire in fretta le quattro (o al massimo cinque) facciate, col proposito di ricopiarle tali e quali (nel migliore dei casi: non di rado nella cosiddetta «bella copia» si trovano più errori che in quella di prova).

Facciamo subito un esempio, che ci tornerà utile a più livelli.

Nel concorso riservato per titoli ed esami per posti di operatore amministrativo, V qualifica funzionale dell'area amministrativo-contabile presso l'Università degli Studi di Venezia, era prevista una prova scritta di italiano. Il bando di concorso parlava genericamente di «prova scritta di cultura generale, tendente ad accertare la conoscenza della lingua italiana», dunque metteva in primo piano l'aspetto linguistico. La rosa dei temi da sorteggiare (un candidato doveva estrarre uno dei titoli) era la seguente:

1. Scuola e mondo del lavoro hanno sempre marciato a passo diseguale.

   Oggi il sempre più rapido sviluppo tecnologico, l'imprescindibilità di confronti internazionali, l'affermarsi di nuove professioni e la richiesta di una migliore flessibilità nei percorsi lavorativi dei singoli pongono alla formazione scolastica una domanda più incalzante che mai.

A giudizio del candidato, quali risposte sta cercando di dare, con i mezzi e gli uomini di cui dispone, l'istituzione scolastica nel nostro paese?

2. Giornali e televisione ci sottopongono ogni giorno episodi, sempre drammatici, di intolleranza razziale.

Sapreste mettere in luce le componenti sociali e culturali che possono dar luogo a questi incresciosi fenomeni in particolare in un paese come il nostro, che in un passato neppure molto lontano ha pur avuto modo di conoscere sulla propria gente i duri risvolti della necessità di emigrare.

Sapresti per contro immaginare le potenzialità positive che potrebbero svilupparsi nelle nuove realtà multiculturali?

3. Ancora oggi in molti paesi la guerra è una drammatica realtà. Basta pensare a quanto accade nella ex Jugoslavia, in Somalia, in Medio Oriente. Partendo da queste situazioni, che televisione e giornali quotidianamente documentano, esponi le tue riflessioni sulla guerra e sulle possibilità di una vera pace nel mondo.

Senza entrare nel merito dei titoli in questione (non del tutto corretti nella loro formulazione: basti pensare alla mancanza almeno di un punto interrogativo, dopo la parola «emigrare», e allo slittamento da «sapreste» a «sapresti» nel secondo tema) , diciamo subito che un errore da evitare è sicuramente quello di risolversi a svolgere un tema sulla scuola in rapporto alla tecnologia, o sull'intolleranza razziale, o sul problema della pace nel mondo, gettando alla rinfusa sul foglio tutto quello che si sa sull'argomento.

L'attenta analisi del titolo mette in luce componenti importanti, che ci aiutano a svolgere il compito e a evitare scogli che sappiamo magari per noi insormontabili. Un buon sistema è quello di isolare le parole chiave, ovvero quelle più significative del testo proposto, sulle quali fare un'attenta ricognizione. Ad esempio:

tema n. 1:	**scuola, mondo del lavoro, passo diseguale, sviluppo tecnologico, confronti internazionali, nuove professioni, flessibilità, formazione scolastica, risposte**
tema n. 2:	**giornali, televisione, intolleranza razziale, componenti sociali e culturali, nostro paese, emigrazione, potenzialità positive, realtà multiculturali**
tema n. 3:	**guerra, ex Jugoslavia, Somalia, Medio Oriente, televisione e giornali, riflessioni sulla guerra, riflessioni sulla possibilità di una vera pace nel mondo.**

Questo esame preliminare è importante per attivare le nostre conoscenze, per portare alla luce ciò che sappiamo. Va da sé che con titoli di questo genere, con enunciati che si pongono come incontestabili, a cui segue una richiesta di commento personalizzato, è abbastanza semplice individuare un percorso.

Tuttavia scomporre il titolo aiuta a tener presenti tutti i suoi elementi, aiuta anche a «nominare» quei passaggi sui quali ci sentiamo poco sicuri. Ad esempio, se siamo dei lettori distratti e seguiamo poco e male le vicende del nostro tempo e dobbiamo svolgere il tema n. 3 non sapendo granché sulla guerra in Bosnia o su quelle in Somalia e in Medio Oriente, ripiegheremo, certo, su un discorso molto generale sulla guerra e sulla pace, ma il fatto di aver isolato all'interno del titolo le tre situazioni ci consentirà almeno di accennarvi un paio di volte. Non sarà molto, ma almeno dimostreremo di aver colto l'esemplificazione proposta e di averla consapevolmente subordinata a una trattazione più generale.

3. Dalla scaletta alla stesura intermedia

Dopo aver evidenziato le parole chiave del titolo possiamo cominciare a combinarle, a farle diventare un progetto di discorso, a prendere appunti, anche disordinati. Può venirci in mente un riferimento, una citazione che ci sembra pertinente e che vogliamo scrivere subito per non rischiare di dimenticarla. Si tratta di materiale che proprio attraverso la scaletta entrerà a far parte della struttura o di qualche rifinitura del nostro testo, e che per questo è bene tenere sott'occhio.

Se dovessimo fare un piano del tema centrale, aiutati dalla scomposizione del titolo, potremmo cominciare a lavorare senza troppi problemi, partendo da una struttura semplice che arricchiamo progressivamente (anche a livello argomentativo, con parti già ordinatamente composte) fino al punto in cui ci sembra che sia ragionevole passare alla stesura definitiva. Da una scaletta di base, cioè, passeremo a una scaletta sulla quale montiamo e combiniamo diversi elementi che poi sistemeremo definitivamente nella stesura.

Diamo un esempio di scaletta già abbastanza articolata per poter essere riportata in forma definitiva sul foglio di bella copia, scegliendo il secondo titolo:

Introduzione:

- Giornali e televisione riportano quasi quotidianamente episodi di intolleranza razziale (fare esempi: nella periferia torinese alcuni giovani hanno dato fuoco a due extracomunitari; un uomo ha spezzato i polsi a una zingarella sorpresa a rubare; un quartiere romano si è ribellato alla possibilità di avere come vicini alcune famiglie di somali; l'intolleranza non è necessariamente razziale: in un asilo romano i genitori hanno imposto l'allontanamento di un bambino malato di AIDS ecc.).
- Si tratta di notizie che paradossalmente non fanno più notizia, proprio perché ne siamo bombardati in continuazione. Il rischio principale per il destinatario è quello di acquisire una sorta di «abitudine», di mancanza di reattività di fronte a questi spettacoli.
    - Ci si adagia pigramente, senza più volontà di reagire o di intervenire, anche sugli orrori della guerra in Bosnia, o su altre guerre:
    - Che sia anche colpa del modo in cui veniamo raggiunti da queste notizie?
    - Che sia colpa del fatto che a furia di spettacolarizzare qualunque accadimento, tutto, alla fine, ci sembra spettacolo, dunque ci sembra qualcosa di finto?

Parte prima

- Perché in un paese come il nostro avvengono fenomeni di intolleranza razziale? Gli extracomunitari che arrivano nel nostro paese sono visti prima di tutto come un pericolo e come un fastidio, ed è un segno di coscienza civile e cultura sociale ancora deboli, di una insicurezza di fondo per quanto riguarda l'identità nazionale.
- La nostra cultura di massa lascia ben poco spazio alla considerazione di problemi come quelli dell'emigrazione. Aggiungiamo che anche a livello sociale sono cambiate molte cose (campagne semi-deserte con conseguente perdita di un importante bagaglio culturale, mondo operaio completamente mutato, di fatto assimilabile alla piccola borghesia, con conseguente perdita di molti dei suoi valori cardine, tra cui la solidarietà, impoverimento di altre classi, gonfiamento del terziario, allargamento di un disordinato sottoproletariato urbano ecc.).
- La malavita, l'abusivismo sono la cornice principale al problema degli emigrati (basti pensare, ad esempio, alla svalutazione delle case nei quartieri con extracomunitari...).
- La disoccupazione è alta nel nostro paese, tuttavia affidiamo agli extracomunitari lavori che ormai in Italia quasi nessuno più vuole fare, riconoscendogli dunque una funzione oggettiva, esattamente come succedeva in Germania, in Svizzera, in Inghilterra nei confronti degli italiani.
- Non si tratta di chiudere gli occhi su alcuni problemi reali (a cominciare dallo spaccio della droga), ma si tratta di affrontare questo fenomeno in modo razionale, cercando di proporre un piano di integrazione condivisibile da tutti.

Parte seconda

- Se facciamo un passo indietro e guardiamo a come era il nostro paese prima del cosiddetto benessere, possiamo riconoscere tra i miglioramenti ottenuti la fine, o comunque la fortissima attenuazione del fenomeno dell'emigrazione per lavoro.
- Dai racconti e dai resoconti scritti di molti emigranti abbiamo potuto conoscere la difficoltà e la durezza della loro vita, il disagio e la pena di dover abbandonare gli affetti e la propria terra (senza andare troppo lontano anche nel tempo, pensiamo a certi ristoranti svizzeri vietati agli italiani, ma poi anche in Germania, in Inghilterra, in Francia: la fortuna realizzata da alcuni all'estero non deve far dimenticare l'alto prezzo di umiliazioni e di sacrifici pagati da molti).

Parte terza

- Per fortuna non mancano proposte di governo in questo senso, e non manca neppure una cultura che sia pure lentamente si sta affacciando, non ottusamente difensiva, ma propositiva e attenta alle soluzioni possibili (esempi: garantire i diritti significa anche indicare i doveri ecc.).
- Per fortuna non mancano neppure casi, sia pure sporadici, di integrazioni riuscite e positive.
- Non è difficile immaginare le potenzialità positive che potrebbero svilupparsi nelle nuove realtà multiculturali: reciproco arricchimento culturale, conoscenza di nuove abitudini, di modi di concepire la vita differenti, colle-

gamenti più «reali» con i paesi di provenienza dei nuovi cittadini, confronti tra alcune professioni e alcune tecniche (agricoltura, allevamento) e così via.

- Più difficile è immaginare la realizzazione pratica di queste «immaginazioni». In un paese come il nostro che a volte è preda di tentazioni secessioniste al suo interno (basti pensare alle campagne antimeridionaliste della Lega Nord) è difficile pensare a una soluzione armoniosa e pacifica di problemi come quelli di un'integrazione «naturale» degli extracomunitari.

Conclusione

- A questo punto non è facile tirare le somme: un ruolo importante, al di là di indispensabili norme chiare e umanamente accettabili, ce l'hanno sicuramente le scuole. Un'educazione alla tolleranza che non sia soltanto lettera morta o chiacchiera passa anche attraverso lo studio e un'impostazione didattica aperta al dialogo e insieme rigorosa.
- Se è facile scandalizzarsi davanti alle immagini violente di intolleranza, è più difficile, ma al tempo stesso fondamentale, impegnarsi affinché episodi di questo genere siano isolati, non si ripetano.
- Da questo punto di vista la televisione e la stampa potrebbero far passare messaggi più costruttivi e meno enfatici. Se si rinunciasse alla smodata spettacolarizzazione e si puntasse a una presentazione delle notizie più rigorosa e seria, certo non risolveremmo tutti i problemi, ma forse potremmo cominciare a proporre modelli culturali diversi.

4. La stesura

I passaggi che abbiamo descritto sono il risultato di un lavoro partito da appunti disordinati che ha poi realizzato un montaggio progressivo dei materiali e degli argomenti che sono sembrati più idonei allo svolgimento. Seguendo la traccia delle parole chiave, pur senza avere specifiche cognizioni sull'argomento (talmente generale da risultare, anche nella proposta di svolgimento, generico) abbiamo costruito un'impalcatura abbastanza completa per poter essere trasferita nella stesura definitiva. Mancano alcune precisazioni, forse si possono eliminare un paio di punti, ma nel complesso, dopo una attenta rilettura, si può passare direttamente alla bella copia.

Nella stesura andranno esplicitati alcuni nessi logici, alcuni collegamenti, dovremo far filare il discorso di seguito, in modo scorrevole e piano. Non è difficile, perché a questo punto dobbiamo curare solo la sintassi, operare qualche integrazione (qualche esempio), fare attenzione all'ortografia e al lessico (abbiamo però il vocabolario).

5. La rilettura

Alla rilettura va riservato un tempo adeguato, non meno di mezz'ora. Una volta terminato il compito è bene distrarsi per qualche minuto, chiedere di uscire, rinfrescarsi ecc. Non potendo affidare ad altri, come sarebbe più utile, il compito di una rilettura distaccata, è infatti opportuno cercare di ritornare al nostro lavoro con mente libera, immaginando che non sia scritto da noi.

Naturalmente non potremo fare correzioni vistose, tuttavia possiamo controllare che tutto funzioni a dovere. Una **prima rilettura dall'inizio alla fine di seguito** ci permetterà di controllare la tenuta argomentativa. Qualche lieve miglioramento, come l'aggiunta di qualche legamento, di un «infatti», di un «cioè» al posto giusto può servire a rendere più esplicito un passaggio, senza per questo rovinare l'effetto di ordine dell'insieme.

Un secondo livello di rilettura è quello della **revisione accurata dell'elaborato dall'inizio alla fine, ma con soste dopo ogni periodo, per il controllo della sintassi**.

Con questo sistema possiamo controllare se ci sono concordanze verbali zoppicanti, cambi di soggetti, che con qualche tratto o qualche piccola cancellatura possiamo mettere a posto.

Possiamo anche trovare ripetizioni inutili, frasi mozzafiato (e allora basterà un punto, o un punto e virgola o due punti, a seconda dei casi, per alleggerirle).

In altri tempi, a scuola si insegnava a rileggere il proprio tema per il **controllo ortografico**, cominciando dall'ultima parola del tema per poi risalire fino all'inizio. Può essere ancora un sistema valido perché, allontanandoci forzatamente dal contenuto del testo, isoliamo molti errori (doppie, apostrofi, accenti, concordanze di genere e di numero, parole imprecise ecc.) che tendono a sfuggire in una rilettura che privilegia il senso. In ogni caso, come terzo momento, una **rilettura parola per parola**, vocabolario alla mano, è essenziale perché permette rapide (e salvifiche) correzioni.

L'ipotesi che abbiamo proposto riguarda, si è detto, un compito di cultura generale. Con una prova scritta più mirata alle competenze che saranno richieste e in linea con un programma di studio più preciso, il compito è indubbiamente più semplice (a patto, naturalmente, di essere preparati). Un titolo come «Le variazioni di bilancio: motivazioni, tipologia e modalità di effettuazione» è certamente più circoscritto come argomento.

Tuttavia anche in questo caso non sarà male considerare con molta attenzione il titolo e prepararsi una scaletta con riferimenti ed esempi pertinenti. E il percorso indicato, sia pure adattato a una prova più tecnica, rimane lo stesso, soprattutto per quanto riguarda la chiarezza espositiva, la correttezza ortografica e sintattica, da controllare con cura.

Capitolo settimo

IL LINGUAGGIO FIGURATO

Gli argomenti di questo capitolo:

- usi figurati del linguaggio: compatibilità e incompatibilità espressive
- linguaggio figurato e linguaggio quotidiano: metafore accese e spente
- modi di dire e proverbi, frasi fatte, luoghi comuni, locuzioni, metafore
- stile scritto e stile orale: possibilità e restrizioni d'uso del linguaggio figurato
- la scrittura funzionale e i suoi generi testuali
- stile chiaro e stile brillante: usi informativi e abusi immaginifici
- le metafore tecniche
- uno sguardo al passato: modi antiquati e riboboli
- repertori e fonti di fraseologia

1. Lettere e figure

> *I Malavoglia* hanno *fatto fiasco, fiasco pieno e completo.* [...] Il peggio è che io non sono convinto del *fiasco,* e che se dovessi tornare a scrivere quel libro lo farei come l'ho fatto. Ma l'analisi più o meno esatta *senza il pepe* della scena drammatica non va e, vedi, ci vuole tutta la tenacità della mia convinzione, per non *ammannire i manicaretti* che piacciono al pubblico per poter *ridergli poi in faccia.* [...] Torelli mi aveva detto che desiderava scriverne lui stesso nel *Corriere* [*della sera,* di cui era direttore]: cosa, te lo confesso, che avrei preferito dopo il *silenzio generale,* perché se io *faccio conto* del tuo giudizio più di quello di ogni altro, *nessuno escluso* in Italia, *tu hai il gran difetto* di essere mio amico, né tutti sanno che se *ci vogliamo bene,* ci stimiamo abbastanza a vicenda per non *darci del turibolo nel naso.* [...] Fortis [un critico] *mi rompe i c...* ogni volta che mi vede dicendomi che ha lì sul tavolo il libro, e vuol parlarne lui, come mi disse pure senza farlo per la *Vita dei campi,* di cui pure mi fece a voce delle lodi che nessuno gli domandava.

Con questa lettera dell'11 aprile 1881, a pochi mesi dalla pubblicazione de *I Malavoglia,* Giovanni Verga si sfogava con l'amico Luigi Capuana per l'insuccesso di lettura e per l'indifferenza della critica che avevano accompagnato l'uscita del suo capolavoro. La citazione non mira a dare un tono letterario al discorso, né a mostrare che anche gli scrittori dicevano e scrivevano le parolacce, ma intende far percepire immediatamente come il **linguaggio figurato** abbia un valore innanzitutto espressivo, serva cioè ad esprimere nella maniera più viva, diretta ed efficace pensieri ed emozioni. Basti osservare quante espressioni figurate dai toni più diversi si addensino in queste poche righe per tradurre l'amarezza ed insieme la coerenza d'intenti dello scrittore. Si va dal modo di dire più consueto (*fare fiasco*) che si espande in un'iperbole (*fiasco pieno e completo*); alla metafora lessicale (*pepe*) che si sviluppa nello stesso ambito gastronomico (*ammannire i manicaretti*); alla metafora gestuale (*ridergli poi in faccia*), alle frasi fatte (*silenzio generale, faccio conto, nessuno escluso*), all'allusione ironica (*tu hai il gran difetto*), alla locuzione verbale (*ci vogliamo bene*), alla frase metaforica di riferimento liturgico (*darci del turibolo nel naso* cioè 'spruzzarci incenso, incensarci a vicenda'), fino al più crudo turpiloquio, pur attenuato dai puntini (*mi rompe i c...*). La citazione può esserci utile anche da un altro punto di vista, nel senso cioè che può farci cogliere in concreto i limiti dell'appropriatezza stilistica degli usi figurati del linguaggio. Altro infatti è una lettera privata come appunto quella del Verga al suo intimo amico e confratello, altro è una scrittura professionale di tipo espositivo o argomentativo. Si provi ad immaginare l'effetto che avrebbe il modo di dire colloquiale *fare fiasco* tolto dal fraseggio confidenziale di una lettera tra amici e trasferito in una lettera d'affari («Il nostro prodotto ha *fatto fiasco, fiasco pieno e completo* ecc.»). Nel titolo di questo paragrafo si è dunque sfruttata una delle risorse principali del linguaggio figurato, cioè l'ambiguità di significato sulla quale sono giocati i **doppi sensi**: *lettere* infatti sta per 'testi epistolari', ma sta anche per 'letteratura' (come in «Facoltà di Lettere»), mentre *figure* sta per 'immagini', 'espressioni figurate'.

Questo capitolo si dividerà in una parte descrittiva, in cui si illustreranno le caratteristiche del linguaggio figurato e se ne definiranno le principali forme espressive, e in una parte dimostrativa in cui si segnaleranno vantaggi dell'uso e svantaggi dell'abuso di linguaggio figurato nei diversi tipi di testo. Si prospetteranno in positivo i testi che ammettono o richiedono questa scelta espressiva, e si additeranno in negativo i tipi di testo in cui il ricorso al linguaggio figurato è inappropriato o addirittura controproducente. In entrambe le sezioni si daranno esempi da seguire o, viceversa, da evitare, segnalando eventuali eccezioni. Si fornirà infine una lista di espressioni figurate da usare appropriatamente nella scrittura professionale.

Vedremo inoltre gli effetti negativi che un abuso di metafore può produrre in una tesi di laurea. Per il momento basti a titolo orientativo un esempio: poche righe più in alto, laddove si legge «intende far percepire immediatamente», avevo pensato di scrivere «vorrebbe far toccare con mano» ma, accorgendomi del tono eccessivamente concreto e parlato dell'espressione ho adottato la variante più neutra. La differenza da tracciare subito è proprio quella tra stile brillante e stile chiaro, tra scrittura destinata a scuotere e stupire, come quella giornalistica o pubblicitaria, e scrittura espositiva o argomentativa, destinata a informare e dimostrare (si veda il § 6).

Torniamo alla corrispondenza tra Verga e i suoi amici letterati. Per una sorprendente coincidenza con i nostri intenti di discorso (anche qui ho scartato la locuzione alternativa *Neanche a farlo apposta*, che si addice maggiormente al parlato), uno dei principali motivi che fecero del Verga uno scrittore incompreso al suo tempo, fu proprio l'uso di proverbi e modi di dire nei *Malavoglia*. Le censure non venivano risparmiate nemmeno da un critico come Tullo Massarani, che pure aveva avvertito la grandezza e la portata innovativa del romanzo verghiano, come si vede dalla seguente lettera del 22 febbraio 1881, anch'essa caratterizzata da un fraseggio confidenziale e ricco di espressioni figurate:

> Ho letto cento pagine dei *Malavoglia*. Il concetto della tua serie è magnanimo, l'esecuzione di questa prima parte mi pare meravigliosa d'osservazione e di fattura. Non c'era un rigo che non *porti il sigillo* d'un artista; e il *sigillo* della sua coscienza, non meno che del suo ingegno. Per provarti la mia sincerità, *mi farò lecito* un appunto, l'unico: troppi proverbi. Forse la parlata marinaresca *corre* davvero così; ma, tu lo sai,
>
> le vrai peut quelquefois n'être pas vraisemblable
> [il vero può talvolta non essere verosimile]
>
> Del resto, *tutto a pennello*. Come devi avere studiato quella povera gente.
>
> E come è nobile il tuo proposito di cominciare da quei poveretti la tua grande storia della *lotta per la vita*!
>
> Lasciami la modesta compiacenza di ricordarmi ch'io t'ho sempre raccomandato, fino all'importunità, quella *miniera* d'un vero ignoto e profondo, che è la tua isola natìa. Tu ne vai *cavando tesori*, e te ne costruirai, *ne metto pegno*, un monumento imperituro.

Si noteranno le frequenti locuzioni metaforiche con sviluppo («*porti il sigillo* d'un artista; e il *sigillo* della sua coscienza»); frasi fatte ormai inconsuete (*mi farò lecito* per 'mi permetterò'; «*la parlata marinaresca corre* davvero così»; *ne metto pegno*, per 'ci scommetto'); la citazione di un motto francese, il modo di dire colloquiale (*tutto a pennello*); la figura stereotipata *lotta per la vita*; e la metafora creativa *miniera* che vanta ben due sviluppi, uno contiguo ed accettabile (*cavando tesori*), e uno decisamente oratorio («te ne costruirai un monumento imperituro»).

Le **metafore** spesso non sono isolate, ma ne producono altre, in uno sviluppo a catena, di cui ogni figura costituisce un anello. Gli **anelli della catena metaforica** possono essere immediatamente collegati, o possono trovarsi separati da altri elementi del discorso, che occuperanno uno spazio più o meno esteso. In tal caso si avrà una **metafora continua**, il cui riconoscimento è affidato alla memoria del lettore. Ancora a distanza di anni, in più di una lettera al Capuana il Verga avrebbe ribadito la fiducia nelle proprie scelte di scrittore, con metafora gastronomica: «Siamo in pochi in Italia a *saper fare lo stufato*». Così, tra molte espressioni figurate, si svolgeva il dialogo tra letterati italiani dell'Ottocento. Non possiamo certo attardarci a dimostrare come proverbi e modi figurati siano disseminati nei *Malavoglia* e perfettamente innestati nel tessuto narrativo. Basta solo ricordare il caso in cui un proverbio di origine biblica viene addirittura ridotto a misura del piccolo mondo di Acitrezza, passando da *Per un peccatore si perde la nave*, dotato di alto valore morale, a *Per un pescatore si perde la barca* di senso strettamente letterale, in quanto allude a 'Ntoni che, rifiutandosi di lavorare, danneggia economicamente tutta la famiglia.

Tutte queste allusioni letterarie si ridurrebbero comunque a una sterile esibizione erudita, se non puntassero a mostrare dal vivo la misura espressiva e dunque la giusta collocazione stilistica del linguaggio figurato in un testo letterario o in testi in cui predomina lo stile colloquiale, come i carteggi confidenziali dei letterati. Dopo aver così accertato il positivo rapporto tra *lettere* e *figure*, vediamo cosa succede riducendo al singolare entrambi i termini.

2. Lettera e figura

Nell'uso quotidiano adoperiamo, senza rendercene conto, una quantità di figure: se entriamo in panetteria e chiediamo una *ciabatta* o una *mattonella*, il fornaio non ci tirerà dietro un corpo contundente, ma ci darà con naturalezza un pane di forma schiacciata; se afferriamo una bottiglia per il *collo*, nessuno ci accuserà di tentato strangolamento; se mettiamo una zeppetta di legno sotto la *gamba* zoppicante di un tavolo, non potremo essere accusati di esercizio abusivo della professione medica per esserci improvvisati ortopedici. Simili figure, infatti, hanno acquistato nella lingua comune il valore di termini letterali per rispondere alla necessità di denominare oggetti o forme altrimenti non classificabili. Il criterio, comune a tutte le lingue, è quello di estendere **per analogia** le denominazioni delle parti del corpo a oggetti o elementi della realtà che non sarebbe stato facile analizzare in modo autonomo. Col tempo e con l'uso tali metafore entrano nel lessico abituale di una lingua, perdono il loro valore figurato, e si chiameranno metafore spente. Per riaccenderle occorrerà inventare nuovi giochi di parole (come *la zampa del tavolo*), che comunque restano confinati nello stile ironico o nello sperimentalismo linguistico dei comici di mestiere o degli scrittori. Senza la produttività dello stile metaforico, e la sua potenziale ambiguità, la nostra lingua sarebbe sicuramente più tetra e povera.

Allorché dobbiamo comunicare qualsiasi tratto di esperienza o qualsiasi emozione, possiamo scegliere tra un livello di espressione neutra ed uno di espressione più efficace, che oltre alla semplice comunicazione del fatto o dell'emozione contenga un elemento corrispondente al nostro punto di vista personale o alle nostre reazioni affettive. Se mia sorella torna a casa con un animale domestico, ho varie possibilità di comunicare tale evento:

A) mia sorella ha portato a casa un gatto;
B) mia sorella ha portato a casa un micio;
C) mia sorella ha portato a casa un felino.

In A) mi limito a comunicare in modo impersonale un piccolo evento di vita familiare; se invece scelgo B), aggiungo alla pura constatazione di un fatto, un elemento relativo alla mia opinione o al mio coinvolgimento emotivo nel fatto stesso; ricorrendo a C) lascio trasparire la mia distanza dalla scelta di mia sorella, con una componente ironica che fa intravedere una certa tolleranza, limitata possibilmente dalla condizione che sia lei a occuparsi dell'animale. Dal primo enunciato non si può intuire un senso diverso da quello della presa d'atto di una certa iniziativa che comunque cambierà la convivenza familiare. Nel secondo e nel terzo caso, dalla mia frase si possono ricavare due possibili deduzioni: «sono contenta perché mia sorella ha fatto una scelta congeniale ai miei desideri e la aiuterò a badare al gatto», ovvero: «mia sorella ha preso un'iniziativa contraria al mio punto di vista, e non mi ha consultato sicché io contrasterò la sua scelta o comunque non mi lascerò coinvolgere nella nuova responsabilità». Che il presupposto sia positivo o negativo, che cioè io condivida o disapprovi la scelta di mia sorella, il problema per noi significativo è avvertire la differenza tra un'espressione letterale ed un'espressione figurata: tecnicamente si parla di **denotazione**, cioè comunicazione oggettiva di un fatto, e **connotazione**, cioè trasmissione di un messaggio arricchito da un sovrappiù di senso, che può essere un commento di tipo razionale o un tono emotivo, affidato in ogni caso ad una figura. Le figure devono comunque essere funzionali al discorso, e perciò devono avere un effetto positivo, non deviante.

Per spiegarci meglio, sarà il caso di ricorrere all'etimologia del termine **figura**, traduzione latina del greco *schema* ('configurazione'), che nella teoria retorica si riferiva ad ogni forma di espressione che assumesse modi speciali, «diversi» di formulazione. Possiamo immaginare il discorso ordinario come una dimensione lineare, su cui all'improvviso si venga a creare una sporgenza, uno spazio più elevato. Si può pensare ai disegni animati che si vedono a volte in televisione, particolarmente nelle sigle di alcune trasmissioni o nella pubblicità, nei quali su una linea retta si solleva all'improvviso un tratto dotato di volume che, senza alcuna interruzione della continuità, assume la forma di una sagoma rilevata. O, più semplicemente, si può pensare alla geometria dei solidi in cui, rispetto al piano lineare delle superfici, si innalzano i contorni dello spazio volumetrico. Più semplicemente ancora, si può pensare ad una cartina geografica a rilievo in cui i monti e le alture si sollevano rispetto alle superfici pianeggianti o al livello del mare. O si può pensare ad un bassorilievo, in cui all'improvviso si stagli sullo schiacciato della superficie un elemento che costituisce appunto la **figura** principale (si veda, analogamente, il cap. IV, § 6 e Finestra 5). L'espressione chiave è appunto **rilievo**, che può intendersi come sottolineatura sintattica, **messa in rilievo** di un elemento della frase, come si dice nella stilistica francese, o può intendersi come enfatizzazione del senso della frase, **connotazione**. La figura è dunque un 'ispessimento' dello stile e del significato.

Ecco, nell'ordine, un esempio di messa in rilievo sintattica, con anticipazione enfatica del complemento oggetto:

Il pane, oggi, lo compro io

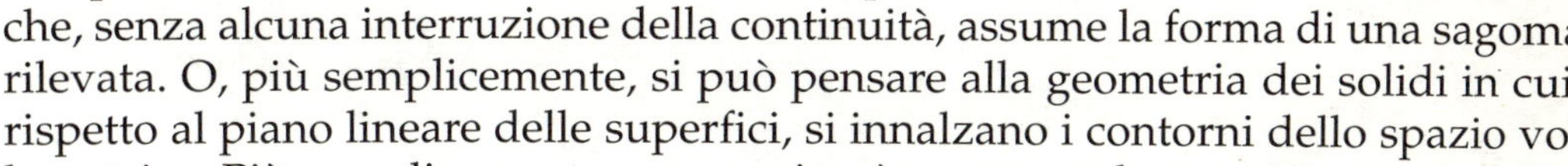

e un esempio di connotazione affidata a una figura di significato:

Quel bambino è un orso (= è schivo, timido, poco socievole)

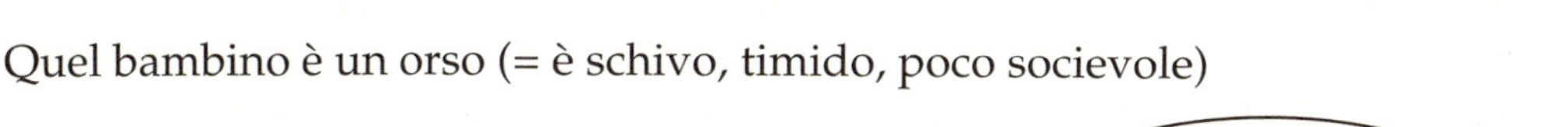

Si veda come un intero testo può assumere il valore sinuoso di una figura: ovviamente si tratta di un testo pubblicitario, con tutto ciò che di esagerato esso comporta (© Fabio D'Achille).

La figura entra in una così gran parte dei nostri atti comunicativi, da potersi considerare una pratica linguistica in certo modo inevitabile, grazie al suo carattere di mezzo espressivo che produce un supplemento di senso. In più, il valore informativo della figura è legato alle sue capacità di tradurre visivamente, in quanto **immagine**, il contenuto da comunicare con velocità assai superiore a quella del linguaggio denotativo. La figura è dunque una misura linguistica differenziale tra il contenuto informativo e i mezzi lessicali e sintattici attivati per esprimerlo. Se dico: *quella balena è passata ancora di qua*, con riferimento a una donna grassa, il contenuto informativo totale dell'enunciato non coincide esattamente con il contenuto informativo trasmesso da ogni elemento della frase singolarmente considerato.

Da qualunque punto la si osservi, retorico o comunicativo, la figura è uno **scarto**: non rispetto alla norma della lingua, né rispetto alla presunta logica della lingua (*sole* è maschile in italiano, ma è femminile in tedesco, e viceversa per la *luna*), né tantomeno rispetto alla lingua comune, che, come abbiamo appena detto, non può fare a meno di usi figurati. Se la figura è scarto, lo è rispetto alla situazione comunicativa, ai destinatari e, più concretamente, al testo, all'argomento e allo stile che questo richiede.

3. I modi figurati

Il linguaggio figurato fa dunque parte a tutti gli effetti della grammatica della lingua, intesa come insieme di regole su cui si basa la nostra **competenza comunicativa**, cioè il complesso di abilità che ci consente di riconoscere le *occasioni* in cui ci troviamo impegnati a trattare certi argomenti, e *i modi* adeguati per trattarli, comprese le *figure* con cui affrontare gli argomenti stessi. Non bisogna dunque vedere le figure retoriche come ingredienti della lingua letteraria, ma primariamente come elementi della lingua comune, né soprattutto sarebbe corretto tener separate le due dimensioni espressive. Lo raccomandava Paolo Valesio, uno studioso che, con la metafora matematica iniziale, ci fornisce tra l'altro un primo esempio di figura impiegabile nella scrittura critica:

> noi intendiamo parlare del minimo comune denominatore di queste figure che apparenta le più complicate e affascinanti invenzioni poetiche con le 'umili' e 'logore' figure della lingua quotidiana, come *il capo dello stato* [...], *l'altra faccia della luna* [...], *prendere il toro per le corna, arrivare al nocciolo della questione, la situazione precipita* ecc. ecc.

Le espressioni poste in corsivo sono tutti **modi figurati**, che ripasseremo in ordine di complessità decrescente sul piano dell'espressione, e crescente in rapporto al significato: proverbi, modi proverbiali e modi di dire, frasi fatte, espressioni idiomatiche, locuzioni e metafore lessicali.

Nella nostra trattazione, interessata alla scrittura professionale, non rientreranno i **proverbi**, che si addicono alla commedia e alla poesia giocosa. In questo senso *I Malavoglia* costituiscono un'autentica eccezione nella tradizione narrativa. L'accenno ai proverbi ha qui solo valore di contrasto, per sottolinearne la differenza rispetto agli altri modi figurati di cui dovremo occuparci. Il testo di un proverbio serve da regola morale e di comportamento; va perciò conservato intatto nella memoria collettiva attraverso una forma resa memorabile da ritmo e rima (*La donna è come l'onda, o ti sostiene o ti affonda*; *Donne e buoi dei paesi tuoi*). Inoltre, il proverbio presenta una vastissima gamma di applicazioni, dal caso più solenne della Bibbia, in cui un intero libro è intitolato *I Proverbi*, a quello delle scritture dei semicolti di ogni epoca, alle situazioni più svariate della vita quotidiana.

«I modi di dire esprimono in forma semplice e, talvolta, figurata l'espressione o l'immagine di una situazione, di una persona, di una cosa». Così si esprime l'autrice di un manuale di lingua e stile che, forse con eccessivo ottimismo, prometteva di insegnare a «scrivere e parlare in modo perfetto». Non potendo certo accontentarci di una definizione così semplicistica, procediamo col nostro metodo differenziale. L'elemento distintivo tra proverbio e modo di dire è il trattamento del significato, per cui nel proverbio ogni parola mantiene il suo significato autonomo, mentre nel **modo di dire** la parola sacrifica il proprio significato a favore del significato globale dell'intera formula. Così, nel proverbio *Acqua passata non macina più*, ogni parola conserva integralmente il proprio significato, anche se ci si rende conto che il senso complessivo è figurato; al contrario, nel modo di dire derivato dal proverbio: *acqua passata*, si coglie nettamente il significato globale di evento ormai distante nel tempo, ma il nome e il participio in sé stessi non significano nulla. Un simile **modo proverbiale** fu sfruttato abilmente dal Verga (sempre lui!) in un arguto gioco di parole nella novella *Jeli il pastore*, per cui l'espressione *Ne è passata di acqua sotto i ponti* viene bruscamente ricondotta al suo senso letterale grazie a un appiglio concreto, presente nella narrazione. Quando infatti Jeli e Mara si ritrovano per poi fidanzarsi, dopo diversi anni dalla loro amicizia infantile, presso un piccolo ponte che era il luogo abituale dei loro incontri, la riflessione del narratore è che: «dell'acqua intanto ne era passata e passata sotto il ponticello».

La globalità del significato è un tratto comune a tutte le espressioni figurate che costituiscono la **fraseologia**. Questo settore della lingua comprende infatti tutte le combinazioni, consolidate dalla frequenza d'uso, di due o più parole il cui significato d'insieme non si può ricavare da quello dei singoli componenti. Per esempio in *non vedere l'ora* il senso di impazienza non risulta dalla somma di *non* + *vedere* + *ora*. In *menare il can per l'aia*, che risale alla vecchia cultura contadina, ogni elemento della frase è insostituibile, ma il significato di 'perdere il tempo' si ricava dopo una macchinosa associazione, divenuta automatica; al contrario, anche se è meno nota, associeremo immediatamente il senso di 'accaparrarsi' all'espressione *far tutto mio*, i cui elementi sono più trasparenti. A volte però la trasparenza dei singoli elementi non garantisce nemmeno la trasparenza del significato totale, come si può osservare dalla dettagliata spiegazione che Giuseppe Pittano dà della seguente frase fatta:

> *Di punto in bianco* significa all'improvviso, improvvisamente, di sorpresa, lì per lì, inaspettatamente, ad un tratto e simili. [...] La soluzione va cercata [...] nella terminologia della balistica [= l'arte dell'artiglieria] dove *tirare di punto in bianco* significava tirare orizzontalmente in modo che la traiettoria del proiettile dalla bocca dell'arma al bersaglio fosse una linea retta. [...] Il tiro diretto orizzontale arriva all'improvviso, diversamente da quello a parabola quasi sempre preceduto dal suono del colpo. Di qui al significato figurato il passo è breve. Ma perché il tiro orizzontale si dice di punto in bianco? Ce lo spiega [...] Galileo [...]: «Il tiro parallelo al piano, detto tiro a livello ovvero di punto in bianco, perché usando i bombardieri la squadra con l'angolo retto diviso in dodici punti, chiamano l'elevazione al primo punto, secondo punto, terzo, ecc. Quel tiro poi che non ha elevazione alcuna vien detto tiro di punto bianco, cioè di punto niuno, di punto zero». Altri ritengono che la locuzione più antica fosse *dar nel punto in bianco* cioè colpire nel segno bianco che indicava il centro del bersaglio o un cartello bianco messo come bersaglio.

Nei casi più complicati un insieme parziale può fuorviare, con la sua apparente trasparenza, l'interpretazione del tutto. Così in *senza soluzione di continuità*, il gruppo iniziale preposizione + sostantivo orienta verso un significato negativo di 'irresolubilità' dell'espressione, che in realtà significa 'ininterrottamente'. Simili avvertenze devono tenersi presenti nell'uso di tale locuzione. È per questo che ho evitato di adoperarla al § 1, a proposito della definizione della figura, ricorrendo all'espressione diretta *senza alcuna interruzione della sua continuità*.

Procediamo caratterizzando, sempre per via di contrasto, le altre unità fraseologiche: frasi fatte, frasi idiomatiche, idiotismi, metafore e locuzioni. Dopo aver distinto il modo di dire dal proverbio, cerchiamo di differenziare la frase fatta dal modo di dire.

Come si è visto, il modo di dire si ricollega a eventi o situazioni diventati analogici fino all'identificazione (*Fare la fatica di Sisifo, Conoscere i propri polli* ecc.), ovvero si traduce in espressioni simboliche come *prendere in giro*, basata su complessi significati rituali. La **frase fatta** consiste in un'espressione fissa, come *darsela a gambe*, che si riaggancia a fatti semplici e concreti, non simbolici o mitologici come quelli cui si riferisce il modo di dire. In altri casi la frase fatta risale a fatti non immediatamente noti, come per es.: *andare ramingo* che designa l'uccello appena uscito dal nido che saltella incerto di ramo in ramo. La frase fatta si oppone evidentemente alla frase da fare, cioè alla frase libera, e presenta varie gradazioni di fissità. Mentre la frase libera ammette, nei limiti della regolarità grammaticale, tutte le possibili modificazioni espressive, come il passaggio dalla forma attiva a quella passiva, la frase fatta ammette solo in parte simili trasformazioni. Posso dire *Ernesto ha tirato una pietra* o *La pietra è stata tirata da Ernesto*, posso dire *Ernesto ha tirato le cuoia*, ma non certo *Le cuoia sono state tirate da Ernesto*. La frase fatta è come un modulo prefabbricato o un pezzo componibile di arredamento che ha una sua configurazione definita, ma che può adattarsi funzionalmente alla struttura o all'ambiente in cui va inserito. È importante considerare la struttura delle espressioni figurate, prima di valutarne la compatibilità stilistica con un certo contesto. Come si vedrà al § 7 e al § 8, le espressioni figurate più compatibili con la scrittura professionale sono quelle in cui è meno accentuato il rilievo metaforico, e in cui l'organizzazione grammaticale è più spiccata, e spesso anzi rafforzata dall'andamento sonoro o ritmico. Per esempio la distribuzione ricorrente delle consonanti (*s, z, n, t*) e delle vocali (*e, a, o, u, i*), e degli accenti in *senza soluzione di continuità*, accresce l'efficacia dell'espressione in un testo espositivo; al contrario, espressioni come *essere un osso duro, fare bisboccia*, assai colorite nel parlato colloquiale, sono inadatte alla scrittura professionale e al suo tono oggettivo.

A sua volta la frase fatta va distinta dalla **frase idiomatica**, corrispondente all'espressione tipica di una data tradizione linguistica, nel caso italiano ai dialettismi o ai cosiddetti **riboboli**, tramandati da testi o vocabolari toscani. Le **frasi idiomatiche** o **idiotismi** sono modi di dire che dividono gli interlocutori, non perché li mettano in disaccordo, ma perché separano, anziché unire, autore e destinatario di una comunicazione. Se infatti il destinatario non coglie il senso di un'espressione legata a radici culturali o a convenzioni locali, fallisce lo scopo principale del linguaggio figurato, di agevolare la chiarezza e l'efficacia comunicativa. Nel caso migliore si otterranno effetti di indubbia comicità. Prendiamo l'espressione *far culaia*, viva nel parlato toscano delle generazioni più anziane: non si tratta di un'espressione triviale, ma di un modo pittoresco di indicare la pioggia incombente, allorché le nuvole si gonfiano e assumono la forma della parte posteriore dei calzoni, che i vecchi sarti chiamavano appunto *culaia*:

> *Far culaia*, si dice del tempo quando l'aria è piena di nuvoli e minaccia piovere [...]: «Un bel giorno Ilio sacra andrà in rovina, | Priamo invano a salvarsi il mappamondo | Correrà col suo popolo in cantina, | Gridando tutti, smessi gli alleluia: | *Il tempo fa culaia*, e si rabbuia».

Come mostra la citazione, l'espressione è adattissima nella poesia giocosa di un tempo, ma sarebbe assolutamente incongrua in un bollettino meteorologico o anche in una lettera tra amici, se non si dichiarasse il fine ironico.

In una concezione più ampia, gli idiotismi sono tutte le espressioni esclusive di una lingua e caratterizzate da invariabilità formale. Così in *sano e salvo* non si può invertire l'ordine in *salvo e sano*, e nell'espressione sopra citata *non vedere l'ora*, non si può sostituire l'articolo determinativo con quello indeterminativo (*non vedere un'ora*), né si può eliminare la negazione (*vedere l'ora)*; invece si possono aggiungere elementi di frase che dipendano dalla frase fatta: *non vedere l'ora di far qualcosa*. Si possono avere diversi livelli di idiomaticità, dalle espressioni più articolate come *prendere la palla al balzo*, al livello intermedio delle **locuzioni**, distinte in base alla natura grammaticale dell'elemento principale (verbali *aver sonno*; sostantivali *alla luce di*; aggettivali *nudo e crudo*; avverbiali *pian piano*; preposizionali *non senza*; congiunzionali *visto che*), al livello minimo dei **verbi fraseologici** che sono cioè accompagnati da una preposizione fissa, come ad esempio *buttare giù* o *tirarsi indietro*.

Non ci occupiamo delle **massime** estranee alla scrittura tecnica, né delle **frasi celebri**, il cui uso è dettato solo da scopi di esibizione erudita o di ironia, come potrebbero essere *Il dado è tratto!*, *Veni, vidi, vici; Come sa di sale lo pane altrui; Eppur si muove; Volli, volli, fortissimamente volli*; o, in tempi più vicini ai nostri, *Il potere logora chi non ce l'ha*. Lo stesso varrà per lo **slogan**, legato alla ritualità politica o culturale, come il femminista *Tremate, tremate, le streghe son tornate!*; o dipendente dalla mutevolezza del mercato pubblicitario, come *Metti un tigre nel motore*. Anche qualora entrassero nella lingua comune, come *Di tutto, di più* della campagna abbonamenti RAI del 1995-96, simili unità fraseologiche restano adatte solo allo stile orale e dunque non si prestano ad essere discusse qui.
Tra le espressioni figurate di cui ci occuperemo non ci sarà nemmeno il **luogo comune**, che dalla nozione di argomento dimostrativo nella logica e persuasivo in retorica, si è divulgato nella moderna accezione sociologica e linguistica di **stereotipo** come riferimento sociale di un'espressione formulare, e si è banalizzato nella definizione corrente di **cliché**. Il linguaggio televisivo abbonda di stereotipi, soprattutto nella cronaca dei telegiornali: nel TG1 delle 13,30 del 2 gennaio 1996, a proposito degli aumenti degli oneri catastali, si diceva: «Casa dolce ormai solo per il fisco», e nel TG3 delle 14,20 del 26 marzo 1996, si alludeva al morbo dei bovini inglesi col titolo *Via dalla pazza mucca*, allusivo ad un film famoso (*Via dalla pazza folla*). Ma è la pubblicità a mostrare come tutte le espressioni stereotipate abbiano una matrice unica nel luogo comune. Una nota benzina nazionale veniva propagandata nell'estate 1996 con testi basati sul cumulo di luoghi comuni, come il seguente: «In famiglia non si parla più. Non esistono più le buone maniere. Vent'anni vengono una volta sola. Superate i luoghi comuni: non tutte le benzine sono uguali!».

In definitiva la nostra discussione si fermerà a quelle espressioni che tendono al figurato pur non essendo dotate di valore propriamente connotativo, cioè a quelle maniere di dire il cui significato «non risulta tanto dalle parole materiali, quanto da una specie di sottinteso e di convenzione; modi che sentono del proverbiale e quasi scolpiscono l'indole del popolo». Così Raffaello Fornaciari, un garbato grammatico toscano del secolo scorso, riassumeva i tipi del linguaggio figurato unificandoli sotto il termine di «locuzioni» quali *per filo e per segno, alla fin fine, tener conto*, che raccomandava di usare «a proposito».

4. Metafore ricevute e metafore inventate

Per usare a proposito il linguaggio figurato, la prima preoccupazione dev'essere quella di proiettarsi verso il ricevente, adoperando cioè metafore note o immediatamente decifrabili. Come in ogni processo informativo, chi riceve il messaggio si trova in presenza di testi di cui deve capire il significato. Nel caso di una figura, si dispone di un materiale espressivo fisso, che il ricevente dovrà ricondurre ai contenuti informativi appropriati. Le metafore sono sempre **metafore ricevute**, sia nel senso immediato di 'messaggio captato', sia nel senso che i francesi danno all'espressione *idee ricevute* cioè 'tramandate, ereditate in base a stereotipi'. È il significato che opporremo a quello di **metafore inventate**, creative. Le metafore ricevute sono quelle che accettiamo passivamente e in blocco, senza soffermarci ad analizzare i singoli termini. Il meccanismo è lo stesso che governa la comprensione di schemi fissi, come i titoli dei capolavori letterari o musicali: *I Promessi sposi* non fa pensare al significato letterale di 'fidanzati' che nella lingua del passato era comune; *La Traviata* non fa pensare a 'donna perduta, deviata dal vizio'. E se sentiamo parlare di qualcuno come di un *figliuol prodigo*, non analizzeremo l'espressione per cogliere l'idea complessiva di pentimento. Il senso letterale dell'aggettivo, che è 'spendaccione, dissipatore' si perde nell'insieme, e *prodigo* viene inteso come 'perdonato, rientrato nell'ordine'.

Alla radice di ogni metafora, ricevuta o inventata che sia, c'è sempre un'associazione analogica: lo conferma l'antica definizione della metafora come una similitudine abbreviata. Dalla **similitudine** o paragone di termini eterogenei (*Lara è dolce come un babà*), si passa infatti, togliendo il *come*, alla metafora, a patto naturalmente che il collegamento sia decifrabile. Se un ragazzo napoletano dice che la sua ragazza «è *un babà*», tutti lo comprenderanno, grazie alla diffusione dello stereotipo. Se però una ragazza siciliana dicesse: «Il mio ragazzo *è una caponata*», solo i suoi conterranei intuirebbero che lo sta assimilando ad una pietanza isolana a base di verdure estive e, per cogliere appieno l'allusione, dovrebbero anche sapere che si tratta del suo piatto preferito.

La forza delle **metafore ricevute** sta nel loro basarsi su analogie note o integrate, tramite l'uso linguistico, nella tradizione culturale. Il potere analogico può ridestarsi grazie al contesto espressivo. Si osservi come Kant rimetteva in azione, a proposito della filosofia di Hume, l'espressione metaforica *far luce su un argomento*, sviluppandola in una catena di anelli metaforici giocati sul ruolo dell'*esca*, sostanza vegetale, usata anticamente per accendere il fuoco o per accendere le polveri da sparo (si pensi anche al verbo *innescare*):

> Non che egli abbia *portato alcuna luce nuova* su questo genere di cognizioni, ma pure egli *accese una scintilla*, la quale avrebbe potuto diventare *una luce*, se avesse trovato *un'esca* adatta per conservarne ed accrescerne *l'ardore*.

Ma, come vedremo nel § 6, sarà meglio lasciare simile creatività a scrittori e filosofi. Come è meglio lasciare agli scienziati lo sviluppo del potere conoscitivo della metafora. Il linguaggio metaforico può infatti rispondere all'esigenza di comunicare altissime esperienze intuitive: pare che Einstein abbia scoperto la teoria della relatività sviluppando l'immagine mentale di «viaggiare a cavalcioni di un raggio di luce»; la *doppia elica* è stata adottata per rappresentare la struttura del DNA.

A chiarire meglio le basi del linguaggio figurato può servire un cenno alle sue fonti espressive, che possono ridursi sostanzialmente a cinque: natura, scienze, arti, usanze, casi aneddotici.

Dalla natura si possono trarre associazioni reali, permanenti ed universalmente note, tali cioè da garantire l'immediata comprensione dell'espressione figurata che ammette un uso libero, soprattutto nel parlato. Le figure fondate sulle scienze si basano su «rapporti reconditi [= nascosti] e comunemente inosservati» e pertanto dovranno essere usate con cautela in scritti non specialistici, valutandone il riferimento a leggi costanti e dimostrabili, e non a teorie caduche. Così, ad esempio, frasi risalenti all'astrologia, come *aver ascendente sopra qualcuno; nascer sotto cattiva stella,* hanno perduto di efficacia essendo venuto meno il riferimento diretto con le teorie su cui si fondavano. In particolare la prima espressione desta solo un'idea confusa di superiorità tratta dall'*ascendere* in generale, senza più alcuna relazione col moto ascensionale delle stelle; la seconda ha perduto ogni concretezza, essendosi perduta la credenza per cui ogni nascita era governata da un astro.

La stessa riserva va fatta per i modi «somministrati» dalle arti, soggetti all'oscillazione del gusto e per quelli relativi alle usanze, in cui lo spirito allusivo «è come un'essenza svaporata», e può essere colto e apprezzato solo dagli eruditi. Basti confrontare una frase dal riferimento inattuale come *discendere nell'arena,* usata a proposito di chi debba parlare in pubblico per la prima volta, con modi che appartengono a costumanze tuttora vigenti o a riti solenni, come *esser iniziato ai misteri della politica,* o *della filosofia*. Infine, le frasi figurate derivanti dall'aneddotica minuta o locale come *avere il male del pisano* (*l'ossa rotte e il becco sano*), cioè 'lamentarsi ma continuare a mangiare' (si veda per altri esempi il § 9), saranno ammissibili nello stile burlesco o faceto, ma altrimenti andranno schivate in quanto «uniscono l'oscurità alla bassezza, mancano d'utilità e d'interesse, divengono col tempo insipidi enigmi, solo degni di formar il gergo dei begli spiriti della plebaglia». Come si sarà intuito dall'uso delle virgolette e dal lessico un po' inusuale, simili considerazioni, tuttora valide e praticabili, non sono *farina del mio sacco* (modo assolutamente improprio in questo contesto; avrei dovuto dire *non sono frutto dei miei sforzi intellettuali*). Tutte queste cose le ha già dette duecento anni fa l'illuminista Melchiorre Cesarotti. Ed io non avrei certo saputo dirle meglio.

5. Parlar figurato e scrivere senza figure?

Per usare o meno il linguaggio figurato, dobbiamo valutarne **convenienza** e **correttezza**. La convenienza si riferisce non alla parola o all'espressione in sé, ma alla sua collocazione, al suo tono nel contesto, e va particolarmente curata nella scrittura. Convenienza è dunque sinonimo di congruenza, adeguatezza, opportunità, e concerne tutti i mezzi espressivi che possono rendere il discorso chiaro ed efficace. Si tratterà cioè di saper scegliere quelle forme espressive (parole, costruzioni, figure) che si mostrino più confacenti all'argomento, all'autore, al destinatario, e alle circostanze del testo da scrivere. Parallelamente, la **correttezza,** o **proprietà,** è data dall'assenza di dialettismi, parole antiquate, errori di grammatica o di sintassi. Entrambe queste qualità si accompagnavano nell'antica «arte del dire» alla **chiarezza** data dall'assenza di oscurità, ambiguità ed equivoci, e all'**eleganza**, assicurata dalle figure e dalle immagini più appropriate ad esprimere il pensiero.

Se oggi, infatti, questi concetti si identificano con adeguatezza del mezzo espressivo al messaggio, al fine, al luogo e al momento della comunicazione, *sarebbe come nascondersi dietro il dito ignorare che...* (mi correggo immediatamente e propongo la formulazione conveniente), sarebbe inutile ignorarne l'origine nella teoria retorica dell'**elocuzione**. In generale, la convenienza si riferisce al **contesto**. Il contesto può essere linguistico, quando il contenuto informativo si ricava totalmente dall'enunciato (*Il negozio ha aperto*), oppure situazionale o extra-linguistico, quando il significato dipende dalla situazione comunicativa (*saltare le premesse*, in una lezione accademica o in caso di corteggiamento), culturale quando entrano in gioco fattori di conoscenza teorica o tecnica (*la matematica non è un'opinione; ingranare la marcia giusta*). La diversità di situazione comporta **stili contestuali** differenziati, per cui uno stesso contenuto può esprimersi con formulazioni diverse, dal confidenziale al riguardoso. A ben pensare, ogni testo è una forma di compromesso comunicativo, non solo tra emittente e ricevente, ma anche tra stile e situazione comunicativa. Un'altra distinzione, più generica ma fondamentale, è poi quella tra **stile orale** e **stile scritto**, esaminata nel capitolo II. Qui ne tratteremo solo per la convenienza del linguaggio figurato all'uno o all'altro canale comunicativo.

Per dare un'idea concreta delle scelte stilistiche convenienti, forniremo qui di seguito degli esempi. Si farà riferimento alla lingua comune, e per lo scritto ai tipi di testo esemplificati negli altri capitoli, e inoltre a testi giornalistici o a manuali divulgativi.

Nello stile orale le espressioni figurate risultano dense di sviluppi imprevisti, come nel discorso orale riportato qui, il cui senso complessivo è che 'le persone che hanno provocato la baraonda non sono poi state tenute sotto controllo', ed in cui un'espressione come *non dire ba*, apparentemente vuota di significato, dà lo spunto creativo a una serie di espressioni metaforiche:

> Io penso che Gaetano... abbia ragione senz'altro che nessuno *ha detto ba* quando là si stava per *scatenare la bagarre*... quando poi ha visto come *dal ba è venuto fuori bu bu* e cioè dei cagnacci lì che *si azzannavano* a distanza... *con la bava alla bocca* poi si son preoccupati il giorno dopo han fatto una marcia indietro secondo me sostanzialmente ipocrita... perché è vero che *il cane sciolto* è andato fuori dai pascoli di proprietà del padrone proprio volevo dire così, fare questo paragone ma è anche vero che *chi teneva in mano la catena* non ha fatto...

Nello scritto occorrerà maggior controllo nell'uso delle espressioni figurate, che comunque vanno tradotte dallo stile informale in forma più tecnica anche in un testo vicino al parlato come può essere un verbale. Così *alzare il gomito* non va bene in un verbale di polizia in cui si parlerà di *stato di ebbrezza* o *di ubriachezza*, come *discorrere del più e del meno* si eviterà a favore di *ampia ed articolata discussione*, in un verbale di assemblea o riunione. Non si adoprerà invece *a fior di labbra*, per indicare il tono in cui è pronunciata una frase. Il verbale dev'essere oggettivo e neutro, e non deve dare valutazioni sull'emotività dei parlanti.

In una lettera di richiesta di assunzione non si dirà di *essere a spasso*, ma «privi di impiego»; così come in un *curriculum*, o in una lettera di referenze non si esprimeranno le qualifiche proprie o altrui con la locuzione *essere una perla*, ma con il giro di frase «mostrare ottime, eccellenti qualità».

Le frasi proverbiali come *spezzare una lancia per qualcuno o qualcosa* potranno essere accettabili in un testo espositivo, ma decisamente sconsigliabili nella scrittura professionale. Si potrà dire cioè in una tesi o tesina: «Vorrei spezzare una lancia per questa o quest'altra teoria», ma non in una perizia giudiziaria: «Vorrei spezzare una lancia a favore di uno dei due contendenti».

Le espressioni figurate da scartare assolutamente in uno scritto tecnico saranno le iperboli, tanto esagerative quanto riduttive. Sarebbero modi inopportuni in un *curriculum* o in una lettera di richiesta di lavoro: *essere un gigante* o *un pozzo di scienza; ragazzo alto quanto un soldo di cacio* nel referto medico di un pediatra scolastico; *tirarsi addosso i fulmini del direttore*, in un rapporto redatto da una commissione disciplinare.

Certe espressioni figurate adatte ad un articolo di giornale sono sgradevoli in una relazione aziendale:

> 1) L'Alitalia spicca il volo. Un anno positivo per la compagnia aerea.
>
> Comunità europea e tabacco. Fumata nera. I dodici non raggiungono l'accordo per le direttive sulle sigarette.

L'arguzia che segue è efficace nel contesto della cronaca sportiva, ma sarebbe inadatta ad una perizia di ingegneria meccanica:

> 2) La nuova Ferrari beve troppo olio. I motori vanno arrosto.

Le arguzie insomma vanno lasciate agli scrittori e ai giornalisti, e sarà opportuno limitarsi ad un uso parco e meditato del linguaggio figurato.

Si osservi la differenza tra l'espressione errata e le varianti corrette in parentesi, nei seguenti esercizi di addestramento all'appropriatezza espressiva tratti da un manuale di scrittura professionale:

> 3) La riunione terminò con una dichiarazione formale secondo la quale la cooperativa di consumo avrebbe dovuto trovare altri clienti per *sfondare* sul mercato (*affermarsi*, è più in carattere con la situazione).

A parte la sfumatura che forse *imporsi* sarebbe stato un verbo più adatto di *affermarsi*, l'esempio è indicativo ai nostri fini, come il seguente:

> 4) Dopo molti *giri di valzer* (esitazioni) e *passaggi all'ala* (deleghe a terzi), il direttore aveva deciso di assumersi la responsabilità di....

Accettabili le seguenti parafrasi di modi figurati, proposte a semplice fine illustrativo da un altro manualetto, e utili dal nostro punto di vista per agevolare il trasferimento delle espressioni dal parlato a un testo professionale o tecnico:

> 5) Si discuteva da ore, ma io ho *tagliato la testa al toro* (= sono intervenuto su un punto fondamentale).
> 6) Il tuo lavoro *mi sta molto a cuore* (= mi interessa).

La difficoltà primaria rimane comunque quella di rispettare le convenienze dello stile orale e dello stile scritto, che rispecchiano esigenze diverse, di espressività emotiva e, rispettivamente, di efficacia comunicativa. Il linguaggio figurato è infatti un ingrediente essenziale della comunicazione: è necessario, come ci ricorda con il suo stile antiquato Leo Pestelli, allo «scrivere scienziato» che presumerebbe di essere «senza figure [...], giacché lo scrivere afigurato è praticamente impossibile»; ed è a maggior ragione necessario «all'ordine vissuto», in cui il parlare fa da «sismografo». La metafora geologica è forse compatibile con il brano ironico da cui è tratta, ma non va impiegata nella scrittura professionale.

6. La scrittura funzionale e i suoi generi testuali

La definizione di «prosa funzionale», escogitata da Giacomo Devoto, un linguista cui dobbiamo fondamentali lavori sulla scrittura letteraria, intende caratterizzare una prosa lineare, chiara, fortemente comunicativa. Com'è facile intuire, simile modello di scrittura concerne i testi di natura espositiva, che vanno scritti in uno stile neutro, ma non privo di efficacia. Lo stile pratico della «prosa d'organizzazione» (altra variante di **scrittura funzionale** secondo i tecnici aziendali), può derivare dalla consapevolezza di attingere una comunicazione efficace e quindi una qualificazione sul piano personale e su quello professionale. Al dirigente d'azienda o al professionista si richiederebbe dunque uno stile diretto e persuasivo, e allo studente universitario si dovrebbe richiedere invece di esporre in maniera chiara e circostanziata i contenuti della sua formazione didattica. Egli dovrebbe cioè dominare la **prosa** detta **referenziale** in quanto riferisce in forma articolata e coerente contenuti di lezioni, seminari o letture, e la **prosa** cosiddetta **argomentativa**, destinata appunto ad argomentare criticamente una «tesi», cioè un problema già affrontato in studi precedenti. Nonostante le apparenti differenze, entrambi i tipi di scrittura vengono a coincidere negli scopi comunicativi: occorre cioè superare il pregiudizio che il dirigente o il tecnico che scrive un testo di organizzazione aziendale «sia un vettore di informazioni neutre anziché una fonte di giudizi, di argomentazioni e di decisioni».

La scrittura funzionale riguarda una vasta gamma di scritti di ovvia rilevanza individuale e collettiva come relazioni ed atti amministrativi; programmi, regolamenti e corrispondenza di un'organizzazione; comunicazioni a utenti o clienti; testi e libri d'informazione; manuali tecnici; relazioni su ricerche; ma abbraccia anche tesine e tesi. Alla scrittura funzionale appartengono, oltre alle tesi, altri testi più ampiamente argomentativi, dotati di carattere dimostrativo e miranti a persuadere sulla base di argomenti che dovranno essere provati, sul piano logico e fattuale: la lettera di richiesta, il saggio o trattato, l'opera di divulgazione scientifica, la comunicazione o relazione congressuale. Si tratta di tutti quei **testi di carattere non inventivo** che hanno come scopo principale la trasmissione dell'informazione, e come tali devono avere spiccate caratteristiche di chiarezza, accuratezza e facilità di consultazione. In definitiva la scrittura funzionale dev'essere efficace, ma priva di componenti emotive, molto vicina a quella che gli angloamericani chiamano *basic writing* 'scrittura di base'. Questo non ne implica naturalmente la piattezza: sarà appunto compito delle figure dare il giusto rilievo a tale tipologia espressiva.

Ogni tipo di testo richiede una propria misura espressiva. Quella dei testi argomentativi è l'efficacia informativa prodotta dallo **stile chiaro**, che, grazie alla sua linearità di ordine lessicale e alla sintassi diretta, comunica immediatamente dei contenuti che accrescono la conoscenza del destinatario. Al contrario, lo **stile brillante** ci stordisce con i suoi effetti speciali, distrae la nostra attenzione dal significato reale dell'enunciato, e agisce piuttosto sulla nostra emotività, senza per questo aiutarci ad accrescere le nostre conoscenze o a maturare la nostra capacità critica. Lo stile brillante, mirando piuttosto a stupire che a informare, è esibizionistico fino alla forzatura espressiva dello **stile immaginifico**; per non dire, poi, che la trasmissione dell'informazione segue criteri diversi da quelli dei testi giornalistici (si veda il cap. V, § 4). Al contrario lo stile chiaro gode di un'espressività intrinseca, che può occasionalmente intensificarsi in un semplice **stile figurato**.

Un buon esempio di stile chiaro può essere il parlato delle trasmissioni divulgative di Piero Angela. Lo stile brillante è invece tipico della scrittura giornalistica o del linguaggio pubblicitario.

Lo stile brillante rischia poi di diventare abbagliante, se si indulge ad allusioni entusiastiche all'attualità, come quelle indotte dai mezzi di comunicazione di massa. Scrivendo una relazione tecnica o una tesi di laurea è sconsigliabile l'espressione del gergo sportivo *spiazzare gli avversari* per 'demolire le argomentazioni contrarie' o sostituire la semplice formulazione «È opportuno riflettere su questo aspetto», con lo slogan proferito da un ammiccante Renzo Arbore per pubblicizzare una nota birra: *Meditate gente, meditate!* Sono dunque il giornalismo e la pubblicità i settori d'uso più insidiosi per il contagio di stile brillante: entrambi infatti sono dotati di forte presa sul pubblico giovanile che vi è più esposto, e che perciò va preparato a difendersene.

La miglior difesa, come sempre, *è l'attacco* (frase proverbiale sconsigliabile nella scrittura funzionale, ma qui giustificata per il tono colloquiale del contesto). È necessario perciò fare un'incursione nei terreni metaforici più frequentati dal linguaggio giornalistico e da quello pubblicitario, per riconoscerne gli abusi ed evitarli.

Come si è già avvertito nel capitolo V, lo stile giornalistico, con i propri tagli narrativi e le proprie figure smaglianti, non solo non va imitato in generale, ma poco si presta ad essere trasportato alla scrittura funzionale. Tra le strategie di cui si deve scoraggiare l'imitazione, si segnala in primo luogo la studiata intensificazione delle figure. Non si dovrà sostituire in una frase fatta una parola comune con una più marcata (*sentirsi le spalle sicure* → *sentirsi le spalle 'assicurate'*); né appesantire un enunciato con un'espressione che si crede più efficace perché è più concreta (*guadagnare qualche secondo* → *guadagnare una manciata di secondi*).

A bilanciare l'impressione negativa dello stile giornalistico possono valere esempi positivi, come quello di Enzo Biagi in un articolo del *Corriere della sera* del 26 giugno 1996 intitolato *Morire per una pagella*:

> «I suicidi», disse Pasternak quando Majakovskij si tolse la vita, «non si spiegano, si interpretano». La cronaca di questi giorni racconta di studenti bocciati che non hanno saputo affrontare la sconfitta, o i rimproveri, e hanno deciso di *uscire di scena*. [...]

> Non so perché dei ragazzi hanno voluto sparire dopo avere consultato, *col cuore in gola*, una tabella scolastica: non so se in un attimo di follia, ma non credo di lucidità. Non erano preparati ad *affrontare le pagelle della vita*, che comportano anche l'ingiustizia e le brutture, e neppure rassegnati ad accettarsi. [...] una forte indole vuol dire il possesso di abitudini morali, una certa considerazione per i valori e anche per i doveri. Non basta, penso, che i padri parlino tanto coi figli; mi pare più importante saperli ascoltare, specialmente nel momento del dubbio e del dolore. Non si formano solo *sui banchi*, ma prima di tutto *in cucina*.

L'incisività stilistica è data dalla sapiente distribuzione delle metafore, oltreché dalla saldezza dell'insieme testuale, nella sintassi generale e nelle costruzioni; basti notare il riuscitissimo incastro della metafora lessicale *pagelle*, motivata dal contesto, nella metafora ricevuta *affrontare la vita*. Le espressioni colloquiali come *uscire di scena* o *col cuore in gola*, e *sui banchi*, *in cucina*, riportano il testo ad una misura di stile tenue che non ne smorza l'efficacia argomentativa.

Senza drammatizzarne gli effetti, è comunque corretto affermare che il **linguaggio pubblicitario**, per la sua straordinaria diffusione e per il suo potere comunicativo, condiziona ampiamente il linguaggio comune. Soprattutto non ne vanno imitati i giochi di parole prodotti dalla forzatura di modi di dire comuni, come un testo di pubblicità radiofonica trasmesso nelle prime settimane del 1997, in relazione alle facilitazioni governative per l'acquisto di vetture nuove al posto di quelle da rottamare:

> La tua auto ha compiuto più di dieci anni? La festa gliela facciamo noi ecc.

La scontata ambiguità del doppio senso portato dal modo di dire *Fare la festa* che, accostato alla frase fatta *Compiere gli anni*, evoca sensi secondari di dubbio gusto, crea un elemento di disturbo che fa dell'intero comunicato promozionale un testo grezzo e saturo di effetti negativi.

Dallo stile pubblicitario si può invece attingere la positiva tendenza a restituire vitalità alle metafore spente riportandole al senso letterale, badando però a evitare le forzature. Ecco alcuni esempi ben riusciti: un analgesico viene presentato come capace di far *perdere il dolore in un bicchier d'acqua*, con l'indovinata immagine di un bicchiere in cui si scioglie la compressa. Un telefonino cellulare è pubblicizzato con felice doppio senso giocato sui modi di dire: *Vi diamo ascolto. Dateci voce*.

Se si riproducono nella scrittura funzionale i modelli dello stile brillante, si rischia fortemente di creare banalità e fastidio. Alcune espressioni stereotipate, e pertanto prevedibili o povere di informazione, possono rendere tedioso o banale un testo per il rimanente ben costruito. Alcune vengono segnalate in un recente manuale di scrittura: *svolta fondamentale, decisiva; addetti ai lavori; nell'occhio del ciclone; in odore di; permane, non si è spenta l'eco*.

Dopo questa prima panoramica di usi figurati e stile espositivo, esaminiamo organicamente i generi testuali di scrittura funzionale.

7. La prosa argomentativa: manuali, tesi, tesine

Partiremo dalla prosa argomentativa di manuali, tesi e tesine, per passare poi alla prosa di rapporti ufficiali e di documenti tecnici, mentre si ometterà la lettera, cui si è fatto ampio riferimento nelle pagine iniziali di questo capitolo.

I modi figurati possono dunque rientrare nel discorso tecnico, ma senza abusi. Non si dovrà fare perciò come un volenteroso vocabolarista di qualche decennio fa che nel suo prontuario di *Dizioni corrette*, personificato nel sottotitolo come *L'amico dello scrittore corretto*, prescriveva uno stile semplice e controllato. Poi però, per consigliare la scelta del termine più appropriato tra quelli designanti la «frequenza di linguaggio figurato», non trovava di meglio che sviluppare, con una presunta arguzia, un modo di dire di origine colta:

> *Metaforicheggiare*: [...] c'è molto da dire sulla durezza della voce, e poiché abbiamo i più snelli, *Metaforeggiare* e *Metaforizzare*, non portiamo nottole [civette] ad Atene, per giunta spennacchiate, e ricordiamoci che in questi due verbi c'è sempre del dispregiativo.

Per verificare se anche noi abbiamo fatto *come il famoso padre Zappata, che notoriamente predicava bene e razzolava male* (espressione da riservare al parlato colloquiale), facciamo una rapida escursione negli altri capitoli, alla ricerca di modi figurati. Ad esemplificare la tipologia del **manuale**, mi è sembrato più fruttuoso attingere a questo stesso volume. Segnalerò anche la funzione di proverbi e modi proverbiali nei testi delle finestre (per inciso, si noti la riuscita inserzione della metafora informatica nella terminologia di questo libro). Per quanto mi riguarda ho segnalato e continuerò a segnalare via via in parentesi eventuali convenienze o sconvenienze stilistiche.

Diverse espressioni formulari trovano la loro ragion d'essere nella congruenza argomentativa. Un primo, pertinente riferimento alla frase fatta *parlare come un libro stampato* si trova al capitolo II, § 1, a proposito della giusta distribuzione degli stili orale e scritto. Ovviamente, per l'origine linguistica, l'espressione figurata risulta particolarmente appropriata nel contesto.

Lo stesso vale per il detto di origine latina *Le parole volano, la scrittura rimane*, chiamato a sancire la differenza tra i due canali della comunicazione umana nel paragrafo intitolato appunto *Dal parlato allo scritto* (cap. II, § 3); analogo il caso del proverbio *Pensa oggi e parla domani*, nel medesimo contesto. Questo primo nucleo di esempi ci dimostra che in manuali come il presente il proverbio è ammesso, mentre in altri contesti di tono espositivo o referenziale è da schivare.

Altre frasi proverbiali rientrano nella tipologia della citazione, e dunque possono ammettersi a pieno titolo nella scrittura argomentativa. Può trattarsi di una citazione letteraria, come nel caso del modo di dire *combattere contro i mulini a vento* nella presentazione del riassunto del *Don Chisciotte* alla Finestra 4 del capitolo IV. O può trattarsi di una più autorevole citazione delle Sacre Scritture, come l'evangelico *Chi è senza peccato scagli la prima pietra* al capitolo X, § 1. In simili casi, l'avvertenza è sempre di capire se il rapporto col destinatario, e quindi il tono confidenziale o distanziato, consentano il riferimento con la citazione.

Dello stesso tenore le citazioni di interi testi letterari nelle finestre. Nel testo di Petronio (cap. II, Finestra 3), numerosi sono i modi proverbiali che, nonostante la traduzione, rendono bene la simulazione del parlato, soprattutto nell'ultimo periodo. Si commenta da sé il geniale gioco di parole omerico sul nome di Ulisse (cap. II, Finestra 4). Un utile esercizio per il lettore può essere di cercare i modi figurati nella scrittura autobiografica di Croce (cap. IV, Finestra 1), testo di frontiera tra scrittura letteraria e scrittura saggistica.

La prima metafora autonoma, non generata cioè da associazioni con il tema discusso nella pagina, si trova nel capitolo IV, § 4 (*Libro e lettore: la lettura interattiva*), in cui si dice che «il lettore possiede un'arma infallibile: smettere di leggere». Contigua la metafora, attenuata comunque dalla parentesi didascalica: «da ogni paragrafo si dovrebbe ricavare, come si dice oggi, *un pacchetto di informazioni*». In entrambi i casi la convenienza contestuale è rispettata, in quanto lo scopo è di stabilire un contatto positivo con il destinatario.

Può essere ammessa per lo stesso motivo l'iperbole seguente, situata al § 5 dello stesso capitolo, e relativa alla necessità di prendere appunti per *salvare* (si osservi la mia metafora estemporanea dell'informatica tutto sommato passabile in un testo argomentativo) dati «che neppure *la memoria di Pico della Mirandola* potrebbe conservare, o conservare a lungo». In un testo espositivo più neutro del nostro, comunque, simili figure vanno evitate.

Ancora un modo di dire allusivo al linguaggio, e dunque pertinente, si riscontra al capitolo VIII, § 1 (*Gli appunti*), nel commento sulla tendenza a cancellare gli elementi ritenuti superflui in simile genere di scrittura:

> La lingua semplificata degli appunti è, per questo aspetto, simile a quella del telegramma (in questo caso l'omissione di alcune parole serve a *risparmiare non tempo, ma denaro*). [...] Anche nelle inserzioni pubblicate dai giornali si tende a una lingua convenzionale, per *risparmiare parole*.

Come si vede, la contiguità dell'espressione propria che precede e di quella figurata che segue, rafforza la tenuta della metafora, che riecheggia la frase proverbiale *Il tempo è denaro*, non espressa ma ugualmente dominante nell'intero contesto. Anche in questo caso, constatata l'appropriatezza delle suddette figure nello specifico contesto di questo libro, non se ne consiglia l'uso in testi compilativi, eccetto che per l'ultima metafora.

Ancora qualche esempio dal capitolo VIII, strettamente collegato al presente. Al § 5 si allude appropriatamente alla «magrezza dei finanziamenti», in armonico contrasto con la «ricchezza del materiale bibliografico» del periodo successivo. Al § 6, per caratterizzare la situazione non certo rosea delle biblioteche italiane, si ricorre ironicamente ma con realismo alla metafora verghiana della «*fiumana* [...], che travolge quanti soccombono nella selezione naturale praticata dalla vita (nel nostro caso dalla vita universitaria)». Anche in questo caso, la figura è conveniente alla situazione comunicativa e, pur proponendosi sotto forma di citazione letteraria, tende solo a risvegliare un ricordo di cultura scolastica, e soprattutto allude in modo pertinente al titolo del capitolo sulla «sopravvivenza» nella vita universitaria italiana. Poco più avanti, nello stesso paragrafo, si identificano i libri ufficialmente «smarriti» con i *desaparecidos* sudamericani. Nulla da dire sulla metafora del *navigare* in Internet (§ 7), ormai entrata nell'uso con preciso valore terminologico. Si accorda coerentemente all'immagine darwiniana dominante nel capitolo anche il susseguirsi di allusioni figurate al libro come *preda* da conquistare faticosamente (§ 8). La presenza contigua di due figure colloquiali come *a macchia d'olio* e *catena di anelli infiniti*, agevola la comprensione e quindi la memoria della seconda massima di sopravvivenza per il laureando (§ 8). Una buona rassegna di espressioni figurate sulla novità dell'argomento da investigare nella tesi di laurea (*campi inesplorati, problemi più battuti*) si trova all'inizio del § 9, a contatto con figure più colloquiali, adatte al tono sdrammatizzante del capitolo, come «zona non *macinata* dal *tritatutto* della ricerca italiana». Da segnalare infine la figura del «punto esclamativo» che «dovrebbe essere esiliato da una scrittura professionale» (§ 10).

Come si vede, anche se certo la rassegna non ha le pretese della completezza, il ricorso a espressioni figurate si configura moderato, e comunque giustificato o prodotto dal contesto, a conferma che la prima qualità della scrittura compilativa è lo stile neutro, privo cioè di cedimenti all'emotività o a una malintesa creatività.

Ancor più neutro dovrà essere lo stile di una **tesi di laurea**, in cui saranno sconsigliabili metafore che *si avvitano su se stesse* (espressione figurata ammissibile in ambito argomentativo), o esibizionismi espressivi. Per prevenire il rischio che gli esempi che seguiranno, tratti da testi reali, possano creare nel lettore uno stato di insicurezza, e tradire così lo scopo costruttivo del nostro lavoro, sarà bene farli precedere da una presentazione positiva di materiali fraseologici da poter correttamente inserire in una tesina o in una tesi, e segnalare simultaneamente le varianti da evitare. Per maggior chiarezza, gli esempi saranno presentati secondo una suddivisione, di ordine strettamente testuale, in espressioni adeguate all'introduzione, all'esposizione e alle conclusioni. Ad esempio, non si dirà appropriatamente: «ora cominciamo a *spremerci le meningi*» per denotare lo sforzo applicativo comportato da un lavoro mentale, ma «la nostra riflessione si appunterà su». Anche *far mente locale* sarebbe eccessivamente colloquiale e quindi inappropriato, così come in una conclusione non si scriverà di esser giunti al momento di «ricavare la *morale della favola*», ma di *calcolare le percentuali*. Ovviamente, tale suddivisione ha soprattutto funzione di comodità di schema espositivo, sicché molte espressioni saranno trasferibili da una parte all'altra della tesi o tesina, laddove riuscissero adatte. Per esempio, *calcolare le percentuali*, qui appena raccomandato per le conclusioni, potrà essere usato nella parte espositiva, per l'esame dei dati analizzati fino a quel momento.

All'inizio di una ricerca si potrà ben dire **prendere le mosse da**, la cui origine nel gioco degli scacchi o della dama ne garantisce la pertinenza. Ma non si dirà *sciogliere i muscoli* per **intraprendere uno studio**. Ancora, nonostante la congruenza di riferimento situazionale, non si adoprerà *mettere nero su bianco* per notificare che si sta cominciando a scrivere la tesi. Il detto può alludere solo alla scrittura come memoria storica o alla stipula di un contratto o di un atto di reciproco impegno. Ancora, per esprimere la foga o il coinvolgimento in un lavoro, non diremo che stiamo per *buttarci a pesce* o per *buttarci a corpo morto, a capofitto* in esso, ma faremo presente di **aver intrapreso con impegno una certa at-**

tività di ricerca. Così è troppo colloquiale *mettercela tutta* per **impegnarsi in qualcosa al massimo delle proprie forze**; ed è toscaneggiante *mettercisi di buzzo buono* per **agire con grande impegno e determinazione per raggiungere un obiettivo**. *Mettere in cantiere* fa pensare piuttosto a una gravidanza programmata che alla progettazione di uno studio, sicché sarà più opportuna la variante neutra: **programmare** o **iniziare la realizzazione di**.

A una zona testuale intermedia fra introduzione ed esposizione possono appartenere le espressioni relative alla discussione delle ricerche precedenti. Non è dotto ma solo violento stilisticamente dire che si *fa tabula rasa*, o si *fa terra bruciata*, o si *fa il vuoto intorno* a proposito dei lavori altrui, che semmai saranno **esaminati** o **discussi**. Una certa aggressività si percepisce anche in *senza mezzi termini* per **con decisione** o **con estrema chiarezza** o **in modo diretto**. Del tutto pertinente invece in un testo tecnico sarà **a rigor di termini.** Un dato o una prova convincente può **far testo**.

Più vasta la scelta di locuzioni e frasi fatte per la parte centrale, in cui si espongono fasi e risultati del lavoro. Nella parte narrativa di una tesi di laurea o tesina si dirà molto meglio **mettere in luce** che *evidenziare*; **ricavare** che *evincere* o *enucleare* o peggio *estrapolare*; e di un argomento diremo che è **a portata di mano** o **di prima mano**; **di seconda mano**; o che bisogna **darvi l'ultima mano**. Non si dirà *a lume di naso* per **intuitivamente**, ovvero *a occhio e croce* per **approssimativamente**. Si potrà invece dire con un certo garbo **veniamo al cuore del problema**, nel senso in cui si dice: «il cuore della città, centro della città, inteso come punto nevralgico, come centro delle sue istituzioni, del potere e così via»; meno raccomandabile l'espressione parlata *essere* o *venire al nocciolo della questione*. Il momento di affrontare l'argomento principale dell'esposizione sarà adeguatamente espresso da **entrare nel vivo**, che vale appunto: «iniziare a trattare la parte più importante e sostanziale di un discorso, di una questione».

Similmente si dirà bene **mettere a nudo** un problema. **Avere sott'occhio** potrà andare per un'esposizione che si appoggi a dati o prove da consultare; **perdere d'occhio** per esprimere il rischio di dispersività.

Né si dirà *prendere per oro colato* a proposito di un'opinione accreditata, che semmai non andrà **accettata passivamente**. Peggio ancora suonerebbe *spezzare il pane della scienza*, che sa di sdottorare, per citare un'opinione o un'ipotesi autorevole.

Non si userà neppure *andarci coi piedi di piombo* per **agire con la massima prudenza** nell'avanzare un'ipotesi o nel trarre una conclusione. Lo stesso varrà per *andare a ruota libera*, avente come sinonimo *andare a briglia sciolta* nel senso di **procedere liberamente nella discussione**, senza uno schema fisso e senza pensare troppo a quello che si sta dicendo.

Sarà corretto invece **essere di parte** per **esprimere un parere non sereno, non obiettivo**; o ancora **procedere passo passo** di cui un dizionario ci aiuta a giustificare la congruenza in un testo tecnico:

> passo passo: molto lentamente ma con costanza, detto in genere di cose che procedono verso il fine voluto.

Gettare un ponte è locuzione efficace per significare i collegamenti tra un punto e l'altro di una ricerca o simili.

Le varie possibilità di sviluppo di un'idea o di un lavoro si affideranno all'espressione **all'ennesima** o **alla massima potenza**.

La figura militaresca **raggio** o **campo d'azione** renderà adeguatamente l'ambito d'estensione di un lavoro o di una ricerca, laddove suonerà eccessivo dire *rientrare nei ranghi* per **rientrare nei termini**.

Una resistenza ad accogliere certe ipotesi, o la capacità di superarla, potrà essere espressa dalla locuzione **avere**, **farsi**, **vincere delle remore**.

Di un argomento interessante non si dirà che è *venuto alla ribalta*, ma che **si è imposto all'attenzione**. Le aggiunte dovute all'interpretazione personale si denoteranno meglio con un neutro **ragioni soggettive** che con un lezioso *farne un romanzo*, riferito al lavoro di ricerca. Sarà corretto e utile **passare al vaglio** le varie ipotesi prima di optare per una.

Potrà rasentare la banalità affermare di **essere sulla buona strada**, per «aver avviato proficuamente un lavoro», ma risulterà certo più semplice e gradevole di *aver il vento in poppa* o simili. Così è meno artificioso **sfiorare un argomento** che *affrontarlo di striscio*.

L'impegno assiduo nel lavoro di studio e ricerca non si esprimerà con l'autoqualificarsi come un *topo di biblioteca*, che suonerebbe autoironico e lesivo. Altrettanto sgradevole riuscirà il modo *entrare in urto*, per **scontrarsi**, **confrontarsi** con un'opinione avversa.

Un necessario cambio di argomento non si giustificherà dicendo che è necessario fare un *volo pindarico*, ma che è opportuno **discutere alcuni elementi di supporto**. La citazione di fonti o argomenti a sostegno si esprimerà con l'espressione **chiamare in causa**.

Analogamente, risulterebbe lezioso dire che si tralascia di parlare di alcunché ricorrendo ad espressioni quali *lasciare nella penna*.

La modestia che accompagna un forte impegno di ricerca sarà da esprimere con semplicità, con espressioni del tipo **dal mio punto di vista**, **nei limiti concessi dal lavoro**, e non con frasi forzatamente attenuative del tipo *nel mio piccolo*.

Di un argomento che ci impegna nel lavoro, anche se è noioso, non diremo che è *una pizza*, ma che è **altamente impegnativo**, che **comporta un notevole sforzo applicativo** e simili espressioni neutre.

Scolastico e falsamente dotto risulterà anche *far tremare i polsi*, banalizzata citazione dantesca che vale «provocare grande turbamento, paura», ed è dunque inadatta a esprimere le difficoltà di un lavoro intellettuale, se non nell'ironia del parlato. Lo scrupolo di investigare un problema *alle sue radici*, non si esprimerà tanto appropriatamente con simile metafora vegetale, o con la frase colloquiale e in certi casi ambiguamente ironica *cominciare ab ovo*, ma sarà tradotto da espressioni semplici come **rifarsi all'inizio**, **risalire alle origini**.

Per raggiungere lo scopo primario del discorso argomentativo, cioè dimostrare con prove credibili un fatto o un'idea, occorrerà più che mai vigilare sulle proprie scelte espressive. Troppo parlato risulterà *entrare nell'ordine di idee* per **convincersi**. Analogo l'effetto di *essere a un punto morto*, per cui si consiglia l'equivalente neutro **è difficile proseguire**, laddove la figura del linguaggio degli scacchi **trovarsi in una situazione di stallo** può aver accesso in una prosa argomentativa grazie all'ormai consolidato uso nella scrittura giornalistica. Ammissibili anche **è giocoforza** per 'è inevitabile', o **essere fuori strada** per 'essere su una strada che non porta alla soluzione di un certo problema', o ancor meglio di un discorso, o di un'osservazione non adeguati alle circostanze si dirà che **è fuori luogo**. Tra i legamenti saranno appropriati: **in primo, in secondo, in terzo luogo** o **in prima, in seconda, in ultima istanza.**

Non diremo poi di *avere una memoria d'elefante* o di *avere una memoria di ferro* per **riferire fedelmente i dati** di una tesi di laurea o di una tesina.

Leziosi potrebbero riuscire *essere la cartina di tornasole* o *essere la prova del nove* per **essere l'elemento di verifica**. Suonano più accettabili in merito **essere la chiave di volta; essere l'elemento probante.** Si potrà usare senz'altro la metafora del Nuovo Testamento **pietra angolare**, per designare un argomento o **elemento portante** di un lavoro. Utile la spiegazione:

> La pietra angolare è la prima pietra di un edificio; in senso figurato indica invece il fondamento, il sostegno, la base, l'essenza ecc. [...]. L'espressione si collega ad una frase della lettera di San Paolo agli Efesini (II, 20) in cui dice che gli apostoli ed i profeti poggiano sulla pietra angolare (*angulari lapide*).

Assolutamente banale sarà *essere la punta dell'iceberg* per 'essere la parte emergente, visibile di qualcosa di dimensioni ben maggiori'. Stonato pure *essere la punta di diamante* per 'rappresentare l'elemento fondamentale o di punta'.

Corretto **mettere a fuoco** 'puntualizzare, chiarire gli aspetti principali di una questione'; **mettere a punto** 'rifinire nei particolari'.

> Una sottigliezza eccessiva spinge un vocabolario contemporaneo a distinguere tra due espressioni apparentemente identiche, di cui perciò solo la seconda si adatterebbe correttamente ad un contesto espositivo:
>
> *Saltare agli occhi*; avventarsi al collo – scagliarsi contro qualcuno per malmenarlo o aggredirlo.
>
> *Saltare all'occhio*; balzare all'occhio – imporsi con la propria evidenza, detto soprattutto di un difetto, di un cambiamento e sim.
>
> Più tollerante un vocabolarista del passato, che ci offre una curiosa distribuzione stilistica per questa espressione e le sue consimili, corredate da citazioni dantesche e manzoniane:
>
> *Saltare una cosa agli occhi* è modo che odi riportare ad ogni istante, per dir cosa che attrae la nostra attenzione, e i Dizionari lo registrano; ma anche qui è il caso di raccomandare il dovuto riserbo – *Fare d'occhio* e in qualche luogo anche *d'occhietto ad alcuno*, per *fargli cenno ammiccando*, passa avanti alla forma più italiana *dar d'occhio*. Dava d'occhio a' birri che avesser pazienza, disse il Manzoni, e così *colpo d'occhio* passa avanti a *veduta*, a *occhiata*, a *bella occhiata*. L'uso può quel che vuole e più non domandare.

Nonostante l'origine colta, i seguenti modi di dire saranno più adatti al parlato che a una tesi o tesina, come dimostrano le rispettive spiegazioni:

- *La quadratura del cerchio o del circolo* è un problema classico insolubile con la riga ed il compasso. Per estensione significa cosa impossibile a farsi o a realizzarsi, situazione che non ha alcuna possibilità di soluzione.

- *Ultima* (o *extrema*) *ratio* è un'espressione latina che vuol dire «l'ultima ragione», «l'ultimo argomento», l'estrema ancora di salvezza in circostanze disperate o comunque difficili, quando tutti gli altri tentativi sono risultati vani.

Decisamente positivo il ricorso a **fare luce** 'scoprire la verità; svelare un mistero; spiegare in modo chiaro qualcosa'. Con misura si potrà citare l'espressione **fare un passo avanti** 'progredire'.

In una tesi o tesina possono aver accesso anche espressioni vicine al parlato di tenore sostenuto, come **non fare una grinza** 'essere ineccepibile'; **por mente** (es. «ora poniamo mente al fatto che»); **tenersi sulle generali**.

Al momento della conclusione si potranno serenamente **tirare le somme**, o **tirare le fila** – o **riprendere il filo del discorso** – 'riepilogare una situazione e arrivare alle conclusioni', che riuscirà opportuno anche in una conversazione impegnativa.

Come si vede, non sono poche le espressioni figurate adoperabili in una prosa argomentativa, e appartengono a due filoni ben individuabili: a) modi e locuzioni della tradizione retorica o dialettica (*In primo luogo*, ecc.); b) modi e locuzioni entrati nella lingua comune e non più percepiti come tali (*a mio parere*, *da un lato* ecc.). Una più ampia scelta è comunque disponibile nel prontuario fraseologico alla fine di questo capitolo.

Per fornire un orientamento concreto circa l'uso delle espressioni figurate nella prosa argomentativa, faccio seguire alcuni esempi in negativo e in positivo, tratti da una tesi di laurea che ha conseguito buoni risultati, ma che presenta una marcata tendenza al virtuosismo stilistico. L'oggetto della ricerca è il rapporto tra siciliano e toscano nel testo dei *Malavoglia* di Giovanni Verga. Ciascun esempio sarà preceduto da un trattino per distinguerlo da quelli della stessa serie.

Riescono artificiose le seguenti locuzioni, che si elencano con la soluzione corretta tra parentesi quadra:

- tappeto [terreno] della nostra analisi
- assopire [scoraggiare] un'ipotesi
- l'inseparabile duetto [coppia] di aggettivi
- fornace [fonte] di esempi.

Se proprio si vuole ricorrere a una metafora ricevuta, è bene lasciarla allo stato naturale. Si osservi a conferma come la metafora *contorsione sintattica* sia dapprima oggetto di una parafrasi «atletica» nell'espressione *capitombolo sintattico*, e successivamente sia sviluppata in una catena metaforica di stampo artistico che appesantisce un periodo sintatticamente ben costruito:

> Soluzione espressiva che, con la formula iniziale abilmente manovrata, dà luogo a una delle più sapienti acrobazie linguistiche dell'autore, frutto della sua agilità che abbiamo potuto constatare nell'operare *contorsioni sintattiche* e salti lessicali passando dalla fissità statuaria della formula chiusa nel museo del vocabolario, alla mobilità scultorea dei suoi periodi narrativi e dialogici.

Le seguenti figure stradali sono alquanto banali, meno forse l'ultima, che potrebbe anche essere impiegata con una certa misura, limitandone cioè la presenza ad un'unica pagina della tesi:

- Con affidabile metodo si comportava il vocabolario dialettale che inevitabilmente si doveva fermare di fronte al semaforo dell'eccessiva specificità dell'espressione.
- Abbiamo visto i due dialetti alternarsi alla guida del contesto.
- L'autore, nel trovarsi di fronte al bivio linguistico offerto dalla fonte dei *Proverbi siciliani* del Pitrè, pur potendo agevolmente imboccare la strada del toscano che si ricongiungerebbe, in fondo, a quella del suo dialetto, con raccordo tangenziale, preferisce percorrere direttamente quest'ultima.

Si alternano figurazioni tratte dalla navigazione spaziale:

> il vocabolario dialettale sembrerebbe la rampa di lancio da cui sia partito il Verga, non secondo una traiettoria verticale che gli avrebbe potuto consentire di raggiungere e centrare in pieno l'obiettivo del toscano, ma perdendosi in una involuta parabola che lo fa rimanere in orbita attorno alla meta, senza tuttavia atterrarvi;

o dalla navigazione aerea:

> la solita fretta e distrazione che [ad un critico] gli fa sorvolare gli argomenti, senza atterrare in una riflessione o planare in una lettura più attenta.

Vanno evitati, o limitati al massimo, i riferimenti al nozionismo scolastico, come le seguenti allusioni alla geografia astronomica:

- Possiamo vedere come, nei casi che sono stati appena esaminati, cominci a sorgere un timido astro toscano, che vedremo portarsi man mano più in alto, nel cielo del romanzo, fino a irradiare luminosità pari a quella del sole siciliano, giungendo infine ad eclissarlo.
- Concluso questo panorama in cui la luminescenza dei due corpi linguistici è di uguale intensità, accingiamoci a vedere come le radiazioni emanate dal toscano prevalgano su quelle del dialetto, per cui scema progressivamente la temperatura dell'idioma regionale.

Se invece la metafora dell'*eclissi* sarà limitata ad un'allusione occasionale, può anche riuscire efficace.

In genere, infatti, l'effetto più stancante è prodotto dagli sviluppi metaforici, in contiguità:

> Del toscano, il Verga si avvale come aspiratore [*sic*], dal punto di vista lessicale, ventilando la formula con il verbo italiano ed eliminando quello dialettale

e a distanza, con tenaci riprese, dall'introduzione alla conclusione, di stereotipi della medicina:

- con mano di chirurgo capace di trapiantare un nuovo organo in un corpo ormai stanco ed invecchiato, infondendovi un nuovo flusso vitale;
- il siciliano ha agito come donatore del trapianto verghiano;
- vediamo brevemente l'operato dello scrittore. Innanzitutto il prelievo indiscutibile, data la presenza di entrambe le forme nella stessa pagina, non solo, ma anche una di seguito all'altra nei *Proverbi* del Pitrè, e la messa in circolo del plasma dialettale, compiuta, come sempre con somma maestria, nel contesto.

Anche Italo Calvino aveva paragonato l'apporto dei dialetti all'italiano letterario ad una trasfusione di plasma vitale, ma non aveva toccato i limiti dell'allusione quasi vampiresca.

Le metafore di ambito economico vanno bene, come si è visto, nelle conclusioni, con allusioni al bilancio o al consuntivo, ma possono risultare efficaci anche nella parte espositiva della tesi, in un moderato sviluppo sintattico:

> Si potrebbe paragonare l'apporto linguistico dell'autore all'operazione finanziaria di un fondo monetario il quale mette in circolo una nuova valuta, col taglio delle banconote immutato, in un sistema monetario esausto, immettendovi forte riserva aurea. Così il conio è italiano, ma il deposito a cui esso attinge e che ne assicura la sussistenza e il credito, è toscano.

Come si vede da questi non pochi esempi, il segreto principale della convenienza dello stile figurato in una prosa argomentativa consiste nella misura, nell'equilibrio con cui chi scrive saprà distribuire le espressioni metaforiche nella pagina. Un altro elemento fondamentale è la **motivazione** del significato, cioè l'analogia che sta alla base dell'associazione figurativa e la giustifica, che deve avere il suo giusto peso nella scelta e nella collocazione contestuale dei modi. Ci sono contesti in cui può produrre virtuosismi che sconfinano nell'abuso, come alcuni dei precedenti, e contesti, tratti sempre dalla stessa tesi, in cui giocare sull'affinità di senso e di riferimento può riuscire positivo. Potrà trattarsi di espressioni letterarie, elevate ma ammissibili: argomenti **larvatamente accarezzati**, «rete da lui stesso intessuta e nella quale restò **impaniato**» [**pania** è la rete per catturare gli uccelli; *trappola* o *intrappolato* risultano eccessivamente colloquiali]; o di espressioni già presenti nella lingua comune: **funge da molla**, **allentare i legami**, **sviscerare**, **spia** ['segnale, indizio'] **di un fenomeno**, **mettere in rilievo**, **coniare**, **monopolizzare**, **saldare**, **suturare**, **ventilare un'ipotesi** [ma senza *aspiratori* per carità!; meglio comunque il più neutro **avanzare** o **formulare** o **proporre un'ipotesi**]; **repertorio**; **pilotare** per 'introdurre' [ma con misura: «intervento dell'autore che **pilota** una battuta»]; **diaframma**, **innestare**. Pertinente anche un'espressione in voga negli anni Settanta: **griglia** per 'schema', e la metafora bloccata **pietra di paragone**.

Lecite ma scontate le allusioni ai **vasi comunicanti** e all'**habitat**, o quelle all'**amalgama** degli **ingredienti**, o al **fermento**, al **lievito** nel dosaggio contestuale.

Lecite pure, ma da **amministrare con parsimonia** (altro esempio ammissibile di figurazione economica), le metafore della fisica, atte a caratterizzare lo spirito del lavoro:

> [analisi] intesa a cercare la dinamica delle forze linguistiche in atto nel testo, a trovare il movimento interno che lo anima, a evidenziare i giochi di luci e ombre che vi si agitano,

o a descriverne le conclusioni: «le due forze linguistiche si compendiano fino a coincidere».

Banali quelle della medicina, di cui abbiamo appena visto le esasperazioni. Così, si potrà dire *trapiantare*, o *intervento terapeutico* (o *preventivo*, non *profilattico*), ma non che l'autore abbia «compiuto con perfetta sutura, una plastica operazione di trapianto», espressione quanto meno ridondante.

Più appropriate le metafore pittoriche, allusive al graduale passaggio dalla scrittura intrisa di dialetto della prima stesura manoscritta del romanzo, a quella più toscanizzata del testo a stampa:

> si noterà come, in una gradazione ascendente, il toscano si sviluppi accanto al dialetto, smorzandone da una parte le tinte troppo calde, e accentuandone dall'altra, per contrasto, il tono.

Le **tesine** sono redatte in genere da studenti di liceo o dei primi anni di università i quali, per quanto bravi, non padroneggiano ancora compiutamente il frasario e la tecnica della scrittura argomentativa.

Trascriviamo qui, aggiungendo in parentesi quadra le correzioni, alcuni passi significativi di una tesina sulla *soap-opera* presentata da uno studente del terzo anno di università. Rappresentativa l'introduzione:

> Il genere soap-operistico [della soap-opera] è una realtà piuttosto snobbata [ignorata] dagli studiosi dei 'media' [mezzi di comunicazione di massa]. Le ragioni di tale acritico ma sicuramente non disinteressato snobismo culturale stanno nelle caratteristiche costitutive del genere. Non si può affermare, effettivamente, che le soap-opera siano prodotti di elevato (o medio) valore artistico e letterario; se a ciò si aggiunge inoltre che la soap-opera non ha interessi scientifici o artistici [pretese di alta qualità culturale o artistica] e che la sua costruzione narrativa *ruota attorno* a temi ed espedienti totalmente *inflazionati* [scontati], si capisce come mai [perché] il mondo intellettuale *l'ha relegata al di fuori dei margini* [l'abbia relegata ai margini] della cultura considerandola un sottoprodotto nato da mirate politiche pubblicitarie e commerciali [risultato da esigenze di propaganda commerciale].
>
> Eppure la 'soap' non si riduce solo a questo e sarebbe presuntuoso pretendere di rinchiudere una realtà ben più vasta in quelle poche formulazioni oggettive [ridurre una realtà molto articolata a poche formulazioni ovvie e scontate]. La soap-opera ha una storia e un pubblico (che in televisione è sinonimo di successo) ed è *il frutto del lavoro* paziente di migliaia di persone che *giorno dopo giorno danno il meglio di loro stesse* per poter accontentare [svolgono quotidianamente la propria attività con la massima applicazione e con competenza per riuscire a soddisfare] le richieste e le aspettative di chi fruisce [è un consumatore appassionato], in ogni angolo del mondo, di questo prodotto televisivo. Criticarla [Criticare la soap opera] in astratto senza sapere che cosa sia in realtà [senza averne una conoscenza documentata] è un atto di arroganza [presunzione]. Lo scopo di questa breve introduzione è quello di fare capire il perché [cercare le ragioni autentiche] del successo in un genere che si può amare od odiare (perché no?) ma che sicuramente non si può condannare per il semplice fatto di esistere [riuscire gradito a certe fasce di pubblico].

Il brano dimostra una buona capacità critica da parte dello studente, ma ne rivela anche la scarsa dimestichezza con la scrittura argomentativa. Numerosi gli indizi di tale inesperienza stilistica: espressioni approssimative o presuntamente tecniche (*fruire*), luoghi comuni anche di origine liturgica (si pensi alla formula dell'offertorio: *il frutto del lavoro*), figure di stile colloquiale (*dare il meglio di sé, amare ed odiare*) inopportune in contesto espositivo. Accettabile l'espressione figurata *ruota attorno*, che ripete la metafora astronomica già riscontrata nella tesi di laurea, mentre *inflazionati* risente dello stile giornalistico. Nella parte espositiva la scrittura si fa più sciolta, e le figure si riducono allo stereotipo della donna come *angelo del focolare*, o all'*addentrarsi* nell'analisi. Evidentemente, a prescindere dai suoi livelli, la prosa argomentativa presenta delle costanti metaforiche.

Uno dei rischi più prevedibili per l'uso del linguaggio figurato in una tesina sarà il ricorso al linguaggio giovanile per una malintesa spontaneità o originalità. Anche i modi più estrosi del gergo vanno tradotti in formule alternative e adatte al contesto espositivo. Così non si scriverà *darsi una mossa* per 'intraprendere responsabilmente una ricerca'; *farsi dei viaggi* per 'non sapersi orientare', 'avere idee non corrispondenti all'argomento'; *fiondarsi all'opera* per 'mettersi alacremente al lavoro', ecc. Espressioni simili, del resto, risulteranno affettate anche in una lettera confidenziale tra amici.

8. La prosa professionale: relazioni, rapporti e perizie

La prosa professionale impone come caratteristiche di base: espressione chiara, redazione precisa e composizione condotta con metodo. Vediamo adesso come si articolerà lo stile figurato in testi espositivi di natura **referenziale**, che realizzano la scrittura più strettamente professionale, come **rapporti** o **relazioni**. La differenza sostanziale fra i due tipi di testo consiste nel punto di vista, per cui il rapporto si limiterà a «render conto», a riferire appunto su certi fatti o dati, la relazione ne darà anche un'interpretazione, una valutazione critica. Alla relazione si avvicina la **perizia**, per la sua natura di testo consultivo che riferisce il parere di esperti.

Cito da una relazione sulla conferenza organizzata dall'UNESCO a Teheran nel 1965 sul tema della lotta contro l'analfabetismo.

> L'analfabetismo è un flagello, come la fame o le grandi epidemie, o si tratta di un fenomeno molto più complesso, legato ad altri fattori sociali ed economici e pertanto difficile da trattare isolatamente?
>
> Per molto tempo la prima tesi era ammessa unanimemente. Insegnare a leggere e scrivere agli adulti dell'altra metà del mondo, che sanno comunicare solo oralmente con i propri simili, appariva un obiettivo semplice che richiedesse solo la mobilitazione di risorse umane e finanziarie commisurate ad un'opera così gigantesca. È sempre in questa prospettiva che l'Assemblea Generale delle Nazioni Unite ha approvato, nel 1963, il principio di una «campagna mondiale» per l'eliminazione dell'analfabetismo. L'idea era generosa: i paesi sviluppati si sarebbero mossi in soccorso delle nazioni con un alto numero di analfabeti, e grazie a questa lotta comune quel flagello sarebbe scomparso dalla faccia della terra come la peste e il vaiolo.
>
> [L'esperienza fatta in America del Sud e nei paesi dell'Est europeo aveva dimostrato che gli effetti dell'alfabetizzazione erano presto vanificati dalle cattive condizioni di vita della popolazione].
>
> Occorreva trovare il coraggio di rivelare questa verità dolorosa. All'inizio lo fecero con discrezione, ma *senza giri di parole*, nell'aprile del 1964, diciotto esperti riuniti a Parigi dall'UNESCO intervenendo però a titolo personale, il che consentì loro di esprimersi *senza remore*. Essi votarono una risoluzione in cui dichiararono che «la lotta contro l'analfabetismo non è fine a sé stessa». Algerini, Indiani, Senegalesi, Sovietici, ecc. condannarono unanimemente un simile progetto di campagna mondiale e proposero in nome dell'efficacia una strategia più modesta: alfabetizzazione selet-

tiva legata ad una formazione professionale che si rivolgesse a gruppi sociali che avvertissero un bisogno reale di imparare a leggere e scrivere.

Si vede subito come la figura della lotta e dell'eliminazione dalla faccia della terra sia giustificata dal contesto che ne assicura la fedele letteralità, e come le metafore segnalate in corsivo (per *senza remore* si veda il § 9) assicurino un'incisività e una concretezza che simulano il parlato senza imitarlo scriteriatamente. In certi casi però la frase fatta può essere, al contrario, garanzia di chiarezza e di successo comunicativo, laddove un modo di dire diverso può dar luogo a delle ambiguità. Il testo si configura chiaro e diretto allo scopo di comunicare l'esigenza di razionalizzare un intervento umanitario ispirato da nobili principi, ma inefficace.

I limiti di formulazione imposti da una relazione riguardano soprattutto la necessità di evitare ogni ambiguità; occorre trovare nel linguaggio non figurato sinonimi precisi dei modi figurati che non si possono impiegare in un contesto neutro o tecnico. Tale tecnica è tipica del linguaggio scientifico e del linguaggio burocratico, che costituisce una vera scuola di precisione.

Per rappresentare il secondo genere testuale di prosa professionale faremo ricorso alle perizie che, pur rimanendo ancorate alla precisione terminologica, aprono ad espressioni più sciolte nelle parti descrittive. I contesti che seguono sono tratti da una perizia di ingegneria meccanica, e riguardano la dinamica di un incidente:

Da un'accurata analisi di tutta la documentazione contenuta nel fascicolo in oggetto e dai dati ricavati nel corso dei sopralluoghi effettuati, due risultano essere gli elementi principali dallo studio dei quali è possibile effettuare una corretta ricostruzione dinamica del sinistro:

I - I danni rilevati sui veicoli A e B.

II - La posizione di quiete degli stessi.

La tipologia ed entità dei danni rilevati sulla motocicletta B – le strisciature sullo scudo anteriore destro, sul convogliatore, sul parafango anteriore, sulla manopola destra del manubrio e sul lato destro della cornice faro, precedentemente descritti – portano ad ipotizzare, con ragionevole certezza, che essi siano stati provocati esclusivamente da abrasione conseguente al moto di scivolamento del mezzo – coricato sul proprio fianco destro – sulla superficie bituminosa del manto stradale.

Il linguaggio piano e la costruzione sintattica diretta caratterizzano positivamente questo modello di scrittura professionale, in cui l'unico residuo di stile burocratico può considerarsi il giro di frase *effettuare una corretta ricostruzione*, che può essere validamente sostituito dall'espressione concreta *ricostruire correttamente*.

Mentre nella parte freddamente descrittiva lo stile si mantiene sorvegliato e le metafore sono tutte 'spente', con allusioni all'anatomia del mezzo, nel brano che segue, relativo alle possibili ipotesi ricostruttive dell'evento, il perito indulge a modi espressivi più diretti:

> [Seconda ipotesi] Alla vista dell'auto A il sig. Motorini, *preso dal panico, perde il controllo* del mezzo e si rovescia sul fianco destro. Contemporaneamente, il sig. Vettura, conducente l'auto A, vistasi occupata la propria corsia di marcia, non può che spostarsi sulla propria sinistra per evitare l'impatto con la moto.
>
> [Terza ipotesi] Nell'immettersi nella via principale il sig. Motorini *taglia la curva* sulla sua sinistra e si ritrova, così, nella corsia di marcia nella quale giustamente proviene invece l'auto. A tale vista il sig. Motorini *perde il controllo* del mezzo e, forse anche a causa di una eccessiva azione frenante sul freno anteriore, si rovescia sulla propria destra. Contemporaneamente il sig. Vettura, vistasi occupata la propria corsia di marcia, non può che spostarsi sulla propria sinistra per evitare l'*impatto* con la moto.

L'esempio è doppiamente indicativo in quanto consente di misurare la differenza tra i modi figurati nel linguaggio corrente, che restano tali nel linguaggio tecnico, come *esser presi dal panico*, e modi che sono figurati nel linguaggio corrente ma riacquistano senso letterale nell'uso tecnico, come *perdere il controllo*.

Questo genere di prosa impone un dettagliato esame delle **metafore tecniche**, su cui dovremo pertanto soffermarci, con l'avvertenza che tali metafore possono rientrare a buon titolo anche nella prosa argomentativa. C'è una sorprendente fluidità di rapporti nell'italiano di oggi tra vocabolari tecnici e scientifici e vocabolario comune, per cui parole come *osmosi, rigetto, catalizzatore*, sono passate nell'uso, non solo colto. Il settore più sconsigliabile per le sue attinenze con lo stile brillante è quello della meccanica. Per la fissazione di metafore creative in stereotipi, lo stile giornalistico attinge infatti preferibilmente al linguaggio automobilistico (*acceleratore, freno, rodaggio, sterzare*) fino all'abuso di stampo barocco, come nel seguente rimaneggiamento del modo di dire *partire in quarta*:

> Rivolgendosi dalle colonne di un quotidiano a un suo interlocutore, Enrico Emanuelli scrive infatti: «Non se la prenda se nell'ingranare la marcia dell'insinuazione ha fatto una grattata fastidiosa». Se ne è fatta di strada dall'ormai superato *partire in quarta*.

Alcuni termini più spiccatamente tecnici possono però passare nella prosa professionale: *circuito (di idee), ingranaggio, imperniare, meccanica, meccanismo, messa a punto, molla, saldatura*. Anche altre scienze si prestano a travasi metaforici: *convergenza, diagramma, parametro, epicentro, ottica, saturazione, sintonizzare, valvola di sicurezza, spinte centrifughe*; così per la geometria: *aree, base, dimensione, vertice*; per la matematica: *comune denominatore, equazione, quoziente*. Potranno usarsi con moderazione le figure meno ardite di provenienza sportiva: *terreno, area*; e quelle di provenienza politica. Ma un manager non scriverà in una relazione per un congresso di alta finanza che è un *militante* della teoria liberista, o un geometra non scriverà in una perizia che i dati tecnici allegati *seguiranno a ruota*, e così via.

In genere sono da considerare traslati impropri *identikit* per **fisionomia** (di un problema); o metafore spaziali in genere, come: *conto alla rovescia, mettere in orbita, capsula* e *impatto* dall'inglese *impact* che nei testi di prosa professionale sarà sostituito meglio da **effetto**. Come s'è appena visto, quest'ultima metafora può trovare ragion d'essere nel contesto di una perizia tecnica, in cui anzi produce una nuova locuzione, a proposito del «luogo ove si è concretizzato l'impatto».

Altrettanto seducente per la scrittura funzionale il linguaggio burocratico, in cui la ripetizione delle procedure autorizza la cristallizzazione di modi espressivi indiretti, divulgati dai mezzi di comunicazione di massa, e penetrati nel frasario studentesco, da cui sarebbe bene eliminarli (*emergere* per *apparire*, *prendere in esame* per *esaminare*). Locuzioni come *in sede di*, *tenuto conto che*, *alla luce di*, *in armonia con*, determinano invece precisione ed efficienza di scrittura, e possono accogliersi nello stile referenziale. Una nota a parte va riservata a due espressioni ampiamente diffuse nel linguaggio giovanile, soprattutto negli usi comunicativi 'pubblici', a scuola o all'università. Alludo alla locuzione *a livello di*, e al tecnicismo *utilizzo* che ha sostituito il concreto *uso*. Se nel primo caso si può suggerire una semplice moderazione, nel secondo si deve decisamente scoraggiare la forma apparentemente più ricercata e alternativa a quella più semplice. Si dovrà cioè evitare la locuzione *a livello di* in frasi del tipo «*a livello di* tesina...; *a livello di* esame....; *a livello di* laurea... ecc.», in cui sarà più conveniente adoperare **al momento di** o semplicemente **per** o **circa**; e riservarla, se proprio ci si tiene, a frasi come «**a un livello stilistico** elevato, medio ecc.»; o **a livello statistico**, **a livello tecnico**, ecc., in cui si conserva il valore originario dell'espressione di 'misura di altitudine'. Quanto a *utilizzo*, la cui scelta rispetto a **uso** è paragonabile a quella di *effettuare* per **fare**, è una metafora tecnica inutilmente complicata e direi anche inappropriata in espressioni quali «*utilizzo* di un termine, di un libro, di una teoria» (nel qual caso anche *uso* è sbagliato, e si dovrà dire **ricorso**). Nonostante che gli autori di articoli giornalistici o di saggi e manuali non esitino a scrivere *utilizzo*, sarà meglio sostituirlo con **uso**, o al più con *utilizzazione*.

Eccone alcuni esempi tratti dal parlato radiotelevisivo e giovanile. Nella raccomandabilissima trasmissione intitolata «Prima pagina», che va in onda alle 7,30 su Radio Tre, e consiste nella lettura commentata dei quotidiani da parte di un giornalista, con successivo dibattito telefonico del pubblico, la mattina del 14 maggio 1997 un ascoltatore auspicava maggior cautela da parte dei leghisti «nell'*utilizzo* delle parole, come Roma ladrona». Al TG1 delle 13,30 del 6 maggio 1997, si parlava «dell'utilizzo di un parco naturale in Sardegna»; così al TG2 del 22 aprile 1997 si dava la notizia «dell'utilizzo delle immagini e del nome di Babbo Natale» da parte di un comune vesuviano. Da parte degli studenti universitari è frequente sentirsi rispondere agli esami o nel corso di colloqui informali che nel tale o nel tal altro scrittore si riscontra l'*utilizzo* del dialetto, o del toscano o del francese. Come si vede, anche da pochi esempi dell'ultima ora, il termine burocratico riesce stonato in enunciati in cui il semplice *uso* sarebbe stato più adatto e più gradevole. A riprova, si osservi come in una situazione di discorso più formale e burocratico, quale quella di un Consiglio di Facoltà, risulti accettabile la richiesta di un rappresentante degli studenti di «utilizzare luglio per la sessione estiva degli esami».

Il linguaggio economico-finanziario è dotato di particolare carica metaforica. Nella scrittura funzionale si potranno adoperare le **locuzioni semi-figurate**, che cioè tendono a diventare locuzioni fisse: *segnare un regresso*, *iscrivere vantaggi*.

Oggi, dunque, le metafore tecniche e scientifiche sono entrate nella lingua comune, sostituendo le care, vecchie metafore arcaiche della vita contadina, come *cercare l'ago nel pagliaio*, comprese quelle di origine evangelica (*chi non se-*

mina non raccoglie e simili), che comunque non hanno *perso la loro produttività* (mio gioco di parole involontario, ma a volte la lingua produce simili effetti), soprattutto nel linguaggio politico e in quello giornalistico che lo commenta. Si vedano le polemiche a colpi di proverbio tra un noto giornalista e un personaggio di forte popolarità alla Finestra 1. La metafora tecnica va adoperata con sobrietà, superandone le suggestioni entusiasmanti, e sfruttandone la funzione positiva, nei modi che si sono suggeriti finora.

9. Modi antiquati e riboboli: un invito al vocabolario

«*Mettere il carro innanzi ai buoi* (come la cultura arcaica cui ormai appartengo mi consente di dire) è senza dubbio un'avventatezza». Così, con la spontaneità che lo distingue, Giovanni Nencioni, maestro della linguistica italiana, cominciava uno scritto che ha aperto la via agli studi nazionali sul parlato. L'esempio mostra come il modo proverbiale, introdotto dalla persona giusta e nella situazione giusta, possa entrare nella più prestigiosa scrittura saggistica, e inoltre ci *offre il destro* (modo antiquato, ma usabile, per 'offre l'occasione'!) per accennare alla storia dello stile figurato nella tradizione linguistica italiana. A ognuno di noi sarà capitato di sentire espressioni pronunciate da parlanti anziani, del tutto incomprensibili per noi. Tutto dipende da quanto è viva la consapevolezza della metafora nella comunità linguistica: un paragone stereotipato del tipo di *essere come cane e gatto* è assolutamente trasparente, perché il cane e il gatto sono animali presenti nella nostra esperienza quotidiana, e la loro inimicizia ci è nota se non altro attraverso i cartoni animati. Se poi invece di dire che *qualcuno fa come lo struzzo*, avessi il vezzo di dire che *fa come la gatta di Masino*, lascerei interdetti tutti coloro che ignorano la storiella della gatta che chiudeva gli occhi per non vedere i topi. Moltissime espressioni di cui ci serviamo con sicurezza nella lingua comune sono i residui di vecchie consuetudini: *essere al verde* ad esempio non ha nulla a che vedere col verde dei dollari, ma riflette l'antica abitudine degli speziali (i farmacisti di un tempo), che segnavano con il colore verde l'ultimo tratto della candela per accorgersi del momento in cui stava per consumarsi, e per sostituirla in tempo con una nuova.

Per orientarci in questa selva di modi di dire dall'origine oscura, sono disponibili diversi vocabolari fraseologici. Proviamo ad esplorarne qualcuno a partire dal modo di dire con cui Verga parlava dell'insuccesso del suo capolavoro. Sono due le interpretazioni proposte:

> *Far fiasco* nel senso di 'non riuscire, non aver successo', non ha un'origine sicura. Il Panzini (*Dizionario Moderno*) la fa risalire ad un episodio della vita dell'artista bolognese Domenico Biancolelli, un celebre arlecchino del Seicento. Una sera la maschera non era in vena; mentre recitava un monologo intorno a un fiasco che portava in mano, s'accorse che il pubblico era piuttosto freddo. Allora l'artista, un po' seccato, gettò via il fiasco gridando: «È colpa tua se non ridono». Da allora *è un fiasco di Arlecchino* diventò una frase del gergo teatrale. C'è invece chi sostiene che si tratta di un

modo di dire del gergo dei soffiatori di vetro, quando, partiti con l'intenzione di fare un capolavoro, non riescono a ottenere che un banale fiasco (Pittano).

Far fiasco Non riuscire in una cosa, avere un insuccesso soprattutto a teatro e in amore. La metafora è presa probabilmente dal linguaggio dei soffiatori di vetro che, quando sbagliano nel fare un recipiente al quale intendevano dare una bella forma, finiscono col trovarsi nelle mani una vescica o una grossa bolla di vetro simile a un fiasco.
Il solito aneddoto vorrebbe che l'origine del detto fosse fatta risalire a Domenico Biancolelli che, nel secolo XVII, usava improvvisare, nelle vesti di Arlecchino, un monologo prendendo lo spunto da una cosa qualsiasi. Una sera scelse un fiasco, ma non ebbe successo. L'origine comunque è incerta. La diffusione e l'uso di questa locuzione sono sorprendenti: francese: *faire fiasco*; tedesco: *Fiasko machen*; inglese: *to be a fiasco* (Lapucci).

Come si vede, a seconda dei punti di vista, ciascun vocabolarista presenta l'una o l'altra ipotesi in maniera più convincente. Probabilmente il Verga avrà dato credito all'origine teatrale, più vicina alla sua esperienza di letterato e drammaturgo. Ammesso, naturalmente, che si sia interrogato sull'origine dell'espressione.

Una curiosità: il modo di dire *senza remore*, che abbiamo registrato nella relazione dell'UNESCO, ha un'insospettabile origine. *Remora* infatti non è un dotto latinismo giuridico, ma un termine della zoologia:

La remora è un pesce dei Teleostei lungo circa 40 centimetri, diffuso comunemente nei mari caldi e temperati. Sul dorso presenta una specie di ventosa discoidale che gli permette di attaccarsi alla pelle di altri pesci, al guscio delle tartarughe o allo scafo delle navi; in questo modo può farsi trasportare arrivando in nuove zone di caccia. La leggenda, ricordata anche da Alessandro Manzoni nei *Promessi Sposi*, vuole che sia in grado di frenare anche le grosse imbarcazioni. Per questo è diventato simbolo di tutto quanto rallenta o impedisce un movimento, un progresso e simili.

Così, se per prudenza diciamo o scriviamo di accogliere un'ipotesi o un giudizio *con beneficio d'inventario*, ignoriamo di citare una vecchia formula della legislazione testamentaria, come ci illustra, con la rima d'obbligo, un indovinello proposto in una fortunata trasmissione televisiva:

Un lascito, un'eredità sospetta, con quale beneficio la si accetta?
La risposta è: accettare qualcosa col beneficio d'inventario.
Il beneficio d'inventario è la facoltà dell'erede di accettare l'eredità solo dopo aver verificato che il passivo non supera l'attivo.

Indicazioni sugli usi stilistici vengono dal dizionario:

In senso figurato significa con le dovute riserve, cioè con cautela, valutando il pro e il contro. Scrive il De Sanctis [...]: «Ci ha di quelli, i quali fanno di berretto a Victor Hugo, e lo salutano poeta, ma sotto beneficio d'inventario; accettano la sua poesia, ma rifiutano le sue metafore e le sue antitesi». Si usa specialmente riferito a notizie, informazioni, ecc. di cui si accetta l'attendibilità ma con dei limiti, con delle riserve, ridimensionandola. Potrebbe in qualche modo corrispondere alla locuzione *fare la tara*. Quest'ultimo significato riguarda in particolare persone abituate a ingrandire, amplificare le notizie, ad arricchirle, ecc.

Come si vede, uno sguardo al dizionario non solo aiuta a saperne di più, ma può servire a valutare meglio, anche attraverso esempi guida, gli usi più convenienti della metafora, che in questo caso può spaziare dal contesto tecnico a quello colloquiale.

I modi di dire sono una componente vitale nella lingua, ed è un peccato ignorarli o conoscerli in minima parte, o mescolarli con le espressioni angloamericane che si stanno introducendo in italiano attraverso il doppiaggio cinematografico e televisivo: *un penny per i tuoi pensieri, batti cinque, essere nel posto giusto al momento giusto, siamo una squadra.*

Non si tratta solo di acquisire uno stile più pittoresco, ma anche di sfruttare le risorse espressive più spiccate del nostro patrimonio linguistico. Oltre tutto, i modi di dire possono avere un risvolto formativo e in certo senso occupazionale, in quanto rientrano nei test di ammissione ai corsi di laurea o di diploma universitario in Scienze della comunicazione. E, a quanto pare, pochi candidati rispondono correttamente a tali quesiti. Questo capitolo dunque vuol essere anche un invito a colmare la lacuna, a documentarsi su una componente importante della lingua materna, che spesso trascuriamo o usiamo in maniera automatica. Certo non si pretende che i giovani di oggi facciano come i loro coetanei di un secolo fa, letterati e no, che per imparare la lingua spogliavano, cioè schedavano minuziosamente i testi comici toscani del Cinquecento o l'epistolario del Giusti, mandando a memoria frasi incomprensibili agli stessi toscani. Né dovremo fare come *Il miscellaneo* amico del De Amicis che per costruirsi un'adeguata conoscenza della fraseologia italiana aveva compilato un curioso quaderno di espressioni in una totale confusione di stili:

> Elenchi di proverbi toscani; infilzate di vocaboli e di frasi ingiuriose; una pagina intitolata: – *Vari modi di dar dell'asino al prossimo* –, in un'altra pagina, sotto un grosso titolo: – *Alla gogna* – registrati tutti i più marchiani francesismi e idiotismi [frasi idiomatiche] d'uso corrente nei giornali e nella conversazione, e ad alcuni di quelli scritto accanto: – Guardati! –; quelli, appunto [...] che solevano scappare anche a lui nello scrivere e nel parlare. Alternati con questi, altri elenchi di frasi e parole, abbracciati da grandi grappe [parentesi graffe], lungo le quali era scritto: – Ti fanno paura? – e disse ch'erano modi efficaci ch'egli non usava mai, e che aveva messi in mostra in quella forma per rammentare a se stesso d'usarli.

Se il De Amicis consigliava di studiare il vocabolario, noi possiamo suggerire di consultarlo e di rintracciarvi i modi figurati prima di adoperarli nella comunicazione scritta. Identificarli non è difficile, in quanto sono accompagnati il più delle volte dalla sigla *fig[urato]*. Alcuni dizionari forniscono ulteriori orientamenti. Per esempio, con un semplice espediente tipografico, nello Zingarelli si ha una chiave immediata di lettura e di possibile uso: la sigla *fig.* precede le espressioni che hanno un senso unicamente metaforico, mentre si interpone tra la spiegazione e l'espressione se quest'ultima presenta un senso letterale ed uno figurato. Ecco esempi di tale soluzione, tratti dalla voce *piede* e dalla voce *aperto*:

> Fig. *Con le mani e coi piedi*, con tutti i mezzi disponibili.
> *Accogliere a braccia aperte*, (fig.) con affetto, gioia, cordialità.

Se, in definitiva, si ricorre ad una metafora 'inventata', si può far da soli e, se si è sicuri del significato, la si può usare con disinvoltura. Se invece si opta per una frase fatta, bisognerà ricorrere al vocabolario per essere sicuri di non fraintenderne il senso o di non incorrere in un **ribobolo**. Se vogliamo mandare qualcuno a *Farsi impiccare*, non gli diremo certo di *Andare a dar de' calci nel rovaio*, anche se è un modo di dire attestato in Boccaccio.

I nostri connazionali di un secolo fa erano inevitabilmente ingannati dai riboboli toscani, per la mancanza di modelli alternativi alla lingua letteraria. In buffi equivoci cadevano persino i compilatori di fraseologie del passato, come il catanese Michele Castagnola, che nella sua *Fraseologia sicolo-toscana*, pubblicata a metà Ottocento, associava a modi di dire vivi del suo dialetto corrispondenti toscani del tutto inattuali. Eccone un paio di esempi con la nostra spiegazione tra parentesi quadra:

Aviri lu scattigghiu ['essere euforici']. Avere il morbino. Essere in cimberli.
Fari comu 'n tauru ['imbufalire']. Intorare, menar vampo, smanie; stiacciar come un picchio; far il diavolo in un canneto.

Fortunatamente per noi, i vocabolaristi di oggi non prendono di questi abbagli, e i repertori fraseologici in commercio sono affidabili e aggiornati sull'uso comune.

10. Per concludere: parlare alla testa e non al cuore

Il nostro scopo era fornire un orientamento costruttivo per l'uso del linguaggio figurato nella scrittura professionale.

Le citazioni raccolte finora tendono a insinuare, attraverso assaggi minimi, il modello da seguire nei vari generi testuali, e, perché no, a solleticare il gusto della lettura diretta. Così Verga ci ha dato un esempio di stile confidenziale, ma sostenuto da virile coerenza. Il vocabolarista delle *dizioni corrette* ci ha mostrato che non bisogna essere più *realisti del re*, cioè che è affettato usare modi di dire per spiegare modi di dire o per descriverne l'uso appropriato. I vocabolaristi di oggi ci hanno approntato un modello di prosa tecnica che discende dalla moderna scienza lessicografica. Biagi ci ha insegnato l'efficacia e la sobrietà, e studenti e laureandi ci hanno dato prova e speranza di progressiva maturazione stilistica. I periti autori della prosa referenziale ci hanno additato una scrittura sciolta ed esauriente, animata da figure sobrie.

Sul piano strettamente operativo (altra locuzione tecnica lecita, anche se un po' banale), tutte le metafore e locuzioni entrate a far parte della lingua comune possono adoperarsi nella scrittura professionale, la cui misura espressiva dovrà essere uno stile disinvolto ma non brillante, tenue ma non banale.

La facoltà di inventare metafore è alla portata di tutti, purché si sia maturata una padronanza complessiva della comunicazione scritta. Qualcosa di simile aveva suggerito il De Amicis quasi un secolo fa quando invitava a studiare la lingua nel vocabolario e negli autori, e in negativo additava tre insidie da evitare: l'affettazione («un misto di pedanteria e di leziosaggine»); la lingua approssimativa «del press'a poco»; e i luoghi comuni che «servono a distinguere gli scrittori veri dagli scrittori di dozzina». Secondo l'uso dell'epoca, *scrittori* sta per *scriventi*; insospettabilmente, infatti, l'autore del libro *Cuore* riconosceva per la scrittura di imprenditori e professionisti la fattibilità di uno stile capace di parlare alla testa:

> Ma gli uomini d'affari hanno spessissime volte da esporre, da dimostrare, da discutere gl'interessi propri, con la penna o di viva voce, a quattr'occhi e in riunioni private o pubbliche, in lingua italiana. Ma se c'è gente al mondo a cui sia utile, necessaria nell'espressione del proprio pensiero la lucidità, la brevità, l'esattezza del linguaggio, son loro, che hanno molte cose da dire e importanti e non facili, e le hanno da dire *alla testa*, a gente che non ha tempo da perdere; cose nelle quali il non farsi bene intendere produce ben più gravi inconvenienti che nei discorsi ordinari.

I tranelli più insidiosi dello stile figurato, che è utile riconoscere, si possono esprimere con uno slogan rimato: *Innaturalezza ed inadeguatezza*, o con una nuova citazione, questa volta da un grande comico francese:

> Ce style figuré, dont on fait vanité,
> Sort du bon caractère et de la verité;
> Ce n'est que jeu de mots, qu'affectation pure,
> Et ce n'est point ainsi que parle la nature.
> (Molière, *Misantropo*, atto I, scena II).

Cioè, in versi italiani vecchio stampo:

> Eh troppo si discosta dalla buona maniera
> E dalla verità questo stil figurato,
> Onde oggidì più d'uno in fama s'è levato.
> Son giochi di parole, sono affettazion pura,
> E non parla in tal guisa, vivaddio!, la natura.

Ovvero in prosa odierna, più 'funzionale':

> Questo stile figurato non ha niente a che fare con la semplicità e con la verità, è solo un gioco di parole, pura affettazione, e non è così che parla la natura.

11. Prontuario di fraseologia funzionale

A completare la precedente esposizione, arricchita da esempi e controesempi orientativi, è parso utile un prontuario di fraseologia funzionale, in cui espressioni e modi figurati siano direttamente attingibili per essere impiegati nel testo giusto, al momento giusto e nel posto giusto. Questo paragrafo tuttavia non dovrà essere letto passivamente, come un ricettario da applicare in modo meccanico, ma come un utile repertorio da usare consapevolmente nella scrittura professionale e argomentativa.

Nel prontuario, modi e locuzioni saranno ordinati in base al canale comunicativo in cui è più conveniente inserirli. Si elencheranno dapprima i modi adoperabili nel parlato formale e nello scritto informale, e poi quelli impiegabili nella scrittura professionale. Ogni altro criterio di classificazione, oltre ad essere incongruente rispetto ai nostri scopi, non sarebbe stato diverso da quello adottato in qualsiasi altro dizionario. Le raccolte di modi di dire in commercio, infatti, seguono generalmente l'ordine alfabetico a partire dal verbo o dal nome intorno a cui è strutturata l'espressione: per esempio, alla voce *parlare* si troverà *parlare a vanvera, parlare al vento* ecc., e alla voce *accetta* si troverà *tagliare con l'accetta*. È questo il criterio dell'aggiornatissimo *Dizionario dei modi di dire della lingua italiana* di B.M. Quartu, corredato anche da un «indice tematico» che «raggruppa i modi di dire spiegati dal dizionario secondo le principali categorie di significati, con l'intento di suggerire al lettore, a partire da un termine più generico, una serie di locuzioni alla cui spiegazione più precisa potrà risalire nella prima parte dell'opera». Così, dalla voce *Scalpore* si potrà risalire a *Dare nell'occhio, Far rumore, Fare sensazione, Far scena, Gridare allo scandalo.* Altri testi preferiscono un ordinamento basato sulle associazioni di significato. La materia è presentata secondo criteri di sinonimia, equivalenza, contrarietà di significato dal classico *Dizionario dei modi di dire della lingua italiana* di Carlo Lapucci.

Da parte nostra, si è preferito compilare una lista suddivisa per stili comunicativi, cui il lettore potrà attingere a seconda delle proprie esigenze. Si darà una spiegazione solo per le espressioni meno note.

Cominceremo dai modi adatti allo **scritto informale** e allo **stile orale**, con la precisazione che ci si limiterà ai discorsi di un certo impegno comunicativo, dato che per il parlato colloquiale tutti i modi figurati sono leciti, purché appropriati all'argomento e al tono del discorso.

abbassare il tiro
a braccio
accusare il colpo
a colpo sicuro
alzare il tiro
andare a fondo
andare a genio
andare a pennello
andare coi piedi di piombo
andare di pari passo
a tutto spiano
avere la formula magica
avere l'arma segreta
avere le carte in regola
avere solo un'infarinatura (d'una cosa)
avere una posizione propria
avere un handicap
avere sentore di una cosa
aver per certa una cosa
avere voce in capitolo
balenare alla mente

battere in breccia [demolire un avversario]
cacciarsi in un ginepraio
calare la tela (il sipario)
cambiare le carte in tavola
cavalcare la tigre: occupare una temporanea situazione di vantaggio, redditizia quanto incomoda e pericolosa, lasciare la quale risulta necessario e estremamente rischioso. Espressione venuta dalla pubblicistica politica cinese del passato prossimo. L'antica sapienza avverte: «Facile è cavalcare la tigre, difficile è scendere».
chiamare le cose col proprio nome
chiudere la partita
dar carta bianca a uno
dare man forte
dare un colpo al cerchio e uno alla botte
dare un colpo di spugna
dimostrarsi *o* essere all'altezza
entrare (essere) in lizza
entrare in ballo
esser acqua fresca
essere ancora in alto mare
essere di nome e di fatto
essere grato, piacere [per es. in una lettera formale «mi è grato informarla che»]
essere il trampolino di lancio
essere l'eminenza grigia di qualcuno
essere la valvola di sicurezza
essere lo zoccolo duro: «essere la parte inferiore d'un sistema che resiste alle sollecitazioni, ai mutamenti d'indirizzo o di rotta del vertice, mantenendosi rigorosamente attaccati alla tradizione e ai vecchi principi. Si è fatto uso a lungo dell'espressione a proposito della politica interna del partito comunista italiano; oggi si estende anche a situazioni diverse. Metafora probabilmente tolta dalla parola *zoccolo* intesa come parte immobile, basamento d'una colonna, d'una statua, se non addirittura alla parte sommersa della massa continentale: zoccolo continentale»
essere nell'occhio del ciclone: «trovarsi costretti in mezzo a uno sconvolgimento, nel punto dove si verificano gli eventi determinanti e potersene rendere conto. Nella zona centrale del ciclone tropicale (occhio) si stabilisce un punto di bassa pressione, corrispondente a un settore di calma, esente dalla furia dei venti»
essere sotto l'ala protettiva
essere su un binario morto
essere un addetto ai lavori
essere un boomerang [nello scritto è meglio «creare un effetto boomerang»]
essere un incidente di percorso

essere un peccato veniale
essere un pio desiderio
essere un'arma a doppio taglio
far capolino
far carte false per chicchessia
far mente locale
fare un fuoco di fila (di domande, d'obiezioni, ecc.)
fare un gioco di bussolotti
fare una cosa partendo da zero
fare una difesa a oltranza
fare uno stralcio
far causa comune
far fronte
far luce su
fare il cireneo
fare un salto nel buio
filo del discorso
fino in fondo
firmare una cambiale (un assegno) in bianco
fra capo e collo
gettare il sasso e nascondere la mano
giocare a carte scoperte
giocare tutte le carte
giocare una carta
giovarsi dei (interporre i) buoni uffici di qualcuno
guardarsi attorno
il difficile sta nel cominciare
incerti del mestiere
insistere *o* battere sul tasto
in codice
in parole povere
in prima persona
in prima posizione, al primo posto
lambiccarsi il cervello
mandar una cosa per le lunghe
mettere al bando
mettere troppa carne al fuoco
mettere una cosa *o* qualcuno in quarantena
mettere a frutto
mettere a nudo
mettere nel dimenticatoio

motivo per cui
non fare una grinza, una piega
partito preso *o* per partito preso
per modo di dire
perdere il filo
pesare le parole
pietra di paragone
por mente
porre l'aut aut
porre un freno
porre *o* mettere in primo piano
porre *o* porsi *o* presentare un problema
prender forma
prender le mosse da
prendere a prestito
prendere la parola
prendere le parti
prendere parte
prendere piede
prendersi la pena o darsi la pena
presentare qualcosa nella sua vera luce
render conto di
ricominciare da zero
rifare dalle fondamenta
rifare una cosa da capo a piedi
rifare una cosa da cima a fondo
riferire (ripetere) una cosa a volo d'uccello
rivedere le bucce
scendere in campo
scendere nell'arena
sedersi intorno a un tavolo
seguire il proprio corso
senza appello
senza capo né coda
senza sosta
smussare gli angoli
sotto banco
spezzare una lancia in favore di qualcuno
sposare la causa di uno
stare in forse
stare *o* essere scolpito nella memoria

stillarsi il cervello
sulla carta
suonare il campanello d'allarme
superare il livello di guardia
tenersi sulle generali
tener banco
tenere le fila
tenere testa
tirare in ballo
tirare le fila
trovare il bandolo della matassa
trovarsi *o* essere d'accordo
una boccata d'ossigeno
uscire dai binari
vedersi a colpo d'occhio
venire a capo
venire in luce

Facciamo seguire modi e locuzioni che si adattano meglio alla **scrittura professionale o argomentativa**, senza per questo che si debbano escludere dalla scrittura più informale o dal parlato formale di tipo espositivo.

a fondo perduto
a grandi linee
a portata di mano
a regola d'arte
a rigor di logica
a scanso di equivoci
a tutto campo
alla luce di
andare alla fonte
andare fino in fondo
angolo visuale
aver fatto il proprio tempo
avere la veste per fare una cosa
avere o essere parte in causa
avere una deformazione professionale
avere una *forma mentis*: «avere una certa conformazione mentale, un abito mentale»; l'espressione si riferisce all'atteggiamento mentale, al modo di pensare, alle idee e alla visione della vita di una persona
cadere (venire) in taglio
campo minato
campo neutro

cedere il campo
colpire nel segno
colpo d'ala: «idea geniale, ispirazione, soluzione brillante e improvvisa». Si usava in passato per definire un pezzo poetico di particolare bellezza
con beneficio d'inventario
concedere il beneficio del dubbio
concetto chiave
condurre a fine, a termine
conoscere una cosa nelle grandi linee
contro corrente
dar modo
dare il la
dare l'ostracismo a qualcuno (o qualcosa) [escludere, avversare qualcuno o qualcosa; dalla modalità con cui, nell'antica Atene, si condannava all'esilio]
dare risposte sibilline
dare un colpo di timone
dare, offrire il destro
denominatore comune
di ordinaria amministrazione
di prima mano
di punto in bianco
di seconda mano
elevare all'ennesima potenza
esporre qualcosa per sommi capi
esser l'ago della bilancia
esser la base di partenza
esser la chiave di volta
esser la testa d'ariete
essere a un punto (momento) critico
essere a un punto (momento) cruciale
essere della medesima specie
essere il *punctum dolens* [il punto dolente]
essere in germe, in embrione
essere in primo piano (o di primo piano)
essere la punta di diamante
essere qualcosa a pieno titolo
essere sotto l'egida di qualcuno
essere tabù
essere un *unicum* [una cosa unica]
essere un cavallo di ritorno «che torna alla stazione di posta da cui è partito»
essere un colosso dai piedi d'argilla: «avere un'apparenza imponente, gran-

diosa, anche minacciosa o terribile, a cui non corrisponde in realtà la forza, il vigore che gli elementi esteriori fanno supporre. L'immagine deriva dalla Bibbia [...]; è il colosso sognato da Nabuccodonosor, che Daniele interpreta come la successione dei regni della terra»

essere un segno dei tempi
essere un uomo o un argomento di punta
essere una *vexata quaestio* [essere un'annosa questione]
è una pura possibilità
far luce su
far resistenza
fare da contraltare
fare l'avvocato del diavolo
fare la parte del diavolo
fare la tara
fare un giro di boa
fuori campo
in separata sede
invertire la rotta
lasciare il campo
lavoro di lunga lena
leggere tra le righe
mettere a fuoco
mettere in campo
mettere in luce
mettere una questione, un affare, sul tappeto
prendere le distanze
punto di partenza
render ragione di
rendere di pubblica ragione
rifare una cosa di sana pianta
sapere da fonte sicura
scendere in campo
scrivere la parola fine [come in un libro]
senza soluzione di continuità
si profila una prospettiva *o* una possibilità
trattare in separata sede
zona d'ombra: «punto o aspetto oscuro oppure sconosciuto, o confuso di qualcosa, come se fosse una zona non illuminata in cui non si può vedere quello che succede. In senso lato, anche lacuna, mancanza d'informazioni in un dato settore. Nel linguaggio delle telecomunicazioni, la *zona d'ombra* è una zona di silenzio radio, da cui è difficile o impossibile trasmettere o ricevere segnali per le caratteristiche proprie delle onde elettromagnetiche».

Esercizi

Gli esercizi che seguono riproducono testi reali, adoperati come prove di accesso a una facoltà universitaria, e mirano a verificare la conoscenza del significato di alcuni modi di dire e di alcune metafore della lingua italiana, secondo quanto indicato al § 9.

1. L'espressione *non cavare un ragno dal buco* significa:
   a) scavare a fondo in una faccenda;
   b) cercare invano di ricordare qualcosa;
   c) affannarsi senza ottenere nulla.

2. L'espressione *aver l'acqua alla gola* significa:
   a) morire di sete e non poter bere;
   b) sapersi destreggiare in una situazione critica;
   c) trovarsi in una grave difficoltà.

3. L'espressione *mettere il carro avanti ai buoi* significa:
   a) anticipare le soluzioni dei problemi;
   b) fare le cose a rovescio;
   c) non saper distinguere tra due soluzioni.

4. In quale dei seguenti enunciati si nasconde un doppio senso?
   a) persiana doppia;
   b) folle in delirio;
   c) mina vagante.

5. Quale dei seguenti enunciati contiene un gioco di parole?
   a) amore amaro;
   b) seduttore cacciatore;
   c) antico romano: Marco Antonio.

6. Quale dei seguenti enunciati contiene un proverbio?
   a) fatta la legge trovato l'inganno;
   b) la legge è uguale per tutti;
   c) la miglior difesa è l'attacco.

7. Quale dei seguenti enunciati contiene uno slogan politico?
   a) meglio l'uovo oggi che la gallina domani;
   b) meglio un giorno da leone che cento anni da pecora;
   c) meglio fuggire che morire.

8. Quale dei seguenti enunciati contiene uno slogan pubblicitario?
   a) felice di piacervi;
   b) piacere di conoscervi;
   c) piacere di felicitarmi.

9. Il termine *metafora* designa:
   a) un tipo di finestra a quattro aperture;
   b) una figura di significato basata sull'analogia;
   c) una figura di stile basata sullo scambio dei suoni.

10. L'espressione *gettare la pietra e nasconder la mano* significa:
    a) mostrarsi aggressivi simulando mitezza;
    b) scatenare un evento e rifiutarne la responsabilità;
    c) partecipare alla lotta tra palestinesi e israeliani.

11. L'espressione *fare orecchie da mercante* significa:
    a) soffrire di una malattia professionale dei commercianti;
    b) essere attirati da un'allettante proposta commerciale;
    c) far finta di non sentire.

12. Il *catalizzatore* di una situazione è:
    a) un elemento che provoca una certa reazione;
    b) un dato fondamentale per catalogare un evento;
    c) un candidato che entra all'improvviso in lizza.

Finestra 1.

I testi che seguono, tratti dal *Corriere della sera* del 21 e del 22 novembre 1995, rispecchiano una polemica giornalistica intitolata dal quotidiano milanese *Politica e metafore*, e giocata sullo scambio ironico di modi di dire relativi all'agricoltura, con palese riferimento alle origini contadine di Antonio Di Pietro. La situazione di sfondo è abbastanza attuale da non richiedere commenti illustrativi. Il testo n. 1 è l'ironica replica del giornalista Giuliano Zincone alle dichiarazioni di Di Pietro sui tempi della politica, mentre il testo n. 2 riproduce le opinioni degli addetti ai lavori, i quali descrivono le tecniche moderne di coltivazione e raccolta delle olive, e smentiscono l'autorità della cultura contadina arcaica cui faceva appello Di Pietro, le cui metafore pertanto risultano inattuali e ancorate al senso esclusivamente figurato. Lo scopo per cui si riproducono tali testi è di mostrare come il linguaggio figurato si presti a usi ironici e provocatori tipici dello stile brillante, e soprattutto come il gioco tra senso letterale e senso figurato, se gestito con sobrietà, stia alla base di ogni riuscita scelta espressiva.

1. L'AGROPOLITICA di Giuliano Zincone

Oltre il giardino è un film elegantissimo. Il protagonista, Peter Sellers, è (appunto) un giardiniere abbastanza vago e stupefatto che viene erroneamente identificato come un grande tecnico, intervistato e glorificato dalla TV. Lui si limita a ripetere gli elementari precetti dell'arte sua, ma i *mass media* interpretano le sue parole come metafore profondissime e illuminanti. Così l'ignaro giardiniere viene proiettato fino alla soglia della Casa Bianca. Un film paradossale, insomma: una feroce satira del rapporto tra comunicazioni di massa, consenso politico e fame di «messaggi culturali» sempre più semplici e ingenui.

Ora leggiamo *La Repubblica* di ieri. Antonio Di Pietro risponde a Romano Prodi, con parole schiette. Prodi aveva detto che con il «frantoio Tonino» stava preparando un'ottima «raccolta delle olive». Siccome tutti sanno che il frantoio non serve a raccogliere le olive, bensì a sfracellarle, Di Pietro reagisce in puro stile *Oltre il giardino*, sostenendo che suo padre («da buon contadino») gli ripeteva che «per poter raccogliere bisogna prima seminare e poi fare in modo che gli alberi e i frutti crescano e maturino».

A parte il fatto che «seminare» gli alberi è un'impresa che darà frutti dopo numerose legislature, ci interessa, nel dialogo tra questi leader politici, il gusto per gli esempi agricoli, l'attenzione (un po' approssimativa) per una cultura che non appartiene più al nostro mondo. Prosegue, infatti, Di Pietro: «L'agricoltore attento sa che deve arare più volte il campo (*più volte?, e perché?,* nota del redattore), concimarlo, estirpare la gramigna». Qui c'è un problema di tempi: non è piacevole metter le mani sulla gramigna dopo aver *sparso* il concime. Ma pazienza: eccoci al progetto economico. «Solo alla fine – sostiene Di Pietro – quando l'olio è nelle giare e il grano nei granai, il vero contadino si sbilancerà nel fare un rendiconto su come sia andata l'annata». Nel frattempo, osserviamo umilmente, tutti gli altri contadini contemporanei avranno già venduto il grano in germoglio e le olive sugli alberi.

E saranno tutelati, se accadranno guai, da contratti pluriennali, da assicurazioni, da cooperative e da altre moderne diavolerie. Il «vero contadino» sognato da Di Pietro, invece, contemplerà le sue giare e i suoi granai, pieni di prodotti che, ormai, sarà molto difficile collocare.

Il giardiniere del film, almeno, conosceva il suo mestiere. Il linguaggio della Seconda (o Terza?) Repubblica, invece, è nostalgico e dilettantesco. Orecchia le competenze, ripete i proverbi che appartengono a una società che non esiste più. Che cosa pensa, onorevole Nuovo Novello, delle alleanze di governo? «Bisogna rimescolare a lungo la polenta, per dissolvere i grumi». Sì, ma come valuta il ruolo dei partiti minori? «È necessario potare i cespugli, perché l'Ulivo e la Quercia crescano rigogliosi». Come considera il ruolo di Mariotto Segni? «La montagna ha partorito un topolino». E dei guai di Berlusconi, che cosa ne pensa? «Tanto va la gatta al lardo che ci lascia lo zampino. Ma aggiungo: nella botte piccola c'è il vino buono». E Casini? «Acqua cheta logora i ponti». Il decreto sugli immigrati le sembra giusto? «Mogli e buoi dei paesi tuoi». Bossi insiste con la sua campagna separatista, come valuta questa iniziativa? «Sparti palazzo, diventa cantone». La signora Borletti ha regalato 7 miliardi a Prodi e Di Pietro, che ne dice? «Parlerò in latino. Pecunia non olet [Il denaro non ha odore], in medio stat virtus [la virtù sta nel giusto mezzo], in cauda venenum [il veleno è nella coda], dulcis in fundo [il bello è in fine]».

Quando si vota? «Col tempo e con la paglia maturano le mele». Come mai ci sono tante difficoltà, per inaugurare la Seconda Repubblica? «Chi lascia la via vecchia per la nuova, sa quel che lascia, non sa quel che trova». Eh, sì. I proverbi sono la saggezza dei popoli, dottor Di Pietro. Ce n'è uno, vecchio e lombardo, che ci viene in mente, pensando a lei: «Offellee fà el to mestee [Pasticciere, fai il tuo mestiere]».

2. GLI AGRICOLTORI: L'EX PM E LE OLIVE? CATTIVO CONTADINO

Magistrato da ricordare, politico da verificare, ma contadino da dimenticare. «Dalle nostre parti, un campo di ulivi va arato almeno tre volte all'anno...», «bisogna sotterrare il letame che così macera meglio»; «la gramigna va estirpata dopo aver sparso il concime...». E via così, con brevi notazioni su quello che «mio padre, da buon contadino, diceva sempre a me». Con l'intento di rendere più lieve il confronto con Romano Prodi e il tormentone mi-butto-in-politica-non-mi-butto, l'ex magistrato Antonio Di Pietro ha riscoperto le sue origini contadine e le metafore agricole. Ma l'«Olio Di Pietro», un marchio che in politica farebbe gola a tutti da An al Pds (varrebbe 4 milioni di voti) sul mercato agricolo non reggerebbe la concorrenza.

«Tanto per cominciare – spiega Adamo Spagnoletti, presidente dei giovani agricoltori del Molise – il letame ormai non lo usa più nessuno, ci sono i concimi chimici. Anche dalle nostre parti, dove non si può certo parlare di agricoltura molto avanzata, le aziende si stanno rinnovando, cercano di usare mezzi meccanici».

In Toscana il metodo Di Pietro è considerato «non sballato ma superato». «L'agricol-

tore attento sa che deve arare più volte il campo, concimarlo, estirpare la gramigna...» spiega Di Pietro. «Sono operazioni che non si fanno più. In molte zone si lascia l'erba sotto le piante perché specie in collina serve a mantenere il terreno umido – ribatte il marchese Nicolò Incisa Della Rocchetta, produttore di olio e del vino «Sassicaia» nella sua tenuta di San Guido –. Poi non è necessario che la terra venga pulita dalla gramigna perché cadano le olive: noi non le raccogliamo da terra, perché l'olio verrebbe scadente, poco aromatico». Anche Bona Frescobaldi, produttrice dell'olio Laudemio, oltre che editrice del Ponte Delle Grazie, è scettica: «Noi le olive per terra non le consideriamo nemmeno perché sono scadenti, troppo mature ed estremamente costose da raccogliere. I nuovi impianti di oliveto vengono irrigati a goccia per cui si può avere un 'inerbimento' controllato».
Ma allora che cosa descrive Di Pietro? «Non l'agricoltura del Duemila, ma un mondo pittoresco», spiega Incisa Della Rocchetta. «Bucolico e sicuramente ecologista ma prigioniero della sua terra». «Purtroppo da noi oltre il sessanta per cento della manodopera ha più di sessant'anni – si lamenta il molisano Spagnoletti –. E soprattutto sono troppi i contadini che posseggono il piccolo podere».

Una stampata di computer allineata a sinistra e giustificata

2. Individuare in forma di lista le sottounità informative nell'articolo di prima pagina, precisando la sequenza di ogni fase nel tempo. **[R]**

3. Riformulare il testo lungo della Guida del Touring riportato nel § 8, cambiandone il criterio di esposizione: il criterio spaziale seguito dalla Guida, utile per il visitatore, non è l'unico possibile: la chiesa (come avviene spesso ai monumenti, sacri e profani) è stata arricchita di opere nel corso del tempo. Si organizzi, utilizzando le date presenti nella descrizione dell'interno, una lista delle opere d'arte (pitture e sculture) presenti a S. Maria della Vittoria, in ordine di tempo progressivo, dalle più alle meno antiche. **[R]**

4. Descrivete la vostra casa, a partire dall'ingresso (sul modello della descrizione del Touring).

1 "L'acciaro di Casa Savoia e d'Italia – scriveva il "Piemonte, 18 agosto 1855 – non è mancato alla causa della civiltà; è stato sguainato, ed è balenato terribile agli occhi dei nemici"; cfr. "Opinione", 18 agosto 1855; e in genere, per le reazioni della stampa dei vari settori politici, REIN, *op. cit.* [grazie all'*Indice dei nomi e degli argomenti* si risale a A. REIN, *Die Teilnahme Sardiniens am Krimkrieg und die öffentliche Meinung in Italien*, Leipzig 1910], pp. 149-59, che osserva (p. 150): "wir Späteren werden vielleicht über die grosse Wirkung erstaunen, die der doch verhältnismässig unbedeutende Kampf [...] in Piemont und bei den Italienern hervorrief".

Giornali di opposte tendenze come l'"Italia e Popolo" e l'"Armonia" erano invece uniti nello sminuire la portata del successo (*ibid.*, pp. 157-59). Altre testimonianze in COLLEGNO, *op. cit.* [= M. PROVANA DI COLLEGNO, *Diario politico 1852-1856*, a c. di A. Malvezzi, Milano 1926], pp. 282-84 (30 agosto 1855, p. 283: "i piemontesi si condussero da leoni"); C. D'AZEGLIO, *op. cit.* [=*Souvenirs historiques*, Torino 1884], pp. 498-99; *Carteggio di patrioti lombardi* cit. [dall'*Indice*, mancante della registrazione delle opere collettive, che si elencano sotto il titolo, non si riesce a specificare ulteriormente; si tratta comunque, come risulta dalla consultazione diretta dell'opera, del libro *Il Risorgimento italiano in un carteggio di patrioti lombardi 1821-1860. Lettere inedite di Costanza Arconati Visconti - Giacinto e Margherita Provana di Collegno* ecc., a c. di A. Malvezzi, Milano, Hoepli, 1924], pp. 538-43; DE RUBRIS, *Carteggio d'Azeglio-Galeotti* cit. [= M. DE RUBRIS, *Carteggio politico tra Massimo d'Azeglio e Leopoldo Galeottti dal 1849 al* 1860, Torino 1928], pp. 90, 92; M. D'AYALA, *I piemontesi in Crimea*, Firenze 1858, pp. 90-102; VISCONTI VENOSTA, *op. cit.* [=G. VISCONTI VENOSTA, *Ricordi di gioventù 1847-1860*, Milano 1906], pp. 317-18; e in genere la documentazione in A. M. GHISALBERTI, *Nuovi documenti* cit. [=*Nuovi documenti sull'intervento piemontese in Crimea*, in "Revue internationale d'histoire militaire", III (1951)], pp. 19-35.

Irremovibile l'ASPRONI, *op. cit.* [=G. ASPRONI, *Diario politico 1855-1857*, Milano 1974], che tace della Cernaia e commenta con ostilità la caduta di Sebastopoli (I, pp. 294-5). Lo stesso Dabormida dopo la Cernaia si dichiarava convertito, e persuaso che "la nostra posizione politica si è di molto avvantaggiata coll'alleanza" (a La Marmora, 6, 9 ottobre 1855, in DEGLI ALBERTI, *op. cit.* [= M. DEGLI ALBERTI, *Per la storia dell'alleanza e* progressivo, dalle più alle meno antiche. **[R]**

ettere inedite di Costanza Arconati Visconti - Giacinto e Margherita Provana di Collegno ecc., a c. di A. Malvezzi, Milano, Hoepli, 1924], pp. 538-43; DE RUBRIS,

2. Individuare in forma di lista le sottounità informative nell'articolo di prima pagina, precisando la sequenza di ogni fase nel tempo. **[R]**

3. Riformulare il testo lungo della Guida del Touring riportato nel § 8, cambiandone il criterio di esposizione: il criterio spaziale seguito dalla Guida, utile per il visitatore, non è l'unico possibile: la chiesa (come avviene spesso ai monumenti, sacri e profani) è stata arricchita di opere nel corso del tempo. Si organizzi, utilizzando le date presenti nella descrizione dell'interno, una lista delle opere d'arte (pitture e sculture) presenti a S. Maria della Vittoria, in ordine di tempo progressivo, dalle più alle meno antiche. **[R]**

4. Descrivete la vostra casa, a partire dall'ingresso (sul modello della descrizione del Touring).

1 "L'acciaro di Casa Savoia e d'Italia – scriveva il "Piemonte, 18 agosto 1855 – non è mancato alla causa della civiltà; è stato sguainato, ed è balenato terribile agli occhi dei nemici"; cfr. "Opinione", 18 agosto 1855; e in genere, per le reazioni della stampa dei vari settori politici, REIN, *op. cit.* [grazie all'*Indice dei nomi e degli argomenti* si risale a A. REIN, *Die Teilnahme Sardiniens am Krimkrieg und die öffentliche Meinung in Italien*, Leipzig 1910], pp. 149-59, che osserva (p. 150): "wir Späteren werden vielleicht über die grosse Wirkung erstaunen, die der doch verhältnismässig unbedeutende Kampf [...] in Piemont und bei den Italienern hervorrief".

Giornali di opposte tendenze come l'"Italia e Popolo" e l'"Armonia" erano invece uniti nello sminuire la portata del successo (*ibid.*, pp. 157-59). Altre testimonianze in COLLEGNO, *op. cit.* [= M. PROVANA DI COLLEGNO, *Diario politico 1852-1856*, a c. di A. Malvezzi, Milano 1926], pp. 282-84 (30 agosto 1855, p. 283: "i piemontesi si condussero da leoni"); C. D'AZEGLIO, *op. cit.* [=*Souvenirs historiques*, Torino 1884], pp. 498-99; *Carteggio di patrioti lombardi* cit. [dall'*Indice*, mancante della registrazione delle opere collettive, che si elencano sotto il titolo, non si riesce a specificare ulteriormente; si tratta comunque, come risulta dalla consultazione diretta dell'opera, del libro *Il Risorgimento italiano in un carteggio di patrioti lombardi 1821-1860. Lettere inedite di Costanza Arconati Visconti - Giacinto e Margherita Provana di Collegno* ecc., a c. di A. Malvezzi, Milano, Hoepli, 1924], pp. 538-43; DE RUBRIS, *Carteggio d'Azeglio-Galeotti* cit. [= M. DE RUBRIS, *Carteggio politico tra Massimo d'Azeglio e Leopoldo Galeottti dal 1849 al* 1860, Torino 1928], pp. 90, 92; M. D'AYALA, *I piemontesi in Crimea*, Firenze 1858, pp. 90-102; VISCONTI VENOSTA, *op. cit.* [=G. VISCONTI VENOSTA, *Ricordi di gioventù 1847-1860*, Milano 1906], pp. 317-18; e in genere la documentazione in A. M. GHISALBERTI, *Nuovi documenti* cit. [=*Nuovi documenti sull'intervento piemontese in Crimea*, in "Revue internationale d'histoire militaire", III (1951)], pp. 19-35.

Irremovibile l'ASPRONI, *op. cit.* [=G. ASPRONI, *Diario politico 1855-1857*, Milano 1974], che tace della Cernaia e commenta con ostilità la caduta di Sebastopoli (I, pp. 294-5). Lo stesso Dabormida dopo la Cernaia si dichiarava convertito, e persuaso che "la nostra posizione politica si è di molto avvantaggiata coll'alleanza" (a La Marmora, 6, 9 ottobre 1855, in DEGLI ALBERTI, *op. cit.* [= M. DEGLI ALBERTI, *Per la storia dell'alleanza e* progressivo, dalle più alle meno antiche. **[R]**

ettere inedite di Costanza Arconati Visconti - Giacinto e Margherita Provana di Collegno ecc., a c. di A. Malvezzi, Milano, Hoepli, 1924], pp. 538-43; DE RUBRIS, *Carteggio d'Azeglio-Galeotti* cit. [= M. DE RUBRIS, *Carteggio politico tra Massimo d'Azeglio e Leopoldo Galeottti dal 1849 al* 1860, Torino 1928], pp. 90, 92; M. D'AYALA, *I piemon*

Liste di controllo

Lista di controllo per la battitura del testo:

- dopo il punto e a capo, l'inizio del rigo seguente rientra a destra (battere cinque spazi con la barra spaziatrice o un colpo di tabulatore);
- i segni di punteggiatura sono seguiti, **ma non preceduti** da uno spazio in bianco;
- le note sono numerate progressivamente, capitolo per capitolo, e disposte a piè di pagina; l'esponente di nota è un numero piccolo in alto che si scrive, senza spazio, a destra della parola a cui si riferisce. Se la parola è seguita da segno d'interpunzione, la nota si scrive davanti al segno;
- i segni d'interpunzione si scrivono dopo le virgolette (tranne i punti esclamativi e interrogativi, se appartengono al testo riportato tra virgolette).

Lista di controllo per la presentazione della tesi:

- la pagina si allinea a sinistra (è l'impostazione predefinita dei programmi di videoscrittura) o è giustificata;
- numero (romano) del capitolo e titolo del capitolo sono centrati, lasciando in bianco per circa 1/3 la parte superiore del foglio;
- i titoli di paragrafo si allineano a sinistra;
- non si scrive il punto fermo dopo i titoli di capitolo e paragrafo;
- si lasciano due righe in bianco prima del titolo del paragrafo e una dopo;
- per i titoli di capitolo e paragrafo si può usare il grassetto (da evitare, invece, il maiuscolo);
- si usa l'interlinea 1,5 o 2 (da evitare l'interlinea 1);
- i caratteri sono in corpo 12 (il corpo 10 si riserva alle note ed eventualmente alle citazioni);
- l'esposizione è articolata in capoversi (grosso modo: almeno uno per pagina).

Lista di controllo per l'impaginazione della tesi:

- dare uno sguardo d'insieme alla numerazione in capitoli (preferibilmente in numeri romani) e paragrafi (in cifre arabe; eventuali sottoparagrafi anch'essi in cifre arabe);
- numerare progressivamente le pagine, meglio in alto a destra (compito eseguito automaticamente dai programmi di videoscrittura, che devono ricevere l'istruzione). Per le tesi stampate in fronte-retro, il numero di pagina è

in alto a sinistra sulla pagina pari (a sinistra) e in alto a destra sulla pagina dispari (a destra), come nei libri;
- controllare che la formattazione sia omogenea (margini laterali, superiore e inferiore; interlinea; uso di corpi e caratteri);
- verificare la congruenza dei titoletti correnti (eventuali);
- accertare che i titoli di capitolo e paragrafo nell'indice corrispondano a quelli usati nel testo;
- compilare l'indice delle tavole, delle illustrazioni, dei diagrammi (eventuale);
- rivedere il frontespizio.

Lista di controllo per la bibliografia:
- identificazione bibliografica completa e coerente;
- ordine alfabetico o cronologico;
- distinzione tra letteratura primaria e secondaria (eventuale);
- impostazione della bibliografia (per ordine alfabetico degli autori o con il sistema autore-anno).

Lista di controllo per l'organizzazione complessiva della tesi e l'impostazione dell'indice:
- frontespizio;
- indice dei capitoli (e dei paragrafi); include il rinvio agli altri indici (eventuali);
- indice dei grafici e delle illustrazioni (eventuale);
- introduzione o premessa (eventuale; comprende gli eventuali ringraziamenti);
- testo;
- altri indici (dei nomi, degli argomenti).

Capitolo ottavo

SCRIVERE (E PARLARE) PER SOPRAVVIVERE ALL'UNIVERSITÀ

Gli argomenti di questo capitolo:

- tecniche facili per tener dietro alla parola scrivendo;
- tesine o relazioni universitarie;
- il filo del discorso nella presentazione orale di un lavoro di seminario;
- la traccia scritta nella presentazione orale;
- dati, tabelle, grafici nella presentazione orale;
- suggerimenti per la scelta della tesi di laurea e del relatore;
- letteratura primaria e secondaria;
- il lavoro in biblioteca;
- la documentazione: fonti a stampa e fonti elettroniche;
- l'identificazione delle fonti: come citare la bibliografia;
- la gestione dell'informazione: tipi di schedatura;
- identificare il pubblico della tesi di laurea;
- parola propria e parola altrui;
- la gerarchia dell'informazione nella tesi di laurea;
- i modi dell'autocorrezione;
- videoscrittura e sistemazione grafica della tesi;
- le parti costitutive della tesi;
- la presentazione orale della tesi: l'esame di laurea

1. Scrivere e parlare nell'università italiana. Gli appunti

Il sistema dell'istruzione universitaria di molti paesi prevede per gli studenti, al termine della frequenza di un corso, un esame scritto. I professori di quei paesi si lamentano perché gli studenti non sanno sostenere una discussione a voce. In Italia l'istruzione universitaria prevede per gli studenti, al termine di un corso (che non è obbligatorio frequentare), un esame orale. I professori italiani si lamentano perché gli studenti non sanno scrivere. È segno dell'inguaribile incontentabilità del ceto professorale o addirittura della razza umana? Forse sì, in parte; ma il fatto è che alcuni sistemi d'istruzione superiore addestrano alla scrittura, altri allenano all'esposizione orale, e che nell'uno e nell'altro caso si trascura una delle due facce della comunicazione. È ovvio che un sistema ideale d'istruzione dovrebbe provvedere alla padronanza dell'oralità e della scrittura, entrambe essenziali, ma questo obiettivo è più facile da enunciarsi che da raggiungersi.

Nell'università italiana di oggi l'esame non è più necessariamente orale o solo orale e può essere sostenuto, in parte o per intero, per iscritto. Tuttavia l'accertamento scritto si risolve molto spesso proponendo domande a risposta multipla, tra le quali il candidato deve scegliere la soluzione giusta sbarrando una casella. Questo tipo di esame può essere corretto da una macchina, la quale garantisce l'imparzialità che un esaminatore umano, per stanchezza o distrazione o per tanti altri motivi, non può, per definizione, garantire in modo assoluto. La correzione automatica, inoltre, consente di risparmiare lavoro alla commissione esaminatrice. Il computer non può capire l'insieme e la complessità di un testo mentre, istruito opportunamente, sa «giudicare» le risposte multiple. Questo sistema, perciò, verifica le conoscenze dei candidati ma non ne stimola la produzione scritta.

Estranea generalmente anche agli esami scritti, la scrittura è usata dagli studenti a scopi personali: gli studenti (quelli, si capisce, che frequentano) sono soliti scrivere per prendere appunti, e gli appunti «funzionano» solo per chi li ha presi: preparare un esame sugli appunti di un altro non porta a buoni risultati.

Sulla cattedra del docente si affollano poi, non di rado, numerosi registratori: servono, a quanto pare, a trascrivere a casa la lezione, e circolano anche tra gli studenti che non l'hanno ascoltata. Qualche volta fiorisce un sistema di scambi: io ti do gli appunti della lezione di Tizio e tu mi dai quelli della lezione di Caio (forse Tizio e Caio fanno lezione nella stessa ora: in alcune facoltà, per motivi che sarebbe interessante discutere, il coordinamento degli orari è un miraggio).

Gli studenti universitari (e non loro soltanto) scrivono poi note e osservazioni riguardanti un libro di testo, o riassunti di un'opera che fa parte del programma d'esame. Come la sottolineatura (cap. IV, § 4), queste abitudini sono personali.

Gli appunti trascrivono dunque in forma concisa o un testo scritto (cap. IV, §§ 4-6) o un'esposizione a voce (oltre che la lezione di un insegnante, o il discorso di un conferenziere, o i discorsi di coloro che intervengono a una riunione): dunque, dallo scritto (il testo originale) allo scritto, o dall'orale allo scritto. In entrambi i casi, gli appunti sono un'attività strettamente connessa al riassumere, e dunque alla capacità di sintetizzare le parti essenziali di un'esposizione.

Come si sa, la velocità del discorso orale è troppo grande perché tutto ciò che dice un parlante si possa trascrivere: per riprodurre interamente un discorso orale è necessario servirsi della stenografia, una scrittura speciale, formata da segni convenzionali. La stenografia s'impara a scuola; tuttavia, oggi è molto meno importante di una volta, perché un registratore permette di conservare un discorso su nastro. Generalmente, ciò che occorre non è tanto la conservazione completa delle parole di un oratore, ma le linee essenziali del suo discorso; perciò si può fare a meno della stenografia (che non molti conoscono) e anche del registratore (del quale sarà bene servirsi per uno scopo più limitato, di cui si parlerà nel seguito del capitolo), per affidarsi agli appunti.

Anzitutto, un'avvertenza generale: anche gli appunti rientrano nella regola delle cinque *wh-* (cap. III, § 4): avendo essi la funzione di garantire il ricordo di un discorso nel tempo, registreranno la data, il titolo, l'autore (o gli autori) del discorso, e ovviamente il contenuto di quest'ultimo.

Riassumendo un testo scritto è possibile fermarsi a rileggere ciò che non è chiaro, e correggere la prima stesura per sceglierne una migliore. Quando si prendono appunti da un discorso orale, i ripensamenti non sono possibili: l'oratore passa dalla prima frase alla seconda e poi di seguito, anche se chi prende appunti sta ancora scrivendo le parole iniziali. Scopo degli appunti non è riprodurre il discorso parola per parola, ma nei suoi punti salienti. Anche la penna più veloce non riesce a star dietro alla voce, e del resto le parole «vuote» (cap. II, § 2) del parlato consentono alla penna di recuperare. Le parti meno significative del discorso orale (che generalmente ha minor densità d'informazione di un testo scritto) danno poi il tempo di salvare i passaggi più importanti. Quando, comunque, di una parte del discorso si cerca di scrivere il più possibile, allora si ricorre ad alcuni espedienti o, se si preferisce, trucchi, che abbreviano i tempi dello scrivere e consentono perciò di tener meglio dietro alla maggiore velocità del discorso orale.

Mentre la stenografia è una tecnica che deve essere studiata, l'abilità di prendere appunti si forma spontaneamente. Vediamo, comunque, alcuni procedimenti di abbreviazione e semplificazione, utili per risparmiare tempo. Anzitutto, si usano largamente alcuni simboli convenzionali che sono di comprensione immediata e si scrivono più rapidamente delle parole alle quali corrispondono. I segni ×, +, –, =, ≠ stanno in luogo di *per, più, meno, uguale, diverso* e si combinano tra loro o con altre parole: × *lo* +, × *lo* –, ×*ché* equivalgono a *per lo più, per lo meno, perché*. Ancora, > e < stanno per *maggiore di* e *minore di*, mentre → indicherà un rapporto di causa-effetto o significherà influenza.

Negli appunti, le parole lunghe si scrivono in forma abbreviata, tralasciando la parte finale della parola, facile da ricostruire: si pensi ai sostantivi in *-zione* o ai verbi all'infinito (*realizzaz.* per *realizzazione* o *realiz.* per *realizzazione* o *realizzare*), ai verbi in *-izzare* (*formalizz.*: *formalizzare* o, di nuovo, *formalizzazione*), ai sostantivi in *-mento* (*cambiam.*: *cambiamento*), agli avverbi in *-mente* (*rapidam.*: *rapidamente*), ai sostantivi in *-tore, -trice* (*lavorat.*: *lavoratore, lavoratrice)*, in *-ezza* (*grand.*: *grandezza)*, in *-izia* (*giust.*: *giustizia*), e ancora agli aggettivi o sostantivi o participi in *-ante, -ente, -anza, -enza, -ino* (*import.*: *importante* o *importanza; indip.*: *indipendente* o *indipendenza; cittad.*: *cittadino* o *cittadinanza*), agli aggettivi in *-bile* (*possib.*: *possibile*), e così via. È anche frequente l'abbreviazione di parole facili da ricostruire (*It.* o *it.*: *Italia, italiano, italiana, italiani, italiane*).

Ancora, si tralasciano spesso articoli e preposizioni, e si modificano i tempi dei verbi e l'uso degli ausiliari *essere* e *avere*.

La lingua semplificata degli appunti è, per questo aspetto, simile a quella del telegramma (in questo caso, l'omissione di alcune parole serve a risparmiare non tempo, ma denaro). La frase «Ho portato il libro a tuo fratello e l'ho pregato di restituirlo presto» può ridursi, in un telegramma, a: «Portato libro tuo fratello e pregato restituirlo presto».
Anche nelle inserzioni pubblicate dai giornali si tende a una lingua convenzionale, per risparmiare parole (in questo caso, la parola è denaro). Nella lingua degli annunci (e dei telegrammi), diversa-

mente da ciò che avviene negli appunti, si ricorre ampiamente alle parole composte e ai caratteristici *vendesi, fittasi* e così via. Infatti, mentre negli appunti si abbreviano le parole lunghe, nei telegrammi e negli annunci pubblicati nei giornali si dà la caccia alle parole composte: «Geometra ventiseienne, quadriennale esperienza assistenza cantieri, offresi ad imprese», e si tagliano le preposizioni: «Abitazione Medaglie D'Oro adiacenze metropolitana, piano alto, soggiorno, cucina, due camere, servizi, balconata. Possibilità abbinamento bilocale adiacente». È da osservare, però, che anche negli annunci cominciano ad apparire parole abbreviate, sullo stile degli appunti: «Mestre (loc. Tessera) mini app.to arredato ang. cott. sogg. camera bagno garage. L. 145 milioni».

Se è il caso, gli appunti possono essere rielaborati e «messi in bella copia» (e non solo dal punto di vista della bella grafia): la serie di note staccate, tenute insieme dall'unità dell'argomento su cui si è soffermato l'oratore, si trasformerà in un testo coerente anche dal punto di vista formale. Le frasi lasciate a metà sono completate, si aggiungono le parole grammaticali (come gli articoli, le preposizioni, i legamenti) che erano state saltate, il testo acquista una punteggiatura regolare e gli a capo convenienti. In questa fase può essere utile la disponibilità di una registrazione del discorso orale: gli appunti, infatti, servono di regola solo al loro autore, e sono muti, o quasi, per gli altri; ma accade spesso che risultino incomprensibili anche all'autore, cosa non rara quando la loro sistemazione avviene a distanza di tempo. La registrazione risolve allora i punti oscuri. È anche possibile, ovviamente, lavorare sulla registrazione; ma chi lo ha fatto, sa che trascrivere da un nastro è un'operazione che porta via molto tempo, per la necessità di interrompere e riavviare continuamente l'apparecchio.

⇒ Le abbreviazioni convenzionali come + – × ecc. sono comode negli appunti presi durante il discorso di un oratore, ma il loro uso non deve estendersi ad altri tipi di scrittura, e comunque va evitato nella scrittura che sarà letta da altri (con l'eccezione di una lettera molto informale). A un uomo politico, per esempio, non si scriverebbe: «On. Renato Peggioroni, gli elettori di Bosco Chiesanuova Le chiedono + chiarezza sulla Sua posizione in materia di tassazione dell'aria respirabile, × poter decidere se darLe o – il loro voto in occasione delle prossime elezioni», e lo stesso vale per un documento da far circolare in un ambiente di lavoro.

Dopo un itinerario di studio universitario piuttosto lungo, e fondato, del tutto o per la massima parte, sull'esposizione orale, il momento della scrittura si presenta alla fine, e nella forma molto impegnativa della tesi di laurea, alla quale è dedicato il grosso di questo capitolo.

Tuttavia, nell'università italiana esistono altre forme di scrittura, presenti in modo non sistematico perché dipendono dall'iniziativa individuale dei docenti, e sono le tesine o relazioni. A queste, che implicano talvolta anche l'uso della parola parlata, dedichiamo i prossimi due paragrafi.

2. La tesina scritta

Il lavoro di un seminario può concludersi con una relazione orale o con una relazione scritta (o con entrambe). L'argomento della tesina è assegnato dal docente che guida il seminario, d'accordo con lo studente che accetta di svolgerla, o è proposto dallo studente, d'accordo con il docente. L'argomento della tesina deve essere circoscritto, tale dunque da poter essere esposto in un testo di 10-20 cartelle (non esistono regole fisse, naturalmente: per estensione, contenuti, scopi, le tesine sono un tipo di testo molto variabile); un argomento troppo ampio si traduce in una trattazione inutilmente generica (valgono, con le debite proporzioni, le idee in materia di argomento e tesi di cui si è detto nel cap. V, § 2). Forse la funzione più importante della tesina consiste nel rendere lo studente partecipe in maniera attiva degli strumenti di lavoro di una disciplina: opere di consultazione, studi specifici, attrezzature.

Nella formazione universitaria si distinguono due momenti: il primo consiste nell'acquisizione di conoscenze attraverso la lezione cosiddetta cattedratica (nella quale il docente trasmette alla classe un patrimonio disciplinare, attraverso una comunicazione a senso unico) ed eventualmente le esercitazioni di laboratorio; il risultato dell'apprendimento è misurato dall'esame. A lezione, gli studenti hanno facoltà di intervenire per chiedere chiarimenti o sollevare dubbi e questioni, ma in questa fase il loro apporto personale è inevitabilmente limitato, perché prevale il momento della trasmissione del sapere; anche se sono brillanti e motivati, il loro lavoro si concentra sull'assimilazione di contenuti e metodi.

In una fase più avanzata gli studenti sono o dovrebbero esser messi in grado di maneggiare in modo attivo gli strumenti dello studio, in rapporto sia alla ricerca sia al lavoro professionale: per strumenti non intendiamo ora i manuali che li hanno iniziati a domini particolari del sapere, ma studi di ricerca specialistica e apparecchiature, da impiegare non allo scopo di riprodurre operazioni di *routine* su stimolo del docente (passaggio indispensabile, preliminare a questa seconda fase), ma per svolgere un lavoro in proprio.

Un lavoro in proprio, che si esprime in una tesina, non richiede un apporto scientifico rilevante, ma la corretta trattazione di un argomento, condotto con l'aiuto di strumenti adeguati.

Argomenti e strumenti sono i più diversi, ma devono essere in ogni caso esposti all'inizio (si veda il cap. V, § 4) e chiariti criticamente, in modo da delimitare il problema e specificare i criteri utilizzati per esaminare i dati e interpretarli.

Una relazione dovrebbe dunque definire fin dall'inizio il campo della ricerca. È abbastanza frequente un criterio diverso, consistente nel definire ciò di cui il testo **non** si occupa, e passare solo in un secondo momento a una definizione in positivo. Questo criterio, che di per sé non è sbagliato, è tuttavia meno diretto del precedente, che indica subito al lettore l'argomento al centro della discussione.

Ogni testo, anzi ogni atto comunicativo, deve tener conto del pubblico al quale si rivolge. Si pensi per esempio ai giornali, che sono letti da un pubblico molto differenziato per età e cultura. La tesina ha il vantaggio di poter identificare i lettori, che sono in numero molto limitato (forse il lettore è uno solo: il docente), e omogenei dal punto di vista delle competenze. Poiché si rivolge a lettori specializzati, una tesina non dovrà disperdersi in indicazioni generiche o in definizioni di termini tecnici noti agli specialisti, necessarie invece quando ci si rivolge a un pubblico meno esperto, o specializzato in un altro campo.

Queste considerazioni valgono tanto per le indagini sperimentali di laboratorio che per la ricerca che si conduce in biblioteca (allo scopo di discutere teoricamente o storicamente un problema o interpretare dei testi) o per quelle indagini di mercato o sociologiche o psicologiche o linguistiche realizzate con interviste **sul campo**, e cioè con interviste sottoposte a un campione della popolazione: la selezione del campione, la formulazione del questionario, le tecniche con cui esso è stato proposto, chiariscono il **metodo** di lavoro, che è bene esporre senza reticenza, in modo che siano chiari i criteri utilizzati. I risultati delle interviste offrono i **dati**, che devono essere raccolti e valutati alla luce della **bibliografia** (e cioè degli studi già pubblicati) disponibile sull'argomento; questa sarà, di volta in volta, confermata o contraddetta o integrata. Dunque, i criteri di lavoro (il metodo), la raccolta dei dati e la loro interpretazione in rapporto a quella o quelle presenti in bibliografia conducono ai **risultati** della tesina. Schematizzando, essa consisterà nelle parti che seguono:

1. definizione del problema, raccolta dei dati e criteri per la loro valutazione, strumenti di lavoro utilizzati (libri, articoli, apparecchiature, strumenti informatici);
2. discussione e interpretazione dei dati, rapportati alla bibliografia;
3. conclusioni;
4. bibliografia (l'elenco delle opere usate).

Poiché la tesina può essere seria e impegnativa, ma è di estensione limitata e non può occupare che una parte del tempo di lavoro degli studenti, è importante delimitare la bibliografia da tener presente: pretendere di leggere tutto ciò che si è scritto su un argomento è irrealistico, particolarmente quando si scrive una tesina. Invece di mirare all'obiettivo della completezza, ci si limiterà di norma alla bibliografia più recente, quella che fornisce lo stato attuale delle conoscenze. È preferibile che alla completezza bibliografica si sostituisca il pieno sfruttamento di una bibliografia parziale (da selezionare con l'aiuto del docente): in tal modo, essa potrà anche essere ripresa in un secondo momento (e confluire in un lavoro di tesi di laurea), con gli ampliamenti del caso, ma senza rifare il già fatto. Una simile economia di lavoro è possibile solo con un'utilizzazione piena, e non casuale ed episodica, della bibliografia usata in prima battuta.

La realtà della ricerca è più complessa, e spesso impone di prendere di nuovo in esame dati e bibliografia sotto lo stimolo di nuove domande che non si erano affacciate all'inizio; ma è buona norma lavorare in modo analitico su una parte del problema piuttosto che attuare un piano troppo ambizioso, che valuta superficialmente i dati e la bibliografia e si lascia dietro «buchi» e lacune.

Per esempio, una parte dei materiali linguistici raccolti nella seconda sezione di questo libro è stata ottenuta con un lavoro di seminario: gli studenti sono stati invitati a raccogliere temi scolastici in alcuni istituti medio superiori, a procurarsi gli originali delle lettere inviate dai lettori alla redazione di un quotidiano, a ottenere *curriculum vitae* da aziende private; ognuno ha esaminato il materiale servendosi di una parte degli studi pubblicati sull'italiano contemporaneo (non di tutti), e ha prodotto una relazione.

Un tipo di relazione forse più modesto, ma che pure ha una sua utilità, è la tesina compilativa, che non si propone di acquisire materiale nuovo (per esempio attraverso un'inchiesta sul campo) o di proporre l'interpretazione di un testo, ma di rendere conto della discussione su un problema. Scopo della tesina è una presentazione ragionata dei punti di vista su un problema, quali sono presentati dalla bibliografia sul problema stesso. Per esempio: in che misura e come la lingua italiana si è modificata negli ultimi due decenni? Su questo argomento, tutt'altro che semplice, si dispone di un certo numero di studi (citati in parte nella bibliografia che conclude questo libro).

A Fabio Battistacci, studente universitario, il problema interessa: la sua tesina potrà vertere sull'evoluzione recente dell'italiano prendendo in considerazione l'italiano parlato e scritto (o, più precisamente, gli studi sull'italiano parlato e quello scritto), o solo il settore dell'oralità o solo il dominio della scrittura, o si concentrerà su un sottosettore come il linguaggio giovanile, o la lingua dei quotidiani, o la lingua della narrativa, o la terminologia informatica.

Partiamo da una lista bibliografica, che include alcuni dei lavori pubblicati sull'argomento:

1. F. Sabatini, *L'«Italiano dell'uso medio»: una realtà tra le varietà linguistiche italiane*, in *Gesprochenes Italienisch in Geschichte und Gegenwart*, a c. di G. Holtus e E. Radtke, Tübingen, Narr, 1985, pp. 154-84.
2. L. Serianni, *Il problema della norma linguistica dell'italiano*, in «Annali dell'Università per Stranieri di Perugia», 7, 1986, pp. 47-69.
3. A. Castellani, *Italiano dell'uso medio o italiano senz'aggettivi?*, in «Studi linguistici italiani», 17, 1991, pp. 233-56.
4. R. Simone, *Stabilità e instabilità nei caratteri originali dell'italiano*, in *Introduzione all'italiano contemporaneo. Le strutture*, a c. di A. A. Sobrero, Roma-Bari, Laterza, 1993, pp. 41-100.
5. I. Bonomi, *I giornali e l'italiano dell'uso medio*, in «Studi di grammatica italiana», 15, 1993, pp. 181-201.
6. Ead., *La narrativa e l'italiano dell'uso medio*, *ibid.*, 16, 1996, pp. 321-38.

Sono solo alcuni dei lavori pubblicati in materia, ma il tempo è limitato, e Fabio rinuncia a una bibliografia più ampia. Se potrà, farà una piccola indagine sul campo, per incrociarne i risultati con i lavori che prende in considerazione.

Che uso fare di questa bibliografia? In astratto ci sono due modi, uno più facile e uno più difficile (ma migliore dell'altro). Il modo semplice consiste nel riassumere i diversi contributi, uno dopo l'altro, magari disponendoli in ordine cronologico: prima lo studio di X, poi quello di Y e così via. Per questo tipo di lavoro, saranno sufficienti le indicazioni sul riassunto date a suo luogo (cap. IV, §§ 5-9); ma il risultato sarà quello di una perdita d'informazione rispetto ai lavori originali, che risulteranno tanto più impoveriti quanto più riassuntivo sarà il trattamento di Fabio. La tesina si risolverà in questo caso in un'esposizione semplificata dei lavori originali.

Più complicata, ma anche più produttiva, è una trattazione che prenda come punto di riferimento non i lavori della lista mettendoli in fila uno dopo l'altro e trattandoli separatamente, ma che isoli gli argomenti discussi da almeno due degli autori considerati. Si tratta, dunque, di **classificare per problemi**.

Chi studiasse gli spazi riservati da alcuni quotidiani alle notizie straniere, a quelle italiane e a quelle locali, potrebbe procedere così:

Corriere della Sera
- informazione estera
- informazione nazionale
- informazione locale

la Repubblica
- informazione estera
- informazione nazionale
- informazione locale

oppure così:

Informazione estera
- *Corriere della Sera*
- *la Repubblica*

Informazione nazionale
- *Corriere della Sera*
- *la Repubblica*

Informazione locale
- *Corriere della Sera*
- *la Repubblica*

Le due opzioni presentano vantaggi e svantaggi. La prima consente di tracciare il profilo completo di una testata giornalistica e di passare alla successiva. Ma se le testate sono molte, si perde di vista la comparazione fra le tre voci dell'estero, dell'Italia, della provincia. La seconda offre un confronto diretto, punto per punto, ma rischia di disperdere il profilo delle singole testate.

Per tornare a Fabio, questi troverà che in più di uno studio si discute la vitalità del congiuntivo nell'italiano di oggi. Le posizioni, schematicamente, sono due: secondo alcuni, il congiuntivo rimane saldo nell'uso italiano; secondo altri, tende a essere sostituito dall'indicativo. Nessuno difende la terza tesi, possibile in astratto, di un aumento dell'uso del congiuntivo. Questo è uno dei problemi discussi in buona parte della lista bibliografica che stiamo considerando; con essi, Fabio ne troverà altri (come l'espansione del passato prossimo a danno del passato remoto). La tesina, allora, metterà in primo piano **non gli autori** dei contributi (Tizio dice questo, Caio sostiene quest'altro ecc.) **ma i problemi comuni** a tutti o a parte degli autori considerati. Una volta che i problemi comuni siano stati individuati, la bibliografia sarà **attraversata** di volta in volta per argomenti singoli; e naturalmente su ogni problema si riferiranno le posizioni, concordi o discordi, dei diversi autori, e si potrà anche chiarire se posizioni diverse discendono dalla discussione di un materiale uguale o simile, o dipendono invece dall'aver esaminato un materiale linguistico non comparabile, tale da autorizzare conclusioni differenti. Su ognuno degli argomenti così selezionati, o su una loro parte, Fabio potrà anche, se avrà tempo, realizzare una piccola indagine sul campo per controllare il lavoro condotto da coloro che l'hanno preceduto.

Per esempio, Fabio noterà che i due lavori di Ilaria Bonomi applicano a un campione di giornali e di opere narrative alcune caratteristiche dell'italiano messe in rilievo da Sabatini; invece Castellani sostiene che alcuni caratteri dell'italiano indicati da Sabatini come altrettante novità appartengono all'italiano normale e, spesso, al fondo antico della nostra lingua. Così, Sabatini attira l'attenzione sul rafforzamento di *questo* e *quello* con *qui* e *lì* (*non mi piace quello lì; guarda questo libro qui*); secondo lui, è un'innovazione irradiata dall'Italia settentrionale, mentre Castellani ribatte che *questo qui* e *quello lì* sono già del toscano antico. Quanto alla Bonomi, si chiede se e in che misura *questo qui* e *quello lì* s'incontrino nella prosa giornalistica e nella narrativa.

In tal modo, Fabio non ha prodotto un piatto riassunto degli articoli assegnatigli, ma ha rielaborato la materia, e ha dato prova di spirito critico ogni volta che si è accorto di disaccordi (che gli autori non sempre rendono espliciti, cosa che faciliterebbe il compito del lettore) e di punti di partenza diversi da collegare a conclusioni differenti.

La tesina deve essere presentata rispettando certe regole di citazione e di uso della bibliografia; ma poiché queste regole sono le stesse che valgono per la tesi di laurea, se ne parlerà una volta sola, discutendo di quest'ultima.

3. L'esposizione orale: la relazione

Pur nella loro varietà, i metodi di apprendimento usati dagli studenti universitari si riducono a due, eventualmente combinati: lo studio individuale e quello in compagnia di uno o più compagni. Preparare un esame in compagnia incoraggia l'oralità: si legge ad alta voce il testo, lo si discute e commenta, si cerca di capirne insieme i passaggi più difficili.

Questo lavorio è particolarmente utile non solo per l'apprendimento, ma anche perché l'esame si svolge oralmente: la discussione fatta in compagnia finisce per allenare anche all'esposizione a voce nella quale si risolverà, nella maggior parte dei casi, l'esame.

Con l'occasione, si osserva che assistere agli esami (che sono pubblici) è utile per gli studenti che hanno frequentato il corso, e utilissimo per quelli che non l'hanno frequentato: non solo, e non tanto, per conoscere le domande preferite o i *tic* di questo o quel commissario, quanto per capire il metodo dell'interrogazione, il taglio delle domande, le risposte che gli esaminatori si aspettano. Non è questione solo di contenuti e problemi da conoscere, ma del modo di presentarli: ascoltare gli esami fa capire le peculiarità di una disciplina e degli esaminatori che, nel concreto, l'interpretano. Assistere agli esami è anche raccomandabile perché consente di controllare e molto spesso di sfatare le leggende sulla «bontà» o «cattiveria» di un esaminatore.

Anche chi vuole o deve prepararsi in solitudine farà bene a ripetere ad alta voce i contenuti dell'esame: non tutti insieme, si capisce, ma per argomenti o sezioni significative (per esempio per capitoli o paragrafi). Nel ripetere ad alta voce, emergono i punti che non sono stati compresi bene (e che forse si era creduto di capire), o quelli che non sono facili da esprimere con la precisione e proprietà di linguaggio necessarie, o quelli che non si ricordano e così via. Nulla impedisce, poi, che la viva voce sia accompagnata dalla scrittura di una formula o anche di un ragionamento.

Si ricordi ciò che si è detto sull'utilità di leggere ad alta voce (cap. V, § 1).

L'esame è, come tutti sanno, un dialogo particolare a senso unico, nel quale c'è chi è tenuto a porre delle domande e chi è tenuto a rispondere. Poiché chi fa le domande ha anche la facoltà di interrompere, prima o poi, l'esaminato (il quale a sua volta ha spesso la sensazione di dover parlare finché non sia interrotto, allo scopo di dimostrare la propria preparazione), è bene che i punti più importanti della risposta ed eventualmente qualche informazione aggiuntiva, non prevista dal programma, siano dati all'inizio, prima che l'esaminatore inviti a passare ad altro argomento.

Si racconta di un pugile che, per impressionare l'arbitro, riservava il meglio di sé e dei suoi colpi agli ultimi venti o trenta secondi di ogni ripresa (era dotato di un forte senso del tempo). Questa tattica si fonda sulla convinzione che l'ultima impressione è quella che conta di più; nell'esame orale, invece, conviene seguire la tattica opposta, e cercare di provocare una buona impressione fin dall'inizio. Il consiglio vale, in parte, anche per i testi scritti: un ottimo lavoro le cui pagine iniziali siano poco interessanti rischia di rimanere non letto; e in generale è vero che l'inizio e la fine sono le parti di un testo, orale e scritto, destinate a rimanere maggiormente impresse nella mente di chi ascolta o legge. Con ciò, naturalmente, non si vuole insinuare che quanto è compreso tra l'inizio e la fine di un testo sia irrilevante.

Diverso dalla situazione dell'esame è il caso delle tesine, per le quali si richiede un'esposizione orale della quale uno studente sia stato incaricato dal docente per un seminario che si svolga alla presenza di un numero ristretto di partecipanti, sotto la guida del docente stesso. Gli studenti sono invitati a esporre a turno, secondo un calendario prefissato, il risultato di una ricerca su un problema particolare.

Quando sostiene un esame, Fabio Battistacci risponde a una commissione esaminatrice che dovrà esprimere un voto sulla sua prova. Le circostanze comunicative di una relazione da seminario sono evidentemente diverse: Fabio presenta a un piccolo gruppo di persone, sedute in un'auletta o intorno a un tavolo, un determinato argomento, su incarico del docente, che è il regista del seminario.

Occorre che l'esposizione si tenga entro i limiti di tempo stabiliti dal docente (di massima, da dieci a quaranta minuti): come regolarsi? La relazione di Fabio dovrà attenersi al tempo predefinito e, naturalmente, offrire l'informazione, almeno quella più significativa, sul problema assegnatogli. Le soluzioni possibili sono tre:

1. Fabio espone improvvisando: si prepara, ci pensa su, poi parla a braccio;
2. Fabio espone a braccio, ma tenendo sott'occhio una scaletta con gli argomenti nell'ordine in cui vanno esposti, e alcuni dati (numeri, statistiche, gra-

fici) che si prestano a una presentazione visiva piuttosto che auditiva (per di più, sarebbero difficili da imparare a memoria);
3. Fabio ha scritto il testo, e lo legge.

L'ultima soluzione è la più garantita, a patto che Fabio abbia controllato, con una lettura ad alta voce, solitaria o davanti a un amico, che il testo non sia troppo lungo. In teoria, il testo potrebbe essere anche troppo breve, ma di fatto giovani studenti e navigati conferenzieri hanno in comune un timore (o forse un terrore): quello di non aver da dire abbastanza. La paura di trovarsi a corto di argomenti a metà dell'esposizione e di restare a bocca chiusa anzitempo induce così a lunghe considerazioni preliminari, con il risultato che manca, spesso, il tempo di esporre con calma la parte principale del discorso.

In realtà, una relazione ben riuscita deve esaurire il proprio argomento entro i limiti di tempo stabiliti: il requisito di un discorso con un inizio, un centro e una fine da sviluppare entro un arco di tempo previsto sembra ovvio, ma chi ha partecipato a congressi più o meno seri, e qualche volta anche severi, sa quanto sia comune lo spettacolo dell'oratore con i capelli bianchi che si avvicina al microfono con una bella pila di fogli, e li legge girandoli lentamente: si avvicina la fine del tempo previsto, ma il pacco resta spaventosamente alto. Mentre il pubblico si chiede con preoccupazione crescente quanti fogli ancora debbano esser letti, il presidente della seduta comincia a dar segni d'impazienza. L'attenzione si protrae difficilmente oltre i 45 minuti (tale è comunemente il limite massimo assegnato a una lezione o conferenza o relazione), e i risultati sono due: o il presidente interviene sollecitando l'oratore a concludere e, se questi fa finta di nulla, gli toglie la parola, o resta passivo e il conferenziere «sfora» sul tempo assegnatogli, con deplorevole maleducazione verso gli oratori seguenti, costretti a cominciare in ritardo sull'orario previsto; inoltre il conferenziere, forse inesperto o forse convinto di essere una prima donna e quindi in diritto di autoassegnarsi più tempo di quello riservato ai suoi simili, si guadagna una sicura impopolarità tra gli ascoltatori, disposti, all'inizio, ad ascoltare di buon grado una prestazione oratoria contenuta nei limiti di tempo stabiliti. È stupefacente come chi parla non si accorga, spesso, dell'insofferenza degli ascoltatori, e non capisca che anche un argomento interessante ed esposto bene è più apprezzato se l'esposizione dura cinque minuti meno, e non cinque minuti più del previsto.

Per tornare alle tre soluzioni possibili, la più brillante, ma anche la più rischiosa, sarebbe la prima, e cioè parlare a braccio. Ma Fabio la sceglie solo se è molto disinvolto nel parlare in pubblico, sicuro della sua memoria e prontezza di spirito, e anche della capacità di controllare l'emozione nel parlare davanti ai compagni e al professore: un ambiente che gli è noto ma davanti al quale, proprio perciò, vuole evitare cattive figure.

Gli autori non sconsigliano questo procedimento, ma ne lasciano a Fabio la responsabilità: preferiscono il secondo, perché anche se vuole parlare a braccio Fabio avrà dovuto buttar giù degli appunti, che potranno servire come scaletta da tener sott'occhio durante l'esposizione, e permetteranno di mantenere una linea di discorso coerente e di non saltare un passaggio importante o idee e fatti significativi. La scaletta garantisce la tenuta del discorso e, nello stesso tempo, si presta a improvvisazioni e cambi di progetto che la concreta situazione comunicativa potrebbe suggerire; salvaguarda il rapporto fra il progetto di discorso e l'esecuzione, ma consente anche quella flessibilità del testo sulla quale si è già insistito più volte. Questo sistema non esige che l'oratore sia un nuovo Demostene o Cicerone o Churchill, ma incoraggia quella sicurezza nel parlare che gli statuti delle università medievali chiedevano, chiamandola *audacia loquendi*, agli studenti e che oggi non è diffusa come dovrebbe; d'altra parte non lascia l'oratore in preda a un momento di amnesia o di confusione, che è il rischio di chi parla a braccio.

Nulla di male, peraltro, se Fabio preferirà leggere un testo già scritto. In questo caso, dovrà far bene i suoi conti, e calcolare che la lettura in pubblico è alquanto più lenta di quella fatta in solitudine o alla presenza di un amico paziente. Per leggere una pagina di 2000 battute sono necessari circa 3 minuti (le variazioni dipendono dall'argomento e dalla velocità della pronuncia individuale, che non dovrà essere comunque troppo rapida, pena la perdita di una parte rilevante delle informazioni).

4. Esposizione orale e tempi dell'esposizione

Non solo nella presentazione di una tesina, ma più in generale in una presentazione pubblica, troppo spesso si infligge a quanti partecipano a un convegno la lettura di un testo composto in vista della pubblicazione che seguirà. Si perde, in tal modo, l'occasione di presentare in forma accessibile il frutto di riflessioni che potrebbero essere confermate dai presenti o suscitare utili discussioni e, perché no?, polemiche.

Più grave è quando questo comportamento si verifica in sedi non accademiche, di fronte a un pubblico che si aspetta la trattazione di un tema che sia anche «ascoltabile» e non ponga grossi problemi di comprensione.

Troppo spesso si dimentica che anche la voce ha la sua importanza e che il modo in cui si espone non è secondario. Se è vero che chi presenta un libro o tratta un tema non deve improvvisarsi attore (cosa, tra l'altro, disdicevole e controproducente: ognuno di noi ha esempi di orazioni gridate, o enfatiche, o sussurrate con toni patetici e certo non le rimpiange), è bene tuttavia che abbia presenti alcune regole e accorgimenti. Vediamone alcuni, semplici e fin ovvi:

1. Prepararsi sempre con serietà, evitare di improvvisare (sono pochissime le persone che possono permettersi di improvvisare e anche queste, di solito, hanno almeno una scaletta in mente, oltre a una lunga esperienza e un talento comunicativo particolare).

2. Conoscere preliminarmente il tempo assegnato alla propria relazione. È importante sapere se abbiamo a disposizione venti minuti o un'ora, perché in base al tempo selezioneremo le cose da dire. Se ci viene lasciato un arco di tempo elastico (per esempio: «tenersi sui 20-30 minuti»), è meglio stabilirlo per nostra sicurezza (in questo caso, poniamo, si può decidere di parlare 25 minuti).

3. Scrivere il testo (o una scaletta ben organizzata all'interno della quale siano scritte per esteso le cose difficilmente memorizzabili, ad esempio le citazioni che ci sembra opportuno inserire) e «provarlo» per vedere se rientra nei tempi previsti.

4. Nel provare un testo è sempre bene, avendone l'opportunità, farlo ascoltare a un amico, che potrà suggerirci molti dettagli (a volte anche molte cose fondamentali) per migliorare la nostra esposizione.

5. Ricordarsi che è bene scandire le parole e non avere fretta: è meglio rinunciare a una parte di quello che si vuol dire, facendone solo qualche cenno, ed esporre con chiarezza e precisione le cose che riteniamo più importanti, che partire a raffica per dire tutto, con il risultato di far capire poco.

In genere è consigliabile leggere (o, meglio, «dire») il testo quando si è poco esperti e anche quando il tempo assegnatoci è ridotto. Nel primo caso si evitano comprensibili (ma penosi) balbettii o disorientamenti, con relativo sguardo angosciato alla platea, dovuti all'emozione (ricordiamoci che parlare in pubblico non è facile e qualche trepidazione accompagna sempre anche le persone più esperte). Nel secondo caso evitiamo di «sforare», cioè di superare il tempo entro il quale dovevamo restare. Parlare a braccio può essere pericoloso se non si ha un tempo lungo (almeno tre quarti d'ora), perché può capitare di fare troppe divagazioni, o trovarsi ad aver concluso il tempo avendo solo introdotto il proprio tema.

Un caso a sé, sul quale tuttavia non ci soffermeremo, è la presentazione di un personaggio di qualche rilievo (artista, poeta, uomo politico, scienziato ecc.). Non si raccomanderà mai abbastanza di non prevaricare né con il tempo (per non diventare asfissianti e rischiare un linciaggio dal pubblico) né con il registro del discorso: non bisogna presentare se stessi, magari con esibizioni di cultura fuori luogo e ben fastidiose per il pubblico che invece vuole avere qualche notizia sul personaggio invitato. Bisogna essere brevi, dare informazioni puntuali sui dati più rilevanti della carriera di scrittore o di politico o altro di chi dobbiamo presentare, le sue caratteristiche principali e così via. In questi casi è buona regola non superare i dieci-quindici minuti, entro i quali si possono dire molte cose (e c'è spazio persino per qualche considerazione personale).

Ma come si scrive un testo che deve essere letto, quali sono le sue caratteristiche?

Diciamo subito una cosa che può sembrare ovvia, e cioè che una relazione scritta con attenzione per una lettura (che si avvicini il più possibile alla comunicazione a braccio), andrà riscritta nel caso si pensi di pubblicarla a stampa.

È un errore arrivare a un convegno con il testo che si consegnerà per la pubblicazione successiva. Le note, le citazioni generalmente troppo lunghe per la comunicazione orale, i riferimenti bibliografici completi, lo stile inevitabilmente più accademico, al momento della comunicazione possono diventare un ostacolo e creare confusione.

Se certamente è buona norma arrivare a un convegno con la propria relazione in versione «scritta» quasi definitiva (che senso ha, infatti, «chiudere» un lavoro prima di aver sentito quelli degli altri che possono offrire nuovi spunti e riprese?) vale la pena avere anche l'altro testo, quello da «dire», che dovrà essere più ridotto e più diretto, senza per questo abdicare alla serietà e al livello alto che si vuole mantenere. Tutto quello che resta fuori non è mai perso, ma può tornare utile in corso di discussione, per qualche precisazione supplementare e via dicendo.

Non esistono regole per scrivere un testo che deve essere letto. Si possono inserire «finestre», stacchi anche colloquiali, brevi esempi a braccio, facendo attenzione a mantenere visibile la struttura principale del discorso.

Va tenuto ben presente il pubblico, e la conoscenza che esso ha del problema. Per contenuto, taglio e linguaggio il discorso deve adattarsi al pubblico, non ripetere ciò che i presenti già sanno e, nello stesso tempo, fornire delle novità comprensibili. Mentre Fabio parla in un seminario diretto da un docente e alla presenza dei suoi compagni (§ 3), in un convegno è necessario presentarsi (il compito, in verità, spetta al presidente) e tenere un discorso davanti ad ascoltatori esterni.

Spesso non si bada al fatto che non tutto ciò che è facile leggere è altrettanto facile da dire e da ascoltare: dati, numeri, tabelle, statistiche si apprezzano meglio con l'occhio che con l'orecchio. Perciò, se si dovessero elencare i dati sulla produzione mondiale di frumento nel 1982, sarà meglio scriverli alla lavagna prima di cominciare a parlare (per non perdere tempo e per non interrompersi durante l'esposizione); meglio ancora, se fosse disponibile una lavagna luminosa, si preparerà un lucido da mostrare al momento opportuno:

Principali paesi produttori di grano nel 1982 (in migliaia di tonnellate)

URSS	87 000
USA	76 443
Cina	63 003
India	37 833
Canada	27 620
Francia	25 342
Turchia	17 650
Argentina	14 500
Pakistan	11 570
Australia	8 600

In tal modo, si potrà fare a meno di leggere una lista di numeri lunga e noiosa, per discutere i dati più pertinenti. Analogamente, se si dovesse illustrare il bilancio della Germania Federale:

Bilancia commerciale della Repubblica federale tedesca (in milioni di marchi)

	1975	1984	1985
importazioni	182 521	434 257	461 157
esportazioni	221 206	488 223	535 375
Saldo	38 685	53 966	74 218

Occorre quindi individuare quali parti del discorso non si prestano bene alla sola esposizione orale, e preparare dei lucidi, o delle diapositive; oppure si distribuiscono dei materiali in fotocopia (si abbia cura di spillarli, per evitare la dispersione dei fogli); chi vuole essere particolarmente accurato rilegherà i fogli in una cartellina di plastica (ce ne sono tanti tipi in commercio). Al momento opportuno, l'oratore inviterà gli ascoltatori a consultare le tabelle o i dati riportati in questa o quella pagina del fascicolo che è stato distribuito.

L'oratore guarda il pubblico (e non in aria), e se improvvisamente si accorge che, contrariamente al solito, non sa che cosa fare delle sue mani, le impieghi per reggere i fogli da leggere o consultare, o le appoggi sul tavolo o sul leggio (non le usi per lisciarsi i capelli, non le strofini sul viso, non le metta, con falsa disinvoltura, in tasca).

Quanto al testo scritto che fa da guida all'esposizione orale, un suggerimento sempre buono è quello di disporlo in blocchi distinti, che permettono un più semplice orientamento, nel caso che si stacchi spesso (come è consigliabile) lo sguardo dal foglio e lo si rivolga al destinatario.

Ad esempio, se la relazione da pubblicare sarà stilata secondo le norme tipografiche indicate dalla casa editrice che la deve accogliere, una relazione da dire potrà avere una forma ben più libera.

Poniamo di dover fare un intervento sulla chiusura dei manicomi. Potremmo pensarlo graficamente in questo modo:

> Nelle recenti polemiche sulla chiusura definitiva dei manicomi, il dato che più colpisce è che tutti sembrano dare ragione a Franco Basaglia, padre della legge 180.
>
> Basaglia è morto da sedici anni e sulla sua figura c'è sicuramente un pressoché unanime sentimento di stima, anche da parte di chi un tempo lo additava quale nemico dell'umanità.
>
> Essere «basagliani» significava, in tempi non lontanissimi, essere di sinistra, mentre essere «antibasagliani» significava essere di destra, anche se non mancavano buone argomentazioni su un versante e sull'altro degli schieramentri scientifici, che in sé non avrebbero dovuto subire implicazioni di colore politico.
>
> La concezione della psichiatria cosiddetta «classica» difendeva infatti la caratteristica organica della malattia mentale, che dunque andava curata con farmaci e con l'elettroshock di triste memoria (EVENTUALI ESEMPI: CFR. ANCHE IL POETA DINO CAMPANA).
>
> La concezione «democratica» metteva invece in primo piano le cause sociali, il disagio ambientale come responsabile primo del disagio psichico e cercava attivamente modi alternativi di terapia (ESEMPI DI BASAGLIA STESSO; MA ANCHE DI AL-

TRI; A PARTIRE DAL MANICOMIO DI TRIESTE, CITARE MARCO CAVALLO! [Esperienza di animazione teatrale condotta nel manicomio di Trieste negli anni '70])

Oggi, dicevo, tutti sembrano dare ragione a Basaglia, le divisioni ideologiche hanno perso smalto, raramente si incontra qualcuno che neghi che l'abolizione dei manicomi abbia rappresentato una tappa di crescita civile nel nostro paese.

Lo stesso Giovanni B. Cassano [psichiatra di Pisa], dichiaratamente «organicista», parla oggi di costruire, in sintonia con il pensiero basagliano, una rete di assistenza sul territorio per prevenire e curare la malattia mentale.

Vittorino Andreoli [psichiatra di Verona] ribadisce che se gli studi sul cervello hanno dimostrato che un fattore biologico è indiscutibile, pesano però sulla malattia in maniera rilevante i fattori ambientali e i rapporti interpersonali che concorrono a formare la personalità nei primi tre anni di vita.

Il discorso continuerà, naturalmente a lungo, passando dalle antiche contrapposizioni tra psichiatria e antipsichiatria alla situazione attuale, all'individuazione dei principali problemi e delle principali strategie. Ma vediamo la sistemazione grafica dello scritto.

La separazione in blocchi segnala passaggi logici che allargano progressivamente il campo del tema. Abbiamo tracciato poco più che un abbozzo di introduzione, e tuttavia se lo leggiamo ad alta voce, con le pause giuste e con qualche integrazione (già indicata nel testo) non dovremmo metterci meno di cinque minuti.

Se parlassimo a braccio e avessimo un'ora di tempo, questi minuti potrebbero sembrare pochi, ma se abbiamo venti minuti, non possiamo superarli, altrimenti toglieremmo troppo spazio al nucleo del nostro discorso.

Va da sé che ognuno si costruirà il suo testo scritto/orale come meglio crede, secondo anche il suo «respiro» mentale e interno, inserendo spazi, freccette, segni grafici, caratteri in corsivo o in grassetto e altro ancora. Quello che però sicuramente dovrà evitare, soprattutto se è alle prime armi, è di trovarsi di fronte a un foglio fittissimo e in caratteri piccoli, nel quale potrebbe perdersi (o nel quale, se avesse smarrito, poniamo, gli occhiali cinque minuti prima di parlare, vorrebbe nascondersi).

5. La tesi di laurea: la scelta del docente e dell'argomento; il piano di lavoro

Il nome di tesi di laurea si applica, nelle diverse facoltà delle università italiane, a prodotti diversissimi. La tesi consiste in un testo che va da poche decine a parecchie centinaia di pagine. Se la quantità è variabile, la qualità non lo è di meno: la tesi può essere **compilativa**, e risolversi in una rassegna più ampia della tesina di cui si è detto nel § 2, ma costruita in modo simile, o può essere **di ricerca** o anche, come si dice nelle facoltà scientifiche, **sperimentale**, e condurre a risultati nuovi, originali. I modi di organizzazione del discorso, poi, sono i più diversi, e dipendono dalle consuetudini della disciplina, dalle inclinazioni del docente che l'assegna e naturalmente dello studente che ne è l'autore.

Non esiste un'impostazione unica del lavoro di tesi, ed è più che mai insufficiente la distinzione, sempre grossolana, tra tesi scientifiche e umanistiche. Una tesi in Storia del diritto romano non ha lo stesso impianto di una in Diritto penale, e un lavoro in Clinica oculistica avrà caratteristiche diverse da uno in Chimica generale e inorganica. In alcune tesi predomina l'interpretazione di un testo, scritto o anche orale (dal diritto alla filosofia), altre escono, per così dire, dal laboratorio.

Queste ultime hanno il centro di gravità in due sezioni, che sono la parte sperimentale e la discussione e valutazione dei dati ricavati dagli esperimenti di laboratorio. Ma, per motivi ovvi, questo libro non può né vuole sostituirsi alle regole che si imparano negli anni dell'apprendistato universitario e nella fase conclusiva degli studi, il cui sbocco è appunto la tesi di laurea.

La riproducibilità è alla base dell'esperimento scientifico (un procedimento che si applica alle scienze naturali e, in parte, alle cosiddette scienze umane), e perciò è indispensabile che le condizioni e le procedure dell'esperimento siano descritte con la massima esattezza, insieme con i risultati: chi vuole, deve esser messo in grado di ripetere l'esperimento e di verificarne i risultati.

Il problema della riproducibilità non si pone nella ricerca umanistica, dove è l'interpretazione a giocare il ruolo più importante. Poiché non avrebbe senso definire, in questa sede, gli statuti scientifici delle diverse discipline, nel resto del capitolo si daranno dei suggerimenti che si possono applicare, con gli adattamenti del caso, ai diversi impianti di lavoro. Poiché gli autori di questo libro praticano studi umanistici, l'esempio guida (la tesi di Fabio Battistacci) concerne un argomento letterario e si concentra sul problema della documentazione libraria, con il quale, del resto, qualunque tipo di tesi di laurea non può non fare i conti.

Si presuppone inoltre un itinerario di studi e di tesi che sottragga il nostro Fabio agli aspetti più squallidi della produzione accademica di tesi (il cosiddetto tesificio, in parallelo all'esamificio cui si riduce, nei casi più deprimenti, la realtà degli studi universitari).

Nel caso delle tesi compilative, dedicate a una rassegna seria e personale, se non originale, di un problema studiato da altri, valgono naturalmente le indicazioni in materia di riassunto e riformulazione e citazione che si sono date in precedenza (cap. IV); e si richiama in particolare l'attenzione sul riassunto per «voci» bibliografiche o la più stimolante classificazione per argomenti e problemi.

Esperienza culturale significativa, la tesi è importante anche dal punto di vista della carriera studentesca e del voto finale, perché riceve una votazione da 0 a 11 punti, che si aggiungono alla media delle votazioni ottenute negli esami.

È possibile che un lavoro di tesi valutato negativamente riporti 0 punti o un voto negativo o che addirittura il candidato sia bocciato perché la commissione non ne approva il lavoro (evenienza rara e spiacevole, che si verifica quando si dimostra che la tesi è stata copiata).

In teoria, ognuno degli undici commissari membri della commissione di tesi ha a disposizione 10 punti: di qui il 110, il voto massimo. La tesi lo raggiunge quando ogni commissario la valuta assegnandole per intero i punti che ha a disposizione; di fatto, si tiene conto della media degli esami e si valuta la tesi nel ventaglio da 0 a 11 punti.

In molte sedi universitarie il numero dei commissari sta scendendo a sette, cosa che non influirà sui numeri della votazione.

La varietà nel livello qualitativo e quantitativo del lavoro di tesi è massima; e forse non meno svariati sono i criteri di assegnazione dei punteggi: le situazioni concrete differiscono moltissimo da un'università all'altra, da una facoltà all'altra e anche all'interno della stessa facoltà.

Una buona preparazione di base, curiosità e motivazione sono i requisiti che garantiscono a un laureando che la tesi, con la quale dovrà convivere per un periodo variabile ma comunque abbastanza lungo, non sbocchi in una coabitazione penosa ma rappresenti un'occasione formativa utile dal punto di vista culturale e professionale. Un relatore disponibile e almeno passabilmente esperto dell'argomento non guasta. Infine è necessario un buon argomento. Combinare questi ingredienti rientra nell'ordine del possibile, e la ricetta fornirà un buon prodotto.

Non è possibile dare consigli generali su una materia così frastagliata, se non una sola raccomandazione: che Fabio si informi, prima di impegnarsi in una tesi che gli richiederà un lavoro lungo diversi mesi, se non un anno (e qualche volta più).

Poiché gli studenti chiedono la tesi alla fine della carriera scolastica, Fabio ha imparato a muoversi meglio tra i segnali che regolano la navigazione in quell'arcipelago di isole, isolette, atolli che formano una Facoltà. Quando era matricola, Fabio navigava senza bussola, perché nessuno gli aveva illustrato le regole per sopravvivere nell'istituzione universitaria: come districarsi tra le bacheche, come ottemperare agli obblighi di segreteria, come cogliere le opportunità offerte dal corpo docente e dall'organizzazione universitaria. Ora che ha quasi terminato gli esami, Fabio ha imparato a distinguere tra le varie categorie di professori, e sa che tra i docenti di cui ha seguito i corsi alcuni sono ordinari, altri associati, altri ricercatori, anch'essi titolari di un insegnamento (per supplenza o affidamento), altri ancora professori a contratto, esterni all'università (perciò, secondo la legge in vigore, non possono insegnare per più di tre anni); per quanto non sia pettegolo, deve anche conoscere l'età dei professori più anziani (se pensa di chiedere la tesi a qualcuno di loro), per capire se sono sulla soglia della pensione e stanno quindi per lasciare l'insegnamento e, con esso, i laureandi. Quello che è quasi sempre impossibile sapere in anticipo (e non solo per Fabio) è se un professore sta per lasciare la sede universitaria per un'altra sede (perché ha vinto un concorso o ha ottenuto un trasferimento); ma c'è da sperare che, almeno in questo caso, il docente gli dica o gli faccia capire che non è il caso di avviare un lavoro di tesi.

Va precisato che il docente che lasci il servizio presso un'università, perché si trasferisce o va in pensione, è tenuto ad assicurare la propria opera fino alla sessione straordinaria di esami (di profitto e di laurea), la cosiddetta sessione di febbraio, mentre il trasferimento ad altra sede o il collocamento a riposo decorrono dal 1° novembre, data d'inizio dell'anno accademico. Ma un docente trasferitosi in una sede lontana non potrà, pur con le migliori intenzioni, assicurare una presenza continuativa (quale è necessaria per seguire una tesi di laurea) nei mesi che vanno da novembre a febbraio.

Si tenga anche conto che la legge consente ai docenti di prendere periodicamente (fino a due volte ogni dieci anni) un anno di congedo, che può essere speso nella sede o altrove (per esempio all'estero). Nel primo caso il docente può continuare a seguire le tesi di laurea in corso, oppure affidarle a un (eventuale) collaboratore; ma per i laureandi cambiare punto di riferimento presenta, spesso, vari inconvenienti (ritardi nel lavoro, e anche minore interesse o un punto di vista diverso in chi rileva le tesi assegnate da un collega).

La morale di queste considerazioni è semplice: il lavoro di tesi richiede la convergenza di due volontà, quella del laureando e quella del docente, che concordano nell'individuare un argomento. Il primo ha il diritto di laurearsi, il secondo ha il diritto di rifiutare l'assegnazione della tesi se non ha fiducia nella capacità dello studente di portare a termine il lavoro o se non è d'accordo su un argomento eventualmente propostogli dallo studente (per citare un caso estremo, una tesi già scritta può essere rifiutata dal relatore, fermo restando il diritto dello studente a presentarsi alla commissione di laurea). Questa situazione teorica ha qualche riscontro nella realtà, sulla quale agiscono però molte altre spinte. La libera contrattazione tra docente e studente nell'assegnazione di un lavoro di tesi di comune interesse è spesso forzata, nell'università quale è oggi, dalle richieste troppo numerose che convergono su alcune materie, con il risultato che qualche volta le facoltà decidono la misura, alquanto illiberale (ma la legislazione che regola il sistema universitario è molto più antica, per questo e per altri aspetti, dell'università di massa), di indirizzare in modo forzoso le richieste di tesi.

Al di là dei diritti e doveri fissati dalla legge e dai vincoli burocratici, la tesi di laurea è (insieme con la partecipazione a seminari destinati a un piccolo numero di partecipanti) il momento più stimolante nel lavoro degli studenti (e anche dei docenti), a condizione che sussista una qualche sintonia tra il laureando e il docente: responsabile del lavoro è lo studente, ma il docente in certo modo lo avalla o, almeno, accetta di presentarlo, come **relatore**, alla commissione di laurea. Non è bello scoprire, a lavoro avviato, di avere un relatore sommamente antipatico o decisamente insopportabile; e molto conta, con la qualità culturale del lavoro, il clima umano nel quale esso si svolge.

Anche se usi e costumi variano da un'università (e da una facoltà) all'altra, la libertà nella scelta di un argomento di tesi non è assoluta: per una tesi scientifica sono necessarie attrezzature costose e materiali di consumo che spesso non lo sono meno; di fatto i laureandi, ammessi a partecipare a una ricerca che coinvolge un gruppo di docenti e studenti, ricevono un argomento particolare, parte di un problema più ampio sul quale, spesso per parecchi anni, lavora un gruppo composto da giovani e meno giovani. Il condizionamento delle attrezzature e la magrezza dei finanziamenti impediscono che si possa studiare uno qualsiasi degli argomenti che, in astratto, potrebbero essere oggetto d'indagine; è indispensabile, in altre parole, concentrare le energie su alcuni obiettivi realistici, che il laureando trova già individuati nei dipartimenti o istituti della sua facoltà (se non gli piacciono, conserva la libertà di rivolgersi altrove). Nelle facoltà umanistiche, presso le quali il lavoro di gruppo non ha affiancato che in misura molto limitata la ricerca individuale, la scelta di un argomento di tesi è più libera: i condizionamenti vengono dalla ricchezza del materiale bibliografico disponibile nella sede (e dunque dalla consistenza delle biblioteche che, se non sono buone, non lo diventano in pochi mesi) e dalla competenza del relatore, che sarà più o meno ampia ma non infinita (è bene diffidare dei professori che lasciano intendere di essere onniscienti). È una garanzia per il laureando, infatti, che il docente conosca almeno in parte l'argomento; anche partendo da una conoscenza limitata, un docente esperto può indicare le piste più fruttuose, cosa meno probabile quando l'argomento gli sia del tutto ignoto.

Se vuol fare un lavoro serio e utile, e non solo scrivere 100 pagine pur di concludere gli studi, Fabio rifletterà al ventaglio di materie che, anche in rapporto al piano di studio seguito, rappresentano una conclusione logica della sua carriera studentesca; avrà già chiare, ora che è al termine della carriera, le sue simpatie e il suo interesse intellettuale per alcune materie piuttosto che per altre; ma non dovrà ragionare solo in termini astratti di discipline, bensì riflettere sul docente o sui docenti che concretamente le interpretano: danno retta ai laureandi e ne leggono il lavoro o sono poco accessibili? e, prima ancora: quali requisiti (in termini di esami sostenuti, lingue straniere conosciute, competenze informatiche) chiedono ai laureandi? quanto tempo è necessario, in media, per stendere una tesi nella disciplina X di cui è titolare il professor Y?

È bene sapere che la legge attuale consente che le tesi siano seguite e presentate in commissione anche da ricercatori senza affidamento o supplenza (e dunque non titolari di insegnamento ufficiale). A causa di una cattiva abitudine, variamente presente nel sistema universitario, accade anche che il lavoro di tesi sia seguito da un ricercatore, e la tesi sia presentata da un docente: per Fabio la situazione può anche essere accettabile, ma è bene che si ponga il problema, prima di indirizzarsi verso una disciplina e un relatore.

Esaurite queste indagini preliminari e presa una decisione meditata, Fabio chiede dunque una tesi di laurea. Ancora una volta, il ventaglio delle situazioni possibili è piuttosto ampio. Può darsi che Fabio abbia in mente qualche argomento da proporre al professore, oppure che gli chieda un suggerimento. L'argomento può essere assegnato immediatamente, per esempio quando il nuovo laureando è accettato in una ricerca di gruppo (fermo restando che la tesi è, come l'esame, individuale), oppure la definizione può richiedere qualche tempo, e degli studi preliminari.

Le facoltà e i consigli di corso di laurea richiedono spesso agli studenti di ottenere un argomento di laurea con molto anticipo rispetto alla conclusione degli esami prevista dalla durata legale degli studi. Purtroppo la durata media degli studi universitari si è molto allungata rispetto ai quattro, cinque o sei anni previsti dalle diverse facoltà. In concreto, è nell'interesse degli studenti chiedere la tesi prima di sostenere gli ultimi esami, quando si può supporre che la preparazione degli esami restanti non assorba per intero il tempo dedicato allo studio. In tal modo, terminati gli esami, il laureando avrà già alle sue spalle l'eventuale rodaggio preliminare, e avrà già avviato il lavoro, con un risparmio di tempo tutt'altro che trascurabile.

Anche sui modi di seguire la tesi gli usi sono variabili: alcuni professori ricevono settimanalmente gli studenti, discutono l'impostazione del lavoro, ne verificano passo per passo lo sviluppo, lo controllano capitolo per capitolo (e accade che i primi capitoli debbano essere riscritti più volte: cosa che rende più liscia, in compenso, la stesura dei capitoli centrali e finali). Altri, all'estremo opposto, assegnato il titolo e dati alcuni consigli, si riservano di intervenire su tutto il lavoro (con il risultato che chi non l'ha impostato bene, deve rifarlo di sana pianta o rassegnarsi a una valutazione non molto lusinghiera).

Circa l'argomento della tesi di laurea, il laureando deve affidarsi, senza rinunciare al diritto-dovere di pensare con la propria testa, all'esperienza del docente, per decidere un argomento significativo ma non troppo generale. Neppure i geni della fisica del nostro secolo hanno presentato dissertazioni intitolate *Brevi cenni sull'universo* o *sulle origini dell'universo*; né in una facoltà umanistica si prenderebbe sul serio un titolo come *La poesia della Divina Commedia* o *L'attuazione della Costituzione italiana dal 1948 a oggi*: argomenti universali sui quali non sempre riescono bene neppure gli studiosi più esperti.

L'argomento della tesi non deve essere insomma né troppo ampio né troppo ristretto, e deve consentire un'argomentazione, se non originale (tanta ricerca universitaria, anche stampata, è infatti ripetitiva, e di originale ha ben poco), almeno personale.

Si ricordi la discussione sulla delimitazione dell'argomento nel capitolo V, § 2: mutato ciò che è da mutare, considerazioni analoghe a quelle sui testi brevi valgono anche per un testo lungo e impegnativo come è la tesi di laurea; ma su questo problema non ci soffermiamo, perché va discusso dallo studente insieme con il suo relatore.

Anche se il laureando costruisce a mano a mano la tesi attraverso frequenti colloqui con il relatore, il lavoro non può cominciare senza un'ipotesi di partenza e un progetto di sviluppo, che laureando e docente possono delineare insieme. A maggior ragione, un incontro per l'assegnazione di un argomento seguito, a distanza di tempo, dalla consegna della tesi (nell'ipotesi estrema, affacciata sopra, di un contatto minimo fra studente e docente), deve prevedere almeno un indice degli argomenti.

Torniamo dunque alla scaletta: che, all'inizio del lavoro, sarà spesso un indice piuttosto scheletrico, probabilmente suggerito dal relatore. Come articolarla in una successione ragionata di capitoli e paragrafi, e come trasformare lo schema di lavoro in un testo bene argomentato ed esposto? Fermo restando il valore provvisorio della scaletta – per la tesi di laurea valgono, a maggior ragione, le indicazioni sulla scaletta fornite nel capitolo V, § 1 –, alla domanda si risponde con i fatti; e *fatti* significa, questa volta, documentazione.

6. La tesi di laurea: la documentazione (con cinque regole indispensabili per sopravvivere nelle biblioteche della repubblica italiana)

Concordato l'argomento di tesi, generalmente il relatore fornisce al laureando almeno alcune indicazioni d'avvio; e se la tesi è sperimentale e si svolge in un laboratorio, il laureando si troverà introdotto in un ambiente in cui è già in corso la ricerca entro la quale rientra il problema particolare di cui dovrà occuparsi. Che la tesi si svolga o no in laboratorio, è necessario raccogliere la **documentazione** sull'argomento della tesi, che è cosa indispensabile per metterlo a fuoco in maniera consapevole. Lo stesso vale se il lavoro prevede un'indagine sul campo che, consistendo in interviste, apporta di per sé materiale nuovo, da valutarsi sulla base degli studi dedicati a problemi simili. Molte volte, poi, le tesi si risolvono interamente in un'indagine che si fonda sulla documentazione esistente. Che ci si limiti a ridiscutere le conoscenze già acquisite o si giunga a risultati più originali, non si può ignorare, evidentemente, lo stato delle conoscenze sull'argomento di cui ci si occupa.

Dunque, qualunque sia la tesi da svolgere, la documentazione sull'argomento è indispensabile. Intendiamo per documentazione la **bibliografia** o **letteratura** sull'argomento (in questo caso, *letteratura* non ha il significato comune, ma quello specializzato di studi e ricerche disponibili su un dato problema, in qualunque forma: libri, articoli in giornali e in riviste, specializzate e no, saggi in volumi miscellanei; e ormai si deve tener conto anche della documentazione in CD-ROM e in Internet).

Nelle discipline umanistiche si distingue la **letteratura primaria** dalla **letteratura secondaria**. Dopo averne discusso con la professoressa Dina Rececconi, che sarà la sua relatrice, Fabio ha cominciato a lavorare sui *Carbonari della montagna*, romanzo giovanile di Giovanni Verga. *I carbonari* e le altre opere narrative e no **di** Verga e altri autori italiani (e francesi) dell'Ottocento formano la letteratura primaria della sua tesi, mentre la letteratura secondaria è rappresentata dagli studi critici **su** Verga e la narrativa dell'Ottocento.

La distinzione tra ricerca primaria e secondaria si può generalizzare così: la ricerca primaria è lo studio dei *Carbonari della montagna* ma anche l'indagine sperimentale in laboratorio su un metodo nuovo di sintetizzare un composto chimico, o lo scavo archeologico, per esempio nel sito dell'antica Troia. La ricerca secondaria concerne la documentazione su Verga, come si è detto, o gli studi preesistenti su quel composto particolare (e quelli che gli sono associati) e i metodi della sintesi, o i rendiconti delle campagne di scavo a Troia da Heinrich Schliemann (lo scopritore di Troia, nella Turchia attuale) in poi e il complesso degli studi su Troia. La distinzione tra ricerca primaria e secondaria non è data una volta per tutte, ma dipende dall'argomento prescelto: se questo fosse non un nuovo scavo su Troia ma Schliemann e le sue campagne di scavo a Troia, allora le opere di Schliemann sarebbero la letteratura primaria, e le discussioni degli archeologi sulle sue tesi, insieme con le biografie di Schliemann e ogni altra documentazione che lo riguardi, formerebbero la letteratura secondaria.

Le esigenze della tesi conducono il laureando a utilizzare la biblioteca o le biblioteche, delle quali aveva, forse, già avuto occasione di servirsi. Sfruttare le risorse delle biblioteche italiane richiede tecniche di sopravvivenza ancora più scaltrite di quelle che sono necessarie per resistere alla *fiumana*, per ripetere un'immagine della premessa di Verga ai *Malavoglia*, che travolge quanti soccombono nella selezione naturale praticata dalla vita (nel nostro caso dalla vita universitaria).

Facciamo il caso che Fabio abbia frequentato le librerie, presso le quali ha acquistato libri di testo e libri di libera lettura, ma non abbia mai utilizzato una biblioteca. Verosimilmente, partirà da quella, tra le biblioteche disponibili nella sua sede universitaria, dove è presente il fondo librario più cospicuo di letteratura italiana: sarà la biblioteca dell'Istituto o Dipartimento o Facoltà, o forse la biblioteca universitaria, centralizzata. La professoressa Rececconi gli ha detto che *I carbonari della montagna*, pubblicati a Catania nel 1861-62 in una rara edizione a spese dell'autore, sono stati ripubblicati in epoca moderna; che su Verga sono stati pubblicati molti libri e articoli (e lo ha invitato a documentarsi); che non si può fare a meno di leggere un libro non recente ma classico di Luigi Russo; che occorre consultare le principali storie della letteratura italiana; che sui *Carbonari* non le risulta che siano stati pubblicati molti studi. Di uno, in particolare, ricorda l'autore, Nicolò Mineo, che l'ha pubblicato in un volume congressuale sul giovane Verga (ma non ricorda il titolo del libro).

Fabio si accosta allo schedario della biblioteca, estrae il cassetto dove è compresa la lettera *V* e, sotto *Verga, Giovanni*, trova una quantità di edizioni dei *Malavoglia*, di *Mastro-don Gesualdo*, delle novelle, dei drammi e, per sua fortuna, anche l'edizione moderna di cui è in cerca. La scheda (manoscritta, dattiloscritta, videoscritta) dovrebbe apparire pressappoco così:

Verga, Giovanni
I carbonari della montagna. Romanzo storico. Sulle lagune. Racconto, Saggio introduttivo di Carlo Annoni.
Milano, Vita e Pensiero (Lodi, Lodigraf), 1975, pp. 584.

«Letteratura e cultura dell'Italia unita», 3.

In alto a destra sono segnate alcune cifre o lettere e cifre: sono la **segnatura** del libro, che ne indica la **collocazione** e cioè la posizione nella biblioteca. La segnatura è indispensabile per il bibliotecario incaricato di distribuire le opere agli studiosi (la segnatura riportata dalla scheda del catalogo è scritta anche sull'etichetta incollata sul dorso del libro, e sul retro della copertina).

Poi Fabio cerca nello schedario il libro di Luigi Russo sul Verga, e lo trova; estrae il cassetto con la *M* (dopo aver atteso che un'altra studentessa abbia finito di trascrivere sui moduli per la richiesta dei libri una serie interminabile di autori, titoli e collocazioni), ma sotto *Mineo, Nicolò*, non trova nulla che abbia a che fare con Verga e le sue prime opere.

Occorre ora compilare il modulo, simile a quello usato nelle Biblioteche Nazionali o forse più semplice: scrive il nome e cognome dell'autore, il titolo dell'opera (ed eventualmente altri dati bibliografici: città, editore, anno di pubblicazione), la propria firma (prima il nome, poi il cognome), il numero di matricola; soprattutto, trascrive con esattezza la segnatura, che ha un aspetto misterioso ma è ciò che davvero serve per rintracciare l'opera tra le migliaia o decine di migliaia della biblioteca.

Può darsi che il bibliotecario non sia presente in quel momento: non necessariamente è andato a bere il famigerato caffè (secondo lo stereotipo con cui si bolla comunemente il lavoro o il non lavoro dei dipendenti statali), forse è in giro per prendere libri o per riordinarli; oppure il bibliotecario c'è, ma le richieste sono molte. In ogni caso, bisogna attendere. Fabio non ha con sé il giornale, e non vede studenti o studentesse di sua conoscenza con cui scambiare quattro chiacchiere (per la verità, la biblioteca dovrebbe essere un ambiente silenzioso, ma il chiacchiericcio è piuttosto intenso).

Fabio non conosce ancora (ma l'imparerà presto a sue spese, se non ha letto prima questo libro), la **regola di sopravvivenza numero 5: in biblioteca portarsi sempre del lavoro personale, per ridurre e possibilmente eliminare i tempi morti delle attese**. Questa regola, argentea nelle biblioteche piccole (come sono generalmente quelle di Istituto o Dipartimento) è addirittura aurea nelle grandi (di facoltà o università, per non parlare delle biblioteche nazionali), nelle quali c'è da aspettare molto prima di ricevere le opere richieste.

Ma per Fabio è un giorno fortunato: mentre si guarda intorno, vede parecchi studenti, e anche qualche professore, che accedono liberamente ai libri di un settore particolare: a quanto pare, le opere allineate su quegli scaffali possono essere prese direttamente dal pubblico. Incuriosito, Fabio si accosta e, in mancanza di meglio, dà un'occhiata: vede qualche enciclopedia; dei dizionari della lingua italiana, in uno o in molti grossi volumi (e ne prende nota mentalmente: potrebbero tornargli utili per il suo lavoro); dei dizionari dialettali (alcuni sono siciliano-italiani: forse anche questi potrebbero servire, dato che Verga è un autore siciliano); tanti volumi allineati che hanno il titolo di *Dizionario biografico degli italiani* (peccato: arrivano alla lettera F, forse sarebbe stato meglio chiedere una tesi su Domenico Cavalca: a Fabio piace la letteratura dell'Ottocento, ma anche quella medievale non gli è indifferente); alcune voluminose storie della letteratura italiana e qualche dizionario o repertorio, anch'esso dedicato alla letteratura italiana. Fabio non è ancora pratico di biblioteche, ma scoprirà presto che quella sezione è dedicata alle **opere di consultazione**: opere di interesse generale, da consultare piuttosto che da leggere, conservate in una sezione particolare, a scaffale aperto, alla quale gli studiosi accedono direttamente, senza il filtro dei bibliotecari (sono, giustamente, opere escluse dal prestito).

La professoressa gli aveva consigliato di guardare proprio alcune opere di questo tipo: mentre attende il testo di Verga e il libro di Russo, Fabio comincia a consultare le storie generali della letteratura italiana. Naturalmente, vi trova lunghi capitoli su Verga. Sulle opere giovanili e sui *Carbonari della montagna* c'è poco, ma le notizie sulla vita e la cultura del Verga sono certamente utili; la trattazione è seguita da una bibliografia, e cioè da una lunga lista delle opere di e su Verga; tra queste ultime, gli sembra che dovrebbero interessare il suo argomento i lavori di

M. L. Patruno, *Il primo Verga fra tensione unitaria e integrazione nazionale*, in «Lavoro critico», 11-12, luglio-dicembre 1977, pp. 111-46

e di

G. Zaccaria, *La «falsa coscienza» dell'arte nelle opere del primo Verga*, in «Sigma», X, 1-2, 1977, pp. 91-112.

Il primo titolo non è un modello di chiarezza (quale sarà il rapporto fra la «tensione unitaria» e l'«integrazione nazionale»?); si tratta comunque di uno studio sul primo Verga, e Fabio scrive scrupolosamente l'indicazione. Infatti non ha bisogno che qualcuno gli spieghi la **regola di sopravvivenza numero 1**: **in biblioteca portare con sé l'occorrente per scrivere**. È alquanto penoso, infatti, ma più comune di quanto non si pensi, cercare e trovare un'opera per poi accorgerci che non possiamo compilare il modulo per la richiesta perché abbiamo dimenticato la penna. Certo, non è difficile farsene prestare una: ma il problema della penna, insieme con quello della carta, si ripresenterà alla consegna del libro.

Fabio torna allo schedario, ma sotto Patruno e Zaccaria non trova quello che cerca. «Questa biblioteca è peggio di come pensavo», brontola Fabio; ma un'anima caritatevole, una laureanda prossima a concludere la tesi e quindi esperta nei trucchi del mestiere, gli insegna la **regola di sopravvivenza numero 3: conoscere i princìpi di base che regolano il funzionamento delle biblioteche**.

Il fatto è che sotto il nome dell'autore vanno cercati i libri scritti da quell'autore. Perciò Fabio ha cercato e trovato sotto *Verga, Giovanni* il romanzo di Verga e sotto *Russo, Luigi* il libro di Russo su Verga; però M. L. Patruno e G. Zaccaria non sono autori di libri, ma di articoli pubblicati nelle riviste «Lavoro critico» e «Sigma» (come si capisce anche dalla tecnica della citazione bibliografica, di cui si dirà fra poco), **da cercare sotto il nome della rivista, non dell'autore**. Anche nel modulo di richiesta non si scriveranno il nome dell'autore e il titolo del suo articolo, ma semplicemente il titolo della rivista, seguito dall'anno e dal volume (difficilmente si troverà un bibliotecario così eroico e forzuto da portare, a chi deve leggere un articolo di dieci pagine, i 10 o 50 e più volumi che compongono l'intera serie di una rivista).

Una regola simile vale per le **opere collettive** (scritte cioè da più di tre autori): vanno **cercate sotto il titolo** (o anche sotto il nome del primo degli autori, e dell'eventuale curatore). Appresi questi rudimenti dalla laureanda esperta, Fabio trova che alle riviste sono riservati dei cassetti particolari (dunque il catalogo delle riviste è distinto da quello per autori; ma non è così in tutte le biblioteche), trova le due riviste di cui è in cerca, e ricomincia a sperare nella possibilità di raggiungere il lavoro di N. Mineo, apparso negli atti di un convegno. Ma qual è il titolo del libro?

Intanto, sono arrivati il testo dei *Carbonari*, il libro di Russo, e il volume di «Sigma» del 1977. «E "Lavoro critico"?» «No, "Lavoro critico" no», risponde il bibliotecario, «non è al suo posto e non c'è neppure il modulo che indica se il libro è in lettura o in prestito».

Purtroppo la mancanza di un numero o di un'annata di una rivista o l'assenza di uno dei molti volumi di un'opera trasformano la ricerca dei libri in una scommessa (se non in una lotteria). I *desaparecidos* sono tanti, vittime di una guerra che ha mietuto più vittime librarie (fortunatamente, meno sangue) che, in certi paesi, vittime umane. Non sempre, poi, è dato sapere se l'opera sia in prestito, fuori posto, dispersa, rubata o che altro.

Fabio fa la faccia contrita, e sospira dicendo «E ora chi la sente la professoressa?» (la quale gli ha raccomandato di raccogliere la bibliografia e mostrargliela), si atteggia a vittima perseguitata da un docente severissimo e si prepara la strada a chiedere al bibliotecario: «Come posso trovare un lavoro di Nicolò Mineo pubblicato in un volume che raccoglie gli atti di un congresso sul giovane Verga?». In realtà quelle manovre per ottenere compassione e solidarietà erano superflue: il bibliotecario è una persona disponibile e anzi ama dare indicazioni bibliografiche agli studenti. Mostra perciò a Fabio alcune bibliografie della letteratura italiana. Fabio apprende gradualmente la **regola di sopravvivenza numero 2: conoscere le opere che raccolgono la documentazione sull'argomento.** Impara così che si dispone di repertori bibliografici che riuniscono e, nei casi più fortunati, aggiornano periodicamente l'informazione su un argomento, ampio o ristretto. Su Verga, in particolare, sa che Gino Raya ha pubblicato una *Bibliografia verghiana (1840-1971)*, Roma, Ciranna, 1972^2 (l'ha appreso dalle bibliografie delle storie generali della letteratura italiana); e dalla viva voce del bibliotecario è indirizzato alle bibliografie generali della letteratura italiana.

Grazie a questo complesso di indicazioni ricavate:

1. dalle bibliografie generali della letteratura italiana, e da quella particolare di Raya
2. dalle storie generali della letteratura italiana
3. dalle indicazioni di partenza ricevute dalla relatrice

(ma il suo percorso ha seguito l'ordine inverso), Fabio trova citata l'opera che gli stava a cuore:

I romanzi catanesi di Giovanni Verga, Catania, Biblioteca della Fondazione Verga, 1981

nella quale, con il lavoro di N. Mineo, *Strutture narrative e orientamenti ideologici ne «I Carbonari della Montagna»* (a pp. 81-103), se ne raccolgono altri dedicati proprio al «suo» romanzo; e in realtà tutto il libro è importante per la tesi. Ormai Fabio sa che deve cercare l'opera sotto il titolo (togliendo l'articolo: *Romanzi catanesi di Giovanni Verga*) e, se la fortuna continua ad assisterlo, la trova.

Riassumendo, si cercano sotto il titolo (e non sotto il nome dell'autore) le riviste, le opere di più di tre autori, i volumi miscellanei (atti di convegni, scritti in onore di uno studioso).

Si accorge inoltre che del romanzo giovanile di Verga è stata pubblicata una nuova edizione, più recente di quella che ha trovato in biblioteca:

I Carbonari della montagna. Sulle lagune, a c. di R. Verdirame, Firenze, Banco di Sicilia-Le Monnier, 1988 (Edizione Nazionale delle opere di Giovanni Verga, I);

bisognerà affrettarsi a ordinarla in libreria, o farla acquistare dalla Biblioteca. Naturalmente, l'edizione meno recente a cura di C. Annoni resta utile, perché è necessario confrontare il modo di lavorare dei due curatori. Andando avanti nel lavoro, Fabio dovrà occuparsi di altri problemi (per esempio, dell'influsso dei romanzi di Alexandre Dumas sui *Carbonari)*; dovrà fare i conti con l'opera dello scrittore francese, e si chiederà quale sia stata la sua fortuna (traduzioni, recensioni) nella cultura italiana dell'Ottocento. La ricerca si espande, come è fisiologico (sarebbe strano se non fosse così) a macchia d'olio, tra accertamento particolare e posizione di problemi generali (la narrativa francese e l'Ottocento italiano) che consentono di tornare con prospettive più ricche ai *Carbonari*, libro molto ingenuo e immaturo ma, collocato su questo piano (e altri che non è ora il caso di indicare: Fabio la tesi deve farsela da sé, guidato, si capisce, dalla sua relatrice), ricco d'interesse.

Prima di abbandonare, almeno per il momento, Fabio, che ormai, dopo i tentennamenti iniziali, sa camminare sulle sue gambe, aggiungiamo solo che, per trovare materiali su Verga e la narrativa francese, egli frequenta altre biblioteche (quella di Francese, ma anche la Biblioteca Nazionale o Comunale della sua città), apprendendo la **regola di sopravvivenza numero 4** (che, se Dio vuole, è anche l'ultima)**: conoscere l'organizzazione concreta della biblioteca o delle biblioteche in cui si lavora.**

Ripetiamo ora le regole di sopravvivenza, in un ordine diverso da quello seguito da Fabio, che ha cominciato un po' sprovvedutamente e con poca pianificazione (meno male che è un tipo sveglio), aggiungendo qualche altro commento (perché non molti, fra i lettori di questo libro, dedicheranno la loro tesi ai *Carbonari della montagna*):

1. In biblioteca portare con sé l'occorrente per scrivere.

Carta e penna costano poco, un computer portatile no. Tuttavia, cominciano a vedersi alcuni frequentatori di biblioteche che ne sono dotati: è ovviamente vantaggioso poter travasare direttamente nel computer dati che, almeno in parte, possono essere riutilizzati direttamente per la tesi (indicazioni bibliografiche e testi da citare, oltre che appunti e commenti da rielaborare), senza perder tempo nella scrittura a mano e poi nella nuova trascrizione a macchina o con il computer.

2. Conoscere le opere che raccolgono la documentazione sull'argomento.

Bibliografie italiane o straniere o internazionali si pubblicano per la fisica e la chimica come per la filologia classica o la linguistica. Questo è il tipo di informazioni che ogni docente, anche se segue molte tesi di laurea e non conosce bene gli argomenti di ognuna, è in grado di fornire; e i laureandi fanno bene a farsi dare indicazioni precise dai loro professori.

Tuttavia una bibliografia, per quanto aggiornata, è per definizione indietro di uno o più anni rispetto alla letteratura corrente; e lo stesso vale per un libro, che si pubblica con ritardo rispetto alla consegna in tipografia da parte dell'autore. L'intervallo di tempo si riduce per gli articoli di rivista; e le riviste sono ricche di recensioni, dove si segnalano e discutono le novità pubblicate in un certo campo. Mentre la letteratura secondaria meno recente si trova sintetizzata nelle opere generali di riferimento, le ultime pubblicazioni sono quelle che sfuggono più facilmente, e per ridurre i rischi di restare scoperti bibliograficamente è utile tenersi aggiornati fino alla consegna del lavoro, consultando particolarmente le riviste, dove si trova l'informazione bibliografica più fresca. Si avverta che in varie città sono stati pubblicati utili cataloghi delle riviste possedute dalle biblioteche locali.

3. Conoscere i princìpi di base che regolano il funzionamento delle biblioteche.

Anche la biblioteca più modesta ha un catalogo a schede **per autore**; non è sempre previsto, invece, un catalogo, o almeno un cassetto, per le riviste. Il catalogo per autore comprende il materiale librario ordinato sotto il cognome e nome dell'autore o degli autori (fino a tre); le opere collettive vanno cercate sotto il titolo, togliendone articoli e preposizioni, che non si computano nell'ordinamento alfabetico: *I romanzi catanesi di Giovanni Verga* si cerca sotto *Romanzi catanesi di Giovanni Verga*. Seguendo una (cattiva) abitudine italiana, questo libro non dichiara il nome della persona che ha curato la raccolta, o **curatore** (alcuni usano il termine **editore**, ma si tratta di un influsso dell'inglese *editor*, da evitare anche perché in italiano *editore* ha un significato diverso); se il curatore c'è, allora un catalogo compilato secondo le regole (ma molti non lo sono) gli dedica una scheda secondaria, il che è comodo perché spesso è più facile ricordare il nome del curatore che il titolo.

Così, il volume

Retorica e poetica tra i secoli XII e XIV (Atti del secondo Convegno internazionale di studi dell'Associazione per il Medioevo e l'Umanesimo latini, Trento e Rovereto 3-5 ottobre 1985), a c. di C. Leonardi e E. Menestò, Firenze, Regione dell'Umbria - La Nuova Italia, 1988

può essere cercato sotto il titolo ma anche sotto i cognomi di Leonardi e Menestò.

È importante sapere che accanto alla scheda principale, dedicata all'autore o al titolo (secondo la distinzione spiegata ora), un'opera riceve, in casi determinati, una o più schede secondarie: per il secondo o il terzo autore di un libro, per il curatore, per lo studioso che riceve l'omaggio di una serie di studi dedicatigli da allievi o colleghi. Spesso non si dispone del titolo esatto, mentre si conosce il nome del curatore o dello studioso festeggiato, sicché le schede secondarie forniscono un accesso utile.

Alle riviste, che si cercano, come si è detto, sotto il titolo della rivista, è riservato, in molte biblioteche, uno schedario a parte.

Le regole della catalogazione dei libri non finiscono qui, e alcune sono complicate (la materia, in effetti, non è sempre semplice): si pensi, per esempio, ai testi pubblicati da Enti collettivi: la raccolta dei regolamenti del Comune di Roma, per esempio, va cercata sotto *Comune di Roma*, che ne è l'autore istituzionale (e c'è da augurarsi che una scheda secondaria sia stata compilata per il titolo del volume). Analogamente, le guide del Touring utilizzate nel cap. IV, §§ 8-9 vanno cercate sotto Touring Club Italiano. Chi ne ha bisogno, può ricorrere alle spiegazioni del volume pubblicato (come autore) dal Ministero per i Beni culturali e ambientali, *Regole italiane di catalogazione per autori*, Roma, Istituto Centrale per il Catalogo Unico, 1979.

⇒ Queste regole devono essere conosciute da chi si accosta a una biblioteca; ma si tenga presente che non sono sempre rispettate, che la loro applicazione è in qualche caso incerta o discutibile, che l'ordine alfabetico delle schede non è sempre perfetto. Per esempio, il non trovare il volume *Retorica e poetica* sotto il nome di Leonardi non significa necessariamente che la biblioteca ne sia priva (forse la scheda secondaria non è stata fatta, e cercando sotto il titolo si troverà il volume).

4. Conoscere l'organizzazione concreta della biblioteca o delle biblioteche in cui si lavora.

L'organizzazione reale delle biblioteche italiane risponde ai criteri più diversi, e spesso è piuttosto scriteriata. Un buon catalogo è la base di funzionamento di una biblioteca ma, nonostante i tentativi di unificazione, le biblioteche nazionali, comunali, universitarie formano piccoli mondi ognuno con caratteristiche sue proprie. In alcuni paesi i libri sono pubblicati con una scheda che contiene la segnatura del volume (che sarà perciò la medesima in tutte le biblioteche di quel paese) e le indicazioni necessarie per la soggettazione (e cioè per l'inserimento di schede nel catalogo a soggetto, di cui si parla in questo stesso paragrafo). In Italia siamo molto lontani da questa razionale semplificazione e l'organizzazione delle biblioteche è la più varia. Occorre perciò rendersi conto di come sia strutturata effettivamente la biblioteca in cui si lavora.

Particolarmente utile è la sezione della biblioteca dedicata alla **consultazione**: contiene le opere di documentazione generale (enciclopedie, repertori biografici, vocabolari, opere di riferimento generale) e così via. L'accesso diretto alla consultazione consente di muoversi liberamente, senza dover consegnare la richiesta al banco della distribuzione (con la conseguente perdita di tempo; inoltre il numero delle opere che si possono richiedere è generalmente limitato). Una sezione o sala di consultazione ben fatta, che rispecchi cioè la ricerca (e la stimoli), è più istruttiva di ogni bibliografia sistematica.

Le biblioteche meglio organizzate hanno, oltre al catalogo per autore, anche un catalogo **per soggetto**, nel quale, cercando sotto *Verga, Giovanni*, si trovano le schede dei libri **su** Verga posseduti dalla biblioteca (le opere **di** Verga si trovano nel catalogo per autore).

Le bibliografie e gli altri strumenti di lavoro (come la letteratura secondaria più recente) raccolgono tutta (o quasi) l'informazione **esistente** su un argomento; ma questa informazione resta **virtuale**, finché non accertiamo quanto del materiale che ci interessa sia **realmente accessibile** nella nostra sede di lavoro. Il catalogo a soggetto, se c'è, permette di avere un primo, rapido colpo d'occhio su ciò che è posseduto dalla biblioteca in cui lavoriamo; ma non bisogna fidarsene ciecamente.

L'accuratezza dei cataloghi a soggetto è variabile: le omissioni sono numerose, e i criteri di soggettazione sono non di rado generici (limitandosi a registrare l'argomento del libro così come è indicato dal titolo) e talvolta casuali, o errati, o bizzarri (e, a dire il vero, non meno bizzarri sono i titoli dei libri, che molte volte ne nascondono accuratamente, sotto denominazioni vaghissime o suggestive, il contenuto effettivo, rendendo più difficile la soggettazione ai bibliotecari). Per di più, raramente i cataloghi a soggetto si estendono alla schedatura, molto laboriosa e perciò generalmente omessa, degli articoli pubblicati nelle riviste e nei volumi collettivi. Perciò, dopo aver consultato il catalogo a soggetto, si raccomanda di tornare a lavorare sul catalogo per autori, per controllare la consistenza del patrimonio librario.

5. In biblioteca portarsi sempre del lavoro personale, per ridurre e possibilmente eliminare i tempi morti delle attese.

Si raccomanda di nuovo di utilizzare i tempi morti curiosando tra le opere in consultazione. Il consiglio valido per la sala di consultazione funziona per l'intera biblioteca, quando quest'ultima sia tutta direttamente accessibile da parte dell'utente, e segua un criterio razionale nella collocazione delle opere: una visita accurata alla sezione dedicata all'argomento di nostro interesse sarà più illuminante di ogni lista bibliografica e di ogni catalogo a soggetto.

Purtroppo per raggiungere questa felice condizione di lavoro occorre generalmente espatriare, e lavorare nei paesi di civiltà bibliotecaria più progredita della nostra; chi studia argomenti medievali o umanistici o religiosi non deve fare altro che andare all'estero raggiungendo Città del Vaticano: basta conoscere l'organizzazione della Biblioteca Vaticana e spendere qualche ora nelle sue sale di consultazione, per capire che cos'è una vera biblioteca. Queste considerazioni, che purtroppo sono realistiche, valgono soprattutto per la ricerca umanistica (in senso ampio).

7. La tesi di laurea: ancora sulla documentazione

L'automazione comincia a penetrare perfino nella struttura ancora ottocentesca delle biblioteche italiane, sicché ai tradizionali cataloghi composti da schede ordinate in cassetti si affiancano, molto lentamente, cataloghi informatizzati, da interrogare in video. Dove c'è, il catalogo informatizzato può contenere tutto il patrimonio di una biblioteca o solo le acquisizioni più recenti, a partire dunque dall'anno in cui si è cominciata a usare la nuova tecnologia; per il periodo precedente, vale il catalogo a schede di cui si è già detto.

Le acquisizioni (o accessioni, per usare il termine del linguaggio biblioteconomico) di una blioteca consistono nell'arricchimento di opere ottenute in seguito ad acquisto, cambio o dono.

I programmi utilizzati per catalogare una biblioteca si fondano su una **base di dati**, espressione equivalente all'inglese *data base,* e sono azionati con alcune operazioni molto semplici (che sono spiegate da un addetto o da un foglio d'istruzioni). Chi dispone di un'indicazione bibliografica imprecisa ha più probabilità di successo, perché il catalogo informatizzato non funziona sull'alternativa secca di autore e titolo. Esso si può interrogare combinando il cognome dell'autore e una parola del titolo (o anche la città o l'editore); la ricerca è molto più rapida, e interrogare un computer lavorando alla tastiera e al video è meno faticoso che manovrare i cassetti dall'A alla Z.

In questi limiti, il catalogo informatizzato sostituisce quello a schede della biblioteca locale. Ma se il computer è allacciato a una rete, allora diventa accessibile, insieme con l'informazione locale (quella della biblioteca nella quale si lavora), anche l'informazione remota; il collegamento a Internet (da *International Network*, 'Rete internazionale') permette di accedere all'informazione globale (come si dice oggi), grazie all'allacciamento dei computer e delle banche dati di tutto il mondo.

Questo scopo si raggiungeva fino a poco tempo fa consultando le pubblicazioni, disponibili in sala di consultazione, che registrano i cataloghi di alcune grandi biblioteche, come la Library of Congress di Washington, il British Museum di Londra, la Bibliothèque Nationale di Parigi. Su questi cataloghi a stampa era ed è possibile accertare se un'opera, assente nella biblioteca in cui lavoriamo e in quelle più vicine da raggiungere, sia posseduta da uno di quei ricchissimi serbatoi librari (ai quali si potrà chiedere la fotocopia o il microfilm dell'esemplare in loro possesso).

Oggi questa informazione si può ottenere, in misura sempre più larga, navigando (per usare il termine corrente) in Internet. L'informazione disponibile in Internet è crescente, e si raggiunge da un centro pubblico o privato e anche da casa (con un computer e un modem, il quale attraverso la linea telefonica consente la comunicazione con altri computer e banche dati). In Internet sono immagazzinate grandi quantità di informazione, dai cataloghi di biblioteche, che permettono di stabilire dove si possa raggiungere l'informazione che cerchiamo, ai libri in formato elettronico, consultabili in video (e che possono essere copiati e stampati, con restrizioni), per non parlare dei programmi elettronici che è possibile caricare sul proprio terminale. Un'altra possibilità offerta dalle banche dati consiste nella ricerca per argomenti, sulla base di parole chiave predeterminate.

All'aspetto statico, importantissimo, della documentazione disponibile in Internet, se ne aggiunge uno dinamico, costituito dal formarsi di gruppi di discussione a cui partecipano (prevalentemente in inglese) i ricercatori interessati a un argomento: il che risolve in tempo reale il problema dell'aggiornamento. Parole, suoni e immagini (dunque, ipertesti multimediali) viaggiano in quel settore di Internet che è il WWW (World Wide Web, la 'ragnatela di ampiezza mondiale'), dove questi gruppi si formano. Tuttavia i cavi della rete italiana non consentono una grande velocità di trasmissione dei dati, e le notizie futili sono un'infinità: per navigare in modo proficuo su Internet è necessario acquisire una certa pratica, che si ottiene sperimentando e facendosi consigliare da un esperto (sono stati pubblicati anche numerosi manuali; ma invecchiano presto, per via delle trasformazioni della rete, che si riorganizza continuamente).

Un altro strumento di lavoro che si affianca al libro è offerto dai CD-ROM (Compact Disk Read Only Memory; CD si pronuncia «ci di» o, all'inglese, «si di»), dischetti che contengono una grande quantità di informazione, e possono essere utilizzati da un computer dotato di un lettore di CD-ROM. Per esempio, 500 opere della letteratura italiana, equivalenti a circa 15 metri di libri, sono contenute nella seconda edizione della *Liz. Letteratura italiana Zanichelli*, a cura di P. Stoppelli e E. Picchi, pubblicata a Bologna da Zanichelli nel 1995 (la prima edizione è del 1993). Il vantaggio non è solo nel disporre di tanti testi in un piccolo disco (leggere un libro a stampa resta infinitamente più comodo che leggere in video), ma nel fatto che tutti i testi possono essere interrogati per ottenere in pochi secondi informazioni (sulla presenza di parole o gruppi di parole, o lettere e prefissi, suffissi e così via) che, attraverso la schedatura manuale, si potrebbero ottenere solo in tempi lunghissimi: tanto lunghi che certe domande non si formulavano neppure, perché la risposta avrebbe comportato tempi di lavoro eccessivi. Dunque strumenti di ricerca nuovi non solo rispondono rapidamente a domande tradizionali, ma permettono di porre anche domande di tipo nuovo; ovviamente, è necessario saperli interrogare.

Perciò, i CD-ROM sono particolarmente preziosi per le opere di consultazione: una biblioteca di consultazione in CD-ROM può essere interrogata in modo molto più ricco e versatile. Non meraviglia, perciò, che i 360 volumi del catalogo a stampa della biblioteca del British Museum siano stati travasati in 5 CD-ROM (e analogamente si è fatto per i cataloghi delle biblioteche di Washington e Parigi citati di sopra, e per altri).

Anche Fabio, per quanto il suo argomento di tesi sembri lontano dalla modernità di Internet, trova interessante qualche interrogazione: non tutti i libri o gli articoli necessari sono disponibili nella sede in cui lavora. L'informazione virtuale è ampia e spesso schiacciante, ma come accedervi? Fabio vorrebbe consultare l'edizione originale dei *Carbonari della montagna*, uscita a Catania nel 1861-62. Quali sono le biblioteche che la possiedono?

Dopo che siano state individuate le sedi (o la sede), è possibile avvalersi del prestito interbibliotecario attivato presso le biblioteche statali: il libro sarà inviato, in originale o qualche volta in fotocopia (previo modico rimborso delle spese), presso la biblioteca della sua città.

⇒ Come non essere schiacciati dall'eccesso dell'informazione

Anche chi lavora a un problema poco o nulla studiato rischia di essere schiacciato dall'eccesso dell'informazione riguardante, se non quell'argomento, gli argomenti confinanti. Bisogna individuare l'informazione, e a questo scopo servono le bibliografie librarie ed elettroniche di cui si è detto, ma non meno importante è localizzarla, perché fa differenza poter disporre di un'opera nella biblioteca della propria città, o saperla presente a Londra o Washington: la facilità delle comunicazioni è cresciuta, ma se mancano troppi anelli della catena, allora la ricerca diventa difficile. Se il ricercatore non ha difficoltà a permettersi un lungo soggiorno a Washington, allora il problema è risolto; in caso contrario, conviene porselo prima di scegliere l'argomento del lavoro.

Ma succede anche che l'informazione, identificata e raggiunta, risulti eccessiva o inutile. Un po' di pratica, e l'esperienza del docente, insegnano a **selezionare** l'informazione. Fabio trova tanti libri e articoli su Verga di poco o nessun interesse per *I carbonari della montagna*: li scorre, ne guarda l'indice e l'indice dei nomi, li sfoglia (cap. IV, § 1) e li mette da parte. In realtà, se si occupa di Verga in rapporto a Dumas, gli sarà più utile qualche buon lavoro sul romanziere francese e sulla fortuna della narrativa francese nell'Italia dell'Ottocento (oltre che, si è già detto, la bibliografia specifica sul romanzo e sul periodo giovanile di Verga). Dunque è una follia scegliere argomenti o autori studiatissimi, come Dante? No, ma la scelta dell'argomento dovrà essere particolarmente oculata, per non doversi rassegnare a lasciarsi alle spalle ampie lacune bibliografiche, o per concludere, dopo una lunga fase di documentazione sulla letteratura secondaria, che tutto era già stato detto. Il rimedio non sta necessariamente nella caccia all'argomento dimenticato, ma nella capacità di porre domande nuove a problemi che possono essere anche vecchi, ma s'illuminano rivelando paesaggi insospettati se guardati da punti di vista non tradizionali.

8. La tesi di laurea: la schedatura (con una sosta sull'arte di non fotocopiare e alcune massime per sopravvivere alla tesi di laurea)

L'informazione s'individua spesso attraverso un processo graduale, stratificato: il lavoro di ricerca comporta sempre un ciclo di controlli e ritorni indietro: proprio il progresso dell'indagine richiede che si torni alle fonti già lette, dove si trovava una notizia che in un primo momento ci era sembrata poco interessante e che in un secondo tempo diventa necessario mettere a fuoco. D'altro lato, più si procede nella ricerca più si moltiplicano le indicazioni per ulteriori letture, anelli di catene che equivalgono ad altrettante piste di lavoro. E, anche per motivi pratici, il lavoro si svolge a più livelli: l'analisi delle fonti primarie o l'esperimento di laboratorio procedono in parallelo con lo studio della letteratura secondaria (sarebbe sbagliato cominciare solo con le fonti primarie e poi passare alle secondarie, o viceversa).

L'informazione, infine, deve essere vagliata e anche, come si è detto, selezionata: Fabio si accorge ben presto che certi studi dal titolo promettente, una volta consultati, si rivelano inutili; in compenso, qualche lavoro gli serve ora e continuerà a servirgli per tutto il corso della ricerca. Alcuni libri Fabio li ha di suo; altri sono nelle biblioteche cittadine, ma il prestito dura troppo poco. Che fare?

Prima di rispondere alla domanda, vale la pena di formulare **la prima massima per sopravvivere alla tesi di laurea: studiare in biblioteca può avere degli inconvenienti, ma portarsi il libro a casa non è sempre la soluzione migliore**.

Giacomo Leopardi, grande erudito oltre che grande poeta, trovandosi a Bologna nel 1826, non poteva lavorare in quella città a un libro per il quale aveva bisogno di consultare molte opere. Scriveva infatti a un amico: «il lavorar nelle biblioteche pubbliche mi è assolutamente impossibile, perché, quando io sono in presenza d'altri, non son buono a studiare».

Molti frequentatori di biblioteche sono affetti dalla sindrome di Leopardi. Mentre questi, peraltro, disponeva della ricchissima, e solitaria, biblioteca familiare di Recanati, tanti lettori d'oggi, ricevute le opere richieste, si affrettano a compilare la richiesta di prestito o si precipitano sulla fotocopiatrice più vicina. Sembra cioè che la possibilità di leggere in biblioteca sia esclusa. Ora, è vero che nelle biblioteche l'ambiente è spesso poco confortevole e in compenso molto rumoroso (anche i posti a sedere non sono sempre sufficienti), ma la conquista della preda libraria seguita da una fuga immediata non è un comportamento molto razionale. Studiare in un tranquillo ambiente domestico è certo più comodo ma, a parte il fatto che è utile imparare a concentrarsi anche in un ambiente dispersivo, va tenuto presente che la ricerca è una catena (più su è stata usata anche l'immagine della macchia d'olio). Se lo studio che abbiamo davanti è davvero interessante per il nostro lavoro, inevitabilmente indicherà delle direzioni nuove e suggerirà di vederne altre: articoli, libri, o semplicemente le notizie sulla vita di un personaggio o sull'andamento dei costi e dei prezzi nell'industria automobilistica, problemi risolti con una semplice consultazione dell'enciclopedia o di un annuario economico. Una buona biblioteca (non necessariamente una biblioteca grande), e cioè dotata di un'organicità e diversa quindi da un'accozzaglia di libri adunati alla rinfusa, consente di rispondere immediatamente alle domande che nascono durante lo studio mentre, se ci troviamo in casa, un quesito mentale fuggevole sarà stato, nove volte su dieci, dimenticato quando torneremo in biblioteca. Perciò conviene svolgere in biblioteca almeno una parte del proprio lavoro, riservando al lavoro domestico il tempo della riflessione e dell'elaborazione.

Certo, le curiosità non possono essere infinite, altrimenti un progressivo ampliarsi delle spinte centrifughe rischia di allontanarci, senza ritorno, dal centro di gravità. La ricerca tende all'infinito, perché risolvere un problema significa sempre aprirne un altro; ma a un certo punto bisogna pur chiudere e il bello della ricerca sta proprio in quegli andirivieni tra analisi e sintesi, tra particolare e generale, che lasciano la porta aperta all'imprevisto ma comunque fanno tornare, con informazioni e prospettive più ricche, sull'argomento del lavoro. Queste considerazioni ci consentono di enunciare **la seconda massima per sopravvivere alla tesi di laurea: il lavoro intellettuale procede allargandosi a macchia d'olio o allungandosi su una catena di anelli infiniti; ma a un certo punto occorre concludere**. L'ottimo è nemico del buono, dice il proverbio, ed un buon lavoro che non risolve tutte le questioni aperte è meglio di un lavoro perfetto che, in quanto tale, è destinato a rimanere nel libro dei sogni. Per questo motivo non sembra fondata la desolazione di cui si parla in un libro intitolato *Sopravvivere alla vostra tesi* (al quale, comunque, s'ispira il titolo di questo capitolo). Uno studente americano, ricordando il supplizio patito nell'inferno pagano da Sisifo, condannato a portare sulla cima di un monte un macigno che poi rotolava di nuovo a valle, e costretto dunque a un supplizio tanto tormentoso quanto inutile, ha paragonato il lavoro della tesi alla fatica di Sisifo, perché quando si arriva in cima al monte si scopre che, oltre, ce n'è un altro più imponente. In verità, giungere sulla cima di un monte o, più modestamente, di una collina, è un risultato apprezzabilissimo, che merita la fatica; né da un solo ricercatore si pretende l'esplorazione dell'intera catena montuosa. Il male è quando si resta in pianura, e il lavoro svolto non permette allo sguardo di spingersi più avanti.

Non tutti i libri si possono prendere in prestito: ne sono esclusi, fra l'altro, testi rari o antichi, riviste, opere di consultazione. Si manifesta allora un comportamento tipico della sindrome di Leopardi: la smania di fotocopiare tutto (Leopardi non poté manifestare il sintomo semplicemente perché ai suoi tempi la fotocopiatrice non era stata ancora inventata). Probabilmente, il fotocopiatore follemente sistematico che si mette in coda in attesa del proprio turno, pronto a investire capitali ingenti allo scopo di ridurre a fotocopia l'intero materiale documentario che ha raggiunto, pensa di sentirsi sicuro portandosi a casa quella sezione dell'universo del sapere che gli sta a cuore; ma, in base alla seconda massima, è illusorio pensare di «chiudere» a priori il lavoro, delimitandolo troppo presto; né un ammasso di fotocopie consente davvero di governarne i contenuti.

Un curioso sintomo secondario del fotocopiatore indiscriminato consiste poi nella ricerca del risparmio trascurabile: il tentativo di fotocopiare lo scibile è bilanciato da un attacco improvviso di avarizia quando si tratta di fotocopiare il frontespizio e gli indici: proprio quelle parti, cioè, che individuano l'opera dal punto di vista bibliografico (si veda qui di seguito), e consentono di muoversi in modo non sequenziale entro il libro e individuarne le sezioni più interessanti (cap. IV, § 1).

– Già – interviene a questo punto l'editore di questo libro – la fotocopia ammazza il libro, che ormai è diventato quasi una specie da ospitare nei parchi riservati agli animali in via di estinzione. Guardate che bel testo ha preparato la Zanichelli: viene stampato nella terza di copertina dei libri universitari e suona così:

PRIMA CHE IL LIBRO SCIENTIFICO MUOIA

Il libro scientifico è un organismo che si basa su un equilibrio delicato. Gli elevati costi iniziali (le ore di lavoro necessarie all'autore, ai redattori, ai compositori, agli illustratori) sono recuperati se le vendite raggiungono un certo volume.

La fotocopia in un primo tempo riduce le vendite e perciò contribuisce alla crescita del prezzo. In un secondo tempo elimina alla radice la possibilità economica di produrre nuovi libri, soprattutto scientifici.

Per la legge italiana la fotocopia è lecita solo per uso personale *purché non danneggi l'autore*. Quindi ogni fotocopia che eviti l'acquisto di un libro è illecita.

La fotocopia non soltanto è illecita, ma minaccia la sopravvivenza di un modo di trasmettere la scienza.

Chi fotocopia un libro, chi mette a disposizione i mezzi per fotocopiare, chi comunque favorisce questa pratica è nella situazione di chi raccoglie un fiore di una specie protetta: forse sta per cogliere l'ultimo fiore di quella specie.

Vi piace?

Lasciamo che la discussione si sviluppi altrove (cap. III, § 7.4), e torniamo a Fabio alle prese con il problema di governare la documentazione. Qualche libro, abbiamo detto, ce l'ha di suo; un paio li ha presi in prestito; alcuni articoli in rivista li ha fotocopiati. Come organizzare la documentazione che sta raccogliendo e leggendo, in attesa che arrivi l'edizione più recente dei *Carbonari della montagna*, quella che in biblioteca mancava? Bisogna scrivere, prendere appunti, riassumere, fissare alcune idee o ipotesi personali, cercare verifiche e correzioni, integrare la documentazione. A questo punto, rischiando l'accusa di dogmatismo, enunciamo subito **la terza massima per sopravvivere alla tesi di laurea: un uso razionale delle schede rende il lavoro più efficiente; in ogni caso, qualunque supporto scrittorio è migliore del quaderno a fogli fissi**.

La terza massima non pretende di bandire la crociata contro l'innocuo quaderno usato a scuola o contro la sua variante, che è il quaderno a fogli grandi, ma sostiene che è irragionevole manifestare un attaccamento troppo prolungato a quell'abitudine formatasi negli anni di scuola. Per le esigenze scolastiche il quaderno va benissimo, per il lavoro di tesi no. L'alternativa che proponiamo a Fabio è la conversione dal quaderno a fogli fissi al blocco di fogli staccabili, o meglio al raccoglitore a fogli mobili. I fogli mobili sono di formato protocollo, di due facciate (non di quattro), con tre fori sul margine sinistro, fatti apposta per essere sistemati nei classificatori a copertina rigida, dotati di tre anelli metallici che si aprono quando i fogli devono esservi fissati e si chiudono per impedire che i fogli si disperdano.

L'utilità dei fogli mobili sta nel fatto che possono essere rimescolati in rapporto alle necessità, spesso imprevedibili, del lavoro. Naturalmente, perché il sistema risulti pienamente vantaggioso rispetto al quaderno a fogli fissi, è necessario rispettare un **corollario della massima numero 3: ogni foglio o gruppo di fogli contiene un'unità informativa e non più di una**.

Prima di discutere il significato di 'unità informativa', passiamo alla seconda, e neppur essa costosa, attrezzatura di cui Fabio si dota: le **schede**.

Le schede non sono di carta come i fogli, ma di cartoncino; hanno formato B6 (cm. 12,5 × 7,5, lo stesso usato generalmente per le schede dei cataloghi; vari formati sono, comunque, disponibili nelle cartolerie, e si possono anche far tagliare artigianalmente schede della dimensione preferita).

Le schede si utilizzano per funzioni diverse:

1. la scheda bibliografica;
2. la scheda riassuntiva di una «voce» bibliografica;
3. la scheda per argomenti o problemi.

Ogni voce bibliografica, cioè ogni titolo da cercare in biblioteca, si trascrive su una scheda a sé stante: **un titolo per una scheda e una scheda per un titolo**. Il metodo vale sia per la letteratura primaria che per la letteratura secondaria. È bene che la citazione si faccia seguendo le regole date nella Finestra 1 (che va letta ora): dati bibliografici precisi e completi fin dall'inizio della ricerca potranno essere riversati tali e quali nella stesura definitiva del lavoro. È importante ricordare a memoria gli estremi bibliografici di un lavoro, o portare con sé il pacchetto delle schede: il discorso di chi afferma «ho letto che...» e poi non sa indicare dove abbia letto ciò che riferisce, e «non ricordo il titolo del libro né l'autore né l'editore», si arena sulle secche della vaghezza e del pressappochismo.

Anche la professoressa Rececconi che segue la tesi di Fabio, non potendo avere in testa tutte le referenze bibliografiche esatte, non è stata del tutto impeccabile e ha costretto Fabio a qualche indagine (peraltro istruttiva) per trovare il lavoro di Nicolò Mineo; ma non si tratta di colpevolizzare né studenti né professori (né quanti si trovino in situazioni analoghe nella vita extrascolastica), ma semplicemente di acquisire i criteri della documentazione precisa, che comincia dall'individuazione esatta delle «fonti», e cioè della bibliografia. Sui requisiti della citazione bibliografica, dunque, occorre conoscere bene quanto è esposto nella Finestra 1 (che va letta ora).

Il contenuto della scheda bibliografica sono dunque i dati bibliografici esatti, **completati dalla segnatura dell'opera in biblioteca** (e da una sigla della biblioteca che la possiede, perché Fabio di biblioteche ne frequenta più d'una). Se Fabio, invece, usasse un quaderno a fogli fissi per scrivervi i suggerimenti bibliografici della professoressa, e poi quelli dei repertori della letteratura italiana e delle bibliografie, in pochi giorni o settimane avrebbe una lista ingarbugliata, con indicazioni bibliografiche mescolate ad appunti di altro genere. Meglio partire con ordine, anche perché le schede, ordinate alfabeticamente (e facendo un pacchetto separato per gli articoli di rivista, se le riviste sono catalogate a parte), saranno utili fin dall'inizio, e permetteranno di non fare troppi andirivieni tra la A e la Z dei cassetti della biblioteca. E a mano a mano che trova indicati lavori di suo interesse, sarà sufficiente compilare una nuova scheda e inserirla al suo posto.

Il secondo tipo di scheda, quella riassuntiva, estrae da ogni libro o articolo o saggio gli elementi informativi che interessano la tesi. Un libro può interessare solo per un particolare, e un breve articolo da cima a fondo; perciò, dal punto di vista pratico (e senza necessità di ricordare l'esistenza, fin troppo nota, delle fotocopiatrici), conviene usare o i fogli mobili di cui si è detto o schede di formato maggiore (A5 o A6, rispettivamente di cm. 14,8 × 21 e 10,5 × 14,8), più maneggevoli dei fogli. Vale sempre l'avvertenza di evitare la scrittura continua, e di riservare una sola unità bibliografica a ogni scheda o gruppo di schede (o fogli): dunque le notizie ricavate da un elemento (libro o articolo) della letteratura secondaria costituiscono un'unità informativa (si ricordi il corollario della massima 3).

La scheda riassuntiva va compilata secondo la tecnica del riassunto, e dunque con **parole diverse** (cap. IV, § 9) da quelle del testo che si riassume (parliamo della bibliografia o letteratura secondaria, non del romanzo di Verga, benché per la letteratura primaria il problema non cambi); in alternativa al riassunto, conviene evitare la parafrasi, che è altrettanto lunga, se non più, della fonte (cap. IV, § 5), e scegliere la citazione, avendo cura di mettere tra virgolette le parole dell'autore, e fuori virgolette i raccordi e i passaggi da una citazione all'altra (e per questo si veda il § 10).

Omettere le virgolette è un ottimo sistema per rischiare il plagio involontario, che va evitato assolutamente: ogni tanto accade di leggere storie penose di autori anche illustri che sono scoperti con le mani nel sacco e si giustificano dicendo (argomentazione che non è un modello di efficacia) di aver dimenticato di riportare i passi tra virgolette. Inutile dire che il plagio volontario è altrettanto e anzi più grave perché è, in ogni caso, un atto di disonestà intellettuale, da evitare indipendentemente dalle possibili conseguenze penali o di altro ordine (una tesi di cui si dimostri che è copiata si espone a una bocciatura meritatissima).

Se si lavora su un testo in lingua straniera, una parafrasi-traduzione potrà aiutare nella comprensione esatta. Per il resto, le regole della citazione non cambiano. È meglio citare le opere in una lingua diversa dall'italiano, e che non siano state tradotte, nel testo originale ed eventualmente in traduzione (che potrebbe essere sistemata in una nota); ma su questi punti particolari le situazioni variano da una disciplina all'altra, e dipendono anche dalle preferenze del relatore.

Ma nella citazione non basta stare attenti alle virgolette: è necessario che ciò che è racchiuso tra virgolette sia esatto al cento per cento, compresi i segni di punteggiatura, le maiuscole e le minuscole: perché, se ripetere al 90 o al 99% un testo altrui senza virgolette è plagio, ripetere tra virgolette e con la citazione bibliografica esplicita ma in modo impreciso, e cioè cambiando le parole o la punteggiatura depone bene sull'onestà dello studioso, ma depone male sulla sua accuratezza e credibilità. Perciò, dopo aver trascritto degli estratti da un'opera, è buona regola controllare puntigliosamente le citazioni fra virgolette: in tal modo, non sarà più necessario riprendere in mano l'opera originale e la scheda potrà essere travasata direttamente nel lavoro senza altri ritocchi né controlli. Rifare il lavoro già fatto è noioso; per di più, alla fine si ha sempre fretta e il libro che vorremmo ricontrollare potrebbe essere in prestito o comunque non accessibile.

In altre parole, la scheda dovrebbe sostituire l'opera originale; diciamo *dovrebbe* perché la natura circolare del lavoro, a cui si è già accennato, spesso induce a tornarvi, per ricavarne contenuti che non erano sembrati interessanti al momento della prima lettura e della schedatura.

Naturalmente, le schede conterranno, insieme con la resa fedele del pensiero della fonte, anche i giudizi di Fabio: da un lavoro si può dissentire in modo ragionato (è inutile dire: «Mi piace» o «Non mi piace»), oppure si possono ricavare conseguenze e applicazioni che l'autore, il quale partiva da un angolo visuale diverso, non ha visto. Prendono così forma i punti di vista che Fabio, basandosi sulla propria idea della letteratura primaria, e su ciò che già conosce di altre voci della bibliografia secondaria, argomenterà nella tesi.

Per non ripetere i dati bibliografici, già riportati dalla scheda n. 1, basterà dotare la scheda riassuntiva di una sigla, utilizzando la tecnica della bibliografia autore-anno esposta nella Finestra 2 e avendo cura di indicare la pagina o le pagine a cui si riferiscono riassunti e citazioni.

Si può anche decidere di fondere le schede del primo e del secondo tipo, riportando i dati bibliografici e facendo seguire riassunti e citazioni; ma lo sdoppiamento tra schede di formato minore e maggiore è indispensabile per chi usi le schede del terzo tipo.

Il terzo tipo di scheda, infine, è organizzato per problemi (di questo criterio si è parlato nel § 2): quando Fabio avrà individuato le piste che intende seguire, e avrà un'ipotesi di distribuzione della materia in capitoli e forse anche in paragrafi, invece di riassumere prima l'articolo di X, poi quello di Y e così via, intesterà una scheda a un argomento per raccogliervi ciò che la letteratura secondaria ha documentato e discusso su di esso. Una scheda potrebbe riguardare, per esempio, «Verga e il romanzo storico in Italia»; un'altra «Verga e il romanzo storico in Francia» (o, meglio, argomenti più ristretti). Alcune schede potranno, anzi dovranno essere il frutto dell'esame diretto della letteratura primaria. Fabio ha letto alcuni romanzi di Dumas e altre opere giovanili di Verga, e perciò potrà dedicare una scheda alle osservazioni, proprie e altrui, sulle «Derivazioni dirette di Verga da Dumas», e un'altra alle «Incertezze linguistiche del primo Verga». Questa seconda scheda sarà bene articolarla anche in rapporto alle altre opere narrative e alle lettere del giovane Verga, con ulteriori suddivisioni sull'ortografia, la sintassi, e così via. Altre, ancora, riguarderanno gli storici utilizzati dallo scrittore. Il problema rappresenta dunque l'unità informativa della scheda di terzo tipo.

Da un lavoro di lettura attiva e, appunto, critica Fabio mette a confronto ed eventualmente a contrasto le posizioni che emergono dalla letteratura secondaria, e fa interagire la ricerca secondaria con la ricerca primaria.

Fabio acquisisce gradualmente, con fatica ma anche con interesse (e quindi perfino divertendosi, almeno ogni tanto: è il piacere che deriva dalla conoscenza), una buona padronanza dell'argomento e matura alcune ipotesi interpretative, a partire dalle proprie indagini (guidate anche dalla professoressa Rececconi) sui *Carbonari*. In tal modo, si avvia a dar forma organica di tesi al proprio lungo lavoro preparatorio.

9. La tesi di laurea: l'argomento, il pubblico, la gestione dell'informazione

Senza escludere i colpi di fulmine, l'interesse per un argomento di tesi si forma lentamente, a mano a mano che s'individua il margine di intervento personale in campi sui quali, a prima vista, è stato detto tutto ciò che era possibile dire (e anche di più). In realtà, gli angoli rimasti inesplorati non sono pochi, perché la ricerca si concentra su alcuni argomenti dominanti, trascurandone tanti altri. Né è necessario scovare una zona non macinata dal tritatutto della ricerca italiana o internazionale: restando all'interno dei problemi più battuti dalla propria comunità di studio, la relazione tra un punto particolare e una teoria o modello generali è alla base di tanti lavori ben riusciti, siano essi dedicati a un problema nuovo, a un testo mai pubblicato prima, o invece a un oggetto già studiato ma che si affronta con metodi e domande diverse. La scintilla scocca tra un argomento (e il modo in cui è tagliato, cioè la prospettiva o tesi di cui si è detto nel capitolo V, § 2) e la letteratura secondaria, e ciò avviene in un lavoro sperimentale ma anche in una tesi compilativa.

A partire dall'argomento si sviluppa l'organizzazione della tesi. Se l'argomento è troppo generale la tesi cadrà inevitabilmente nel generico (anche se il livello di generalità sarà da fissarsi in maniera diversa da quella che si è discussa nel capitolo V, a proposito di testi autobiografici di 15 o 30 righe). Essenziale è, con quella dello studente, la valutazione del docente che assegna la tesi.

Anche per la tesi vale, in modo più articolato, il suggerimento fornito per i testi autobiografici brevi e medi (cap. V, §§ 2 e 3) e per le tesine (§ 2): esplicitare fin dall'inizio l'argomento del lavoro, spiegando il problema, ma anche gli strumenti concettuali, bibliografici e sperimentali impiegati per risolverlo o per proporne un'ipotesi di soluzione. È semplicistico, infatti, raffigurarsi le fasi della tesi nei termini di un'ipotesi da sottoporre a una verifica che conduce tranquillamente a confermare o smentire l'ipotesi iniziale.

A questi chiarimenti iniziali si dovrebbe riservare l'introduzione della tesi: vale la pena di abbozzare un'introduzione che varrà da piano dell'opera e da indice, e segnerà dunque una via. La strada battuta effettivamente nel corso del lavoro sarà diversa, ma proprio nell'essere superata dal concreto del lavoro sta, come si è detto (cap. V, § 1), la funzione del programma di lavoro o scaletta; l'introduzione definitiva, quella che figurerà effettivamente nella tesi, sarà scritta a lavoro finito, e servirà anche ad attirare l'attenzione dei lettori. Un discorso analogo vale per il titolo, che anch'esso sarà deciso alla fine, d'accordo con il relatore (l'argomento di partenza è qualcosa di diverso, e non ha la formulazione breve, e possibilmente incisiva, necessaria a un titolo).

Intanto, l'introduzione provvisoria si collega a una prima lista, abbozzata, dei capitoli.

Com'è ovvio, la conclusione si scrive alla fine, e non dovrebbe solo ripetere in maniera riassuntiva ciò che si è scritto in precedenza, ma ribadire i risultati del lavoro.

La tesi non è un testo divulgativo, e perciò mira a un linguaggio proprio, tecnico. Anche l'autore della tesi di laurea non sfugge alla regola generale: chi scrive (non diversamente da chi parla) deve tener conto del suo pubblico, regola che vale per l'autore dell'ultimo *best-seller* come per chi manda una privatissima lettera.

Proprio perché è limitato, il pubblico dei lettori della tesi si può definire con precisione: si limita a due persone (qualche volta tre), altrettanti docenti universitari, il relatore e il correlatore o, più esattamente, il controrelatore (o due controrelatori). Questo pubblico è ristretto ma qualificato e, si spera, interessato (sta anche all'impegno del laureando suscitare l'interesse della professoressa Rececconi, che è disponibile con gli studenti ma di tesi da seguire ne ha tante). A questo pubblico reale si deve aggiungere il pubblico potenziale (che qualche volta diventa reale) dei colleghi della professoressa o di altri giovani laureandi o laureati: la tesi, infatti, è un documento depositato nell'archivio dell'università e, adempiute delle formalità, è consultabile da terzi. Poiché essa interesserà comunque dei lettori esperti, ogni tono divulgativo o giornalistico è fuor di luogo. La tesi, poi, è il (voluminoso) biglietto da visita del laureato, e può essere acclusa a una domanda per ottenere una borsa di studio o una posizione, accademica o professionale.

È opportuno insistere sul rischio opposto, che è la ricerca di una scrittura supertecnica o addirittura pretenziosa e vacua (vizio dal quale i professori universitari, sia chiaro, non sono immuni). Precisione e tecnicità non sono sinonimi di linguaggio difficile o oscuro; e si deve aggiungere che mantenere uno stile ricercato e difficile aumenta le probabilità di svarioni comunicativi, e non di rado grammaticali. In generale, fa cattiva impressione chi fa sfoggio di dottrina, e forse maschera poca sostanza dietro il parlar difficile: la dottrina è nella solidità dei contenuti e nella sobria efficacia della loro comunicazione. Per ciò che riguarda, poi, la chiarezza del linguaggio, è stato osservato che i testi di tipo tecnico sono spesso giudicati oscuri anche da lettori specializzati, mentre **un testo non riceve mai obiezioni per eccesso di semplicità**: segno che gli autori propendono invariabilmente alla scrittura difficile.

Una tesi di laurea, invece di ingorgarsi in un fraseggio inutilmente complicato, deve individuare con chiarezza il rapporto tra l'informazione preesistente su un argomento e nota al lettore esperto (il relatore) al quale si rivolge, e l'apporto nuovo dovuto alle ricerche dell'autore.

Una piccola conseguenza della smania esibizionistica di cui stiamo parlando è nell'abuso delle sigle. Le sigle che compendiano un'espressione usandone solo le iniziali giocano un ruolo crescente nel linguaggio di oggi, particolarmente nel mondo delle professioni e della ricerca (si chiamano **acrònimi**, cap. IX, § 7). Non pochi lavori, a stampa e no, sono resi illeggibili dall'uso continuo di sigle poco trasparenti, tanto che, quando l'autore si premura di approntare un siglario, bisognerebbe tenerlo sempre sott'occhio, con un effetto di disturbo molto più forte delle lunghe note a piè di pagina (si veda la Finestra 3).

Una buona prosa professionale richiede attenzione e sensibilità particolari, perché è esposta, per sua natura, ai rischi della piattezza, della monotonia: le azioni sono poche, i verbi sono privi di contenuto dinamico, intenso è l'uso dei sostantivi astratti. Sarebbe assurdo pretendere che un testo professionale raggiunga la vivacità che caratterizza la pagina di un animatore di intrecci narrativi. Ma occorre evitare da un lato la caduta nel linguaggio burocratico, dall'altro lo stile brillante di tipo giornalistico, che non le s'intona.

Per il resto, occorre puntare su una presentazione chiara, precisa, incisiva dei problemi, sulla buona gestione dei dati, sull'esposizione efficace delle argomentazioni: doti, ripetiamolo, che maturano grazie alle buone letture, professionali e no, e all'esercizio attivo.

Il processo della prosa professionale si svolge spesso accumulando più argomenti riferiti a un medesimo punto; esauritolo, il discorso continua. Gli argomenti si possono ordinare secondo un criterio cronologico o spaziale (capp. III, §§ 5 e 6; IV, § 8); ma più spesso la loro rilevanza sarà concettuale, e quindi irriducibile a questo tipo di classificazione. Si abbia allora l'avvertenza di esporli **in ordine crescente d'importanza**, gerarchizzandoli concettualmente e riservando alla fine i più importanti. Infatti, se si espone per primo l'argomento principale, si toglie forza agli argomenti seguenti. Quindi, in linea di massima, si curerà un'esposizione in crescendo.

Essenziale, poi, è l'**arte di presentare i dati**: si discute con le parole ma c'è tutto da guadagnare quando si espongono i dati in tabelle numeriche, o in grafici. Simili illustrazioni non sostituiscono la discussione fatta con le parole, ma l'affiancano e l'integrano, in un gioco di reciproco arricchimento. Uno sguardo a un grafico aiuta a seguire un ragionamento; sicché ogni volta che sia il caso si abbia cura di allestire un corredo illustrativo da collocare il più possibile vicino al testo cui esso si riferisce.

Quanto allo stile espositivo, si eviti una presenza dell'*io*, che nella scrittura professionale e di una tesi di laurea non può avere un ruolo troppo pronunciato. Fabio, nella tesi, non racconterà le peripezie che l'hanno condotto a mettere le mani sull'edizione del 1861-62 dei *Carbonari*; non dirà cioè che andò a Catania, ma che il ritardo del treno lo fece arrivare quando la biblioteca accettava sì le richieste di libri, ma solo per il giorno dopo, sicché gli toccò pernottare (cosa imprevista: non aveva neppure il pigiama) e solo il giorno dopo conquistò l'opera;

ma si limiterà a dire, trascurando le avventure del ricercatore, importanti per lui e la sua eventuale autobiografia futura, ma non per la ricerca, che cosa rivela la consultazione diretta dell'unica edizione dei *Carbonari* pubblicata durante la vita di Verga.

Fabio si limiterà a dire, per esempio, che ha trovato la notizia del libro in *CLIO. Catalogo dei Libri Italiani dell'Ottocento (1801-1900)*, Milano, Editrice Bibliografica, 1991, 19 voll.

Naturalmente gli autori hanno, questa volta, esagerato, perché confidenze tanto torrenziali non si sono mai riversate, che essi sappiano, in una tesi di laurea; ma raccomandano di togliere anche il piccolo *ci* da un passo come questo: «Nella *Vita di Dante* il Boccaccio ci attesta che Dante compose l'inizio dell'*Inferno* prima dell'esilio».

Il valore della tesi dipende dalla sua qualità e non dal numero delle pagine; ma nelle diverse discipline le abitudini in materia di lunghezza sono differenti. Una tesi di argomento scientifico, sperimentale o compilativa, può essere di poche decine di pagine; la scientificità la raggiungono, in modi diversi, e cioè sfruttando con intelligenza biblioteche o archivi o grazie a ricerche sul campo, anche le discipline umanistiche, nelle quali, per motivi che non hanno a che fare necessariamente con il vizio della prolissità, si raggiungono spesso parecchie centinaia di pagine.

10. La tesi di laurea: la citazione

In una tesi, come in qualunque altro testo sensato, è essenziale che chi scrive resti distinguibile dall'argomento o dalle persone intorno a cui scrive. Più precisamente, un'esposizione che si confronti in modo costante, per via di accordo o discussione o contrasto, con lo stato delle conoscenze, deve lasciar riconoscere con la massima chiarezza la prospettiva dell'autore della tesi e le posizioni di quanti (autori primari e secondari) vi sono esaminati. Ciò è tanto vero, che una tesi di laurea nella quale il candidato s'identifichi con la poesia di Leopardi o con le dottrine economiche di Keynes riceverà dal relatore e dai commissari, se gli va bene, un complimento un po' freddo per l'«entusiasmo» manifestato: che è uno degli eufemismi accademici per dire che la tesi è priva del necessario distacco critico. Nulla vieta di essere appassionati della poesia leopardiana o fautori convinti del pensiero di Keynes, ma in un lavoro scientifico la passione deve risolversi in interpretazione di Leopardi, così come l'adesione alla teoria keynesiana deve risolversi in una discussione che ne argomenti razionalmente la validità e sappia confutarne i critici, senza chiudere gli occhi di fronte a dinamiche economiche o argomenti teorici che vanno in una direzione diversa.

Se il fenomeno psicologico dell'eccessiva identificazione con il proprio argomento o «eroe» di tesi è un fenomeno non troppo frequente (altra cosa è il coinvolgimento intellettuale e anche affettivo per l'argomento del proprio lavoro), è invece molto comune la difficoltà di comunicare senza confusioni **chi dice che cosa**. La lingua, ha scritto Bachtin (cap. IV, § 5), è riformulazione continua, nella quale la parola di chi parla o scrive s'intreccia e si sovrappone continuamente a quella di tanti altri che ripetiamo o correggiamo o rovesciamo. E poiché il discorso è portatore di pensiero, saper riportare i discorsi degli altri è un compito di natura tanto concettuale che espressiva. La comprensione del pensiero altrui è naturalmente preliminare; si tratta poi di esporlo, che è l'operazione preliminare a ogni discussione critica, e cioè razionale, capace di tener conto di punti di vista diversi e di vagliarli.

Della necessità di riferire chiaramente come altrui il pensiero altrui, anzitutto per elementare onestà, ma anche per far avanzare la propria argomentazione (manifestando accordo o disaccordo) abbiamo parlato nel § 8 e nel capitolo IV § 5, insistendo sull'aspetto etico e sulla necessità di evitare assolutamente il plagio. Ora aggiungiamo che la citazione ha, oltre a quella etica, anche una ragione tecnica: quella di permettere al lettore di risalire al testo citato, per controllarne l'esattezza, per saperne di più, per rifare per proprio conto il cammino dell'autore. Quale che sia il motivo, la citazione permette di verificare le basi del discorso.

Più volte, poi, si è messo in rilievo quanto sia vasto il campo della riformulazione linguistica (e concettuale). Perciò il pensiero altrui può essere riportato in modi diversi, grazie ai **procedimenti della parafrasi, del riassunto e della citazione** (per la parafrasi e il riassunto vedi il cap. IV, §§ 5-9): Fabio utilizzerà le schede riassuntive e per problemi (§ 8) e le monterà nel modo più adatto alla costruzione del discorso cui attende. Scriverà per esempio:

> Come è già stato osservato[(1)] [*Oppure*: Come è già stato osservato da Mineo[(1)]], impegno politico e passione amorosa motivano l'azione dei protagonisti.

Come si vede, Fabio scrive con parole proprie (cap. IV, § 9), ma riconosce che la coppia di politica e amore nei *Carbonari* di Verga è stata già notata da altri prima di lui. Può darsi che, nel seguito, egli abbia da fare osservazioni originali; ma il punto di partenza lo condivide con altri studiosi: Fabio parte da una conoscenza nota, che richiama in modo esplicito con un **riferimento** da collegare a una citazione bibliografica completa, che dà in nota. A ciò che è già stato acquisito (da Mineo e altri studiosi) salderà le proprie osservazioni personali.

Fabio, però, potrebbe preferire un riferimento più circostanziato e riprodurre il testo in originale. Si passa così alla **citazione letterale, riportata, con assoluta fedeltà alla fonte, tra virgolette**.

Si usano le virgolette alte " " perché le basse « » sono generalmente assenti dalle tastiere delle macchine da scrivere e dei computer. I programmi di videoscrittura, peraltro, hanno una gamma di segni molto più ampia di quella riportata dalla tastiera, e dispongono anche delle virgolette basse. Disporre dei due tipi di virgolette può servire a distinguere una seconda citazione, riportata all'interno della prima; ma allo stesso scopo basta la distinzione tra virgolette alte e apici. Poniamo che Tiziana Gemelli stia conducendo un'indagine sulle traduzioni italiane moderne dell'*Odissea* di Omero, e scriva (per brevità si omette la nota con il riferimento bibliografico):

---

(1) Cfr. N. Mineo, *Strutture narrative e orientamenti ideologici ne «I Carbonari della Montagna»*, in **I romanzi catanesi di Giovanni Verga*, Catania, Biblioteca della Fondazione Verga, 1981, pp. 81-103, a p. 99.

> La presentazione di Ulisse al Ciclope è resa in questo modo da Emilio Villa: "Il mio nome è Nessuno; / mia madre, mio padre, tutti, questi, quelli, / gli altri miei gregari son usi chiamarmi / così Nessuno!" Si tratta di un'amplificazione dell'originale greco...

Ma se Tiziana dovesse riportare la posizione di un (inesistente) Aristide Piccolomini che si è occupato del testo, allora userà le virgolette doppie e semplici in questo modo:

> Secondo Piccolomini, «la voluta amplificazione dell'originale greco compiuta da Villa quando traduce "tutti, questi, quelli, / gli altri miei gregari" si distacca da altre versioni anche perché traduce con "gregari" il greco *hetàiroi*, reso "compagni" da altri traduttori».

Si noti anche l'uso della barra inclinata (preceduta e seguita da spazio bianco), per distinguere il confine di verso; si può usare anche la barra verticale | o si può, senza barra, riportare i versi fuori corpo (per questa espressione si vedano le spiegazioni immediatamente seguenti).

La citazione può essere fatta in corpo, cioè all'interno del testo:

> Nella dinamica dei personaggi agiscono ideali politici e motivazioni personali, amorose, come è già stato osservato da Mineo, che parla di «due ordini di passioni, quella politica e quella sentimentale»[(2)]. Il motivo politico è quello più vistoso, e si manifesta...

oppure fuori corpo. Questo secondo sistema, che si usa quando la citazione è di una certa lunghezza (almeno due righe) e si vuole, comunque, conferirle un certo spicco, stacca anche visivamente il discorso di Fabio da quello dell'autore citato: quest'ultimo è riportato con una riga di bianco prima e dopo la citazione; e la citazione sarà scritta o con una rientranza, o in corpo minore o con un'interlinea minore. Ognuno di questi tre espedienti grafici è sufficiente, e rende inutili le virgolette (che invece erano indispensabili, per distinguere le parole di Fabio da quelle di Mineo, nella citazione in corpo; è sbagliato l'uso, tutt'altro che raro anche nei libri a stampa, di mettere tra virgolette le citazioni fuori corpo). Perciò:

> Un buon avvio alla discussione dei personaggi e delle loro relazioni è fornito da Mineo, secondo il quale
>
> i personaggi entrano tutti nel giuoco delle reciproche relazioni attraverso i dinamismi di un intreccio che dovrebbe vertere sulla preparazione dell'azione patriottica dei carbonari nel Sud della penisola e sulla conclusione tragica della loro iniziativa. Su questa linea interferisce però il giuoco dei sentimenti privati, che deviano spesso il corso dell'azione individuale degli eroi[(3)].
>
> Prima del motivo passionale, privato, conviene discutere la motivazione politica e dunque la tensione patriottica che ha spinto Verga a caratterizzare i suoi eroi.

Come si vede, Fabio scrive un avvio che introduce la citazione, cita Mineo e riprende il proprio discorso, avvertendo che parlerà prima dell'argomento politico e poi di quello amoroso (probabilmente, scriverà uno o più capoversi che metteranno in relazione i due momenti). È l'inizio del capitolo, e Fabio avverte il lettore sull'argomento delle pagine seguenti (dell'anticipazione del tema principale si è già detto nel cap. V, § 4).

---

(2) Cfr. Mineo, *op. cit.*, p. 99.

(3) Cfr. Mineo, *op. cit.*, p. 99.

Chi controllasse la citazione sul libro originale, si accorgerebbe che essa è interamente fedele, ma che un particolare è cambiato: le prime parole citate da Fabio corrispondono a un inizio di paragrafo del lavoro di Mineo, che quindi ha scritto «I personaggi...» e non «i personaggi...». Fabio ha fatto bene a trasformare la maiuscola in minuscola, perché è stato fedelissimo al testo originale e contemporaneamente l'ha armonizzato al proprio testo, nel quale una maiuscola sarebbe stata fuori luogo.

Ma poniamo il caso che Fabio ritenga la citazione troppo lunga per i propri scopi. Ecco come scriverà (e questa volta riproduciamo il testo di Mineo in corpo minore, e sempre con una riga in bianco prima e dopo, ma senza rientro: i segnali tipografici non vanno moltiplicati; di nuovo, occorre scegliere un criterio e seguirlo con coerenza):

> Un buon avvio alla discussione dei personaggi e delle loro relazioni è fornito da Mineo, secondo il quale
>
> i personaggi entrano *tutti* nel giuoco delle reciproche relazioni attraverso i dinamismi di un intreccio che dovrebbe vertere sulla preparazione dell'azione patriottica [...]. Su questa linea interferisce però il giuoco dei sentimenti privati...[4]
>
> Prima del motivo passionale, privato, conviene discutere la motivazione politica e dunque la tensione patriottica che ha spinto Verga a caratterizzare i suoi eroi.

Il lettore attento avrà notato una leggera variante: per motivi suoi, che Fabio spiegherà più avanti (forse non è del tutto d'accordo), la parola *tutti*, che nel lavoro di Mineo è stampata in corpo tondo, è messa in rilievo con il corsivo; perciò, nella nota corrispondente, avverte della trasformazione con la formula «mio il corsivo». Mancando questa avvertenza, s'intende che il corsivo non è aggiunto da Fabio, ma figura già nell'originale di Mineo.

Inoltre, sono state tagliate alcune parole all'interno della citazione, e l'omissione è segnalata con tre puntini racchiusi fra parentesi quadre. Si noti anche il punto fermo a destra della seconda parentesi, che era presente nell'originale ed è necessario alla punteggiatura (in altre parole, i tre puntini fra le parentesi quadre non fanno le veci di un segno di punteggiatura). Si avverta che se, invece delle quadre, Fabio usasse le parentesi tonde, il lettore potrebbe pensare che le tonde sono state impiegate da Mineo. L'uso delle quadre, insomma, segnala l'intervento attivo di chi cita.

Le parentesi quadre si prestano anche ad altre funzioni, sempre riservate a chi cita: ce ne siamo serviti nel riportare un passo della voce di enciclopedia su Cavour scritta da Romeo (cap. IV, § 3). Nel testo originale di Romeo, la voce è intitolata, in grassetto, a **Cavour, Camillo Benso conte di**; per risparmiare spazio, nel testo il personaggio oggetto della voce è nominato in forma abbreviata, C., perché non c'è possibilità di equivoci. Ma conservare l'abbreviazione in questo libro, che di Cavour parla solo casualmente, avrebbe disorientato i lettori; perciò si è trascritto C[avour]. In questo caso le parentesi quadre servono a sciogliere l'abbreviazione (e naturalmente non c'è motivo di scrivere il punto, che aveva senso solo per la forma abbreviata; si può vedere anche l'uso

[4] Cfr. Mineo, *op. cit.*, p. 99; mio il corsivo.

delle quadre per completare le citazioni fatte in nota da Romeo nell'edizione maggiore della sua opera su Cavour, nel cap. IV, § 7).

Ancora, le quadre si usano per commentare il testo citato e renderlo funzionale: ancora nella voce di Romeo, al nome di Michele Antonio si è aggiunto, tra quadre, che si tratta del padre di Camillo Cavour, informazione che era stata data in un passo precedente della voce, non riportato in questo libro.

Se si vuole prendere le distanze dal testo, perché vi figura un errore di stampa o un errore dell'autore che potrebbe essere attribuito, senza quella precisazione, a errore di chi cita, si scrive un [sic], sempre tra quadre: il latino *sic* significa 'così', 'proprio così nell'originale'.

Tornando alla citazione di Mineo, ne è stata tagliata anche l'ultima parte, e questa volta ci sono tre puntini in fine, senza parentesi quadre (le quadre segnalano infatti il taglio del testo al centro). In questo caso, allora, i tre puntini indicano la sospensione e fanno anche le veci del punto finale.

È invece eccesso di scrupolo segnalare anche con tre puntini iniziali la citazione non coincidente con l'inizio del periodo nella fonte. Ciò che conta, come si è già detto, è l'armonizzazione fra testo cornice e testo citato.

Questi accorgimenti garantiscono la fedeltà al testo originale, e nello stesso tempo vi intervengono in modo da renderlo funzionale alle esigenze del proprio testo.

Un criterio analogo si può usare per risolvere l'armonizzazione nel testo di articoli o preposizioni nel titolo di un'opera o di un giornale: anche se s'intitola *Il Sole - 24 Ore* è lecito scrivere: «Nel *Sole - 24 Ore* del 22 dicembre 1996 è uscito un articolo intitolato...». Più faticosa, e insomma sconsigliabile (tranne quando si voglia la massima precisione), la soluzione: «Ne *Il Sole - 24 Ore* del 22 dicembre 1996 è uscito un articolo intitolato...»; il medesimo vale per l'ultima soluzione possibile: «In *Il Sole - 24 Ore* del 22 dicembre 1996 è uscito un articolo intitolato...».

Allo stesso modo, Fabio può dire, perché non guasta la sintassi del suo testo, che «Verga pubblicò *I carbonari della montagna* nel 1861-62»; ma altrettanto bene scriverà che «Nei *Carbonari della montagna* sarebbe sbagliato cercare anticipazioni del Verga maturo»; e si noti come sia sufficiente per il titolo la sola maiuscola iniziale: dell'articolo o della prima parola che lo segue, se l'articolo è soppresso per armonizzazione.

Se la fedeltà della citazione non deve prevalere sull'uso delle maiuscole e delle minuscole e sui segni di punteggiatura richiesti dal testo di chi cita (ed è ciò che giustifica gli adattamenti che abbiamo discusso), a maggior ragione il testo citato va armonizzato linguisticamente con il testo che gli fa da cornice.

Si veda come, nel *Corriere della Sera* del 22 febbraio 1996, sia stata riportata in maniera scorretta la dichiarazione che segue:

> Secondo il testo diffuso ieri, Di Pietro è «certo di poter dimostrare di non aver commesso alcun reato perché sono convinto di poter smontare pezzo per pezzo tutte le accuse che mi sono state rivolte. Per questo ho chiesto il rito abbreviato per poter uscire da questa situazione, ma, guarda caso, c'è chi sembra interessato a impedirmi di chiudere in tempi brevi questa vicenda...».

Le parole tra virgolette riportano la dichiarazione alla lettera, e perciò sono in prima persona, perché scritte dall'ex magistrato; sono però introdotte da una frase del giornalista, il quale si riferisce a Di Pietro, ovviamente, in terza persona. Il risultato è l'incoerenza grammaticale tra *è* prima delle virgolette e i vari *sono, mi, ho* del seguito. Per riprodurre il testo di Di Pietro era necessaria una formula introduttiva diversa, seguita dai due punti (che introducono il discorso diretto e la citazione); per esempio:

> Nel testo diffuso ieri da Di Pietro, si legge: «sono certo...»

anche se, per come è stata tagliata la citazione, non si è sicuri che il *sono* figuri effettivamente nell'originale. Oppure la citazione dovrebbe modificare i pronomi e i verbi, in modo da armonizzarli al testo cornice; l'uso del corsivo segnala le modifiche:

> Secondo il testo diffuso ieri, Di Pietro è «certo di poter dimostrare di non aver commesso alcun reato perché *è* convinto di poter smontare pezzo per pezzo tutte le accuse che *gli* sono state rivolte. Per questo *ha* chiesto il rito abbreviato per poter uscire da questa situazione, ma, guarda caso, c'è chi sembra interessato a impedir*gli* di chiudere in tempi brevi questa vicenda...».

La citazione dunque, nel rispetto della fedeltà alla lettera e al pensiero, va tagliata in modo da armonizzarsi al testo che la accoglie.

Non sempre basterà menzionare la letteratura sull'argomento: occorrerà anche valutarla. È bene che il giudizio, o meglio la discussione argomentata (che può concludersi con un rifiuto, parziale o totale, delle tesi sostenute dagli autori citati), segua l'esposizione della tesi stessa; e che si eviti la denigrazione personale di un autore: gettare, a torto o a ragione, una luce sinistra su un autore per screditarne le tesi è una brutta abitudine, molto praticata nel dibattito politico, nel mondo dell'informazione, spesso nella discussione culturale. Un'autentica discussione scientifica può essere vivace e insieme serena. D'altra parte, sono anche deplorevoli gli omaggi più o meno interessati alle tesi dominanti in un campo: omaggi, piuttosto che a scuole autorevoli, a scuole potenti sul piano extrascientifico (con buona pace per la libertà di discussione che è parte vitale del progresso scientifico).

⇒ Nota terminologica

Quando non è d'accordo con gli autori della letteratura secondaria, Fabio eviterà espressioni di modestia, del tipo: «Per quanto non sia all'altezza di contrastare il giudizio autorevole dell'illustre cattedratico Pinco Pallino, mi permetto di obiettare che...» non meno che atteggiamenti superbiosi come: «Benché sia un cattedratico prestigioso, Pinco Pallino non ha capito niente del problema...» o come «Ho scoperto, ho capito, mi sono accorto per primo...»; invece argomenterà in modo civile le proprie convinzioni. Formule tipiche del lessico argomentativo saranno: **avanzare un'ipotesi** (propria), **sollevare un dubbio** o **muovere un'obiezione** a una tesi altrui o anche propria, per **formularne** o **enunciarne** una **migliore** o **più fondata** (con le argomentazioni razionali e fattuali del caso); nella discussione della letteratura secondaria **si sollevano dubbi** o **si sollevano** o **pongono problemi** (e speriamo che almeno di alcuni si **offra** o si **avanzi** o **prospetti la soluzione**, o almeno **una soluzione possibile** o **plausibile**). Nulla vieta, ovviamente, di **obiettare** (senza forme di aggressione personale) alla **posizione** o alla **tesi** di critici anche autorevoli. Riferendo in forma contrastiva le diverse posizioni della letteratura secondaria, si dirà che **Rossi sostiene che**, o **secondo Rossi**, e che **Verdi obietta** o **interpreta diversamente i dati del problema** o **mette in rilievo dati** o **considerazioni trascurate da Rossi**, **ricava indicazioni diverse da un esperimento** o **da un episodio**. Si spiegherà che **il metodo seguito da Rossi consiste** o **è consistito nel...** e che, in accordo o in disaccordo con altri autori, **dalla valutazione** o **dall'analisi delle fonti** (primarie) o **dai dati** o **dall'esame dei risultati di laboratorio** o **dalle evidenze** (per esempio documentarie o archeologiche) **risulta** o **emerge** che...; e naturalmente **l'interpretazione dei dati**

può essere controversa, o **discussa, non univoca**; e si tratterà di fissare bene i punti d'incertezza, per risolvere il problema o per porlo con chiarezza. Spesso si dovranno usare espressioni che indicano dubbio, incertezza, possibilità.

Per prendere posizione Fabio sceglierà, tra i diversi modi di esprimere l'*io*, quelli che meglio si prestano alla comunicazione scientifica: **a mio giudizio, a mio avviso, ad avviso di chi scrive** o **secondo l'opinione di chi scrive** (da usare quando si vuole indicare una propensione, ma si resta in dubbio); oppure dirà **penso, credo** (ma non «io penso, io credo»).

Si ricordi di nuovo la possibilità di discutere non per autori ma per problemi; è possibile, infatti, partire non dalle schede riassuntive ma dalle schede per problemi di cui si è discusso nel § 8 (e si tratta di pensare o anzi di ripensare all'argomento, in modo da concentrarsi sui suoi vari aspetti, per ognuno riferendo le posizioni degli studiosi precedenti).

⇒ Altri usi del corsivo e delle virgolette

Ma il problema della citazione non si limita al compito, di per sé importante, di riferire in modo corretto, formalmente e sostanzialmente, le posizioni altrui. Chi scrive vuole spesso marcare una singola parola o espressione. Sono da evitare il più possibile le enfatizzazioni segnalate dalle virgolette e oggi molto diffuse nella scrittura giovanile, per probabile influsso scolastico; e allo stesso modo sono da bandire le allusività più o meno ammiccanti ma invariabilmente goffe alle quali si ricorre terminando un periodo con tre puntini sospensivi (cosa diversa dai puntini sospensivi di cui si è detto a proposito del taglio delle citazioni). Anche il punto esclamativo dovrebbe essere esiliato da una scrittura professionale (sa tanto di vecchia retorica, fuori corso da un pezzo); i punti interrogativi non dovranno essere troppi (diverso, si capisce, il caso del narratore o dell'autore di teatro alle prese con il dialogo). In questo libro si ricorre alla messa in rilievo di parole e frasi, su cui si vuole richiamare l'attenzione, tramite il corsivo e il grassetto; ma la tesi di laurea è un testo diverso, nel quale simili espedienti dovrebbero essere usati con sobrietà.

Riservando il più possibile le virgolette alla citazione dei testi altrui, la sottolineatura della parola (tramite il *corsivo* o, in mancanza, del <u>sottolineato</u>) dovrebbe essere impiegata:

1. nella citazione dei titoli di un'opera letteraria o musicale o cinematografica (per es., per citare dalla tesi di Fabio: «Verga pubblicò il suo primo libro, *I carbonari della montagna*, nel 1861-62»); inoltre i titoli di poesie o drammi o opere d'arte; i titoli di giornali quotidiani e settimanali (per le riviste da citare in bibliografia si è già detto che si usano le doppie virgolette);
2. nella citazione di una parola in quanto tale; per es.: «La parola *libertà* è stata ed è impiegata con significati molto diversi»;
3. nella citazione di parole in lingua diversa dall'italiana (a meno che la parola non faccia parte stabilmente del vocabolario italiano: sport, bar). Per esempio: «La nozione di 'libero arbitrio' non corrisponde esattamente all'inglese *free will*»;
4. nelle citazioni di altri autori, per mettere in rilievo una parola o una frase; in

tal caso, alla fine della citazione si scrive, tra quadre: «corsivo mio» o «corsivi miei». Mancando una simile avvertenza, s'intende che i corsivi derivano dal testo originale. Di questo uso abbiamo già parlato, e se ne può vedere un esempio nella nota 4 di questo capitolo e nel testo corrispondente.

Le virgolette semplici o apici ['] ['] si riservano alla spiegazione dei significati, quasi una definizione di vocabolario: «Nei secoli XIII e XIV la parola *libertà* va intesa generalmente nel senso di 'indipendenza dal dominio straniero'. Questa accezione rende conto dell'impiego che ne fa Bonvesin da la Riva...».

Ma si può anche mettere a fuoco una parola e prenderne, per qualsiasi motivo (ironia, distacco, citazione di una parola di moda), le distanze, come fa spesso questo libro. In presenza di una riformulazione esplicita (cioè espressa a parole) la lingua, grazie alla sua flessibilità, non richiede la segnalazione visiva di virgolette o apici o corpi tipografici: la loro funzione trova un equivalente verbale in parole come *cosiddetto, per così dire, come si dice oggi, per usare l'espressione tecnica* e così via. È, come si capisce, una classe aperta di espressioni e non sarebbe possibile fare una lunga lista: nella Finestra 1 di questo capitolo si è avuto occasione di riformulare la *precisione* come *professionalità*, prendendo le distanze dal secondo termine, e si è scritto: «la precisione è, non dimentichiamolo, una virtù; oggi la chiamano solennemente professionalità». A noi basta richiamare l'attenzione del lettore anche su queste sfumature, perché le avverta e le assimili leggendo; che è, al solito, l'avviamento a saper usare questa risorsa tutt'altro che trascurabile della lingua.

11. La distribuzione dell'informazione fra testo e note

Per quanto si soffermi anche su argomenti accademici, come la tesi di laurea, questo libro non è accademico nel taglio espositivo e perciò, legittimamente, si limita a una bibliografia sommaria che registra, in fondo al volume, le opere utilizzate e le ordina rispecchiando la divisione in capitoli e in paragrafi dell'esposizione. Se poi, in un volume che si pubblica contemporaneamente all'opera presente, e che è dedicato ad altri aspetti della scrittura, si legge (cap. II, § 4):

> Non pare ragionevole, e non è nemmeno dell'uso, la pretesa di riservare *Egregio* agli uomini e *Gentile* alle donne (anche se così raccomandano alcuni prontuari di composizione epistolare)

occorre osservare che questo sistema non va bene nella tesi di laurea, che adotta lo stile espositivo degli articoli e dei libri di taglio accademico e perciò dichiara in modo circostanziato ciò che afferma. In una tesi, perciò, la genericità del riferimento ad «alcuni prontuari» sarebbe inaccettabile: quali sono? chi li ha scritti? e in quale punto, cioè in quali pagine, è contenuta l'affermazione criticata? In un'esposizione accademica l'informazione andrebbe integrata in questo modo:

> Non pare ragionevole, e non è nemmeno dell'uso, la pretesa di riservare *Egregio* agli

uomini e *Gentile* alle donne (anche se così raccomandano alcuni prontuari di composizione epistolare)[(5)].

Nello stile accademico, dunque, si usa un doppio piano di discorso, quello del testo propriamente detto e quello delle note. È lo stesso sistema già introdotto nel § 10, quando si è citato un passo dell'ipotetica tesi di Fabio.

Le note possono essere di tre tipi:

1. note di pura documentazione bibliografica, come quelle di Fabio (§ 10) o quella che abbiamo esemplificato or ora; lo studioso, anche se citato nel testo, si ripete in nota nella forma indicata (nome puntato e cognome);
2. note che includono altre informazioni (oltre che, eventualmente, la documentazione bibliografica): Fabio potrebbe decidere di citare in nota, e non nel testo, il passo di Mineo; oppure concentrare in nota informazioni ulteriori, giudicate significative ma sistemate in nota per non intralciare la linea espositiva principale seguita nel testo. Un buon esempio è l'opera di R. Romeo sul Cavour di cui si è riportato un passo nel capitolo IV, § 7;
3. note che riportano la traduzione italiana di una citazione riportata in lingua originale nel testo, o viceversa che riportano in lingua originale una citazione riportata in italiano nel testo (i criteri variano in rapporto all'argomento e alla disciplina).

È buona norma conoscere direttamente i testi da cui si cita; ma accade di ricavare una citazione interessante da una fonte diversa dall'originale, e di non poter risalire a quest'ultimo, che può risultare difficile da trovare. In questo caso, la citazione è di **seconda mano**: è lecita, ma è necessario avvertire che non si tratta di una citazione diretta, bensì mediata da altri. Facciamo il caso che Fabio non abbia sotto mano la *Storia del reame di Napoli* di Pietro Colletta, della quale gli interessa una breve citazione che trova nell'articolo di Mineo. Scriverà allora:

> Secondo il Colletta, il brigantaggio al tempo dei Borboni non aveva «niente di sacro, di nobile, di grande» ed era privo di fine politico[(6)].

Come si vede, Fabio dà l'indicazione bibliografica completa della *Storia* del Colletta, aggiungendo che la citazione è presa dal lavoro di Mineo (e dunque è di seconda mano).

Più tardi, troverà l'opera del Colletta e forse la consulterà o leggerà, almeno in alcune parti di suo interesse.

Nelle note l'autore dichiara il proprio rapporto con le fonti d'informazione, cosa essenziale per capire l'apporto nuovo della sua tesi, e per consentire al lettore di risalire alle fonti stesse. Ma i lavori altrui e la documentazione vanno citati solo quando i contenuti siano estranei alle conoscenze comuni. Perciò, è inutile scrivere una nota per documentare queste ultime: dire che Dante è nato nel 1265 non richiede né documentazione né note, essendo notizia presente in qualunque fonte d'informazione. Invece si deve dar conto nel testo e nelle note (con le citazioni bibliografiche opportune) del lavoro svolto su campi specifici da altri autori (e i loro risultati saranno accettati o respinti); un buon modo di discutere il lavoro altrui è il riassunto comparativo (o sintetico), intervallato da citazioni.

---

(5) Si veda E. Albertini - M. Bendin, *Scrivere oggi*, Milano, Mondadori, 1990, p. 87; contrario all'uso di *egregia* è anche H. Fontenay, *Come scrivere bene una lettera*, Casale Monferrato, Piemme, 1995, p. 37.

(6) P. Colletta, *Storia del reame di Napoli*, a c. di N. Cortese, II, Napoli, Libreria scientifica editrice, 1951, p. 336, cit. da Mineo, *op. cit.*, p. 94.

La divisione dei compiti fra testo e note è un nuovo aspetto della gerarchia dell'informazione (cap. IV, § 2); ed è ovvio che l'informazione più importante dev'essere riservata al testo.

Qualche volta accade di vedere delle pubblicazioni nelle quali la pagina è quasi tutta occupata dalle note e il testo, ridotto a una o due righe, diventa, se ci si consente un gioco di parole non nuovo, quasi un pretesto al quale appendere note lunghissime. Lasciando da parte simili esagerazioni, si tenga presente che le note servono sì a discussioni collaterali, ma non sono il posto dove si sistema tutto ciò che non si riesce a infilare nel testo. Se abbiamo alcune conoscenze non collegate all'argomento della tesi, questa non è una buona ragione per riversarle indiscriminatamente in nota: la documentazione va selezionata in fase di studio (§ 7), ma una selezione ulteriore, che sfrondi ciò che non è strettamente in tema o che vi è connesso in maniera vaga e poco informativa, va fatta anche in sede di stesura.

Insomma, bisogna rassegnarsi a dire ciò che è importante nel testo, ciò che lo è di meno nelle note, mentre ciò che lo è poco o nulla resterà nel cassetto (non andrà necessariamente gettato nel cestino, perché un fatto o un'idea estranei alla tesi potranno tornare utili in un'altra occasione).

Inoltre, lo stile accademico moderno tende a non sovraccaricare il testo di note: quelle del tipo 2 non dovrebbero essere né troppo numerose né troppo lunghe, perché il lettore, se è costretto troppo spesso a deviare dal testo, finisce per guardare la nota senza leggerla. Regole generali non si possono dare, e di volta in volta il buon senso e le consuetudini della disciplina di studio indicheranno le misure migliori.

Per ciò che riguarda il trattamento della documentazione bibliografica presente nelle note, è il momento di sfruttare le schede bibliografiche di cui si è detto nel § 8: se sono state fatte bene, basterà qualche semplice modifica per passare dalla scheda bibliografica alla documentazione in nota. La modifica consiste in pochi punti, come si può constatare paragonando la scheda bibliografica del lavoro di Mineo (che da un pezzo ha smesso di far dannare Fabio) riportata nella Finestra 1 e la nota 1 di questo stesso capitolo:

- alla sequenza cognome-nome dell'autore riportata nella scheda, la nota sostituisce la sequenza nome puntato-cognome (perché nella nota non si pone l'esigenza di ordinare per cognome, come nella scheda);
- il titolo è riportato, ma privo delle precisazioni sulla natura congressuale del volume; se il volume avesse un sottotitolo, la nota lo ometterebbe.

Se Fabio dovesse citare genericamente il lavoro di Mineo, l'informazione della scheda bibliografica gli sarebbe sufficiente, con la modifica e lo snellimento di cui si è detto ora. Ma Fabio cita un passo particolare, sicché agli estremi delle pagine di inizio e fine, la nota 1 aggiunge anche la pagina nella quale si trova il passo che gli sta a cuore. Questa informazione supplementare deriva o dalla scheda di riassunto dedicata al lavoro di Mineo, dove la citazione era stata scritta tra virgolette; o dalla scheda per argomenti o problemi intestata ad alcuni personaggi, o alla coppia «Amore e politica»; non si può escludere, ovviamente, che Fabio abbia fotocopiato il saggio, e ne abbia evidenziato questo passo, e altri che gli interessavano.

Si sarà osservato che nelle note si impiegano delle abbreviazioni: se ne veda la piccola lista in coda a questo paragrafo. Ma subito va svelato il mistero dell'enigmatico «cfr.» (usato nelle note 1-4), spiegato spesso nei modi più fantasiosi: è l'abbreviazione del latino *confer* 'confronta', serve per il rimando bibliografico ed equivale a 'per questo problema vedi il libro o l'articolo di'. In alternativa si usa «v.» 'vedi', che però non è troppo diffuso (e, negli studi umanistici, ha lo svantaggio di confondersi con «v.» abbreviazione di *'verso'* di un testo poetico o 'parte posteriore' di una pagina, distinta dal «r.» *'recto'*; perciò alcuni usano «vd.» che evita la confusione). Nella nota 5 si è usata la variante «Si veda», perché «cfr.» è una forma verbale rigida: vale solo come imperativo presente di seconda persona singolare.

Un po' di anni fa un recensore attento ha rimproverato giustamente a uno degli autori di questo libro l'impiego abusivo di rimandi bibliografici come «si cfr.» 'si confronti' o «da cfr.» 'da confrontare'.

Torniamo alla nota bibliografica: l'identificazione completa di un lavoro si dà solo la prima volta. Quando dovrà citarlo di nuovo, Fabio rimanderà al lavoro di Mineo nel modo delle note 2-4, dove si legge «Mineo, *op. cit.*, p...»; «*op. cit.*» significa 'opera già citata prima', in questo caso nella nota 1. Si noti anche che l'iniziale puntata del nome di Mineo è stata omessa.

Se però dello stesso studioso si utilizzano due o più lavori, allora *op. cit.* non permette di capire a quale ci si riferisca. Si rimedia con due espedienti, simili tra loro:

1. N. Mineo, *Strutture narrative e orientamenti ideologici ne «I Carbonari della Montagna»*, cit., p. 99.
2. N. Mineo, *Strutture narrative...*, cit., p. 99.

Dunque si riporta il titolo per intero, seguito dopo virgola da «cit.» (in corpo tondo); oppure si riporta solo l'inizio del titolo segnalando il taglio con i tre puntini e concludendo la citazione come nel primo caso.

In studi di una certa ampiezza e con note ricche di rimandi bibliografici accade spesso di dover cercare gli estremi bibliografici completi di un lavoro citato in forma abbreviata: risalire alla prima citazione per ricavare l'identificazione è operazione spesso lunga e complicata, oltre che noiosa. Un indice dei nomi (quando c'è) facilita il compito, ma non è sempre risolutivo. Per identificare gli «*op. cit.*» e i «cit.» del libro di Romeo (cap. IV, § 7), e scioglierli dando l'indicazione completa, un lavoro non breve sugli indici non è riuscito a chiarire tutti i casi dubbi, ed è stato necessario consultare direttamente le opere originali (ossia le diverse opere che apparivano come candidate potenziali). Certo, il *Cavour* in quattro tomi di Romeo sarebbe inconcepibile senza le sue lunghe note, che contengono una miniera di notizie. Ma il sistema, come si vede, ha i suoi inconvenienti. Perciò si è affermato anche in Italia, già da un po' di anni, il sistema dei **rinvii per autore-anno** (detto anche bibliografia all'americana).

Consiste nel ridurre il rimando bibliografico a **due elementi fissi e uno facoltativo**: il cognome dell'autore seguito dall'anno (del libro o rivista) quando ci si riferisce al testo nella sua interezza; se poi se ne deve indicare una sezione si scrivono – e questa è la parte facoltativa – due punti seguiti dal numero della pagina o dai numeri delle pagine. In tal modo si può fare a meno delle note del tipo 1 perché il rimando per autore-anno (ed eventualmente pagina) è così breve da poter essere inserito, tra parentesi, nel testo.

Rileggiamo, in questa nuova sistemazione, la citazione del lavoro di Mineo nella tesi di Fabio:

> Un buon avvio alla discussione dei personaggi e delle loro relazioni è fornito da Mineo, secondo il quale
>
> > i personaggi entrano tutti nel giuoco delle reciproche relazioni attraverso i dinamismi di un intreccio che dovrebbe vertere sulla preparazione dell'azione patriottica [...]. Su questa linea interferisce però il giuoco dei sentimenti privati... (Mineo 1981: 99).
>
> Prima del motivo passionale, privato, conviene discutere la motivazione politica e dunque la tensione patriottica che ha spinto Verga a caratterizzare i suoi eroi.

Il sistema autore-anno permette di sopprimere le note o di usare solo note del secondo tipo: per esempio, sarebbe perfettamente compatibile con l'impianto dell'opera di Romeo su Cavour.

Lasciando da parte l'organizzazione della bibliografia, che è leggermente diversa in rapporto alla scelta del sistema tradizionale o del sistema autore-anno (Finestra 2), sono sufficienti poche altre avvertenze sul sistema autore-anno:

- se di un autore si citano due o più lavori apparsi nello stesso anno, basterà distinguerli con le lettere dell'alfabeto (per es: Mineo 1989a; Mineo 1989b...);
- una serie di più rinvii consecutivi vuole una virgola o un punto e virgola di separazione (per es.: «Cfr. Annoni 1975: 5; Mineo 1981: 99»);
- le fonti primarie, e in genere le fonti antiche, si prestano male al sistema autore-anno: come si può citare la *Divina Commedia*? Citarla con «Dante 1965» perché usiamo un'edizione di quell'anno non è una buona soluzione, e anche altri rimedi possibili non soddisfano. Si consiglia allora di usare, per la letteratura primaria, il rimando ad **autore-opera**, anziché autore-anno (Dante, *Commedia*), e di fare una lista separata per i rimandi ad autore-opera, da premettere a quelli autore-anno. Per l'allestimento della bibliografia finale, si veda la Finestra 2.

⇒ Abbreviazioni di uso più frequente nelle note:

AAVV	Autori vari
a c. di	a cura di
cfr.	*confer* 'confronta'
cit.	citato
ed.	edizione, editore
et al.	*et alii* 'e altri (autori)' [quando di un lavoro di più autori se ne cita solo il primo]

ibid.	*ibidem* 'ivi stesso'; è parola latina, accentata sulla seconda sillaba (*ibìdem*), e si usa quando si ripete in nota il rimando non solo alla stessa opera (perché allora si dispone di *op. cit.*) ma anche alla stessa pagina dell'opera **citata nella nota precedente**
Id., Ead.	*Idem, Eadem* 'il medesimo', 'la medesima' (quando si rimanda allo stesso autore o autrice ricordato immediatamente prima)
n. (nn.)	nota (note)
N.S.	Nuova serie [per le riviste e le pubblicazioni periodiche in genere]
op. cit.	opera citata
p. (pp.), pag. (pagg.)	pagina (pagine)
s. (ss.), seg. (segg.)	seguente (seguenti) [detto di pagine o versi]
vol. (voll.)	volume (volumi)

12. La revisione e la videoscrittura

Un testo ampio e complesso come una tesi richiede una revisione attenta, e anzi una pluralità di revisioni: nel momento della progettazione di un capitolo e della sua stesura è meglio scrivere senza fermarsi per controllare e correggere l'esposizione, perché le interruzioni fanno perdere il filo del discorso; ma buttata giù una prima stesura, la revisione porterà a riscriverla in parte e a produrre un nuovo testo a sua volta da revisionare, secondo una specie di processo ciclico.

A maggior ragione la revisione è necessaria quando i capitoli si accumulano: perché occorre non solo verificare i capitoli uno per uno, ma anche controllare se il tutto regge, se presenta squilibri, contraddizioni, vuoti informativi. Da queste considerazioni si ricava che per revisione si intendono due operazioni diverse, entrambe importanti:

- un controllo di superficie, dedicato alla forma dell'espressione, alle note, all'eliminazione di errori linguistici o di battitura, all'impostazione grafica del lavoro;
- un controllo in profondità, esercitato sulla qualità concettuale e la distribuzione all'interno dei singoli capitoli, con attenzione al ruolo di ogni capitolo nell'economia complessiva del testo. Si osservi che questo lavoro dovrebbe condurre al risultato di migliorare, chiarire, correggere inesattezze o errori, completare, ma anche eliminare contraddizioni, ripetizioni di contenuto a distanza e discorsi «fuori tema»: si è già raccomandato di non dare fondo al proprio sapere, ma solo di dire tutto ciò che si ha da dire in relazione alla materia trattata. Questo è anche il momento buono per dotare il testo di rinvii interni da una parte all'altra (da farsi con un rimando tra parentesi alla pagina o al capitolo e al paragrafo, preceduto dal solito «cfr.»), come è normale che avvenga in un'esposizione che si sviluppi in modo compatto.

Ma queste considerazioni restano astratte se non si mettono in rapporto con le modalità materiali della scrittura. A questo proposito, va raccomandato con la massima energia di non sprecare l'opportunità offerta, indirettamente, dalla tesi di laurea, e consistente nel raggiungere l'**alfabetizzazione informatica**.

Nel tempo della dattilografia si poteva consigliare ai laureandi di investire nell'acquisto di un bene durevole, la macchina da scrivere, il denaro necessario per pagare le spese di dattilografia: non certo per incoraggiare l'avida accumulazione dei beni materiali, né in odio agli incolpevoli dattilografi, ma perché in tal modo il laureando avrebbe imparato a scrivere a macchina, acquisendo un'abilità durevole (oltre che la macchina da scrivere).

Se un laureando è un dattilografo poco esperto, conosce però il proprio lavoro meglio di un dattilografo ed è meno soggetto a copiarlo male; e gli errori dell'autore sono generalmente meno pericolosi che quelli di un estraneo. L'unico inconveniente nel battersi da sé la tesi sta nell'impossibilità di scaricare la responsabilità degli errori (di forma o di contenuto) sull'assente dattilografo (in genere si parlava di dattilografa): una scusa, a dire il vero, poco credibile. In ogni caso l'autore è tenuto a correggere il proprio testo e ne è pienamente responsabile; è irrilevante che esso sia stato battuto da lui o da altri. Le stesse considerazioni valgono ovviamente nell'epoca della videoscrittura.

A prima vista, sembra difficile estendere il consiglio al computer: un apparecchio elettronico dotato di un *word processor*, cioè di un programma per elaborare i testi, è comparativamente più costoso della macchina da scrivere.

La realtà, tuttavia, è diversa. I computer costano più delle macchine da scrivere ma si prendono anche a noleggio; cosa ancora più importante, i prezzi dell'usato sono stracciati. Si sa quanto sia rapida l'innovazione tecnica (e consumistica) che rinnova, a ritmo annuale, il parco delle macchine immesse nel mercato. Non è assolutamente necessario comprare l'ultimo modello, inevitabilmente costoso: per scrivere una tesi o un libro vanno benissimo anche un computer 286 e una vecchia versione di Word, tanto per citare il programma di scrittura più diffuso, che gira in ambiente MS-DOS, Windows e Macintosh. Sarà un computer non allacciabile, via modem, a Internet, e sarà privo di lettore di CD-ROM e forse perfino di *mouse*: ma si acquisterà per poche lire (molti non sanno come sbarazzarsi dei vecchi modelli) e, come prima attrezzatura per imparare a videoscrivere, andrà benissimo.

È bene, perciò, che fin dall'inizio il lavoro della tesi sia videoscritto. La prima stesura del testo potrà essere scritta a mano o direttamente in video (dipende dalla pratica e dalle abitudini individuali); ma la prima stesura manoscritta va subito travasata nel computer per le rielaborazioni successive.

Non intendiamo affrontare nel suo insieme l'argomento della videoscrittura, sul quale si dispone di molti libri, e osserviamo solo che è infondata l'opinione comune secondo cui un programma di scrittura è solo la versione elettronica della vecchia macchina da scrivere: infatti, un programma di scrittura permette di scorrere e consultare il proprio testo con grande efficienza, attraverso la ricerca automatica delle parole (e quindi delle idee e dei fatti). Più in generale, tre funzioni dei programmi di scrittura, chiamate *taglia, copia* e *incolla,* sono preziose nel lavoro di stesura e revisione: porzioni lunghe o brevi del testo si possono cancellare e trasferire altrove. Questa operazione si compie da sempre e non ha dovuto attendere l'invenzione del computer, ma con l'avvento della videoscrittura è diventata infinitamente più agevole. Sappiamo già come il concetto di riformulazione caratterizzi profondamente la lingua e tocchi da vicino la scrittura professionale; riformulare, e cioè introdurre aggiunte, soppressioni, modifiche è molto più facile sullo schermo che sulla carta.

Il computer non elimina affatto carta e penna: il computer è una presenza abituale nei luoghi di lavoro e, meno, di studio, ma l'accesso all'apparecchio è spesso interdetto, e il portatile di proprietà personale non è molto diffuso. Del resto, non vale la pena di accenderlo per scrivere poche righe. In particolare, il sistema delle schede rimane vitale anche nell'era del computer; e va benissimo, come si è detto, una prima stesura scritta a mano, e poi riversata in computer.

Un testo manoscritto, anche se disposto su mezza colonna o a righe alterne deve, oltre un certo numero di correzioni, essere ricopiato. Il testo in forma elettronica è infinitamente più flessibile di un testo su carta: può essere rifatto a piacere, senza i limiti fisici della scrittura a mano, sicché la videoscrittura esalta la **libertà dello scrivere**. Apportare modifiche e correzioni è così facile, che anche la revisione ne risulta incoraggiata.

È difficile stabilire se la videoscrittura consenta di risparmiare tempo nel lavoro: probabilmente accelera le operazioni ma per ciò stesso induce a moltiplicarle. La stessa facilità di scrivere, poi, contiene un rischio: incoraggia alla prolissità. A quanto pare, un testo al computer è più lungo di un equivalente scritto a mano o a macchina. Non è fuor di luogo, allora, ricordare alcune regole semiserie dettate nel 1946, in epoca pre-computer, dallo scrittore inglese George Orwell:

I. Non usate mai una metafora, una similitudine o un'altra figura retorica che si è soliti veder pubblicata [per *pubblicata* s'intende qui una figura retorica logora, abusata].
II. Non usate mai una parola lunga laddove va bene una parola più corta.
III. Se è possibile eliminare una parola, eliminatela.
IV. Non usate la forma passiva quando potete usare quella attiva.
V. Non usate mai una parola straniera, un termine scientifico o gergale se potete pensare a un equivalente nella lingua d'ogni giorno.
VI. Infrangete una qualsiasi di queste regole se vi portano a scrivere qualcosa di assolutamente ignobile.

Sono regole non assolute (come chiarisce spiritosamente l'ultima), una delle quali, la II, ha senso per l'inglese, ma non per l'italiano. Ma interessa in particolare la III, che gli autori di questo libro hanno applicato più volte. Tuttavia il miglioramento che si può apportare a un testo è infinito, e un lettore attento scoprirà certamente che avrebbe potuto essere adottata con maggior rigore.

13. Impostazione grafica e accessori

A quanto pare, i programmi di videoscrittura che si succedono sul mercato sono ispirati al più profondo pessimismo circa l'intelligenza degli utenti: prevedono la correzione automatica delle maiuscole e delle minuscole, con il risultato di veder sorgere sullo schermo maiuscole non sempre desiderate; sono pronti alla correzione ortografica, e così via. Alla viva raccomandazione dell'uso del computer facciamo seguire ora una sana diffidenza verso questo modo di fornire ai testi uno stampo preconfezionato. L'ottimo sta nel disattivare le opzioni che impongono una presentazione precostituita al testo, e lavorare preoccupandosi della qualità di ciò che si scrive.

Il problema della presentazione grafica del testo (la formattazione: corpi e caratteri, spazi, impaginazione) e della sua stampa sarà bene porselo solo alla fine, per non essere distolti da questioni più importanti, quelle che riguardano il merito del nostro lavoro.

In pratica, disattivati gli automatismi di cui sopra (che si potranno sempre riattivare), si consiglia:

- di accettare le altre impostazioni predefinite del programma, che sistemano la pagina in modo più che accettabile (eventuali modifiche vanno rimandate alla fine del lavoro o apportate quando si è già esperti; insomma, non bisogna perder tempo giocando con le impostazioni);
- di riservare un *file* a ogni capitolo o paragrafo del lavoro (si eviti di scrivere tutta la tesi in un unico *file*);
- di utilizzare la numerazione automatica delle note: le note vanno numerate progressivamente capitolo per capitolo. Il programma di videoscrittura lo fa da sé, e inoltre rinumera le note ogni volta che se ne aggiunge o se ne elimina una;
- di sprecare molta carta. Il video offre una porzione limitata di testo, e guardarlo non giova alla vista. Perciò, non bisogna stampare alla fine, ma nel corso del lavoro, e molte volte. Il testo, in altre parole, si può scorrere e ripulire superficialmente in video, ma va riveduto e corretto in profondità su carta. Le correzioni vanno riportate in video, nuovamente stampate e così via. In questo modo il computer rende la revisione e correzione del testo più efficace che con i metodi tradizionali. Spesso, nel lavoro di revisione, restano nel testo una o più parole di una stesura precedente; oppure si passa da un soggetto al singolare a uno al plurale ma si dimentica di intervenire sul verbo, con il risultato di una concordanza erronea. Di questi errori ci si accorge più facilmente rileggendo su carta che in video. Per altre indicazioni, si consulti direttamente la lista di controllo per la presentazione della tesi, pubblicata all'inizio di questo capitolo.

Per la dattilo- come per la videoscrittura (e la stampa) valgono alcuni criteri di battitura con cui è necessario familiarizzarsi fin dall'inizio, per non acquisire abitudini sbagliate da cui è poi difficile liberarsi. Per la massima parte sono già note a chiunque; su alcuni punti particolari si vedano la lista di controllo per la battitura del testo, all'inizio di questo capitolo, e la Finestra 4.

Quanto alla sistemazione grafica finale, pochi suggerimenti: la lunghezza della tesi è una variabile individuale ma dipende anche dalle consuetudini disciplinari. In ogni caso, non si ricorra all'espediente (oggi molto più raro che un tempo) di gonfiare il volume del lavoro lasciando margini bianchi troppo estesi e usando un'interlinea molto larga: una tesi con troppo bianco costringe il lettore a girare continuamente le pagine, e aumenta il peso della tesi, con poca soddisfazione del commissario, che non è sempre giovane e spesso deve portarsi dietro molte tesi da discutere. Va anche evitata, all'altro estremo, l'interlinea 1; consigliabili sono le interlinee 1 1/2 e 2 (la 1 si potrà usare per le note, e per le citazioni fuori corpo; per i diversi modi di citare fuori corpo, si veda il § 10).

Chi non accetta i margini predefiniti dal programma di scrittura (che sono di cm 2 per i margini laterali e inferiore, cm 2,5 per il margine superiore, con un foglio di cm 21 × 29,7, cioè di formato A4) può aumentarli leggermente.

Per il resto, si vedano le liste di controllo all'inizio di questo capitolo.

Al testo della tesi si uniscono delle parti che chiameremo accessorie. Alcune sono, però, indispensabili, sicché l'impianto generale invariabile della tesi sarà questo:

1. il frontespizio della tesi (è, come nei libri, la pagina interna che segue la copertina). Sul frontespizio si riportano, nell'ordine: il nome dell'Università; la Facoltà; il titolo della tesi; il nome del candidato, a sinistra, con il numero di matricola e, a destra, il nome del relatore (si usi il titolo di rispetto: chiar.mo [chiarissimo] prof., chiar.ma prof.ssa); l'anno accademico (la sessione straordinaria di febbraio rientra nell'anno accademico precedente). Solitamente la redazione del frontespizio è affidata a cartolerie o rilegatorie specializzate nel ramo; ma i corredi dei programmi di scrittura moderni includono anche il frontespizio della tesi di laurea;
2. l'indice, che riporta i titoli dei capitoli e dei paragrafi, con le pagine d'inizio dei soli capitoli (o, meglio, dei paragrafi; in tal caso, è inutile riportare la pagina d'inizio del capitolo, perché coincide con quella del primo paragrafo). L'indice può andare anche alla fine (e in tal caso occupa l'ultima posizione, dopo la bibliografia e gli eventuali accessori), ma è più comodo in posizione iniziale. Se il testo è corredato da illustrazioni (tavole, diagrammi, grafici), se ne faccia un indice a parte, distinguendo fra le illustrazioni riportate nel testo e quelle fuori testo;
3. il testo della tesi; prima del capitolo iniziale, può andare una *Premessa* o *Introduzione*; dopo l'ultimo capitolo, la *Conclusione* (o le *Conclusioni*);
4. la bibliografia (per la compilazione della bibliografia, si veda la Finestra 2).

Le parti accessorie, non indispensabili (ma si valuti caso per caso l'opportunità di includerle), riguardano:

1. i ringraziamenti. Si scrivono al termine dell'introduzione o in una pagina che preceda l'introduzione o, se questa manca, il primo capitolo. Il relatore **non** va ringraziato: la tesi è frutto di una collaborazione con lui, e la menzione, obbligatoria, del relatore nella pagina di frontespizio è sufficiente. Può essere opportuno, invece, nominare altri docenti che abbiano contribuito al lavoro con consigli e indicazioni, o leggendo uno o più capitoli: se la tesi nasce non solo dal rapporto tra il laureando e il suo relatore, ma da un gruppo più ampio, questa è la sede giusta per esprimere la propria gratitudine per la collaborazione ricevuta. Inoltre, nei ringraziamenti si possono nominare un tecnico di laboratorio o un biliotecario disponibile, che abbiano aiutato l'autore nel corso del suo lavoro;

2. i titoletti correnti (o testatine). Ne sono dotati i libri a stampa, dove si dispongono sulla parte superiore delle pagine pari e dispari. La videoscrittura ha avvicinato l'aspetto delle tesi a quello del libro, e consente di dotare automaticamente la tesi di quest'aggiunta informativa, spesso molto utile. Nella parte superiore della pagina può comparire dunque non il titolo della tesi (che sarebbe una notizia inutile) ma quello del capitolo (eventualmente in forma sintetica). Se la tesi è stampata in fronte-retro, allora sulla pagina pari (a sinistra) può andare il titolo di capitolo e su quella dispari (a destra) il titolo del paragrafo; oppure sulla pagina di sinistra i titoli abbreviati di capitolo e paragrafo e su quella di destra gli estremi, espressi numericamente, del capitolo e del paragrafo o dei paragrafi compresi nelle due pagine, sinistra e destra: l'informazione è particolarmente utile per rintracciare un rinvio interno, quando il rinvio sia fatto per capitolo e paragrafo (e non per pagina: rimandare alla pagina è la soluzione più comoda, ma il cambio di impaginazione che è caratteristico della videoscrittura sconsiglia questo tipo di rimando. Anche in questo campo, i programmi consentono comunque rinvii automatici alla pagina, ma non molti si servono di questa possibilità);
3. uno o più indici analitici, diversi dall'indice generale di cui si è già detto. Molti libri a stampa, anche eccellenti, sono difficili da usare (e sono sottoutilizzati) perché privi di indici. In una tesi non dovrebbe mancare l'indice dei nomi propri (elencati alfabeticamente per cognome, seguito da virgola e dal nome, puntato o per esteso), o un doppio indice dei nomi propri (se è utile distinguere gli autori della letteratura primaria da quelli della secondaria). Ma occorre aver chiara la funzionalità degli indici, sicché anche l'indice dei nomi propri potrebbe risultare meno utile di un indice degli argomenti (quelli che non si ricavano dall'indice generale); e naturalmente nulla vieta che un lavoro sia concluso da più indici, di questo o di altro tipo. Se un nome o argomento è citato solo in nota, è comodo segnalarlo aggiungendo l'informazione, in forma abbreviata, al numero della pagina. Per esempio: Platone, 115n;
4. infine, un accessorio che può essere utile (ma è bene concordarlo con il relatore) è il riassunto della tesi, che si può includere nel lavoro (all'inizio), ma si può anche confezionare a parte, e distribuire ai commissari d'esame.

Per l'allestimento finale del lavoro è consigliabile servirsi di una stampante a getto d'inchiostro o, meglio, laser (da evitare la stampante ad aghi).

A partire dall'introduzione della videoscrittura, il testo è contrassegnato dalla continua fluidità: mentre il dattiloscritto era una conclusione definitiva quasi come il libro a stampa, alla quale era possibile apportare solo pochi, limitati ritocchi, ora è sempre possibile intervenire con modifiche, sicché non si è mai sicuri che la stampata di computer coincida del tutto con il dischetto che l'accompagna.

Se non si può produrre una nuova stampa, che rispecchi l'ultima versione, non si esiti a intervenire a penna sulla stampata (Finestra 4).

14. La discussione della tesi

In base al principio, enunciato da Giambattista Vico (1668 - 1744), che si conosce ciò che si è fatto, Fabio, completata e consegnata la tesi, non ha motivo di temere l'esame di laurea, che verte sul lavoro di cui è autore; e solo dovrà guardarsi dalle obiezioni impreviste mosse dal controrelatore o dai commissari, e dai rilievi dello stesso relatore su punti trattati in modo insoddisfacente o lacunoso. In ogni modo, quel che è fatto è fatto, e la cosa migliore è riflettere alla più efficace presentazione dei risultati.

I lettori della tesi di laurea si circoscrivono con la massima precisione: sono due, come si è detto, il relatore e il controrelatore. Questi dovrebbe essere l'avvocato del diavolo, e introdurre l'elemento del dubbio e della critica in quella specie di patto stipulato dal relatore e dal laureando.

Altrettanto semplice è l'individuazione degli ascoltatori della tesi di laurea: sono undici (o sette), tanti quanti sono i membri della commissione giudicatrice. Infatti la tesi di laurea si scrive, ma va discussa oralmente davanti a una commissione, e anche l'andamento dell'esame orale concorre a formare il voto assegnato al lavoro.

Come tutti gli esami, anche l'esame di laurea è pubblico, e poiché il momento della conclusione degli studi universitari è anche un'occasione di festa, alle discussioni di tesi sono spesso presenti, più o meno numerosi, parenti e amici del prossimo neodottore.

Se il pubblico degli ascoltatori è facile da individuare, la situazione comunicativa della tesi è però intrinsecamente sbilanciata: non tanto per la presenza di sostenitori e tifosi, che generalmente non sono in grado di seguire il contenuto tecnico della discussione (con l'eccezione di qualche compagno di studi), ma per la composizione dei commissari, che sono ovviamente gli interlocutori di Fabio. Infatti, il relatore e il controrelatore hanno letto la tesi, gli altri nove no. Dunque si tratta di un pubblico non omogeneo.

Fabio, trovandosi davanti al gruppo di esaminatori più numeroso della sua vita, è tentato di privilegiare, fra tutti gli interlocutori possibili, la professoressa Rececconi che ne ha seguito lo studio: non è la relatrice colei che ne ha guidato il lavoro dall'inizio alla fine e ne conosce tutte le pieghe? non è lei l'ancora di salvezza, il difensore che l'aiuterà (almeno spera) se il correlatore farà delle domande cattive, che lo metteranno in difficoltà? Cedere a questa tentazione è un errore, che trasforma una pubblica discussione in un noioso dialogo a due condotto in un'aula affollata.

Ciò che Fabio deve fare è rispondere alle domande poste dal relatore e dal controrelatore ma rivolgersi anche, e anzi soprattutto, agli altri commissari, per spiegare a chi non ha letto la tesi il senso del proprio lavoro. La specializzazione della ricerca è tale che anche a docenti di materie affini può sfuggire la posizione di un problema e l'interesse di un lavoro, se la spiegazione non è chiara ed efficace, se non si dichiarano subito i presupposti e i criteri con i quali si è affrontato l'argomento.

Dunque gli interlocutori privilegiati dovrebbero essere, senza trascurare ovviamente relatore e correlatore, gli altri commissari, i quali, si noti, hanno anche il diritto di intervenire con osservazioni, domande o richieste di chiarimento, e qualche volta lo fanno.

Fabio tiene davanti a sé una copia della tesi (ne ha stampato una in più proprio a questo scopo), e potrà aprirla e consultarla, per esempio per leggere qualche dato non memorizzabile. Ha segnato in anticipo molte pagine (usando i *post-it*, gli adesivi di cui si è già detto nel capitolo IV, § 4, e del resto largamente noti), sulle quali prevede che probabilmente cadrà la discussione; così, non dovrà cercare affannosamente una certa tabella, ma la troverà a colpo sicuro.

La commissione dell'esame di tesi è composta da professori la cui attenzione non è sempre al massimo: qualcuno, abituato a tenere lezioni, conferenze e relazioni, è ottimo ascoltatore, ma soprattutto di sé stesso; un altro pensa malinconicamente che quella seduta di laurea gli toglie una mattina o un pomeriggio preziosi, nei quali avrebbe potuto completare un lavoro (la data di consegna è scaduta da un pezzo); un altro pensa, semplicemente, ai casi suoi; un altro ancora rimugina pigramente che di tutte queste tesi a lui importa poco o nulla. La scommessa dell'esame di Fabio consiste nel catturare l'attenzione di questo pubblico solo apparentemente omogeneo, e di interessarlo.

Qualche volta il presidente della commissione apre l'esame con una domanda fissa: l'invito a esporre il contenuto della tesi. La professoressa ha raccomandato a Fabio di non esporre, con voce incolore o, peggio, tremante: «Nel primo capitolo mi sono occupato di...; nel secondo capitolo ho studiato...; nel terzo ho trattato...»: questa litania è un modo sicuro per ottenere che anche chi prestava orecchio alla tesi sul Verga stacchi l'attenzione e si rifugi nei propri pensieri. La struttura a lista (cap. III, § 2), comodissima in tanti casi, in una discussione di tesi porta a un binario morto. Invece, Fabio sa di dover precisare in modo conciso (perché prima o poi l'esposizione sarà interrotta e si passerà alla discussione dei problemi più importanti affrontati dalla tesi) l'argomento e la prospettiva critica con cui ha svolto il lavoro, indirizzando l'esposizione verso i punti di forza, quelli più significativi e studiati meglio. Fabio non ha il potere (che spetta ai commissari) di porre le domande, ma può incanalare (o almeno provare a incanalare) la discussione sul terreno che gli è più congeniale.

Non tutto ciò che si scrive si presta bene all'esposizione orale: può tornare utile, allora, riferirsi al riassunto della tesi (se ne è stato distribuito uno ai commissari che non l'hanno letta), o distribuire, prima dell'inizio della discussione, qualche foglio che riporti dati e tabelle e insomma ne visualizzi un passaggio importante.

La retorica antica prevede che chi tiene un discorso debba individuare le idee, distribuirle ed esprimerle: tutti compiti che sono alle spalle di Fabio che, come sappiamo, il suo lavoro, debitamente stampato con una laser, l'ha già presentato. Le ultime due parti raccomandate dai maestri antichi sono la memoria (ed è davvero difficile riuscire a dimenticare la tesi, terminata poco prima della discussione) e l'azione. Fabio non deve certo accompagnare la sua esposizione con larghi gesti della mano e del braccio, come immaginiamo che facessero gli antichi Romani quando parlavano nel Foro o in Senato, ma può esprimersi anche con lo sguardo (che è parte essenziale dell'azione retorica), rivolgendo gli occhi e la parola anzitutto a chi gli ha rivolto una domanda, ma poi guardando anche gli altri commissari, in modo da coinvolgerli nel suo discorso e renderli partecipi anche in questo modo, oltre che con ciò che dice.

Accade nelle discussioni che il correlatore o il relatore muovano osservazioni puntuali, riferendosi alla tale o talaltra pagina della tesi. Fabio apre la sua copia: accetta i rilievi, naturalmente (qui c'è un errore di battitura, lì si sarebbe dovuto citare un certo lavoro), ma è pronto nell'argomentare, con sicurezza (e cioè senza arroganza, ma anche senza timori reverenziali), il suo punto di vista, come spesso avviene per problemi discutibili, e cioè da discutere: che è il proprio dell'esame di laurea.

Così, l'esame si conclude: la votazione tocca ai commissari, ai quali questo libro non ha istruzioni da dare. Fabio sta per essere proclamato dottore: punto e a capo. Dopo la festa, affronterà la caccia al lavoro: auguri.

Finestra 1. La citazione bibliografica

Come non avrebbe senso dare un numero telefonico con una cifra in meno o sbagliata, così un'opera (libro, saggio in volume, articolo in rivista) va identificata in modo preciso e completo. L'identificazione segue delle regole, un po' diverse per i libri di un autore unico e per i lavori pubblicati in volumi collettivi o in rivista. Le indicazioni che seguono non sembreranno macchinose, se si terranno presenti questi criteri generali:

1. I titoli delle opere si scrivono in *corsivo*, come avviene nei libri a stampa (incluso questo) e nella videoscrittura. **Per convenzione**, poiché la macchina da scrivere non dispone del corsivo, i dattiloscritti e, ovviamente, i testi scritti a mano sostituiscono il *corsivo* con il <u>sottolineato</u>.
2. I titoli delle riviste si scrivono "tra doppie virgolette" o «tra doppie virgolette». Le virgolette " " si chiamano virgolette inglesi o alte; le virgolette « » virgolette a caporale o a sergente (richiamano infatti i gradi militari) o basse. (Del tipo inglese si usano anche le virgolette semplici o apici ['], ma non nel tipo di citazione biliografica di cui stiamo dicendo ora; per l'uso degli apici si veda il § 10).
3. Ognuna delle parti identificative individuate dalle liste che seguono è separata con una virgola dalla precedente.

Le **parti identificative** necessarie per la citazione di un libro si ricavano non dalla copertina, ma dal frontespizio (e dal retrofrontespizio), cioè dalla pagina che riporta autore, titolo e note tipografiche. In caso di discordanza fra copertina e frontespizio fanno testo le indicazioni del frontespizio. L'identificazione di un libro scritto da non più di tre autori comprende, nell'ordine, le parti identificative seguenti (ognuna è seguita da una virgola):

1. cognome dell'autore, seguito da virgola e dal nome dell'autore (cognome e nome possono, ma non devono, essere scritti in MAIUSCOLO o, meglio, in MAIUSCOLETTO). Il cognome precede per lo stesso motivo per cui l'elenco del

telefono è ordinato per cognomi; la virgola serve a ripristinare mentalmente l'ordine naturale nome-cognome. Perciò, il secondo e il terzo autore (eventuali) andranno citati nella successione nome-cognome (ovviamente senza virgola).

2. Titolo dell'opera, in corsivo (o, in mancanza del corsivo, sottolineato). Il sottotitolo, quando c'è, è stampato generalmente in una riga sottostante al titolo. Nella citazione bibliografica, il sottotitolo si scrive di seguito al titolo; si elimina perciò l'a capo dell'originale, **sostituendolo con un punto fermo**.

Nei titoli inglesi si abbia cura di scrivere con l'iniziale maiuscola i sostantivi, gli aggettivi, i verbi e gli avverbi (in minuscolo articoli, preposizioni, congiunzioni). Vanno seguite ovviamente le regole generali delle diverse lingue (in tedesco i sostantivi hanno sempre la lettera maiuscola).

3. Dopo la sigla «a c. di» [c. = cura] il nome e cognome del curatore (eventuale), talvolta in maiuscolo o maiuscoletto.

Al titolo del libro e al nome del curatore può seguire, facoltativamente, il nome e cognome del traduttore, preceduto da «trad. di». Di norma, il traduttore si menziona solo per le versioni di opere letterarie, o quando si tratti di un'indicazione culturalmente significativa.

4. Il numero dei volumi, se più di uno: per es., 3 voll. (si notino la cifra araba e l'abbreviazione); va pure menzionata un'eventuale divisione in tomi (per esempio, l'opera maggiore di Romeo su Cavour è in 3 volumi e 4 tomi).
5. Città di edizione (non si confonda la sede della tipografia con quella della casa editrice: un libro può essere stato stampato da un tipografo che si trova a Verona per conto di un editore milanese. In tal caso, occorrerà indicare Milano, dove ha sede l'editore); se le città di edizione sono due si ricorderanno entrambe, con un trattino (per es.: Messina-Firenze); se tre o più, basterà registrare la prima, seguita da un ecc.
6. Editore (se manca, si indica l'ente responsabile della pubblicazione). Questo elemento è facoltativo, ma consigliabile (conoscere l'editore rende più facile l'acquisto di un libro; inoltre, per le opere moderne come per quelle antiche, l'indicazione dell'editore è interessante per motivi culturali). Chi preferisca omettere l'editore non scriva la virgola tra i nn.i 5 e 7, e cioè tra la città e l'anno.
7. Anno di pubblicazione ed eventualmente numero dell'edizione usata, con un esponente numerico piccolo in alto dopo l'anno: 1975^3. Sarà utile allora indicare fra parentesi quadre la data di pubblicazione della prima edizione o, se si tratta di opera tradotta, della prima edizione nella lingua originale: 1975^3 [1960^1]. Questi dati sono forniti nel retro del frontespizio; se il numero dell'edizione non è indicato, basterà scrivere l'anno dell'edizione usata e quello della prima edizione.

Non ci addentriamo in disquisizioni complicate sulla storia del libro dalla prima pubblicazione e dalle edizioni in lingua originale fino alla prima pubblicazione e alle edizioni italiane, tanto più che non è sempre facile, per un equivoco spesso voluto dagli editori, la distinzione tra edizioni (rivedute o rifatte) e semplici ristampe. Perciò, basterà riportare di norma, nel modo indicato, l'ultima edizione (o quella su cui si lavora) facendo seguire tra parentesi la data della prima edizione (della prima edizione nella lingua originale, se si tratta di opera tradotta).

Se si cita da un'opera in corso di pubblicazione (e quindi non ancora completata) si scrivono tre puntini dopo l'anno di pubblicazione del primo volume. Per esempio: *Grande dizionario della lingua italiana*, a c. di S. Battaglia, Torino, Utet, 1961...

Per i libri usciti in collana, alcuni usano scrivere anche, come ultimo elemento, tra parentesi, il titolo della collana e il numero di collana del volume. Ma di questa indicazione, tranne casi particolari (come l'esigenza di adeguarsi a norme redazionali che la richiedano espressamente), si può fare tranquillamente a meno.

Accade talora che manchino l'indicazione del luogo o dell'editore o dell'anno: l'editore si sostituisce con l'indicazione del tipografo, preceduta dall'abbreviazione «Tip.» ('Tipografia'); altrimenti si useranno le notazioni abbreviate «s. l.» ('senza luogo'), «s. e.» ('senza editore'), «s. a.» o «s. d.» ('senza anno' o 'senza data'). Se mancano luogo, editore e anno, si scrive direttamente «s. n. t.» ('senza note tipografiche').

Perciò Fabio scrive, su una scheda bibliografica:

VERGA, GIOVANNI, I Carbonari della montagna. Sulle lagune, a c. di Carlo Annoni, Milano, Vita e Pensiero, 1975

oppure (ma è meglio indicare l'editore):

VERGA, GIOVANNI, I Carbonari della montagna. Sulle lagune, a c. di Carlo Annoni, Milano 1975

Vediamo ora come si cita un lavoro pubblicato in un volume miscellaneo, per esempio quello di Nicolò Mineo, cercato e infine trovato da Fabio.

Si chiamano miscellanei i volumi che raccolgono saggi diversi di uno stesso autore (che non compongono, cioè, un libro unitario) o di autori diversi.

In questo caso i titoli saranno due: uno è il titolo del lavoro particolare di Mineo, l'altro è il titolo generale del volume. Si devono citare entrambi: il titolo generale è indispensabile per identificare il libro; quello particolare specifica quale sia il lavoro che si cita, tra i molti di autori diversi, raccolti nell'opera. Perciò si citano il lavoro di Mineo e, dopo la solita virgola, seguita da «in» (in tondo, perché la preposizione è estranea al titolo generale e a quello particolare), il titolo del libro; «in» significa: questo studio si trova nel volume di cui si dà ora il titolo. Inoltre, è necessario aggiungere gli estremi delle pagine occupate dal lavoro stesso: infatti, non si tratta di citare il libro nel suo insieme (come nel caso dei *Carbonari*), ma solo un contributo specifico.

Si presenta però un piccolo problema: il lavoro è intitolato

Strutture narrative e orientamenti ideologici ne *I Carbonari della Montagna*

e Fabio sta scrivendo a mano: non può riprodurre il carattere corsivo. Quest'ultimo, però, ha la funzione di distinguere dal titolo complessivo (che è opera di Mineo) il titolo del libro del Verga (insomma il titolo di Mineo contiene dentro di sé il titolo del romanzo). La stessa funzione del corsivo può essere svolta dalle virgolette; perciò Fabio scrive, applicando fedelmente il primo dei criteri elencati all'inizio di questa finestra, e rispettando la distinzione presente nell'originale (ma senza riprodurla materialmente):

MINEO, NICOLÒ, Strutture narrative e orientamenti ideologici ne «I Carbonari della Montagna», in I romanzi catanesi di Giovanni Verga, Catania, Biblioteca della Fondazione Verga, 1981, pp. 81-103.

Come si vede, le pagine iniziale e finale sono precedute dall'abbreviazione «pp.», che significa «pagine», al plurale. Manca l'editore, ma in suo luogo figura l'ente che ha promosso la pubblicazione.

Il problema si ripresenterà a Fabio quando scriverà la tesi al computer: ora ha a disposizione il corsivo. La prima soluzione che gli viene in mente non è buona:

Strutture narrative e orientamenti ideologici ne I Carbonari della Montagna

perché l'uso del corsivo elimina la distinzione tra il titolo di Mineo e il titolo del romanzo di Verga; le soluzioni possibili sono due (consigliamo la prima, che è più semplice):

1. *Strutture narrative e orientamenti ideologici ne «I Carbonari della Montagna»*
2. *Strutture narrative e orientamenti ideologici ne* I Carbonari della Montagna

Come si vede, la prima soluzione è identica alla scheda bibliografica scritta a mano, e solo sostituisce al sottolineato il corsivo (che ne è l'equivalente, come si è detto); la seconda riproduce il titolo di Mineo trasformando il corpo tondo in corsivo e il corsivo in tondo. In entrambi i casi, la distinzione fra titolo generale e titolo del romanzo di Verga è rispettata.

Ma è destino che l'articolo di Mineo susciti sempre problemi a Fabio: non solo è stato difficile trovarlo, a causa della vaga indicazione di partenza; non solo la citazione esatta del titolo ha suscitato qualche piccola incertezza, poi risolta: come se tutto ciò non bastasse, quando Fabio porta un capitolo della tesi alla sua professoressa questa, che legge con attenzione ed è anche un po' pignola (si sa, i professori sono fatti così, ma la precisione è, non dimentichiamolo, una virtù; oggi la chiamano solennemente professionalità), obietta: «Ma Mineo non è mica autore di tutto il libro!»; «Perciò», risponde Fabio, «ho citato le pagine». «Va bene», ribatte la professoressa, «ma potrebbe essere una raccolta di saggi scritti tutti da Mineo» (perché i volumi miscellanei possono essere di un autore unico, oltre che di più autori). Il problema non si porrebbe se gli atti del convegno di Catania riportassero il nome del curatore (sarebbe stato anche più facile trovarli, cercando la scheda secondaria): ma poiché un curatore manca, l'equivoco è possibile (e, per la verità, qualche volta anche i lavori di uno stesso studioso sono riuniti in un volume miscellaneo a opera di un curatore). A questo Fabio non aveva pensato. Per fornire l'informazione mancante, può scegliere una delle soluzioni seguenti:

1. **MINEO, NICOLÒ**, *Strutture narrative e orientamenti ideologici ne «I Carbonari della Montagna»*, in *I romanzi catanesi di Giovanni Verga* (Atti del I Convegno di Studi, Catania, 23-24 novembre 1979), Catania, Biblioteca della Fondazione Verga, 1981, pp. 81-103.
2. **MINEO, NICOLÒ**, *Strutture narrative e orientamenti ideologici ne «I Carbonari della Montagna»*, in AAVV, *I romanzi catanesi di Giovanni Verga* (Atti del I Convegno di Studi, Catania, 23-24 novembre 1979), Catania, Biblioteca della Fondazione Verga, 1981, pp. 81-103.

3. **MINEO, NICOLÒ**, *Strutture narrative e orientamenti ideologici ne «I Carbonari della Montagna»* , in **I romanzi catanesi di Giovanni Verga* (Atti del I Convegno di Studi, Catania, 23-24 novembre 1979), Catania, Biblioteca della Fondazione Verga, 1981, pp. 81-103.

La soluzione n. 1 aggiunge dopo il titolo del libro e tra parentesi (fra il titolo e la parentesi non c'è virgola: la parentesi ne fa le veci), in tondo, l'occasione congressuale che ha dato origine al volume. Si capisce così, essendo gli atti di un convegno opera di più partecipanti, che Mineo non è autore di tutto il libro. Le soluzioni n. 2 e n. 3, pur conservando la parentesi (che rimane in ogni caso utile perché informativa), fanno precedere al titolo del libro la sigla AAVV, non bella ma comoda (significa Autori vari) o il simbolo dell'asterisco [*], che convenzionalmente si usa con lo stesso significato di AAVV.

A questo punto, i criteri più raccomandabili sono il n. 2 o il n. 3 (non tutti i volumi collettivi, infatti, sono atti congressuali), che stringono il massimo dell'informazione nel minimo dello spazio; e sarà bene rispettarli con attenzione, perché se non troveremo né AAVV né l'asterisco, allora capiremo che l'autore di un capitolo del libro è anche l'autore del volume. Per esempio:

CORTI, MARIA, *Le fonti del «Fiore di virtù» e la teoria della «nobiltà» nel Duecento* [1959], in *Storia della lingua e storia dei testi*, Milano-Napoli, Ricciardi, 1989, pp. 45-121.

Questo libro, infatti, raccoglie alcuni lavori della stessa autrice, dedicati ad argomenti diversi e pubblicati in varie sedi nel corso degli anni. Il lettore attento avrà notato che le date sono due: la prima, tra parentesi quadre, indica la prima edizione in rivista, e l'informazione non è trascurabile perché, se mancasse, si potrebbe anche pensare a un lavoro scritto trent'anni dopo, in occasione della stampa del libro.

Possiamo sbrigarci più rapidamente delle norme per la citazione di articoli da rivista:

1. cognome dell'autore, seguito da virgola e dal nome dell'autore (cognome e nome possono, ma non devono, essere scritti in MAIUSCOLO o, meglio, in MAIUSCOLETTO);
2. titolo dell'articolo, in corsivo (al solito, in mancanza del corsivo, sottolineato);
3. preceduto da «in», il titolo della rivista, in tondo tra virgolette " " o « »;
4. il numero del volume, in numeri romani (molto amati dalle riviste), che però nulla vieta di trasformare nelle più comode cifre arabe, seguito dall'anno di pubblicazione, separato da virgola o tra parentesi (in questo caso senza virgola, per il motivo detto di sopra); eventualmente, il numero del volume è preceduto da N. S. (= Nuova Serie);
5. le pagine nelle quali è stampato l'articolo.

Dunque, per ripetere l'ultimo esempio, se non abbiamo sottomano il libro di Maria Corti ma solo la rivista nella quale l'articolo fu pubblicato la prima volta, e in attesa di controllare se l'edizione del 1989 apporti qualche aggiornamento, citeremo così:

CORTI, MARIA, *Le fonti del «Fiore di virtù» e la teoria della «nobiltà» nel Duecento*, in «Giornale storico della letteratura italiana», 136, 1959, pp. 1-82

oppure:

CORTI, MARIA, *Le fonti del «Fiore di virtù» e la teoria della «nobiltà» nel Duecento*, in «Giornale storico della letteratura italiana», 136 (1959), pp. 1-82

Come si vede, **per le riviste non si indicano la città e l'editore**; si indica invece l'anno, che è sempre importante, e con l'anno il volume: una rivista pubblica comunemente un **volume** all'anno (qualche volta più di uno), e l'uscita può essere unica o semestrale (e si avranno allora due **fascicoli**) o quadrimestrale e così via. Se i diversi fascicoli che compongono il volume hanno numerazione continua (per cui la prima pagina di un fascicolo successivo al primo non comincia da 1, ma dal numero successivo all'ultima pagina del fascicolo precedente), allora non è necessario indicare il fascicolo; se invece escono più fascicoli dello stesso volume, ognuno con numerazione propria (il che non è frequente, ma accade), allora il numero del fascicolo dovrà essere riportato, dopo il numero del volume, in uno di questi due modi:

1. ...in «Rivista di Tuttologia Universale», 315, fasc. 3, 1997, pp. 5-7
2. ...in «Rivista di Tuttologia Universale», 315 (fasc. 3), 1997, pp. 5-7

Gli stessi criteri validi per le riviste si estendono ai lavori pubblicati negli *Atti* o *Memorie* o *Rendiconti*, pubblicazioni periodiche edite dalle Accademie italiane e straniere.

Le norme che si applicano alle opere a stampa valgono anche per quelle in CD-ROM (si veda la citazione della *Liz* nel § 7).

⇒Si sono indicati sopra dei criteri sufficienti per risolvere (quasi) tutti i dubbi che sorgono nella citazione bibliografica (qualche altra indicazione si troverà negli esercizi proposti qui di seguito), e che sono quelli più comunemente usati. Mancando una prassi assolutamente omogenea, si sono suggerite in qualche caso più soluzioni. Qualunque di esse si preferisca, l'importante è attenersi sempre allo stesso criterio (per esempio, l'editore o si indica sempre o non si indica mai: l'unica soluzione sbagliata è quella di compromesso).

⇒In alcuni ambiti di studio si usano criteri diversi per la citazione, particolarmente per le riviste. In varie discipline scientifiche, infatti, il titolo dell'articolo si scrive in tondo tra virgolette « », e il titolo della rivista in corsivo: ma, come si vede, l'esigenza è la stessa, e cioè distinguere in modi graficamente diversi queste due parti identificative. Chi ha letto con attenzione e capito i criteri esposti fin qui, potrà orientarsi rapidamente, senza fare troppi studi preliminari in materia. Le esigenze fondamentali della citazione bibliografica sono:

1. l'omogeneità;
2. la distinzione delle parti identificative;
3. il massimo dell'informazione nel minimo dello spazio.

Finestra 2. La bibliografia finale

La bibliografia raccoglie tutto ciò e solo ciò che è stato usato (e quindi citato) nel corso del lavoro: la sua funzione consiste nel riunire le indicazioni bibliografiche sparse nelle note o nel testo della tesi, in modo da permettere un colpo d'occhio sul totale della letteratura utilizzata e un controllo su singole voci.

La bibliografia finale **non** raccoglie tutto ciò che è stato pubblicato sull'argomento e neppure tutto ciò che l'autore ha letto o consultato, ma quanto ha citato esplicitamente nel corso del suo lavoro.

Nella tesi Fabio ha citato la p. 99 dell'articolo di Mineo, e forse anche altri luoghi del medesimo saggio; ma la pagina o le pagine a cui ha attinto materiale non figurano nella bibliografia finale, che si modella su una delle forme indicate nella Finestra 1, e coincide con la scheda bibliografica di cui si è parlato nel § 8 (perciò la bibliografia finale registra solo le pagine estreme, iniziale e finale, del saggio di Mineo).

La bibliografia è **ordinata alfabeticamente per cognome-nome** (separati da virgola), come nelle schede bibliografiche (e diversamente che nelle note). Può essere utile distribuirla in due sezioni, una per la letteratura primaria, l'altra per la secondaria. Per allestire la bibliografia conviene selezionare le schede bibliografiche e ordinarle: non dovrebbe essere necessario alcun lavoro supplementare.

Una variante, che può essere utilizzata in rapporto a esigenze particolari, consiste nell'ordinare una lista bibliografica per ordine cronologico (come si è fatto nel § 2).

Chi segue il sistema di citazione autore-anno organizza la bibliografia finale in modo leggermente diverso, disponendo su un rigo il cognome e il nome dell'autore; poi, a capo, l'anno di pubblicazione e gli altri elementi identificativi. Per le fonti primarie, da citare per autore-opera (§ 11), si procede in modo analogo. L'ordine delle parti identificative cambia in rapporto al criterio adottato. Invece di fornire esempi, si propongono direttamente degli esercizi.

Esercizi

1. La scheda bibliografica

1. Fabio deve citare un lavoro di Carla Riccardi, intitolato: «Da *Storia di una capinera* a *Padron 'Ntoni*: evoluzione tematica e stilistica», tratto da un altro volume della serie di convegni sul Verga di cui abbiamo già parlato. Il frontespizio è qui riprodotto; il lavoro dell'autrice è alle pp. 63-73. Compilare una scheda bibliografica completa e corretta. **[R]**

BIBLIOTECA DELLA FONDAZIONE VERGA

SERIE CONVEGNI N. 2

I ROMANZI FIORENTINI
DI GIOVANNI VERGA

Atti del II Convegno di Studi
Catania, 21-22 Novembre 1980

CATANIA
1981

2. Un articolo di Giovanni Nencioni, intitolato «Parlato-parlato, parlato-scritto, parlato-recitato», è apparso nel 1976 in una rivista ed è stato ripubblicato nelle pp. 126-79 del libro di cui si riproduce qui il frontespizio; per economia di spazio, vi si sono aggiunte a mano alcune informazioni bibliografiche, ricavate dal retrofrontespizio. Compilarne la scheda bibliografica. [**R**]

Giovanni Nencioni

Di scritto e di parlato

Discorsi linguistici

NENCIONI
Di scritto e di parlato
Zanichelli

ZANICHELLI
Bologna 1983

3. Compilare la scheda bibliografica dell'articolo di rivista qui riprodotto. I dati bibliografici necessari sono tutti disponibili (si faccia attenzione alle indicazioni in basso a destra). Si noti che gli autori sono due: che cosa si è avvertito circa la sequenza cognome-nome e nome-cognome a questo proposito? [**R**]

Story generations: From dialogical interviews to written reports in police interrogations*

LINDA JÖNSSON and PER LINELL

Abstract

This paper discusses story generation processes in police interrogations and in the writing of police reports. Data consist of 30 interrogations with reports on charges of theft, shop-lifting and fraud. Since most factors are kept constant, data permit of a close comparison of two versions of the 'same' story, one being told in the dialogue between the police officer and the suspect, and the other one produced as a monological report written by the police officer. There are a number of important differences between the spoken and written narratives. Apart from the difference in language varieties (conversational language vs. police report prose), we find that the monological text has a more clearly elaborated narrative structure and a legally relevant perspective. In addition, the transformation from spoken dialogue to written text involves changes from vagueness to precision, from relative incoherence to coherence and a clear chronology, from emotionality to an objectively identified sequence of events and actions etc. These processes are illustrated by a close analysis of one example interrogation. Results are discussed in terms of theories of orality vs. literacy, genre types (institutional routines, differences between lay and professional rationalities) and situated story-telling.

Keywords: communication, police interrogation, orality, literacy, story-telling, institutional discourse, everyday life perspective, legal rationality.

1. Introduction

In the last 10–15 years, we have witnessed a tremendous increase of interest in issues concerning the relationships between spoken and written language, between orality and literacy, between oral and literate strategies in story-telling etc. In this paper, we will contribute to the debate with a

0165–4888/91/0011–0419 $2.00 *Text 11 (3) (1991), pp. 419–440*

2. La bibliografia

1. Si trasformi la bibliografia utilizzata per il capitolo IV di questo libro:
   a. in una bibliografia ordinata alfabeticamente per autori citati;
   b. in una bibliografia con il sistema autore-anno. [**R**]
2. Si trasformi la lista bibliografica del § 2, che è ordinata cronologicamente, nei due modi dell'esercizio precedente.

Finestra 3. Paroloni e spropositi

Illustriamo l'invito a evitare stili pretenziosi e scorretti riportando un ottimo modello da **non** imitare. Una casa produttrice di CD-ROM per un pubblico specializzato ha presentato il suo catalogo con una lettera pubblicitaria nella quale si legge tra l'altro un'abbreviazione inutile. E tutto il testo è scritto in modo tanto ambizioso quanto goffo:

> La speciale ed innovativa a livello mondiale tecnica di digitalizzazione messa a punto mette a disposizione immagini al [sic] alta risoluzione che – oltre a rendere perfettamente leggibile il testo contenuto nella pagina privilegiando il concetto di LPR (leggibilità per riga) – riporta una serie di informazioni che i sistemi tradizionalmente impiegati per la riproduzione documentaria (quali microfilm o fotografie) mediamente non possiedono , se non attestandosi a livelli di costi proibitivi.

Senza insistere sul «concetto» di LPR, che è una parodia involontaria della scrittura tecnica, questo è un esempio, tanto eccellente quanto involontario, di testo formato male e scritto male. Non solo è inaccurato, come dimostrano l'errore di battitura segnalato con il *sic* e gli spazi bianchi interni alla seconda parentesi e davanti all'ultima virgola (che sono errori da principianti della dattilografia o della videoscrittura), ma è anche steso in una prosa che antepone con inutile sistematicità l'aggettivo al sostantivo e, con procedimento parallelo, l'avverbio al verbo: *La speciale ed innovativa a livello mondiale tecnica di digitalizzazione*; *i sistemi tradizionalmente impiegati*. Conservando le parole (ma sarebbe facile migliorare il tutto), è molto migliore l'ordine sostantivo-aggettivo e verbo-avverbio: *La tecnica di digitalizzazione speciale ed innovativa, a livello mondiale; i sistemi impiegati tradizionalmente.*

Lasciamo da parte altre piacevolezze, come «*messa* a punto *mette*» e lo spreco dei *livelli*.

Finestra 4. La penna sulla stampata di computer e Ron-Jon: un paragone per contrasto

La facilità di modificare il testo grazie alla videoscrittura produce l'effetto di un testo fluido, inafferrabile come un'anguilla: è sempre possibile apportare ritocchi lievi o importanti, e se di sopra si è raccomandato di sprecare carta, non è neppure possibile superare un limite ragionevole di ristampe per un testo, poniamo, di 200 pagine, al quale siano state apportate poche correzioni, ma tali da modificarne l'impaginazione complessiva e da richiedere ogni volta una nuova stampa.

Per evitare l'antipatica ma frequente discordanza tra la stampata di computer e il dischetto che l'accompagna, è buona norma ritoccare la stampata in modo da renderla conforme all'ultima versione. Il consiglio diventa poi un obbligo ogni volta che sia necessario introdurre nella stampata segni particolari, di cui il programma o la stampante siano privi.

Il lettore è invitato a leggere il testo che segue, nel quale si sono introdotti volutamente errori di battitura numerosi e di vario tipo. S'intende che un testo così scorretto è impresentabile, e va assolutamente corretto e ristampato.

Prima di procedere, si tengano presenti alcuni segni convenzionali, da utilizzare per le correzioni. Queste, poi, si scriveranno con una penna **rossa**, in modo che spicchino sul nero della stampata.

È importante che il testo uscito dalla stampante non sia considerato, come spesso invece avviene, intangibile: alcuni ritocchi a penna non lo sfigurano ma lo rendono più corretto.

Tavola dei segni principali di correzione tipografica

 inserire

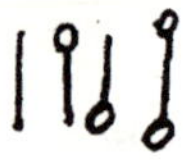 segni di sostituzione

 separare

 unire

 unire e separare

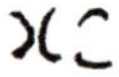 separare e unire

 eliminare

 eliminare e unire

 invertire

 di seguito

[= trasformare le lettere sottolineate in carattere tondo]

[= trasformare le lettere sottolineate in carattere corsivo]

Poniamo che in prima stesura l'inizio del testo sia stato battuto con tanti errori, e che la stampata del computer si presenti nel modo esemplificato qui. È necessario intervenire, con una penna rossa (allo scopo di rendere più visibili le correzioni), e apportare le modifiche necessarie a penna, per poi travasarle in computer e ottenere una stampa corretta (e accade che il procedimento si ripeta più volte). Meno efficace, si è già osservato, è la correzione in video; e a una prima revisione in video è buona norma farne seguire una su carta.

Il lettore è invitato a servirsi dei segni convenzionali forniti sopra, e a correggere con una penna rossa.

Jon e Ron avvarono illavoro di te si pressappoco nello stesso periodo.. Nessuino dei due aveva le idee completamente chiare sul proprio progetto ; perciò andarono in bibloiteca per passare in rassegna la bibliografia genenerale sul loro campo d'interesse e si ritrovarono tutti e due in sala di consultazione .Al bibliotecatio addeyyo alla consultazione Jon chiese quali indici e riasunti esistessero per individuare articoli di giornale, tesi,

riviste e libri. Seguendo le indicazioni del bibbliotecario, Jon si ridolse a esaminare PsychLIT, la versione su disco compatto (CD-ROM)dei *Riassunti della ricerca psicologica*. **[R]**

L'organizzazione italiana delle biblioteche e del sistema scolastico superiore è molto diversa da quella che vige negli Stati Uniti e nel Canada. Tuttavia, in un mondo che si evolve verso l'informazione automatizzata, è utile tener conto di metodi e organizzazioni che dovranno (o dovrebbero) essere rapidamente introdotti anche nel nostro paese.

Tra gli infiniti esempi possibili, si prende qui in considerazione un libro dedicato alle tesi: Kjell Erik Rudestam - Rae R. Newton, *Surviving your Dissertation. A Comprehensive Guide to Content and Process*, Newbury Park ecc., Sage, 1992. In tono semiserio, tra i suggerimenti agli studenti se ne legge uno molto imperioso: «Non pensate neppure di preparare la tesi senza un elaboratore di testi!» (p. 19). Nel libro si raccontano fra l'altro due esperienze parallele di lavoro, svolte in chiave di contrasto (cap. V, § 6). Il modello raccomandato dagli autori non può essere applicato alla situazione italiana (può anche darsi che quel Jon sia un Pierino insopportabile e che Ron meriti ogni simpatia), ma la morale che se ne ricava è evidente, e fornisce utile materia di riflessione e di comportamento. Rileggiamo dunque in forma corretta e compiuta il testo di cui si è offerto sopra l'inizio sfigurato.

Jon e Ron avviarono il lavoro di tesi nello stesso periodo. Nessuno dei due aveva le idee completamente chiare sul proprio progetto; perciò andarono in biblioteca per passare in rassegna la bibliografia generale sul loro campo d'interesse e si ritrovarono tutti e due in sala di consultazione. Al bibliotecario addetto alla consultazione Jon chiese quali indici e riassunti esistessero per individuare articoli di giornale, tesi, riviste e libri. Seguendo le indicazioni del bibliotecario, Jon si risolse a esaminare PsychLIT, la versione su disco compatto (CD-ROM) dei *Riassunti della ricerca psicologica*. Digitò il nome del suo argomento e trovò che gli articoli pubblicati a partire dal 1966 sul suo campo generale d'interesse erano 234. Restrinse allora l'indagine selezionando solo gli articoli che riguardavano un settore particolare che gli stava a cuore e ne trovò 36. Questo gli sembrò un buon punto di partenza, sicché Jon mise un suo dischetto nel computer e copiò i riassunti e gli estremi bibliografici dei 36 lavori per esaminarli a casa con il suo personal computer. Per tutte queste operazioni impiegò meno di mezz'ora. Quanto a Ron cominciò con l'individuare la sezione dove erano i volumi annuali dei *Riassunti della ricerca psicologica* e prese, a uno a uno, i volumi dallo scaffale, cominciando con l'annata del 1966, per cercare quanto lo riguardava. Sei ore dopo, aveva raccolto pressappoco la stessa informazione di Jon; ma era anche andato per 36 volte alla fotocopiatrice per riprodurre i riassunti di ogni volume.

In seguito Jon e Ron esaminarono attentamente il contenuto dei riassunti: Jon sul video del suo computer e Ron studiando le fotocopie. Tutti e due conclusero che valeva la pena di leggere per intero circa 10 degli articoli di cui avevano studiato il riassunto. Tornati in biblioteca, li fotocopiarono, poi tornarono a casa per prendere appunti. Jon si servì di una base di dati testuale, Ron di schede di cm 7,5 x 12,5.

Per presentare una breve rassegna della letteratura al presidente della commissione, Jon utilizzò il computer, Ron una macchina da scrivere elettrica. Per esser sicuro che il testo fosse privo di errori di battitura e di grammatica, prima di consegnare il testo alla commissione Jon usò il correttore ortografico e grammaticale, Ron cercò nel dizionario molte parole di cui non era sicuro, ma non alcune che riteneva corrette. Ron non riuscì a includere la bibliografia perché non ebbe il tempo di copiare tutte le citazioni dalle schede e di adattarle allo stile bibliografico richiesto. Jon, invece, non fece altro che dare al programma l'istruzione di stampare le citazioni nel formato prescelto, operazione che richiese circa mezzo minuto.

Tanto Jon che Ron ricevettero l'approvazione della commissione: potevano raccogliere i dati (Jon con circa 4 mesi di anticipo su Ron). Completata la raccolta, entrambi decisero di rivolgersi a un servizio di assistenza statistica che organizzasse l'analisi informatizzata dei dati. Jon ricevette i risultati su carta e su dischetto, Ron solo su carta. Dopo aver valutato quali risultati dovessero servire da base per la presentazione in forma di tabelle, Jon trattò l'informazione al computer e aggiunse i titoli e le categorie necessarie. Ron, lavorando sulla stampata, batté a macchina tutta l'informazione su fogli separati. Una volta di più, Ron impiegò molte più ore di Jon nel completare questa fase del lavoro.

Jon e Ron arrivarono poi alla fase della stesura finale. Jon usò un programma per controllare che ogni articolo citato nella tesi fosse incluso nella bibliografia finale, e viceversa, e si fece stampare quest'ultima con le impostazioni richieste. Ron, invece, dovette esaminare, pagina per pagina, ogni citazione per controllarne la presenza in bibliografia. Poi dovette ribattere la bibliografia, comprensiva degli articoli citati, partendo dalle schede.

Jon e Ron completarono la tesi, producendo un lavoro di alto livello. Jon finì 8 mesi prima di Ron: anche se aveva speso molto tempo e denaro per imparare l'uso di diversi programmi, e per l'acquisto di un computer, Jon risparmiò 8 mesi di tasse, una cifra più alta del prezzo del computer. Jon poté dedicare più tempo agli aspetti intellettuali e creativi della tesi perché si era alleggerito dei lavori ripetitivi e di *routine*. Nella sua tesi si rispecchia la condizione di chi ha investito più tempo a elaborare le questioni sostanziali e meno tempo su problemi formali e tipografici.

Infine, Jon si offre al mercato del lavoro con abilità informatiche molto duttili, spendibili per pubblicare la tesi in forma di libro o di articoli, per eseguire nuove ricerche, per governare una documentazione, per scrivere lettere e relazioni, per gestire una clientela, per organizzare una vita complessa. Ron, d'altra parte, rimane un analfabeta informatico, il che fa di lui, negli anni Novanta, un dinosauro.

SEZIONE SECONDA

Capitolo nono

A PROPOSITO DI ALCUNI DUBBI DI ORTOGRAFIA E GRAMMATICA

1. Meglio i dubbi

Quando si scrive, capita a tutti di essere colti da incertezze riguardo alla corretta grafia di una parola:

proficuo o *profiquo*?
entusiasta o *entusiasto*?
se stesso o *sé stesso*?
onnisciente o *onniscente*?
efficiente o *efficente*?
intravedere o *intravvedere*?
accelerare o *accellerare*?
suppletivo o *supplettivo*?
proprio o *propio*?
un po' o *un pò*?
province o *provincie*?
noi sogniamo o *noi sognamo*?
egli legge o *lui legge*?
le carceri o *i carceri*?
purché non nuoccia o *purché non nuocia*?
è piovuto o *ha piovuto*?
lo voglio dire o *voglio dirlo*?
la giudice Maria Rossi o *il giudice Maria Rossi*?

E si potrebbe continuare ancora a lungo. In ogni caso, avere trasalimenti e dubbi di questo genere è un buon segno, perché dimostra che la nostra coscienza linguistica è sveglia e reattiva, e sa riconoscere le zone critiche all'interno delle convenzioni ortografiche e grammaticali che regolano l'italiano scritto. Chi invece non si pone alcun problema, spesso è destinato a commettere molti errori, del tutto inconsapevolmente, senza aver l'occasione di rimediare.

Cosa fare in questi casi?

È facile che la pigrizia ci spinga alla soluzione che prevede il minimo sforzo: chiediamo aiuto al fratello più grande, all'amica brava a scuola, al vicino di scrivania laureato in Lettere; oppure cambiamo la frase per aggirare l'ostacolo. Ma sappiamo tutti che basterebbe alzarsi dal tavolo e consultare il dizionario per risolvere l'incertezza; cosa ancor migliore, se per lavoro o per studio si deve scrivere di frequente, sarebbe tenere a portata di mano anche una grammatica di consultazione (e anche questo *Manuale di scrittura e comunicazione*). Infatti il dizionario dirime quasi sempre il dubbio ortografico, ma non spiega l'origine e il senso di una certa grafia, né la regola in base alla quale un accento è richiesto o meno, un apostrofo è necessario o erroneo (Finestra 1).

Prendiamo il caso di *efficiente*: il dizionario ne fornisce la grafia e dà indicazioni anche sulla pronuncia ponendo un accento tonico sulla penultima *-e-*; avverte poi che si tratta di un aggettivo; ne spiega il significato ('persona o cosa rispondente in pieno alle proprie funzioni o ai propri fini'); può far riferimento ad alcuni usi fissi della parola (per esempio segnalare che esiste in grammatica il *complemento di causa efficiente* e dire di cosa si tratta). Se il nostro è un dizionario storico, riporterà anche la prima attestazione di questo termine e qualche esempio tratto da testi letterari; se invece è un dizionario etimologico ci farà sapere che la parola deriva dal latino *efficiens, -entis* (quest'ultima è la forma del caso genitivo). Tuttavia, non è compito del dizionario soffermarsi sulle ragioni della presenza, in questo aggettivo, del gruppo grafico *-cie-*, che in italiano compare solo eccezionalmente. Questo è compito della grammatica.

E infatti, consultando una grammatica potremo apprendere sia la regola grafica sia le sue eccezioni. La regola dice che l'italiano scritto rappresenta il suono dolce (ossia palatale) della *-c-* attraverso le grafie *-ci-* e *-ce-* (*città, vicino, dolci; cena, faccenda, vivace; acciaio; micio; marciume*); poiché si dispone di *-ce-*, non vi è alcuna necessità di scrivere *-cie-*, se non nei casi in cui l'accento cade proprio su quella *-i-*, come in *farmacìe*.

Le eccezioni sono però numerose: di certo a scuola abbiamo imparato che si scrive *cielo* ('volta celeste') e *cieco* ('privo della vista'), esiti di forme latine dittongate (rispettivamente *caelum* e *caecus*), e che attraverso tale grafia le due parole si distinguono da altre di uguale pronuncia, ossia *celo* ('io nascondo') e *ceco* ('abitante della Repubblica Ceca'). Hanno la grafia *-cie-* anche alcuni sostantivi di origine latina (*specie, superficie, società*), nonché i nomi composti col suffisso *-iere* (lo stesso che si trova in *cavaliere, infermiere, romanziere*): è corretto quindi scrivere *braciere* e *pasticciere*, proprio per mantenere la riconoscibilità del suffisso (benché le parole imparentate con queste, come *brace* e *pasticceria*, vadano con *-ce-*). Ancora, terminano in *-cie* i plurali di quei sostantivi femminili che al singolare finiscono per *vocale + cia* , come *camicia → camicie, socia → socie, acacia → acacie* (lo stesso discorso vale per i femminili in *vocale + gia*); invece, le parole che escono in *consonante + cia* (e + *gia*) formano il plurale con *-ce* (e *-ge*): *mancia → mance, arancia → arance, faccia → facce*. Infine, conservano la grafia *-cie-* della loro base etimologica i quattro aggettivi derivanti dai participi presenti latini *efficiente, sufficiente, insufficiente, deficiente*: si tratta di aggettivi di tradizione dotta, che non hanno subito il logoramento dell'uso popolare ma sono stati mutuati direttamente dalle forme latine, e perciò si scrivono in maniera diversa dai loro fratelli *facente, confacente, soddisfacente* (pure derivanti dal latino *facio*) i quali invece, avendo «abitato» per lungo tempo nella lingua italiana, ne hanno acquisito normalmente anche le convenzioni grafiche.

2. Elisione e troncamento

Quando una parola termina per vocale non accentata, e la successiva inizia a sua volta con vocale, è possibile che la prima delle due vocali scompaia del tutto nella pronuncia, cioè subisca un'**elisione**.

Per segnalare questa caduta si scrive, alla fine della prima parola, un apostrofo ['].

Per esempio, nella frase *In quell'istante l'uomo sentì tutto l'orrore dell'invidia* ci sono ben quattro elisioni, e di conseguenza quattro apostrofi; non scriveremmo mai *In quello istante lo uomo sentì tutto lo orrore della invidia.*

Tuttavia, in molti altri casi sta al gusto di chi scrive decidere se far ricorso all'elisione o no: la frase *Quest'amministratore è pieno d'iniziativa* suona quasi altrettanto bene nella forma *Questo amministratore è pieno di iniziativa*, senza alcuna elisione.

Ci sono dunque parole che di preferenza si elidono, e altre per le quali si può decidere di volta in volta. Fra le prime ricordiamo gli articoli determinativi singolari *lo* e *la* (*l'amico, l'elicottero, l'elefante; l'anima, l'eventualità, l'indole*), le preposizioni articolate che ne derivano (*all'inferno, sull'atlante; dall'origine, dell'umanità, nell'ipotesi*), l'articolo determinativo maschile plurale *gli,* solo davanti a parole che iniziano per *i-* (*gl'interessi,* ma *gli alpini, gli estremisti, gli orfani, gli ussari*), l'articolo indeterminativo femminile *una* (*un'aquila, un'infermiera*), gli aggettivi dimostrativi *questo* e *quello* (*quest'abito, quest'aria; quell'antiquario, quell'edizione*), la preposizione *di* (*giardino d'inverno, parole d'oggi, vino d'annata*), l'avverbio e pronome *ci*, solo davanti a *e-*, *i-* (*c'era, c'entra, c'interessa*).

A proposito di quest'ultimo punto, va sottolineato che **non** sono corrette le grafie, pure assai diffuse ultimamente, *c'ho messo molto tempo, c'hai da fumare, non c'hanno niente da fare*: intanto si tratta di forme tipiche del parlato, e poi, scritte così, andrebbero lette con la *c-* dura (cioè velare).

Per rendere il suono dolce della *c-* è necessario scrivere *ci ho messo molto tempo,* ecc.

Se dopo il femminile *una* l'elisione è normale, va invece ricordato che **mai** si deve mettere l'apostrofo dopo il maschile *un*, nemmeno davanti a parola che inizia per vocale. Si scrive infatti sempre e solo *un amico, un epistolario, un ombrello, un impermeabile,* così come davanti a consonante si scrive *un carteggio, un bicchiere, un meridiano.* In altre parole, il maschile *un* **non è** l'**elisione** di *uno*, ma il suo troncamento.

Si parla di **troncamento** quando cade la vocale finale (in alcuni casi la sillaba finale) di una parola senza che sia compromessa la pronunciabilità della parola stessa; ciò può avvenire solo a condizione che l'ultima consonante sia *l, m, n, r* (sono parole tronche, per esempio, *castel, natural, fior, amor, voler, saprem, signor, han, suor, miglior*, ecc.).

Si noti che la parola tronca può essere seguita indifferentemente da una vocale o da una consonante: *amor eterno* va altrettanto bene che *amor costante,* e così anche *signor Aliprandi* e *signor Visconti, suor Ottavia* e *suor Mercedes, miglior amico* e *miglior piazzamento.*

Non va dimenticato che anche *qual* è una forma tronca, sia al maschile che al femminile, perché si può dire tanto *qual buon vento* che *qual meraviglia*. Pertanto *qual è*, in tutti i casi, va scritto senza apostrofo. Lo stesso vale per *tal*.

Nel caso dell'aggettivo *buono*, notiamo che si può usare la forma tronca *buon* al maschile (*buon umore, buon ragazzo*) purché non davanti a parole che inizino con *s* + *consonante* o *z*- (in questo caso *un buono strumento, il buono zampognaro*); al femminile invece si usa la forma piena *buona* (*buona usanza, buona donna, buona stella*), ferma restando la possibilità di elisione davanti a vocale (*la buon'anima*).

Ancora diverso il comportamento di *bello, grande, santo*: questi aggettivi hanno una forma tronca maschile che può essere usata davanti a consonante (*bel quadro, gran filibustiere, san Giovanni* e anche, al femminile, *gran carriera,*); davanti a vocale, si ha possibilità di elisione sia al maschile che al femminile (*bell'aspetto, bell'avventura* o *bella avventura; grand'ufficiale, grand'invettiva* o *grande invettiva; sant'Eusebio, sant'Orsola* o *santa Elisabetta*); davanti a *s* + *consonante* si ricorre alla forma piena (*bello stile, grande stupido, santo Stefano*), così come davanti a *z*- per i primi due aggettivi (*bello zuccone, grande zaino*), mentre *santo* ricorre anche in questo caso alla forma tronca (*san Zaccaria, san Zeno*).

Casi particolari di parole tronche terminanti per vocale e non per *l, m, n, r*, sono costituiti da *po'* (= poco), *ca'* (= casa), *mo'* (= modo), *be'* (= bene), oltre che dagli imperativi *da'* (= dai!), *di'* (= dici!), *fa'* (= fai!), *sta'* (= stai!), *va'* (= vai!). Come si vede, tutti questi monosillabi vanno scritti con l'apostrofo.

3. L'accento

L'uso corrente, in italiano, è di segnare l'accento grafico solo sulle parole tronche (od ossitone, cioè quelle che lo portano sull'ultima sillaba), come *civiltà, caffè, giovedì, cantò, ragù*.

Non è necessario invece segnare la sillaba tonica delle altre parole, siano esse accentate sulla penultima (parossitone o piane) o sulla terzultima (proparossitone o sdrucciole) o anche più indietro (come le bisdrucciole *càpitano, vìsitano*).

Un discorso a parte va fatto per i monosillabi. Qui l'accento grafico non serve a dirimere dubbi di pronuncia, perché l'accento tonico non può cadere che su quell'unica sillaba; serve invece come elemento di distinzione fra parole che hanno lo stesso suono: per esempio, nella frase *Ne fa di cotte e di crude tutto il dì* l'accento spetta al sostantivo *dì* ('giorno'), che così non può essere confuso con la preposizione semplice *di*. Altrettanto avviene con le coppie seguenti:

è (verbo) ed *e* (congiunzione);
tè (sostantivo) e *te* (pronome personale);
sé (riflessivo) e *se* (congiunzione);
dà (3ª pers. sing. del presente indicativo) e *da* (preposizione semplice);
né (congiunzione) e *ne* (pronome e avverbio);
sì (avverbio) e *si* (pronome);
là (avverbio) e *la* (articolo);
lì (avverbio) e *li* (pronome);
ché (congiunzione, equivale a *poiché*) e *che* (pronome relativo e congiunzione).

In generale, la convenzione ortografica sembra orientata secondo un criterio «di economia»: sulla parola di uso più comune non va l'accento, che viene riservato invece a quella meno frequente.

Portano l'accento inoltre i monosillabi *ciò, può, già, più, chiù, piè*.

Altri monosillabi invece vanno scritti senza accento, ma lo passano ai loro composti: si tratta di *blu, fa, re, sta, sto, su, tre, va*, che producono forme composte accentate come *rossoblù, contraffà, viceré, sottostà* e *sottostò, quassù, trentatré, rivà*.

Si noti che sulla *-e-* si possono segnare due tipi di accento: grave [*-è*] a indicare che la vocale ha suono aperto (come in *è, cioè, caffè*), oppure acuto [*-é*] per rappresentare un suono chiuso (come in *sé, né, perché, poiché, sicché, affinché*, ecc.): è bene abituarsi a distinguere sempre correttamente un gruppo dall'altro.

Un'ultima curiosità riguarda il riflessivo *sé*, che (quando è da solo) va scritto con accento acuto: la vecchia convenzione ortografica che raccomandava di scriverlo senza accento qualora fosse accompagnato da *stesso* e *medesimo* ultimamente viene sottoposta a molte critiche, in quanto si tratterebbe di un'inutile complicazione della norma, sicché la grafia *sé stesso* sta velocemente prendendo piede. Al momento attuale si può ancora ritenere che tutte e due le scelte siano accettabili. Si ricordi comunque che va sempre senza accento (in quanto si tratta di una particella atona) il *se* riflessivo che s'incontra in frasi del tipo *Se ne pentiranno, Andarsene, Se ne sta facendo beffe*.

4. Il passivo

Il modo più semplice e diretto di costruire una frase consiste nell'assumere come soggetto la persona o la cosa che compie l'azione (per esempio *Io guardo, Tu corri, Il delitto non paga*); se poi l'azione ricade su qualcuno o qualcosa, e se il verbo è transitivo, si avrà anche un complemento oggetto (*Io sbuccio una mela*).

Come tutti sanno, questo modello di frase può essere ribaltato: la costruzione attiva si trasforma allora in passiva, il complemento oggetto diventa soggetto, mentre quello che prima era soggetto diventa un complemento d'agente (se si tratta di persona o animale) o di causa efficiente (se si tratta di un'entità inanimata). La frase precedente, volta in forma passiva, suona così: *Una mela è sbucciata* (o *viene sbucciata*) *da me*. In primo piano adesso c'è la mela, e quell'*io* che materialmente compie l'azione di sbucciare è messo in disparte, grammaticalmente declassato: il passivo ha cambiato in maniera netta il punto di vista del discorso.

Se poi si osserva la parte verbale della frase si nota che, per realizzare lo stesso modo e tempo (indicativo presente), nella costruzione attiva basta una parola, *sbuccio*, mentre in quella passiva ce ne vogliono due, *è sbucciata* oppure *viene sbucciata*: questo perché la costruzione passiva richiede un ausiliare (per lo più *essere* o *venire* ma anche, meno frequenti, *finire, andare*). Quale che sia il modo e tempo della frase attiva, possiamo verificare che la corrispondente passiva conta, nel verbo, una forma in più:

La nostalgia mi distrugge / Sono distrutto dalla nostalgia
Hanno perduto quelle lettere / Quelle lettere sono andate perdute
Si punirà ogni indisciplina / Ogni indisciplina sarà punita

Rosella ha costruito il modellino / Il modellino è stato costruito da Rosella
Non avranno chiarito tutto / Non tutto sarà stato chiarito
La tintura rovinerà i capelli / I capelli finiranno rovinati dalla tintura.

Se quella passiva, come pare, è una costruzione non solo «innaturale» ma anche gravosa, in quanto costringe a usare forme verbali complesse e ingombranti, ci sarebbe da aspettarsi una sua tendenza a scomparire. Invece si può tranquillamente affermare che il passivo gode di buona salute e non sembra risentire affatto delle spinte semplificatorie di cui la lingua italiana è vittima in questi anni. Anzi, è più facile che vengano segnalati degli abusi di passivo, soprattutto nella scrittura giornalistica, come nell'esempio che riproduciamo:

Le salme dei naufraghi *sono state recuperate* e *sono state trasportate* all'istituto di medicina legale, dove è *stato compiuto* il riconoscimento ufficiale; la tragedia è avvenuta perché la nave era carica, *è stata sballottata* dalle onde e si è inclinata; *è stato dato* il segnale di SOS; è arrivata un'altra nave, ma una delle sue lance di salvataggio *è stata sollevata* da un'onda e *scaraventata* contro la prua della nave. Le operazioni di soccorso *sono state riprese* stamani all'alba: il recupero delle salme *è stato fatto* da un elicottero; i corpi *sono stati trasportati* all'aeroporto. Il ministro ha ordinato che *sia data* assistenza alle famiglie delle vittime.

Da testi di questo genere risulta abbastanza chiaro un primo vantaggio della costruzione passiva, cioè la possibilità di tenere in ombra dei soggetti anonimi o ininfluenti ai fini della cronaca (i soldati che materialmente hanno recuperato le salme, i singoli parenti che hanno compiuto il riconoscimento, le onde del mare), portando invece al centro dell'attenzione anche grammaticale ciò che veramente interessa ai lettori (le salme dei naufraghi, le operazioni di soccorso, l'assistenza alle famiglie). Basta provare a volgere all'attivo la prima parte del pezzo per rendersi conto che il risultato è insipido e privo di un argomento coerente:

Qualcuno ha recuperato le salme dei naufraghi e le ha trasportate all'istituto di medicina legale, dove (i parenti) hanno compiuto il riconoscimento ufficiale; [...] le onde hanno sballottato la nave e questa si è inclinata; qualcuno ha dato il segnale di SOS; è arrivata un'altra nave, ma un'onda ha sollevato una delle sue lance di salvataggio e l'ha scaraventata contro la prua della nave.

Il passivo risulta ancor più funzionale negli articoli di cronaca nera, soprattutto quando il rapinatore o l'assassino non ha volto né nome e mal si presterebbe a essere usato come soggetto, mentre le sue vittime (i suoi «complementi oggetti») possono proficuamente essere promosse, grazie alla costruzione grammaticale, a vere protagoniste della storia, pur avendo soltanto subito l'azione.

Inoltre, il ricorso alla forma passiva è d'aiuto quando in un testo si vuole evitare di cambiare il soggetto troppe volte. Per esempio, a partire da un periodo come questo:

Il signor Rossi stava camminando per strada, quando il destino lo ha raggiunto nella persona di un'arzilla vecchietta: la signorina Gemma L., di 93 anni, che lo ha colpito

> involontariamente con un vaso da fiori in plastica che teneva sul davanzale. Il vaso ha ferito lievemente l'uomo; subito sono accorsi alcuni passanti e poco dopo un'ambulanza lo ha condotto all'ospedale per la medicazione.

se ne può ottenere uno più compatto e soddisfacente in cui il soggetto grammaticale resti sempre il medesimo, così:

> Il signor Rossi stava camminando per strada quando è stato raggiunto dal destino nella persona di un'arzilla vecchietta di 93 anni, la signorina Gemma L. L'uomo è stato colpito involontariamente da lei con un vaso da fiori in plastica che si trovava sul davanzale; ferito in modo lieve, è stato subito soccorso da alcuni passanti e poco dopo trasportato in ambulanza all'ospedale per la medicazione.

Come si vede, nella riformulazione la ridda dei soggetti è stata placata e la frase ha acquisito una positiva continuità tematica: il signor Rossi grazie al passivo è potuto diventare protagonista a pieno titolo della vicenda.

Non va trascurata, infine, la possibilità di ricorrere a questo tipo di costruzione per attenuare la carica aggressiva di una frase.

Per esempio, sarebbe imbarazzante e sgradevole dover dire *Guardi che lei non ha pagato il conto*; volta al passivo, con la conseguente cancellazione del soggetto, la frase risulta invece di tono più diplomatico: *Guardi che il conto non è stato pagato*.

5. Il congiuntivo

A differenza dell'indicativo, che è tipico della realtà e della certezza, il congiuntivo è il modo verbale che esprime la possibilità, l'opinione, il dubbio, la speranza, il timore.

Nelle coppie di frasi che seguono, per esempio, quelle contrassegnate con *a* riguardano cose sicure, constatazioni, mentre le altre con *b* contengono sfumature di incertezza, augurio, ipotesi ecc.:

1a. *Vedo che siete arrivati sani e salvi*
1b. *Ho pregato tanto perché arrivaste sani e salvi*

2a. *So che Elena non ti ha ancora restituito il libro*
2b. *Immagino che Elena non ti abbia ancora restituito il libro*

3a. *Se dici una cosa simile sei uno stupido*
3b. *Se tu dicessi una cosa simile saresti uno stupido*

4a. *Oggi andiamo in campagna*
4b. *Magari andassimo in campagna, oggi!*

5a. *Dimostrerò che non sei tu il colpevole*
5b. *Mi illudo che non sia tu il colpevole*

Anche se è possibile trovarlo nelle proposizioni indipendenti (come nel caso 4b), il congiuntivo ha la sua utilizzazione soprattutto nelle frasi subordinate.

In alcune è obbligatorio, e precisamente:

- nelle **finali** introdotte da *affinché, perché, a far sì che* (*L'ho rimproverato affinché comprendesse la gravità del suo gesto. Ti porto in montagna perché tu prenda un po' d'aria buona. Modifichiamo la frase, a far sì che scompaia ogni ambiguità*);
- nelle **concessive** introdotte da *benché, sebbene, malgrado, per quanto, per ... che, quantunque* (*Non mi piace questo libro, benché l'autore sia fra i miei preferiti. Sebbene la questione sia delicata, bisognerà affrontarla con fermezza. Hanno gradito la torta, malgrado fosse un po' bruciata. Per quanto io mi sforzi, non riesco a trovare la soluzione. Per ricco che sia, non potrà comprare la mia amicizia. Ho votato per lui, quantunque il suo programma non mi convincesse del tutto*);

⇒ Si ricordi invece che le concessive introdotte da *anche se* si costruiscono con l'indicativo;

- dopo le **locuzioni congiuntive** *ammesso che, concesso che, a patto che, posto che, nell'ipotesi che* (*Anche ammesso che si tratti di un'infrazione, non la ritengo grave. Il questore autorizzerà il corteo, a patto che non vi sia alcuna sosta nel centro storico. Posto che A sia diverso da B e B sia uguale a C, se ne ricava che A è diverso da C. Nell'ipotesi che il piano fallisca, abbiamo comunque una via di scampo*);
- dopo le **congiunzioni ipotetiche** *se anche, se mai, casomai, ove, laddove, qualora* (*Se anche fossi libero, non verrei al luna-park. Se mai tu dovessi perdere le chiavi, sappi che io ne ho un altro mazzo. Preparerò la cena comunque, casomai tu arrivassi prima. Siamo pronti a intervenire, ove ciò si rendesse necessario. Laddove si creassero le condizioni per un'intesa, il governo sarebbe pronto a trattare. Qualora non rispetti le restrizioni indicate, il detenuto sarà escluso dal regime di semilibertà*);
- dopo le **congiunzioni condizionali-restrittive** *purché, sempreché* (*Non c'è da preoccuparsi, purché l'incidente non si ripeta. La guarigione avviene entro una settimana, sempreché non intervengano complicazioni*);
- nelle **temporali** introdotte da *prima che* (*Andate a fare la spesa, prima che i negozi chiudano*);
- nelle **esclusive** introdotte da *senza che* (*Ho mangiato la Nutella senza che la mamma se ne accorgesse*);
- nelle **eccettuative** introdotte da *salvo che, eccetto che, a meno che* (*Non ammetto ritardi, a meno che si tratti di gravi e giustificati motivi*);
- nelle **proposizioni di adeguatezza** introdotte da *perché,* quando nella reggente c'è un avverbio di quantità (*poco, troppo, abbastanza, troppo poco*), se il soggetto della dipendente è diverso da quello della reggente (*Sei troppo piccolo perché io ti lasci usare le forbici. Ci siamo frequentati troppo poco perché lui possa ricordarsi di me*).

Ci sono poi le **interrogative indirette**, frasi dipendenti che esplicitano una domanda o un dubbio contenuti nella reggente. Secondo la vecchia grammatica normativa andrebbero costruite sempre col congiuntivo; oggi però la situazione appare più fluida, e si può ritenere che il congiuntivo in tali proposizioni sia tipico della lingua scritta e comunque di un livello stilistico più formale, mentre l'indicativo si è imposto in molte zone della lingua parlata. Pertanto sono preferibili le realizzazioni col congiuntivo se il registro espressivo è elevato (*C'è da* *chiedersi quale sia il movente di quel delitto. Mi domando quanto ancora tu possa resistere. Molti vorrebbero sapere in che consista il terzo segreto di Fatima*), mentre in contesti stilisticamente bassi è accettabile anche l'indicativo (*Vorrei sapere dove sei stato fino a quest'ora. Ti chiederanno chi sei e cosa stai facendo. L'ho scelto d'impulso, senza domandare quanto costava*).

Nelle subordinate **soggettive**, **oggettive** e **relative** (che sono poi i tipi più frequenti nella sintassi del periodo italiano) il congiuntivo si usa non soltanto in funzione della sfumatura di significato che si vuole attribuire all'espressione, ma anche secondo alcune regole particolari che indicheremo di volta in volta. Vediamo alcuni esempi:

soggettive:

1a. *È proprio vero che non sai mentire*
1b. *È necessario che tu non menta al giudice*

2a. *È chiaro che sono imbarazzati*
2b. *Sembra che siano imbarazzati.*

Osservazioni: è di regola il congiuntivo con verbi impersonali che appartengono alla sfera dell'apparenza, della necessità, della convenienza, dei moti dell'animo. Perciò sono inaccettabili (per distinguerle, le facciamo precedere da un asterisco) frasi del tipo:

* *Mi sembra che l'atleta si è innervosito*
* *Bisogna che vieni subito a casa*
* *Sarà meglio che non dici niente a tuo padre*
* *Ci è dispiaciuto che siete andati via.*

oggettive:

3a. *Dico che sei simpatico*
3b. *Non dico che tu sia antipatico*

4a. *Vedo che ti distrai*
4b. *Ho l'impressione che tu ti distragga*

5a. *So che tornerai stanco*
5b. *Mi aspetto che tu ritorni stanco.*

Osservazioni: il congiuntivo è necessario dopo verbi e locuzioni che esprimono volontà, desiderio, ordine, speranza, timore e simili (*aspettare, escludere, esigere, impedire, lasciare, ordinare, ottenere, permettere, preferire, pretendere, proporre, raccomandare, sperare, suggerire, temere, volere*); dopo verbi e locuzioni che esprimono opinione, dubbio o possibilità (*credere, dubitare, immaginarsi, negare, pensare, ritenere, sospettare, supporre, far finta, avere la sensazione, mettersi in testa*); nelle costruzioni negative *non essere sicuro, non dire*. Perciò sono inaccettabili frasi del tipo:

* *Esigo che smetti subito di fumare*
* *Credo che ha quasi finito*
* *Ho la sensazione che il film finisce male*
* *Ritengo che i ragazzi sanno cavarsela benissimo.*

relative: 6a. *È la più bella ragazza che conosco*
6b. *È la ragazza più vanitosa che io abbia mai conosciuto*

7a. *In classe non c'è nessuno che capisce la matematica*
7b. *In classe non c'è nessuno che capisca la matematica*

8a. *Metterò il vestito che ha il colletto bianco*
8b. *Voglio comprare un vestito che abbia il colletto bianco.*

Osservazioni: quando nella reggente c'è un superlativo relativo, oppure in dipendenza da locuzioni del tipo *l'unico che, il solo che, nessuno che, il primo che, l'ultimo che* è preferibile ricorrere al congiuntivo. Di conseguenza le frasi 6a e 7a hanno un registro più colloquiale, meno sorvegliato. Dagli esempi 8a e 8b si capisce invece che il significato di una relativa può cambiare sensibilmente a seconda che vi compaia l'indicativo o il congiuntivo: nel primo caso si parla di un vestito specifico, che esiste e può essere indossato, mentre nella seconda frase il vestito oggetto della ricerca è immaginario, ideale, e la relativa (con sfumatura consecutiva) ne indica le caratteristiche desiderate (*Voglio comprare un vestito* tale *che abbia il colletto bianco*).

⇒ Riguardo alle sfumature di significato nelle relative, si veda anche la Finestra 2.

C'è infine da ricordare che il modo congiuntivo ha la sua utilizzazione nella protasi del **periodo ipotetico della possibilità** (in cui si esprimono fatti realizzabili)

- al presente: *Se mi ascoltasse, lo convincerei*
- al passato: *Se mi avesse ascoltato, l'avrei convinto*

e nella protasi del **periodo ipotetico dell'irrealtà** (in cui si esprimono fatti non accaduti o che mai potevano verificarsi)

- al presente: *Se questo sasso fosse un diamante* (ma non lo è), *sarei ricco*
- al passato: *Se questo sasso fosse stato un diamante* (ma non lo era), *sarei stato ricco.*

6. La posizione dell'aggettivo

A differenza di molte altre lingue europee, l'italiano non ha una posizione fissa per l'aggettivo: questo infatti può sia precedere che seguire il sostantivo cui si riferisce. Pertanto si può dire

È stata un'indimenticabile giornata

ma anche

È stata una giornata indimenticabile.

Però, in alcuni casi il significato della frase cambia a seconda che l'aggettivo stia a destra o a sinistra del nome. Negli esempi che seguono, la cosa risulta abbastanza chiara:

Un vecchio amico / *Un amico vecchio*
Un'unica maestra / *Una maestra unica*
Una buona opera / *Un'opera buona*
Numerose classi / *Classi numerose*

Limitandoci al primo caso, possiamo osservare che *Un vecchio amico* significa 'un amico di lunga data, che conosciamo da molto tempo', mentre *Un amico vecchio* vuol dire 'un amico anziano, avanti con gli anni'.

In generale, si può dire che gli aggettivi tendono a disporsi secondo le relazioni di significato che instaurano col nome: per lo più vanno preposti quelli che hanno valore qualificativo (*belle gambe, ottimi voti, lunghe attese*), posposti invece quelli che restringono o specificano l'insieme indicato dal nome (*teatro inglese, danze slave, prezzi fissi, lingua italiana*), con l'avvertenza che la categoria dei qualificativi ammette anche di essere dislocata dopo il nome, mentre quella dei restrittivi non si presta ad essere spostata a sinistra (perciò non sono ammessi sintagmi come **inglese teatro*, **slave danze*, **fissi prezzi*, **italiana lingua*).

Quando un nome è accompagnato da due aggettivi, il diverso comportamento delle due categorie si manifesta in modo ancor più evidente: infatti si può dire

un nuovo romanzo sudamericano,
un grande interprete scespiriano,
l'ultima spia russa,

ma non

**un sudamericano romanzo nuovo,*
**uno scespiriano interprete grande,*
**la russa spia ultima,*

salva restando la maggior mobilità dell'aggettivo qualificativo, che permetterebbe pur sempre di produrre un sintagma come

un romanzo sudamericano nuovo.

A sottolineare la differenza fra i due tipi di aggettivi interviene anche il fatto che i qualificativi possono passare al grado superlativo, mentre i restrittivi no, e dunque è possibile dire *un nuovissimo romanzo sudamericano*, ma non **un nuovo romanzo sudamericanissimo*.

7. Sigle o acronimi

Le denominazioni degli enti, delle associazioni, delle imprese industriali, dei partiti politici, spesso costituite da molte parole, nella loro forma completa sono difficili da memorizzare e anche da pronunciare. Prendiamo per esempio l'Istituto Regionale per la Ricerca la Sperimentazione e l'Aggiornamento Educativo: sarebbe impegnativo ripeterne per intero il nome, ogni volta che si fa riferimento ad esso. Ma per fortuna esiste la sigla, e tutti, al bisogno, lo chiamano IRRSAE.

Lo stesso discorso può valere per infiniti altri esempi, da UNICEF (= United Nations International Children's Emergence Found, ossia Fondo Internazionale di Emergenza per l'Infanzia delle Nazioni Unite) a UCIGOS (= Ufficio Centrale per le Investigazioni Generali e le Operazioni Speciali), da CENSIS (= Centro Studi Investimenti Sociali) a AIDS (= Acquired Immunodeficiency Syndrome, cioè Sindrome da Immunodeficienza Acquisita). È probabile che la persona comune, l'uomo della strada, riconosca le sigle e sappia identificare almeno sommariamente il campo di pertinenza dei diversi enti e istituzioni; più difficile pensare che sia in grado di sciogliere sempre correttamente gli acronimi iniziale per iniziale.

Perciò è importante, quando si costruisce una sigla nuova, curare per quanto si può che il suo significato sia comprensibile (così da facilitarne la memorizzazione), che non assomigli ad altre (per evitare confusioni), che risulti facile da pronunciare e infine, se ce n'è la possibilità, che evochi qualcosa di positivo. Dal punto di vista psicologico, cioè riguardo all'impatto sul pubblico, quest'ultimo aspetto è tutt'altro che trascurabile: basti ricordare che alcuni anni fa l'IRI (= Istituto per la Ricostruzione Industriale) si accingeva a dar vita a una grande azienda di impiantistica, il cui nome doveva essere IRIMPIANTI. Accortisi che un montaggio onomastico del genere si prestava a letture che non erano di buon augurio («I rimpianti»), i responsabili ripiegarono su un nome diverso.

Più di recente la neonata Associazione degli Italianisti Italiani, per darsi una sigla che non sembrasse un gemito, ha dovuto tener conto nell'acronimo della D di «degli» (che di solito si trascura); inoltre ha rinunciato a rappresentare una delle due «I» del suo nome, forse per non apparire una associazione destinata a strazianti commiati. Sicché alla fine si è chiamata ADI.

Poco tempo fa, infine, i quotidiani hanno riferito di uno scambio di battute fra Silvio Berlusconi e Mariotto Segni proprio a proposito di sigle. Ne trascriviamo una parte (dalla *Repubblica* del 29 novembre 1996):

> «Cobac, che brutto nome»
> Il Cavaliere corregge Segni
>
> Roma – «Caro Mario, fatti dare un consiglio da comunicatore: la sigla Cobac è proprio brutta», dice Silvio Berlusconi. «Ma il logo è bello», replica Mario Segni. [...] «Ma perché non usi Movimento o Patto per la Costituente?» [...] Risponde Mariotto: «Caro Silvio, a me la sigla Cobac piace. E poi ricordati che a molti non piaceva la sigla Corel (= Comitati per i referendum elettorali) eppure stravincemmo».

Tornando agli acronimi più noti, possiamo osservare che, in uno degli esempi fatti all'inizio (CENSIS), per ottenere una migliore leggibilità e un'allusione semantica interessante sono state assunte ben tre lettere dalla prima parola (CENtro) e solo le iniziali dalle ultime tre: il nome risultante non solo è agevole da pronunciare, ma anche evoca la parola *censo* (= ricchezza, patrimonio), il che per un istituto economico non è male.

Non sempre, quando si scrive una sigla, è necessario usare tutte lettere maiuscole come si è fatto finora in questo paragrafo: in molti casi anzi si va imponendo l'uso di scrivere le sigle come nomi propri, cioè con la sola iniziale maiuscola (per esempio Anas o ANAS = Azienda Nazionale Autonoma delle Strade; Pri o PRI = Partito Repubblicano Italiano; Bot o BOT o addirittura bot = Buoni Ordinari del Tesoro). Sono scomparsi quasi del tutto anche i puntini di separazione che dividono le singole iniziali di cui l'acronimo è composto, sentiti ormai come un elemento privo di significato oltreché un'inutile perdita di tempo per chi scrive: uno dei pochi casi in cui resistono è G.d.F. (= Guardia di Finanza), sigla peraltro impronunciabile perché priva di elementi vocalici.

Va ricordato infine che il nome di enti o associazioni a volte viene costruito non a partire dalle singole iniziali ma giustapponendo parti più sostanziose di parole: è il caso, per esempio, di *Coldiretti, Criminalpol, Totocalcio, Confcommercio*. Anche questi sono acronimi, e si può osservare che, se hanno il difetto di risultare più "ingombranti", in compenso sono più agevoli da decifrare (rinviano rispettivamente alla *Confederazione Nazionale dei Coltivatori Diretti*, alla *Polizia Criminale*, al *Totalizzatore Calcistico*, alla *Confederazione del Commercio*).

8. L'uso di *ne*

Ne deriva dall'**avverbio** di luogo latino *inde* (= da lì) e anche in italiano il suo primo significato è avverbiale, come nelle frasi:

Posso dirti che il teatro è pienissimo: ne (= da lì) *vengo proprio adesso*
Me ne (= da lì, o da qui) *andrò senza rimpianti.*

Inoltre, *ne* può avere anche funzione di **pronome**: in questo caso sostituisce le locuzioni *di lui, di lei, di ciò, di loro, da lui, da lei, da ciò, da loro* (o anche *di questo, di questa* ecc.), come negli esempi:

Domani parlerò di Cesare e ne (= di lui) *metterò in luce l'astuzia strategica*
Irene è bellissima: ne (= di lei) *ammiro soprattutto gli occhi*
Ne (= di ciò) *conosciamo molti esempi*
Ho perso di vista i compagni di scuola, e ormai ne (= di loro) *frequento solo due*
Ecco il teste: ne (= da lui) *apprenderete la dinamica dell'incidente*
Silvana è una vera amica: ne (= da lei) *ricevo sempre ottimi consigli*
Ne (= da ciò) *siamo rimasti molto colpiti*
Ho letto i due libri e ne (= da essi, da questi) *ho ricavato molte informazioni utili.*

Sia in funzione di avverbio che di pronome, la particella *ne* diventa **enclitica** (cioè "si attacca" alla fine di un'altra parola) quando accompagna un verbo di modo non finito (infinito o gerundio), come si può vedere nelle coppie di frasi che seguono:

Me ne (= da qui) *vado* → *Devo proprio andarmene*
Piangeva mentre se ne (= da lì) *allontanava* → *Piangeva allontanandosene*
Ne (= di lui, di lei, di loro) *apprezzo lo zelo* → *Posso apprezzarne lo zelo*
Gli voglio bene anche se non ne (= di lui) *sopporto la pedanteria* → *Gli voglio bene pur non sopportandone la pedanteria*
Me ne (= di ciò) *vanto* → *Posso davvero vantarmene.*

I problemi posti da *ne* a chi parla o scrive riguardano essenzialmente la possibilità di farne un **uso pleonastico** (ossia non necessario, ridondante) e il grado di accettabilità delle frasi risultanti.

Come avverbio, per esempio, *ne* può trovarsi in locuzioni in cui il complemento di luogo sia già espresso in forma esplicita, come nell'esempio:
Ho intenzione di andarmene al più presto da questa locanda.

Anche se il *-ne* (= da qui) è reso superfluo dalla presenza del complemento *da questa locanda*, si può osservare che le frasi di questo tipo, costruite con i verbi *andarsene, venirsene, tornarsene,* sono considerate accettabili e ben consolidate dall'uso.

Come pronome, il *ne* compare in forma pleonastica abbastanza di frequente:

- ci sono alcune locuzioni fisse da cui non può essere eliminato, come ad esempio *non poterne più di, farne di*: frasi come *Non ne posso più di questa pioggia* oppure *Pierino ne ha fatte di tutti i colori* risulterebbero incomprensibili se provassimo a escludere il *ne*: anche questa famiglia di espressioni dunque è corretta;
- ci sono poi gli usi "intensivi" di *ne,* che hanno invaso il parlato (anche se fanno arricciare il naso a molti), del tipo *Ne ho un cassetto pieno, di queste cianfrusaglie,* oppure *Di questo problema ne ho parlato con tutti*: queste frasi non sono accettabili se il livello espressivo è formale né, a maggior ragione, nella lingua scritta. Dunque sarà meglio evitarle, soprattutto quando si scrive, ripiegando su espressioni meno "colorite" ma più corrette, come:
  Di queste cianfrusaglie ho un cassetto pieno (oppure *Ho un cassetto pieno di queste cianfrusaglie*)
  Di questo problema ho parlato con tutti (oppure *Ho parlato con tutti di questo problema*);
- infine ci sono i casi, del tutto inaccettabili anche nel parlato, in cui *ne* è pleonastico rispetto a un pronome relativo, come **Vado dal mio amico Andrea, di cui te ne ho tanto parlato* (l'asterisco segnala che questa frase è assolutamente scorretta); si deve dire e scrivere, è ovvio, *Vado dal mio amico Andrea, di cui* (o *del quale*) *ti ho tanto parlato.*

In molti casi la frase costruita con il pronome *ne* è nettamente preferibile a quella costruita con *di ciò, di questo*; per esempio, è più elegante *Ne parliamo dopo* che *Di ciò parliamo dopo.*

9. Nuove frontiere per maschile e femminile

In questo libro, a volte, ci si rivolge al *lettore*, per attirare la sua attenzione su qualcosa o proporgli un esercizio. Neanche per un istante gli autori hanno pensato che le lettrici potessero sentirsi escluse dal discorso.

Gli *autori* di questo libro, a volte, nominano anche se stessi, per spiegare le loro intenzioni. Ma l'uso del maschile plurale *autori* non significa che essi siano tutti uomini (ché, anzi, si tratta in maggioranza di donne).

La lingua italiana funziona così: possiede parole di genere maschile e di genere femminile, in alcuni casi distribuite in modo arbitrario (perché *divano* è maschile e *ottomana* femminile?, perché *sgabello* e *sedia*?, perché *cucchiaio* e *forchetta*?, perché *calabrone* e *vespa*?), e in altri casi in corrispondenza precisa col sesso maschile o femminile dell'oggetto nominato (*amico / amica, leone / leonessa, fratello / sorella*). Però, quando si vuole indicare una categoria indipendentemente dal sesso dei suoi singoli componenti, si usa il maschile plurale: posso dire *I miei amici mi sono stati vicini*, e si tratterà indifferentemente di ragazzi e ragazze, oppure *Tutti i cittadini sono uguali di fronte alla legge*, e ognuno capisce che sono comprese anche le cittadine.

Il maschile può essere usato in senso comprensivo di entrambi i sessi anche al singolare: la massima secondo cui *Il cane è il miglior amico dell'uomo* non fa divieto al gentil sesso di possedere un cane (maschio o femmina). Allo stesso modo, se dico che *Il bambino nei primi sei mesi di vita si nutre prevalentemente di latte*, intendo che anche le bambine fanno altrettanto.

Questa accezione estensiva (o "non marcata", come dicono i linguisti) del maschile risale probabilmente all'indoeuropeo, antichissimo progenitore di quasi tutte le lingue sviluppatesi in Europa.

Fin qui, a condizione che sia garantita la comprensione fra i parlanti, le cose potrebbero sembrare semplici.

Ma non sono semplici fino in fondo, in primo luogo perché la lingua non è perfetta nei suoi meccanismi, e in secondo luogo perché la convenzione "indoeuropea" di cui si è parlato è stata messa in discussione in modo molto netto e reciso, proprio di recente, e da più parti le donne hanno chiesto che si ponga fine alla prepotenza morfologica del genere maschile.

Consideriamo il primo aspetto, l'imperfezione della macchina linguistica. Ci sono in italiano alcune (poche) parole che, pur appartenendo a un genere grammaticale, designano individui del sesso opposto: è il caso del maschile *soprano* che indica (salvo rarissime eccezioni) una cantante donna, e dei femminili *recluta, sentinella, guardia*, usati quasi esclusivamente per individui di sesso maschile. Si tratta di nicchie morfologiche limitate, che la lingua ha risolto finora senza troppo disagio, costruendo le concordanze secondo il genere grammaticale delle parole (e perciò trascurando il sesso degli individui designati da esse): è dunque corretto dire

L'ottimo soprano è stato applaudito a lungo,
Le reclute si sono allineate in cortile,
La sentinella è stata ferita da un cecchino,
La guardia giurata era qui poco fa.

Più spinoso è il secondo aspetto della questione, intorno al quale si è scatenato negli ultimi dieci anni un dibattito piuttosto vivace che non è ancora concluso. Uno degli argomenti al centro della discussione è la definizione della forma femminile corretta per professioni, cariche, titoli e mestieri che fino a poco tempo fa erano di pertinenza esclusivamente maschile, come *deputato, senatore, ministro, direttore d'orchestra, giudice, amministratore delegato, notaio, prefetto, pretore* e così via.

Le possibilità sono molte: si possono estendere a questi sostantivi i suffissi femminili già attivi nella lingua italiana e coniare termini come *senatrice, direttrice d'orchestra, amministratrice delegata* (sulla falsariga di *pittore* → *pittrice*), *deputatessa, prefettessa, pretoressa* (sulla falsariga di *professore* → *professoressa*), nonché *arbitra, ministra, notaia* (senza suffisso, sulla scorta di *lattaio* → *lattaia*).

Oppure, come preferirebbero altri, si può decidere che conta la funzione svolta, e non il sesso di chi la svolge, e pertanto è inutile volgere al femminile sostantivi che per lunga tradizione posseggono solo la forma maschile; secondo questa linea è più corretto dunque dire *Il presidente della Camera Irene Pivetti, il ministro della Sanità Rosy Bindi, il prefetto Annamaria Rossi, il magistrato Anna Bianchi.*

Una variante di questa scelta consiste nel lasciare invariato il titolo, ma farlo precedere dall'articolo femminile (*La giudice Silvia Conti, la sergente maggiore Carla Rossi,* e addirittura *la notaio Franca Verdi* e simili).

C'è poi la possibilità, molto frequentata dai giornalisti ma aborrita dalle donne e in generale rifiutata negli ambienti ufficiali, di precisare il titolo con l'aggiunta di *donna* (*il giudice donna, la donna architetto*), o peggio ancora con l'estensione *in gonnella* (*il vigile in gonnella, l'arbitro in gonnella*), che ha un effetto francamente offensivo.

In tanto disordine (che aveva ripercussioni anche protocollari), alcuni anni fa la Presidenza del Consiglio dei Ministri ha incaricato una donna di studiare il problema e cercarne la soluzione. Il libro risultato da quella ricerca ha per titolo *Raccomandazioni per un uso non sessista della lingua italiana* e contiene fra l'altro una puntigliosa esemplificazione delle formule da evitare, accompagnate da proposte alternative: comincia con lo sconsigliare l'uso del maschile "non marcato" (non si deve dire *uomo* ma *persona,* non *caccia all'uomo* ma *caccia all'individuo,* non *gli Ateniesi* ma *il popolo ateniese,* non *i bambini* ma *le bambine e i bambini*); prosegue stigmatizzando l'uso non simmetrico di nomi, cognomi e titoli (non *Brandt e la Thatcher,* e nemmeno *la Signora Thatcher e Brandt,* ma *Brandt e Thatcher,* oppure *il Brandt e la Thatcher,* o ancora *il Signor Brandt e la Signora Thatcher*) e il doppione *Signora/Signorina* cui corrisponde l'unico maschile *Signor(e).* Infine affronta l'argomento dei titoli, mestieri e professioni raccomandando di usare sempre, per le donne, una forma femminile, anche se inusitata (dunque *l'amministratrice unica, la sottosegretaria, la senatrice, la notaia, la magnifica rettrice dell'Università, la ministra, la sindaca, la questrice, la carabiniera, la cavaliera del lavoro*), ad eccezione di quelle costruite col suffisso *-essa,* che sarebbe screditato per le sue connotazioni negative e irriguardose (termini come *vigilessa* equivarrebbero insomma quasi a un insulto): perciò, rifiutato *la poetessa,* il libro consiglia *la poeta,* e analogamente *la prefetta, la pretora, l'avvocata, la profeta.* Infine arriva a prefigurare *la prete, la sacerdote, la rabbina.* Per le alte cariche militari, propone *la comandante, la generale, l'ammiraglia* e (stranamente) *la Capo di Stato Maggiore.*

La volontà di rifondare un settore cospicuo della lingua senza tener conto della tradizione, e con proposte così radicali, ha prodotto il fallimento delle *Raccomandazioni*: anziché portare chiarezza operativa, il libro (che pure ha una apprezzabile parte analitica) ha attizzato le polemiche e irrigidito molte posizioni. Sicché oggi siamo ancora al punto di partenza, o quasi.

I consigli pratici per chi debba affrontare nel suo lavoro questo aspetto della lingua, perciò, non possono che essere improntati al buon senso. In primo luogo cercare di avere un comportamento coerente: se si dice, in un discorso, *Do ora la parola al nostro sindaco Lucia Brunetti*, non si deve poi concludere, con un brusco cambio morfologico, *Ringrazio a nome di tutti la sindaca per il suo intervento.* E se in un'occasione ufficiale sono presenti varie donne che ricoprono incarichi di prestigio, non si può riservare loro un trattamento oscillante: perciò saranno tutte indicate al femminile (*la ministra, la sottosegretaria, la presidente* o *presidentessa, la tesoriera della fondazione*) o tutte al maschile (*il ministro Anna Neri, il sottosegretario Gianna Rossi, il presidente Nina Bianchi, il tesoriere della fondazione Virginia Scarlatti*).

Se, infine, si opta per i titoli nella versione maschile, si faccia molta attenzione alle concordanze grammaticali: si può dire, infatti, *Il presidente Irene Pivetti si è laureato a pieni voti* (come nell'esempio del soprano, all'inizio di questo paragrafo), ma non **Il presidente Irene Pivetti s'è laureata in lettere alla Cattolica.*

Finestra 1. Come si usa il dizionario

Quando si parla di dizionario (o vocabolario), senza ulteriori specificazioni, si intende di regola il dizionario monolingue relativo alla lingua in cui si sta parlando o scrivendo: si tratta di un repertorio lessicale, disposto in ordine alfabetico, che va consultato per avere informazioni circa la corretta **grafia**, la **pronuncia**, le **caratteristiche grammaticali**, il **significato** (anche traslato) e l'**etimologia** di una certa parola; inoltre, dal vocabolario si apprendono anche le eventuali **espressioni idiomatiche** in cui un termine è coinvolto (espressioni il cui significato non coincide con la somma dei significati delle singole parole, per esempio: *Il diavolo insegna a fare le pentole ma non i coperchi*; si veda il cap. VII).

Nel dizionario non sono presenti in esponente tutte le parole di una lingua, bensì esclusivamente le forme-base, ciascuna delle quali è detta **lemma** (riproduciamo qui sotto, a titolo di esemplificazione, la voce *lemma* dallo Zingarelli 1998).

> **lèmma** [vc. dotta, lat. *lemma* 'argomento, tema', dal gr. *lemma* 'presa', da *lambanein* 'prendere', di etim. incerta] **s. m.** (**pl.** *-i*) ***1*** (*filos.*) Proposizione che funge da premessa di un ragionamento | Proposizione che una scienza assume senza dimostrazione ricavandola da un'altra scienza. **2** (*mat.*) Teorema solitamente d'importanza secondaria, che si premette alla dimostrazione d'un altro. ***3*** (*ling.*) Vocabolo registrato in un dizionario o in un'enciclopedia, stampato in grassetto e posto all'inizio della definizione. SIN. Esponente. ***4*** †Premessa, argomento.

Perciò, dovendo consultare il dizionario, è importante sapere dove guardare, cioè sapere quale lemma corriponde alla forma che ci interessa:

- per i **sostantivi** → il singolare (*buoi* → *bue*; *braccia* → *braccio*),
- per gli **aggettivi** → il maschile singolare, al grado positivo (*ignoti* → *ignoto*; *madide* → *madido*; *tristissima* → *triste*),

- per i **verbi** → l'infinito presente (*navigassero* → *navigare*; *vadano* → *andare*),
- per gli **avverbi in -*mente*** → l'aggettivo corrispondente (*brevemente* → *breve*; *fugacemente* → *fugace*),
- per le **forme alterate** (diminutivi, accrescitivi, vezzeggiativi, dispregiativi) → la forma non alterata (*donnicciola* → *donna*; *figuraccia* → *figura*).

NB: alle parole alterate che siano dotate di significato distinto spetta un lemma autonomo (per esempio, *filetto* non significa 'piccolo filo', ma indica un taglio di carne, così come la *rapina* non è una 'rapa piccola', e il *cassettone* è un tipo di mobile e non un 'cassetto grande').

La parte di testo che segue il lemma si chiama **glossa**, e si articola in vari elementi che possono essere presentati in ordine diverso da un dizionario e da un altro (però sempre nella medesima sequenza all'interno di uno stesso dizionario): pronuncia, categoria grammaticale, significato (o significati), etimologia (cioè origine della parola), informazioni sulla declinazione o coniugazione (solo se rilevanti; per un sostantivo, potrebbe trattarsi di un plurale irregolare o tale da creare dubbi ortografici; per un verbo, di un paradigma difettivo, ossia mancante di alcune forme).

Molte delle informazioni contenute nella glossa vengono presentate sotto forma di abbreviazioni: è importante saperle decifrare (a questo scopo ogni dizionario riporta, nelle prime pagine, una **tavola delle abbreviazioni** con le corrispondenti forme piene). Qui indichiamo solo le principali (e le raggruppiamo per affinità tematica, ricordando che nella tavola sono invece in ordine alfabetico):

s. → sostantivo
m. → maschile
f. → femminile
sing. → singolare
pl. → plurale
art. → articolo
det. → determinativo
indet. → indeterminativo
agg. → aggettivo
v. → verbo
tr. → transitivo
intr. → intransitivo
inf. → infinito
pres. → presente
fut. → futuro
perf. → perfetto
pass. → passato
part. → participio
ger. → gerundio
cong. → congiunzione
avv. → avverbio
pron. → pronome

pers. → persona, personale
inter. → interiezione
interr. → interrogativo
lat. → latino
volg. → volgare, volgarmente
arc. → arcaico (per indicare che un termine è desueto si usa anche il simbolo †)
ant. → antico
poet. → poetico
fam. → familiare
parl. → parlato
gerg. → gergale.

Lemma e glossa, insieme, costituiscono una **voce** del dizionario.

Alcune parole della lingua italiana hanno più di un significato: vediamo come il dizionario avverte il lettore di questa pluralità semantica.

Può darsi che si tratti di **omògrafi**, cioè di parole che si scrivono allo stesso modo ma possono avere pronuncia diversa e appartenere a categorie grammaticali differenti, come nell'esempio di *àncora* (sostantivo femminile: 'attrezzo di ferro che serve a ormeggiare la nave') e *ancóra* (avverbio: 'per ora, di nuovo'): sulla pagina del dizionario, i due lemmi sono distinti e consecutivi (prima il sostantivo, poi l'avverbio), identificati da un numero arabo [(1) e (2)] che segnala la doppia accezione in maniera vistosa.

Può darsi che le due (o più) accezioni di un lemma non presentino alcuna differenza di pronuncia: in questo caso si tratta di omografi che sono anche **omòfoni** (= di uguale suono): riproduciamo qui sotto i quattro significati del sostantivo *grana* (sempre secondo il vocabolario Zingarelli 1998).

gràna (**1**) [lat. *grana* (nt.), pl. di *granu(m)* 'grano'] **s. f.** ***1*** Particella separata, granello di una determinata sostanza. **2** (*fot.*) Granulosità. **3** Struttura, costituzione interna di un corpo come appare se rotto o tagliato: *g. minuta, grossa, ruvida* | *Di g. grossa*, (*fig.*) grossolano, rozzo | (*est.*) Scabrosità della superficie di un corpo, naturale o provocata. **4** Piccola quantità di oro fuso rimasta nel crogiuolo | *Incastonatura a g.*, tecnica del fermare le pietre preziose per mezzo di palline addossate al bordo della pietra. **5** (*conciar.*) In una pelle conciata, il disegno tipico che compare sul fiore, dovuto alla forma e alla disposizione delle papille dei peli eliminati con le operazioni di concia. **6** (*fig., fam.*) Seccatura, fastidio: *per quel fatto ha avuto delle grane* | *Essere pieno di grane*, essere nei guai | *Piantare grane*, provocarle. **7** (*miner.*) Dimensione media dei singoli minerali costitutivi di una roccia.

gràna (**2**) [da *grana* (*1*) secondo un passaggio semantico incerto] **s. f.** • Colore carminio: *un abito tinto in g.* | Chermes, cocciniglia.

gràna (**3**) [etim. incerta] **s. f.** • (*gerg.*) Denaro | *Essere pieni di g.*, molto ricchi | *Scucire la g.*, sborsare una certa somma.

gràna (**4**) [sta per l'espressivo, di origine lombarda, *(formaggio di) grana*, per la granulosità] **s. m. inv.** • Formaggio semigrasso a pasta dura, cotto, delle zone tipiche dell'Emilia e della Lombardia, così chiamato per i minutissimi grumi del coagulo: *g. padano*. CFR. Parmigiano.

Assai importante, infine, è che il dizionario segnali (anche attraverso esempi) il livello o registro o occasione comunicativa in cui è accettabile una certa parola (indicazioni di registro sono, per esempio, le ultime 6 abbreviazioni riportate nello specchietto di questa finestra). Immaginiamo che a parlare siano due amici quindicenni: di una ragazza che passa per strada potrebbero dire che è *molto carina* (con un aggettivo moderno e **familiare**), oppure, ripiegando su un termine del **gergo** giovanile, che è *uno schianto*; qualche decennio fa, invece, i loro genitori l'avrebbero definita *avvenente* o *piacente* (o semplicemente *bella*); qualche secolo prima, i loro progenitori l'avrebbero detta *leggiadra* o addirittura *venusta* (con un aggettivo che il dizionario definisce **antico** e **dotto**).

Quando ci addentriamo nel territorio delle parole che conosciamo poco e che non abbiamo mai usato, questo tipo di informazione ci salva da molti passi falsi: eviteremo di scrivere che «Nella mitologia greca Edipo alla fine diventa *videoleso* (termine **eufemistico** e **burocratico**)», o che «Dopo l'incidente il nostro amico Pino ha una *labbia* ('fisionomia', termine **antico**, **raro** e **poetico**) stravolta», o che «Nell'opera di Mozart Don Giovanni si comporta da *carogna* ('crudele, malvagio', **gergale**)»: ogni parola ha il suo raggio d'azione, e il dizionario ci aiuta a riconoscerlo e rispettarlo.

Finestra 2. Le relative precedute da virgola

In italiano (a differenza di altre lingue) non è obbligatorio dividere con una virgola la frase principale dalla subordinata: la scelta è affidata alla valutazione dei singoli scriventi e può trovare motivazioni diverse, sia stilistiche sia di efficacia espressiva e chiarezza sintattica. Si può solo osservare che, tendenzialmente, si ricorre alla virgola soprattutto quando la subordinata precede la principale; per esempio:

Per essere sicuro dell'orario, chiama l'ufficio informazioni

ma:

Chiama l'ufficio informazioni per essere sicuro dell'orario.

In questo quadro, le relative costituiscono un caso particolare, perché il loro significato può variare a seconda che siano precedute dalla virgola o no.

Si osservino le due frasi seguenti:

a. *È necessario aiutare gli anziani che sono in difficoltà*
b. *È necessario aiutare gli anziani, che sono in difficoltà.*

Nella prima, le parole *gli anziani che sono in difficoltà* costituiscono un unico blocco di significato (equivalente a *gli anziani in difficoltà*) e dunque la frase *a.* esorta ad aiutare, fra gli anziani, solo quelli che hanno dei problemi.

Nella frase *b.*, invece, la virgola separa anche semanticamente le due componenti sintattiche, conferendo loro maggior autonomia. Dunque la principale va intesa come affermazione generale (*È necessario aiutare tutti gli anziani*), e la relativa come un'aggiunta esplicativa, con sfumatura causale (*i quali anziani, tutti, sono in difficoltà* / *perché gli anziani, tutti, sono in difficoltà*).

Analogamente, nella frase *Penso ai miei amici che stanno facendo l'esame di guida* ci si riferisce solo a quelli, fra gli amici, che stanno facendo l'esame; in alternativa, con *Penso ai miei amici, che stanno facendo l'esame di guida* si lascia intendere che tutti gli amici di chi parla (o tutti gli amici che ha nominato finora) stanno facendo l'esame nello stesso momento.

Esercizi

Fra i dubbi che aprono il § 1, oltre a *efficiente,* sono elencati molti dei casi più classici di incertezza grafica e grammaticale. Il lettore provi a rispondere (anche con l'aiuto di un dizionario e di una grammatica). **[R]**

Capitolo decimo

REVISIONE DEL TESTO E AUTODIAGNOSI

1. Una verifica attiva del nostro italiano

Abbiamo osservato più volte che delle tre fasi di progettazione - stesura - revisione di un testo, l'ultima è la più trascurata. Per allenare il lettore a «farsi l'occhio», proporremo in questa sezione del libro liste di frasi e testi con errori (linguistici e testuali) di varia natura. Il lettore immagini, se vuole, di correggere uno scritto pieno di sbagli, prima di distribuirlo ai partecipanti a una riunione di lavoro; oppure faccia finta di essere un professore più o meno severo, alle prese con i compiti dei suoi alunni. L'importante è che il lettore si eserciti a riconoscere gli errori dei testi altrui, cosa molto utile per prevenire e correggere i propri. Non pensi dunque che gli esercizi siano troppo facili: intanto, non tutti lo sono; in secondo luogo, anche i più banali aiutano a maneggiare la lingua con sicurezza e disinvoltura. Se poi il lettore non si sentisse sicuro delle proprie correzioni, troverà nelle risposte la soluzione al «come si dice», o come si scrive.

Le frasi proposte sono tutte autentiche, e gli errori che contengono mettono a fuoco i punti critici della scrittura odierna dell'italiano: sono ricavate da testi (lettere e diari, per lo più) scritti da persone di scarsa istruzione; da temi composti in ogni ordine della scuola media; da tesi di laurea; da *Curriculum vitae*; da lettere pubblicitarie inviate da organizzazioni commerciali, finanziarie e bancarie, o da lettere di propaganda politica diffuse da candidati per questa o quella consultazione elettorale; da giornali e libri, qualche volta da libri che insegnano come scrivere bene (è stato detto: «chi è senza peccato, scagli la prima pietra»).

Alcune frasi vengono dalla lingua parlata. Quest'ultimo punto, in un libro dedicato alla lingua scritta, deve essere giustificato: il fatto è che il parlato si insinua spesso nello scritto, con risultati non sempre felici (chi vuole saperne di più, può leggere la Finestra 1). In ogni caso, non c'è frase, tra le molte raccolte in questa parte del libro, che non rispecchi problemi delicati dell'italiano odierno; e tutte sono rigorosamente autentiche, al massimo adattate per esigenza di taglio della citazione, ma fedeli alla realtà dei problemi linguistici e testuali che ne hanno determinato la scelta.

Qualche volta, abbiamo riportato il passo di uno scrittore introducendovi un errore scelto tra i più frequenti (e il nome dello scrittore si troverà nelle soluzioni, che contengono la risposta «giusta», allo scopo di non addebitare all'autore un errore che non gli appartiene). Alcune frasi «sbagliate» sono invece ricavate direttamente da autori della letteratura, che sapevano bene ciò che facevano: lo scrittore, infatti, può voler fotografare o riprodurre il parlato, il modo di esprimersi di un personaggio. Lo scrittore sa come si deve scrivere a norma di grammatica, ma viola consapevolmente la regola per i propri scopi di rappresentazione artistica. In questo caso, ci siamo permessi di invitare il lettore a correggere lo scrittore, a regolarizzarlo, perché frasi scorrette, che vanno benissimo in un'opera d'arte, sono inadatte e anzi erronee nella scrittura professionale (si veda anche la Finestra 2).

Abbiamo parlato finora di frasi sbagliate e frasi giuste. In realtà, gli esercizi di questa seconda parte non contengono solo errori grammaticali: nelle prossime sezioni si proporranno anche frasi e testi corretti dal punto di vista grammaticale, ma poco felici, impropri. È importante acquistare una sensibilità su questo argomento: un testo privo di errori grammaticali può essere un testo «sbagliato» dal punto di vista comunicativo, perché troppo informale, sbracato o viceversa troppo sostenuto; o perché si è usato un modo comunicativo inadatto al tipo di testo. Non ha senso adottare lo stile brillante dei giornali in un verbale, o la prosa astratta e prolissa del linguaggio burocratico in una relazione di lavoro. La comunicazione scritta non è fatta solo di grammatica, ma anche di toni e tipi espressivi: gli esempi di questa sezione mostreranno in concreto alcune trappole da evitare, se non si vuole cadere nella comunicazione «infelice».

Perciò, chi è disposto a mettere alla prova il proprio italiano, troverà qui di seguito una ricca batteria di esercizi, diversi per tipo e grado di difficoltà. Si proporranno esercizi di riformulazione: nella prima parte di questo libro abbiamo visto come il testo sia elastico, come possa essere espanso o ristretto o comunque riscritto in relazione a scopi precisi. Ora il lettore sarà invitato a correggere testi scorretti, intervenendo per riportarli a una forma corretta. Se vorrà, potrà correggere direttamente sul libro, e **poi** controllare le risposte date nella sezione finale. Inutile dire che l'autodiagnosi qui proposta ha senso solo se le correzioni si fanno prima di controllare le risposte.

In questo modo, il lettore potrà riflettere in modo attivo sul funzionamento di alcuni aspetti importanti della lingua scritta, e mettere alla prova le proprie capacità linguistiche, in modo da curare i punti che si rivelassero incerti.

2. Ortografia

Un primo gruppo di frasi da correggere contiene errori di ortografia, di accenti e di apostrofi. Accenti e apostrofi, come le maiuscole e le minuscole, sono segni della lingua scritta, privi di corrispondenza nel parlato. Gli errori di ortografia, poi, dipendono dalla cattiva «traduzione» dei suoni in lettere: anche perché manca, in italiano come in ogni altra lingua, una corrispondenza uno a uno tra gli uni e le altre. Perciò l'ortografia, con le sue convenzioni, va imparata e, quando non se ne è sicuri, va controllata nel vocabolario.

Molte frasi violano regole spiegate nel capitolo IX.

Esercizi

1. La conoscienza é uno dei fattori della coscenza.
2. Con Galileo la scenza del celo progredì decisivamente.
3. Quando veramente si svegliò, fu acciecato dalla luce che entrava da tutti i vetri senza più tendine.
4. Mangia il Governo, mangia la Provincia; mangia il Comune e il capo e il sottocapo e il direttore e l'ingegniere e il sorveglante... che può avanzare per chi stà sottoterra e sotto di tutti e deve portar tutti sulle spalle e resta schiacciato?
5. «Prendi un caffé o un té?» «Benchè sia un pò tardi, prendo volentieri un caffé, grazie».
6. Ci vediamo oggi in Còrso Vannucci.
7. ... sul cavallo bianco / saetta il córso... [= Napoleone].
8. Il treno si accostò fulmineamente al còrso del fiume.
9. Chi la fà l'aspetti.
10. Luisa và all'aereoporto a prendere Mariella; Paolo invece resta a casa, perchè é in attesa di una telefonata.
11. Per piacere, appoggia quì il pacco.
12. Oggi non o tempo.
13. Anno lavorato tutto l'hanno.
14. Accese un'altro fiammifero.
15. Comprando quel cane mi sarei fatto, sì, un'amico fedele e discreto, ma avrei dovuto anche mettermi a pagare una tassa: io che non ne pagavo più!
16. Qual'è il tuo libro preferito?
17. «Abbiamo già Max?» domandò premurosamente quel buon'uomo del Paleari.
18. L'avvocato è nostro buon'amico.
19. Ma perché vuol credere per forza che al signor Nuti l'indifferenza e il dileggio della signora Nestoroff abbiano provocato, non so, ira, sdegno, propositi di vendetta? Dà che cosa l'argomenta? Non li da affatto a vedere, si mostra calmissimo...
20. Si rammaricava con se stessa, perché trovava tempo per tutti ma non per se.
21. La signora Ajala già da un pezzo aveva imparato a misurare ogni dispiacere, ogni dolore, non per sé stesso, che le sarebbe parso poco o niente, ma in considerazione delle furie, che avrebbe suscitato nel marito.
22. Dirimpetto era apparecchiato il posto per l'altro figlio, Rocco che rientrava in casa, quella sera, dopo la disgrazia.
23. Ho le lettere, le dico, le lettere, che lui le buttava dalla finestra!
24. Si mise a risalire la scala, con gli occhi alla lettera, che aveva ancora in mano.
25. Nel mottetto «Non recidere, forbice, quel volto» le allitterazioni si fanno ancora più frequenti ed insistite, infatti, già in apertura della seconda strofa si nota la coppia *cala-acacia*.

26. (*Da una tesi di laurea*) Meno precisa è la documentazione riguardante la stampa del 1501, tuttavia è stata inviata dall'Istituto Centrale per il Catalogo unico la lista che segue...
27. Le richieste di consultazione e di prestito dei microfilm vanno effettuate sugli stessi moduli e con le stesse modalità del materiale librario, il prestito è concesso solo nel caso di guasto alle apparecchiature dell'ufficio. **[R]**

⇒ é o è?
I lettori saranno intervenuti sugli accenti mancanti o sbagliati. Nella scrittura a mano l'accento ha generalmente una forma unica, a barchetta; ma quando si scrive a macchina o al computer bisogna, per così dire, compromettersi, se la vocale da accentare è una *e*. Mentre, infatti, per le altre vocali le tastiere presentano un accento unico (che è, oggi, l'accento grave: *à ì ò ù*; per la distinzione di *ò* e *ó* si veda il commento alla soluzione del n. 8), per le *e* sono disponibili due accenti: l'acuto *é* e il grave *è*. Con l'accento acuto si indica la *e* chiusa di *fede*, con il grave la *e* aperta di *festa*. L'accento va solo su poche parole, la più frequente delle quali è *è* (voce del verbo *essere*), che si pronuncia aperta e va distinta dalla *e* congiunzione, che si pronuncia chiusa. Molto spesso, anche in giornali e in scritture accurate, *è* si scrive con l'accento sbagliato, ed è un errore da evitare. Le parole scritte con *è* non sono molte: *è*, appunto, *cioè* (dove in fondo riappare *è*, perché *cioè* non è altro che *ciò è*, due parole che oggi si scrivono unite), e poi *tè* e *caffè* (che pure hanno la *e* aperta). Le parole più frequenti che si scrivono con la *é* sono *perché* (la *-e* è chiusa!), *poiché, affinché, benché* (tutte parole composte con la congiunzione *che*, con la *-e* chiusa), *sé* (pronome riflessivo; l'accento serve a distinguerlo da *se* congiunzione), *ventitré* (perché *tre* si pronuncia con la *e* chiusa), e ancora *poté, dové*. Vedi anche capitolo IX, § 3.

3. Pronuncia e scrittura

La pronuncia dell'italiano, o meglio le molte pronunce dell'italiano, possono incoraggiare qualche errore ortografico. Benché i segni dell'alfabeto e i suoni del parlato siano, in italiano, più vicini di quanto non avvenga in inglese (lingua in cui, come si sa, spesso non c'è nessun rapporto tra il modo di pronunciare e il modo di scrivere una parola), le divergenze tra pronuncia e scrittura sono numerose. La familiarità con la lettura di giornali e libri contribuisce molto alla sicurezza anche ortografica; e naturalmente è facile consultare il dizionario, purché non si sia così convinti di ciò che si scrive da non sentire il bisogno di farlo.

Anche qualche punto di coniugazione merita di essere considerato.

Esercizi

1. Per accellerare il lavoro degli uffici, i moduli vanno compilati accuratamente in ogni loro parte.

2. Luigi non era più disposto ad avvallare le cambiali del cugino.
3. Era facile riconoscere di primo acchitto un imbecille da una persona seria.
4. Ma vadi via!
5. L'aveva mandato via perché non dasse fastidio al momento dell'arrivo.
6. Voleva che stasse ferma.
7. Più volte aveva sentito parlare il padre del valore eccezionale di quel giovine.
8. S'erano appropiato il mondo.

[**R**]

Finestra 1. Lingua parlata e lingua scritta in Italia: ieri e oggi

In Italia, lingua parlata e lingua scritta sono state, fino a un passato recente, molto lontane fra loro. Nel nostro paese si parla, e ancor più si parlava, un gran numero di dialetti. Uno di essi, il dialetto di Firenze, si impose lentamente sugli altri e, nel tempo, fu accettato come lingua nazionale grazie a vari fattori. Uno è il prestigio culturale conquistato dal fiorentino grazie all'opera dei tre grandi del Trecento, Dante Petrarca e Boccaccio, i padri fondatori della nostra letteratura, che avevano scritto in fiorentino. La *Divina Commedia*, il *Canzoniere*, il *Decamerone* furono opere esportate (e cioè lette, ammirate, tradotte, imitate) in Europa; in Italia, contribuirono decisivamente a fare del fiorentino la lingua di cultura del paese, molto tempo prima che questo, nel 1861, raggiungesse l'unità politica. In altre parole, l'unità linguistica ha preceduto di secoli l'unità politica. Era un'unità della lingua scritta, e più precisamente della lingua letteraria.

Una seconda spinta alla diffusione del fiorentino alcuni secoli prima dell'unità politica è dovuta all'azione di forze come l'istruzione scolastica, la predicazione e in genere l'azione della Chiesa, la stampa (che esigeva una certa unificazione linguistica).

La lingua parlata era il regno dei dialetti, con una presenza sensibile dell'italiano nelle occasioni di contatto fra persone di diversa provenienza geografica, e quindi dialettale: i mercanti che trafficavano in Italia e in Europa, i predicatori che percorrevano la penisola richiamando folle da stadio, le truppe mercenarie, i venditori girovaghi, e così via. Nonostante questa presenza antica dell'italiano (o, più precisamente, di pezzi di italiano), nella vita quotidiana i dialetti dominavano anche presso le persone che sapevano scrivere (Manzoni si esprimeva abitualmente in milanese, nel circolo dei suoi amici).

Ma ormai la scelta italiana era fatta: fin da quando, nel Cinquecento, un grande editore, Aldo Manuzio, aveva lanciato sul mercato il libro in italiano (di base fiorentina). Il Manuzio lavorava a Venezia (proprio nella città in cui, ancor oggi, il dialetto è così vitale), capitale editoriale non solo dell'Italia, ma dell'Europa del tempo. Da allora, la scelta dell'italiano come lingua di cultura è stata irreversibile.

Il processo della diffusione reale della lingua nell'uso quotidiano fu lungo, lento, e anzi si è compiuto pochi decenni fa: infatti, la vitalità molteplice dei dialetti ha fatto sì che il fiorentino sia stato, per la grande maggioranza degli italiani di un tempo, una lingua da studiare sui libri e da imparare a scuola. Di conseguenza l'esclusione dalla scuola significava non solo restar tagliati fuori dall'istruzione ma anche dalla lingua di cultura, dall'italiano; in secondo luogo, riuscivano a raggiungere una buona padronanza del fiorentino-italiano solo i pochi che avevano accesso all'istruzione superiore (paragonabile pressappoco alla scuola media superiore e all'università di oggi). Il grosso della popolazione, soprattutto nelle campagne, era condannato all'analfabetismo; chi si fermava a un livello scolastico elementare, o poco più, imparava a scrivere in un italiano stentato, aperto all'infiltrazione di parole e frasi influenzate da forme dialettali o locali, prive dunque di circolazione nazionale: come risulta da tante scritture private, lettere, diari personali, memorie familiari, libri di conti. Per tutti, poi, con l'eccezione dei Toscani, la scrittura del fiorentino-italiano era molto lontana dall'esperienza quotidiana della parola parlata, che era dialettale.

Le cose potevano cambiare solo con il progresso dell'istruzione, il mezzo necessario per trasformare l'italiano in un bene realmente disponibile alla comunità linguistica del paese, e con la modernizzazione provocata dal diffondersi dei mezzi di comunicazione di massa (giornali, radio, televisione). A questo risultato si è giunti solo negli ultimi decenni: i dialetti non sono scomparsi, anche se la loro presenza non è vistosa e capillare come un tempo, e l'italiano è ormai una lingua che la grande maggioranza della popolazione sa capire e parlare, generalmente con qualche compromesso con il dialetto o con forme intermedie tra dialetto e lingua (si dice comunemente che qualcuno parla con l'«accento» di una certa città o regione).

Dunque, il lungo divorzio tra lingua scritta (di stampo fiorentino) e parlata (dialettale) è finito: oggi si parla (e si continua a scrivere) in italiano. Tuttavia la scrittura richiede sempre uno studio particolare: anche i grandi scrittori fiorentini hanno dovuto studiare la lingua, perché in ogni situazione linguistica, del passato o del presente, la lingua scritta presenta delle caratteristiche sue proprie. Quando si scrive, è necessario farsi capire, né più né meno che quando si parla; ma farsi capire non è sufficiente, è necessario comunicare in modo efficace. Come una pronuncia (o un «accento») molto regionale è sconsigliabile, almeno in certe circostanze, così chi scrive *squola* non cambia la pronuncia della parola e sicuramente si fa capire, ma si espone a una cattiva figura di fronte al lettore.

Del resto la parola 'scrittura' comprende, come si sa, operazioni molto diverse: può indicare semplicemente l'atto di tracciare la propria firma, o di compilare, con i dati anagrafici richiesti, il modulo prestampato che serve per chiedere un certificato, ma anche l'attività, ben più impegnativa, consistente nella composizione di un testo: una richiesta di assunzione, o una relazione tecnica e così via. Bisogna sapersi orientare in rapporto al tipo di testo da comporre, e non basta evitare gli errori di grammatica e di ortografia.

Nella situazione odierna, chi scrive usa la stessa lingua che parla; ma la lingua parlata non può passare per intero nella scrittura. Proprio quel bene che si è raggiunto di recente – la diffusione dell'italiano presso la stragrande maggioranza della popolazione – ha ridotto la distanza tra parlare e scrivere, e di qui deriva l'utilizzazione, spesso eccessiva, dei modi parlati nel territorio della lingua scritta. Il rapporto tra lingua scritta e lingua parlata è molto delicato, perché è da evitare una lingua scritta rigida, inamidata, lontana dal parlato (e nella situazione di oggi è più facile evitare questo rischio); d'altra parte la lingua scritta non può accogliere, per sua natura, il parlato, ma deve trasformarlo, con adattamenti e riformulazioni. Non bastano, ovviamente, la «traduzione» dei suoni del parlato nelle lettere, scritte, dell'alfabeto, e il rispetto delle convenzioni per cui, per ripetere l'esempio proverbiale, si scrive *scuola* e non *squola*.

L'avvicinamento di lingua parlata e lingua scritta è il risultato positivo della crescita culturale legata alla modernizzazione del paese. Tuttavia, uno dei problemi odierni dello scrivere è proprio l'eccessiva invadenza di modi della lingua parlata, che è un effetto della trasformazione descritta in questa Finestra.

Finestra 2. L'ortografia, i soldati in guerra, un poeta

Gli errori di ortografia, a cui sono attenti gli insegnanti, hanno attirato anche l'interesse (oltre che di alcune ciniche operazioni commerciali, della serie *Io speriamo che me la cavo*) degli scrittori. In una poesia di Umberto Saba (Trieste 1883-1957) si legge (il corsivo è dell'autore):

> Né a feste andavan senza Zaccaria,
> che ben di sé poté scrivere: *Io sono*
> *un quore che con quista molti quori.*

La prima guerra mondiale fu fatta dagli ufficiali, provenienti dalle famiglie della borghesia, e dai soldati, provenienti per la massima parte dalla classe contadina. Per molti soldati l'esperienza della guerra fu, tra l'altro, un'occasione di scrivere a casa, per dare e chiedere notizie. Da quelle lettere, scritte da chi aveva poche volte occasione di prendere la penna in mano, risulta un quadro di grande interesse umano, culturale e anche linguistico. Se ne accorse di nuovo Saba, che nell'affettuosa rievocazione di un soldato caduto in uno dei luoghi dove si sparse tanto sangue, il Monte Sabotino, scrive:

> Non volevi la guerra; e, sì, l'hai fatta.
> Eri un bravo, e scrivevi: «Mamma, quando
> finirà questa vitta disperatta?»
> E scrivevi ai fratelli come a figli,
> aspri rimbrotti, amorosi consigli.
> «Posso non ritornare, il babbo è un santo
> per noi; vi ho dato solo che dolori;
> perdonatemi, cari genitori».
> E smaniavi, avevi in te un affanno:
> pensavi a quelli che han gridato tanto
> «Viva la guerra», e alla guerra non vanno.

Capitolo undicesimo

OCCHIO ALLA PAROLA

1. Associazioni discutibili fra le parole

In Italia, si sa, i dialetti sono numerosi; dai dialetti «salgono» spesso verso l'italiano parole ed espressioni che circolano in una zona più o meno ristretta, minore comunque del territorio nazionale. Si può avere un'idea della ricchezza degli italiani regionali guardando la carta in cui si riportano le tante espressioni usate in Italia per 'marinare la scuola' (si veda l'illustrazione).

T. Telmon, *Varietà regionali*, in *Introduzione all'italiano contemporaneo. La variazione e gli usi*, a cura di A.A. Sobrero, Roma-Bari, Laterza, 1993, pp. 93-149, a p. 139.

Ma nella scelta delle parole i problemi più numerosi non vengono tanto dalla pressione dell'italiano locale, quanto dalla limitatezza del vocabolario individuale, e dalla scelta sbagliata di una parola: spesso, una parola scivola su un'altra, più frequente e più conosciuta.

In questi casi, l'uso del dizionario dovrebbe risolvere molti dubbi ed evitare gli errori; ma il punto è che chi scrive (o parla) non sempre si rende conto dell'utilità di un controllo.

Esercizi

1. Ho avuto l'accortenza di non parlargli del suo dolore.
2. Non è stato facile redarre la relazione.
3. Hanno incollato tutte le responsabilità a Mario.
4. Nella prima guerra mondiale i soldati andavano all'assalto con la baionetta innestata.
5. (*Dal «Corriere della Sera» del 31 gennaio 1997*) L'ennesima imboscata di questa guerriglia infinita: [...] il corpo a corpo con la baionetta innestata.
6. Sparò finché non gli si inciampò l'arma.
7. Giovanni si sente un supra uomo.
8. Dopo un anno circa di permanenza in Svizzera, incominciai a scambiare qualche parola con una ragazza svizzera che faceva l'apprendistato nella stessa sartoria dove lavoravo. Così una parola oggi una domani con molta pazienza e con l'aiuto dell'edizionario si incominciò un dialogo.
9. (*Da un manuale di corrispondenza*) La ditta non sembra riversare in buone condizioni finanziarie.
10. (*Da un manuale di corrispondenza*) Ad eccezion fatta per il testamento olografo, le cambiali o contratti preliminari, la scrittura privata non è vincolata all'uso di una terminologia particolare.
11. Giuseppe, in un eccesso d'ira, strappò l'assegno.
12. Una branchia della biologia che mi piace molto è la genetica.
13. Ci siamo incontrati causalmente.
14. Scrivere sul retro la casuale del versamento.
15. Ho sottoscritto l'abbuonamento al circolo del cinema.
16. Io sentivo mio padre che parlava il tedesco, ed io non capivo un bel niente, ma però me lo dovevo imparare, e per me era molto difficile.
17. La poveretta camminava come un ematoma.
18. Chiedo scusa se mi sono prolungato così a lungo e in tanti piccoli particolari.
19. Le macchine necessitano di continua manodopera.
20. A noi la guerra sembra solo una martellata impressionante di rumori e di fuoco.
21. (*Alla fine di una lettera inviata alla Posta dei lettori di un quotidiano; manca il punto fermo finale*) X favore non pubblicizzi l'indirizzo
22. La tua interpetrazione non mi convince.
23. (*Da un Curriculum vitae*) Ho effettuato un corso per tecnici della qualità della durata complessiva di ore 600, di cui 120 di stage aziendale.
24. (*Da un Curriculum vitae*) La sottoscritta sottopone alla Vs. cortese atten-

zione il proprio nominativo al fine di poter ottenere un colloquio per una eventuale assunzione.

25. *(Dall'inserto culturale di un quotidiano)* Nelle opere giovanili del pittore impressionista Claude Monet esposte a Chicago, è rara l'assenza di presenze umane.
26. (*Da due servizi del TG1, novembre 1996*) Quella dello Zaire è una tragedia umanitaria.

[R]

2. Significati; riempitivi

Esercizi

1. Te l'ho detto ancora [*la frase significa che chi parla ripete all'interlocutore ciò che gli ha già detto*].
2. Prima d'entrare in casa d'altri si cerca permesso.
3. Nella scuola elementare i maestri imparano a leggere, scrivere e far di conto.
4. Mi addormentavo per ore sulla sedia.
5. (*Da un Curriculum vitae*) Io sottoscritto dichiaro di non avere mai lavorato precedentemente in nessun settore di attività economica.
6. (*Dalla parte finale di una domanda di assunzione*) In attesa di una Vostra risposta, dichiaro fin d'ora di essere disponibile per ulteriori informazioni che vi necessitassero.

[R]

3. Metafore e modi di dire

In una recente indagine giudiziaria un imputato ha detto, come risulta da un'intercettazione telefonica: «Ho pagato per uscire da Mani pulite». Per coloro che intendono alla lettera queste parole, il personaggio avrebbe pagato per non essere coinvolto in un'indagine giudiziaria. L'avvocato difensore, invece, sostiene che l'espressione ha un significato metaforico, non va intesa come esborso monetario, e quindi non allude a un episodio di corruzione. Ecco le parole dell'avvocato, nel resoconto del *Corriere della Sera* del 21 settembre 1996:

> Il mio cliente mi ha spiegato che chi interpreta queste parole pensando ai soldi è da perizia psichiatrica. Intendeva dire che a causa di Tangentopoli è stato costretto ad uscire dal mondo dell'Eni, da quelli che in effetti sono i suoi affari, per cui ha perso sia come immagine, sia sotto l'aspetto strettamente economico. Ha pagato in questo senso.

È uno dei mille casi di parole (dell'avvocato difensore) sulle parole (del suo cliente), interpretate o interpretabili diversamente da altri (magistrati, giornalisti, opinione pubblica): è un caso particolare del fenomeno illustrato da Bachtin (cap. IV, § 5). In particolare, è un caso di doppia interpretazione, applicabile a una frase che si può intendere alla lettera o in senso figurato.

Le espressioni figurate possono concentrarsi in una sola parola, per esempio «Achille era un leone», oppure svilupparsi come gli anelli di una catena (cap. VII, § 1). In una corrispondenza giornalistica di Ettore Mo (apparsa nel *Corriere della Sera* del 14 ottobre 1996) si legge, sotto il titolo: «Torna a *ruggire* il *leone* del Panshir»:

> ...Le truppe di Massud, il «*leone* del Panshir» [...] hanno inflitto una nuova sconfitta alle milizie islamiche dei Talebani [...]. Già da prima dell'invasione sovietica (fine dicembre '79), Massud era rimasto sempre nella sua *tana* sotto la catena dell'Indukuah; e anche questo tipo di sedentarietà *belluina* aveva contribuito a farlo diventare il «*leone* del Panshir». Per sei volte gli sciuravì, i russi, s'erano infilati con le loro colonne nel budello tortuoso della vallata [...] e per sei volte erano stati respinti. [...] La settima fu nella primavera dell'84 e questa volta i soviet-afghani promisero a se stessi che il *leone* sarebbe caduto nella *rete* [...]. Il *leone* del Panshir va bene fino a quando respinge a *zampate* la danza degli *orsi bruni* mandati da Mosca o le *scimmie* dell'integralismo islamico [...]. Dopo, lo vogliono in pensione. Ma sarà impossibile *rinchiuderlo nella tana*.

La catena è composta di anelli coerenti con la metafora di base, che è quella del leone. Ma non avviene sempre così, come mostra quest'altro pezzo, nel quale si accavallano immagini contraddittorie (dal *Corriere della Sera* del 23 agosto 1996: si parla di Alexandr Lebed, uno dei protagonisti dell'attuale vita politica russa, e della Cecenia):

> Sembra una *strategia di accerchiamento*, studiata sui *manuali dell'Armata Rossa*: dopo aver «*sfondato*» *sul fronte della «sicurezza» militare* che compete direttamente al suo ufficio, Lebed *attacca un'altra postazione nemica, sul terreno* della «sicurezza economica». Qui, *dietro le trincee* non troverà solo il ministro dell'Interno e i generali che fino all'ultimo chiedevano di gestire la guerra con le maniere forti, ma *delle corazzate* della classe di Cernomyrdin e Chubais, primo ministro e capo dell'amministrazione presidenziale.

La smania della scrittura brillante e la fretta giocano brutti scherzi: dopo una catena di immagini ricavate dall'arte della guerra, il riferimento militare si fa più preciso, perché si parla di *trincee*, e poi di *corazzate*: le corazzate dietro le trincee!

Esercizi

Spesso modi di dire diversi sono mescolati insieme, come il lettore può provare a scoprire nelle frasi che seguono:

1. Non navigavamo nell'abbondanza.
2. Mi avviai in cammino.
3. Spero di prendere lo Studio di Dottore in chimico.
4. Ogni domenica trascorrevamo le gite.
   [R]

4. Anglomania

Molto frequente è l'uso (e l'abuso) di parole ed espressioni inglesi, sentite come prestigiose, in ambienti come quelli aziendali (ma, per esempio, anche nel giornalismo). Quando l'italiano dispone di un termine che corrisponda bene all'inglese, è senz'altro da scegliersi l'italiano: anche per evitare uno sfoggio che spesso sa di provincialismo (quanti, fra coloro che esibiscono parole straniere, conoscono e sanno leggere, parlare e scrivere le lingue da cui sono prese quelle parole?), ed errori che depongono male sulla cultura di chi li commette.

Certi ambienti sono particolarmente esposti all'inglese, con uno sfoggio che qualche volta sfiora il ridicolo. Si veda questo pezzo, ricavato da un giornaletto dell'Alitalia:

> Buon appetito!
>
> Degno di nota il nuovo servizio di bordo: breakfast, lunch, dinner o snack che prevedono, naturalmente a seconda della durata e dell'ora del volo, la possibilità di scelta tra due pasti, una differente e più ricca composizione dei menù, la distribuzione del pane caldo, l'offerta di un drink di benvenuto e di salviette calde.
>
> Bar e cantina fornitissimi offrono una vasta scelta di vini, spumanti e liquori selezionati.
>
> Il tutto servito con tutto il calore e l'attenzione ai particolari che hanno reso l'ospitalità italiana famosa in tutto il mondo.
>
> Buon volo!
>
> Oltre alla ricca scelta di giornali disponibili all'edicola di bordo, per rendere più piacevole il viaggio, c'è lo shopping nella fornitissima boutique duty free.

Sarà che questa informazione (in realtà si tratta di un testo pubblicitario) maschera un servizio non sempre così inappuntabile come quello che il foglio promette, ma certo l'esibizione di parole straniere mira fastidiosamente a far sentire il cliente un VIP (una *very important person*, a proposito di inglese). Secondo l'Alitalia, dunque, *breakfast* è parola più prestigiosa di *colazione* o *prima colazione*, e *lunch, dinner, snack, drink* sono meglio di *pranzo, cena, spuntino, bevanda*. In aereo, poi, non è possibile andare in giro per i negozi – tale è il significato di *shopping* – e quindi sarebbe molto meglio dire che «per rendere più piacevole il volo i viaggiatori possono fare acquisti nella bottega o punto di vendita [o *boutique*, se proprio non se ne può fare a meno], fornitissima di articoli non tassati». Nulla da dire, ovviamente, contro il *bar*, parola inglese da tempo radicata felicemente in italiano, e neppure contro il *menu* (dal francese). In attesa che migliorino servizi, puntualità e prezzi, forse la prossima volta si leggerà *bread* al posto di *pane*.

In compenso, l'italiano non è sempre felicissimo: i giornali dovrebbero essere disponibili *nell'edicola*, e non *all'edicola di bordo*; peggio ancora: «Il *tutto* servito con *tutto* il calore e l'attenzione [...] in *tutto* il mondo».

Una satira garbata dell'anglomania è nell'articolo di Beppe Severgnini pubblicato dal *Corriere della Sera* del 29 marzo 1996:

> Attenti ai politici quando parlano l'inglese
>
> La politica italiana, in attesa di assomigliare alle democrazie anglosassoni, ha deciso di parlare inglese. Non si spiega altrimenti perché il «tax day» non sia stato chiamato «giorno delle tasse»; o perché il raduno dell'Ulivo a Milano – fenomeno inspiegabile, da un punto di vista botanico – sia stato definito «convention» o, peggio ancora, «convenzione» (che vuol dire tutt'altro: la convenzione è un contratto, non un raduno). Si fosse riunito il Polo, avremmo avuto una «kermesse» (che è un termine di origine re-

ligiosa: dall'olandese «kermisse», Messa di chiesa). Si fosse trattato di un raduno di cattolici, sarebbe stato un «meeting».

Agli oratori più convincenti, in queste occasioni, viene tributata una «standing ovation». Pippo Baudo ha consacrato l'espressione a Sanremo, quando ha ordinato al pubblico di rendere omaggio a Bruce Springsteen (il quale aveva appena suonato una canzone tristissima, e non capiva il perché di tanta ilarità). Se i comizianti italiani, invece di una «standing ovation», ricevessero un'ovazione in piedi – che è la stessa cosa – non sarebbero altrettanto contenti. Per lo stesso motivo, tra un viaggio-premio e un «viaggio incentive», i piazzisti di aspirapolveri sceglieranno sempre il secondo.

Sia chiaro: non ce l'abbiamo con la lingua inglese. È evidente che molti termini si sono imposti perché l'equivalente italiano era inadeguato. Un esempio tra i tanti: «fax», nel dizionario Devoto-Oli edizione 1971, non esisteva; c'era però «teleautografia» («trasmissione a distanza di scritti e disegni per mezzo di circuiti telegrafici»), che poteva funzionare, ma soltanto come scioglilingua. La genialità di alcuni vocaboli inglesi non giustifica, tuttavia, l'uso indiscriminato di tutti gli altri. Accade invece che il virus dell'«italiese» (italiano/inglese), a differenza di quello delle carni bovine britanniche, sia ormai diffuso; resta da stabilire chi sono le mucche pazze. Gli esempi di questo malcostume linguistico – restando nel campo della politica e dell'economia – sono numerosi. Tutti conosciamo il «ticket», che ha aggiunto confusione a irritazione (racconta una farmacista ligure: «Saputo del nuovo tributo se "pagare il racket"»). Il Tg3, due anni fa, titolò «Fiscal Drug» (droga fiscale?) anziché «Fiscal Drag» («trascinamento fiscale»). Durante lo stesso telegiornale, il 16 gennaio scorso, è comparsa una scritta: «Out-out di Fini». Nessuno sosteneva che il presidente di An fosse fuori-fuori del Polo (al contrario: Fini appariva dentro-dentro); Fini si era limitato a porre la controparte davanti a una scelta (in latino: «aut-aut»). All'anonimo titolista, potremmo ripetere quello che Ezra Pound scrisse a un critico italiano, nel 1942: «Avete il senso poetico; ma non conoscete l'inglese». Questi errori dimostrano che il vezzo di inglesizzare ha una certa tradizione, in Italia. L'inizio della campagna elettorale ha portato però una brusca accelerazione nel fenomeno: dopo il tax day, le convention e le discussioni sul copyright (dei programmi elettorali), chissà cosa ci aspetta (prima degli exit-poll). Per difenderci, ricordiamo la frase con cui Enzo Biagi ha chiuso una delle ultime puntate di «Il fatto»: «Una tantum e par condicio. Quando parlano in latino, dietro c'è sempre qualche fregatura». Sostituite «latino» con «inglese». La morale è la stessa.

Una curiosità: nello stesso giornale e nello stesso giorno un altro articolo cade nell'anglomania presa in giro da Severgnini:

Mauro Paissan rincara: la reazione del Cavaliere è come quella di un «*serial killer* che reagisce quando gli pestano un piede sull'autobus affollato». Nella giornata del veleno spunta anche Francesco Storace (An) per dichiarare che il *labour day* voluto da Prodi è «una proposta oscena».

La presenza dell'inglese in italiano ha tanti aspetti: un problema più serio dell'ostentazione provinciale è quello della traduzione della terminologia tecnica importata dai paesi di lingua inglese. Quando il computer (parola inglese oggi molto usata, come l'oggetto) entrò, ormai parecchi anni fa, in tante case e in tanti luoghi di lavoro, era accompagnato da manuali d'istruzione scritti in un incomprensibile italo-inglese. Negli ultimi anni si sono fatti molti progressi, e una parte consistente della terminologia è stata italianizzata, anche se in modo incompleto. Un residuo di inglese è il termine *salva* (calcato dall'inglese *to save*) per 'memorizza'; ancora più singolare una delle abbreviazioni che appaiono sulla barra degli strumenti: **G** *I* S. La prima è la lettera iniziale di **grassetto**, la terza di sottolineato; la seconda, invece, è l'iniziale di *italics*, 'corsivo'. Come dice la stessa parola inglese, il carattere corsivo è stato inventato in Italia (da Aldo Manuzio, il grande editore attivo a Venezia nel XVI secolo), ed è veramente paradossale che sulle barre dei computer italiani figuri ancora la *I* invece della C di *corsivo*.

⇒ Nota grammaticale sulle parole straniere in italiano

Bar, autobus, computer e tante altre parole inglesi, come *sport*, fanno parte del vocabolario italiano. Come si sa, le parole inglesi al plurale prendono la *-s*; ma si badi a non applicare la regola alle parole inglesi utilizzate in un testo italiano: gli *sport*, i *computer*, non gli *sports*, i *computers*, perché in italiano si prende, quando è necessario, una parola di altra lingua, ma non le si applicano le regole grammaticali della lingua straniera. Le parole inglesi o di altre lingue sono, insomma, invariabili. La regola si applica anche alle parole latine: l'italiano deriva dal latino, ma è, da secoli, una lingua ben distinta dal latino. Perciò, in linea di massima, i *curriculum vitae*, anche se in latino il plurale di *curriculum* è *curricula*.

A proposito di parole ed espressioni che l'italiano riceve da altre lingue, si ricordi che tra queste c'è il latino (si veda una lista di espressioni nella Finestra 1).

Va anche evitato che la prosa accolga involontariamente troppe rime (Finestra 2).

La buona lingua non è riservata agli specialisti (che spesso scrivono in modo oscuro): è un bene di tutti coloro che fanno parte di una comunità linguistica. Perciò è interesse di tutti gli italiani un italiano efficace, comunicativo. Fra persone che non si occupano professionalmente di lingua e di italiano, ma se ne servono quotidianamente perché, come diceva Manzoni, ci *vivono*, le discussioni linguistiche sono ricorrenti. Fra i tanti esempi possibili eccone uno ricavato dalla *Stanza di Montanelli*, rubrica dedicata alla posta dei lettori e curata dal decano dei giornalisti (dal *Corriere della Sera* del 3 novembre 1995).

Caro Montanelli,

lavoro da diversi anni in una media azienda del Nord-Est. Ultimamente ho avuto contatti con alcuni giovani dirigenti e sono rimasto sbalordito. Magari hanno un master americano, ma non sanno scrivere in italiano.

Errori d'ortografia, sintassi penosa, nessuna capacità di esprimere con vigore un'idea. Non parliamo poi della qualità di rapporti e relazioni. Quando parlano sono pronti a spaccare il mondo; quando scrivono sembrano adolescenti impacciati. Sono allibito. A scuola ai miei tempi scrivevamo i temi. Oggi sono stati aboliti? Al primo giornalista d'Italia chiedo un parere. È davvero inutile sapersi esprimere per iscritto? La prego di omettere la mia firma, in modo da non espormi alle proteste (verbali, naturalmente) degli interessati.

Carlo S. (Padova)

Caro amico,

Non sono sorpreso. I giovanotti di cui lei parla, se non altro, lavorano in un'azienda. A me, in questi anni, sono arrivate molte lettere atroci – e i mittenti sognavano di fare i giornalisti –. Se lei vuole trascinarmi in una requisitoria contro la scuola italiana, tuttavia, non ci sto. Gli insegnanti e i programmi avranno le loro colpe, non ne dubito. I guai, però, iniziano all'interno della famiglia media (è qui, ricordi, che le nazioni si forgiano o si squagliano). Nella borghesia italiana, temo, si è fatta strada l'idea che la scrittura sia un'attività «superata». Che diamine, ragionano il giovane professionista e il piccolo industriale: ci sono le segretarie, per queste cose. Poi scoprono che la segretaria può scrivere una lettera commerciale, ma non un biglietto di condoglianze, né una lettera alla moglie in occasione del decimo anniversario di matrimonio [...]. Non solo: i giovanotti si accorgono con orrore che i fax, prima di diventare fax, sono testi, formati da frasi principali e frasi subordinate. E si rendono conto che una frase sciatta rimane sciatta anche quando viene battuta sul computer più sofisticato (perfino i notai hanno disimparato a scrivere; certi rogiti gridano vendetta al cielo). Qual è il mio consiglio? Questo: anche chi non ama scrivere, dovrebbe imparare a farlo. Non si tratta di allevare giovani Hemingway. La scrittura (una lettera corretta, un biglietto non banale, una relazione chiara, un discorso convincente) resta, alla vigilia del Duemila, una conoscenza indispensabile, come guidare l'automobile o parlare un po' inglese. Basta il buon senso per capirlo; ma anche il buon senso, in questo bizzarro Paese, è diventato una merce rara.

Esercizio

Riscrivere il testo che segue correggendolo.

1. (*Da una circolare di pubblicità bancaria*) Può anche essere una buona occasione per fare un check-up di controllo sullo stato di salute finanziaria o avere una rassicurazione sulle scelte già effettuate.
   [R]

Finestra 1. Espressioni latine in uso

Ab illo tempore 'da quel tempo'.

A divinis '(sospeso) dalle cose sacre': si dice di un sacerdote cui venga impedita dall'autorità ecclesiastica la celebrazione della messa.

A latere 'al fianco': si dice dei giudici non togati che assistono durante il processo il giudice effettivo.

A posteriori 'da ciò che è dopo': detto di una dimostrazione che procede dagli effetti alle cause; in filosofia, le conoscenze *a posteriori* sono quelle che derivano dall'esperienza.

A priori 'da ciò che è prima': detto di una dimostrazione che procede dalle cause agli effetti; in filosofia, le conoscenze *a priori* sono quelle cui si perviene con la sola ragione prescindendo dall'esperienza.

Ab imis (fundamentis) 'dalle fondamenta, totalmente'.

Ab initio 'dal principio'.

Ab origine 'dall'origine'.

Ab ovo (usque ad mala) 'dall'inizio'; lett. 'dall'uovo (che nel banchetto dei Romani costituiva l'antipasto) fino alle mele (l'ultimo piatto)'.

Absit iniuria verbo (verbis) 'sia detto senza offesa'; lett. 'manchi ogni offesa dalle mie parole'.

Ad abundantiam 'in più, oltre il necessario'.

Ad hoc 'fatto apposta per questo scopo'.

Ad hominem 'appositamente predisposto per una data persona'.

Ad honorem 'a onore': si dice di una laurea o altro titolo conferiti come riconoscimento onorifico.

Ad interim 'temporaneamente': si dice di una carica affidata a qualcuno per un certo tempo, in attesa della nomina del titolare.

Ad libitum 'a piacere, senza limitazioni'.

Ad litteram 'alla lettera': si dice di traduzione o interpretazione scrupolosamente fedele all'originale.

Ad sensum 'a senso': il contrario del precedente.

Ad usum Delphini 'ad uso del Delfino (primogenito del re di Francia)': si dice di un libro (o altro) purgato, adattato, reso più facile per interessi di parte.

Agenda lett. 'le cose da fare': il termine è passato a indicare il quadernetto con calendario dove si annotano gli impegni.

Alea iacta est 'il dado è stato gettato': si dice prendendo una decisione grave e irreversibile (sono le parole dette da Cesare nel passare il Rubicone col suo esercito, contro le disposizioni del Senato, nel 49 a.C.).

Alias 'altrimenti (detto)': di chi sia conosciuto anche con uno pseudonimo, o abbia adottato un nome fittizio per loschi motivi.

Alibi 'altrove'. Si usa come sostantivo: *avere un alibi* 'poter dimostrare che si era in un luogo diverso'.

Alter ego 'un altro me stesso, una persona di assoluta fiducia'.

Ambo lett. 'tutti e due': da aggettivo numerale è diventato sostantivo, e indica un'accoppiata di due numeri vincenti nel gioco del lotto o nella tombola.

Angina pectoris malattia cardiaca dovuta a uno spasmo delle coronarie.

Ante litteram 'che precorre i tempi': viene dal linguaggio dei tipografi, e si diceva di una prova di stampa eseguita prima che vi venisse apposta la didascalia.

Ante quem / post quem 'prima del quale / dopo il quale': nel linguaggio giuridico e storico, quando non si può datare con precisione un fatto se ne indicano dei termini di riferimento cronologici che racchiudono l'intervallo in cui il fatto stesso va collocato.

Apertis verbis 'con parole chiare, esplicitamente'.

Armonium piccolo strumento musicale a tastiera, con registri come l'organo.

Audio da verbo ('sento, odo') è diventato sostantivo: 'ciò che riguarda la trasmissione e la ricezione del suono'. Vedi *Video.*

Auditorium edificio destinato all'audizione di concerti, letture poetiche, recite, conferenze.

Aula magna aula riservata alle occasioni solenni (nelle Università e in altri edifici pubblici).

Aurea mediocritas 'aurea mediocrità': atteggiamento di misura e moderazione, lontano da ogni eccesso.

Aut aut 'o questo, o quello': indica una scelta secca fra due alternative.

Bis lett.'due volte'. Acclamazione teatrale: se il concerto o la recita hanno avuto successo si chiede il bis, ossia che gli artisti continuino la loro esibizione.

Bonus / malus tipo di contratto d'assicurazione per autoveicoli, che prevede sconti progressivi per chi non provoca incidenti e aumenti nel caso contrario (lett. 'buono / cattivo').

Brevi manu '(consegna) a mano, direttamente, senza intermediari'.

Busillis 'cosa incomprensibile, rompicapo'. All'origine di questo termine c'è una storiella medievale, secondo cui un giovane frate che conosceva male il latino, dovendo tradurre l'espressione evangelica *In diebus illis* ['In quei giorni'], la interpretò malamente e disse che era riuscito a capire *In die* ['Nel giorno'], ma gli era incomprensibile la misteriosa parola seguente *busillis*.

Campus 'territorio': latinismo rimesso in uso negli Stati Uniti, a indicare il complesso degli edifici, degli impianti sportivi e degli spazi aperti di una Università.

Captatio benevolentiae 'tentativo di accattivarsi la simpatia, la buona disposizione d'animo di qualcuno'.

Caput mundi 'capitale del mondo': è parte del motto araldico di Ludovico il Bavaro *Roma caput mundi, regit orbis frena rotundi* ('Roma, capitale del mondo, tiene le briglie del globo terrestre'). Questa antica affermazione di orgoglio della gente latina oggi viene usata per lo più in senso ironico, per indicare la scarsa importanza di una città o di un paese, o l'infimo rilievo sociale e politico di chi ne è rappresentante.

Carpe diem lett. 'afferra il giorno, l'oggi': parole di Orazio, ispirate alla filosofia di Epicuro, che invitano a non lasciarsi sfuggire quanto la vita offre.

Casus belli 'occasione o pretesto da cui può scaturire una guerra'.

Cave canem 'stai attento al cane'.

Ceteris paribus 'a parità di tutte le altre condizioni' (espressione giuridica): si usa quando, messe a confronto cose perfettamente equivalenti in tutto, emerge in una di esse un elemento che ne determina la superiorità.

Cogito ergo sum 'penso, dunque esisto': massima del filosofo francese Descartes (Cartesio).

Coitus interruptus 'interruzione del rapporto sessuale' a scopo anticoncezionale.

Conditio sine qua non 'condizione o premessa indispensabile per ottenere o realizzare qualcosa'.

Confer 'confronta': abbreviato in *cfr.*, è il termine che si usa nei rinvii bibliografici.

Coram populo 'davanti a tutti, pubblicamente'.

Corpus 'insieme organico, raccolta completa e ordinata (di opere letterarie o di testi giuridici)'

Cui prodest? 'a chi giova?' Espressione diffusa soprattutto nel linguaggio di giornalisti e politici: quando si cerca la spiegazione di un fatto, è opportuno chiedersi chi ne tragga vantaggio.

Cuique suum 'a ciascuno il suo, quello che gli spetta'. Anche *unicuique suum*.

Cum grano salis 'con un poco di saggezza' (lett. 'con un granello di sale', ovviamente quello del discernimento).

Currenti calamo 'con penna rapida', ossia scritto di getto e non revisionato.

Curriculum vitae 'resoconto sommario degli studi e della carriera di una persona'.

De facto 'in base ai fatti, concretamente': è del linguaggio giuridico; opposto a *de iure*.

De gustibus non est disputandum 'sui gusti individuali non si può discutere'.

De minimis (non curat praetor) 'delle cose trascurabili (non si occupa il magistrato)', cioè: chi occupa posti di grande responsabilità non può pensare anche alle questioni da poco. Però spesso si dice ironicamente per criticare la negligenza di chi sta in alto.

De profundis è l'inizio del salmo usato nell'officiatura dei defunti: nell'uso corrente è usato come sostantivo, e si dice «cantare il *De profundis* a qualcuno» per intendere che è persona caduta in disgrazia (lett. 'Dalle profondità').

De visu 'con i propri occhi'.

Deo gratias 'rendiamo grazie a Dio' (la formula liturgica è diventata, nell'uso comune, un'esclamazione di sollievo o di gioia).

Deus ex machina si dice di intervento improvviso e risolutivo: nel teatro antico, spesso l'intrico della trama veniva sciolto da una divinità che scendeva dal cielo grazie a una macchina scenica.

Dies irae 'il giorno dell'ira' cioè il giorno del giudizio universale (è l'inizio di una sequenza latina medievale).

Dìvide et ìmpera 'dividi e comanda' (ossia è più facile mantenere il potere mettendo gli uni contro gli altri i sudditi o i popoli vinti).

Do ut des 'scambio di piaceri' (lett. 'do una cosa a te perché tu ne dia una a me').

Docet 'insegna': di solito si pospone a un nome proprio, per intendere che quanto è accaduto a quella persona deve essere di monito a tutti.

Dulcis in fundo 'il dolce sta in fondo, il premio arriva alla fine' (ma può esser detto anche ironicamente, con significato opposto).

Duplex 'doppio': è un tipo di contratto telefonico, meno costoso del *simplex*, per cui due utenti possono usare a turno un'unica linea.

Dura lex sed lex 'la legge è dura, ma è la legge' (e non ci si può sottrarre).

Ecce homo sono le parole con cui Ponzio Pilato presentò Cristo, flagellato e coronato di spine, alla folla di Gerusalemme; oggi, sostantivate, indicano una persona ridotta male (lett. 'ecco l'uomo').

Erga omnes 'verso tutti'. Espressione giuridica, indica che la disposizione di cui si tratta ha valore per tutti .

Errare humanum est 'sbagliare è proprio dell'uomo'.

Errata corrige 'correggi gli errori'.

Est modus in rebus 'occorre misura nelle cose'. Detto oraziano, da affiancare ad altri di ispirazione stoica, come *Aurea mediocritas* e *In medio stat virtus*.

Et cetera 'e tutte le altre cose' (anche abbreviato in *etc.*).

Ex preposizione che indica allontanamento o separazione (lett.'da'): quando precede un titolo (*ex-presidente*) indica una persona che ricopriva, ma ora non ricopre più, una certa carica; usato da solo (*il mio ex*) designa un partner che non è più tale.

Ex abrupto 'all'improvviso, in modo inatteso': si dice anche di narrazioni che cominciano nel bel mezzo degli eventi, senza fornirne l'antefatto o le premesse.

Ex aequo 'a parità'.

Ex cathedra 'dalla cattedra (del Papa)': la formula allude all'infallibilità dogmatica del Pontefice.

Ex libris è chiamato così il cartellino (spesso decorato con fregi o motti) che alcuni incollano all'interno dei libri di loro proprietà (lett. 'dai libri').

Ex nihilo (nihil) 'dal niente (non viene niente)'.
Ex novo 'di bel nuovo, cominciando dall'inizio'.
Ex professo 'in modo deliberato' o 'con cognizione di causa'.
Ex tempore 'fuori dal tempo': si dice di cosa compiuta all'improvviso e senza preparazione, estemporaneamente.
Excursus 'divagazione, digressione'.
Exempli gratia 'per esempio'.
Extra (aggettivo) 'fuori dall'ordinario, speciale, eccellente': *qualità extra;* (sostantivo) 'il sovrappiù, l'imprevisto': *tutti gli extra sono a carico mio.*
Extrema ratio 'risoluzione estrema' cui si ricorre per porre fine a una situazione senza via d'uscita.
Faber est quisque fortunae suae 'ciascuno è artefice del proprio destino'.
Fac simile 'fai una cosa simile' (l'espressione imperativa è diventata ora un sostantivo); di qui anche il fax.
Factotum 'persona capace di svolgere mansioni diverse, che gode della piena fiducia del suo capo'.
Fiat lux 'sia fatta la luce': parole bibliche riferite al momento della Creazione. Oggi si dice «In un *fiat*» per indicare la rapidità con cui una persona realizza qualcosa.
Fiat voluntas tua 'sia fatta la tua volontà': formula di sottomessa rassegnazione, estratta dal *Pater noster*.
Forma mentis 'mentalità, modo di pensare'.
Fumus persecutionis 'sospetto di volontà persecutoria'.
Genius loci 'nume tutelare del luogo': oggi si dice di chi ha grande autorità e influenza in un determinato ambiente.
Gratis (et amore Dei) 'senza pagare, gratuitamente'.
Gutta cavat lapidem 'la goccia riesce a scavare la pietra'.
Habeas corpus lett. 'che tu abbia la tua persona (libera)': indica l'insieme delle libertà personali garantite al cittadino dalle leggi costituzionali.
Habemus Papam 'abbiamo il Papa': con queste parole si comunica l'elezione del nuovo Pontefice.
Habitat lett. 'egli abita'; è usato come sostantivo, per indicare l'insieme dei fattori che caratterizzano l'ambiente in cui vive una specie animale o una pianta.
Hic et nunc 'qui e ora'.
Hic sunt leones 'qui ci sono i leoni': l'espressione, usata dai cartografi antichi, indicava sulle mappe zone (soprattutto dell'Africa centrale) sconosciute e pericolose.
Historia magistra vitae 'la storia è maestra di vita'.
Homo homini lupus 'l'uomo è un lupo nei confronti degli altri uomini'.
Honoris causa 'a titolo d'onore': è lo stesso che *ad honorem*.
Horror vacui 'terrore del vuoto' (concetto usato in storia dell'arte e in psicologia).
Ibidem 'in quello stesso luogo': si usa comunemente nelle citazioni bibliografiche, a indicare che un passo si trova nella stessa opera e alla stessa pagina del precedente (comunemente abbreviato in *ibid.*).

Ictus 'colpo (apoplettico)'.
Id est 'cioè'.
Idem 'lo stesso, la stessa cosa': al maschile (abbreviato in Id.) si usa nelle bibliografie e nelle citazioni per indicare che l'autore è lo stesso della voce che precede (al femminile, *Eadem, abbreviata in Ead.)*; al neutro è anche del registro colloquiale (al ristorante si può ordinare *Idem con patate*, cioè lo stesso già chiesto da un altro, ma con contorno di patate).
Imprimatur 'si stampi'.
In articulo mortis 'in punto di morte'.
In cauda venenum 'il veleno è nella coda', ossia i giudizi pungenti si trovano nella parte finale del discorso.
In corpore vili '(esperimento) su un corpo plebeo': secondo la convinzione popolare, i medici usavano gli ammalati più umili per le sperimentazioni rischiose; oggi l'espressione indica chi è sottoposto ad angherie di ogni genere.
In extremis 'all'ultimo momento'.
In partibus infidelium 'nei paesi degli infedeli': l'espressione, usata in origine per i missionari inviati in un paese da evangelizzare, ora ha valore ironico ('fra gente poco gradita').
In pectore 'nelle intenzioni': si dice di cosa già stabilita, ma non ancora resa di pubblico dominio: in particolare, della nomina di un cardinale da parte del Papa, prima che sia annunciata.
In pompa magna 'con fasto, con lusso'; in origine l'espressione aveva però significato sacrale ('in splendida processione').
In primis 'per prima cosa'.
In saecula saeculorum 'nei secoli dei secoli'.
In situ 'sul posto'.
In toto 'totalmente'.
In vino veritas 'nel vino c'è la verità', ossia 'chi è ubriaco dice il vero'.
Infra 'sotto, più avanti': nei libri, serve a rinviare a un passo o a una nota che segue.
Inter nos 'tra di noi, in confidenza'.
Ipse dixit 'lo ha detto lui': nel Medioevo, era l'espressione con cui i filosofi scolastici citavano l'autorità di Aristotele; oggi si usa ironicamente per deridere chi è troppo presuntuoso o, di contro, chi è troppo sottomesso all'autorità altrui.
Ipso facto 'sul fatto, nel momento stesso dell'azione'.
Labor limae 'lavoro di lima': si dice soprattutto per la revisione e rifinitura di un'opera letteraria.
Lapis 'matita'. Lett. 'pietra': deriva dal fatto che gli artisti del Quattrocento usavano disegnare con un minerale color sangue, il *lapis haematites*.
Lapsus calami 'errore di penna, di scrittura'.
Lapsus linguae 'errore di lingua, di parola'.
Laudator temporis acti 'glorificatore del passato'(con sfumatura dispregiativa).
Lectio brevis 'lezione breve': giornata scolastica più breve del solito, specialmente in concomitanza con l'inizio delle vacanze.

Legenda lett. 'cose da leggere': è l'insieme delle indicazioni che servono a leggere una mappa o interpretare un grafico.

Lupus in fabula lett. 'il lupo nella conversazione': si dice quando improvvisamente compare proprio la persona di cui si stava parlando (si credeva infatti che certi animali apparissero appena menzionati).

Mala tempora currunt 'tempi amari sono quelli che stanno passando'.

Manu militari 'con la forza delle armi'.

Memento mori 'ricordati che devi morire'.

Memorandum 'cosa da ricordare, promemoria'; gode attualmente di gran fortuna nella forma abbreviata *Memo* = breve comunicazione scritta contenente istruzioni, che si fa circolare in un ufficio.

Mens sana in corpore sano 'mente sana in corpo sano'.

Minus habens 'idiota', lett. 'che ha meno (intelletto)'.

Miserere 'abbi pietà': è l'inizio di un salmo di Davide.

Modus vivendi / operandi 'modo di vivere / di agire'.

Monitor 'apparecchio che riproduce su un cinescopio le immagini riprese dalle telecamere': latinismo coniato in America, e da lì reimportato in Italia (lett. 'avvisatore, ammonitore').

More uxorio 'con abitudini di moglie': si dice di una convivenza non sancita dal matrimonio.

Mors tua vita mea 'la tua morte è la mia vita'.

Motu proprio 'spontaneamente'.

Mutatis mutandis 'con gli opportuni aggiustamenti, cambiando ciò che va cambiato'.

Natura non facit saltus 'la natura non fa salti': il motto (di Leibniz) sottolinea che in natura tutto è ordinato e progressivo; si può usare anche ironicamente, per intendere che da una mente limitata non c'è da aspettarsi granché.

Ne varietur 'non si cambi'.

Nihil obstat 'nulla osta, non c'è opposizione'.

Nihil sub sole novi 'niente di nuovo sotto il sole': nel senso che le vicende umane, bene o male, si assomigliano sempre.

Noli me tangere 'non toccarmi': sono le parole rivolte da Gesù alla Maddalena che voleva sfiorargli la veste; oggi si dice di qualcuno che disdegna la vicinanza altrui.

Non plus ultra 'il massimo' (lett. 'non più oltre').

Nosce te ipsum 'conosci te stesso': traduce l'iscrizione greca che ornava il tempio di Apollo a Delfi, e significa che per capire gli altri è necessario guardare prima dentro sé stessi.

O tempora! o mores! 'che tempi! che modo di comportarsi!' (detto con esecrazione, oppure con ironia).

Obtorto collo 'controvoglia' (lett. 'con il collo piegato').

Omissis 'essendo state tralasciate alcune cose': termine del linguaggio giudiziario, con cui si indica che sono state omesse, perché non importanti, alcune parti di un documento.

Omnia munda mundis 'tutte le cose sono pure per chi è puro di cuore'.

Omnia vincit amor 'l'amore vince ogni cosa'.
Ora et labora 'prega e lavora': è il motto dei Benedettini.
Ore rotundo 'con bocca rotonda': si dice di chi parla in modo particolarmente ricercato.
Par condicio 'a parità di condizioni': si dice in politica, per intendere che ai partiti avversari deve essere garantita parità di trattamento.
Passim 'qua e là': nelle citazioni, indica che un nome o un concetto ricorre varie volte in un'opera.
Pecunia non olet 'i soldi non hanno odore' (nemmeno se la loro provenienza è dubbia).
Per absurdum 'per assurdo': è un tipo di ragionamento, cui si ricorre in filosofia e in matematica, che consiste nel dimostrare una verità a partire da un'ipotesi palesemente in contrasto con la realtà.
Per aspera ad astra 'attraverso vie difficili si sale fino alle stelle'.
Placet '(mi) piace': si usa, come sostantivo, per indicare l'assenso dato alla realizzazione di qualcosa.
Pollice verso 'col pollice rivolto in giù': era il gesto con cui si condannava a morte il gladiatore sconfitto.
Post scriptum '(aggiunto a una lettera) dopo lo scritto'; si abbrevia in *P.S.*
Pro domo sua 'per la propria casa, a proprio vantaggio': l'espressione deriva da un'orazione con cui Cicerone chiedeva che gli venisse restituita la casa sottrattagli indebitamente.
Pro forma 'per formalità'.
Pro memoria 'per ricordare'.
Pro tempore 'per un certo periodo, temporaneamente'.
Prosit 'buon pro ti faccia': si dice nei brindisi.
Qualis pater talis filius 'quale il padre, tale il figlio': si dice quando in un figlio si riscontrano pregi o difetti identici a quelli del padre.
Qui pro quo 'equivoco, malinteso'.
Quo vadis (Domine)? 'dove vai (Signore)?': è la domanda rivolta da san Pietro a Gesù, quando questi gli apparve alle porte di Roma. È anche il titolo di un romanzo di ambientazione paleocristiana (e del film che ne fu tratto).
Quorum 'quoziente di voti che il candidato deve raggiungere per essere eletto' (lett. 'dei quali').
Raptus 'rapimento, impulso incontrollabile'.
Rara avis 'cosa o persona eccezionale' (lett. 'uccello raro').
Rari nantes 'pochi nuotatori': è espressione estratta da un verso dell'*Eneide* di Virgilio (*rari nantes in gurgite vasto*) e assunta come denominazione da alcune società sportive di nuoto e pallanuoto.
Rebus 'con le cose': oggi è il nome di un gioco enigmistico, in cui si deve ricavare una frase a partire da immagini.
Referendum 'cosa da riferire, da esprimere': votazione popolare su questioni di interesse nazionale (come approvare o abrogare una legge).
Relata réfero 'riferisco cose che mi sono state riferite' (delle quali dunque non mi assumo la responsabilità).
Repetita iuvant 'le cose ripetute sono utili'.

Res nullius 'cosa di nessuno': definizione giuridica di un oggetto perduto o abbandonato, di cui non si conosce il proprietario legittimo.
Rigor mortis 'rigidità della morte': indica lo stato di rigidità assunto da un cadavere alcune ore dopo la morte.
Risus abundat in ore stultorum 'il riso abbonda sulla bocca degli stupidi'.
Sacra rota 'ruota sacra': è il nome del tribunale ecclesiastico che, istituito alla metà del 14° secolo per trattare cause sia religiose che civili, oggi si limita a emettere sentenze di annullamento di matrimoni contratti col rito religioso.
Scilicet 'vale a dire, s'intende'.
Semel in anno (licet insanire) 'una volta all'anno (si può fare una pazzia)'.
Si vis pacem, para bellum 'se vuoi la pace, prepara la guerra'. Le ultime due parole di questo cinico aforisma hanno dato il nome a un fucile mitragliatore usato nella seconda guerra mondiale.
Sic '(proprio) così': in un testo a stampa questo termine, messo fra parentesi dopo una parola errata o stravagante, segnala che non si tratta di uno sbaglio del tipografo o dell'autore, ma va attribuita alla fonte da cui si cita.
Sic transit gloria mundi 'così svanisce la gloria terrena'.
Simplex v. *duplex*.
Sine cura 'occupazione poco impegnativa' (lett. 'senza fatica').
Sine die 'senza una data precisa': si dice specialmente di un rinvio.
Specimen 'saggio, prova'.
Spes ultima dea 'la speranza è l'ultima dea', cioè l'uomo non cessa mai di sperare in una sorte migliore.
Sponsor 'garante, finanziatore': il sostantivo è ritornato in Italia dopo essersi diffuso nei paesi di lingua inglese; indica la persona o la ditta che finanzia un atleta o una squadra per farsi pubblicità.
Statu quo (antea) 'nella condizione in cui (era prima)'.
Status 'condizione (sociale)'.
Sua sponte 'di sua spontanea volontà'.
Sub iudice 'sotto il giudice': si dice di una faccenda la cui soluzione sia ancora dibattuta e incerta.
Sùfficit 'è sufficiente, basta così'.
Sui generis 'speciale, particolare' (lett. 'del suo genere').
Super 'al di sopra, eccellente': conferisce un valore superlativo alla parola che accompagna (*benzina super*).
Supra sopra, più indietro': è il contrario di *infra*.
Sursum corda 'in alto i cuori': tratta dalla liturgia, l'espressione si usa per incitare o rincuorare chi è abbattuto.
Tabula rasa 'superficie raschiata, cancellata': è l'espressione usata dal filosofo Locke per indicare che nell'uomo non vi sono idee innate. Si dice anche *fare tabula rasa* nel senso di 'eliminare tutto, portar via tutto'.
Tempus fugit 'il tempo fugge via'.
Timeo Danaos (et dona ferentes) 'diffido dei Greci (anche se portano doni)': con queste parole Laocoonte (nell'*Eneide*) cerca di dissuadere i Troiani dall'accettare il fatale cavallo di legno; vuol dire che non ci si deve fidare del nemico, neanche se si presenta con aspetto benevolo e gentile.

Tot (/quot) capita tot sententiae 'quante le teste, altrettanti i pareri diversi'.

Transfert lett. 'egli trasferisce': il termine (divenuto sostantivo maschile) è usato in psicanalisi a indicare la condizione emotiva che caratterizza il rapporto fra paziente e analista, e in particolare lo spostamento delle cariche affettive e dei conflitti vissuti nell'infanzia.

Tu quoque (Brute, fili mi)! 'Anche tu (Bruto, figlio mio)!': sono le parole di Cesare, quando vide che fra i suoi assassini c'era anche il figlio adottivo.

Ubi consistam lett. 'dove io mi possa appoggiare': l'espressione si è trasformata in sostantivo maschile, e vale 'punto d'appoggio, fondamento'.

Ubi maior minor cessat 'dove c'è uno più grande (o più importante), il più piccolo deve tirarsi indietro'.

Ultima ratio 'ultimo argomento, ultimo consiglio'; analogo a *extrema ratio*.

Ultimatum 'richiesta ultimativa, ingiunzione perentoria': se non vengono accolte le condizioni di un *ultimatum*, svanisce ogni possibilità di accordo non violento.

Una tantum 'una volta soltanto': si dice di una tassa straordinaria, che non si ripeterà, oppure di un premio in denaro concesso eccezionalmente, che non entra a far parte della retribuzione normale.

Unicuique suum come *cuique suum*.

Urbi et orbi 'alla città e al mondo' (è una benedizione del Papa).

Ut erat demonstrandum 'come volevasi dimostrare'.

Vade retro (Satana) 'Vattene, sta' indietro (Satana)': formula di scongiuro, che si usa per allontanare chi fa proposte allettanti ma inaccettabili.

Vademecum 'manualetto tascabile, prontuario' (lett. 'vieni con me').

Vae victis 'guai ai vinti!', cioè gli sconfitti perdono ogni diritto, sono alla mercé del vincitore. Sono le parole rivolte da Brenno ai Romani.

Vànitas vanitàtum 'vanità delle vanità': l'espressione, riferita a tutto ciò che è terreno, viene dal libro dell'Ecclesiaste nella Bibbia.

Veni vidi vici 'venni, vidi, vinsi': sono, secondo Plutarco, le parole con cui Cesare annunciò al Senato una sua vittoria.

Verba volant (scripta manent) 'le parole volano via (gli scritti invece rimangono)'.

Verbi gratia 'per esempio' (lett. 'in grazia di una parola').

Versus 'contro, in opposizione a'.

Veto 'diritto di impedire l'approvazione o l'esecuzione di un atto' (*porre il veto, diritto di veto*) (lett. 'io vieto').

Vexata quaestio 'questione molto dibattuta'.

Video da verbo ('vedo') è diventato sostantivo ('tutto ciò che è relativo alla ripresa, trasmissione e ricezione dell'immagine'); vedi *audio*.

Viribus unitis 'con le forze unite'.

Vis comica 'comicità'.

Vox clamantis in deserto 'voce di uno che grida nel deserto': l'espressione evangelica si usa in riferimento a persona che dice cose giuste e vere, ma non è ascoltata.

Vulgo 'comunemente'.

Finestra 2. Rime in prosa?

La moderna poesia italiana fa a meno, generalmente, della rima. In un componimento di *Satura* (1971) Eugenio Montale (1896-1981) ha osservato scherzosamente come la rima, tuttavia, si insinui nel verso anche contro la volontà del poeta. Riportiamo il componimento, segnalando con il carattere maiuscolo le rime o semi-rime di cui l'autore si è divertito a disseminarlo.

Le rime

Le rime sono più noiose dELLE
dame di San Vincenzo: battono alla PORTA
e insistono. Respingerle è impossibile
e purché stiano fuori si sopPORTAno.
Il poeta decENTe le allontana
(le rime), le nasconde, bara, tENTa
il contrabbando. Ma le pinzochere ARDono
di zelo e prima o poi (rime e vecchiARDe)
bussano ancora e sono sempre quELLE.

Come si sa, la prosa è estranea alle rime, tranne che alcuni tipi particolari di prosa d'arte dai quali la scrittura professionale è, comunque, lontana. Ciò non toglie che la prosa accolga con facilità rime involontarie. Anche in questo caso, occorre farsi l'orecchio, allo scopo di eliminare o almeno ridurre gli effetti di suono più fastidiosi e, qualche volta, comici.

Già un po' di anni fa uno studioso di lingua ha messo insieme una scelta divertente e polemica di rime in *-ione, -ente* (e *-mente*), *-ale*: «la prossima visita del ministro in *occasione* dell'*inaugurazione*»; «la *conclusione* della *manifestazione* della *fondazione*»; «la *riunione* della *commissione* di *revisione*»; «Una nuova *riunione* sulla *questione* della *revisione* delle...»; «una *posizione* di *comprensione* per la *posizione*»; «problemi agricoli e *rurali nazionali*» (e c'è da chiedersi con Franco Fochi, che ha raccolto questo campionario, quale sia la differenza tra *agricoli* e *rurali*); «sicurezza *sociale* nell'ambito *previdenziale*»; «accordo *commerciale bilaterale*»; «È un problema di scienza *generale* a livello *mondiale*»; «*recenti interventi* dei suoi maggiori *esponenti*»; «gli sforzi *evidenti* dei nuovi *dirigenti*»; «Il passaggio d'*ingenti contingenti*»; «precipitazioni in *prevalenza* con carattere d'*intermittenza*»; «La *presidenza* della *conferenza* è stata affidata a...»; «Gli inviti alla *prudenza* vengono ripetuti con *insistenza* insieme con quelli alla *pazienza*»; «Dopo lo *scoprimento* del *monumento*»; «nell'*istante culminante* della cerimonia sull'Altare della Patria»; «le organizzazioni *paramilitari* dei regimi *totalitari*»; «La decisione dell'*Avana* porta una schiarita nella crisi *cubana*». Sono esempi di molti anni fa, ma sempre attuali se, a proposito dell'aggettivo ricavato da *Cuba*, nel Telegiornale della prima rete televisiva si è sentito, il 16 novembre 1996, che «Il Papa riceverà il leader *cubano* in *Vaticano*».

Il lettore coraggioso può anche affrontare questo pezzo ministeriale riguardante la scuola, ottimo esempio di prosa in cui ai paroloni astratti e impegnativi corrisponde il vuoto di contenuti concreti (con tanto di appello, ovviamente, alla concretezza):

> La formazione unitaria, umana, sociale di ciascun *discente* diviene così il motivo *dominante* dell'azione congiunta e individuale dei *dirigenti* e degli *insegnanti* in tutte le forme che risultino *concretamente* opportune per fare della scuola una vera comunità, per tutti *ugualmente stimolante*; sì da compensare eventuali divarî di partenza fra alunni *provenienti* da diversi *ambienti* sociali...

Da parte nostra, aggiungiamo solo un esempio davvero grottesco di antilingua (per dirla con Italo Calvino), tratto dalla traduzione di un libro di linguistica:

> La nozione di 'argo*mento*' chiara*mente* è un modo intuitiva*mente* soddisfac*ente* per descrivere il principio unific*ante* per cui un pezzo di discorso 'riguarda' qualcosa e il pezzo segu*ente* riguarda 'qualcos'altro'; infatti vi si fa appello molto frequente*mente* nella letteratura concern*ente* l'analisi del discorso.

Non è poi così difficile arginare queste brutture: si può scegliere senza troppa difficoltà un sinonimo, o trasformare un sostantivo in verbo (operazione raccomandabile di per sé, per diminuire l'uso di sostantivi astratti a scapito dei verbi), oppure un aggettivo in sostantivo (usando la preposizione adatta) o viceversa: così, si può dire o scrivere: «si è riunita la commissione di revisione» (le tre rime in *-one* sono diventate due, con un effetto più sopportabile); «una nuova riunione sul problema della revisione delle...»; «sicurezza sociale nell'ambito della previdenza»; «accordo bilaterale di commercio»; «Dopo che è stato scoperto il monumento»; «La decisione dell'Avana porta una schiarita nella crisi di Cuba», e così via.

Quanto agli avverbi, si possono trasformare con una perifrasi, per cui *frequentemente* → *di frequente* (e *ciecamente* → *in modo cieco*); e non si dimentichi che è possibile cambiare un participio presente nella proposizione relativa: *il pezzo seguente* → *il pezzo che segue*.

L'importante è farsi l'orecchio alle rime (e ad altri effetti discutibili o sbagliati), in modo da intervenire in fase di revisione del testo; per accorgersi delle rime, la lettura ad alta voce è utilissima. Il lettore è invitato, perciò, a intervenire sulle frasi che seguono, eliminando le rime.

Esercizi

1. I tre componi*menti* sono anche tematica*mente* completa*mente* autonomi.
2. Il segno di deferenza non viene *meno* nem*meno* quando cade la finzione.
3. Lo scrittore aveva ben pres*ente*, probabil*mente* anche mnemonica*mente*, il testo di Ariosto.
4. Il Manz*oni* curò con attenzi*one* le illustrazi*oni* del romanzo.
5. (*Da una lettera pubblicitaria riguardante un corso di formazione*) La selezione è una esclus*iva* iniziat*iva* del Politecnico di Firenze.

[R]

Capitolo dodicesimo

LE PAROLE NELLA FRASE

1. Alcune costruzioni

Si considerino le tre varianti di una stessa frase:

1. Ho comprato il giornale;
2. Il giornale, l'ho comprato;
3. L'ho comprato, il giornale.

Il significato, evidentemente, è lo stesso; ma rispetto all'andamento neutro della frase 1, la 2 mette in rilievo, anticipandolo, l'argomento della frase, che è il *giornale*, e lo riprende subito dopo con il pronome *lo* di *l'ho comprato*. Viceversa, nella frase 3 il *giornale* è ritardato in fondo alla frase, ma anticipato dal pronome *lo*.

Tutti e tre i modelli sono accettabili grammaticalmente; ma il numero 2 è il modello più frequente nella lingua parlata. Lo impiegano volentieri anche i giornali, quando vogliono dare un'impronta spigliata a un racconto, o quando riportano una dichiarazione. Qua e là, questa costruzione è stata impiegata anche in questo libro; ma occorre aver chiaro il suo valore, che è molto parlato, e quindi non abusarne nella scrittura professionale. In una domanda di lavoro non si scriverebbe, per esempio: «Il diploma di geometra l'ho conseguito nel 1995», o si scriverebbe così solo in circostanze particolari; generalmente, si preferisce il modello 1, più neutro.

A questa costruzione se ne collegano poi delle altre, decisamente incompatibili con la scrittura professionale, anche se molto frequenti e anzi normali nel parlare: nessuno si meraviglia di chi dice «A me mi piace» o «A Lorenzo gli piace» (dove *a me* e *a Lorenzo* anticipano l'*io* di chi parla, riprendendolo con *mi*, o *Lorenzo*, ripetendo poi *gli*), ma nella scrittura professionale questa si considera una costruzione scorretta.

Può accadere poi che si impieghi inavvertitamente un *ne* di troppo, dimenticando che *ne* significa 'di lui, di lei, di ciò' (o anche con valore di avverbio: 'di lì', come in «me *ne* andai»; si veda il cap. IX, § 8) e che l'espressione di *lui, lei, ciò* rende superfluo l'impiego di *ne*.

A queste, e ad alcune altre particolarità, è dedicato un primo gruppo di frasi.

Esercizi

1. A me mi fa più utile chi mi biasima (Pirandello).
2. A me mi basta questo (Pirandello)
3. Queste cose a me non mi piacciono.
4. A me mi sembra impossibile.
5. Il denaro me lo puoi dare a me.
6. Se mi volete ascoltare a me, è meglio smetterla.
7. Mi venne a prendermi.
8. Me la deve ripararla.
9. Vi prego di comprargli qualcosa a Riccardo.
10. A Renzo in fatti quel pensiero gli era venuto, come abbiam visto, da principio (Manzoni).
11. Del pericolo alcuni ne sono consapevoli.
    [R]

2. Pronomi di terza persona

Il *ci* è pronome di prima persona plurale ('noi, a noi'); avverbio di luogo (anche con significato indebolito, come nella formula d'inizio delle fiabe: *C'era una volta...*); dimostrativo («Non *ci* credo»); è di impiego fisso con certi usi del verbo *avere* («Ce l'hai la penna?» «No, non ce l'ho»; si veda il cap. IX, § 2); è di uso frequente nella costruzione *c'è, ci sono* più sostantivo e pronome relativo nella lingua parlata e nella scrittura giornalistica, molto meno in quella professionale («Ci sono molti motivi che mi convincono a prendere questa decisione»; «c'è chi pensa che...»).

In alcuni dei suoi usi il *ci* ha una variante più formale in *vi*: «Vi sono molti motivi che mi convincono a prendere questa decisione».

Nel parlare il *ci* si usa anche nel senso di 'a lui, a lei, a loro'; la scrittura non ammette questo impiego; allo stesso modo, non si può accettare *si* come sostituto di *ci* pronome di prima persona plurale.

Quanto all'uso dei pronomi di terza persona, la maggior parte dei grammatici accetta come soggetto *lui* accanto a *egli*, *lei* accanto ai rari *ella, essa* (*lui* e *lei* hanno un valore più «forte», significando 'proprio lui o lei', 'lui o lei in persona'; si veda *egli legge* o *lui legge* nelle risposte agli esercizi del cap. IX).

Per i complementi, la forma del singolare *gli* è ampiamente usata per il plurale (come avviene, da tempo, anche nell'italiano scritto) a danno di *loro*, più «pesante» (perché bisillabo e sempre accentato).

Nello scritto va invece evitato *gli* come forma singolare riferita a un femminile. In altre parole, il pronome *le* non dev'essere sostituito da *gli*.

Esercizi

1. I piemontesi erano molto bravi, e ci piaceva il vino.
2. Lui ci piaceva la caccia.
3. Troviamo un soldato con due sacchi di calze, e vuole venderle. Vendiamo tutto e al soldato ci diamo niente.

4. Mio cognato picchiava la moglie dicendoci: «Devi andare in casa di tuo padre e ci devi rubare qualcosa di valore, che così se lui vuole quell'oggetto deve darci tutto il resto».
5. «Hai parlato a Marco?» «No, non ci ho ancora parlato». «Allora parliamoci insieme».
6. Si siamo sposati l'anno scorso.
7. Sarà difficile che si mandano in altri posti pericolosi.
8. Spiace alla bambina che il nome che lei porta non gli è stato dato dai suoi genitori ma dalla zia.

[**R**]

3. Il pronome relativo

Sull'uso del pronome relativo inciampano spesso coloro che non hanno una salda conoscenza della lingua. Si noti che, mentre è corretta una frase come «Il giorno che c'incontrammo» (in altre parole, si può ma non è obbligatorio scrivere «Il giorno in cui c'incontrammo»), gli usi delle frasi che seguono sono tutti scorretti nella lingua scritta (ed è bene evitarli, se non nel parlare, almeno nel parlare accurato).

Nel racconto di Dino Buzzati, riportato nel capitolo XIII, § 1, si legge: «Il giorno *che* ci fu lo sciopero, si lamentarono nel servizio dei telefoni irregolarità e stranezze». Non è obbligatorio scrivere: «Il giorno *in cui* ci fu lo sciopero...» (in queste espressioni che indicano il tempo anche le grammatiche più severe ammettono la correttezza del *che*).

Un'alternativa a *che* (e a *cui*) è fornita da *il quale*: non molto frequente nel parlare (e nello scrivere), *il quale* può essere usato utilmente, per esempio lì dove il *che* lascerebbe incerto l'antecedente a cui si riferisce: «Ecco due narratori che ci hanno lasciato due vaste raccolte di racconti *le quali* costituiscono due panorami incomparabili della vita di Francia e di Russia» (se Alberto Moravia, da cui è tratto l'esempio, avesse scritto «*che* costituiscono», il *che* potrebbe riferirsi tanto a «raccolte» quanto a «racconti»).

Inoltre, *il quale* torna utile per variare un'infilata di *che*: cosa che in italiano accade di frequente, anche perché è di largo impiego, insieme con il *che* pronome, il *che* congiunzione.

Ancora una citazione da Moravia: «Credo *che* lo stesso Hemingway, *che* era un uomo leale, sportivo e capace di ironia, avrebbe preferito la mia franchezza alla falsità di tanti suoi aficionados». In questo caso, i due *che* non disturbano; ma si potrebbe anche scrivere «Credo che lo stesso Hemingway, il quale era un uomo leale...». Invece, non si potrebbe cambiare il primo *che*, se non a patto di modificare la costruzione; per esempio: «Secondo me lo stesso Hemingway...», «Probabilmente, lo stesso Hemingway...».

Da evitare, nello scritto, anche il *che* con valore di congiunzione generica (spesso però di natura dubbia, di congiunzione e pronome relativo insieme; se ne discute nel cap. XIII, § 1), di cui si danno, nelle frasi che seguono, esempi che vengono commentati nelle soluzioni.

Esercizi

1. Ecco la ragazza che non mi ricordo il nome.
2. Venne il capo operaio che per l'appunto gli occorreva un ragazzo sveglio.
3. Il mio è un mestiere che sono a contatto con le persone.
4. Il figlio dell'albergatore aveva per le mani una ricca americana che gli spillava dei soldi [*che*, come si capisce dal contesto, si riferisce al *figlio dell'albergatore* e non, come sarebbe possibile in astratto, a *una ricca americana*].
5. Ho un pappagallo al quale gli voglio tanto bene.
6. Decise di tornare a casa senza pensare alle conseguenze che andava incontro.
7. Sappiate che, intanto che voi stavate a guardar la vostra bottega, io mi faceva [= facevo] schiacciar le costole, per salvare il vostro signor vicario di provvisione, che non l'ho mai visto né conosciuto (Manzoni).
8. Ma questa è una di quelle sottigliezze metafisiche, che una moltitudine non ci arriva (Manzoni).
9. È un bel giardino in cui i bambini ci giocano.
10. Non trovavo la scatola che ci mettevo il tabacco.
11. Partii per Treviglio che arrivai la sera.
12. Si stava mettendo a tavola che si sentì bussare alla finestra.
13. (*Da un quotidiano*) Li abbiamo presi che erano sotto l'influsso della droga.
14. Questa lettera [...] l'ha scritta un religioso [...] che, senza farvi torto, val più un pelo della sua barba che tutta la vostra (Manzoni).
15. La maestra aveva due alunni che uno si chiamava Camillo.
16. Arriva a Montecarlo, dove ci si ferma.

[R]

4. Altre particolarità

Esercizi

1. Quando che la vedo mi emoziono.
2. Avrei bisogno di parlare breve con l'avvocato.
3. Ho chiamato la mamma nascosto.
4. Entrammo in discoteca a gratis.
5. Nella casa si viveva molto povero.
6. Vidi un pescatore a pescare.
7. Ho sentito a sparare.
8. Gli Italiani non evitano a criticare il paese che li ospita.
9. Dopo qualche mese mio padre guarì ed ero molto felice rivederlo a casa.
10. Pagarono colpe che non avevano.
11. Questi problemi sono dovuti in parte dalla mia pigrizia.
12. (*Da un «Curriculum vitae»*) Gli studi non sono stati proseguiti causa difficoltà economiche della famiglia.

13. (*Da un «Curriculum vitae»*) Il rapporto di lavoro con la sopracitata azienda si è concluso il 10.5.97 causa prolungati ritardi del titolare per quanto riguardava il versamento di alcune mensilità al sottoscritto.
14. Praticando con questi Svizzeri ho imparato molto bene il suo dialetto.
15. Si vede qualche barca da pesca coi loro lumi accesi.
16. (*Da un «Curriculum vitae»*) Ho frequentato corso di agente di commercio presso la C.C.I.A.A. di Alessandria.

[**R**]

5. Un caso particolare di uso delle preposizioni

Nella scrittura professionale si impiegano con particolare frequenza alcuni participi presenti. Come i participi passati, così i participi presenti si regolano secondo il principio generale dell'italiano: possono avere valore di sostantivo o aggettivo, o possono conservare la funzione del verbo. In quest'ultimo caso, occorre chiedersi se il verbo si costruisca con il complemento oggetto (se sia insomma un transitivo) o con un complemento diverso (e quindi sia un intransitivo, che regge una preposizione). Si parlerà e si scriverà allora di «risposta pertinente» o «risposte pertinenti», con un participio presente che ha valore di aggettivo; ma si dirà che «la risposta è (*o* non è) pertinente **al** tema in discussione», conservando al participio la sua natura di verbo. Si noti che *pertenere* è un verbo intransitivo: «Son cose che non pertengono alla questione fondamentale» (Croce); quindi: «La sua azione si dimostra [...] pertinente al mondo della libertà» (Croce). Sinonimi di *pertenere* sono *attenere*, anch'esso intransitivo, e *concernere* e *riguardare*, che però sono transitivi:

- Queste obiezioni non concernono **il** problema;
- Queste obiezioni non riguardano **il** problema;
- Queste obiezioni non attengono **al** problema;

e di conseguenza: «Obiezioni non concernenti (*o* non riguardanti) **il** problema», ma «Obiezioni non attinenti (*o* pertinenti) **al** problema».

Dal non osservare questa distinzione, derivano errori piuttosto frequenti nelle scritture professionali e burocratiche.

Esercizi

1. Pareva che a poco a poco si capacitasse che i cani debbano esser trattati così, che questa fosse una condizione inerente la sua esistenza canina e che non ci fosse perciò da aversene a male.
2. La Società ci ha incaricati di ricercare Assistenti che dovranno, a diretto contatto con la Clientela internazionale, espletare tutte quelle operazioni inerenti le attività di customer service.
3. Non sentivano per la terra il più piccolo interesse o trasporto, anzi, ritenevano il lavoro attinente essa sudicio e vile.
4. Riconobbe i due oggetti come già pertinenti il «tesoro» della moglie.
5. Un pittore [...] attinente per certa comunità d'intenti rivoluzionari il gruppo impressionista.

6. È una questione attinente la ricerca scientifica.
7. È una controversia concernente all'interpretazione.
8. Si discuteranno i problemi riguardanti all'ambiente.
9. Son cose che non pertengono la questione fondamentale.
[R]

6. Costruzioni irregolari

Vanno evitati i «pezzi» di frase che non hanno rapporto sintattico con il resto della frase. Anche in questo caso, gli scrittori sanno ricavare effetti artistici spesso di grande efficacia da un modo di esprimersi «vizioso» (per usare una parola dell'antica grammatica); ma, di nuovo, le licenze artistiche non si possono travasare nella scrittura professionale. Se le costruzioni in questione entrano nella scrittura professionale, ciò avviene per una gestione insufficiente della sintassi. Includiamo anche alcune frasi che esprimono l'egocentrismo di cui si è detto nel cap. I, § 2.

Esercizi

1. Tutta la gente che vi era dentro, la maggior parte svenirono.
2. Io il vino non mi prende alle gambe.
3. Io mi rincresce.
4. Tutti i soldati ci è toccato uscire fuori.
5. Perché io Napoli la mia città mi piace moltissimo.
6. Io la frittura mi fa male.
7. Io questa è l'impressione che si ha.
8. Io, sul ponte del Piave non volevano lasciarmi passare.
9. Io, mi è rimasta quella del mio povero cugino.
10. A me, che ero caporalmaggiore, mi avevano dato il comando.
11. A noi, neanche nel riposo ci lasciavano stare.
12. Lei sa che noi altre monache, ci piace di sentir le storie per minuto (Manzoni).
13. Quelli che moiono, bisogna pregare Iddio per loro (Manzoni).
14. Il primo che va in giro di notte gli faremo la pelle (Verga).
15. Calandrino, se la prima gli era paruta [parsa, sembrata] amara, questa gli parve amarissima (Boccaccio).
16. Un dottore in legge laureato da poco gli arrivò la cartolina di precetto.
[R]

7. Usi del congiuntivo

Le frasi che seguono presentano alcuni dei problemi più comuni nell'uso del congiuntivo (e si veda il cap. IX, § 5).

Il congiuntivo resta un modo vitale, nonostante le diagnosi frequenti di malattia (e di prossima morte).

Esercizi

1. Loro credono che io non ho problemi.
2. Speriamo che il Signore ci aiuta.
3. Mia madre vuole solamente che io studio e parlo di studio.
4. Mia madre vorrebbe solamente che io studio e parlo di studio.
5. Vorrei che tu vieni.
6. Vorrei che tu venga.
7. Dicono che sono cattivo. Ma perché sono cattivo? Come sto in pace io, così vorrei che stia in pace tutto il mondo.
8. Vorrei che tu pensi un poco anche a me.
9. (*Da un manuale di corrispondenza*) Vorrei tanto che alcuni dei miei insegnanti abbiano anche metà del suo entusiasmo.
10. Sebbene era un bravo giovane, pochi gli volevano bene.
11. Se vivrei a Roma sarei contento.
12. Se sarebbe stato oggi, sarebbe nato un processo.
13. Se avessi i soldi, mi comprassi una casa.
14. Se non ci sarebbe il razzismo, non ci fossero molti atti di aggressione agli extraeuropei.
15. Mi domando quanti cittadini credono ancora nelle istituzioni.
    [**R**]

8. Congiuntivo e condizionale

Il *se* non porta automaticamente il congiuntivo: intanto, le ipotetiche possono andare anche all'indicativo, come si sa: «Se dici questo, hai ragione».

In secondo luogo, ed è ciò che importa osservare, il *se* ipotetico va tenuto distinto dal *se* interrogativo. Basta considerare i diversi significati di queste due frasi:

1. Raffaella non sapeva se Carla sarebbe partita.
2. Raffaella non sapeva se Carla fosse partita.

Non lasciamoci ingannare dalla terminologia grammaticale, che definisce *sarebbe partita* un condizionale passato: in usi come quelli della n. 1, il condizionale esprime il futuro nel passato: *non sapeva* è nel passato, e la partenza di Carla è un futuro rispetto a *non sapeva*; nella 2, invece, la partenza è passata rispetto al passato di *non sapeva*.

Chi voglia addestrarsi all'uso di questi tempi, può trasformare in discorso indiretto le frasi 1 e 2 (per esempio: «Carlo chiese: "È arrivata Silvia?"», in discorso indiretto si formula: «Carlo chiese se Silvia fosse arrivata»), e trasformare dal presente al passato, o dal passato al presente, le frasi 3-8 (per esempio: «Renato teme che dopo la discussione nasca un disaccordo profondo» →«Renato temeva che dopo la discussione nascesse un disaccordo profondo»).

Esercizi

1. Carlo chiese: «Massimo, Silvia arriverà in tempo?».
2. Carlo chiese: «Massimo, è vero che Silvia non è arrivata in tempo?».
3. Spero che Valerio mi telefoni → Speravo...
4. Gli assicurarono che la lettera sarebbe partita subito → Gli assicurano...
5. Credo che il film ti piacerà → Credevo...
6. Sono sicuro che si comporterà nel modo migliore → Ero sicuro...
7. Credo che abbia agito in buona fede → Credevo...
8. Immagino che mi aiuterai → Immaginavo...

[**R**]

9. Un aspetto della coerenza espressiva

Le parti che costituiscono un testo devono essere coerenti tra loro. In particolare, gli argomenti annunciati dalle intestazioni o titoli sono legate al testo seguente (che illustra l'argomento stesso) per il contenuto, ma sono separate sintatticamente da esso. Occorre curare l'omogeneità delle intestazioni tra loro. Si osservino gli esempi seguenti.

Esercizi

1. (*Da un «Curriculum vitae»*) Chiedo cortesemente alla S. V. Ill.ma di poter essere assunto presso detta Concessionaria in qualità di venditore, ossia consigliare la gente quale vettura intende acquistare e così via.
2. (*Da un «Curriculum vitae»*) QUALIFICA. Addetta alla segreteria conseguito al «Centro di Formazione Professionale per il Commercio».
3. (*Da un «Curriculum vitae»*) Impieghi: lavorato per 2 anni c/o lo Studio Commercialistico Bartezzaghi di Ravenna.
   Libera: Immediatamente.

[**R**]

10. Complicazioni evitabili

Nelle frasi che seguono (ricavate, per lo più, da tesi di laurea) compaiono giri di parole inutili, che si possono tagliare senza perdita d'informazione. Si noterà che in molti casi le semplificazioni proposte hanno il vantaggio di snellire anche la sintassi, rendendo il testo più facile e spedito.

Esercizi

1. Il *lui*, tanto combattuto dalla tradizione grammaticale, è solo dall'Ottocento e in particolare con il testo definitivo dei *Promessi Sposi* che comincia ad apparire anche in funzione di soggetto.

2. Il periodo in cui è il boa di struzzo ad essere usato è quello ricoperto dal 1915 al 1930.
3. È probabile che i capi non rivelarono agli altri membri il vero scopo della guerra, ma trovarono principi religiosi o morali per giustificarne il fine.
4. Trovo sarebbe importante avere una buona conoscenza musicale.
5. Penso sia importante parlare di quali sono le cause che portano i governanti ad addurre principi o scuse per mascherare il vero scopo della guerra.
6. Quello che pareva opportuno sottolineare è come Pascoli, pur sforzandosi di legare saldamente questi componimenti servendosi del verbo tematico *piangere*, li mantenga comunque distinti l'uno dall'altro, nella misura in cui il periodo sintattico termina alla fine di ciascun sonetto.
7. Altro autore già ricordato che scrisse una raccolta di poesie è Guido Gozzano che con i *Colloqui* pubblicati la prima volta nel 1911 scrive una serie di testi divisi in tre sezioni.
8. Tra i testi che ci pare di dover prendere in considerazione in questa sede è anche la sezione *Il reduce* nei *Colloqui* di Gozzano.
9. Quello che salta subito all'occhio è il forte legame che stringe assieme questi componimenti, che costituiscono il tessuto della narrazione.
10. Innanzitutto, anticipando il risultato che emerge da questo primo punto, si deve ammettere che complessivamente il romanziere francese fa scarso uso di questo mezzo espressivo.
11. La lingua usata nella *Divina Commedia* è il fiorentino.
12. Il testo su cui si è lavorato è in versione originale.
13. Si esporranno ora quelle che sono le conclusioni raggiunte al termine del lavoro.

    [**R**]

11. Ordine della parole e ambiguità

Esercizi

1. (*Da una lettera di propaganda elettorale*) Non ho mai fatto politica attiva prima d'ora anche perché, oltre all'Azienda, mi sono dedicato alla ricerca scientifica attraverso la quale ho avuto modo di prendere coscienza dei grandi problemi che gravano sull'ecosistema e sull'umanità, rischiando di comprometterne l'esistenza.
2. (*Da una circolare di pubblicità bancaria*) Le suggeriamo, senza impegno, di entrare in contatto con il Dott. Eugenio Travi con il quale potrà fissare un appuntamento al Suo domicilio o presso la più vicina Filiale della Banca di Canicattì.
3. La prego gentilmente di voler restituire il volume che ha preso in prestito in data...

    [**R**]

12. Accordi di soggetto e verbo

Quando il soggetto è collettivo si trova spesso il verbo al plurale, perché il senso della pluralità o collettività prevale sul genere grammaticale, che è singolare. Lo stesso accade con i soggetti del tipo *una serie di* + complemento al plurale: come soggetto funziona il complemento, e il verbo va al plurale. Queste costruzioni, guardate con una certa diffidenza dalle grammatiche, sono presenti anche nei giornali.

Indipendentemente dal giudizio sulla loro correttezza, è meglio evitarle, perché finiscono per tirarsene indietro delle altre, nelle quali il singolare o il plurale del verbo è condizionato, per attrazione, dal numero singolare o plurale della parola che lo precede immediatamente: e in questo caso la sconcordanza è un errore. Entrambi i tipi sono presenti nelle frasi che seguono.

Esercizi

1. Questa gente non hanno tante pretese.
2. Un milione di uomini sono stati ammazzati.
3. Qui ancora vivono qualche donna russa.
4. Questa è gente che devono vivere.
5. Mi piace i monumenti.
6. Mi è giunto la tua lettera.
7. Il brusco contrasto con Francesco I di Francia nel 1535 per la sottrazione di alcuni possedimenti in Provenza non interruppero definitivamente la carriera di Gabriello Alamanni.
8. In ogni sezione l'esposizione rapida e frettolosa degli argomenti insinuano il dubbio di scarsa elaborazione.
9. I complessi problemi culturali connessi alla *Bottega del caffè* di Goldoni e all'uso letterario contemporaneo è valutato solo in alcuni casi specifici.
10. Il fitto concatenarsi degli eventi che compongono le vicissitudini umane, contribuiscono a spiegare le difficoltà incontrate dal personaggio.
11. Vengono varati una serie di provvedimenti.
12. Si sono avute una serie di rassegne concertistiche e di conferenze.
13. Sono passati una decina di giorni.
14. Il 30 per cento circa della macchina militare di Saddam Hussein è stata distrutta.
15. (*Dalla cronaca di un quotidiano*) Non ci sono state vittime, per fortuna, anche se una dozzina di persone sono state ricoverate d'urgenza all'ospedale in seguito alle inalazioni di fumo.
16. (*Da un «Curriculum vitae»*) Lo star delle cose attuali anzi, inducono il sottoscritto a ricercare un'occupazione a lui più consona.
17. (*Da un «Curriculum vitae»*) Io sottoscritta Marilena Pecorelli chiede a codesta spettabile Società di essere presa in considerazione per una eventuale assunzione in qualità di impiegata di concetto.
18. (*Da un «Curriculum vitae»*) La sottoscritta Rosa Agnelli chiede di essere ammessa ad un colloquio presso codesta ditta per una eventuale assunzione. Allo scopo allego il mio «curriculum vitae».
19. (*Da un manuale di documentazione bibliografica*) Questo tipo di schede sono destinate ad uso strettamente personale.

[R]

Capitolo tredicesimo

PROBLEMI DI ITALIANO AVANZATO

1. Qualche esperimento su punteggiatura e sintassi

Per entrare in argomento, leggiamo l'inizio di un racconto di Dino Buzzati (1906-1972), *Sciopero dei telefoni*:

> Il giorno che ci fu lo sciopero, si lamentarono nel servizio dei telefoni irregolarità e stranezze. Fra l'altro, le singole comunicazioni non erano isolate e spesso si intrecciavano, cosicché si udivano i dialoghi degli altri e vi si poteva intervenire.
>
> Alla sera, verso le dieci meno un quarto, cercai di telefonare a un amico. Ma prima ancora che facessi in tempo a far girare l'ultima cifra del quadrante, il mio apparecchio restò inserito nel giro di una conversazione estranea, a cui poi se ne aggiunse una quantità d'altre, in una ridda sorprendente. [...]
>
> Da principio udii due donne che parlavano, caso strano, di vestiti.
>
> «Niente affatto io dico i patti erano chiari lei la gonna me la doveva consegnare giovedì e adesso siamo a lunedì sera io dico e la gonna non è ancora pronta e io sa che cosa faccio, cara la mia signora Broggi io la gonna gliela lascio e se la metta lei se le accomoda!» Era una vocetta acuta e petulante che parlava velocissima senza interpunzioni.
>
> «Brava!» le rispose una voce, giovane, cordiale e sorridente, un poco strascicata, con accento emiliano. «E così che cosa ci hai guadagnato? Puoi aspettare, sai, che quella lì ti rifonda della stoffa».
>
> «Voglio vedere voglio con la rabbia che mi ha fatto inghiottire una rabbia che non ti dico per giunta dovrei perderci dovrei tu Clara la prima volta che ci vai mi fai il santo piacere di dirle il fatto suo che non è il modo di trattare mi fai proprio il piacere anche la Comencini del resto mi ha detto che non si serve più da lei che le ha sbagliato completamente quel tre quarti rosso che la fa sembrare una sercantina [= una mendicante] è inutile da quando le è venuta la clientela fa i comodacci suoi te la ricordi due anni fa quando cominciava e signora qua e signora là non la finiva mai coi complimenti è un piacere diceva vestire un personale come lei dà soddisfazione e tante storie e adesso guardatemi e non toccatemi ha perfino cambiato il modo di parlare vero Clara? Anche tu ti sei accorta, no?, che ha cambiato il modo di parlare? E intanto domani che si deve andare dalla Giulietta per il tè non ho neanche da mettermi uno straccio tu cosa dici che mi metta?»
>
> «Ma se tu Franchina» le rispose Clara, placida «non sai neanche più dove mettere i vestiti da tanti che ne hai».

Delle due interlocutrici la loquace Franchina parla, dice Buzzati, «senza interpunzioni». Naturalmente, non è possibile parlare con i punti, le virgole e gli altri segni d'interpunzione: Buzzati vuol dire che la signora parla velocissima, senza pause né interruzioni: è lui, dunque, lo scrittore, che per rendere quel flusso di parole lo trascrive sopprimendo quasi completamente la punteggiatura. Proviamo a riscrivere le due battute di Franchina aggiungendo, come si fa normalmente quando si mette un dialogo sulla carta (e come fa lo stesso Buzzati per le battute della più tranquilla Clara), i segni di punteggiatura. Il risultato potrebbe essere questo:

> «Niente affatto, io dico: "I patti erano chiari: lei la gonna me la doveva consegnare giovedì, e adesso siamo a lunedì sera", io dico, "e la gonna non è ancora pronta; e io sa che cosa faccio, cara la mia signora Broggi? io la gonna gliela lascio e se la metta lei, se le accomoda!"... Voglio vedere, voglio, con la rabbia che mi ha fatto inghiottire, una rabbia che non ti dico; per giunta dovrei perderci, dovrei? Tu, Clara, la prima volta che ci vai mi fai il santo piacere di dirle il fatto suo, che non è il modo di trattare, mi fai proprio il piacere. Anche la Comencini, del resto, mi ha detto che non si serve più da lei, che le ha sbagliato completamente quel tre quarti rosso che la fa sembrare una sercantina. È inutile: da quando le è venuta la clientela fa i comodacci suoi. Te la ricordi due anni fa, quando cominciava, e "Signora qua" e "Signora là", non la finiva mai coi complimenti, "È un piacere", diceva, "vestire un personale come lei dà soddisfazione", e tante storie; e adesso "Guardatemi e non toccatemi", ha perfino cambiato il modo di parlare, vero Clara? Anche tu ti sei accorta, no?, che ha cambiato il modo di parlare? E intanto domani che si deve andare dalla Giulietta per il tè non ho neanche da mettermi uno straccio. Tu cosa dici che mi metta?»

Mettendo a posto i punti e le virgole alla signora Franchina abbiamo guastato l'effetto finemente raggiunto da Buzzati, che ha eliminato la punteggiatura per rendere la parlantina torrenziale del personaggio. In secondo luogo, ed è ciò che ci interessa particolarmente, l'operazione porta con sé qualche incertezza: la punteggiatura ha le sue regole ed è insieme soggettiva, e perciò dove uno preferisce i due punti o il punto e virgola un altro può altrettanto bene segnare un punto fermo. Poi, punteggiare significa precisare, e qualche volta si resta in dubbio: come avviene nella prima riga, dove *io dico*, che si è segnato fuori delle virgolette, potrebbe anche far parte del discorso della signora Franchina alla sarta: «Io dico: i patti erano chiari...».

Ma anche questa piccola trasformazione basta a comprendere quanto sia chiarificatrice la punteggiatura, e per esempio l'apertura e chiusura delle virgolette: quali sono esattamente le parole di Franchina a Clara, e quelle che Franchina racconta a Clara come dette alla sarta (tecnicamente si parla di *discorso riportato*, perché detto in una circostanza diversa dalla comunicazione attuale)? Non è una distinzione da poco, anche se nel caso in questione non è poi importante stabilire se *io dico* sia **discorso diretto** di Franchina a Clara o **discorso riportato da Franchina a Clara**.

Per di più, un testo parlato (e Buzzati ha inventato un dialogo che si avvicina molto alla realtà della lingua parlata) si presta con difficoltà a essere travasato nelle convenzioni dello scritto: l'italiano scritto e l'italiano parlato sono una lingua unica, ma il passaggio dal parlato allo scritto richiede degli adattamenti che non si limitano solo a «tradurre» i suoni in lettere (cap. II, § 3).

Rileggiamo un particolare: «Anche la Comencini, del resto, mi ha detto *che* non si serve più da lei, *che* le ha sbagliato quel tre quarti rosso *che* la fa sembrare una sercantina».

Un'infilata di *che*, frequente nella realtà della lingua orale: ma qual è la loro natura grammaticale? Il primo *che* è una congiunzione («mi ha detto che»), e il terzo è un pronome relativo, tant'è vero che si può sostituirlo con la forma corrispondente del relativo *il quale* («quel tre quarti rosso *il quale* la fa sembrare...»); ma la natura del secondo è molto più incerta: potrebbe intendersi

1. come un relativo («da lei *la quale...*»),
2. come una congiunzione causale (un *perché* abbreviato; e allora si dovrebbe scrivere *ché*),
3. come una congiunzione dichiarativa, dipendente anch'essa da *ha detto*: «ha detto che non si serve più da lei, [ha detto] che le ha sbagliato quel tre quarti rosso»; ma allora ci si aspetterebbe una *e* per coordinare la prima proposizione dipendente e la seconda : «mi ha detto che... e che...».

In realtà, quel *che* non è né pronome relativo né congiunzione, ma un legamento generico, tipico del parlato. Questo uso, frequente nel parlare, è da evitarsi nella scrittura professionale mentre è normale negli scrittori, quando vogliono rendere al vivo il modo di esprimersi di un personaggio.

Se il secondo dei tre *che* ha questa natura, allora sarebbe meglio evitare la virgola e scrivere: «mi ha detto *che* non si serve più da lei *che* le ha sbagliato quel tre quarti rosso». Con la virgola, come si è proposto sopra, il *che* ha invece senso relativo o causale (se si scrive *ché*).

Ci siamo soffermati su questo particolare per mostrare come la punteggiatura, per quanto soggettiva e variabile, è tuttavia collegata all'organizzazione sintattica, e dunque non è un elemento superficiale del testo, un accessorio, ma fa parte della sua struttura: in realtà, c'è un rapporto stretto tra punteggiatura e sintassi.

Esercizi

Nelle frasi che seguono il lettore è invitato a rivedere la punteggiatura.

1. (*Formula conclusiva di una lettera inviata da una Banca ai clienti*) La ringraziamo per la preferenza che ha voluto accordarci e, Le porgiamo distinti saluti.
2. (*Da una tesi di laurea*) Accanto al mondo animale, quello della natura, offre un numero minore di esempi.
3. E scrisse, una lunga lettera che s'aggirava tutta, smaniosamente, su queste due frasi: «Che ho fatto?» e «Che farò?».
4. Mi disse, che era a Nizza da una settimana.
5. Si fa presente che all'interno della campionatura, vi sono delle parti riportate alla lettera dalle opposizioni dell'avversario.

6. Infatti le aveva detto bestia.
7. Infatti Maràbito di quella sua longevità s'era fatta a poco a poco una vera fissazione.
8. Marta infatti non piangeva più.
9. Tutta la gente infatti gli faceva largo.
10. Marta [...] non poteva tuttavia sottrarsi a un senso d'avvilimento.
11. Tuttavia si sentiva ancora addosso qualcosa d'indefinibile.
12. Quanto a Stellina [...], ma voi la conoscete: un angioletto! Tuttavia vi par giusto metter la paglia accanto al fuoco?
13. (*Da una tesi di laurea*) Il poeta subirà però nel capoluogo toscano delle profonde delusioni, lo apprendiamo da una lettera al Piermarini.
14. Nel romanzo spesso un'immagine ne attira un'altra, o una similitudine entra in gioco con una metafora, nascono così delle immagini complesse.
15. In un pezzo riportato dall'autore si trova *pazientia*, però sempre all'interno dello stesso passo, si trova *pazienzia*.
16. Queste oscillazioni avevano già un largo impiego in latino, inoltre non si spiega come non siano scritte con *l'h-* altre parole.
17. L'apporto culturale va oltre la pur meritevole opera di formazione di una nuova leva di musicisti, si sono avute così una serie di rassegne concertistiche e conferenze. Molti giovani hanno avuto l'opportunità di suonare assieme a musicisti di fama internazionale, basta ricordare la registrazione di un C.D. con Lee Konitz.
18. (*Da un «Curriculum vitae»*) Questi, i dati che, nel caso, potranno esserVi utili.
19. (*Da un «Curriculum vitae»*) Fino ad oggi, sono stato impegnato negli studi in economia e commercio presso l'università di Bologna. Studi, che situazioni di vario genere, mi hanno spinto ad interrompere.
20. Partecipo al vostro concorso per sfogarmi su di un pezzo di carta bianca, per dare uno sfogo a tutte queste ingiustizie, a questa società sbagliata e burocratica che oggi attualmente noi tutti operai ne siamo succubi.
21. Sarebbe invece indispensabile, trovare per il mercoledì uno spazio per le conferenze.
22. L'ing. Muraro, ha sempre fornito rassicurazioni solo verbali.
[R]

Sbarrare il quadratino in corrispondenza della frase che appare migliore.

1 a ☐ A quanto pare Renato ha lasciato la città.
b ☐ A quanto pare, Renato ha lasciato la città.
c ☐ Renato ha lasciato la città, a quanto pare.
d ☐ Renato ha lasciato la città a quanto pare.

2 a ☐ Appare in sostanza necessario accanto a una trattazione dei simboli, una trattazione che si occupi delle immagini.
b ☐ Appare in sostanza necessario, accanto a una trattazione dei simboli

una trattazione che si occupi delle immagini.
c ☐ Appare in sostanza necessario accanto a una trattazione dei simboli una trattazione che si occupi delle immagini.
d ☐ Appare in sostanza necessario, accanto a una trattazione dei simboli, una trattazione che si occupi delle immagini.

3 a ☐ Il libro a quanto sembra non si trova qui.
b ☐ Il libro, a quanto sembra non si trova qui.
c ☐ Il libro, a quanto sembra, non si trova qui.
d ☐ Il libro a quanto sembra, non si trova qui.
[R]

2. Il discorso riportato: dal diretto all'indiretto

In una società in cui il discorso è per tanta parte parola sulla parola, è necessario saper riportare la parola d'altri (per ripetere il titolo di un libro dedicato a questo argomento). L'operazione riguarda, insieme con la parola, il pensiero altrui, e si compie in due modi fondamentali:

- la citazione diretta, che deve essere assolutamente letterale e fedele, di ciò che si riferisce come detto da una persona o scritto in un testo (la stampa quotidiana non rispetta sempre questo criterio: cap. IV, Finestra 6). Le parole altrui si pongono in questo caso tra le virgolette " " o « », che servono a distinguere il testo di cui è responsabile l'autore dalla porzione di testo attribuita ad altri;
- la citazione indiretta, attraverso la parafrasi o il riassunto, secondo i modi già discussi nel capitolo IV.

Ai due modi appena ricordati si collegano il discorso diretto e il discorso indiretto, che si possono anche alternare, allo scopo di raggiungere una migliore varietà di espressione. Il passaggio dal discorso diretto al discorso indiretto richiede una serie di trasformazioni, non sempre semplici. Inoltre, occorre armonizzare il testo dell'autore e il testo riportato (cap. VIII, § 10).

Esercizi

1. Mi ha detto: «Richiama fra un'ora»; allora io ho richiamato fra un'ora.
2. Riscrivere in discorso indiretto la dichiarazione dell'ex magistrato Antonio Di Pietro, riportata nel capitolo VIII, § 10.
[R]

3. Il controllo della punteggiatura

Si riportano ora alcuni testi privati di punteggiatura, maiuscole e minuscole e altri segni quali apostrofi e accenti: sono stati scritti da alcuni narratori italiani. Il lettore è invitato a restituire ai testi un aspetto più normale (e gli autori sperano di essere perdonati se si permettono di sfigurare così la prosa di alcuni ottimi scrittori: che, comunque, si troverà riprodotta fedelmente nelle risposte).

Esercizi

Ecco l'inizio di *Se questo è un uomo* di Primo Levi (1919-1987):

ero stato catturato dalla milizia fascista il 13 dicembre 1943 avevo ventiquattro anni poco senno nessuna esperienza e una decisa propensione favorita dal regime di segregazione a cui da quattro anni le leggi razziali mi avevano ridotto a vivere in un mio mondo scarsamente reale popolato da civili fantasmi cartesiani da sincere amicizie maschili e da amicizie femminili esangui coltivavo un moderato e astratto senso di ribellione non mi era stato facile scegliere la via della montagna e contribuire a mettere in piedi quanto nella opinione mia e di altri amici di me poco piu esperti avrebbe dovuto diventare una banda partigiana affiliata a giustizia e libertà mancavano i contatti le armi i quattrini e l esperienza per procurarseli mancavano gli uomini capaci ed eravamo invece sommersi da un diluvio di gente squalificata in buona e in mala fede che arrivava lassù dalla pianura in cerca di una organizzazione inesistente di quadri di armi o anche solo di protezione di un nascondiglio di un fuoco di un paio di scarpe

Più difficile, ma non impossibile, restaurare l'inizio di una novella di Pirandello, *La buon'anima*, dalla quale abbiamo tolto anche i segnali che delimitano il discorso diretto:

fin dal primo giorno bartolino fiorenzo s era sentito dire dalla promessa sposa lina veramente ecco lina no non e il mio nome carolina mi chiamo la buon anima mi volle chiamar lina e m e rimasto cosi la buon anima era cosimo taddei il primo marito eccolo la glielo aveva anche indicato la promessa sposa perche era ancora la ridente e in atto di salutare col cappello vivacissima istantanea fotografica ingrandita nella parete di fronte al canape presso al quale bartolino fiorenzo stava seduto e istintivamente a bartolino era venuto di inchinar la testa per rispondere a quel saluto

Ecco ora un passo dei *Promessi Sposi*, in cui don Abbondio riceve a casa sua la visita di un compaesano, Tonio, venuto, con Gervaso come testimone, a restituirgli un debito; in realtà, è un tranello che dovrebbe permettere a Renzo e Lucia di sposarsi. Ma don Abbondio riuscirà a sventare l'insidia:

intanto don abbondio finito di scrivere rilesse attentamente senza alzar gli occhi dalla carta la piego in quattro dicendo ora sarete contento e levatosi con una mano gli occhiali dal naso la porse con l altra a tonio alzando il viso tonio allungando la mano per prender la carta si ritiro da una parte gervaso a un suo cenno dall altra e nel mezzo come al dividersi d una scena apparvero renzo e lucia don abbondio vide confusamente poi vide chiaro si spavento si stupi s infurio penso prese una risoluzione tutto questo nel tempo che renzo mise a proferire le parole signor curato in presenza di questi testimoni quest e mia moglie

Ancora dai *Promessi Sposi*, seguiamo Renzo (protagonista, e soggetto grammaticale del passo che segue) mentre entra in una Milano appestata, alla ricerca di Lucia:

a ogni passo sentiva crescere e avvicinarsi un rumore che gia aveva cominciato a sentire mentre era li fermo a discorrere un rumor di ruote e di cavalli con un tintinnio di campanelli e ogni tanto un chioccar di fruste con un accompagnamento d urli guardava innanzi ma non vedeva nulla arrivato allo sbocco di quella strada scoprendosegli davanti la piazza di san marco la prima cosa che gli diede nell'occhio furon due travi ritte con una corda e con certe carrucole e non tardo a riconoscere ch era cosa famigliare in quel tempo l abbominevole macchina della tortura era rizzata in quel luogo e non in quello soltanto ma in tutte le piazze e nelle strade piu spaziose affinche i deputati d ogni quartiere muniti a questo d ogni facolta piu arbitraria potessero farci applicare immediatamente chiunque paresse loro meritevole di pena o sequestrati che uscissero di casa o subalterni che non facessero il loro dovere o chiunque altro era uno di que rimedi eccessivi e inefficaci de quali a quel tempo e in que momenti specialmente si faceva tanto scialacquio

È impossibile, crediamo, riuscire a indovinare tutte le particolarità di punteggiatura e di maiuscole e accenti, in particolare per Manzoni, il cui italiano non coincide più, in alcuni punti, con l'uso odierno; ma l'importante è che il lettore sappia restituire leggibilità ai testi distinguendo le parti narrative da quelle dialogate, e individuando con un uso appropriato della punteggiatura il ritmo della sintassi.

[R]

Capitolo quattordicesimo

TONO E STILE DELL'INFORMAZIONE

1. Lo stampo burocratico

Fino a qualche decennio fa, era comune in Italia la figura dello scrivano pubblico che, in cambio di un piccolo compenso (e mettendo a disposizione una competenza anch'essa non troppo alta), si prestava a scrivere una domanda a un ufficio pubblico per conto di un analfabeta, o una lettera privata. Anche se l'analfabetismo non è scomparso del tutto, è scomparsa la figura dello scrivano; ma, secondo alcuni, è nato da un po' di anni un analfabetismo di tipo nuovo: quello di coloro che, pur sapendo leggere e scrivere, ricorrono a un professionista come intermediario nei rapporti con l'amministrazione, troppo difficili per quanti (e sono molti: la grande maggioranza) siano digiuni in materia di diritto. Basti pensare al moltiplicarsi dei tributaristi, che compilano la denuncia dei redditi a un numero crescente di clienti, incapaci di farla da sé. Questa è certo una situazione molto vantaggiosa per i tributaristi (categoria assolutamente rispettabile, contro la quale gli autori di questo libro non hanno nessuna animosità); ma il propagarsi di questo neo-analfabetismo (metaforico, ma non troppo) indica che qualcosa non va nei rapporti tra i cittadini e lo Stato.

È tristemente famosa l'oscurità del modello 740, con cui una volta all'anno si trova alle prese il cittadino in veste di contribuente: nonostante alcuni tentativi di renderlo più comprensibile, le complicatissime disposizioni del modello per la denuncia dei redditi restano ardue da capire.

Nella prefazione al *Codice di stile* del quale si parlerà fra poco, Sabino Cassese cita una circolare ministeriale in cui si lamenta «la eccessiva incidenza della pendenza dei procedimenti amministrativi sulla esplicabilità delle posizioni di vantaggio degli amministrati»: frase che sfida decisamente la comprensione, e che lo stesso autore parafrasa in questo modo: «la durata dei procedimenti amministrativi finisce per impedire l'esercizio dei diritti dei cittadini».

Chi viaggia in treno ha dovuto imparare *obliterazione* e *obliterare*, strane parole entrate in circolo da quando, alcuni anni fa, le Ferrovie dello Stato hanno inventato la regola che per viaggiare non basta avere il biglietto, ma è necessario *annullarlo* o, ancora più semplicemente, *timbrarlo*, usando, si capisce, l'*apposita (macchina) obliteratrice*. La parola è diventata il simbolo del linguaggio astruso usato dai servizi pubblici, tanto che è stata oggetto di ironia in una pubblicità trasmessa per televisione a spese della stessa Azienda ferroviaria, e ora è stata sostituita da *convalida, convalidare*.

Tipica della prosa burocratica, ma anche di altri tipi di prosa, è la propensione per il nome a danno del verbo corrispondente: su questo argomento si veda il paragrafo seguente.

Il linguaggio burocratico ha poi il terrore della parola di uso comune: non *fa*, ma *provvede a fare* o *procede a effettuare*; non *va* ma *si reca* o *si dirige*; ama costruzioni come *andare a verificare* o *porre in essere*; consuma instancabilmente parole quali *costituire* per *essere*, *sperimentare* per *provare*, *rappresentare* per *far presente* (si veda anche il cartello riprodotto alla fine di questo capitolo).

Anche (ma non solo) del linguaggio burocratico è la simpatia eccessiva per le coppie di parole (nomi, aggettivi, verbi, avverbi) dello stesso significato. Non si tratta né delle coppie di significato diverso, come *sentire e vedere*, né delle coppie di sinonimi, quando esprimano sfumature significative, come *confidenza e familiarità*, ma di coppie che arrotondano il periodo, per così dire, senza vantaggio per l'informazione. Parecchi dei fenomeni elencati si trovano in uno scritto di storia della filosofia, in cui si parla di

> voci che sembravano e sembrano *sparse ed isolate* [...]. Le voci di questi autonomisti *stanno* infatti *a rappresentare* l'ultima incarnazione di quella tradizione [...] che *accompagna e rappresenta* la vita dello Stato...

2. La chiarezza comunicativa

A un testo di legge si richiede che sia tecnico, rigoroso, preciso e scritto secondo certi procedimenti che non possono coincidere con quelli del linguaggio comune. Ciò non ha come conseguenza necessaria un dettato oscuro: oscure, e quindi ambigue, sono le leggi quando sono scritte male. Con i testi amministrativi, poi, che traducono in norme di comportamento i princìpi giuridici, sono a contatto tanti cittadini, non necessariamente giuristi. Il rigore amministrativo non è garantito dalla parola rara, dall'espressione oscura: chi le usa o vuole intimidire il cittadino, comunicandogli con la terminologia difficile il potere dell'autorità o, forse peggio, non si sa esprimere in modo diretto e comunicativo.

Con il linguaggio amministrativo (leggi, regolamenti, disposizioni in materia fiscale o sanitaria), o con messaggi di civismo, di sensibilità per il patrimonio storico o naturale, e così via, gli organi dello stato cercano di comunicare con i cittadini, ma spesso non vi riescono. In Italia il rapporto tra cittadini e istituzioni è viziato da diffidenza, sfiducia, sospetto reciproco. Troppo spesso lo Stato è forte con i deboli e debole con i forti; e troppo spesso il cittadino cerca di eludere le regole o, come si dice volgarmente, di *fregare* lo Stato. Si tratta di un problema grave, e non nuovo, di cui ci interessa qui l'aspetto linguistico e, più in generale, comunicativo.

Nonostante questa situazione non proprio rosea, è giusto riconoscere che anche in Italia, come in altri paesi, si cerca di allacciare un rapporto nuovo, più trasparente, tra amministratori e amministrati. È benemerito il primo tentativo di semplificare le parole e le costruzioni delle scritture amministrative, ispirato dal linguista Tullio De Mauro e promosso da Sabino Cassese, che è stato Ministro della Funzione Pubblica: il *Codice di stile delle comunicazioni scritte ad uso delle amministrazioni pubbliche*, del 1993. La pubblicazione è fuori commercio, difficile da avere, e contiene consigli, non obblighi; ma almeno tenta di diminuire la distanza tra i cittadini e la cosa pubblica.

Ecco alcune sostituzioni che assicurano una comprensione più facile, e non danneggiano la necessaria precisione (dal *Corriere della Sera* del 13 dicembre 1995):

Termine burocratico	*Semplificazione*
Il dichiarante	La persona che dichiara
Il versante	La persona che fa il versamento
L'intestatario	La persona a cui è intestato
La presente	Lettera
La causale (del versamento)	Motivo (del pagamento)
Teste fidefacente	Testimone
Diniego	Rifiuto
Oblazione	Pagamento
Fattispecie	Caso
Nubendo	Che sta per sposarsi
Mancato accoglimento	Rifiuto
La suapposta (fotografia)	La fotografia in alto
Sovraesposto	Già citato
Suindicato	Detto sopra
Espresso in narrativa	Già detto
Preordinato	Finalizzato
Sprovvisto	Senza
Provvisto	Con
Contestualmente	Contemporaneamente
A tergo	Dietro / sul retro
In ottemperanza	Nel rispetto
Generalizzare	Dare le generalità
Attergare	Scrivere sul retro
Esperire (una gara)	Fare / realizzare

Se ci si è trattenuti sul linguaggio burocratico, non è solo perché questo libro potrebbe capitare tra le mani degli amministratori pubblici. Il fatto è che la burocrazia (elemento fondamentale nella vita di un paese, se funziona e anche se non funziona) non deve essere criminalizzata come responsabile di ogni stortura linguistica. Intanto, il cosiddetto linguaggio burocratico è ampiamente accolto anche fuori della burocrazia in senso stretto: trova buona ospitalità nei giornali, e agisce (a sproposito) come modello di stile alto e prestigioso in molti testi, e non solo in quelli di persone poco istruite. In secondo luogo, l'astrattezza complicata dello stile burocratico era alimentata dalla scuola, e forse lo è ancora (Finestra 1).

In questo libro si è insistito spesso sulla necessità di sorvegliare l'espressione scritta, e di non aprirla in modo incontrollato, passivo, ai modi parlati. Con questi ultimi convivono i modi astrusi, spesso orecchiati in modo goffo, di un linguaggio pomposo modellato appunto sui giri mentali ed espressivi di origine burocratica: lo dimostrano molti degli esempi raccolti in questo libro. Fra i due estremi del parlato e del burocratico, la scrittura professionale dovrebbe mirare alla via mediana di una prosa chiara nell'esposizione, che tenga conto del destinatario e che non rinunci al tecnicismo (cosa diversa dall'oscurità), quando esso sia necessario. Il *Codice di stile* raccomanda tra l'altro di evitare il più possibile il congiuntivo, preferendo a *benché* quelle congiunzioni, semplici o composte, compatibili con l'indicativo (quindi, in una concessiva, si può usare *anche se* invece di *benché* o *quantunque* o *per quanto*). Naturalmente, questa raccomandazione, giustificatissima in testi diretti a un pubblico differenziato culturalmente, non ha ragion d'essere in altri testi destinati a una circolazione più specialistica.

Lo stesso vale per il suggerimento del *Codice di stile* a evitare il passivo. La vitalità del passivo è oggetto di discussione (si veda il cap. IX, § 4); a noi qui interessa mettere in rilievo una delle sue funzioni, quella che permette di evitare il soggetto reale dell'azione (in analisi logica, il complemento di agente). Se questa possibilità può essere sfruttata in chiave di ambiguità, di reticenza, non ne sfugga una dimensione di cortesia: a un debitore si può scrivere, in forma piuttosto aggressiva: «Lei non ha ancora pagato la fattura» o, in maniera meno colpevolizzante: «La fattura non è stata ancora pagata». La lingua non può sempre essere facile: facile è la lingua della televisione, dei fumetti, della stampa popolare. Facile non può essere la lingua della scienza, perché non è facile il pensiero che essa comunica; e così per la filosofia o la poesia. Ma un conto è la semplificazione, un altro l'oscurità, voluta o no. Vale la pena di sforzarsi di capire un testo di alta densità poetica o concettuale; non dovrebbe esser necessaria troppa fatica, invece, per comprendere un manifesto affisso dal Comune o il bando di un Ministero.

Esercizi

Si riscrivano i testi o frasi seguenti, ricchi di moduli burocratici.

1. (*Da una lettera di candidatura*).
   OGGETTO: DOMANDA DI ASSUNZIONE
   Spett.le Ditta,
   in riferimento a quanto sopra evidenziato, vengo ad elencarVi il mio curriculum vitae nella speranza di un Vostro cenno di riscontro nel caso in cui siate alla ricerca di personale.
2. È vietata la balneazione.
3. Il sottoscritto chiede il rilascio della Carta di Identità, valida all'espatrio.
4. I sottoscritti nato il... a... e... nata il... a... chiedono che venga rilasciata la Carta d'Identità, valida per l'espatrio, al proprio figlio/a... nato/a il... a... con noi residente. All'uopo dichiarano che egli/ella non si trova in alcuna delle condizioni ostative al rilascio del Passaporto di cui all'art. 3, lettere B.D.E.F.G. della legge 21 novembre 1967, n. 1185 di cui siamo a conoscenza.

5. Si attesta che la suapposta fotografia rappresenta l'immagine del Sig. [...] nonché l'autenticità della firma apposta in mia presenza dal/la medesimo/a, identificato/a con documento...
6. (*Da un lavoro di storia della filosofia*) Le istanze municipalistiche si faranno sentire anche al disotto delle esigenze unitarie, sempre più pressanti e profonde.
7. (*Da un lavoro di storia della filosofia*) Alcuni contributi concludono con una netta e inappellabile svalutazione del pensiero del filosofo.
8. (*Da un lavoro di storia della filosofia*) Da giovane si formò sulle orme di alunni e seguaci del filosofo, imitatori e continuatori dell'enciclopedismo francese.
9. L'*Autunno del Medioevo* di Johan Huizinga è un'opera fondamentale e insostituibile.
10. (*Da un corredo dotale del 1907*) La signora Lorenzin Lucia di Giovanni [...] dichiara e confessa: che all'epoca del suo matrimonio [...] di aver ricevuto [...] il seguente corredo dotale...
11. Il prof. Vannucchi ha composto un articolo che apparirà nell'ambito del prossimo numero della rivista «Sigma».

[R]

3. Nomi e verbi

Nei testi narrativi i verbi sono frequenti, perché esprimono movimenti, azioni, gesti, o la vita interiore; prevalgono i tempi al passato remoto e all'imperfetto (cap. III, § 6.3). Nei testi professionali il verbo è meno importante: vengono in primo piano i termini tecnici, espressi soprattutto da sostantivi, e i concetti, espressi da sostantivi astratti. In un testo professionale, non s'incontra la raffica di verbi di questo passo dei *Promessi Sposi* in cui si parla di Renzo, che dopo aver cercato di sapere da Perpetua perché don Abbondio abbia deciso di rinviare la data del matrimonio, decide di entrare in casa di quest'ultimo, per saperne di più:

> Renzo, rispostole con un saluto, tornò indietro pian piano, per non farla accorgere del cammino che prendeva; ma, quando fu fuor del tiro dell'orecchio della buona donna, allungò il passo; in un momento fu all'uscio di don Abbondio; entrò, andò diviato al salotto dove l'aveva lasciato, ve lo trovò, e corse verso lui, con un fare ardito, e con gli occhi stralunati.

Un testo professionale, per sua natura, ha una dinamica fondata non tanto sui fatti o le azioni ma sull'esposizione di argomenti, dati, idee, suggerimenti concreti, che hanno il loro appoggio principale sui nomi più che sui verbi. È una caratteristica dei testi in italiano (ma lo stesso accade in altre lingue); e tuttavia, si nota in molte scritture una specie di fuga dal verbo che è eccessiva, anche se non si tratta di inseguire il movimento caratteristico di un racconto. In questa sezione, il lettore è incoraggiato a sostituire un verbo a un nome o a un gruppo di verbo + nome (per esempio: *fare, rilasciare una dichiarazione* → *dichiarare*), per evitare un abuso che è un rischio al quale la scrittura professionale è esposta in modo particolare.

Esercizi

1. Sono state apportate leggere modifiche al progetto.
2. Si è data comunicazione all'interessato dell'avvenuto pagamento.
3. Si è proceduto al controllo della regolarità dei versamenti effettuati dal sig. Alfredo Martini.
4. Il tribunale ha preso in esame i capi d'accusa.
5. La tesi dell'onorevole Peggioroni non ha trovato conferma in quanto è accaduto.
6. (*Dal riassunto giornalistico di un film, riportato nel cap. IV, § 6*) Continue sono le precauzioni della coppia, in viaggio su un treno, per sfuggire a un manipolo di gangster decisi alla loro liquidazione.
7. Quest'anno la moda manifesta la tendenza alle gonne lunghe.
8. Un esame effettuato sul testo rivela la scarsa attenzione dell'autore a una scrittura accurata.
9. È ragionevole pensare che questo rifletta l'intenzione del Verga di rendere evidenziato quello che è il protagonista negativo del testo.
10. Con la sua mossa il governo spera di dare un brusco arresto al movimento insurrezionale.
11. La dimensione religiosa assume un ridimensionamento nel mondo moderno.
12. In certe circostanze un paese attua una autodistruzione di sé stesso.
13. La scrittura con le maiuscole di riverenza risulta prevalente soprattutto nel secondo frammento.
14. Il caso presenta difficoltà di interpretazione.
15. In D'Annunzio è riscontrabile un ricorso all'accento molto marcato.
16. Nel corso dell'esercizio considerato si osserva il permanere dell'esiguità degli interessi attivi sui depositi.
17. (*Da un pieghevole diffuso in una campagna elettorale recente*) Necessita la riattivazione dell'apprendistato e la detassazione temporanea degli oneri contributivi per i giovani al primo impiego.
18. Prendo atto che nell'opinione pubblica vi sono delle perplessità, del disorientamento.
19. Le autorità hanno messo in atto le misure opportune per fronteggiare la situazione economica.
20. La polizia ha operato l'arresto di due sospetti.
21. Il governo non ha ancora preso una decisione in materia di politica fiscale.
22. L'imputato ha reso una dichiarazione di colpevolezza.

[R]

4. Il parlato invadente

Per le ragioni esposte nel capitolo X, Finestra 1, la lingua parlata entra in misura eccessiva nella scrittura. Si sono già proposti molti esercizi che riguardano questo aspetto; qui se ne aggiunge un'ultima serie, ricavata da testi impegnativi concettualmente (si tratta di tesi di laurea), nei quali l'invadenza del parlato è particolarmente stonata.

Esercizi

1. L'arte è sì parte di una società e di un evolversi storico ma comunque sempre per prima cosa è insieme di sensazioni, emozioni, affetti, passioni, ideali, fedi.
2. Inoltre si può notare chiaramente che accanto alle metafore vi sono delle similitudini.
3. Molto riuscita questa serie di personificazioni, tanto da rendere l'impressione di poterle vedere queste dimensioni astratte come persone di carne e ossa.
4. Pescando nel volume, qualche saggio più indietro di quello del De Mattaeis, si trova proprio il Sanna nel tentativo di illustrare un principio fondamentale dell'arte ungarettiana.
5. L'ululato, invece, è attribuito a un povero ubriaco sulla strada, come alle sirene d'allarme, che metaforicamente significano anche per Filippo il segnale di stop alla melensa e pesante, per Celestina, confessione della sua infelicità.

[**R**]

Finestra 1. Le parole comuni

Prima che il mondo adulto della burocrazia e dell'amministrazione, il mondo della scuola incoraggiava e forse incoraggia ancora la ricerca della parola difficile o poco usata, al posto dell'espressione comune. Più di mezzo secolo fa, in alcuni compiti di scuola elementare uno studioso di lingua osservava che certe espressioni, per quanto corrette, non incontravano la simpatia dei maestri, che proponevano forme alternative:

Forma usata nel compito	*Correzione dell'insegnante*
il viso della Madonna	Trattandosi della Madonna, meglio *volto*
Oggi ho fatto arrabbiare la mamma	dirai: ho fatto inquietare; arrabbiano soltanto i cani
il babbo mi ha portato al cinematografo	mi ha condotto; si porta soltanto in collo o sulle spalle
ho passato le vacanze al mare	ho trascorso
non ho avuto tempo di far le lezioni	di eseguire i compiti

Se *volto* era consigliato come termine più elevato (perché più raro nella lingua reale) di *viso*, *faccia* era parola da non usare nei compiti scritti perché ancora più comune (e forse anche perché compromessa da espressioni del tipo *alla faccia di...*, e quindi sospetta di volgarità). In questo modo, però, non si stimola tanto l'arricchimento del vocabolario, quanto la ricerca di un modo di esprimersi più artificioso: si spinge a dire in modo diverso ciò che già si sa dire (e bene), piuttosto che ad ampliare la sfera dei pensieri e delle loro articolazioni linguistiche. Quelli che l'insegnante suggerisce come dei miglioramenti, non sempre sono assimilati dalla coscienza linguistica degli alunni, come dimostra lo scorretto «trascorrere le gite» scritto da un adulto che forse, a scuola, si era visto correggere anche lui le *vacanze passate* in *vacanze trascorse* (si veda la frase n. 4 nell'esercizio del cap. XI, § 3). Insomma, quando la lingua non è padroneggiata a sufficienza, da un lato si cede al parlato, dall'altro vi si reagisce scorrettamente, con un'applicazione di veti parte arbitrari, parte mal compresi. Eppure, non molti anni fa (nel 1984) ha avuto largo successo un libro di divulgazione linguistica che muoveva dalle stesse convinzioni implicite nelle correzioni di cui si è detto, e per esempio dichiarava guerra al verbo *fare*, proponendo una lunga lista di sostituzioni. Ne riportiamo alcune, fra le quali la conferma che le lezioni, o i compiti, non si *fanno*, ma si *eseguono*:

fare un compito	eseguire un compito
fare coraggio	infondere coraggio
fare un mestiere	esercitare un mestiere
fare un esame	sostenere, superare
fare le condoglianze	esprimere le condoglianze
fare attenzione	prestare attenzione
fare gli auguri	porgere gli auguri
far colazione	consumare una colazione
fare un danno	recare un danno

Liste analoghe si propongono per altri verbi generici: *dire, dare, prendere, essere, avere*. Ma non si può fare di ogni erba un fascio, e occorre distinguere: nella lingua parlata, va benissimo *fare un esame*; in un *Curriculum vitae*, invece, si scriverà *sostenere* o *superare un esame*. Peraltro non tutte le forme della colonna di destra sono davvero consigliabili nella scrittura: suona male *porgere gli auguri* (è nella formula di conclusione di una lettera che si *porgono* i *saluti*), mentre tra *fare coraggio* e *infondere coraggio*, tra *fare un danno* e *recare un danno* si possono anche preferire alternative diverse, come *incoraggiare* e *danneggiare*.

Le correzioni di mezzo secolo fa o quelle più recenti rispondono, ma in modo poco convincente, a un problema effettivo: quello delle parole tuttofare come, è proprio il caso, *fare* o *cosa*, il verbo e il sostantivo di più facile disponibilità, buoni per tutti gli usi ma, proprio per questo, esposti al rischio della genericità. Di nuovo occorre evitare le generalizzazioni, e tener conto delle circostanze della comunicazione (formale o informale, scritta o parlata) e della plasticità della lingua: se *fare* e *cosa* sono di per sé le parole più generiche, è vero però che tutte e due si possono impiegare in uno stesso modo di dire, che ha un significato preciso: *fare le cose in grande*. È nel concreto dell'espressione, nel legarsi con le altre parole di un testo, che *fare* e *cosa* acquistano precisione o restano irrimediabilmente vaghe; e lo stesso vale, naturalmente, per tutte le parole di alta frequenza che, proprio perché sono impiegate in un largo ventaglio di usi, hanno un significato molto ampio e spesso indeterminato.

Quando la parola o l'espressione difficile sostituiscono gli equivalenti del linguaggio comune, senza aggiungere nulla all'informazione, allora si è in presenza di scelte linguistiche da disapprovare, e da questo punto di vista non c'è differenza tra un modulo che deve essere capito da tutti e la scrittura professionale. La regola della semplicità vale in entrambi i casi. Quando invece la scrittura professionale ha da esprimere un contenuto astratto o comunque complesso, allora la rinuncia alla semplicità s'impone: ma non quella alla chiarezza. Infatti, proprio l'espressione precisa e l'impiego della terminologia tecnica garantiscono quell'efficienza comunicativa che il linguaggio generico della vita quotidiana non potrebbe assicurare; e si capisce che il lettore dovrà essere attrezzato culturalmente per cogliere il significato particolare e generale dell'esposizione.

Firenze, Piazza della Stazione. Un cartello in stile burocratico.

Capitolo quindicesimo

TESTO E RIFORMULAZIONE DEL TESTO

1. Dalla correttezza della grammatica alla correttezza del testo

Le configurazioni concrete dei testi sono, come è ovvio, infinite; e non è possibile misurare in anticipo la riuscita della comunicazione, l'efficacia e la capacità di raggiungere lo scopo. Nell'ultimo capitolo di questa sezione intendiamo mostrare almeno alcuni modi di intervenire su testi che, se anche sono privi di errori linguistici, non sono «felici» e cioè non sono ben riusciti sul piano comunicativo, perché mal costruiti appunto come testi, perché incoerenti sul piano del contenuto o dell'espressione, perché, in una parola, mal formati. Da un articolo di giornale di alcuni anni fa:

> Il partito liberale ha fatto sapere che *vuole* riportare il testo in Commissione [...] per rivederlo completamente. Se *questo invito* non sarà accolto, il PLI voterà contro il testo di riforma [...]. I socialisti [...] hanno comunicato la loro disponibilità ad accogliere *la proposta liberale* [...] l'accoglimento della *richiesta* dei liberali equivale all'affossamento definitivo della riforma.

Prima si parla di *volontà (vuole)* e poi di *questo invito*: c'è evidentemente un salto, e non si dice che la *volontà* del partito liberale si è risolta in un *invito* a riesaminare una proposta di legge in una commissione parlamentare; peraltro si tratta, come si capisce dal seguito, di più che un semplice *invito*, perché se la posizione non sarà accolta i Liberali voteranno contro. Poco felice, poi, è riformulare l'*invito* (generico) in *proposta*, parola che ha un significato tecnico nei lavori del Parlamento; e un'ultima riformulazione è la *richiesta*, parola con cui si rientra nella sfera della *volontà* espressa dal *vuole* iniziale. Probabilmente il giornalista usa questo ventaglio terminologico per fretta o sbadataggine, o per evitare la ripetizione della stessa parola, ma il risultato è poco coerente.

L'organizzazione formale del testo giornalistico citato ora è piuttosto contraddittoria.

In altri testi le contraddizioni riguardano il contenuto: talvolta chi scrive afferma involontariamente fatti o idee lontanissimi da quelli che conosce e che vorrebbe esprimere o crede di avere espresso. I giornalisti, che hanno una buona pratica della scrittura, non sono sempre impeccabili (come anche in questo libro si è avuto occasione di osservare più volte); a maggior ragione non devono lasciarsi prendere dalla fretta (connaturata al lavoro giornalistico) e hanno tutto l'interesse a rileggersi e correggersi quanti non sono professionisti della penna (e sono i più, se si fa eccezione appunto dei giornalisti, e di poche altre categorie). La scrittura gioca brutti scherzi, e bisogna stare attenti: gli esempi potrebbero essere numerosi, ma ci limitiamo al minimo.

Che il cervello umano non sia una macchina è certo noto anche all'autore di questa frase, ricavata da un tema scolastico: «La cibernetica è quella scienza che studia i principi di funzionamento e realizzazione di macchine automatiche, in particolare del cervello umano». Come si vede, una scrittura priva di controllo e di revisione porta a risultati che possono essere corretti grammaticalmente, ma sono privi di significato o contraddittori.

Se non si bada alla distinzione tra il pensiero che è presente alla coscienza e il ricordo assente dalla coscienza ma pronto, in certe occasioni, a riaffiorarvi, si produce un effetto comico involontario come questo: «Arrivati a casa, tra la confusione e la compagnia dei miei cugini, mi dimenticai di quel posto così bello da sembrare fantastico, ma è rimasto nella mia memoria». Oppure: «Se oggi stesso avessi l'opportunità di partire per una località di mio piacimento penso proprio che partirei domani».

Una disinvoltura in materia di geografia (non di lingua) si nota in quest'altro caso: «Se oggi qualcuno mi proponesse di partire per un posto a mia scelta, sceglierei sicuramente gli Stati Uniti d'America, e in particolare mi piacerebbe visitare le città più famose come Los Angeles, New York, Beverly Hills e naturalmente la splendida California».

Quest'altro esempio inventa una lingua inesistente (in Austria si parla tedesco) e fa di ogni erba un fascio: «È come un'avventura dover 'sopravvivere' laggiù, al di là dei confini, dove non c'è nessun contatto con la nostra nazione, non poter leggere i giornali se non in austriaco, ed a tavola scegliere pietanze nuove».

Riguarda invece il problema dell'omogeneità dell'espressione un'uscita come «al giorno d'oggi bisogna informarsi a più non posso», dove il concetto è chiaro e la lingua corretta, ma quell'«a più non posso» è troppo informale.

Su qualche altro testo può intervenire direttamente il lettore, che è invitato a correggere le storture linguistiche e testuali.

Esercizi

1. (*Da un «Curriculum vitae»*) Assicurasi serietà e disponibilità immediata.
2. (*Da un «Curriculum vitae»*) Automunita ed in possesso della patente di tipo «B».
3. (*Da una lettera di accompagnamento a un «Curriculum vitae»*) Io sottoscritto Stefano Manni presento a codesta Spettabile Ditta il mio curriculum vitae, per un eventuale inserimento nel Vostro organico.
   Se di vostro interesse, resto in attesa di Vostra comunicazione per un eventuale colloquio informativo.
4. (*Da una domanda di assunzione*) La sottoscritta Agnese Tristano, nata a Siracusa il 22 giugno 1977 e residente a Campobasso (86100), via Francesco

D'Ovidio 33, rivolge rispettosa domanda a codesta sptt/le Azienda al fine di poter essere assunta in qualità di impiegata.
Allo scopo fa presente:

- di essere in possesso del diploma di analista contabile conseguito presso l'Istituto Giovannantonio Marinangeli di Campobasso nell'anno scolastico 1995-96 con il punteggio di 50/60;
- di essere al suo primo impiego;
- di essere disposta a svolgere qualsiasi tipo di mansione;
- di essere orfana di padre e di avere un fratello minore ancora studente.

Confidando in una benevola accoglienza da parte Vs. resta in attesa e porge con l'occasione i più distinti saluti.

5. (*Da una lettera circolare che presenta un corso di formazione professionale*) Verrà istituito, per la prima volta nella sua città un corso per addette alle segreterie notarili riservato a un limitatissimo numero di preselezionate. Questa iniziativa vuole essere veicolo efficace per la candidatura, dopo la formazione avvenuta, all'avviamento professionale con una qualifica che permetterà sicuramente una collocazione di prestigio.
   [R]

Negli esercizi che seguono sono impiegati male i legamenti (se ne è parlato nel cap. IV, § 3).

1. La rivoluzione industriale è scaturita da due fattori principali: da una parte il progresso scientifico e da una parte la mancanza di manodopera.
2. (*Dalla lettera di accompagnamento di un «Curriculum vitae»*) La sottoscritta Adriana Scudieri fa rispettosa domanda di assunzione, in qualità di impiegata presso la Vostra Ditta.
   A tale proposito allega alla presente un dettagliato curriculum vitae.
3. (*Si riporta per intero, tranne la formula conclusiva, un breve «Curriculum vitae»*)
   Nome: Sergio
   Cognome: Moretti
   Indirizzo: via Sisto V, 2
   63039 San Benedetto del Tronto AP
   tel. 0735.43219

Carriera scolastica: Ho compiuto gli studi presso l'istituto professionale di stato per i servizi commerciali e turistici «Vittorio Soldini» di San Benedetto, conseguendo il diploma di Analista contabile.
Vi comunico infine di essere in possesso di patente di categoria B.

2. Istruzioni per l'uso

Probabilmente, non sono molti coloro che hanno occasione di scrivere testi contenenti istruzioni, quelli dei quali si è parlato nel capitolo III, § 3. Tuttavia, attirare l'attenzione del lettore su questi aspetti è un buon addestramento, perché i problemi posti da questi tipi di testo non sono poi molto lontani, per esempio, da quelli di una lettera, nella quale la messa a fuoco di un problema è seguita dal suggerimento di un'azione.

Naturalmente, in un testo che fornisca le istruzioni d'uso di un apparecchio, le azioni necessarie a farlo funzionare hanno un'importanza speciale. Nella presentazione di un prodotto si deve distinguere la **descrizione** dell'apparecchio dalle **azioni** per farlo funzionare e da altre avvertenze, come quelle sulla manutenzione. Tutti abbiamo provato, e forse più di una volta, la frustrazione di non capire come azionare un congegno, risultando oscure le istruzioni del libretto di accompagnamento. I primi manuali per l'uso del computer e dei programmi erano in un italo-inglese strano e oscuro, cattiva traduzione di originali in inglese che erano anch'essi scritti male.

La situazione è oggi migliore, perché le case produttrici hanno compiuto sforzi notevoli (ed è del resto nel loro interesse) per assumere il punto di vista dell'utente comune e non quello dello specialista. Resta vero, però, che la presenza crescente di congegni nelle case e nei luoghi di lavoro ha moltiplicato i foglietti, e spesso i libretti d'istruzione, dal telecomando della televisione al telefono cellulare allo stereo e così via. C'è da temere che si debba conoscere un manuale per ogni operazione della vita quotidiana, e non meraviglia che spesso si chieda quale sia il tasto giusto da premere ricorrendo all'amico che già sa come funziona lo strumento; però in questo modo non si apprendono che alcune manovre elementari, e l'apparecchio è sottoutilizzato.

Le istruzioni per l'uso prevedono normalmente tre fasi distinte: il montaggio (un'operazione che si compie poche volte e, spesso, solo una); il funzionamento; la manutenzione.

L'utente di un apparecchio, dopo una prima scorsa o lettura delle istruzioni, esaurite le operazioni preliminari di istallazione e acquistata una prima pratica, vorrà poi ricordare certe procedure particolari.

Esercizio 1

1. La presentazione che segue nasconde un'istruzione importante (un'**azione**) dopo una **spiegazione** troppo lunga:

Il televisore sviluppa calore; anche se limitato, questo calore deve essere dissipato per convezione attraverso le feritoie disposte sul fondo e sullo schienale dell'apparecchio.

Pertanto non ostruire queste feritoie con protezioni antipolvere (foderine, ecc.). Non collocare il televisore in prossimità di sorgenti di calore come stufe o termosifoni, e non appoggiarlo su materiali morbidi di tipo ovattato o cellulare.

Chi legge il primo periodo potrebbe saltare il secondo, che contiene un'avvertenza importante; meglio, perciò, invertire l'ordine e riadattare il testo, in modo che l'azione suggerita sia seguita, e non preceduta, dalla spiegazione. [**R**]

In queste istruzioni, a ogni elemento della lista corrisponde un'azione, secondo un criterio del passo per passo, con indubbio vantaggio per la chiarezza:

Sintonizzazione manuale di stazioni AM (MW/LW)
1. Portare l'interruttore di corrente su ON.
2. Premere l'interruttore MW o LW.
3. Premere il lato UP (▷) o DOWN (◁) del comando di sintonizzazione. Togliere il dito dal comando immediatamente prima di aver raggiunto il valore della frequenza desiderata e premere quindi a piccoli tocchi fino a quando si raggiunga la frequenza esatta.
4. Girare l'antenna ad anello fino a quando si ottiene la miglior ricezione.
5. Regolare il comando del volume dell'amplificatore nel modo desiderato.

Si veda, invece, come le procedure per due tipi di cucina non identici (ad accensione manuale e ad accensione automatica) siano confusi nel testo che segue, il quale elenca, ponendolo sullo stesso piano, un suggerimento per il funzionamento ottimale dell'elettrodomestico:

Bruciatori piano di lavoro
1. Per accendere un bruciatore, avvicinare una fiamma allo stesso, spingere a fondo la manopola corrispondente e ruotarla in senso antiorario sulla posizione di massimo. Regolare quindi la fiamma secondo le necessità.
2. Nei modelli con accensione automatica dopo aver aperto il rubinetto al massimo, è sufficiente agire sull'apposito pulsante, contraddistinto da una piccola scintilla.
3. Per ottenere dai bruciatori il massimo rendimento si consiglia di adoperare solo pentole di diametro adatto al bruciatore utilizzato, evitando che la fiamma fuoriesca dal fondo della pentola. È pure consigliabile, non appena un liquido inizia a bollire, ridurre la fiamma quanto basta per mantenere l'ebollizione.

Esercizio 2

Si provi a riordinare il testo con una diversa **classificazione** (cap. VIII, § 2): distinguendo cioè i due tipi di bruciatore, e separando i consigli sull'accensione da quelli sull'ottimizzazione del rendimento. [**R**]

3. La riscrittura di un testo

Finora abbiamo proposto numerosi esercizi su frasi o testi brevi, invitando il lettore a intervenire su pochi problemi alla volta, o su uno solo, di natura linguistica o testuale.

Come esercizio finale, il lettore è invitato a riformulare un testo più lungo, intervenendo sul complesso della presentazione espressiva: dall'ortografia alla grammatica, dalla sintassi agli a capo. Oggetto di questa esercitazione è la vita di un esponente della *leggera*, come si chiamavano i piccoli malviventi che, senza macchiarsi di delitti gravi, erano dediti al furto o alla truffa. L'autore del testo è un malavitoso, soprannominato Teuta, che racconta di un compagno di prigionia.

Teuta, che non ha avuto un'istruzione regolare ma ama narrare, scrive negli anni Cinquanta di questo secolo. Ecco come cominciano le avventure del suo amico Romeo (si notino, fra l'altro, la frequenza della congiunzione *e* e i molti cambiamenti di soggetto):

Storia di un mio amico

Poveri Romeo di professione Stradino provinciale, nato di famiglia di contadini, 7 fratelli e 8 sorelle lui il quintogenito della classe 1891.

All'età di 20 anni partecipò alla guerra di Tripoli nell'11 regimento Bersaglieri, si distinse in diversi combatimenti, e fu ferito due volte, e si meritò 2 medaglie al valore congedatosi concorse ad un posto di stradino provinciale e gli fu affidato un tronco stradale con abitazione, e amante della pesca si recò al fiume Po in mia compagnia, e con la mia barca e le sue reti si pescava nei pressi del ponte di ferro a valle della Colonia Padana.

Saranno state le 22 del giorno 30 Settembre 1914. E mentre acendevamo una sigaretta abbiamo inteso un gran tuffo in provenienza del ponte e poi un grido nella notte e un corpo nero galegiando sull'acqua in direzione della mia barca, io presi i remi e vogai con gran lena in direzione di quel fagotto, e giunto vicino il mio compagno Romeo afferò quel'ogetto e con grande sforso lo issò nella barca, io abbandonai i remi e corsi a vedere che cos'era, accesi un fiammifero e con grande meraviglia vidi una giovane donna ancora viva perché nel slanciarsi giù dal ponte per annegarsi le vesti che portava gli fecero come un palone che gli permisero di stare a galla e così fu salva da morte sicura, e quando il mio amico la lasciò nella Barca questa donna mi diede un morso nella mano sinistra e tentò di gettarsi ancora nell'acqua ma Romeo la tratenne ferma, e gli disse: perché vuoi annegarti così giovane e bella? E ella tutta agitata disse con un fil di voce: perché voialtri uomini siete dei vigliacchi.

Io vogai verso riva, sulla spiaggia delle colonie Padane, e quando tocai terra legai la barca ad un palo e a stenti e fatica trascinai quella giovane con l'aiuto del mio amico fino alla casa del custode e svegliatolo telefonai all'Ospedale che venisse un'autombulanza e trasportammo questa donna all'Ospedale. Io me ne andai per i fatti miei e Romeo restò tutta la notte al capezzale di quella donna, e dopo parecchi giorni andai a casa sua a trovarlo e mi raccontò quanto segue: questa donna si chiama Elvira à 22 anni nata a Pizzighetone di povera gente di campagna, per bisogno di vivere i suoi genitori la mandarono a servizio in città presso a delle famiglie per bene, e dopo aver cambiato diversi padroni restò in cinta, autore fu un figlio di un ingeniere che per non dar scandalo gli ofrirono dei denari e un trasferimento in un luogo sconosciuto per partorire segretamente senza dir niente ai genitori della ragazza, ma lei Elvira preferì togliersi la vita piuttosto di avere un figlio senza il papà, e poi il mio amico Romeo sentendo questo racconto gli fece una proposta e andò dal suo padrone della ragazza e gli disse: Se ci date una buona dote alla ragazza la sposo io e il bambino lo legittimo io, se viceversa verrà tutto svelato, e per il tentato suicidio diremo che si è sentita meno è svenuta e si è appogiata alla ringhiera del ponte e non cera nessuno ad aiutarla e è precipitata nel fiume per disgrazia e se non gli date nulla sarà denunciato il vostro figlio per violenza carnale senza il suo consenso della giovane donna.

Il signor Ingeniere sentendo questo bel discorso è venuto subbito a patti e con 20 biglietti da 1000 firmò il contratto e sposò una donna che non amava, e dopo pochi giorni partorì un maschio e per il danaro diventò il padre di un bastardo e qui comincia una storia di come si diventa Delinquenti, ora si comincia male e si finisce peggio, dunque io sono sempre stato amico anche in carcere e mi racontò tante cose che trascriverò qui. Dunque vi dirò che dopo quel fatto il mio amico Romeo pensò bene di spendere quei soldi, trascurando la famiglia andava a divertirsi all'osteria, al suo posto di lavoro metteva un suo fratello e lo pagava lui così non cera niente da dire perché il lavoro era fatto l'ostesso e bene.

Esercizio 1

Una prima riformulazione dovrebbe correggere il testo, cercando di intervenire nei punti in cui esso è sbagliato linguisticamente e, compito più delicato e soggettivo, rifarlo stilisticamente: il lettore è invitato a provare. Una falsariga è nella risposta.

Esercizio 2

Una parte del narrato di Teuta può essere riformulata in battute di dialogo. Per esempio, all'inizio dell'azione, invece di «abbiamo inteso un gran tuffo in provenienza del ponte» si potrebbe avere una sequenza di battute come:

«Hai sentito?»
«Sì. È caduto in acqua qualcosa. Dalla parte del ponte» ecc.

Come esercizio proponiamo il passaggio inverso: il lettore è invitato a trasformare le parti in discorso diretto in discorso indiretto.
[R]

Esercizio 3

Teuta, come abbiamo letto, racconta la storia di un suo amico, con il quale ha condiviso anche la prigione. La vita di Romeo è il risultato di lunghi racconti in carcere, poi messi sulla carta da Teuta. Non è Romeo che racconta la propria vita, non si tratta di un'autobiografia, ma c'è un punto di vista interno, quello di Teuta: Teuta è insomma l'*io* che racconta la storia di Romeo. Cambiamo ora punto di vista e adottiamo, eliminando la presenza esplicita di Teuta, la prospettiva esterna di chi racconta la stessa vicenda, senza far sentire la propria presenza. Se allora prendiamo questo nuovo punto di partenza, l'**informazione di primo piano** (cap. IV, § 6) riguarderà Romeo, ma con uno **sfondo** nel quale agiscono due amici, Teuta e appunto Romeo. La trasformazione del testo dovrà essere più forte che nel caso precedente. L'inizio del racconto può restare lo stesso della Soluzione 1; la nuova riformulazione dovrà distaccarsi dalla precedente a partire dal momento in cui appare l'io di Teuta, che ora proponiamo di volgere alla terza persona. Anche il titolo dovrà cambiare. **[R]**

Con queste riformulazioni, ci fermiamo; ma il lettore che avesse preso gusto al gioco può anche continuare: si potrebbero attivare altre prospettive, e per esempio riprendere la chiave della narrazione autobiografica facendo di Romeo il personaggio che dice *io*; e poi si potrebbe dar voce anche a Elvira, la donna sedotta e abbandonata che invece della morte trova un marito; e perfino trasformare in protagonista narrante la figura, periferica nel racconto di Teuta, del seduttore, o quella del padre che rimedia, pagando (come avveniva nella società tradizionale), per mettere a tacere i guai combinati dal figlio. Ognuna di queste storie, poi, si potrebbe riformulare passandola alla terza persona, come abbiamo proposto, per Teuta, nel secondo esercizio. Oppure si potrebbe adottare il punto di vista del giornalista che racconta di un tentato suicidio, o quello del sociologo e dello storico, interessati alla vita privata della società italiana di inizio secolo, o quello del moralista che cerca di comprendere e valutare le motivazioni che muovono la ragazza di famiglia contadina che si trasferisce in città, e il giovane «per bene» (come dice Teuta) e cioè borghese che la seduce, e il senso di sgomento nella famiglia «per bene» e l'angoscia di Elvira e così via. Naturalmente un libro sulla scrittura professionale deve fermarsi qui, e semmai invitare a riflettere ancora su un punto, che abbiamo già avuto occasione di discutere (cap. III, § 6.3).

Si tratta dell'ordine del racconto (l'intreccio) e dei suoi rapporti con la successione temporale degli eventi narrati. La logica narrativa seguita da Teuta è evidente: egli comincia parlando del suo amico Romeo, e continua riferendo dell'uscita in barca sul Po, e il salvataggio della donna dal tentato suicidio. Poi il testo prosegue separando la vicenda di Teuta da quella di Romeo, il quale assiste la ragazza, ne conosce la storia, concepisce l'idea di trarre un vantaggio economico dalla situazione sposando Elvira. La storia di Elvira, che ha lasciato la campagna per la città e si è lasciata attrarre dal giovanotto è raccontata al momento giusto, quando Romeo che l'ha assistita in ospedale ne è venuto a conoscenza, e anzi quando è andato a raccontarla, qualche giorno dopo, a Teuta. Se prendessimo come base il punto di vista di Elvira, l'organizzazione del racconto sarebbe molto diversa: esso comincerebbe per esempio con il momento in cui Elvira lascia la famiglia e la campagna, per accompagnarla da una casa all'altra fino a quella in cui avviene la seduzione; poi il rifiuto del matrimonio riparatore (come si diceva allora), il tentato suicidio, il salvataggio, il matrimonio con Romeo. A questo punto si saprebbe che Romeo è uno stradino provinciale, e che ha fatto la guerra di Libia.

Di nuovo si conferma che il testo è infinitamente flessibile, e che riformularlo ha senso in quanto si obbedisca a un'esigenza di volta in volta coerente. Ma gli autori confidano che la riformulazione come possibilità di orientare un testo coerentemente a punti di vista diversi sia una prospettiva ormai familiare al lettore.

RISPOSTE AGLI ESERCIZI

Capitolo III

Finestra 5.

Poiché nel breve testo introduttivo si parla di monumenti da visitare, ciascuna voce della lista dovrebbe presentarne uno; invece, dopo un inizio corretto, l'omogeneità dei contenuti si perde (il «quartiere del porto», le «colline» e le «cantine» non sono monumenti). A voler essere pignoli, nemmeno la quinta voce è tanto bella (fra «visitare i suoi monumenti» e «il monumento» si crea una sgradevole ripetizione che fa incagliare il testo). Forse ancor più evidente è l'incongruenza linguistica dell'ultima voce, l'unica ad essere costituita da una frase di senso compiuto, mentre tutte le altre hanno un andamento nominale.

Per correggere la lista bisogna intervenire sia a livello sintattico (uniformando l'ultima voce) sia nell'organizzazione dei contenuti, per esempio sostituendo, nella parte introduttiva, la parola «monumenti» con altri termini più generici o meglio articolati. Uno dei possibili risultati è questo:

Il Comune di Castel Felice vi invita a conoscere le sue bellezze artistiche, i suoi incantevoli paesaggi, le sue tradizioni:

- il palazzo dei Reggitori
- la Chiesa di Sant'Ilario
- la Cisterna medievale
- la Pieve di Santa Reparata
- il monumento ai Caduti di tutte le guerre
- il quartiere del porto
- le verdeggianti colline
- le numerose cantine antiche, dove ospitalità e competenza vi guideranno all'assaggio dello stupendo vino bianco D.O.C.

Capitolo IV

Finestra 1.

Esercizio 4. «La ragione già assegnata» si può riformulare in «la causa già addotta» o, più semplicemente, «il motivo esposto prima»; «consiglio di amor proprio» «decisione dettata dalla coscienza del mio valore».

Esercizio 5. «C o n f e s s i o n i , *ossia esame morale di me stesso...*»: *ossia* introduce una specie di definizione della parola *confessioni*. E subito dopo: «quanto stimo utile confessarsi in ogni istante, *cioè* procurare chiarezza a sé stessi nell'atto dell'operare...».

Esercizio 6. Tra i connettivi del capoverso III, oltre quelli già individuati, sono particolarmente significativi per il processo dell'esposizione: «*quanto... altrettanto*»; «vanità, *o che... o che...*»; «*Inoltre...*».

Nel capoverso IV: «*bensì... ma...*»; «*ossia che*»; «*E certamente... ma... Se dunque... se* dessi... ricadrei... *e* andrei... ai casi proprî, *ossia* alla propria transeunte individualità».

Esercizio 7. 1. Educazione materna. 2. Il padre e il disimpegno dalla politica nella tradizione familiare. 3. Un diverso atteggiamento politico: Bertrando Spaventa e 4. Silvio Spaventa. 5. Il collegio. 6. Tarda formazione dell'interesse per la politica.

Esercizio 8. Un rapporto di contrasto che mette in rilievo la ricchezza culturale (materna) e la povertà di interesse politico (paterna) nella famiglia di Croce.

Esercizio 9. Dal padre la memoria risale indietro nel tempo, fino al nonno, sul filo del rapporto tra vita familiare e disinteresse per le vicende politiche.

Esercizio 10. Alla domanda sul neoguelfismo risponde anche un dizionario, ma un'enciclopedia informa con maggiore ampiezza su questa corrente intellettuale e politica. All'enciclopedia, poi, occorre rivolgersi per avere notizie sui fatti e i personaggi citati da Croce. In un'enciclopedia di media estensione si troverà buona parte dei personaggi in questione; quasi tutti, poi, sono nella grande *Enciclopedia Italiana* (comunemente detta Treccani).

Esercizio 11. Nel vocabolario Zingarelli il significato più adatto al passo in questione è questo: «Trattenimento pubblico o privato di musica, canto o sim. spec. in collegi, scuole e sim.». Il passo del Croce parla appunto dell'educazione in un collegio religioso.

Esercizio 12. *Quando... poi*: il *poi* ha valore indeterminato, riferibile al presente dello scrittore o a un passato meno lontano da quello della fanciullezza, e che arriva forse fino al presente.

Al momento **in** cui scrive si riferiscono, all'inizio, i verbi al presente: «Quando *torno* alla mia più lontana fanciullezza... *ritrovo*» (capoverso I); seguono verbi al passato, riferiti al momento **di** cui si scrive. Domina l'imperfetto (con qualche trapassato prossimo, il tempo composto corrispondente all'imperfetto): *chiedevo ed ascoltavo, non gustavo, porgeva*, perché si tratta di azioni abituali, ripetute, alle quali il passato remoto non si conviene.

Finestra 6.

Esercizio 1

Unità informative essenziali del secondo e del terzo capoverso:

- cronaca del volo da Roma a Milano (1)
- partenza da Milano (2)
- l'annuncio del rientro e lo spavento di alcuni passeggeri (3)
- le spiegazioni del caposcala dell'Alitalia a Malpensa sulla procedura seguita dal comandante (4)
- la dichiarazione del comandante dell'aereo (5)
- la reazione dei passeggeri (6)

Come si vede, in questi due capoversi l'ordine espositivo è di tipo cronologico (diversamente che nel primo capoverso); è possibile però che la sequenza 6 si sia svolta, in realtà, contemporaneamente alla 3.

Esercizio 2
Unità informative essenziali dell'articolo:
- il guasto subito dopo la partenza (2)
- l'ora della partenza (1)
- l'atterraggio (5)
- la situazione dei passeggeri (6)
- la natura del guasto (7)
- la quota raggiunta dall'aereo e lo scarico del carburante (4)
- l'atterraggio (si ripete, ampliato, il punto 5)
- i passeggeri avvertiti del rientro un quarto d'ora dopo il decollo (3)
- la sistemazione dei passeggeri (9)
- la dichiarazione del comandante dell'aereo (8)

Esercizio 3. Visitare la chiesa seguendo l'ordine cronologico delle opere che vi sono presenti sarebbe scomodissimo. Ma una lista come quella che segue può servire ad altri scopi; se ne ricava per esempio che la chiesa fu arricchita di opere per tutto il XVII secolo; che, in seguito, abbellimenti e interventi furono scarsi; e che la memoria dell'antico fatto d'armi del 1620 fu rinfrescata ancora nel 1885.

Opere d'arte nell'interno di S. Maria della Vittoria, in ordine cronologico:
- Gherardo delle Notti, *Rapimento di S. Paolo al terzo cielo*, coro dietro l'altare (1620);
- Pompeo Ferrucci, *Assunta e i Ss. Girolamo e Giovanni*, pala d'altare nella cappella attigua alla sagrestia (1629);
- Domenichino, *S. Francesco in estasi* e *S. Francesco che riceve le stimmate*, seconda cappella destra (1630);
- Guido Reni, *Ritratto del cardinale Berlinghiero Gessi*, 3ª cappella sinistra (1641);
- Guercino, *SS. Trinità*, 3ª cappella sinistra (1642);
- Gian Lorenzo Bernini, *S. Teresa trafitta dall'amore di Dio*, transetto sinistro (1646);
- Nicolas Lorrain, *Apparizione di Cristo a S. Giovanni della Croce*, seconda cappella sinistra (1667) e, dello stesso, *Madonna salva S. Giovanni della Croce* e *Morte del santo*;
- Giovanni Domenico Cerrini, *Trionfo della Madonna sulle eresie* e *Caduta degli angeli ribelli* sulla volta (1675), e *Assunta in gloria*, nella cupola;
- Mattia de Rossi, *Cantoria*, sopra la porta d'ingresso (1680);
- Pierre-Étienne Monnot, *Fuga in Egitto* e *Adorazione dei pastori*, ai lati del transetto destro (1699);
- Sebastiano Conca, *Massimiliano di Baviera dona il cavallo a padre Domenico*, sagrestia (1730-40);
- Luigi Serra, *La Madonna della Vittoria entra in Praga con gli eserciti cattolici*, catino absidale (1885).

L'elenco omette, perché prive di data, le opere seguenti, che tuttavia sono ordinabili in base alle date di nascita degli autori:
- Guidobaldo Abbatini, *Gloria dello Spirito Santo*, nella volta della cappella nel transetto sinistro (1600-1656);
- Domenico Guidi, *Sogno di S. Giuseppe*, transetto destro (1625-1701);
- Bonaventura Lamberti, *Gloria*, nella volta (1652-1721).

Infine, i Torlonia restaurarono la cappella maggiore nel 1833.

Esercizi di riassunto

1. Un primo riassunto, che riportiamo nella colonna di sinistra, potrebbe risultare troppo lungo; nella colonna di destra si propone perciò un riassunto più concentrato. Si noti che si è conservato il titolo, omettendo il soprattitolo.

Eds Italia lancia a Caserta un maxicentro software

La Eds Italia, una società che fa capo alla multinazionale Electronic data systems, apre una nuova sede a Caserta *per la progettazione di software*. Diversamente dalle altre sedi già attive in Italia, la sede di Caserta si qualifica come un *centro di ricerca per lo sviluppo del software*, caratteristica che, in Europa, condivide solo con Dublino (nel resto del mondo, i centri con la stessa qualifica sono 18).

Il centro di Caserta sorge su un'ampia superficie e occupa 334 addetti, diplomati o laureati, destinati a diventare 400 entro il '98. La scelta strategica dell'area di Caserta si deve a una decisione della casa madre e al fatto che nel 1994 l'Eds Italia rilevò un'iniziativa, finanziata con capitale pubblico e privato, preesistente nella stessa area.

Dal 1993 al 1995 il fatturato dell'Eds è passato da 10 a 228 miliardi (con l'obiettivo di arrivare a 300 miliardi nel 1996), grazie a nuovi investimenti e all'acquisizione di altre aziende. *L'Eds è specializzata nella produzione di software per le banche: in questo settore occupa la terza posizione.*

Eds Italia lancia a Caserta un maxicentro software

La Eds Italia, che fa capo alla multinazionale Electronic data systems, apre una nuova sede a Caserta: *la società è al terzo posto nella produzione di software bancario*. Diversamente dalle altre sedi italiane, quello di Caserta è un *centro di ricerca*, caratteristica condivisa, in Europa, solo dal centro di Dublino.

Il nuovo centro, che occupa 334 addetti, diplomati o laureati, è frutto della rilevazione di un'iniziativa, finanziata con capitale pubblico e privato, preesistente nella stessa area.

Dal 1993 al 1995 il fatturato dell'Eds è passato da 10 a 228 miliardi (con l'obiettivo di arrivare a 300 miliardi nel 1996), grazie a nuovi investimenti e all'acquisizione di altre aziende.

Il passaggio dal primo riassunto, di 173 parole, a un riassunto della lunghezza richiesta (108 parole) comporta la perdita di alcune informazioni presenti nel riassunto più lungo. Ma il risparmio è stato ottenuto anche evitando alcune lungaggini e ripetizioni, e distribuendo in modo migliore l'informazione. Per ottenere questo scopo, è stato modificato l'ordine espositivo del testo A.

Come si nota dalle parole in corsivo, nel primo periodo del riassunto breve si è detto che «la società è al terzo posto nella produzione di software bancario»: la specializzazione in campo bancario e la posizione nel mercato italiano derivano dalla parte finale del testo A (e del riassunto lungo), con notevole risparmio di spazio e di parole. Subito dopo, si legge nel riassunto breve che la società è «un centro di ricerca» e s'intende, per via del rilievo assunto dalla specializzazione nel software bancario, che la ricerca è concentrata nel software (invece il riassunto lungo ripete «centro di ricerca per lo sviluppo del software»).

4. Il Teatro alla Scala nella guida intermedia del Touring Club Italiano:

Teatro alla Scala (I, B-C4). In luogo di una chiesa voluta a fine '300 da Beatrice Regina della Scala, moglie di Bernabò Visconti, l'amministrazione asburgica fece costruire fra 1776 e 1778 – negli stessi anni e impiegando lo stesso architetto, Giuseppe Piermarini, dei rifacimenti a Palazzo Reale – una nuova sede teatrale tecnicamente d'avanguardia, presto da sola mostratasi capace di innalzare Milano ai vertici della cultura europea. Non troppo appariscente a prima vista (anche perché la facciata era stata progettata per prospettare su una via e non su una piazza), il teatro evidenzia tutto il proprio valore all'interno, dove la **sala*** in legno a quattro ordini di palchi e due gallerie, nella classica planimetria a ferro di cavallo (sovrastata in origine da una grande vasca antincendio celata nella volta), precede un palcoscenico tuttora fra i maggiori della penisola (m^2 780 con il retropalco) e soprattutto rivela un effetto acustico straordinario. All'800 si dovettero gli arricchimenti del decoro (su disegno dello scenografo Alessandro Sanquirico, 1830), il celebre lampadario centrale (anch'esso di Sanquirico, rinnovato nel 1860) e le modifiche al poco meno celebre «foyer» o ridotto (1878, rimodernato nel 1936). Semidistrutta nel 1943, la Scala fu subito messa in testa all'elenco degli edifici milanesi da ricostruire e puntigliosamente rifatta identica. Arturo Toscanini, il grande direttore d'orchestra scaligero che dall'Italia fascista si era posto in volontario esilio, la re-inaugurò con un memorabile concerto nel 1948.

Da sempre – e non soltanto per le serate inaugurali della stagione lirica, che dal secondo dopoguerra ha inizio il 7 dicembre, festa di S. Ambrogio – la Scala è sede privilegiata del teatro musicale italiano. Qui si sono rappresentate per la prima volta «Il Turco in Italia» e la «Gazza ladra» di Gioacchino Rossini, «Il Pirata» e la «Norma» di Vincenzo Bellini, la «Lucrezia Borgia» di Gaetano Donizetti, l'«Otello» e il «Falstaff» di Giuseppe Verdi, «La Gioconda» di Amilcare Ponchielli, il «Mefistofele» di Arrigo Boito, la «Madama Butterfly» e la «Turandot» di Giacomo Puccini, l'«Andrea Chénier» di Umberto Giordano. Nemmeno va sottovalutata la capacità che la Scala ha spesso avuto di sprovincializzare i gusti nazionali, mettendo in scena opere di Richard Wagner, Charles Gounod, Pëtr Il'ič Čajkovskij, Richard Strauss, Claude Debussy e Alban Berg, oppure lavori italiani non tradizionali e «difficili» come quelli di Luigi Nono, Luciano Berio e Sylvano Bussotti. I giudizi del pubblico della Scala sono spesso inappellabili, benché le polemiche sull'affidabilità dei suoi loggionisti (gli affezionati meno abbienti, che a Milano sono considerati quasi una congregazione) divampino a ogni stagione.

Il testo riportato ora è di circa 400 parole, e non è molto più breve di quello della guida rossa: è stato, infatti, aggiornato, con molte notizie sulle rappresentazioni musicali, mentre nella guida rossa si insiste soprattutto sugli aspetti architettonici del monumento. Perciò il lettore è stato invitato a comporre un riassunto di 250 parole, e potrà servirsi della falsariga soprattutto del primo capoverso (che è di 225 parole circa), mentre il secondo capoverso è quello più ampliato.

Si noti che anche nella guida breve figura un riferimento alla rinascita della Scala nel 1948 (con il concerto di Toscanini), presente nella guida media ma non in quella lunga. Ecco, comunque, il testo della guida rapida:

Teatro alla Scala* (IV, B-C4). Il più celebre dei teatri lirici italiani, annoverato tra i primi al mondo, fu eretto nel 1776-78 da Giuseppe Piermarini, in semplici forme neoclassiche, sull'area dell'antica chiesa di S. Maria della Scala, cui deve il nome. La sala, capace di circa 3000 spettatori tra platea, quattro ordini di palchi e due gallerie, ha un'elegante veste di gusto neoclassico; semidistrutta dai bombardamenti del 1943, fu riaperta al pubblico con un memorabile concerto diretto da Arturo Toscanini.

Capitolo V

§ 5.

Contenuto e organizzazione dei «Fiumi» di Giuseppe Ungaretti

Nei *Fiumi* il personaggio che dice *io* parte dalla situazione presente: la poesia è datata 16 agosto 1916, da una zona di guerra che riflette un'esperienza reale di Ungaretti; è il paesaggio carsico, attraversato dall'Isonzo. Un *albero mutilato*, una *dolina* (vv. 2 e 3) e un bagno nell'Isonzo offrono la spinta iniziale, in un paesaggio spopolato («un circo / prima o dopo lo spettacolo», vv. 4-5); solo nel v. 23 affiora un riferimento esplicito alla guerra. Nell'Isonzo il personaggio che dice *io* si sente a suo agio: quando non si ritiene *in armonia* (v. 36) soffre un *supplizio* (v. 33), ma la pausa di tranquilla solitudine e il bagno nel fiume lo fanno sentire in armonia con l'universo.

Da questa situazione, rappresentata nei vv. 1-41, il personaggio che dice *io* è stimolato a ricordare le fasi della sua vita: la transizione, esplicita nei vv. 43-5, si sviluppa nella seconda parte della poesia. Se l'Isonzo è il presente, allora anche il passato sarà rievocato in chiave di fiumi: gli equivalenti dell'Isonzo sono il Serchio (la famiglia di Ungaretti era originaria della Lucchesìa), il Nilo (Ungaretti nacque in Alessandria d'Egitto) e la Senna (da giovane Ungaretti si era formato a Parigi). È l'Isonzo che ha stimolato il ricordo degli altri fiumi, e dunque nella conclusione il testo torna a richiamare (v. 66) il fiume che aveva fornito lo spunto iniziale.

In conclusione, il ricordo non segue il filo del tempo, ma parte dal presente, recupera il passato (in ordine cronologico) e ritorna al presente.

⇒ Da osservare l'uso del *corsivo*, quando sono citate letteralmente le parole dell'originale (e si noti che si aggiungono allora il verso o i versi in cui appaiono; *verso* e *versi* si abbreviano rispettivamente *v.* e *vv.*): è un modo per segnalare la parola altrui (per citazioni più lunghe si sono usate le virgolette). Naturalmente, si sarebbero potuti scrivere in corsivo anche i nomi dell'Isonzo e degli altri fiumi, ma sarebbe stato uno scrupolo eccessivo, perché quei nomi appartengono a Ungaretti come a qualunque commentatore del testo: fanno parte del contenuto invariabile, e dunque non si pone il problema della riformulazione in parole proprie, del quale si è discusso a proposito del riassunto (cap. IV, § 9). Per di più, i nomi propri non hanno sinonimi, né c'è motivo di impiegare perifrasi come «il fiume più lungo dell'Africa» al posto di *Nilo*.

Nel primo capoverso si noti «quando non si ritiene *in armonia* (v. 36)»: mentre le parole in corsivo sono prese dal v. 35, le parole «quando non si ritiene» equivalgono a «quando non mi credo» dei vv. 34-5; ma in questo caso il corsivo non si usa, perché il procedimento è quello della parafrasi (cap. IV, § 5), non della citazione letterale.

§ 6.

Solo l'argomento è nei nn.i 1-2-5-9-12-15-18, che esprimono un fatto ma non un giudizio.

Gli altri titoli hanno argomento e tesi:

Argomento	*Tesi*
3. Il traffico nelle ore di punta	L'aggressività degli automobilisti raggiunge il massimo
4. Incidente automobilistico	Solidarietà

6. Evoluzione dell'automobile	Sicurezza
7. Evoluzione dell'automobile	Risparmio dei consumi
8. Evoluzione dell'automobile	Riduzione dell'inquinamento
10. Moda	Miglioramento
11. Moda	Peggioramento
13. Costi del servizio sanitario	Eccessivi per lo Stato
14. Costi del servizio sanitario	Eccessivi per il cittadino
16. Acqua alta a Venezia	Effetti su abitanti e pendolari
17. Acqua alta a Venezia	Effetti sui turisti
19. Lo studio	Le distrazioni
20. La lettura	Le distrazioni
21. Un soggiorno lontano da casa	L'ampliamento dell'esperienza

Argomento	*Tesi*
1. Servizio militare obbligatorio	Soppressione generale
2. Servizio civile in Italia	Beni culturali
3. Servizio militare in Italia	Donne
4. Lotta politica	Armi
5. Lotta politica in Pakistan	Armi
6. Vacanze estive	Meravigliose
7. La pubblicità oggi	La sua incidenza economica e psicologica
8. Pubblicità televisiva	Richiamo sessuale
9. Dieta	Mania collettiva
10. Dieta	Inutilità
11. Dieta	Effetti negativi
12. Dieta	Effetti positivi
13. Dieta	Causa l'anoressia
14. Parità tra i sessi	Raggiunta
15. Accesso al lavoro negli Stati Uniti	Migliori possibilità per le donne che per gli uomini
16. Parità tra i sessi	Traguardo desiderabile
17. Parità tra i sessi	Traguardo indesiderabile
18. Opportunità di lavoro in Italia per uomini e donne	Non ancora pari

Sono troppo ampi e generici gli argomenti 1-4-6-7-9-14-15-16-17; gli altri si prestano a uno svolgimento conciso della misura breve o media. In particolare, si noti che il n. 2 seleziona l'argomento del servizio civile, delimitandolo all'Italia e concentrandosi su una tesi molto precisa (i beni culturali dovrebbero attirare tutte le energie dei giovani che hanno scelto il servizio civile), e il n. 3 mette a fuoco l'argomento delle donne in rapporto al servizio militare. Rispetto alla generalità del n. 4 (il ruolo della lotta armata nella politica), il n. 5 seleziona un paese determinato; il tema della pubblicità nel n. 7 si restringe nel n. 8 con una doppia delimitazione: la pubblicità televisiva (e non quella stradale o pubblicata da giornali e settimanali) e una sua componente precisa; un rapporto analogo separa il n. 9 dai nn.i 10-13, e così via.

Capitolo VII

§ 11.

SOLUZIONI: 1c; 2c; 3a; 4b; 5a; 6a; 7b; 8a; 9b; 10b; 11c; 12a.

Capitolo VIII

Finestra 2.

1. La scheda bibliografica

1. RICCARDI, CARLA, Da Storia di una capinera a Padron 'Ntoni: evoluzione tematica e stilistica, in AAVV, I romanzi fiorentini di Giovanni Verga (Atti del II Convegno di Studi, Catania, 21-22 Novembre 1980), Catania, Biblioteca della Fondazione Verga, 1981, pp. 63-73.
2. NENCIONI, GIOVANNI, Parlato-parlato, parlato-scritto, parlato-recitato [1976], in Di scritto e di parlato. Discorsi linguistici, Bologna, Zanichelli, 1983, pp. 126-79.
3. JÖNSSON, LINDA E PER LINELL, Story Generations: From Dialogical Interviews to Written Reports in Police Interrogations, in «Text», 11, 1991, pp. 419-40.

2. La bibliografia

1a. Per eseguire la trasformazione, basta ordinare alfabeticamente gli autori citati.

Ayala, F., riassunto del *Don Chisciotte*, in F. Rico, *Biblioteca spagnola*, Torino, Einaudi, 1994, pp. 135-6.

Bachtin, M., *Estetica e romanzo*, Torino, Einaudi, 1979.

Bembo, P., *Le prose della volgar lingua*, in *Prose e rime*, a c. di C. Dionisotti, Torino, Utet, 1960.

Bertuccelli Papi, M., *L'alunno che fa il riassunto*, in «Italiano e oltre», 3, 1988, pp. 116-9.

Croce, B., *Etica e politica*, Bari, Laterza, 1967 [1931^1].

Queneau, R., *Esercizi di stile*, trad. di U. Eco, Torino, Einaudi, 1983.

Romeo, R., *Cavour, Camillo Benso conte di*, in *Grande dizionario enciclopedico Utet*, fondato da P. Fedele, IV, Torino, Utet, 1986^4, pp. 535-42.

Id., *Cavour e il suo tempo*, 3 volumi in 4 tomi, Roma-Bari, Laterza, 1977-84.

Id., *Vita di Cavour*, Roma-Bari, Laterza, 1984.

Touring Club Italiano, *Guida d'Italia, Milano*, Milano 1985^9.

Touring Club Italiano, *Guida d'Italia. Roma*, Milano 1993^8.

Touring Club Italiano, *Guida rapida d'Italia*, I, *Liguria, Piemonte, Val d'Aosta, Lombardia*, Milano 1993.

Touring Club Italiano, *Guida rapida d'Italia*, IV, *Lazio, Abruzzo, Molise, Sardegna*, Milano 1996 [stampato nel 1995].

Touring Club Italiano, *Guide d'Italia. Lombardia 1. Milano e Laghi*, Milano 1995.

Touring Club Italiano, *Guide d'Italia. Roma*, Milano 1993.

1b. Ecco la stessa lista riorganizzata secondo il sistema autore-anno (si noti che la prima citazione segue il criterio autore-opera):

Bembo, *Prose* = P. Bembo, *Prose della volgar lingua*, a c. di C. Dionisotti, Torino, Utet, 1960.

Ayala, F.
1994 riassunto del *Don Chisciotte*, in F. Rico, *Biblioteca spagnola*, Torino, Einaudi, pp. 135-6.
Bachtin, M.
1979 *Estetica e romanzo*, Torino, Einaudi.
Bertuccelli Papi, M.
1988 *L'alunno che fa il riassunto*, in «Italiano e oltre», 3, pp. 116-9.
Croce, B.
1967 *Etica e politica*, Bari Laterza, [1931[1]].
Queneau, R.
1983 *Esercizi di stile*, trad. di U. Eco, Torino, Einaudi.
Romeo, R.
1986 *Cavour, Camillo Benso conte di*, in *Grande dizionario enciclopedico Utet*, fondato da P. Fedele, IV, Torino, Utet, 4ª ed., pp. 535-42.
1977-84 *Cavour e il suo tempo*, 3 volumi in 4 tomi, Roma-Bari, Laterza.
1984 *Vita di Cavour*, Roma-Bari, Laterza.
Touring Club Italiano
1985 *Guida d'Italia, Milano*, Milano, 9ª ed.
1993a *Guida d'Italia. Roma*, Milano, 8ª ed.
1993b *Guide d'Italia. Roma*, Milano.
1993c *Guida rapida d'Italia*, I, *Liguria, Piemonte, Val d'Aosta, Lombardia*, Milano.
1995 *Guide d'Italia. Lombardia 1. Milano e Laghi*, Milano.
1996 *Guida rapida d'Italia*, IV, *Lazio, Abruzzo, Molise, Sardegna*, Milano [stampato nel 1995].

Finestra 4.

Jon e Ron avvarono il lavoro di te si pressappoco nello stesso periodo.Nessumno dei due aveva le idee completamente chiare sul proprio progetto ; perciò andarono in bibloiteca per passare in rassegna la bibliografia genenerale sul loro campo d'interesse e si ritrovarono tutti e due in sala di consultazione .Al bibliotecario addevo alla consultazione Jon chiese quali indici e riasunti esistessero per individuare articoli di giornale, tesi,

riviste e libri. Seguendo le indicazioni del bibliotecario Jon si ridolse a esaminare PsychLIT, la versione su disco compatto (CD-ROM)dei *Riassunti della ricerca psicologica*.

Capitolo IX

Finestra 2.

proficuo 'utile, che giova': mantiene la grafia con *-c-* della parola latina da cui deriva, un composto di *facio*. Allo stesso modo si comportano *innocuo* (che deriva da *noceo* ed è imparentato con *innocente, innocenza*), *promiscuo*, *cospicuo* (dal latino *conspicuu(m)* 'visibile, ragguardevole'), *acuire* e tutta la sua coniugazione (alla stessa famiglia di parole

appartengono anche *acuto, aculeo*), *vacuo, vacuità, evacuare*, oltre ai più familiari *cuore, cuoco, cuoio, scuola, scuotere* (basta pensare che si scrivono con *-c-* le altre parole delle famiglie corrispondenti, per esempio *cordiale, cottura, corame, scolaro, scossone*).
Attenzione, però: *iniquo* non fa parte dello stesso gruppo di *proficuo*, bensì deriva da una radice che ha la *-qu-* già in latino (come *equità, equivalenza, equidistante, equilibrio*). *Taccuino*, che si scrive con *-cc-*, è invece la trascrizione di una parola araba, e costituisce un caso a sé stante.

entusiasta, con *-a* finale sia al maschile che al femminile (al plurale, il maschile fa *entusiasti* e il femminile *entusiaste*).

se stesso o ***sé stesso***: confronta il § 3.

onnisciente 'che sa tutto': mantiene la *-i-* della sua base etimologica latina (*scìo* 'so'), come *scienza, scienziato, scientifico, cosciente, coscienzioso, incoscienza* (invece, *conoscenza*).

intravedere: con una sola *-v-*, perché il prefisso *intra-* non provoca il raddoppiamento della consonante che segue (infatti si scrive *intramuscolare, intraprendere, intratestuale*). Perché allora si incontrano spesso le forme con *-vv-* **intravvedo, *intravvedere* (ma quasi mai **intravvisto*)? È probabile che ciò dipenda dall'influenza di parole simili (però di diversa origine) come *intrappolare, intrattenere*, nelle quali c'è effettivamente una doppia consonante; ma si noti che questi ultimi due verbi sono composti con il prefisso *in-* (e non *intra-*): nel primo caso la doppia *-pp-* appartiene a *trappola* e nel secondo la doppia *-tt-* appartiene a *trattenere*.

accelerare: con una sola *-l-* (come *celere, decelerare, accelerazione*)

suppletivo 'supplementare, o che supplisce': ha una sola *-t-*, come la parola del latino tardo da cui deriva.

proprio: la tendenza a sopprimere la seconda *-r-* è tanto diffusa quanto spontanea, non solo nello scritto ma anche nel parlato dei semicolti: si tratta di un fenomeno ben noto ai linguisti, che si chiama *dissimilazione*, per cui due suoni identici nella stessa parola tendono a diversificarsi (per esempio, dal latino *arbor* è derivato l'italiano *albero*, e da *venenum* è derivato *veleno*). Nel caso di *proprio*, tuttavia, la dissimilazione non è stata accolta e codificata nella lingua.

un po': si veda il § 2.

province: si veda il § 1.

noi sogniamo: qui entrano in conflitto due regole grammaticali. La prima dice che dopo il gruppo grafico *-gn-* non va la *-i-* se c'è un'altra vocale (*consegna, ingegnere, ordigno, ognuno*); la seconda dice che la desinenza della 1ª persona plurale del presente indicativo è *-iamo* (*amiamo, temiamo, beviamo, dormiamo*). È corretto far prevalere questo aspetto morfologico, e dunque scrivere sempre *consegniamo, bagniamo, spegniamo*.
Lo stesso vale per la desinenza *-iate* del congiuntivo presente (2ª persona plurale): *che voi spegniate, che voi bagniate*, ecc.

egli legge o ***lui legge***: vanno bene entrambi. *Lui* come soggetto maschile di 3ª persona, osteggiato dalla vecchia grammatica, ha cominciato a imporsi in modo significativo grazie a Manzoni, che nella revisione linguistica dei *Promessi sposi* lo ha sostituito in molti casi a *egli*. Nel parlato si usa quasi esclusivamente *lui* (e il corrispettivo femminile *lei*), mentre nello scritto si osserva una certa tendenza a evitare comunque il pronome per mezzo di aggiustamenti sintattici e scelte sinonimiche (per esempio, se in un articolo il soggetto è il Presidente della Repubblica, piuttosto che indicarlo con *egli* o *lui* si preferisce, nelle successive occorrenze, chiamarlo *il capo dello Stato* o *Scalfaro*).
Lui è addirittura obbligatorio in alcuni casi:

- quando il soggetto è posposto (*È stato lui a farmelo capire*), e nel secondo termine di paragone (*Renato non è migliore di lui*),
- dopo *come* e *quanto* (*Ne so quanto lui, Vorrei essere bella come lei*),
- nelle espressioni minime che sostituiscono un'intera frase («*Chi ha preso la penna?*» «*Lui*»),
- quando ha funzione predicativa (*Se io fossi lui, agirei diversamente*).

In generale, si ricordi che tanto *egli* che *lui* si riferiscono a soggetti personali; per animali e cose va usato *esso*.

Come soggetto di 3ª persona, si può usare anche il pronome dimostrativo *questi* (attenzione: non *questo*!), che esiste solo al maschile e indica esclusivamente una persona (*Ha raccolto molti consensi l'intervento del delegato Bianchi: questi ha sostenuto con buoni argomenti la mozione A*).

le carceri: è la forma corretta (femminile) del plurale di *carcere* (maschile), mentre **i carceri* è sbagliato (e il singolare femminile *la carcere* è completamente in disuso).

purché non nuoccia: nella coniugazione del verbo *nuocere* sono presenti forme con la doppia *-cc-*: il dizionario le segnala (lo stesso vale per *piacere* e *giacere*).

è piovuto: con i cosiddetti verbi atmosferici è **preferibile** usare l'ausiliare *essere*, anche se non si può ignorare che la concorrenza di *avere* è assai forte. Pertanto, se la forma *è piovuto* resiste abbastanza bene (anche in senso figurato: *La brutta notizia mi è piovuta addosso quando meno me l'aspettavo*), ve ne sono molte altre che tendono ad assumere l'ausiliare *avere*, benché il risultato sia meno elegante: *Ha tuonato per tutta la notte, Non aveva ancora albeggiato quando mi alzai.*

lo voglio dire o ***voglio dirlo***: le espressioni sono entrambe corrette.

la giudice Maria Rossi o ***il giudice Maria Rossi***: si veda il § 9.

Capitolo X

§ 2.

1. La **conoscenza è** uno dei fattori della **coscienza**.
2. Con Galileo la **scienza** del **cielo** progredì decisivamente.
3. Quando veramente si svegliò, fu **accecato** dalla luce che entrava da tutti i vetri senza più tendine (Calvino).
4. Mangia il Governo, mangia la Provincia; mangia il Comune e il capo e il sottocapo e il direttore e l'**ingegnere** e il **sorvegliante**... che può avanzare per chi **sta** sottoterra e sotto di tutti e deve portar tutti sulle spalle e resta schiacciato? (Pirandello)
5. «Prendi un **caffè** o un **tè**?» «**Benché** sia un **po'** tardi, prendo volentieri un **caffè**, grazie».
6. Ci vediamo oggi in Córso Vannucci.
7. ... sul cavallo bianco / saetta il còrso... (Carducci)
8. Il treno si accostò fulmineamente al córso del fiume (Cassola).

Sulle parole che terminano con *o* accentata (per es. *portò*) l'accento è obbligatorio, ed è quello grave, che si trova sulla tastiera. Sulla *o*, poi, l'accento è facoltativo quando si vogliano evitare equivoci; allora occorre distinguere tra la *o* chiusa (quindi con accento acuto) di *córso* (participio di *correre* e sostantivo) da *còrso* 'della Corsica'. In realtà, la distinzione tra *pésca* e *pèsca*, tra *bótte* e *bòtte* è affidata oltre che alla diversa pronuncia (che nello scrivere si distingue con l'accento), anche e soprattutto al contesto, che chiarirà se si tratta del frutto del pesco o di pesci, di recipiente di legno per il vino o di colpi. Di conseguenza, questi accenti liberi si useranno solo quando siano realmente necessari: inutili su *córso* (che si potrà scrivere tranquillamente *corso*), sono utili quando si scrive la parola più rara, che potrebbe lasciare incerto, almeno a prima vista, il lettore: dunque, *còrso*.

9. Chi la **fa** l'aspetti.
10. Luisa **va** all'**aeroporto** a prendere Mariella; Paolo invece resta a casa, **perché è** in attesa di una telefonata.
11. Per piacere, appoggia **qui** il pacco.
12. Oggi non **ho** tempo.
13. **Hanno** lavorato tutto l'**anno**.
14. Accese **un altro** fiammifero (Pirandello).
15. Comprando quel cane mi sarei fatto, sì, **un amico** fedele e discreto, ma avrei dovuto anche mettermi a pagare una tassa: io che non ne pagavo più! (Pirandello).
16. **Qual è** il tuo libro preferito?
17. «Abbiamo già Max?» domandò premurosamente quel **buon uomo** del Paleari (Pirandello).
18. L'avvocato è nostro **buon amico** (Pirandello).
19. Ma perché vuol credere per forza che al signor Nuti l'indifferenza e il dileggio della signora Nestoroff abbiano provocato, non so, ira, sdegno, propositi di vendetta? **Da** che cosa l'argomenta? Non li **dà** affatto a vedere, si mostra calmissimo... (Pirandello).

   Per distinguerla dalla preposizione *da*, si accenta *dà* voce del verbo *dare*.

20. Si rammaricava con **se stessa**, perché trovava tempo per tutti ma non per **sé.**

   Sé pronome si accenta, tranne che sia seguito da *stesso* o *medesimo*, e così scrive Pirandello. Tuttavia, si può anche scrivere *sé stesso* e *sé medesimo*, come è stato osservato giustamente da chi ha giudicato questa regola una complicazione inutile (e si veda il cap. IX, § 3).

21. La signora Ajala già da un pezzo aveva imparato a misurare ogni dispiacere, ogni dolore, non per se stesso, che le sarebbe parso poco o niente, ma in considerazione delle **furie che** avrebbe suscitato nel marito (Pirandello).

   Va osservato in particolare l'uso della virgola davanti al *che* relativo: in linea di massima, prendono la virgola le relative esplicative, che aggiungono un'informazione accessoria; non la prendono le relative limitative, che restringono il campo di riferimento e quindi modificano il significato del testo («I cittadini che sono nati nell'anno 1988 sono chiamati alla leva»). La distinzione tra i due tipi di relative (e di punteggiatura) torna nei nn.i 22-24. Sulle relative precedute o meno dalla virgola, si veda il capitolo IX, Finestra 2.

22. Dirimpetto era apparecchiato il posto per l'altro figlio, **Rocco, che** rientrava in casa, quella sera, dopo la disgrazia (Pirandello).
23. Ho le lettere, le dico, le **lettere che** lui le buttava dalla finestra! (Pirandello)
24. Si mise a risalire la scala, con gli occhi alla **lettera che** aveva ancora in mano (Pirandello).
25. Nel mottetto «Non recidere, forbice, quel volto» le allitterazioni si fanno ancora più frequenti e **insistite: infatti,** già in apertura della seconda strofa si nota la coppia *cala-acacia*.

   Si tratta di due periodi autonomi, da separare non con la virgola ma con il punto e virgola o il punto o, meglio ancora, con i due punti, perché i due punti hanno la funzione di annunciare l'informazione che seguirà. In altre parole, a sinistra dei due punti si afferma qualcosa che, a destra dei due punti, sarà espressa in modo compiuto. Non ci si lasci ingannare dall'uso di scrivere *infatti* tra due virgole, che vale quando *infatti* sia non in posizione iniziale di proposizione, ma interna. In altre parole, occorre distinguere tra la punteggiatura che regola il rapporto tra due proposizioni e quella di *infatti*. La distinzione si chiarisce spostando *infatti*: «Nel mottetto "Non recidere, forbice, quel volto" le allitterazioni si fanno ancora più frequenti ed insistite: già in apertura della seconda strofa**, infatti,** si nota la coppia *cala-acacia*». In caso di dubbio, il cambiamento di posizione ora suggerito può tornare utile.

Si noti che oggi la *e* prende la *-d* solo davanti a parola che comincia per *e-*: *ed ecco*, ma *e insistito*; analogamente la *a* prende la *-d* davanti a parola che comincia per *a*: *ad Ancona* ma *a Empoli*. Si tratta comunque di una tendenza, non di una regola.

26. Meno precisa è la documentazione riguardante la stampa del 1501**;** tuttavia è stata inviata dall'Istituto Centrale per il Catalogo unico la lista che segue...

Anche in questo caso, i due periodi sono autonomi, e vanno separati da un punto e virgola. Vale per *tuttavia* lo stesso accorgimento suggerito per *infatti*.

27. Le richieste di consultazione e di prestito dei microfilm vanno fatte sugli stessi moduli e con le stesse modalità del materiale librario**;** il prestito è concesso solo nel caso di guasto alle apparecchiature dell'ufficio.

La virgola è spesso il segno interpuntivo generico, usato in alternativa al punto. Un eccesso di punti fermi fa un effetto strano, ma è difficilmente sbagliato, mentre l'abuso della virgola può essere un errore. Troppo poco, invece, si usano i segni intermedi, che sono il punto e virgola e i due punti.

⇒ Il correttore grammaticale disponibile nei programmi di videoscrittura è utile per rimediare a una parte degli errori del testo, ma sarebbe ingenuo fidarsene ciecamente: il correttore chiede se *Galileo* è esatto, perché il nome non fa parte del suo dizionario (e fin qui, poco male); lascia però passare *celo* perché nel dizionario è compreso, insieme con *cielo*, anche *celo* '(io) nascondo'. Stranamente, non segnala, tra l'altro, gli accenti sbagliati di *perchè* e di *è*. Senza dubbio, i programmi di scrittura diventano sempre più sofisticati, ma è complicato (e costoso), e non è sempre possibile, rendere un programma di videoscrittura capace di capire, al di là della parola isolata, il senso complessivo della frase o del testo. Perciò, chi scrive al computer fa bene a utilizzare, per una prima ripulitura, il correttore; ma fa meglio se non rinuncia a ragionare con la sua testa, se cioè si rilegge, si corregge da sé e, in caso di dubbio, controlla il vocabolario.

§ 3.

1. Per **accelerare** il lavoro degli uffici, i moduli vanno compilati accuratamente in ogni loro parte.
2. Luigi non era più disposto ad **avallare** le cambiali del cugino.
3. Era facile riconoscere di primo **acchito** un imbecille da una persona seria.
4. Ma **vada** via! (Pirandello)
5. L'aveva mandato via perché non **desse** fastidio al momento dell'arrivo.
6. Voleva che **stesse** ferma.
7. Più volte aveva sentito parlare il padre del valore **eccezionale** di quel giovine (Pirandello).

Come si sa, la forma in uso oggi è *giovane*.

8. S'erano **appropriato** il mondo (Pirandello).

⇒ Il correttore automatico del programma di videoscrittura è in grado di individuare come erronea la forma *accellerare*, ma lascia passare *avvallare*, perché in italiano esistono *avallare* 'garantire con avallo' e *avvallare* 'mandare a valle'. I programmi di scrittura non sono abbastanza intelligenti, almeno finora, da capire che nella frase 2 *avvallare* non ha senso.

Capitolo XI

§ 1.

1. Ho avuto l'**accortezza** di non parlargli del suo dolore.

   Accortenza si sente in alcune regioni meridionali, anche in bocca a persone piuttosto colte: è l'incrocio di *accortezza* con *avvertenza*.

2. Non **è** stato facile **redigere** la relazione.
3. Hanno **accollato** tutte le responsabilità a Mario.

   Invece di *accollare*, derivato da *collo*, nella frase citata si usa erroneamente il più frequente *incollare*, derivato da *colla*.

4. Nella prima guerra mondiale i soldati andavano all'assalto con la baionetta **inastata**.

   Inastare o *innastare* è derivato da *asta*, e non va confuso con *innestare*, da *innesto*, né con *innescare*, da *esca*. Si *inasta la bandiera*, o la *baionetta*, si *innesca una bomba*, si *innesta una pianta*, o *la marcia dell'automobile*, o *la presa di corrente*.

5. L'ennesima imboscata di questa guerriglia infinita: [...] il corpo a corpo con la baionetta **inastata**.
6. Sparò finché non gli si **inceppò** l'arma.
7. Giovanni si sente un **superuomo**.
8. Dopo un anno circa di permanenza in Svizzera, incominciai a scambiare qualche parola con una ragazza svizzera che faceva l'apprendistato nella stessa sartoria dove lavoravo. Così, una parola oggi una domani, con molta pazienza e con l'aiuto del **dizionario** si incominciò un dialogo.

   Dizionario è stato incrociato con *edizione*.

9. La ditta non sembra **versare** in buone condizioni finanziarie.
10. **Eccezion fatta per il** (*oppure:* **A eccezione del**) testamento olografo, le cambiali o contratti preliminari, la scrittura privata non è vincolata all'uso di una terminologia particolare.

    Confusione dovuta all'incrocio delle due espressioni *Eccezion fatta per il* e *A eccezione del*.

11. Giuseppe, in un **accesso** d'ira, strappò l'assegno.
12. Una **branca** della biologia che mi piace molto è la genetica.

    Branca significa 'zampa di animale con artigli' e 'parte, suddivisione' (e in questo senso si impiega nella frase citata); è facile la confusione con *branchia*, l'organo che consente la respirazione ai pesci: il significato di *branchia* si riferisce al mondo animale, come il significato di base di *branca*, parola simile nel suono e nella scrittura.

13. Ci siamo incontrati **casualmente.**

    Casualmente, 'per caso', deriva appunto da *caso*, e si distingue da *causalmente*, che è l'avverbio di *causa*.

14. Scrivere sul retro la **causale** del versamento.

    Si veda il commento alla frase precedente.

15. Ho sottoscritto l'**abbonamento** al circolo del cinema.
16. Sentivo mio padre che parlava il tedesco, e io non capivo un bel niente, **ma** (*o* **però)** me lo dovevo imparare, e per me era molto difficile.

Frequente soprattutto nella lingua parlata è il *ma però*, espressione che accumula parole del medesimo significato.

17. La poveretta camminava come un **automa**.
18. Chiedo scusa se mi sono **dilungato** in tanti piccoli particolari.

Per *prolungarsi a lungo* si veda il commento al numero 16.

19. Le macchine necessitano di continua **manutenzione**.
20. A noi la guerra sembra solo un **martellamento** impressionante di rumori e di fuoco.
21. **Per** favore non **pubblichi** l'indirizzo.
22. La tua **interpretazione** non mi convince.
23. Ho **frequentato** un corso per tecnici della qualità, della durata complessiva di 600 ore, di cui 120 di stage aziendale.

Dell'abuso burocratico di *effettuare* si parla nei capitoli VII, § 8 e XIV, § 1; molto meglio è il semplice *fare*, o un verbo più specifico, come *frequentare*. In questo caso, poi, *effettuare* è improprio, perché fa pensare che lo scrivente abbia tenuto il corso come docente, e non che l'abbia seguito come allievo. Si noti inoltre l'utilità della virgola dopo *qualità* (altrimenti, alla prima lettura si capirebbe *tecnici della qualità della durata*).

24. La sottoscritta si rivolge alla Vs. cortese attenzione per ottenere un colloquio in vista di un'eventuale assunzione.

Per chiedere un lavoro un candidato sottopone a un possibile datore di lavoro la propria persona, personalità, disponibilità, capacità lavorativa, non il proprio nominativo (cioè il proprio nome e cognome).

25. Nelle opere giovanili del pittore impressionista Claude Monet esposte a Chicago, le presenze umane non sono rare (*oppure*: le presenze umane sono ancora frequenti).

In questo caso, che è ricavato dall'inserto culturale di un quotidiano economico, generalmente scritto molto bene (ma una svista può capitare anche nelle migliori famiglie), non si può parlare di errore linguistico in senso stretto; ma «è rara l'assenza di presenze umane» è un'espressione infelice e contraddittoria.

26. Quella dello Zaire è una tragedia **umana**.

§ 2.

1. Te l'ho già detto ieri.

Ancora è parola italiana che, nella frase riportata qui, è impiegata in un significato estraneo all'italiano, ma frequente nella lingua parlata (e anche scritta) di alcune regioni (quelle nord-orientali). Si noti che in italiano si può dire «Te l'ho già detto ieri» e anche «Te l'ho detto già ieri», mentre la posizione di *ancora* è fissa (non si dice «Te l'ho ancora detto ieri»).

2. Prima d'entrare in casa d'altri si chiede permesso.

Anche *cercare* è parola italiana, naturalmente, ma solo in alcune regioni e nell'uso colloquiale si usa nel significato di 'chiedere'.

3. Nella scuola elementare i maestri insegnano a leggere, scrivere e far di conto.

Insegnare e *imparare* sono verbi di significato reciproco (come *comprare* e *vendere*), e nell'uso poco colto sono spesso invertiti.

4. Dormivo per ore sulla sedia.

Addormentarsi esprime un'azione momentanea, *dormire* azione continuativa.

5. Io sottoscritto dichiaro di non aver mai lavorato precedentemente (*oppure*: di non aver avuto finora alcuna esperienza di lavoro).

   Come si vede, *in nessun settore di attività economica* (espressione non del tutto corretta) non aggiunge alcuna informazione nuova alle parole «dichiaro di non aver mai lavorato precedentemente».

6. In attesa di una Vostra risposta, dichiaro fin d'ora di essere disponibile per ulteriori informazioni.

   La proposizione relativa *che vi necessitassero* (con un verbo al congiuntivo di ben 6 sillabe) non aggiunge alcuna informazione a ciò che precede, perché ovviamente il destinatario chiederà, nel suo stesso interesse, un supplemento di *informazioni* necessarie, e non superflue.

§ 3.

1. a. Non vivevamo nell'abbondanza.
   b. Navigavamo in cattive acque.
2. a. Mi misi in cammino.
   b. Mi avviai.
3. a. Spero di prendere il titolo di dottore in Chimica.
   b. Spero di studiare Chimica.
4. Ogni domenica facevamo una gita.

   Per confusione con *trascorrere le vacanze*, e simili.

§ 4.

1. Può anche essere una buona occasione per fare un controllo dello stato di salute finanziaria o per avere una rassicurazione sulle scelte già fatte.

   Poiché *check up* significa 'controllo', *un check up di controllo* significa 'un controllo di controllo'. Meglio quindi limitarsi all'espressione italiana; e si aggiunga che *check up* si scrive senza il trattino.

Finestra 2.

1. I tre componimenti sono del tutto autonomi anche sul piano tematico.
2. Il segno di deferenza non viene meno neppure quando cade la finzione.
3. È probabile che lo scrittore avesse ben presente, anche nella memoria, il testo di Ariosto.
4. Il Manzoni curò attentamente le illustrazioni del romanzo.
5. La selezione nasce dall'iniziativa del Politecnico di Firenze.

   Esclusiva è completamente inutile o sbagliato. La parola va di moda, e se si usa quando si vuole far credere ai destinatari di una circolare di appartenere a un ambiente eletto, che ha l'onore e la fortuna di vedersi proporre iniziative commerciali o di altro genere.

Capitolo XII

§ 1.

1. Mi fa (*o, meglio*: Mi è) più utile chi mi biasima.
2. a. A me basta questo.
   b. Mi basta questo.

«A me basta questo» è leggermente più energico o «forte» di «Mi basta questo» (e analogamente nei numeri 3-6). Infatti, in «A me basta questo» il pronome *me* è accentato, mentre in «Mi basta questo» il *mi* non ha accento proprio e si appoggia all'accento della parola che segue.

3. a. Queste cose a me non piacciono.
   b. Queste cose non mi piacciono.
4. a. A me sembra impossibile.
   b. Mi sembra impossibile.
5. a. Il denaro lo puoi dare (*oppure*: puoi darlo) a me.
   b. Mi puoi dare il denaro (*oppure*: Puoi darmi il denaro).
6. a. Se volete ascoltare me, è meglio smetterla.
   b. Se mi volete ascoltare (*oppure*: Se volete ascoltarmi), è meglio smetterla.
7. a. Mi venne a prendere.
   b. Venne a prendermi.
8. a. Me la deve riparare.
   b. Deve ripararmela.
9. a. Vi prego di comprare qualcosa a Riccardo.
   b. A Riccardo, vi prego di comprare qualcosa.

La soluzione b. è una forma di compromesso tra il parlato e lo scritto.

10. A Renzo infatti quel pensiero era venuto, come abbiamo visto, da principio.

Nell'italiano moderno *in fatti*, che Manzoni scriveva separatamente, si è fuso in una parola unica. Nello scrivere, e anche nel parlare, non si usa più una forma come *abbiam visto*.

11. a. Del pericolo alcuni sono consapevoli.
    b. Alcuni sono consapevoli del pericolo.

§ 2.

1. I piemontesi erano molto bravi, e gli piaceva il vino.

Come si è detto, è ormai ammesso anche nello scrivere l'uso di *gli* come pronome plurale invece di *loro*. Naturalmente si può usare anche *loro*: «I piemontesi erano molto bravi, e a loro piaceva il vino» o, cambiando l'ordine delle parole: «I piemontesi erano molto bravi, e il vino piaceva a loro». Abbiamo conservato la virgola di separazione tra primo e secondo periodo, anche se andrebbe bene anche un punto e virgola, con soppressione della *e*: «I piemontesi erano molto bravi; gli piaceva il vino».

2. a. Gli piaceva la caccia.
   b. A lui piaceva la caccia.
3. Troviamo un soldato con due sacchi di calze, e vuole venderle. Vendiamo tutto e al soldato non diamo niente (*oppure*: «e a lui non diamo niente», «e non gli diamo niente»).

Oltre all'uso scorretto di *ci* 'gli, a lui', si noti che nella frase manca la doppia negazione.

4. Mio cognato picchiava la moglie dicendo**le**: «Devi andare in casa di tuo padre e **gli** devi rubare qualcosa di valore, che così se lui vuole quell'oggetto deve dar**ci** tutto il resto».

Il terzo *ci* (*darci*) è corretto, perché significa 'a noi'; nel primo caso, invece, *ci* equivale al pronome femminile di terza persona, e nel secondo al pronome maschile. Il discorso diretto (tra virgolette) ha un andamento molto parlato.

5. «Hai parlato a Marco?» «No, non **gli** ho ancora parlato». «Allora parliamo**gli** insieme».

6. Ci siamo sposati l'anno scorso.
7. Sarà difficile che ci mandino in altri posti pericolosi.
8. Alla bambina dispiace che il nome che porta non le sia stato dato dai genitori ma dalla zia.

I numerosi interventi su questa frase, ricavata da un tema scolastico, riguardano, oltre all'uso del pronome personale di terza persona femminile (*gli* > *le*), l'ordine delle parole, l'uso del congiuntivo, la soppressione di un possessivo inutile.

§ 3.

1. Ecco la ragazza di cui non (mi) ricordo il nome.
2. Venne il capo operaio a cui per l'appunto occorreva un ragazzo sveglio.
3. a. Il mio è un mestiere che mi porta in contatto con le persone.
   b. Nel mio mestiere sono a contatto con le persone.
4. Il figlio dell'albergatore aveva per le mani una ricca americana, a cui (*oppure*: alla quale) spillava dei soldi.
5. Ho un pappagallo al quale (*oppure*: cui, a cui) voglio tanto bene.
6. Decise di tornare a casa senza pensare alle conseguenze a cui andava (*oppure*: sarebbe andato) incontro.
7. a. Sappiate che, intanto che voi stavate a guardar la vostra bottega, io mi facevo schiacciar le costole, per salvare il vostro signor vicario di provvisione, che non ho mai visto né conosciuto.
   b. ... per salvare il vostro signor vicario di provvisione, anche se non l'ho mai visto né conosciuto.

   La presenza del pronome relativo *che* rende inutile e anzi scorretto l'impiego del pronome di terza persona *lo* (soluzione a); naturalmente, se si elimina il relativo (soluzione b), allora il *lo* è necessario.

8. Ma questa è una di quelle sottigliezze metafisiche, a cui una moltitudine non arriva.
9. È un bel giardino, in cui giocano i bambini.
10. a. Non trovavo la scatola in cui mettevo il tabacco.
    b. Non trovavo la scatola dove mettevo il tabacco.
11. a. Partii per Treviglio, dove arrivai la sera.
    b. Partii per Treviglio e arrivai (*o* ci arrivai) la sera.

    Il valore di legame debole del *che* permette di risolvere la frase in due modi: principale + subordinata retta dal *dove*; due principali coordinate dalla congiunzione *e*.

12. a. Si stava mettendo a tavola, quando si sentì bussare alla finestra.
    b. Mentre si stava mettendo a tavola, si sentì bussare alla finestra.
13. Li abbiamo presi mentre erano sotto l'influsso della droga.
14. Questa lettera l'ha scritta un religioso un pelo della cui barba, senza farvi torto, vale più che tutta la vostra.

    Per conservare il giro sintattico è necessaria una relativa piuttosto complicata; un'altra soluzione consiste nello spezzare la proposizione in due proposizioni distinte: «Questa lettera l'ha scritta un religioso; senza farvi torto, un pelo della sua barba vale più che tutta la vostra».

15. La maestra aveva due alunni, uno dei quali si chiamava Camillo.
16. a. Arriva a Montecarlo, dove si ferma.
    b. Arriva a Montecarlo, e ci si ferma.

    Si noti che il significato di *ci*, avverbio di luogo, è già incluso in *dove* (si veda anche il n. 11).

§ 4.

1. Quando la vedo mi emoziono.
2. Avrei bisogno di parlare brevemente con l'avvocato.
3. Ho chiamato la mamma di nascosto.
4. Entrammo in discoteca gratis.
5. Nella casa si viveva molto poveramente.
6. Vidi un pescatore pescare.
7. Ho sentito sparare.
8. Gli Italiani non evitano di criticare (*oppure*: non esitano a criticare) il paese che li ospita.

La consultazione di un buon dizionario risolve, generalmente, il dubbio sulla preposizione o sulle preposizioni convenienti a un verbo.

9. Dopo qualche mese mio padre guarì, ed ero molto felice di rivederlo a casa.
10. Pagarono per colpe che non avevano.

Confusione tra *pagare qualcuno o qualcosa* e *pagare per qualcosa.*

11. a. Questi problemi sono dovuti in parte alla mia pigrizia.
    b. Questi problemi sono provocati in parte dalla mia pigrizia.
12. Gli studi non sono stati proseguiti **a causa di** difficoltà economiche della famiglia.
13. Il rapporto di lavoro con l'azienda citata si è concluso il 10.5.97 **a causa di** forti ritardi nel pagamento dello stipendio.

È sconsigliabile usare *causa* invece di *a causa di*; si noti inoltre lo snellimento complessivo.

14. Praticando con questi Svizzeri ho imparato molto bene il loro dialetto.
15. Si vede qualche barca da pesca coi suoi lumi accesi.

Si tratta, come si vede, dell'errore inverso a quello del numero 14. Il senso plurale di «qualche barca» ha determinato la scelta di *loro*, ma prevale la grammatica, per cui è corretto l'uso di *suoi* con riferimento a «qualche barca», singolare per forma (anche se non per significato). Meglio ancora: «Si vede qualche barca da pesca con i lumi accesi».

16. a. Ho frequentato **un** corso di agente di commercio presso la C.C.I.A.A. di Alessandria.
    b. Ho frequentato **il** corso di agente di commercio presso la C.C.I.A.A. di Alessandria nel 1996.

È bene indicare l'anno in cui si è conseguito un diploma, un certificato e simili.

§ 5.

1. Pareva che a poco a poco si capacitasse che i cani debbano esser trattati così, che questa fosse una condizione inerente alla sua esistenza canina e che non ci fosse perciò da aversene a male (Pirandello).
2. La Società ci ha incaricati di ricercare Assistenti che dovranno, a diretto contatto con la Clientela internazionale, espletare tutte le operazioni inerenti alle attività di customer service.

Spesso si trova impiegata la costruzione *inerente qualcosa* (invece che *inerente a qualcosa*), come in questo caso, che è tratto da un'inserzione di lavoro pubblicata nel *Corriere della Sera* del 1° marzo 1996. Ma si dice *inerire a qualcosa*, e la stessa costruzione va usata con il participio presente del verbo, di impiego frequente soprattutto nel linguaggio burocratico. Qualche volta la norma è incerta: si può dire tanto «I testi precedenti **il** XIII secolo» che «I testi precedenti **al** XIII secolo», perché *precedere*, oggi prevalentemente transitivo, era in passato anche intransitivo, e ciò ha contribuito a fissare la costruzione «precedente a». Quando anche la consultazione del vocabolario non risolve i dubbi, è meglio cambiare la costruzione («I testi che precedono il XIII secolo») o la scelta della parola («I testi anteriori al XIII secolo»).

3. Non sentivano per la terra il più piccolo interesse o trasporto, anzi, ritenevano il lavoro attinente a essa sudicio e vile (Palazzeschi).
4. Riconobbe i due oggetti come già pertinenti al «tesoro» della moglie (Gadda).
5. Un pittore [...] attinente per certa comunità d'intenti rivoluzionari al gruppo impressionista (Soffici).
6. È una questione attinente alla ricerca scientifica.
7. È una controversia concernente l'interpretazione.
8. Si discuteranno i problemi riguardanti l'ambiente.
9. Son cose che non pertengono alla questione fondamentale (Croce).

§ 6.

1. Di tutta la gente che vi era dentro, la maggior parte svenne.

Si noti che «svenirono» è forma popolare per «svennero», e che la frase iniziale, «Tutta la gente che vi era dentro», rimane senza continuazione sintattica. Si può spezzare il tutto in due frasi indipendenti, cambiando un po': «Dentro c'era tanta gente. La maggior parte svenne». Altra soluzione possibile: «La maggior parte della gente che era dentro svenne». Da notare anche il verbo al plurale con un soggetto (*la maggior parte*) al singolare: su questo argomento, si veda il § 12.

2. Il vino non mi prende alle gambe.
3. a. Mi rincresce.
   b. A me rincresce.
4. A tutti noi soldati è toccato uscire.

Per la precisione, il «fuori» è di troppo; così come è inutile dire «scendere giù» o «salire su» e simili.

5. Perché Napoli, la mia città, mi piace moltissimo.
6. a. La frittura mi fa male.
   b. A me la frittura fa male.
7. a. Questa è l'impressione che si ha.
   b. Io ho questa impressione.
   c. Secondo me, questa è l'impressione che si ha.

Solo la soluzione c. è davvero fedele al modello, perché ne rispetta il doppio giudizio: di soggettività e di generalità dell'impressione.

8. a. Sul ponte del Piave non volevano lasciarmi passare.
   b. Quanto a me, non volevano lasciarmi passare sul ponte del Piave.

La semplice soppressione dell'*io* iniziale, che rende la frase corretta grammaticalmente (soluzione a.), ha lo svantaggio di «scolorire» il riferimento alla propria persona; per conservarlo, è necessario modificare in modo più vistoso (soluzione b.). Un problema analogo si pone per i nn. 9-11.

9. a. Mi è rimasta quella del mio povero cugino.
   b. A me è rimasta quella del mio povero cugino.

La soluzione b. assicura, meglio che la a., il rilievo alla prima persona, grazie all'accento che batte sul *me* preceduto dalla preposizione *a*; in *mi è rimasta*, invece, il pronome *mi* ha poco rilievo, perché privo di accento (il *mi* si «appoggia» infatti all'accento di *è rimasta*).

10. Avevano dato il comando a me, che ero caporalmaggiore.
11. a. Non ci lasciavano stare neanche nel riposo.
    b. Noi non stavamo in pace neanche nel (momento del) riposo.
12. Lei sa che a noi altre monache piace di sentir le storie per minuto.
13. Bisogna pregare Iddio per quelli che muoiono.
14. a. Al primo che va in giro di notte faremo la pelle.
    b. Faremo la pelle al primo che va in giro di notte.
15. a. A Calandrino, se la prima era parsa amara, questa parve amarissima.
    b. Se la prima era parsa amara a Calandrino, questa gli parve amarissima.
    c. Se la prima gli era parsa amara, a Calandrino questa parve amarissima.
16. A un dottore in legge laureato da poco arrivò la cartolina precetto.

§ 7.

1. Loro credono che io non abbia problemi.

Si dice comunemente che il congiuntivo esprima dubbio e l'indicativo certezza. In realtà, la distinzione tra indicativo e congiuntivo è più sfumata, e in molti casi dipende da una scelta soggettiva, e non da una regola grammaticale rigida. Alcune classi di verbi, tuttavia, richiedono, qualche volta o comunemente, il congiuntivo, e sono quelle dei verbi che significano

- volontà (ordine o preghiera): *comandare, ordinare, chiedere, permettere, pretendere*
- attesa (desiderio, speranza, timore): *sperare, aspettare, attendere, temere, desiderare, auspicare, augurare*
- opinione: *credere* (si veda la frase in questione), *pensare, ritenere, supporre*; sia il congiuntivo sia l'indicativo si usano con *essere convinti, certi, sicuri*.

Inoltre, il congiuntivo è di regola dopo *parere* e *sembrare*.

Qualche esempio: «Il fornaio si aspettava, come prima ipotesi, che il cane si fermasse poco dopo a divorare la pagnotta» (Buzzati); «Voglio soltanto augurarvi che il tempo vi sia propizio» (Alvaro); «Pare che siano andati tutti via»; «Pareva plausibile che si portasse dietro quello sgabello» (Pea); «Pare una cosa assurda che per un bicchiere di cicuta [...] si debba spegnere la meravigliosa sensazione del vivere» (Panzini); «Non pensavano che potesse scoppiare una guerra»; «Le leggi ben fatte permettono che le energie di una comunità si sviluppino liberamente»; «Sembra che stia bene».

2. Speriamo che il Signore ci aiuti.
3. Mia madre vuole solamente che io studi e parli di studio.

Con le prime tre persone del congiuntivo presente, che sono uguali, è frequente, per motivi di chiarezza, l'espressione del pronome soggetto. Analogamente per le prime due persone del congiuntivo imperfetto (si veda la frase seguente).

4. Mia madre vorrebbe solamente che io studiassi e parlassi di studio.

Quando il verbo che regge il congiuntivo è un condizionale, nella dipendente si usa, di regola, il congiuntivo imperfetto (e non il congiuntivo o l'indicativo presente, come nelle frasi precedenti).

5. Vorrei che tu venissi.
6. Vorrei che tu venissi.
7. Dicono che sono cattivo. Ma perché sono cattivo? Come sto in pace io, così vorrei che stesse in pace tutto il mondo (Pirandello).
8. Vorrei che tu pensassi un poco anche a me.
9. Vorrei tanto che alcuni dei miei insegnanti avessero anche metà del suo entusiasmo.

10. Sebbene fosse un bravo giovane, pochi gli volevano bene.

Le congiunzioni *sebbene, benché, quantunque,* impiegate nelle frasi concessive, vogliono di norma il congiuntivo; *anche se*, quando ha valore concessivo, va invece all'indicativo: «Anche se era un bravo giovane, pochi gli volevano bene» (cap. IX, § 5). Nei periodi ipotetici *anche se* vuole regolarmente il congiuntivo. Per esempio: «Anche se vivessi a Roma, non sarei contento».

11. Se vivessi a Roma sarei contento.

Nei periodi ipotetici il condizionale si usa nella proposizione principale, mentre nella dipendente (che è quella introdotta dal *se*) si usa il congiuntivo. L'uso dei modi è spesso scorretto nella lingua parlata, e qualche volta anche in quella scritta.

12. Se fosse stato oggi, sarebbe nato un processo.
13. Se avessi i soldi, mi comprerei una casa.
14. Se non ci fosse il razzismo, non ci sarebbero tante aggressioni agli extraeuropei.

Si lascia intatta la logica della frase, alquanto traballante.

15. Mi domando quanti cittadini credano ancora nelle istituzioni.

§ 8.

1. Carlo chiese a Massimo se Silvia sarebbe arrivata in tempo.
2. Carlo chiese a Massimo se era vero che Silvia non era (*o* non fosse) arrivata in tempo.
3. Speravo che Valerio mi telefonasse (*o* mi avrebbe telefonato).
4. Gli assicurano che la lettera partirà subito.
5. Credevo che il film ti sarebbe piaciuto.
6. Ero sicuro che si sarebbe comportato nel modo migliore.
7. Credevo che avesse agito in buona fede.
8. Immaginavo che mi avresti aiutato.

§ 9.

1. a. Chiedo di essere assunto presso la Sua Concessionaria in qualità di venditore, ossia consigliere dei clienti nell'acquisto di una vettura, sulla base delle loro esigenze.
b. Chiedo di essere assunto presso la Sua Concessionaria in qualità di venditore. Credo che potrei collaborare efficacemente nell'indirizzare i clienti agli acquisti, facendo leva sulle loro intenzioni e aspirazioni.

Ossia è un legamento che spiega una parola o espressione usata in precedenza (cap. IV, § 3). Ma è necessaria la coerenza sintattica tra ciò che precede e ciò che segue *ossia*, e si è corretto di conseguenza il testo nella soluzione a. (riducendo inoltre le forme di deferenza, che trasportano nel mondo commerciale il vecchio frasario della burocrazia; si noti anche che si è soppresso *poter*, inutile se non sbagliato). Tuttavia la parola *venditore* non ha bisogno di troppe spiegazioni (il destinatario della domanda, titolare di una Concessionaria di automobili, sa bene che cosa sia un venditore); il fatto è che l'autore della domanda voleva piuttosto spiegare le sue intenzioni di venditore efficiente: la soluzione b. è una delle riformulazioni possibili in tal senso.

2. Qualifica. Ha conseguito il titolo (*oppure*: Conseguimento del titolo) di Addetta alla segreteria, presso il «Centro di Formazione professionale per il Commercio».

Addetta si riferisce alla persona che scrive il *Curriculum*; ma a quale parola si riferisce *conseguito*? Probabilmente a *titolo* (da intendere come sinonimo di *qualifica*), che però nel testo manca.

Si noti anche che è un errore collegare sintatticamente le intestazioni come *qualifica* alle spiegazioni di commento e informazione: le intestazioni funzionano come i titoli di un romanzo o di una poesia: si legano a ciò che segue per il significato, ma non sul piano linguistico; sono, cioè, sintatticamente separate dal testo.

3. Impieghi.
   Presso lo Studio Commercialistico Bartezzaghi di Ravenna negli anni 1996-97.

   Disponibilità.
   Immediata

   Il brutto *c/o* si può tranquillamente sostituire con *presso*. Si noti che il legame sintattico va corretto, anche in questo caso, rendendo l'intestazione, e l'informazione riguardante l'intestazione, autonome sintatticamente. Quella che è «legata» grammaticalmente è, invece, la lista delle intestazioni: tutti sostantivi o verbi o aggettivi; perciò non va bene un'intestazione «Impieghi» (sostantivo plurale) seguita da «Libera» (aggettivo singolare, riferito a chi scrive).

§ 10.

1. Il *lui*, tanto combattuto dalla tradizione grammaticale, solo dall'Ottocento e in particolare con il testo definitivo dei *Promessi Sposi* comincia ad apparire anche in funzione di soggetto.

   Naturalmente l'ordine delle parole può essere cambiato, per esempio in questo modo: «Solo dall'Ottocento, e in particolare con il testo definitivo dei *Promessi Sposi*, il *lui*, tanto combattuto dalla tradizione grammaticale, comincia ad apparire anche in funzione di soggetto».

2. Il boa di struzzo è usato (*o, meglio*: va di moda) nel periodo dal 1915 al 1930.

   A guardar bene, «nel periodo» è inutile, e perciò si dirà meglio: « Il boa di struzzo va di moda (*oppure*: andò di moda) dal 1915 al 1930».

3. Probabilmente i capi non rivelarono agli altri membri il vero scopo della guerra, ma trovarono principi religiosi o morali per giustificarne il fine.

   Trasformando «È probabile che» in «Probabilmente» si elimina una subordinazione sintattica e il testo si alleggerisce. Il vantaggio di questa facile manovra linguistica aumenta quando il testo è ricco di proposizioni dipendenti: «Probabilmente i capi non rivelarono il vero scopo della guerra agli altri membri, perché agli interessi effettivi ritennero di sostituire principi morali o religiosi che la giustificassero». Se il periodo cominciasse con «È probabile che», ne verrebbe una sintassi pesante. Lo stesso criterio è applicato nel numero seguente.

4. Sarebbe importante, secondo me, avere una buona conoscenza musicale.

   Tra i modi per mettere in rilievo un'affermazione personale: *secondo me, a mio avviso, ad avviso di chi scrive, secondo l'opinione di chi scrive*, o, con un modulo burocratico, *ad avviso dello scrivente, secondo l'opinione dello scrivente*. Vanno impiegate solo in casi particolari espressioni di presenza più diretta dell'*io* come *(io) credo, (io) penso*.

5. a. È importante parlare, a mio avviso, di quali cause portino i governanti ad addurre principi o scuse per mascherare il vero scopo della guerra.
   b. È importante parlare, a mio avviso, delle cause che portano i governanti ad addurre principi o scuse per mascherare il vero scopo della guerra.

6. È opportuno sottolineare come Pascoli, pur sforzandosi di legare saldamente questi componimenti con il verbo tematico *piangere*, li mantenga comunque distinti, chiudendo il periodo sintattico alla fine di ciascun sonetto.

Tra le semplificazioni apportate si osservino l'eliminazione del secondo gerundio (*pur sforzandosi... servendosi* è alquanto faticoso) e l'eliminazione di *l'uno dall'altro*, una specificazione superflua di *distinti*.

7. È autore di una raccolta di poesie anche Guido Gozzano con i *Colloqui*, pubblicati la prima volta nel 1911; l'opera è divisa in tre sezioni.

   Invece di «Altro autore già ricordato che scrisse» si può dire, molto più in breve e, come al solito, senza diminuire l'informazione, «È autore... anche»; sono stati eliminati inoltre *scrisse* e *scrive* del testo A.

8. Fra i testi da prendere in considerazione in questa sede è anche la sezione *Il reduce* nei *Colloqui* di Gozzano.

   Si è semplificata la sintassi, e si è anche preferito *fra* a *tra*, per evitare l'incontro di suono *tra... testi*.

9. a. Salta subito all'occhio il forte legame che stringe assieme questi componimenti, che costituiscono il tessuto della narrazione.
   b. Salta subito all'occhio il legame forte fra questi due componimenti, che costituiscono il tessuto della narrazione.

   Nella soluzione a. le tre proposizioni relative infilate una di seguito all'altra nel testo A sono ridotte a due. Ma sarebbe meglio ridurle a una sola, per esempio modificando la costruzione in modo da ottenere una dichiarativa: «Salta subito all'occhio che questi componimenti, che costituiscono il tessuto della narrazione, sono stretti da un forte legame». Si noti che è stato eliminato *assieme*, reso superfluo da *stringere* e *legame*. Chi è proprio perfezionista, può evitare anche la ripetizione dei due *che* a breve distanza, sostituendo il *che* relativo con la forma equivalente (più rara, ma normale nella lingua, soprattutto scritta): «Salta subito all'occhio che questi componimenti, i quali costituiscono il tessuto della narrazione, sono stretti da un forte legame»; si veda anche la soluzione b.

10. a. Innanzitutto, anticipando il risultato di questo primo punto, il romanziere francese nel complesso usa poco questo mezzo espressivo.
    b. Innanzitutto anticipo il risultato di questo primo punto: il romanziere francese, nel complesso, usa poco questo mezzo espressivo.

    La soluzione b. è migliore, perché chiarisce a chi o a che cosa si riferisca il verbo *anticipare*.

11. La lingua della *Divina Commedia* è il fiorentino.
12. Si è lavorato sul testo in versione originale

    Si noti che la partenza della frase con «Il testo» spinge a una proposizione relativa che complica inutilmente la sintassi.

13. Si esporranno ora le conclusioni.

§ 11.

1. Non ho mai fatto politica attiva prima d'ora anche perché, oltre che all'Azienda, mi sono dedicato alla ricerca scientifica attraverso la quale ho avuto modo di prendere coscienza dei grandi problemi che gravano sull'ecosistema e sull'umanità *e rischiano* di comprometterne l'esistenza.

   Il gerundio si accorda preferibilmente con il soggetto; perciò *rischiando* del testo A non è scorretto, perché si riferisce a *che*. Ma la frase fa un effetto strano, e si è tentati di capire che è l'esistenza dell'autore della lettera o della sua Azienda a essere compromessa: meglio perciò trasformare nel modo suggerito qui sopra.

2. Le suggeriamo di entrare in contatto, senza impegno, con il dott. Eugenio Travi, con il quale potrà fissare un appuntamento al Suo domicilio o presso la più vicina Filiale della Banca di Canicattì.

   Senza impegno è la presa di contatto propagandata dalla lettera, e non il suggerimento!

3. La prego di voler gentilmente restituire il volume che ha preso in prestito in data...

   Vale lo stesso commento della n. 2.

§ 12.

1. Questa gente non ha tante pretese.
2. a. Un milione di uomini è stato ammazzato.
   b. È stato ammazzato un milione di uomini.
3. a. Qui ancora vive qualche donna russa.
   b. Qui ancora vivono alcune donne russe.
4. Questa è gente che deve vivere.
5. Mi piacciono i monumenti.
6. Mi è giunta la tua lettera.
7. Il brusco contrasto con Francesco I di Francia nel 1535 per la sottrazione di alcuni possedimenti in Provenza non interruppe definitivamente la carriera di Gabriello Alamanni.

   Il soggetto è «Il brusco contrasto», e quindi il verbo va al singolare; ma lo scrivente è stato attratto dal plurale «di alcuni possedimenti», più vicino al verbo.

8. In ogni sezione l'esposizione rapida e frettolosa degli argomenti insinua il dubbio di scarsa elaborazione.

   Anche in questo caso il plurale «argomenti», vicino al verbo, ha fatto dimenticare che il soggetto è «l'esposizione».

9. I complessi problemi culturali connessi alla *Bottega del caffè* di Goldoni - e all'uso letterario contemporaneo sono valutati solo in alcuni casi specifici.

   È il caso inverso: la vicinanza al verbo di «uso letterario contemporaneo» ha fatto dimenticare che il soggetto è plurale: «I complessi problemi ecc.».

10. Il fitto concatenarsi degli eventi che compongono le vicissitudini umane contribuisce a spiegare le difficoltà incontrate dal personaggio.

    «Eventi», «compongono» e «vicissitudini umane», tutti plurali, hanno portato al plurale del verbo «contribuire»; ma il soggetto, «Il fitto concatenarsi», è singolare.

11. a. È stata varata una serie di provvedimenti.
    b. Si è varata una serie di provvedimenti.
12. Si è avuta una serie di rassegne concertistiche e di conferenze.
13. a. È passata una decina di giorni.
    b. Sono passati circa dieci giorni.
14. a. Il 30 per cento circa della macchina militare di Saddam Hussein è stato distrutto.
    b. La macchina militare di Saddam Hussein è stata distrutta per il 30 per cento circa.
15. Non ci sono state vittime, per fortuna, anche se una dozzina di persone è stata ricoverata d'urgenza all'ospedale in seguito alle inalazioni di fumo.

    Proponiamo la concordanza con il soggetto grammaticale, anche se non può considerarsi errata la costruzione a senso, diffusa nell'italiano antico e moderno.

16. Lo standard delle cose attuali, anzi, induce il sottoscritto a ricercare un'occupazione a lui più consona.

    Si noti che il soggetto e il verbo non si accordano; che la parola *standard* si indovina appena dietro *star* (e l'uso del termine è improprio se, come sembra, lo scrivente voleva dire «la situazione attuale»); che si nota un'imperfezione nella punteggiatura.

17. Io sottoscritta Marilena Pecorelli **chiedo** a codesta spettabile Società di essere presa in considerazione per una eventuale assunzione in qualità di impiegata di concetto.

    Con la formula *Io sottoscritto, io sottoscritta*, il verbo va alla prima persona; c'è stata evidentemente confusione con la formula *Il sottoscritto, La sottoscritta*, che richiede, essa sì, la terza persona.

18. La sottoscritta Rosa Agnelli chiede di essere ammessa ad un colloquio presso codesta ditta per una eventuale assunzione. Allo scopo **allega** il **suo** «curriculum vitae».

    Se si comincia con la formula *La sottoscritta Rosa Agnelli*, la terza persona va mantenuta coerentemente per tutto il testo, e regola l'uso dei pronomi e dei possessivi.

19. a. Questo tipo di schede è destinato a un uso strettamente personale.
    b. Le schede di questo tipo sono destinate a un uso strettamente personale.

Capitolo XIII

§ 1.

1. La ringraziamo per la preferenza che ha voluto accordarci, e Le porgiamo distinti saluti.
2. a. Accanto al mondo animale, quello vegetale offre un numero minore di esempi.
   b. Quello vegetale offre un numero minore di esempi, accanto al mondo animale.
   c. Quello vegetale, accanto al mondo animale, offre un numero minore di esempi.

   La virgola si usa per segnalare l'inciso, non invece quando il soggetto è seguito immediatamente dal verbo. Se l'inciso è all'inizio della frase, allora è seguito da virgola, come nella soluzione a.; se è alla fine, è preceduto da virgola (soluzione b.); se è al centro, è preceduto e seguito da virgola, come nella soluzione c.

3. E scrisse una lunga lettera che s'aggirava tutta, smaniosamente, su queste due frasi: «Che ho fatto?» e «Che farò?» (Pirandello).
4. Mi disse che era a Nizza da una settimana (Pirandello).
5. a. Si fa presente che all'interno della campionatura vi sono delle parti riportate alla lettera dalle opposizioni dell'avversario.
   b. Si fa presente che, all'interno della campionatura, vi sono delle parti riportate alla lettera dalle opposizioni dell'avversario.

   Nella soluzione a. non si separano con le virgole la congiunzione *che* dal verbo *vi sono*: è un inciso debole, che nulla vieta, tuttavia, di porre tra due virgole (soluzione b). È sbagliato, invece, scrivere una virgola solo prima o solo dopo l'inciso.

6. Infatti, le aveva detto bestia (Pirandello).
7. Infatti, Maràbito di quella sua longevità s'era fatta a poco a poco una vera fissazione (Pirandello).
8. Marta, infatti, non piangeva più (Pirandello).
9. Tutta la gente, infatti, gli faceva largo (Pirandello).
10. Marta [...] non poteva, tuttavia, sottrarsi a un senso d'avvilimento (Pirandello).

11. Tuttavia, si sentiva ancora addosso qualcosa d'indefinibile (Pirandello).
12. Quanto a Stellina [...], ma voi la conoscete: un angioletto! Tuttavia, vi par giusto metter la paglia accanto al fuoco? (Pirandello).

Dagli esempi 6-12 si ricava che *infatti* e *tuttavia* si scrivono tra due virgole (oppure senza virgola); e se sono a inizio di periodo sono seguiti o meno da virgola. Quelle che vanno evitate sono scritture del tipo: «Marta, infatti non piangeva più» o «Marta infatti, non piangeva più». Valgono per *infatti* e *tuttavia*, insomma, le stesse indicazioni date per gli incisi.

13. a. Il poeta subirà però nel capoluogo toscano delle profonde delusioni: lo apprendiamo da una lettera al Piermarini.
    b. Il poeta subirà però nel capoluogo toscano delle profonde delusioni, come apprendiamo da una lettera al Piermarini.
14. Nel romanzo spesso un'immagine ne attira un'altra, o una similitudine entra in gioco con una metafora; nascono così delle immagini complesse.
15. In un pezzo riportato dall'autore si trova *pazientia*, però sempre all'interno dello stesso passo si trova *pazienzia*.
16. Queste oscillazioni avevano già un largo impiego in latino; inoltre non si spiega come non siano scritte con *l'h-* altre parole.

Le due proposizioni sono autonome. Accomuna le frasi 13-14 e 16 il fatto che nel secondo elemento il soggetto cambia.

17. L'apporto culturale va oltre la pur meritevole opera di formazione di una nuova leva di musicisti; si è avuta infatti una serie di rassegne concertistiche e conferenze. Molti giovani hanno avuto l'opportunità di suonare assieme a musicisti di fama internazionale: basta (*oppure*: basti) ricordare la registrazione di un C.D. con Lee Konitz.
18. Questi i dati che, nel caso, potranno esserVi utili.
19. Fino ad oggi, ho studiato Economia e commercio presso l'Università di Bologna, ma ho dovuto interrompere gli studi per vari motivi.
20. Partecipo al vostro concorso per sfogarmi su un pezzo di carta bianca di tutte queste ingiustizie, di questa società sbagliata e burocratica di cui oggi (*o*: attualmente) noi tutti operai siamo succubi.

Per *oggi attualmente* si veda, nelle risposte, il commento al n. 16 del capitolo XI, § 1; sono state corrette altre improprietà, tra cui la relativa *che... ne*.

21. Sarebbe invece indispensabile trovare per il mercoledì uno spazio per le conferenze.
22. L'ing. Muraro ha sempre fornito rassicurazioni solo verbali.

SOLUZIONI

Le giuste sono 1b e 1c; 2d e anche 2c; 3c e anche 3a.
Le giuste sono 3 e anche 1.

§ 2.

1. Mi ha detto: «Richiama fra un'ora»; allora io ho richiamato dopo un'ora.
2. a. Secondo il testo diffuso ieri, Di Pietro si è detto certo di poter dimostrare di non aver commesso alcun reato e di esser convinto di poter smontare pezzo per pezzo tutte le accuse che gli sono state rivolte. Ha chiesto perciò il rito abbreviato, allo scopo di

uscire dalla situazione in cui si trova; sembra però che qualcuno sia interessato a impedirgli di chiudere in tempi brevi la vicenda.

§ 3.

Ero stato catturato dalla Milizia fascista il 13 dicembre 1943. Avevo ventiquattro anni, poco senno, nessuna esperienza, e una decisa propensione, favorita dal regime di segregazione a cui da quattro anni le leggi razziali mi avevano ridotto, a vivere in un mio mondo scarsamente reale, popolato da civili fantasmi cartesiani, da sincere amicizie maschili e da amicizie femminili esangui. Coltivavo un moderato e astratto senso di ribellione.

Non mi era stato facile scegliere la via della montagna, e contribuire a mettere in piedi quanto, nella opinione mia e di altri amici di me poco più esperti, avrebbe dovuto diventare una banda partigiana affiliata a «Giustizia e Libertà». Mancavano i contatti, le armi, i quattrini e l'esperienza per procurarseli; mancavano gli uomini capaci, ed eravamo invece sommersi da un diluvio di gente squalificata, in buona e in mala fede, che arrivava lassù dalla pianura in cerca di una organizzazione inesistente, di quadri, di armi, o anche solo di protezione, di un nascondiglio, di un fuoco, di un paio di scarpe.

Fin dal primo giorno, Bartolino Fiorenzo s'era sentito dire dalla promessa sposa:

– Lina, veramente, ecco... Lina no, non è il mio nome. Carolina mi chiamo. La buon'anima mi volle chiamar Lina, e m'è rimasto così.

La buon'anima era Cosimo Taddei, il primo marito.

– Eccolo là!

Glielo aveva anche indicato, la promessa sposa, perché era ancora là, ridente e in atto di salutare col cappello (vivacissima istantanea fotografica ingrandita), nella parete di fronte al canapè, presso al quale Bartolino Fiorenzo stava seduto. E istintivamente a Bartolino era venuto di inchinar la testa per rispondere a quel saluto.

Intanto don Abbondio, finito di scrivere, rilesse attentamente, senza alzar gli occhi dalla carta; la piegò in quattro, dicendo: «ora, sarete contento?» e, levatosi con una mano gli occhiali dal naso, la porse con l'altra a Tonio, alzando il viso. Tonio, allungando la mano per prender la carta, si ritirò da una parte; Gervaso, a un suo cenno, dall'altra; e, nel mezzo, come al dividersi d'una scena, apparvero Renzo e Lucia. Don Abbondio, vide confusamente, poi vide chiaro, si spaventò, si stupì, s'infuriò, pensò, prese una risoluzione: tutto questo nel tempo che Renzo mise a proferire le parole: «signor curato, in presenza di questi testimoni, quest'è mia moglie».

A ogni passo, sentiva crescere e avvicinarsi un rumore che già aveva cominciato a sentire mentre era lì fermo a discorrere: un rumor di ruote e di cavalli, con un tintinnìo di campanelli, e ogni tanto un chioccar di fruste, con un accompagnamento d'urli. Guardava innanzi, ma non vedeva nulla. Arrivato allo sbocco di quella strada, scoprendosegli davanti la piazza di san Marco, la prima cosa che gli diede nell'occhio, furon due travi ritte, con una corda, e con certe carrucole; e non tardò a riconoscere (ch'era cosa famigliare in quel tempo) l'abbominevole macchina della tortura. Era rizzata in quel luogo, e non in quello soltanto, ma in tutte le piazze e nelle strade più spaziose, affinché i deputati d'ogni quartiere, muniti a questo d'ogni facoltà più arbitraria, potessero farci applicare immediatamente chiunque paresse loro meritevole di pena: o sequestrati che uscissero di casa, o subalterni che non facessero il loro dovere, o chiunque altro. Era uno di que' rimedi eccessivi e inefficaci de' quali, a quel tempo, e in que' momenti specialmente, si faceva tanto scialacquìo.

Capitolo XIV

§ 2.

1. DOMANDA DI ASSUNZIONE

Spett.le Ditta,

nel caso in cui siate alla ricerca di personale, invio il mio *Curriculum vitae* nella speranza che sia di Vostro interesse.

L'inizio di questa lettera è ricalcato, male, sul registro burocratico, che è inappropriato. In particolare, è del tutto superfluo «in riferimento a quanto evidenziato», frase che rimanda a «Oggetto: domanda di assunzione». L'intestazione, come si è osservato anche ad altro proposito, serve a orientare la lettura del testo che segue, e quest'ultimo non deve perciò riferirvisi. Da evitare anche «vengo ad elencarVi»: molto più diretto è il semplice «Vi elenco»; peraltro, un *Curriculum* non si elenca, ma si scrive, si manda, si acclude (o allega).

2. È vietato fare il bagno.
3. Il/La sottoscritto/a chiede che gli/le sia rilasciata una Carta di identità valida per l'espatrio.

   I nn.i 2-5 sono ricavati dal *Codice di stile* già ricordato. Si noti, con la semplificazione, anche l'introduzione dell'alternativa *sottoscritto/sottoscritta*.

4. La sottoscritta... nata il ... a... e il sottoscritto... nato il... a... chiedono che venga rilasciata la Carta di identità valida per l'espatrio al/alla figlio/a... nato/a il... a... che risiede con loro. A questo scopo dichiarano che il/la figlio/a non si trova in alcuna delle condizioni che impediscono il rilascio del passaporto, citate nell'art. 3 della legge 21 novembre 1967, n. 1185, riportato sul retro del foglio.

   Si noti, accanto alle semplificazioni formali, una novità sostanziale: invece di pretendere la conoscenza dell'art. 3 della legge 1185, il modulo proposto riporta il testo sul retro.

5. Attesto che la fotografia in alto rappresenta l'immagine del/della signor/a [...]. Attesto inoltre che la firma, messa in mia presenza, è autentica. Il/La signore/a è stato/a identificato/a con il documento...
6. Le istanze municipalistiche si faranno sentire anche al di sotto delle esigenze unitarie, sempre più pressanti (*o* profonde).
7. Alcuni contributi concludono con una netta (*o* un'inappellabile) svalutazione del pensiero del filosofo.
8. Da giovane si formò sulle orme di alunni e seguaci del filosofo, continuatori (*o* imitatori) dell'enciclopedismo francese.
9. a. L'*Autunno del Medioevo* di Johan Huizinga è un'opera fondamentale.
   b. L'*Autunno del Medioevo* di Johan Huizinga è un'opera insostituibile.
   c. L' *Autunno del Medioevo* di Johan Huizinga è un classico della storiografia.
10. a. La signora Lucia Lorenzin di Giovanni [...] dichiara di aver ricevuto, all'epoca del suo matrimonio, [...] il seguente corredo dotale...
    b. La signora Lucia Lorenzin di Giovanni [...] dichiara che all'epoca del suo matrimonio [...] ricevé (*oppure*: ricevette) [...] il seguente corredo dotale...

    Questo testo del 1907 dimostra che la tendenza alla coppia è antica, nel linguaggio giuridico; e si noti che *confessa* ha significato identico a *dichiara* (ma oggi non si usa più in questa accezione). Il lettore avrà osservato il sovrapporsi delle costruzioni *dichiara che* e *dichiara di*.

11. Il prof. Vannucchi ha composto un articolo che apparirà nel prossimo numero della rivista «Sigma».

    Ci si guardi il più possibile dal riempitivo, tanto brutto quanto diffuso, *nell'ambito di*.

§ 3.

1. Il progetto è stato modificato leggermente.

   La trasformazione del nome in verbo porta con sé quella dell'aggettivo in avverbio.

2. a. Si è comunicato all'interessato che il pagamento è avvenuto.
   b. L'interessato è stato informato che il pagamento è avvenuto.
3. a. Si è controllata la regolarità dei pagamenti fatti dal sig. Alfredo Martini.
   b. Si è controllato che i pagamenti del sig. Alfredo Martini fossero regolari.
4. Il tribunale ha esaminato i capi d'accusa.
5. a. La tesi dell'onorevole Peggioroni non è stata confermata da quanto è accaduto.
   b. La tesi dell'onorevole Peggioroni è stata contraddetta da quanto è accaduto.
6. Continue sono le precauzioni della coppia, in viaggio su un treno, per sfuggire a un manipolo di gangster decisi a liquidare i due.

   Si noti che *liquidare* nel senso di 'uccidere' va bene nel riassunto di un film, ma non sarebbe conveniente in una scrittura professionale (nella quale *liquidare* ha alcuni significati tecnici: quali? Si consulti un dizionario). In italiano i verbi che significano 'uccidere' (come quelli che significano 'morire') sono molti, e hanno sfumature e valori diversi, in rapporto a diverse situazioni comunicative e tipi di testo.

7. a. Quest'anno la moda tende alle gonne lunghe.
   b. La moda di quest'anno si orienta sulle (*oppure*: preferisce le) gonne lunghe.
   c. Quest'anno sono (*o* vanno) di moda le gonne lunghe.
8. a. Un esame del testo rivela la scarsa attenzione dell'autore a una scrittura accurata.
   b. Un esame del testo rivela che l'autore è poco accurato nella scrittura.

   Dopo aver inventato una verbalizzazione in cui si trasformano e complicano le parole di un testimone (o forse indiziato), Italo Calvino scrive: «La lingua [...] vive solo d'un rapporto con la vita che diventa comunicazione, d'una pienezza esistenziale che diventa espressione. Perciò dove trionfa l'antilingua – l'italiano di chi non sa dire 'ho fatto' ma deve dire 'ho effettuato' – la lingua viene uccisa».

9. È ragionevole pensare (*oppure*: Si può pensare ragionevolmente) che ciò rifletta l'intenzione del Verga di evidenziare il protagonista negativo del testo.

   Si è conservato il giro sintattico della frase; ma si noti che oggi si fa troppo uso di *evidenziare*, parola di origine burocratica. *Mettere in evidenza* si può usare, ma non si dimentichi che in italiano si può anche dire *mettere in rilievo* o *accentuare*; si noti poi che il brutto modulo *quello che è* non aggiunge nulla all'informazione, e si può tagliare tranquillamente.

10. Con la sua mossa il governo spera di fermare il movimento insurrezionale.
11. La dimensione religiosa si ridimensiona nel mondo moderno.

    Qui e altrove si rinuncia, in linea di massima, a indicare le varianti possibili dell'ordine delle parole, come «Nel mondo moderno la dimensione religiosa si ridimensiona»; «Si ridimensiona la dimensione religiosa nel mondo moderno» (inserendo queste frasi nell'insieme del testo, diventa più facile scegliere un ordine delle parole piuttosto che un altro). Piuttosto, si noti l'accoppiamento infelice di «dimensione» e «si ridimensiona». Meglio, allora, sostituire *Si ridimensiona* con *si riduce, si restringe*, o *la dimensione religiosa* con *la fede, la prospettiva religiosa, la componente della religione*. Per esempio: «Nel mondo moderno si restringe lo spazio della fede».

12. a. In certe circostanze un paese si autodistrugge.
    b. In certe circostanze un paese distrugge sé stesso.

    Si noti che l'«*auto*distruzione di *se stesso*» o «*auto*distrugge *se stesso*» equivalgono a ripetere due volte *sé stesso*, perché questo è il significato di *auto-*. È insomma, per quanto meno visibile, lo stesso errore del *ma però* segnalato nella frase 16 dell'esercizio proposto nel capitolo XI, § 1.

13. La scrittura con le maiuscole di riverenza prevale soprattutto nel secondo frammento.
14. a. Il caso è difficilmente interpretabile.
    b. Il caso è difficile da interpretare.
    c. Il caso è di interpretazione difficile.
15. a. In D'Annunzio si riscontra un ricorso all'accento molto marcato.
    b. D'Annunzio ricorre all'accento in misura molto marcata.
    c. In D'Annunzio l'accento è molto frequente.
    d. D'Annunzio usa molto l'accento.

    A parità di informazione è migliore l'espressione più semplice; perciò la seconda soluzione è preferibile alla prima, e la terza e la quarta alla seconda.

16. a. Nel corso dell'esercizio considerato si osserva che gli interessi attivi sui depositi permangono esigui.
    b. Durante l'esercizio considerato gli interessi attivi sui depositi sono rimasti esigui.

    Il numero di parole della formulazione di partenza non diminuisce nella soluzione a.; si passa a 11 nella soluzione b., che è migliore perché più breve, a parità di informazione.

    Nella scrittura burocratica le azioni concrete sono scarse; di qui il moltiplicarsi di verbi che non esprimono azione, e dei sostantivi astratti. Questa caratteristica è, in parte, inevitabile, ma, come si è detto, è bene controllarla e, dove è possibile, frenarla.

17. È necessario riattivare l'apprendistato e detassare temporaneamente gli oneri contributivi per i giovani al primo impiego.

    Oltre alla trasformazione di due nomi in verbi (e all'adattamento, che ne consegue, di un aggettivo in avverbio), si noti il brutto *Necessita*, che è stato adattato. Si potrebbe scrivere meglio, ma la soluzione proposta è quella che si avvicina di più all'originale.

18. Prendo atto che l'opinione pubblica è perplessa e disorientata.
19. Le autorità hanno attuato le misure opportune per fronteggiare la situazione economica.
20. La polizia ha arrestato due sospetti.
21. Il governo non ha ancora deciso in materia di politica fiscale.
22. L'imputato ha dichiarato la propria colpevolezza (*o*: di essere colpevole).

§ 4.

⇒ Normalmente, le soluzioni cercano di non discostarsi troppo dalle formulazioni di partenza. Questa serie, tuttavia, che è ricavata da scritture professionali, è distinta dalla presenza di alcuni elementi della lingua parlata che risultano impropri nel tipo testuale che ci interessa. Se non è difficile individuare l'elemento infiltratosi da quei settori del parlato che non vanno travasati di peso nello scritto, è anche opportuno, in molti casi, riformulare il giro del periodo. Pertanto, si indicherà qualche volta una doppia soluzione: la prima, con un intervento minimo per eliminare o sostituire l'elemento che stona; la seconda, per proporre una formulazione migliore nel suo complesso.

1. a. L'arte è sì parte di una società e di un evolversi storico, ma comunque (*oppure*: ma innanzitutto) è insieme di sensazioni, emozioni, affetti, passioni, ideali, fedi.
   b. Benché l'arte sia interna alla società e ne rifletta l'evolversi storico (*oppure*: l'evoluzione storica), tuttavia va concepita in primo luogo come un insieme di sensazioni, emozioni, affetti, passioni, ideali, fedi.
2. a. Inoltre si può notare che accanto alle metafore vi sono delle similitudini.
   b. Accanto alle metafore si notano le similitudini.

Il *chiaramente* eliminato è una di quelle parole «vuote» del parlato (cap. II, § 2) che s'insinuano spesso nello scritto. La soluzione 2b. è semplificata sintatticamente ma, come al solito, senza perdita d'informazione. Si noti inoltre il contrasto stridente fra il colloquiale *chiaramente* e il *vi* di *vi sono* (variante formale, ricercata, di *ci sono*).

3. a. Questa serie di personificazioni è molto riuscita, tanto da rendere l'impressione di poter vedere queste dimensioni astratte come persone di carne e ossa.
   b. La serie delle personificazioni, molto ben riuscita, produce l'impressione che le astrazioni diventino visibili, come se fossero persone in carne e ossa.
4. a. Cercando nel volume, qualche saggio più indietro di quello del De Mattaeis, si trova proprio il Sanna nel tentativo di illustrare un principio fondamentale dell'arte ungarettiana.
   b. Nello stesso volume si trova, insieme con il saggio del De Mattaeis, quello del Sanna, che tenta di illustrare un principio fondamentale dell'arte ungarettiana.

   Che nel volume il saggio del De Mattaeis sia stampato prima o dopo quello del Sanna, è circostanza irrilevante.

5. a. L'ululato, invece, è attribuito a un povero ubriaco sulla strada, così come alle sirene d'allarme, che metaforicamente significano anche per Filippo l'interruzione (*oppure*: il blocco) della melensa e pesante, per Celestina, confessione della sua infelicità.
   b. L'ululato, invece, è attribuito, oltre che a un povero ubriaco sulla strada, anche alle sirene d'allarme. Queste, inoltre, significano per Filippo, metaforicamente, l'interruzione (*oppure*: il blocco) della confessione, melensa e pesante, della propria infelicità, fatta da Celestina.

Capitolo XV

§ 1.

1. Si assicurano serietà e disponibilità immediata.
2. Dotata di vettura propria e (in possesso) di patente B.

   I nn.i 1 e 2 utilizzano impropriamente lo stile telegrafico e degli annunci economici (*Assicurasi*) e le parole composte (*Automunita*) che appaiono in quei tipi di testo; probabilmente, lo stimolo a scrivere in questo modo è venuto dall'inserzione alla quale si risponde. Ma nella risposta non valgono le esigenze di risparmiare parole che giustificano la ripetizione delle espressioni artificiose usate negli annunci.

3. Io sottoscritto Stefano Manni presento il mio *curriculum vitae*, per una possibile assunzione.

   Mi auguro che esso risulti di Vostro interesse e resto in attesa di una Vostra comunicazione per un eventuale colloquio, nel quale mi riservo di fornire ulteriori informazioni sul mio conto.

   Scrivere che il *curriculum* si presenta «a codesta Spettabile Ditta» è inutile perché nell'intestazione della lettera di accompagnamento figura il nominativo della Ditta. Nel testo, inoltre, ricorre per due volte *eventuale*; l'espressione «inserimento nel Vostro organico» è un giro di parole lungo che non dice nulla di più che il semplice *assunzione*. Il testo può essere dunque abbreviato senza perdita d'informazione; ma avviene anche che nel secondo capoverso troppe intenzioni comunicative restino soffocate. È anche inutile dire che un «eventuale colloquio» dipende dall'interesse dell'azienda (perché ciò è scontato); meglio scrivere che il candidato si augura che il suo profilo risulti interessante, e mostri in tal modo di essere motivato, da parte sua, alla seconda fase, consistente nel colloquio. La frase rimane peraltro un po' troppo generica, mentre è opportuno essere più decisi e specifici, in questo come in altri argomenti collegati. *Colloquio informativo*, poi, è un'espressione poco felice: il candidato vuol dire, probabilmente, che nel corso del colloquio potrà fornire altre informazioni sulle proprie capacità professionali e sulla propria motivazione a entrare nell'azienda.

4. La sottoscritta Agnese Tristano, nata a Siracusa il 22 giugno 1977 e residente a Campobasso (86100), via Francesco D'Ovidio 33, è interessata a essere assunta dalla Vostra Azienda come impiegata.
   Allo scopo fa presente:
   - di essere in possesso del diploma di analista contabile conseguito presso l'Istituto Giovannantonio Marinangeli di Campobasso nell'anno scolastico 1995-96 con il punteggio di 50/60;
   - di essere al suo primo impiego;
   - di essere disposta a svolgere qualsiasi tipo di mansione.

   Confidando in una benevola accoglienza, resta in attesa di una risposta e porge con l'occasione i più distinti saluti.

   Si è ridotta la percentuale, troppo alta (e inutile), di deferenza, togliendo la *spett/le Azienda* del primo capoverso; in ogni caso, *Spettabile* si abbrevia *Spett.*, e va evitata la brutta barra che molti usano al posto del punto. A proposito di abbreviazioni, esse si possono usare solo quando precedono il sostantivo a cui si riferiscono, perciò non si può scrivere *da parte Vs.*, ma *da parte Vostra*; tuttavia l'intera espressione è stata eliminata, perché è scontato che la speranza di una *benevola accoglienza* riguarda la persona o organizzazione a cui la lettera è indirizzata. Infine, si è cancellato l'ultimo punto della lista, perché certo è molto importante per chi scrive, molto meno, però, per il destinatario.

5. Verrà istituito, per la prima volta nella sua città, un corso per addette alle segreterie notarili, riservato a un limitatissimo numero di preselezionate. La formazione raggiunta grazie al corso è un veicolo efficace all'avviamento professionale e permette certamente una sistemazione prestigiosa (*oppure*: molto soddisfacente).

   La lettera è scritta molto male, è scorretta ed è quasi priva di segni di punteggiatura. In particolare, è sbagliata l'espressione *candidatura... all'avviamento professionale* perché la *candidatura* riguarda una posizione di lavoro concreta, non il generico *avviamento professionale*.

1. La rivoluzione industriale è scaturita da due fattori principali: da una parte il progresso scientifico e dall'altra la mancanza di manodopera.
2. La sottoscritta Adriana Scudieri domanda di essere assunta in qualità di impiegata presso la Vostra Ditta.
   a. A questo scopo allega alla presente un dettagliato *curriculum vitae*.
   b. Allega perciò alla presente un dettagliato *curriculum vitae*.

   A tale proposito non appare usato con proprietà, in questo testo, e si può sostituire in uno dei due modi proposti. Si osservi, comunque, che la lettera di accompagnamento non dovrebbe essere così magra come quella riportata ora.

3. Nome: Sergio
   Cognome: Moretti
   Indirizzo: via Sisto V, 2
   63039 San Benedetto del Tronto AP
   tel. 0735.43219

   Carriera scolastica: Ho compiuto gli studi presso l'istituto professionale di stato per i servizi commerciali e turistici «Vittorio Soldini» di San Benedetto, conseguendo il diploma di Analista contabile.
   Vi comunico inoltre di essere in possesso di patente di categoria B.

Infine non si può usare al termine di una lista che comprenda solo due unità: ce ne vogliono almeno tre (e andrà, in tal caso, nella terza). Nel testo citato, invece, dopo i dati anagrafici, c'è un solo capoverso che precede quello contenente *infine*; di qui la necessità della sostituzione suggerita.

§ 2.

1. Non si collochi il televisore in prossimità di sorgenti di calore come stufe o termosifoni, e non lo si appoggi su materiali morbidi di tipo ovattato o cellulare. Inoltre, le feritoie che si trovano sul fondo e sullo schienale dell'apparecchio non devono essere coperte da protezioni antipolvere (foderine, ecc.).

Il televisore, infatti, sviluppa calore; anche se limitato, questo calore deve essere dissipato per convezione. Le feritoie servono a questo scopo.

2. Bruciatori piano di lavoro ad accensione manuale.

1. Per accendere un bruciatore, avvicinare una fiamma allo stesso, spingere a fondo la manopola corrispondente e ruotarla in senso antiorario sulla posizione di massimo.
2. Regolare quindi la fiamma secondo le necessità.

Bruciatori piano di lavoro ad accensione automatica.

1. Aprire il rubinetto al massimo, agendo sull'apposito pulsante contraddistinto da una piccola scintilla.
2. Regolare quindi la fiamma secondo le necessità.

Uso ottimale dei bruciatori

Per ottenere dai bruciatori il massimo rendimento si consiglia di adoperare solo pentole di diametro adatto al bruciatore utilizzato, evitando che la fiamma fuoriesca dal fondo della pentola.

È pure consigliabile, non appena un liquido inizia a bollire, ridurre la fiamma quanto basta per mantenere l'ebollizione.

§ 3.

1. Storia di un mio amico

Romeo Poveri, classe 1891, quinto figlio di una famiglia contadina (sette maschi e otto femmine in tutto), stradino provinciale.

A 20 anni partecipò alla guerra di Libia, nell'XI Reggimento Bersaglieri. Si comportò valorosamente in diversi scontri, fu ferito due volte e meritò due medaglie al valore. Dopo il congedo, vinse per concorso un posto di stradino provinciale; gli fu affidato un tronco stradale, e gli fu data una casa da abitare. Gli piaceva pescare, e un giorno andammo a pesca sul Po. Con la mia barca e le sue reti pescavamo presso il ponte di ferro, a valle della Colonia Padana.

Dovevano essere le 22 del 30 Settembre 1914.	Era il 30 Settembre 1914, verso le 22.
Mentre accendevamo una sigaretta,	Stavamo accendendo una sigaretta, quando

abbiamo sentito il rumore di un tuffo, dalla parte del ponte, poi un grido nella notte, e abbiamo visto un corpo nero galleggiare sull'acqua e venire verso la barca. Presi i remi e vogai di lena verso quel fagotto; avvicinatici, Romeo lo prese e lo caricò a fatica sulla barca. Lasciati i remi, mi affrettai a vedere di che cosa si trattava: alla luce di un fiammifero vidi, con grande meraviglia, una giovane donna, viva. Infatti, si era gettata dal ponte per annegare ma le vesti che indossava si erano aperte in tondo, permettendole di restare a galla e salvandola dalla morte. Dopo che il mio amico la depose sul fondo della barca, lei mi morse la mano sinistra e tentò di gettarsi di nuovo in acqua; ma Romeo la

trattenne | fermò

e le disse: «Perché vuoi annegare, così giovane e bella?» E lei, tutta agitata, disse con un filo di voce: «Perché voi uomini siete dei vigliacchi».

Remai fino a riva, sulla spiaggia delle colonie Padane, e toccata terra

legai | assicurai | ormeggiai

la barca a un palo e,

a stento, | a fatica,

portai la donna, con l'aiuto di Romeo, fino alla casa del custode; lo svegliai e chiamai per telefono l'Ospedale perché mandasse un'autoambulanza. Così portammo la donna all'ospedale. Me ne andai per i fatti miei, mentre Romeo restò tutta la notte ad assistere la donna.

Parecchi giorni dopo andai a trovare Romeo a casa. Ecco il suo racconto: «La donna si chiama Elvira e ha 22 anni. È di Pizzighettone, e viene da una modesta famiglia di contadini. I genitori,

trovandosi in grandi ristrettezze, | essendo in difficoltà economiche,

la mandarono a servizio in città, presso alcune famiglie borghesi. Dopo aver cambiato parecchi padroni, rimase incinta del figlio di un ingegnere. Per evitare lo scandalo la famiglia le offrì dei soldi e le propose di trasferirsi in un posto segreto per partorire, senza che i genitori di Elvira venissero a saperlo. Ma Elvira ha preferito morire piuttosto che avere un figlio senza padre». Sentito questo racconto, il mio amico Romeo le ha fatto una proposta ed è andato dal padrone di Elvira, dicendogli: «Se le date una buona dote, sposo io la ragazza e legittimo il bambino. Quanto al tentato suicidio, diremo che si è sentita male, è svenuta, si è appoggiata alla ringhiera del ponte e, dato che non c'era nessuno che potesse aiutarla, è caduta nel fiume. Al contrario, se non accettate e non le date nulla, sarà rivelato tutto e vostro figlio sarà denunciato per violenza carnale».

Quando sentì questo bel discorso, l'ingegnere venne subito a patti; così Romeo per 20 000 lire firmò il contratto e sposò una donna che non amava. Per denaro diventò padre di un figlio illegittimo – il bambino nacque pochi giorni dopo.

Qui comincia la storia di come si diventa delinquenti: si comincia male e si finisce peggio. Anche in carcere, sono stato sempre amico di Romeo, che mi raccontò tante cose, trascritte qui. Dunque, accaduti questi fatti, Romeo pensò bene di spendere i soldi: trascurava la famiglia e andava a divertirsi all'osteria. Al posto suo, aveva messo a lavorare il fratello, pagato da lui stesso. In questo modo non c'era niente da ridire, perché il lavoro era eseguito lo stesso, e a regola d'arte.

2.

1. Romeo le chiese perché, così giovane e bella, volesse morire; e lei, tutta agitata e con un filo di voce, rispose che gli uomini erano tutti vigliacchi.

2. Romeo mi raccontò che la donna si chiamava Elvira e aveva 22 anni; era di Pizzighettone, e veniva da una modesta famiglia di contadini. I genitori,
   trovandosi in grandi ristrettezze, | essendo in difficoltà economiche,
   l'avevano mandata a servizio in città, presso alcune famiglie borghesi. Dopo aver cambiato parecchi padroni, era rimasta incinta del figlio di un ingegnere. Per evitare lo scandalo la famiglia le aveva offerto dei soldi e le aveva proposto di trasferirsi in un posto segreto per partorire, senza che i genitori di Elvira venissero a saperlo. Ma Elvira aveva preferito morire piuttosto che avere un figlio senza padre. Sentito que-

sto racconto, il mio amico Romeo le aveva fatto una proposta ed era andato dal padrone di Elvira, dicendogli che se le avessero dato una buona dote, avrebbe sposato lui la ragazza e legittimato il bambino. Quanto al tentato suicidio, avrebbero detto che Elvira si era sentita male, era svenuta, si era appoggiata alla ringhiera del ponte e, dato che non c'era nessuno che potesse aiutarla, era caduta nel fiume. Al contrario, se non avessero accettato la proposta e non le avessero dato nulla, sarebbe stato rivelato tutto e il figlio dell'ingegnere sarebbe stato denunciato per violenza carnale.

3.

Storia di Romeo

Romeo Poveri, classe 1891, quinto figlio di una famiglia contadina (sette maschi e otto femmine in tutto), stradino provinciale.

A 20 anni partecipò alla guerra di Libia, nell'XI Reggimento Bersaglieri. Si comportò valorosamente in diversi scontri, fu ferito due volte e meritò due medaglie al valore. Dopo il congedo, vinse per concorso un posto di stradino provinciale; gli fu affidato un tronco stradale, e gli fu data una casa da abitare. A Romeo piaceva pescare, e anche a un suo amico, di nome Teuta. Un giorno i due andarono insieme a pesca sul Po, presso il ponte di ferro, a valle della Colonia Padana, con la barca di Teuta e le reti di Romeo.

Dovevano essere le 22 del 30 Settembre 1914.	Era il 30 Settembre 1914, verso le 22.
Mentre Romeo e Teuta accendevano una sigaretta,	Romeo e Teuta stavano accendendo una sigaretta, quando

sentirono il rumore di un tuffo, dalla parte del ponte, poi un grido nella notte, e videro un corpo nero galleggiare sull'acqua e venire verso la barca. Teuta prese i remi e vogò di lena verso quel fagotto; avvicinatisi, Romeo lo prese e a fatica lo caricò sulla barca. I due videro di che cosa si trattava (anche Teuta aveva lasciato i remi e si era precipitato a vedere): la luce di un fiammifero rivelò, con loro grande meraviglia, una giovane donna, viva. Infatti, si era gettata dal ponte per annegare ma le vesti che indossava si erano aperte in tondo, permettendole di restare a galla e salvandola dalla morte. Dopo che Romeo la depose sul fondo della barca, lei morse Teuta alla mano sinistra e tentò di gettarsi di nuovo in acqua; ma Romeo la

trattenne	fermò

e le disse: «Perché vuoi annegare, così giovane e bella?» E lei, tutta agitata, disse con un filo di voce: «Perché voi uomini siete dei vigliacchi».

Teuta remò fino a riva, sulla spiaggia delle colonne Padane, e toccata terra

legò	assicurò	ormeggiò

la barca a un palo;

a stento,	a fatica,

i due portarono la donna fino alla casa del custode; Teuta lo svegliò e chiamò per telefono l'Ospedale perché mandasse un'autoambulanza. Così la donna fu portata all'ospedale. Teuta se ne andò per i fatti suoi, mentre Romeo restò tutta la notte ad assistere la donna.

Parecchi giorni dopo Teuta andò a casa di Romeo, che gli raccontò: «La donna si chiama Elvira e ha 22 anni. È di Pizzighettone, e viene da una modesta famiglia di contadini. I genitori,

trovandosi in grandi ristrettezze,	essendo in difficoltà economiche,

la mandarono a servizio in città, presso alcune famiglie borghesi. Dopo aver cambiato parecchi padroni, rimase incinta del figlio di un ingegnere. Per evitare lo scandalo la famiglia le offrì dei soldi e le propose di trasferirsi in un posto segreto per partorire, senza che i genitori di Elvira venissero a saperlo. Ma Elvira ha preferito morire piuttosto che avere un figlio senza padre». Romeo proseguì raccontando che, sentito questo racconto, fece una proposta a Elvira e andò dal padrone di lei, dicendogli: «Se le date una buona dote, sposo io la ragazza e legittimo il bambino. Quanto al tentato suicidio, diremo che si è sentita male, è svenuta, si è appoggiata alla ringhiera del ponte e, dato che non c'era nessuno che potesse aiutarla, è caduta nel fiume. Al contrario, se non accettate e non le date nulla, sarà rivelato tutto e vostro figlio sarà denunciato per violenza carnale».

Quando sentì questo bel discorso, l'ingegnere venne subito a patti; così Romeo per 20 000 lire firmò il contratto e sposò una donna che non amava. Per denaro diventò padre di un figlio illegittimo – il bambino nacque pochi giorni dopo.

Partendo da queste premesse, la vita di Romeo non poteva che avviarsi sulla strada della delinquenza. Anche in carcere, Teuta fu sempre amico di Romeo, che gli raccontò tante cose, trascritte da Teuta. Dunque, accaduti questi fatti, Romeo pensò bene di spendere i soldi: trascurava la famiglia e andava a divertirsi all'osteria. Al posto suo, aveva messo a lavorare il fratello, pagato da lui stesso. In questo modo non c'era niente da ridire, perché il lavoro era eseguito lo stesso, e a regola d'arte.

BIBLIOGRAFIA

Capitolo I

1. Marshall McLuhan è autore di studi sulla rivoluzione della stampa (*La Galassia Gutenberg*, Roma, Armando, 1988 [1962[1]]) e sui mezzi di comunicazione di massa. Dai libri di McLuhan, che hanno avuto molto séguito, si sono ricavate numerose interpretazioni, non sempre fedeli al pensiero dell'autore.

2. Di Pirandello si è riportato un passo dal dramma *Il giuoco delle parti*, atto I, scena III (*Maschere nude*, a c. di A. d'Amico, II, Milano, Mondadori, 1993, p. 146). Per i pronomi personali si è usato E. Benveniste, *Struttura delle relazioni di persona nel verbo* [1946] e *La natura dei pronomi* [1956], nei *Problemi di linguistica generale*, Milano, Il Saggiatore, 1971, pp. 269-82 e 301-9.

3. Sulle forme della comunicazione orale si veda M. Voghera, in T. De Mauro - F. Mancini - M. Vedovelli - M. Voghera, *Lessico di frequenza dell'italiano parlato*, Milano, Etaslibri, 1993, p. 35.

Finestra 1. Il passo della *Tregua* è ricavato da P. Levi, *Opere*, I, Torino, Einaudi, 1987, pp. 369-71.

Finestra 2. Si è citato S. Vassalli, *Abitare il vento*, Torino, Einaudi, 1980, pp. 30, 31, 73.

Capitolo II

1. Il passo di una conferenza è ricavato da M. Berretta, *Connettivi testuali in italiano e pianificazione del discorso*, in AAVV, *Linguistica testuale* (Atti del XV Congresso internazionale di studi, Genova-Santa Margherita Ligure, 8-10 maggio 1981), Società di Linguistica Italiana, a c. di L. Coveri, Roma, Bulzoni, 1984, pp. 237-54, a p. 240; le interviste di argomento televisivo da R. Sornicola, *Sul parlato*, Bologna, Il Mulino, 1981, pp. 50-1.

2. Sugli argomenti di questo paragrafo, e del seguente, la letteratura è molto vasta; tra i lavori che si sono tenuti presenti si ricordano almeno C. Lavinio, *Testi scritti e testi orali: differenze, interazioni, intersezioni*, in *Educare alla scrittura. Processi cognitivi e didattica*, a c. di M. T. Calzetti e L. Panzeri Donaggio, Firenze, La Nuova Italia, 1995, pp. 19-43; C. Bereiter - M. Scardamalia, *Psicologia della composizione scritta* [1987], Firenze, La Nuova Italia, 1995.

3. Il proverbio citato si trova nella raccolta dei *Proverbi toscani* di Giuseppe Giusti, riveduta da G. Capponi, Firenze, s.e., 1873. La definizione dello scrivere come «parlare pensatamente» è di Pietro Bembo, scrittore del Cinquecento (*Le prose della volgar lingua*, I 1, in *Prose e rime*, a c. di C. Dionisotti, Torino, Utet, 1960, p. 75).

6. Si è usato il lavoro di Peter R. Hawkins, *Social Class, the Nominal Group and Reference*, in Basil Bernstein, *Class, Codes and Control*, London and Boston, Routledge & Kegan Paul, 1971-5, 3 voll. (vol. II, pp. 81-92; a p. 84 il testo delle vignette che si sono riprodotte). Si è usato anche A. Varvaro, *La lingua e la società*, Napoli, Guida, 1978, pp. 133 ss.

Finestra 1. L'intervista nelle due versioni, scritta e orale, si riprende da G. Alfieri, *La Sicilia*, ne *L'italiano nelle regioni. Testi e documenti*, a c. di F. Bruni, Torino, Utet, 1994, pp. 838-9.

Finestra 2. I tre esempi sono tratti da Sornicola, *op. cit.*, p. 60 e, della stessa, da *L'italiano parlato: un'altra grammatica?*, in AAVV, *La lingua italiana in movimento* (Firenze, Palazzo Strozzi 26 febbraio - 4 giugno 1982), Firenze, Accademia della Crusca, 1982, pp. 79-96, a p. 81.

Finestra 3. Si sono citati N. Ginzburg, *Lessico famigliare*, ora nelle *Opere*, Milano, Mondadori, 1986-87, I, pp. 1003-4 e Petronio, *Il Satiricon*, trad. di P. Chiara, Milano, Mondadori, 1980 [1969[1]], pp. 62-3.

Finestra 4. Si è citata l'*Odissea* nella traduzione di G. Bemporad, Firenze, Le Lettere, 1990, pp. 82-3.

Finestra 5. L'inizio della *Metamorfosi* è tratto da F. Kafka, *Racconti*, Milano, Mondadori, 1990, pp. 157-8.

Capitolo III

1. La lirica di Eugenio Montale è citata dall'edizione dell'*Opera in versi* a cura di R. Bettarini e G. Contini, Torino, Einaudi, 1980, p. 32.

2. Si è citato *Il secondo diario minimo* di Umberto Eco, Milano, Bompiani, 1992, p. 188, e nell'esempio del sommario di un ipotetico libro è stato parafrasato l'indice di *Scrivere l'italiano. Galateo della comunicazione scritta* di S. Fornasiero e S. Tamiozzo Goldmann, Bologna, Il Mulino, 1994.

3. La ricetta della minestra di fagioli e riso è tratta da *Cucina della Carnia* di Melie Artico, Udine, Ed. Graphik Studio, 1985, p.18, mentre quella della mousse al cioccolato viene da *Scacciapensieri*, a cura di L. de Ruggieri e M. L. Radius, Parma, s. e., 1981, p. 155.

5. Si è citato da G. Mozzi, *Una vita felice*, in *La felicità terrena*, Torino, Einaudi, 1996, p. 3. La descrizione del Duomo di Monreale è tratta dal Touring Club Italiano, *Italia meridionale e insulare. Guida rapida*, Milano 1976, p. 209.

6. Per la trattazione dei tempi verbali nella narrazione si veda in generale H. Weinrich, *Tempus*, Bologna, Il Mulino, 1978. Gli esempi sono invece tratti da Dario Voltolini, *Forme d'onda*, Milano, Feltrinelli, 1996, p. 23, Fleur Jaeggy, *Porzia*, in *La paura del cielo*, Milano, Adelphi, 1994, pp. 59 e 63, I. Svevo, *La coscienza di Zeno*, in *Romanzi*, a c. di P. Sarzana, Milano, Mondadori, 1985, p. 652. L. Tolstoj, *Anna Karenina*, Torino, Einaudi, 1993, pp. 832-3 e N. Ginzburg, *Il mio mestiere*, in Le *piccole virtù*, ora in *Opere*, I, cit., pp. 840-42 e 854.

7. In generale per l'argomentazione si tenga presente Chaim Perelman, *Il campo dell'argomentazione*, Parma, Pratiche Editrice, 1979, e anche, dello stesso: *Il dominio retorico*, Torino, Einaudi, 1981, da cui è tratto l'esempio (p. 69). La pagina di L. Bianciardi è tratta da *Condomini vobiscum*, in *La casa al mare. Scritti per Rapallo*, Torino, Il Segnalibro, 1996, pp. 35-7.

Finestra 1. La descrizione organolettica è tratta da *Guida ai vini del mondo*, a cura di C. Petrini, Bra (Cn), Arcigola Slow Food Editore, 1992, p. 302.

Finestra 2. Per il ciclo di S. Orsola si veda L. Zorzi, *Carpaccio e la Rappresentazione di Sant'Orsola*, Torino, Einaudi, 1988. Alcune delle didascalie alle illustrazioni sono tratte da *Le undicimila vergini*, in *Legenda aurea* di Iacopo da Varazze, Torino, Einaudi, 1995, pp. 863-7.

Finestra 4. Il monologo di Mirandolina è tratto dalla *Locandiera*, in C. Goldoni, *Tutte le opere*, a cura di G. Ortolani, IV, Milano, Mondadori, 1940, pp. 791-2.

Finestra 5. Si è citato da W. Shakespeare, *Giulio Cesare*, trad. di S. Perosa, Milano, Mondadori, 1991, pp. 117-9.

Capitolo IV

3. Il passo di R. Romeo su Cavour è ricavato dal *Grande dizionario enciclopedico Utet*, fondato da P. Fedele, IV, Torino, Utet, 1986[4], pp. 535-42, a p. 536. Sui connettivi e le loro funzioni si possono vedere, fra l'altro, R. B. Donald *et al.*, *Writing Clear Essays*, Upper Saddle River, N.J., Prentice Hall, 1996[3] [1983[1]]; M.E. Campbell, *Focus: From Paragraph to Essay*, Upper Saddle River, N.J., Prentice Hall, 1996.

4. Sulla lettura si può ricordare, tra il molto disponibile, L. Quitman Troyka, *Simon & Schuster Handbook for Writers*, Upper Saddle River, N.J., 1996[5], pp. 110ss.; per alcuni concetti connessi alle applicazioni didattiche, D.E. Rumelhart, *Understanding Understanding*, in *Understanding, Reading, Comprehension: Cognition, Language and the Structure of Prose*, a c. di J. Flood, International Reading Association, Newark, Delaware, 1982, pp. 1-20; Id., *Schemata: The Building Block of Cognition*, in *Theoretical Issues in Reading Comprehension. Perspectives from Cognitive Psychology, Linguistics, Arti-*

ficial Intelligence, and Education, a c. di J. Spiro, B.C. Bruce, W. F. Brewer, Hillsdale, N.J., Lawrence Erlbaum Associates, 1980, pp. 33-58.

5. Si è citato M. Bachtin, *Estetica e romanzo*, Torino, Einaudi, 1979, pp. 146-7.

6. Per le incoerenze sull'uso dei tempi nel riassunto, e per l'esempio scolastico, cfr. M. Bertuccelli Papi, *L'alunno che fa il riassunto*, in «Italiano e oltre», 3, 1988, pp. 116-9.

7. Si è usata di nuovo la voce di enciclopedia su Cavour di R. Romeo, cit., p. 540, e si sono utilizzati R. Romeo, *Cavour e il suo tempo*, voll. III (in 4 tomi), Roma-Bari, Laterza, 1977-84 e, dello stesso, la *Vita di Cavour*, Roma-Bari, Laterza, 1984. Nel testo si è citato un passo dell'opera maggiore, III, pp. 173-5, e il passo corrispondente nella riduzione in volume unico, pp. 311-2.

9. Le tre descrizioni di S. Maria della Vittoria sono riprodotte da: Touring Club Italiano, *Guida d'Italia. Roma*, Milano, 1993^8, pagg. 313-4; *Guide d'Italia. Roma*, Milano, 1993, pagg. 112-3; *Guida rapida d'Italia*, volume 4, *Lazio, Abruzzo, Molise, Sardegna*, Milano, 1996 [stampato nel 1995], p. 175.

Finestra 1. Il contributo alla critica di me stesso si cita da B. Croce, *Etica e politica*, Bari, Laterza, 1967 [1931^1], pp. 313-5 e 316-8.

Finestra 2. L'esempio del verso petrarchesco è ricavato dalle *Prose della volgar lingua*, II, XV, di P. Bembo, ed. cit., p. 164.

Finestra 3. Si è usato R. Queneau, *Esercizi di stile*, trad. di U. Eco, Torino, Einaudi, 1983, pp. 3, 7, 11, 33.

Finestra 4. Il *Don Chisciotte* nel riassunto di F. Ayala si legge in F. Rico, *Biblioteca spagnola*, Torino, Einaudi, 1994, pp. 135-6.

Esercizio 8. Si è usata la guida del Touring Club Italiano, *Milano*, Milano 1985^9, nella serie «Guida d'Italia» e, nelle risposte all'esercizio, *Lombardia 1. Milano e Laghi*, Milano 1995, pp. 41-2 (Guide d'Italia); *Guida rapida d'Italia, 1. Liguria, Piemonte, Valle d'Aosta, Lombardia*, Milano 1993, p. 162.

Capitolo V

Sui problemi di questo capitolo la produzione italiana è fortemente disorganica ed episodica. È ricca invece la bibliografia americana, che si collega alla lunga tradizione dell'insegnamento della scrittura rivolto agli studenti dei College e del primo livello degli studi universitari. Qualche tentativo italiano di usare in modo passivo la bibliografia americana non ha avuto esiti felici, se non altro per via della diversa organizzazione scolastica, media e universitaria (per non dire, poi, che la società italiana è profondamente diversa da quella degli Stati Uniti, della quale la bibliografia di quel paese rispecchia, ovviamente, l'organizzazione). D'altra parte, sarebbe assurdo non utilizzare la lunga esperienza maturata altrove. Perciò, in questo libro, e in questo capitolo in particolare, si è tenuto conto di una parte dell'ampia bibliografia disponibile. È risultato particolarmente utile il libro di E.P. Bailey - Ph.A. Powell, *The Practical Writer*, Fort Worth ecc., Harcourt Brace College Publishers, 1995^6; tra gli altri libri utilizzati si ricordano J. Nadell - J. Langan - L. McMeniman, *The Macmillan Reader*, Boston ecc., Allyn and Bacon, 1993^4; L. Quitman Troyka, *op. cit.*

4. I due testi citati per la coerenza sono tratti da M.-E. Conte, *Introduzione* a *La linguistica testuale*, a c. di M.-E. Conte, Milano, Feltrinelli, 1989^2, pp. 15-6. Il pezzo su Willie B. il gorilla è ricavato da R.-A. De Beaugrande - W. Dressler, *Introduzione alla linguistica testuale*, Bologna, Il Mulino, 1994 [1981^1], p. 169. *I fiumi* di Giuseppe Ungaretti si citano da *L'Allegria*, a c. di C. Maggi Romano, Milano, Fondazione Arnoldo e Alberto Mondadori, 1982, pp. 141-4.

Finestra 1. Si cita, di Italo Calvino, *Se una notte d'inverno un viaggiatore*, in *Romanzi e racconti*, ed. dir. da C. Milanini, a c. di M. Barenghi e B. Falcetto, II, Milano, Mondadori, 1992, pp. 613-4.

Finestra 2. Il testo di C. Fruttero e F. Lucentini, uscito nella *Stampa* del 31 marzo 1983, è stato poi ripubblicato nel volume *La prevalenza del cretino*, Milano, Mondadori, 1985, pp. 32-3.

Finestra 3. Le edizioni usate sono le seguenti: H. de Balzac, *Papà Goriot*, in *La Commedia umana*, a c. di M. Bongiovanni Bertini, I, Milano, Mondadori, 1994, pp. 462-3; M. Serao, *Il romanzo della fanciulla. La virtù di Checchina*, a c. di F. Bruni, Napoli, Liguori, 1985, pp. 211-2; I. Calvino, *Se una notte d'inverno un viaggiatore*, ed. cit., pp. 750-1.

Capitolo VII

1. La lettera di Verga a Capuana si cita da G. Raya, *Carteggio Verga-Capuana*, Roma, Edizioni dell'Ateneo, 1984, pp. 108-9; quella a Tullo Massarani da L. e V. Perroni, *Storia dei Malavoglia. Carteggio con l'editore e con Luigi Capuana*, in «Nuova Antologia», a. 75, fasc. 1632, 16 marzo 1940, pp. 105-31; fasc. 1633, 1 aprile 1940, pp. 237-51, p. 131 nota.

2. Per la definizione della figura cfr. G. Molinié, *Eléments de stylistique française*, Paris, PUF, 1986, pp. 82-4; O. Reboul, *Introduzione alla retorica*, Bologna, Il Mulino, 1996, pp.144 sgg.

3. Per la competenza comunicativa si veda U. Volli, *Il libro della comunicazione*, Milano, Il Saggiatore, 1994, p. 32. L'idea di folclore verbale si trova in P. Valesio, *Strutture dell'allitterazione. Grammatica, retorica e folklore verbale*, Bologna, Zanichelli, 1967; ivi anche la citazione sulle metafore 'logore', p. 40. La caratterizzazione del proverbio come formula di alto valore etico ed etnico si trova in Ch. Perelman - L. Olbrechts-Tyteca, *Trattato dell'argomentazione*, Torino, Einaudi, 1966, pp. 175-6. I proverbi sono citati da R. Schwamenthal - M. Straniero, *Dizionario dei proverbi italiani*, versione ridotta dal titolo *Proverbi italiani*, Milano, Rizzoli, 1993. La definizione semplicistica di modo di dire in M. Torriani, *Italiano senza errori. Come scrivere e parlare in modo perfetto*, Milano, Utility Book, 1991. Gli esempi di *acqua passata* in T. Cherdantseva, *Proverbio e modo di dire*, «Studi di Grammatica Italiana», 16, 1996, pp. 339-43. La citazione verghiana è tratta da *Vita dei campi*, in G. Verga, *Tutte le novelle*, a cura di C. Riccardi, Edizione Nazionale delle Opere di Giovanni Verga, Firenze, Banco di Sicilia-Le Monnier, 1987, p. 26. La spiegazione di *Di punto in bianco* è tratta da G. Pittano, *Dizionario dei modi di dire, proverbi e locuzioni*, Bologna, Zanichelli, 1992, p. 84. Le definizioni dei modi figurati si riferiscono a G. Skytte, *Fraseologia*, in *Lexicon der Romanistischen Linguistik*, IV. *Italiano, Corso, Sardo*, a c. di G. Holtus, M. Metzeltin e Ch. Schmitt, Tübingen, Niemeyer, 1988, pp. 75-83. Per l'esempio di *ramingo*, cfr. C. Lapucci, *Il Dizionario dei modi di dire della lingua italiana*, Milano, Garzanti, 1993, p. 1. Sulle forme qui escluse si veda M. T. Biason, *La massima o il «saper dire»*, Palermo, Sellerio, 1990; O. Reboul, *Lo slogan*, Roma, Armando, 1984; O. Palumbo, *Le frasi celebri che hanno fatto l'Italia*, Roma, Rendina, 1995. Per la valenza di 'stereotipo' si rinvia a G. Marrone, *Luoghi comuni: un'ipotesi semiotica*, in *Il telo di Pangloss*, a c. di N. La Fauci, Palermo, L'epos, 1994, pp. 91-123, da cui si citano le definizioni sociologiche e semantiche (pp. 91-2). Per la frase fatta si cita da F. Casadei, *Flessibilità lessico-sintattica e produttività semantica nelle espressioni idiomatiche: un'indagine sull'italiano parlato*, in F. Casadei, G. Fiorentino, V. Samek Lodovici, *L'italiano che parliamo*, Roma, FARA Editore, 1995, pp. 11-33. L'accenno all'importanza della struttura morfosintattica delle figure in P. Valesio, *op. cit.*, p. 53. Per la spiegazione di *far culaja*, cfr. L. Matteucci, *Saggio di voci e frasi eleganti italiane specie della lingua viva*, Torino, Libreria Salesiana Editrice, 1901, p. 244. La definizione conclusiva di *locuzioni* si cita da R. Fornaciari, *Trattato di retorica compilato ad uso delle scuole*, tomo I, *Elocuzione*, Firenze, Sansoni, 1890, p. 17.

4. L'esempio di Kant è citato da Ch. Perelman e L. Olbrechts Tyteca, *op. cit.*, pp. 427-9. Sul potere conoscitivo della metafora, si veda F. Malvezzi, *Intrecci delle parole. Dizionario di retorica, stilistica e metrica*, Soc. Ed. Dante Alighieri, 1994, p. 168. Le fonti culturali dei modi figurati si citano da M. Cesarotti, *Saggio sulla filosofia delle lingue*, Firenze, Sansoni, 1943, pp. 51-6 e 104. Gli esempi fraseologici sono presi da L. Matteucci, *op. cit.*

5. Per la convenienza e la correttezza, si veda L. Pestelli, *Trattatello di retorica*, Milano, Longanesi, 1969, pp. 71-6; e R. Fornaciari, *op. cit.*, p. 127. Per l'esempio di *non dire ba* e la relativa spiegazione, cfr. F. Casadei, *op. cit.*, p. 26. Gli esempi contestualizzati di stile inadeguato sono tratti nell'ordine: esempi da 1 a 3 da F. Malvezzi, *op. cit.*, pp. 278-80; l'esempio 4 da V. Masoni, *Imparare a scrivere lettere, relazioni, rapporti*, Milano, Angeli, 1995, pp. 35 e 139-40; gli esempi 5 e 6 da M. Torriani, *op. cit.*, p. 62.

6. La definizione di prosa funzionale si cita da V. Masoni, *op. cit.*, p. 137; per i relativi commenti, cfr. ivi, pp. 151-2 e 15. Per lo stile brillante si rinvia a M. Dardano, *Il linguaggio dei giornali italiani*, Roma, Laterza, 1986 (per gli esempi giornalistici pp. 234-5, 237-40, 248-52 e 245-6, e per gli anglismi p. 491). Il piccolo repertorio di fraseologia usurata è riferito da T. Serafini, *Come si scrive*, Milano, Bompiani, 1992, p. 287.

7. L'esempio di *Metaforicheggiare* si trova in F. Balbi, *Dizioni corrette. L'amico dello scrittore corretto*,

Torino, Paravia, pp.193 e 37. Per le espressioni di linguaggio giovanile, G. Pittano e P. Bersani, *L'Italiano. Le tecniche del parlare e dello scrivere*, Milano, Sonzogno, 1993, pp.148-9. Per i seguenti modi di dire si veda B.M. Quartu, *Dizionario dei modi di dire della lingua italiana*, Milano, Rizzoli, 1993: *prendere le mosse*, p. 314; *mettere nero su bianco*, p. 321; *passo passo*, p. 379; *cuore della città*, p. 156; *mettere a nudo*, p. 329. Gli altri modi figurati sono tratti da G. Turrini - C. Alberti - M. L. Santullo - G. Zanchi, *Capire l'antifona, Dizionario dei modi di dire con esempi d'autore*, Bologna, Zanichelli, 1995, in particolare: *Andare a briglia sciolta*, p. 21; *buttarsi a pesce* o *buttarsi a corpo morto*, *a capofitto*, p. 77; *mettercela tutta*, p. 300; *mettercisi di buzzo buono*, p. 304; *entrare nel vivo*, p. 143; *essere la punta di diamante*, p. 169. Per *Saltare agli occhi* o *all'occhio*, ivi, p. 144 e F. Balbi, *op. cit.*, p. 193. Per *pietra angolare*, cfr. G. Pittano, *op. cit.*, p. 232; per *quadratura del cerchio* e *ultima ratio*, ivi, pp. 241 e 283.

8. La relazione dell'UNESCO è tratta da J. Alméras e D. Furia, *Méthodes de Réflexion et Techniques d'Expression*, Paris, Colin, 1973, pp. 100-2. Per l'estensione d'uso del linguaggio tecnico tramite i giornali, si veda M. Dardano, *Il linguaggio..*, cit., pp. 202 sgg. Per l'esempio di *partire in quarta*, ivi, p. 215; per le «locuzioni semifigurate», ivi, p. 224. Per la funzione unificante delle lingue tecniche, cfr. G. L. Beccaria, *Introduzione* al vol. da lui stesso curato, *I linguaggi settoriali*, Milano, Bompiani, 1973. Sull'abuso dell'espressione *a livello di* e di altre consimili, si veda O. Castellani Pollidori, *La lingua di plastica. Vezzi e malvezzi dell'italiano contemporaneo*, Napoli, Morano, 1995, pp. 56 ss.

9. L'esempio di *Mettere il carro avanti ai buoi* è tratto da G. Nencioni, *Parlato-parlato, parlato-scritto, parlato-recitato*, in *Di scritto e di parlato. Discorsi linguistici*, Bologna, Zanichelli, 1983, pp.126-79, a p.126. Gli esempi di modi arcaici sono citati da G. Skytte, *op. cit.* Le spiegazioni di *Far fiasco* sono, nell'ordine, di G. Pittano, *op. cit.*, p. 135, e di C. Lapucci, *op. cit.*, p. 119. Per *remora*, B.M. Quartu, *op. cit.*, p. 445. Per *beneficio d'inventario*, B. e U. Broccoli, *Luna Park. La Zingara. Mille proverbi, filastrocche, motti e detti celebri dal programma di Raiuno «Luna Park»*, Torino, RAI-ERI, 1996, p. 17, e nota 2 a p. 141; per la spiegazione, si veda G. Pittano, *op. cit.*, p. 71. Per *Andar a dare calci nel rovaio* cfr. L. Matteucci, *op. cit.*, pp. 25 e 33. Per i modi di dire siciliani tradotti con riboboli toscani, si veda M. Castagnola, *Dizionario fraseologico siciliano-italiano* (1853), a cura di Salvatore Camilleri, Catania, Vito Cavallotto Editore, 1980. Cfr. E. De Amicis, *L'idioma gentile*, Firenze, Salani, 1987, p. 100.

10. Per parlare «alla testa», E. De Amicis, *op. cit.*, p. 28; i «luoghi comuni», p. 246; per l'affettazione, pp. 61-2, per la lingua approssimativa, pp. 157-8 e 204. Le due traduzioni di Molière sono rispettivamente di A. Moretti, *Commedie scelte* di G.B. Molière, Milano, Treves, 1925, vol. I, p. 190 e di L. Lunari, G.B. Molière, *Il Misantropo*, Milano, Rizzoli, 1982.

11. Per l'impostazione dei vocabolari più recenti, cfr. rispettivamente B.M. Quartu, *op. cit.*, p. IX, e C. Lapucci, *op. cit.*, p. 9. La spiegazione di *Cavalcare la tigre* è data da C. Lapucci, *op. cit.*, p. 61. Per *Colpo d'ala*, cfr. B.M. Quartu, *op. cit.*, p. 133. Per *Essere nell'occhio del ciclone*, si veda C. Lapucci, *op. cit.*, p.161; *Essere lo zoccolo duro*, ivi, p. 337; *Essere un cavallo di ritorno*, ivi, p. 69; *Essere un colosso dai piedi d'argilla*, ivi, p. 83; *Zona d'ombra*, ivi, pp. 343-4. Adeguato spicco è dato al linguaggio figurato, con la conueta sigla *fig.*, nel recentissimo *DISC* (*Dizionario italiano Sabatini Coletti*, Firenze, Giunti, 1997), di F. Sabatini e V. Coletti, che prevede anche la possibilità di consultazione informatica, grazie al CD-ROM che vi è accluso.

Capitolo VIII

1. L'esempio della riduzione telegrafica è tratto da R. Simone, *Fondamenti di linguistica*, Roma-Bari, Laterza, 1990, p. 447. Benché riguardi il mondo di lingua inglese, sugli appunti è utile R.D. Janda, *Note-Taking as a Simplified Register*, in «Discourse Processes», 8, 1985, pp. 437-54.

2. Si sono tenuti presenti R.E. Burnett, *Technical Communication*, Belmont, Ca, Wadsworth Publishing Company, 1990²; G. H. Mills - J. A. Walter, *Technical Communication*, cit.; per la classificazione, cfr. J. Nadell - J. Langan - L. McMeniman, *The Macmillan Reader*, cit., pp. 400-2.

4. Ricordo di nuovo R.E. Burnett, *Technical Communication*, pp. 557-82. I dati sulla produzione del frumento e sulla bilancia commerciale tedesca derivano dal *Grande dizionario enciclopedico Utet*, cit., I, p. 359 e IX, p. 308.

5. Un'indagine italiana si deve a C. Caffi, *Aspetti pragmatici e testuali delle introduzioni a tesi di laurea e specializzazione in materie scientifiche*, in *La lingua degli studenti universitari*, a c. di C. Lavinio e A.A. Sobrero, Firenze, La Nuova Italia, 1991, pp. 71-98. Sulla documentazione si può vedere E. Giacanelli Boriosi - D. Ascari, *Guida alle ricerche bibliografiche. Dalla biblioteca alle banche dati, alle reti telematiche*, Bologna, Zanichelli, 1995.

8. Si è citato K. E. Rudestam - R. R. Newton, *Surviving Your Dissertation. A Comprehensive Guide to Content and Process*, Newbury Park - London - New Dehli, Sage, 1992, p. 3, libro utilizzato anche nella Finestra 4. Nel corso del paragrafo si è utilizzato, tra l'altro, C.A. Hult, *Researching and Writing across the Curriculum*, Boston ecc., Allyn and Bacon, 1996 (1995[1]). La lettera del Leopardi si cita dall'*Epistolario*, a c. di F. Moroncini, IV, Firenze, Le Monnier, 1938, p. 190.

9. L'osservazione sulla semplicità deriva da Mills e Walter, *op. cit.*, pp. 40-1.

13. Sulla videoscrittura si può vedere, tra il molto che è stato pubblicato, *Computer Writing Environment. Theory, Research & Design*, a c. di B.K. Britton e S.M. Glynn, Hillsdale, N.J., Hove-London, 1989. Si è citato poi G. Orwell, *La politica e la lingua inglese* [1946], in *Nel ventre della balena e altri saggi*, a c. di S. Perrella, Milano, Bompiani, 1996, pp. 133-49, a p. 149.

Finestra 1. Sulla materia della finestra, e su altri punti svolti nel capitolo, si vedano U. Eco, *Come si fa una tesi di laurea. Le materie umanistiche*, Milano, Bompiani, 1993 (1980[1]); R. Lesina, *Il nuovo Manuale di stile. Edizione 2.0*, Bologna, Zanichelli, 1994; C. Di Girolamo - L. Toschi, *La forma del testo. Guida pratica alla stesura di tesi di laurea, relazioni, articoli, volumi*, Bologna, Il Mulino, 1988.

Capitolo IX

4. L'esempio di abuso del passivo è tratto da *Come parlare e scrivere meglio. Guida pratica all'uso della lingua italiana*, a c. di A. Gabrielli, Milano, Selezione del Reader's Digest, 1974, p. 565.

9. Si è discusso il libro di Alma Sabatini, *Il sessismo nella lingua italiana*, pubblicato a Roma, Istituto poligrafico dello Stato, 1993[2] per conto della Presidenza del Consiglio dei Ministri.

Capitoli X-XV

Si ricordano anzitutto alcune opere che sono state utilizzate per questo gruppo di capitoli: molti esempi letterari sono stati ricavati dal *Grande dizionario della lingua italiana* fondato da S. Battaglia, e ora diretto da G. Bàrberi Squarotti (Torino, Utet, I, 1961...) e dalla *Liz 2.0. Letteratura italiana Zanichelli*, a c. di P. Stoppelli ed E. Picchi, Bologna, Zanichelli, 1995[2]. Gli esempi non letterari derivano, oltre che dall'apporto personale degli autori (che si sono avvalsi anche di materiale procurato da relazioni seminariali: da ricordare particolarmente il contributo degli studenti Riccardo Musacco e Marco Pagan), dalla letteratura linguistica sull'argomento. Si citano una volta per tutte i lavori di M. Cortelazzo, *Avviamento critico allo studio della dialettologia italiana, III, Lineamenti di italiano popolare*, Pisa, Pacini, 1972; G. Rovere, *Testi di italiano popolare. Autobiografie di lavoratori e figli di lavoratori emigrati*, Roma, Centro Studi Emigrazione, 1977; G. Berruto, *L'italiano popolare e la semplificazione linguistica*, in «Vox Romanica», 42, 1983, pp. 38-79; Id., *Varietà diamesiche, diastratiche, diafasiche*, in *Introduzione all'italiano contemporaneo. La variazione e gli usi*, a c. di A.A. Sobrero, Roma-Bari, Laterza, 1993, pp. 37-92; F. Sabatini, *L'«Italiano dell'uso medio»: una realtà tra le varietà linguistiche italiane*, in *Gesprochenes Italienisch in Geschichte und Gegenwart*, a c. di G. Holtus e E. Radtke, Tübingen, Narr, 1985, pp. 154-84; I. Bonomi, *I giornali e l'italiano dell'uso medio*, in «Studi di grammatica italiana», 15, 1993, pp. 181-201; Ead., *La narrativa e l'italiano dell'uso medio*, *ibid.*, 16, 1998, pp. 321-38; T. Alisova, *Relative limitative e relative esplicative nell'italiano popolare*, in «Studi di filologia italiana», 23, 1965, pp. 299-333; *L'italiano nelle regioni. Testi e documenti*, cit. Si sono utilizzati inoltre vari inserti compresi nel *Vocabolario della lingua italiana 1998* di N. Zingarelli, a c. di M. Dogliotti e L. Rosiello Bologna, Zanichelli, 1996[14], per esempio la lista dei 101 errori più frequenti (alla voce *errore*). Altra opera consultata spesso è quella di L. Serianni, *Grammatica italiana*, cit.

Citazioni particolari seguono ora, come di consueto, capitolo per capitolo.

Capitolo X

1. Per la lista degli errori si è usata liberamente, tra l'altro, la lista di H. Fontenay, *Come scrivere bene una lettera*, Casale Monferrato, Piemme, 1995, pp. 334-51.

Finestra 1. Si sono citati due luoghi di *Zaccaria* e *Nino* da *Il Canzoniere* di Umberto Saba, Torino, Einaudi, 1961, pp. 166 e 159.

Capitolo XI

Finestra 2. E. Montale, *L'opera in versi*, a c. di R. Bettarini e G. Contini, Torino, Einaudi, 1980, p. 326. Si veda poi F. Fochi, *Lingua in rivoluzione*, Milano, Feltrinelli, 1966, pp. 280-3.

Capitolo XII

6. In aggiunta alle opere già citate, si veda G. Berruto, *«Dislocazioni a sinistra» e «grammatica» dell'italiano parlato*, in *Sintassi e morfologia della lingua italiana d'uso. Teorie e applicazioni descrittive*, a c. di A. Franchi De Bellis e L. M. Savoia, Roma, Bulzoni, 1985, pp. 59-82.

Capitolo XIII

1. Di D. Buzzati si è riprodotto un passo da *Sciopero dei telefoni*, nei *Sessanta racconti*, Milano, Mondadori, 1995 [1958[1]], pp. 407-8.

2. L'opera a cui si allude è B. Mortara Garavelli, *La parola d'altri*, cit.

3. Si sono riportati nel testo e, in forma corretta, nelle risposte relative, P. Levi, *Se questo è un uomo*, in *Opere*, I, cit., p. 5; L. Pirandello, *La buon'anima*, in *Novelle per un anno*, a c. di M. Costanzo, I 1, Milano, Mondadori, 1993[4], p. 381; A. Manzoni, *I Promessi Sposi*, dai capitoli VIII e XXXIV.

Capitolo XIV

1. Sulle oscurità del modello per la denuncia dei redditi si può vedere M. Cortelazzo, *Il 740 dalla luna alla terra?*, in «Italiano e oltre», 9, 1994, pp. 91-7. Per lo stile burocratico si è tenuto presente M. Dardano, *Il linguaggio dei giornali italiani*, Roma-Bari, Laterza, 1981 (nuova ed.). Ci si è riferiti alla pubblicazione della Presidenza del Consiglio dei Ministri. Dipartimento per la Funzione pubblica, *Codice di stile delle comunicazioni scritte ad uso delle amministrazioni pubbliche. Proposta e materiali di studio*, Roma 1993.

2. La frase n. 10 è tratta dall'*Italiano nelle regioni. Testi e documenti*, cit., p. 332. Per l'italiano scolastico (argomento sul quale si sono avuti molti studi negli ultimi due decenni) si è utilizzato il breve articolo, più antico, di E. Bianchi, *Spontaneità e pedanteria*, in «Lingua nostra», 3, 1941, pp. 60-1. Infine, il libro divulgativo di cui si parla nel testo è *Impariamo l'italiano* di C. Marchi, Milano, Rizzoli, 1984 (si vedano le liste di pp. 100 ss.).

Capitolo XV

1. L'esempio giornalistico riguardante il PLI proviene da W. D'Addio Colosimo, *Nominali anaforici incapsulatori: un aspetto della coesione lessicale*, in *Dalla parte del ricevente: percezione, comprensione, interpretazione* (Società di Linguistica Italiana, Atti del XIX Congresso Internazionale, Roma, 8-10 novembre 1985), a c. di T. De Mauro, S. Gensini, M. E. Piemontese, Roma, Bulzoni, 1988, pp. 143-51, a pp. 150-1.

2. Per le istruzioni tecniche si è usato il lavoro di A. Ciliberti - M. V. Giuliani - A. Puglielli - C. Serra Borneto, *Adeguatezze e inadeguatezze dei manuali di istruzioni*, in *Dalla parte del ricevente: percezione, comprensione, interpretazione* (Società di Linguistica Italiana, Atti del XIX Congresso Internazionale, Roma, 8-10 novembre 1985), a c. di T. De Mauro, S. Gensini, M. E. Piemontese, Roma, Bulzoni, 1988, pp. 263-84, a pp. 277 (il televisore) e 278 (Sintonizzazione e Bruciatori).

3. Il testo di Teuta si cita da D. Montaldi, *Autobiografie della leggera*, Torino, Einaudi, 1961, pp. 227-8 (e si veda F. Bruni, *L'italiano. Elementi di storia della lingua e della cultura*, Torino, Utet Libreria, 1984, pp. 501-4).

INDICE ANALITICO